TODAS AS CARTAS

Clarice Lispector

TODAS AS CARTAS

EDIÇÃO AMPLIADA

Prefácio e notas biográficas
TERESA MONTERO

Ensaio crítico
CARLOS MENDES DE SOUSA

Organização e posfácio
PEDRO KARP VASQUEZ

Pesquisa textual e transcrição das cartas
LARISSA VAZ

Rocco

Prefácio e notas biográficas: Teresa Montero

Ensaio crítico: Carlos Mendes de Sousa

Organização e posfácio: Pedro Karp Vasquez

Pesquisa textual e transcrição das cartas: Larissa Vaz

EDITORA ROCCO LTDA.
Rua Evaristo da Veiga, 65 – 11º andar
Passeio Corporate – Torre 1
20031-040 – Rio de Janeiro – RJ
Tel.: (21) 3525-2000 – Fax: (21) 3525-2001
rocco@rocco.com.br
www.rocco.com.br

Printed in Brazil/Impresso no Brasil

CIP-BRASIL. CATALOGAÇÃO NA PUBLICAÇÃO
SINDICATO NACIONAL DOS EDITORES DE LIVROS, RJ

L753t

Lispector, Clarice, 1920-1977
Todas as cartas / Clarice Lispector ; prefácio e notas biográficas Teresa Montero ; organização e posfácio Pedro Karp Vasquez ; pesquisa textual e transcrição das cartas Larissa Vaz ; ensaio crítico Carlos Mendes de Sousa. - 1. ed. - Rio de Janeiro : Rocco, 2023.

"Edição ampliada."
ISBN 978-65-5532-361-0
ISBN 978-65-5595-215-5 (recurso eletrônico)

1. Lispector, Clarice, 1920-1977 - Correspondência. 2. Escritoras - Brasil - Biografia. 3. Escritores brasileiros - Correspondência. 4. Livros eletrônicos. I. Montero, Teresa. II. Vasquez, Pedro Karp. III. Vaz, Larissa. IV. Sousa, Carlos Mendes de. V. Título.

23-85267 CDD: 869.6
CDU: 82-6(81)

Gabriela Faray Ferreira Lopes - Bibliotecária - CRB-7/6643

O texto deste livro obedece às normas
do Acordo Ortográfico da Língua Portuguesa.

ABREVIATURAS USADAS NAS NOTAS

(Por ordem alfabética – referências de obras editadas pela Rocco)

CLJ – Clarice na cabeceira: jornalismo (Org. Aparecida Maria Nunes). Rocco, 2012.

COR – Correspondências (Org. Teresa Montero). Rocco, 2002.

CPC – Cartas perto do coração: Dois jovens escritores unidos pelo mistério da criação (Fernando Sabino, Clarice Lispector). Record, 2011.

OE – Outros escritos (Org. Lícia Manzo e Teresa Montero). Rocco, 2005.

TC – Todas as crônicas (Org. Pedro Karp Vasquez). Rocco, 2018.

ABREVIATURAS DOS ARQUIVOS CITADOS

ACL / IMS – Arquivo Clarice Lispector – Instituto Moreira Salles

AMLB – Arquivo-Museu de Literatura Brasileira

FCRB – Fundação Casa de Rui Barbosa

PREFÁCIO

Todas as cartas: Lição para viver

Quando a Editora Rocco publicou *Correspondências* (2002) e *Minhas queridas* (2007), os dois volumes de cartas de Clarice Lispector que compõem a trilogia iniciada com *Cartas perto do coração* (Record, 2001), organizado por Fernando Sabino, houve uma acolhida entusiasmada por parte dos leitores e do meio acadêmico.

Não nos parece um acaso o *boom* clariceano no século XXI no meio editorial, acadêmico, cinematográfico e teatral. Certamente, as cartas cumpriram um papel propulsor incomensurável. Entre 2005 e 2016, oito dissertações e três livros (uma biografia, uma fotobiografia e um ensaio) consideraram as correspondências como fonte norteadora e indispensável; sem contar as centenas de artigos que as utilizaram como fonte secundária. Estas publicações ora buscaram os caminhos específicos da criação literária, ora delinearam os primeiros vinte anos da trajetória de Clarice Lispector.

Todas as cartas inaugura uma nova etapa na bibliografia clariceana ao trazer um conjunto de praticamente meia centena de cartas inéditas que abordam temas da mais alta relevância de seu itinerário literário e biográfico. Por isso, sua publicação, efetuada no centenário da escritora, em 2020, se revestiu de um significado especial para leitores, professores, biógrafos, pesquisadores, editores e arquivos literários. *Todas as cartas* ratifica o fortalecimento do diálogo entre os três últimos e mostra o novo patamar que os arquivos literários atingiram. Quem não se lembra do modo como se dava o acesso aos arquivos nos anos

1990? O de Clarice Lispector, por exemplo, no Arquivo-Museu de Literatura Brasileira, na Fundação Casa de Rui Barbosa, ainda não tinha sido digitalizado; as facilidades das consultas online existentes hoje eram impensáveis naquela época.

Pesquisadora de uma nova era, a digital, Larissa Vaz pesquisou o material inédito de *Todas as cartas* em arquivos públicos e privados; incluindo o lote de correspondências inéditas de Clarice Lispector para as irmãs Elisa Lispector e Tania Kaufmann que estão sob a guarda da família. Sobre o novo cenário para os pesquisadores, ela comenta: "houve uma simplificação no processo de pesquisa com a chegada de softwares que facilitam não só o acesso livre e gratuito a estas bases de dados, mas também tornam mais simples a experiência de navegar por este mar de dados. Atualmente, grande parte das instituições possibilita a realização de buscas pela internet, em plataformas digitais às quais o pesquisador é direcionado a partir do site oficial da instituição. Mecanismos de busca avançados permitem que o pesquisador acrescente filtros em seu levantamento de acordo com seu interesse. No entanto, muitas vezes a consulta ao documento se dá apenas presencialmente, no acervo físico. Nestas ocasiões, o pesquisador é orientado por um profissional da instituição."

Sem dúvida, a musealização dos arquivos literários nos últimos trinta anos possibilitou não só a preservação de nossa memória literária como estimulou publicações como *Todas as cartas*. É importante destacar que a consolidação do diálogo entre o mercado editorial, os arquivos literários e o meio acadêmico se deve também à presença da família de Clarice Lispector acompanhando de perto e amorosamente a realização de cada projeto. É imperioso dizer que essa aliança não pode prescindir da parceria do Poder Público. Ele deve continuar acreditando no papel das instituições guardiães do legado literário, destinando-lhes uma dotação orçamentária adequada. A ausência dessa parceria põe em risco a sobrevivência deste circuito das Letras com significado único na cultura brasileira.

Seguindo a proposta do organizador de *Todas as cartas*, Pedro Karp Vasquez, para reunir o conjunto de correspondências de acordo com o critério cronológico, as notas deste volume dão uma visão sucinta do itinerário literário e biográfico de Clarice Lispector e, quando necessário, do contexto histórico onde a escritora se inseriu. Sabemos, por exemplo, que a vida particular de Clarice Lispector foi pontuada por momentos importantes da história política da Europa, onde ela viveu em plena Segunda Guerra Mundial e pôde exercitar seu instinto solidário junto aos nossos pracinhas, o mesmo que a levou a optar pela faculdade de Direito num tempo em que essa escolha era uma preferência dos homens.

Redigimos as notas de um conjunto de duzentas e oitenta e quatro cartas endereçadas a três núcleos de destinatários: familiares, amigos escritores e editores. Foram três lotes de cartas, as publicadas nos volumes que organizamos: *Correspondências* e *Minhas queridas*, somadas às de *Cartas perto do coração*, organizado por Fernando Sabino. Novas notas foram redigidas e uma parte reescrita para atender aos critérios da organização de *Todas as cartas*. A esses três lotes foram acrescentadas cerca de meia centena de cartas inéditas em livros de correspondência de Clarice Lispector, considerando uma parte ínfima publicada em revistas e livros de outros autores.

Gostaria de comentar, em linhas gerais, o ponto alto de *Todas as cartas*: o conjunto de correspondências inéditas endereçadas aos amigos escritores. Nesse sentido, acompanhamos o diálogo de Clarice Lispector com seu conterrâneo, o poeta pernambucano João Cabral de Melo Neto. Se já conhecíamos o quanto fora importante a amizade de Lúcio Cardoso e Fernando Sabino, nas nove cartas trocadas com João Cabral nos é revelado como Clarice Lispector se colocava em seu ofício de escritora. O poeta acumula vários papéis nessa relação: por exemplo, desperta na amiga o desejo de ver sua única peça teatral, ainda em estado embrionário, editada em sua prensa manual. "O coro dos anjos" é comentado por ambos, mas não chega às mãos de Cabral. No entanto, é o estímulo e a confiança que lhe deposita que levam Clarice a não ficar tão "sepultada entre as montanhas", como ela escreveu, e abrir os olhos para outras paisagens. O entusiasmo com que ela reagiu às cartas de João Cabral é comovente, traço da pernambucanidade que os uniu.

Ela se interessa em conhecer as obras do poeta. João Cabral foi interlocutor em um momento no qual Clarice se colocava muitas questões ("vontade de achar uma vontade filosófica", disse ela). Aquelas reflexões sobre a criação literária nos ajudam a entender como a escritora foi construindo seu caminho, não de uma forma solitária, apesar da distância geográfica, ou movida somente pelo estado da inspiração, mas no diálogo com os amigos e nas leituras das obras que fizeram parte de sua formação literária. "Cada vez mais acho, como você, que romance não é literatura", provoca Clarice. "Era preciso fazer uma coisa nova, João Cabral, não a bem da literatura, a bem da vida, era preciso espiar de outro modo, era preciso adivinhar mais." Esse diálogo a fez afirmar: "Saio de sua poesia com um sentimento de aprofundamento da vida."

Outro destinatário a destacar é Rubem Braga. Já são conhecidas suas cartas enviadas para Clarice, mas ler agora as sete redigidas por ela atestam o quanto o cronista era admirado pela jovem leitora desde o tempo em que "recortava seus artigos nas revistas", como ela lhe confessou: "tudo o que você escreve me emociona muito." Esse diálogo entre amigos escritores é sempre revelador, principalmente quando Clarice Lispector menciona um fato de seu cotidiano envolvendo outro escritor. Nos detalhes de uma carta podem-se enxergar novas formas de entender o universo cultural que a interessava: "Conheci num jantar um homem da National Gallery, muito interessante, amigo de Ezra Pound e do Saint-John Perse. Diz que Pound está com uma maravilhosa tradução de Confúcio pronta para ser publicada." A menção ao livro do filósofo chinês que enfatizava a necessidade do homem conhecer-se primeiro a si mesmo é uma das muitas preciosidades das cartas ao autor de *A borboleta amarela*.

Ainda no núcleo dos literatos flagramos nas cartas a Mário de Andrade, Tasso da Silveira, Francisco de Assis Barbosa, Natércia Freire, Lauro Escorel e Sérgio Milliet o momento em que a escritora iniciante tinha necessidade de entender como se dava a criação e a recepção de sua obra, na realidade, caminhos para buscar sua própria essência. Nesse sentido, a opinião de Mário de Andrade teria um significado especial ("acostumei-me de tal forma a me acostumar com o senhor"); idem a do companheiro de redação em *A Noite*, Francisco de Assis Barbosa, bem como a de interlocutores como o poeta Tasso da Silveira cuja maturidade e poesia eram uma "lufada de vento fresco" em sua juventude cheia de conflitos e descobertas. Segue pela mesma necessidade a insistência em não perder contato com o antropólogo e psiquiatra Arthur Ramos. Revela o quanto ela prezava o convívio com homens devotados a grandes causas, a favor de uma sociedade brasileira democrática e libertária.

Um presente para os leitores é o bilhete profético redigido em 1977 para a escritora Lygia Fagundes Telles. Clarice Lispector mostra seu pensamento sobre o papel das mulheres escritoras em um mundo literário dominado pelos homens e como elas atuaram como desbravadoras. Outra demonstração do olhar atento às particularidades do universo literário é o seu bilhete aberto ao crítico Edgar Pereira, em 1975, para alertá-lo de que nem sempre as entrevistas que ela concede retratam seu pensamento de forma fidedigna. Nesse sentido esclarece: "Refiro-me à afirmativa de que eu teria dito que, quando escrevo, caio em transe ou coisa semelhante. Eu não disse isto porque simplesmente não é verdade."

Igualmente reveste-se de importância as cartas de jovens escritores que buscaram o aval de Clarice Lispector em seus primeiros passos no mundo literário, sua conhecida generosidade para ajudar os colegas de ofício e de outros campos artísticos é um fato merecedor de mais atenção. É o caso de Mora Fuentes, que já vinha dialogando intensamente com a escritora Hilda Hilst na lendária Casa do Sol, em Campinas, um ponto de encontro de artistas de várias gerações.

Na correspondência com o jovem escritor pernambucano Augusto Ferraz, prestes a lançar o primeiro livro, se revela como Clarice foi estimulada a fazer se não a mais marcante viagem de sua vida, certamente uma das mais marcantes. É recente a revelação dessa história descoberta pela cineasta pernambucana Taciana Oliveira quando pesquisava para elaborar o roteiro de seu filme *A descoberta do mundo* (2022), documentário que apresentou em primeira mão trechos desta correspondência e o depoimento de Augusto Ferraz. Sem sombra de dúvida, é outro grande momento de *Todas as cartas* e suscita novas leituras sobre a passagem de Clarice Lispector por Recife em maio de 1976. Uma viagem ao encontro de suas origens nordestinas, inspiradora de seu último romance *A hora da estrela*.

De grande destaque é também o núcleo familiar. Reunidas pela primeira vez as cento e cinquenta cartas para as irmãs Lispector, sendo dezesseis inéditas (cento e vinte foram enfeixadas em *Minhas queridas* e doze em *Correspondências*), temos uma visão panorâmica da importância deste núcleo afetivo que deu o suporte necessário para Clarice Lispector viver a primeira fase de sua vida. A influência das irmãs vai além do papel de conselheiras e confidentes nas questões da vida matrimonial e da maternidade, colaboraram na formação de seus gostos (não nos esqueçamos que Clarice era a caçula): do modelo do vestido para uma recepção no consulado ao hábito de ir a concertos de música clássica ou ouvi-las pelo rádio; além das idas ao cinema, hábito que adquirira com Elisa na Cinelândia. As leituras são sempre comentadas, em especial com a irmã mais velha. Simone de Beauvoir, por exemplo, é uma influência de Elisa.

Salta aos olhos o amplo repertório de peças, filmes, exposições, concertos e livros citados nas cartas, demonstrando o quanto Clarice Lispector acompanhou o repertório cultural nos territórios brasileiro, europeu e norte-americano entre as décadas de 1940 e 1950. Só para citar dois campos, no literário aparecem nomes como o de Jean Cocteau, Simone de Beauvoir, Nelson Rodrigues, Rosamond Lehmann, Katherine Mansfield, João Cabral de Melo Neto, Julien Green, Emily Brontë, Jean-Paul Sartre, D. H. Lawrence, Vinicius de Moraes, Dinah Silveira de Queiroz, Guimarães Rosa e a estreante Ruth Guimarães. Nas artes plásticas, temos Zina Aita, Leonor Fini, Van Gogh, Alfredo Ceschiatti e Aloísio Magalhães.

Vale, também, conferir a sua correspondência com o núcleo dos editores, um campo aberto para estudos, nele revelam-se os bastidores da edição de algumas obras. Das tensões da tradução de seu primeiro romance em francês às negociações que Clarice Lispector empreendeu (sempre com a ajuda de amigos) para publicar *Laços de família* e *A maçã no escuro*.

A existência de grande parte desta correspondência deve-se à história do casamento entre a literatura e a carreira diplomática, portanto, são dignas de registro as cartas para o então namorado Maury Gurgel Valente que sinalizam a complexidade da vida a dois, selada depois com o casamento; uma etapa narrada em fragmentos nas inúmeras cartas endereçadas às irmãs.

Nesse "primeiro destino" de Clarice Lispector, assim ela o nomeia ao escrever para a escritora portuguesa Natércia Freire, em 27 de agosto de 1945, dois jovens, Maury e Clarice, não resistem ao "desenraizamento dessa vida no estrangeiro": "viajar como eu viajei é ruim: é cumprir pena em vários lugares. As impressões, depois de um ano num lugar, terminam matando as primeiras impressões. No fim a pessoa fica 'culta'. Mas não é o meu gênero. A ignorância nunca me fez mal."

É que para Clarice Lispector "não existem lugares, existem pessoas", confessa às suas irmãs. A escritora tenta caber no seu destino de mulher, conciliar as tarefas domésticas, os compromissos diplomáticos e a maternidade. Ela quis sempre conciliar a mãe e a escritora. *Todas as cartas* é também o testemunho de uma mulher que rompeu fronteiras de diversas naturezas em um mundo feito pelos homens.

A publicação de *Todas as cartas* no centenário de Clarice Lispector nos leva inevitavelmente a várias perguntas. O que significa celebrar os cem anos de uma escritora no Brasil em pleno século XXI?

Lição para viver, título que Clarice Lispector sugeriu para o romance do jovem escritor pernambucano Augusto Ferraz, poderia ser o outro título deste volume. É que nele temos a oportunidade de acompanhar quatro décadas do itinerário da escritora cuja sensibilidade rara fala aos seus destinatários sobre todos os ângulos da vida. As angústias que acompanharam a penosa formação de uma jovem que abraça o destino de ser uma escritora. A de ser mulher em um tempo no qual os caminhos do universo feminino eram extremamente áridos: a Academia Brasileira de Letras, por exemplo, ainda não ousava mudar seus estatutos para permitir o ingresso das mulheres.

Clarice mostra-se sempre sensível e aberta para respeitar aquilo que nos é mais caro: a nossa essência. Por isso, aconselha a irmã Tania a não impedir Marcia, sua sobrinha, de desenvolver suas habilidades artísticas, a deixar aflorar o desejo de experimentar os caminhos da dança, caso seja o chamado de uma vocação.

Clarice não entende a vida sem o pleno exercício da própria essência.

Lição para viver poderia ser também quando ela usa sua vida como parâmetro para convencer irmãs e amigos de que certos comportamentos são nefastos, emperram nossa caminhada neste mundo. Coisas como não se permitir o descanso sagrado das férias ou renunciar aos desejos mais íntimos para não descumprir com os deveres esperados pela sociedade, o de ser uma mãe modelo.

Quando aponta a necessidade da ética como norteadora de nosso comportamento, Clarice Lispector demonstra-se indignada ao ser posta à prova diante de tal situação. É emblemático o caso da suposta distribuição do romance *O lustre*, que seria feita ao corpo diplomático pelo Itamaraty: "isso nos deixou mortos de vergonha", relatou indignada à Tania.

Nessa mesma linha, revela o cuidado extremo e os limites que se deve ter com o que ela chama de "ambiente palaciano". Clarice Lispector faz questão de mostrar seu olhar nada interesseiro quando se trata de escolher suas amizades, inclusive se a amiga for a filha de um ex-presidente da República; como é comentado no episódio sobre Alzira Vargas: "só me sinto bem em dar amizade com independência e em dar gratuitamente."

No âmbito dos afetos, Clarice é só carinho com as irmãs, com os cunhados Eliane e Mozart, e com os filhos Pedro e Paulo. Lúcida e generosa quando avalia a vida matrimonial e a maternidade. Seu afeto é quente e solidário quando se dirige aos amigos, a maioria escritores, Fernando Sabino, Lúcio Cardoso, João Cabral de Melo Neto, Rubem Braga, Otto Lara Resende, Paulo Mendes Campos, Murilo Rubião, Nélida Piñon, Lygia Fagundes Telles, Marly de Oliveira, Lêdo Ivo, Natércia Freire, Alzira Vargas e Arthur Ramos. Ela entende que a literatura não é onde se colecionam prêmios e notas nos jornais. Literatura é território de aprendizagem e conhecimento da vida.

Essa profusão de momentos registrados à máquina ou à caneta sobreviveram noventa anos, sinal do fortalecimento do triângulo literário formado por editores, pesquisadores e arquivos literários. Sua história é longa e merece ser contada, mesmo de uma forma breve; afinal de contas, é a celebração de um centenário.

Quando as correspondências de Clarice Lispector passaram a atrair os leitores e o mundo acadêmico?

Refletir sobre a construção do campo das correspondências clariceanas nos remete à história do modernismo brasileiro e ao escritor Mário de Andrade. Ele foi o principal polo irradiador de cartas como um canal de comunicação entre os escritores, particularmente com aqueles que consideravam os seus conselhos e comentários uma espécie de bênção para ser entronizado no mundo da literatura. A própria Clarice Lispector não ignorou tal fato e tentou esse diálogo, mas somente Mário de Andrade leu a carta de Clarice.

Fernando Sabino demonstrou-se inconformado, pois segundo Mário de Andrade lhe dissera, sua carta foi endereçada à Clarice ao Central Hotel, em Belém do Pará, onde ela residiu em 1944. "Eu delirava se pudesse te dar essa alegria." Fernando Sabino escreveu isso porque sabia o quanto significou ser um dos inúmeros interlocutores do autor de *Pauliceia desvairada* como Murilo Miranda, Manuel Bandeira, Carlos Drummond de Andrade e Henriqueta Lisboa. Fernando Sabino foi estimulado pelo canal epistolar de seu mestre Mário de Andrade? Há muitas evidências.

A abertura do baú de cartas de Fernando Sabino deu-se nos seus três últimos anos de vida, ele viria a falecer em 11 de outubro de 2004. A proximidade da "indesejada das gentes", como dizia Manuel Bandeira, pode ter sido o sinal para o escritor editar em sequência três obras. Após *Cartas perto do coração*, publicação de sua correspondência com Clarice Lispector, em 2001, seguiu-se *Cartas na mesa* (Record, 2002), com os amigos Otto Lara Resende, Hélio Pellegrino e Paulo Mendes Campos e, por último, a sua correspondência com Mário de Andrade: *Cartas a um jovem escritor e suas respostas* (Record, 1ª ed. 1982, 2003).

A iniciativa do autor de *O encontro marcado* (1956) teve uma repercussão extraordinária. Em seguida, o volume *Correspondências* (2002) trouxe mais uma série de cento e vinte e nove cartas, das quais setenta oriundas da correspondência ativa de Clarice Lispector, endereçadas aos amigos escritores, artistas e familiares.

Minhas queridas (2007) compôs a trilogia das cartas de Clarice Lispector e permitiu um delineamento mais preciso, particularmente dos primeiros vinte anos de sua trajetória literária entre os anos 1940 e 1950. As cento e vinte cartas possibilitaram acompanhar de uma forma contínua seus passos em território brasileiro e estrangeiro através de seus relatos às irmãs Tania Kaufmann e Elisa Lispector. A maior parte da correspondência ativa de Clarice é com suas irmãs porque foi com elas que a escritora mais dialogou durante os quase dezesseis anos em que residiu fora do Rio de Janeiro, vivendo nas cidades de Belém, Nápoles, Berna, Torquay e Washington.

Quatro anos após o falecimento de Clarice Lispector, Olga Borelli publicou *Clarice Lispector. Esboço para um possível retrato* (1981). Mais do que uma amiga, ela acompanhou de perto a preparação dos últimos livros da escritora. No entanto, este não é um livro de correspondências, mas um relato de uma amiga entremeado com trechos inéditos de Clarice de onde se constrói sua "trajetória espiritual", para usar as palavras de Borelli; mas que inseriu ao final vinte e nove cartas, além de trechos, não datados, de várias outras.

O pioneirismo desse livro despertou o interesse pelos manuscritos e correspondências da escritora. Ele foi publicado pela Nova Fronteira, sob a coordenação do editor Pedro Paulo de Sena Madureira, amigo de Clarice, editora que passou a publicar as suas obras naquele período, começando pela inédita *Um sopro de vida* (1978). Em seguida, uma jovem de vinte e cinco anos de idade, Claire Varin, da Universidade de Montreal, decidiu conhecer o Arquivo-Museu de Literatura Brasileira, da Fundação Casa de Rui Barbosa, em janeiro de 1983, com o intuito de pesquisar material para a sua tese de doutorado.

Segundo Eliane Vasconcelos, organizadora do inventário do Arquivo Clarice Lispector, do Arquivo-Museu de Literatura Brasileira, da Fundação Casa de Rui Barbosa, a família de Clarice Lispector doou o material que constitui este fundo documental em três lotes, o primeiro em 1º de fevereiro de 1978; e o segundo, alguns anos depois. Numa terceira etapa, doou livros da biblioteca da escritora. Como nos informa o "Inventário do Arquivo Clarice Lispector" (1993): em setembro de 1987 foi a data de abertura à consulta de 697 documentos manuscritos e datilografados (onde se encontra a correspondência) e 1.466 documentos impressos (recortes de jornais, folhetos).

Claire Varin teve acesso ao arquivo da escritora antes mesmo de ele ser aberto à consulta. O resultado foram duas obras que exibiram de forma pioneira uma parte expressiva de vários itens do Arquivo Clarice Lispector, incluindo a correspondência: *Rencontres bresiliènnes* (Trois, 1987) e *Langues de feu* (Trois, 1990), esta última uma compilação de sua tese de doutorado defendida em 1986; inclusive já traduzido no Brasil por Lúcia Peixoto Cherem sob o título *Línguas de fogo* (Edições Lumiar, 2002).

Algumas publicações no Brasil dedicadas à Clarice Lispector nesse período também mostraram alguns itens do arquivo, especialmente a edição crítica de *A paixão segundo G.H.*, coordenada por Benedito Nunes (Archives – Unesco, 1988) e a revista *Remate de Males* nº 9 (Unicamp, 1989) organizada por Berta Waldman e Vilma Arêas.

Dentro desse contexto, dois projetos tiveram um papel significativo para expor o acervo literário (incluindo a correspondência) para o grande público: *Perto de Clarice* organizado pela Oficina Literária Afrânio Coutinho com a colaboração da Fundação Casa de Rui Barbosa, realizado na Casa de Cultura Laura Alvim, então dirigida por Lygia Marina de Moraes, esposa de Fernando Sabino, entre novembro e dezembro de 1987. E "A paixão segundo Clarice Lispector", idealizado por Ilse Rodrigues e Lícia Manzo, com curadoria de Gisela Magalhães. Ficou em cartaz no Centro Cultural do Banco do Brasil (CCBB-RJ) de 25 de novembro a 20 de dezembro de 1992.

Perto de Clarice teve o mérito de expor pela primeira vez itens do Arquivo Clarice Lispector como fotos, edições de suas obras e sua máquina de escrever. A proposta de "A paixão segundo Clarice Lispector" o ampliou com novas peças desse arquivo, até porque dispunha de um espaço mais amplo e de uma exposição de longa duração, inclusive prorrogada devido ao sucesso de público. O poeta Affonso Romano de Sant'Anna, então diretor da Biblioteca Nacional, motivado por essa exposição propôs à Tania Kaufmann doar parte da correspondência de sua irmã, pois ele desejava publicar uma edição não comercial das cartas na Coleção Letra Viva. (Cf. *Jornal do Brasil* 21/1/1994.) A publicação não se concretizou, porém Tania doou, em 1993, doze cartas ao Setor de Manuscritos da Biblioteca Nacional do Rio de Janeiro, aquelas que haviam sido publicadas em parte ou na íntegra no livro de Olga Borelli.

A partir de 14 de julho de 2004, o Instituto Moreira Salles, no Rio de Janeiro, começou a receber, por etapas, a outra parte do Arquivo de Clarice Lispector para guarda e conservação. Entre os itens constam as correspondências trocadas entre Clarice Lispector e Maury Gurgel Valente, publicadas em *Correspondências* (2002), e aquelas endereçadas às irmãs Lispector, reunidas em *Minhas queridas* (2007).

A preservação do legado de Clarice Lispector é feita por muitas mãos. Não há protagonistas. Acreditando na perpetuação dessa aliança citamos o trecho de uma carta de Clarice endereçada às irmãs quando ela confessou como se sentia vivendo em tempos de guerra. Ao evocarmos essas palavras em 2020, no ano de seu centenário, nos lembrou que vivíamos então também em tempos de guerra, quando o mundo foi paralisado por um vírus, que nos fez questionar o que estamos fazendo com o planeta Terra:

"O que tem me perturbado intimamente é que as coisas do mundo chegaram para mim a um certo ponto em que eu tenho que saber como encará-las, quero dizer, a situação da guerra, a situação das pessoas, essas tragédias. Sempre encarei com revolta. Mas ao mesmo tempo sinto necessidade de fazer alguma coisa, sinto que não tenho meios. Você diria que eu tenho, através do meu trabalho. Eu tenho pensado muito nisso e não vejo caminho, quer dizer, um caminho verdadeiro."

Todas as cartas é um caminho para renovar nosso afeto com o mundo através de Clarice Lispector.

TERESA MONTERO

A CURVA TÃO LARGA DAS COISAS: AS CARTAS DE CLARICE LISPECTOR

> "E o tempo se conta mesmo em anos. Deus me livre se fosse em dias. É como crescer e envelhecer que só se vê em anos. Como é que se pode ver a curva tão larga das coisas se se está tão próximo como é próximo o dia? Pois se às vezes a palavra que falta para completar um pensamento pode levar meia vida para aparecer."
>
> (Carta para Fernando Sabino, Washington, 30 de agosto de 1953)

Todas as cartas surge na mesma linha editorial que agrupou em volumes compactos os textos breves de Clarice Lispector sob o nome *Todas as crônicas* e as narrativas breves com o título *Todos os contos*. No caso da produção epistolar de Clarice, o presente volume constitui uma reunião das cartas da autora, certamente as mais representativas. Há sempre missivas não encontradas, algumas irreversivelmente perdidas, na reconstrução de qualquer epistolário, por mais completo que se pretenda. Entre os correspondentes a quem Clarice se dirige, encontramos familiares (irmãs, filhos, cunhados), amigos (maioritariamente escritores), críticos, editores, tradutores. Dominam a correspondência familiar e a correspondência com amigos. Relativamente aos interlocutores que não fazem parte dos círculos mais próximos, merece atenção o fato de muitas vezes ocorrer nas cartas de Clarice uma particular via de ultrapassagem do esperado modo protocolar. Quase sempre se impõe a sua voz singular. É o caso das cartas para o presidente Getúlio Vargas ou para o editor francês Pierre de Lescure.

No princípio do ano de 1944, Clarice Lispector saiu do Rio de Janeiro com o marido, recém-ingressado na carreira diplomática. Iniciava-se então um período de afastamento do Brasil, com alguns regressos intervalares. Só quinze anos depois, tendo-se separado, é que a escritora retornou definitivamente ao Brasil com os dois filhos. As primeiras cartas deste período foram expedidas de Belém do Pará e as últimas, aqui incluídas, datadas de 1959, foram enviadas de Washington. É este conjunto de cartas que constitui a parte mais substancial do presente livro, correspondendo a quase setecentas páginas; as que foram escritas antes da partida de Clarice para o estrangeiro conformam menos de trinta, e as cartas escritas já depois do regresso ao Rio não chegam a sessenta. Torna-se claro que a saída do Rio constitui, em grande parte, o motor da correspondência mais significativa de Clarice. Impõe-se uma evidente continuidade, à maneira de um diário, nas décadas de 1940 e de 1950. Desdobram-se diante de nós os dias vividos em força e desmesura, meditações de uma vida contada em permanente tensão, na tranquilidade e no desassossego. Desse tempo, o livro mostra-nos um retrato ardente: esperas, alegrias, abatimentos.

Sobre Clarice, Antonio Callado afirmou, num texto conhecido, que "a conversa que mantinha consigo mesma era intensa demais". Sim, é verdade. E, no entanto, as cartas mostram-na, ao mesmo tempo, sempre disponível, atenta e dialogante. Muito jovem tinha sido repórter no jornal *A Noite*; após o regresso ao Brasil, quando se separa do marido e procura trabalhos para complementar o orçamento, vemo-la de novo como entrevistadora. Nas cartas, os diálogos fortalecem as amizades. Mesmo sem as cruzarmos, estas missivas de Clarice deixam entrever diálogos verdadeiramente estimulantes e constituem preciosos testemunhos que permitem acompanhar o percurso biográfico e literário da escritora.

No dia 20 de janeiro de 1944, Clarice e o marido, Maury Gurgel Valente, acabados de chegar a Belém, onde este foi colocado para desempenhar funções diplomáticas, instalaram-se no Central Hotel. Aí permaneceriam até julho. Mal chegou à capital do Pará, Clarice sentiu a imperiosa necessidade da correspondência. A espera das cartas é ansiada, o que exprime logo nas primeiras missivas para as irmãs Elisa e Tania. No dia 16 de fevereiro escrevia: "O fato é que estou sempre perguntando na portaria se não tem carta. Prometi a mim mesma deixar o homem em paz; mas quando passo por perto, olho de um jeito tal que ele diz logo: não tem nada." Se a carta não substitui a falta, ameniza a ausência... Ainda está no Brasil e já está cheia de saudades do Brasil, dos lugares que ficaram para trás, das pessoas que deixou. O embarque para o exterior ocorreu na cidade de Natal (Maury tinha partido antes). Também daqui escreveu cartas; concretamente, para Lúcio Cardoso, a 25 de julho de 1944, poucos dias antes de embarcar: "Quer dizer, tudo está correndo bem, mas estou em Natalzinho e com saudades de minhas irmãs, de Maury, de meus amigos do Rio e de Belém." Em 7 de agosto, numa carta para as irmãs, enviada de Lisboa, afirma que partiu de Natal no dia 30. A correspondência de Clarice não deixa de cumprir a função de uma espécie de "diário de bordo", com achegas fatuais dignas de registro, sendo evidentemente muito mais do que isso.

Em setembro de 1944, pouco tempo depois de ter chegado a Itália, Clarice escreveu a Lúcio Cardoso falando-lhe das suas leituras de autores particularmente caros ao amigo: "Estou lendo em italiano porque é o jeito. A palavra mais bonita da língua italiana é *gioia*, embora alegria também seja bonito. Reli a *Porta estreita* de Gide, sobretudo encontrei as *Cartas* de Katherine Mansfield. Não pode haver vida maior que a dela, e eu não sei o que fazer simplesmente. Que coisa absolutamente extraordinária que ela é. Passei alguns dias aérea – estou aqui de vez em quando muito delicada, me interessam principalmente flores e passarinhos." É impossível lermos o que a autora de *Perto do coração selvagem* diz a respeito das cartas de Katherine Mansfield e não projetarmos e subscrevermos o seu espanto e as suas palavras para a nossa leitura das cartas de Clarice: que cartas maravilhosas, *que coisa extraordinária que ela é*!

Que mapa se desenha a partir das cartas apresentadas? As datas e os nomes dos correspondentes permitem chegar a uma dada visão (uma cartografia), sabendo nós da incompletude da perspectiva, dos saltos temporais, dos espaços em branco. A impossibilidade da linha contínua é intrínseca à representação de qualquer vida. Muitas vezes os intervalos são mais do que intervalos, os hiatos são lugares tão iluminadores quanto aquilo que é mostrado. De certa forma, o que temos aqui é um retrato que ilumina especialmente um período da vida da escritora Clarice Lispector, o período que vai da estreia até a sua afirmação literária.

Certas zonas de incidência facilmente se revelam a olho nu, a partir dos cruzamentos entre a linha da cronologia e determinadas preponderâncias de destinatários. Por exemplo, muito perto da partida do Rio, na estada em Belém, vemos que a irmã Tania Kaufmann e o amigo escritor Lúcio Cardoso são os correspondentes a quem Clarice mais se dirige. E também é fácil de ver que a parte mais expressiva deste grosso volume é constituída pelas cartas para as irmãs. O afastamento como que as reúne à distância numa orfandade partilhada.

NÃO HÁ NO MUNDO INTEIRO COISA MELHOR DO QUE CARTA

Uma das coisas que mais impressiona neste epistolário é a interpelação de Clarice aos correspondentes, implorando incessantemente por notícias, em dezenas de missivas, com a mesma

Belém, 23-2-44

Tania, querida:

Só lhe escrevo hoje para dar uma conversinha, pois estou sem novidades, nem grande fôlego. Recebi sua carta de sábado (antes do carnaval, suponho) em boa hora. Não me passe carão: mas na segunda-feira de carnaval fomos a uma festa na casa do consul americano e eu tomei um bom pileque. Eu digo que não me passe carão porque o dia seguinte já me passou. Puxa! que enjôo. Uma dessas ressacas de filme de cinema. Foi bom que eu tivesse bebido para tirar o que existe de tentador na idéia, tão divulgada e cantada pelos poetas... Foi a primeira vez e a última, não há dúvida. Mas hoje estou bem e não sinto nada. Ontem, deitada na cama e enjoando (Maury voltou da rua também enjoando), eu recebi tua carta e enquanto lia não senti nada. Quando li a história da cavalgadura se desentendendo com você, eu gostaria de enjoar em cima dela. — Na festa dos americanos dancei muito. Eles são muito simpáticos, alegres, com dentes lindos e, certamente, com ótima saude. As moças que estavam lá tinham também ótimos dentes e pernas lindas.

fórmula, em pequenas variações. Entre a súplica e a ordem, repete: "Por favor, por favor, por favor, escrevam"; "Querida, escreva sempre e logo"; "E me escreva, escreva e escreva"; "Escreva sem falta"; "Me escrevam, me escrevam"; "Escreva depressa, dê notícias de tudo"; "Escrevam!" A solicitação continuada do correio é a solicitação da recompensa por que anseia. Deparamos com um sentido de urgência, em muitas das cartas, sobretudo naquelas que são dirigidas às irmãs. Participar do mundo destas, completa-a. Como quem ama demais, exige uma correspondência difícil de acompanhar. A veemência dos pedidos revela o desejo de notícias, mas também a necessidade de amparo.

A leitura das cartas de Clarice transporta-nos para o seu universo ficcional, como se estivéssemos diante de uma das suas personagens. A recepção da correspondência é um momento alto que gera sensações exaltantes e pacificadoras: "Quanto mais carta melhor", escrevia a Elisa três meses depois de se instalar em Nápoles. Em março de 1945, manifestava à mesma destinatária, em termos superlativos, o alcance da chegada do correio: "Não há no mundo inteiro coisa melhor do que carta." E no ano seguinte, agora numa missiva expedida de Berna, destacava, num registro hiperbólico, o impacto desses momentos, refletido em toda a paisagem circundante. Toda a cidade exulta: "O dia de receber carta é um dia glorioso, toda Berna sacode as asas de alegria. Então quando Marcinha tiver bastante 'cultura' para me escrever e falar na história deliciosa de Luiz Pastel (estou imaginando sua expressão ao telefone, Elisa), eu mandarei iluminar a catedral, as fontes de Berna e as caras dos bernenses" (carta para Elisa e Tania, 12 de maio de 1945).

O desejo de tudo compartilhar leva-a aos registros detalhados do que considera ser relevante, mas também das coisas mínimas que parecem não ter importância. As próprias respostas, ou as cartas escritas independentemente das respostas, surgem carregadas de uma culpa que nasce da impossibilidade de partilhar presencialmente o muito que quer dar, as ínfimas impressões, os grandes entusiasmos.

A ausência de notícias e a chegada delas provocam as mais variadas modulações emocionais. Ao longo do volume encontramos um fluxo de emoções exprimindo concomitantemente a inquietação e o júbilo. A espera gera uma profunda ansiedade. Quando as cartas chegam, há uma mudança de humor, a vida retoma a energia que parecia ter-se extinguido. Acrescenta-se um dia novo. E tudo pulsa em frêmito de alegria. Como se aquele momento pudesse ser guardado e dele viesse vigoroso e esperançoso o futuro. As cartas fazem vibrar em círculos concêntricos o consolo e o apaziguamento: "Não tenho carta para responder, mas escrevo do mesmo modo. Aliás soube que em Roma há mala. Talvez haja envelope para Nápoles e talvez dentro haja carta para mim... Como a história de fadas onde dentro tem um ovo, dentro do ovo tem a varinha de condão. A carta de vocês é para mim uma varinha de condão. Com ela eu mudo de humor" (carta para Elisa, Nápoles, 25 de março de 1945). Em Washington, desabafava com as irmãs: "Cada vez mais detesto escrever carta, é um esforço danado e me parece que não compensa – mas como gosto de recebê-las!" (9 de outubro de 1956). A maior felicidade sempre foi a recepção das cartas e não a sua escrita. O momento manifesta-se em efeitos de puro extasiamento. Como se só nessa clave valesse a pena viver fora do Brasil. Como se só as cartas pudessem aplacar as fúrias do desassossego, contrapeso que ajudasse a atravessar os ásperos invernos no hemisfério norte. Mas tudo está sempre à beira do rompimento do equilíbrio, a todo o momento tudo pode ser atingido. Ou é a um torpor a que se regressa, como lemos em muitos dos seus contos e romances.

Veja-se essa pendularidade na belíssima missiva para as irmãs, escrita em Lausanne, junto ao lago Leman, em julho de 1946. Aí se revela o gesto, simultaneamente arrebatado e contido, íntimo e sem pose, de conservar junto ao coração a carta recebida: "Uma pessoa só pode apenas sucumbir. Foi isso que fiz chorando no cinema e aliviando uma mágoa confusa. O início disso tudo foi a carta de vocês que eu botei junto do coração para sentir o calor dela e dormi assim, e mesmo agora, sentada junto do lago, tenho a carta na mesma posição, com o envelope me arranhando um pouco. Não incomoda, é como um aperto de mão um pouco mais forte." A vontade de partilha dos momentos, reproduzindo verbalmente uma paisagem, procurando oferecê-la às pessoas queridas, vem acentuar a impossibilidade, precisamente aquilo que escapa à almejada apreensão totalizadora: "Toda esta carta foi uma tentativa malograda de tirar um retrato deste lugar junto do lago Leman, porque esqueci de trazer a máquina. E aproveitei a ausência da máquina, para tirar o retrato deste momento também." O que se sobrepõe são as coisas que não podem ser exteriormente descritas. Tudo o que sente é puxado pela emoção provocada pela carta das irmãs, recebida na véspera. E a carta mistura-se a algo difícil de dizer e que é, de certo modo, o que está num quadro acabado de ver numa exposição e que toma conta da paisagem descrita no momento exato em que Clarice escreve. Podemos ligar esta carta ao tempo de escrita de *A cidade sitiada*, um livro que teve uma recepção difícil, lugar de paragem no percurso da autora. A carta reflete um posicionamento sobre a questão do olhar, que é dada a ler no romance: não há jamais uma visão de fora, um visualismo exterior e fotográfico, como não há uma leitura sem grão. A todo o momento irrompem os instantes de sombra e luz, pontos de fuga, brechas que barram a interpretação uniformizadora. A vida é isso.

O cinema é uma presença constante nas missivas de Clarice, desde a menção a sessões não especificadas, à referência a filmes ou a atores concretos. Também se trata de uma forma de reencontro com um hábito antigo, desde cedo partilhado com as irmãs, no Rio de Janeiro. Na carta escrita junto ao lago Leman, deparamos com a referência à sessão de cinema incorporada no fluxo de emoções que o momento da chegada da carta arrastou. Nesse mesmo ano, em dezembro, no dia seguinte ao seu aniversário, Clarice respondeu, agradecendo às irmãs a carta de felicitação e os presentes, chegados nesse dia: "Posso-lhes dizer que meu aniversário foi verdadeiramente no dia 11, hoje, agora. Fiquei tão emocionada, chorei de alegria, de gratidão, de amor, de saudade, de felicidade." E ritualisticamente repetiu o gesto familiar antigo, da ida ao cinema, um modo de se sentir ainda mais próxima das irmãs. E como aconteceu com o relatado na missiva de Lausanne, também agora levou para o cinema a carta, colocada junto ao peito: "Por enquanto vou ao cinema – e as cartas de vocês vão dentro do *soutien* (desculpem), porque assim sinto o calor da amizade de vocês... É muito bom; vou ao cinema com vocês. Sejam felizes, minhas queridas, eu vos adoro, e não sou nada sem vocês, e fico muito contente em ter essa sensação precisa. Boa noite, minhas irmãzinhas."

As manifestações somáticas sobrevêm com particular intensidade por ocasião dos raros telefonemas das irmãs, concretamente na década de 1940, quando era tão difícil o acesso a este meio de comunicação para as ligações intercontinentais. É sobretudo em Berna, em momentos especiais, como o último dia do ano, que ocorrem esses extremados instantes. A primeira vez que surgiu a oportunidade de falarem, no final do ano de 1946, o contato telefônico foi ansiadamente preparado. Em carta para Tania, Clarice reportou a comoção sentida quando, no dia 28 de dezembro, recebeu a confirmação de que a chamada se iria realizar: "Vamos falar três minutos, querida, e vai dar tempo de falar com todos. Dizem que se ouve tão bem como se se estivesse falando no mesmo país." Noutra carta, dois dias depois de terem conversado, destacou o impacto causado pelo telefonema: "Depois que desliguei, Maury estava na outra sala com os olhos úmidos e Rosa ficou com ar de frio... E eu fiquei tão alegre em ver que tudo estava bem que comecei a cantar a seguinte ária de ópera, com perdão da palavra: *Mon coeur s'ouvre à ta voix, comme s'ouvrent les fleurs au baiser de l'aurore...* Antes de falar me deu um frio que não houve nada que me esquentasse; senti até uma falsa dor de garganta e pensei que estava gripada; mas logo que acabei de falar, passou. Me controlei muito e estava muito bem" (2 de janeiro de 1947).

A solicitação de correio é frequentemente acompanhada de outro pedido, o do envio de retratos, um intercâmbio afetivo de fotografias suas e das irmãs, breve calor que repentinamente abrande a dor e, na presentificação dos rostos, suavize a falta, encurte a distância: "Se você soubesse como fiquei emocionada ao abrir sua carta, encontrando seu retrato, querida! Fiquei com os olhos molhados de alegria. Você está tão querida com seu meio sorriso, com os olhos de uva, e o cabelo tão bonito, de uma cor claro-escuro. E fiquei muito honrada com o fato de você ter tirado o retrato com o colarzinho que lhe mandei" (carta para Elisa Lispector, Berna, 30 de junho de 1947).

ESCREVER É A COISA QUE MAIS DESEJO NO MUNDO

Em 22 de fevereiro de 1947, Clarice Lispector escreveu uma carta a Tania, que se encontrava de férias num pequeno hotel em Paty do Alferes, uma povoação do interior do Estado do Rio de Janeiro. Num procedimento comum, Clarice encontrou uma forma carinhosa e criativa de se dirigir à irmã – "Minha florzinha de Pati de Alferes" – e a missiva dá conta de uma preocupação da sua parte, uma espécie de zelo protetor, recorrente em muitas das cartas para as irmãs, ainda que estas fossem mais velhas do que ela. Tania foi uma confidente especial, sempre muito próxima, e uma interlocutora atenta também no que diz respeito a assuntos literários, concretamente na leitura de manuscritos e nas diligências com vista à publicação dos textos da irmã. O quadro metafórico (a natureza, as árvores, o viço) leva Clarice a lembrar uma leitura recente de um dos seus autores de eleição: "Espero que a vegetação em torno de Pati cresça depressa, depressa, e lhe dê as árvores de que você precisa para ter paz, alegria e mistério em torno, minha querida pequena. [...] Já li *O amante de Lady Chatterley*, é também o livro mais cru talvez que já li. Mas como tudo o que escreveu Lawrence, tem uma força vital e uma vegetação intensa, como a que faz falta em torno do seu hotel e em torno de outras coisas também.... Você está feliz, meu amor? Em outros livros de Lawrence, me lembro ter encontrado personagens que tinham qualquer coisa de você: a mesma vida-de-pensamento atraente, o mesmo viço, a mesma qualidade feminina intensa, que sempre encarou as coisas da vida com uma sabedoria e uma naturalidade que não vem da pequena inteligência que se tem, mas da grande força de vida que poucas pessoas têm."

A referência a D.H. Lawrence, para descrever a natureza da irmã, não é em Clarice mero jogo ou exercício intelectual e comparativo. Nas cartas, como em outros lugares (crônicas, entrevistas etc.), vemos como Clarice sente o que lê – quando se identifica com o que lê – como uma verdade que a leva ao real, às pessoas e às coisas mais queridas. Os estudos clariceanos trataram pouco da aproximação a Lawrence. Após a publicação de *Perto do coração selvagem*, algumas críticas procuraram uma genealogia em autores como Virginia Woolf ou James Joyce. Clarice viu essas referências com desagrado, pois sentia que as referidas filiações poderiam diminuir o que o seu romance continha de próprio. Acabada de chegar a Belém do Pará, no início de fevereiro, desabafou com Tania: "As críticas, de um modo geral, não me fazem bem; a do Álvaro Lins (um amigo do Maury trouxe, de passagem) me abateu e isso foi bom de certo modo. Escrevi para ele dizendo que não conhecia Joyce nem Virginia Woolf nem Proust quando fiz o livro, porque o diabo do homem só faltou me chamar 'representante comercial' deles."

Depoimentos de amigos próximos lembram que Clarice, muitos anos depois, ainda reagia a essas leituras, contrapondo justamente D.H. Lawrence como o escritor com quem mais se identificava. Numa das suas crônicas no *Jornal do Brasil,* em 1971, rememorando a cidade de Londres e seus mistérios, assinalou o nome do escritor dileto: "E depois há a saudade dos escritores mortos. Tenho muita saudade de Lawrence." ("As pontes de Londres.") Gostaria, a este respeito, de recordar um instigante texto crítico, pouco conhecido, publicado na revista *Senhor*, em abril de 1960, a propósito de uma tradução do romance *Filhos e amantes*. Esta nota é profundamente reveladora do modo de Clarice se posicionar na literatura, de viver a literatura do lado de dentro da vida. A resenha começa com um testemunho sobre a sua relação com o livro, sobre uma leitura antiga, que repercute como coisa maior que leitura: "Lembrava-me do livro não como de coisa lida, mas acontecida, 'me acontecida', como um ponto alto em coragem de viver, nem posso dizer em coragem de escrever" (*apud* Teresa Montero, *À procura da própria coisa*, 2021). Os argumentos apresentados por Clarice, para justificar a sua aproximação à obra de Lawrence, oferecem, em espelho, a chave de leitura para a sua própria literatura – um espantoso encontro que se distancia das visões da escrita como profissão: "Escreve tão bem que, a bem dizer, nem parece escritor. [...] Não consigo pensar em Lawrence como escritor, mas como um dos elementos da vida de quem o lê."

Sobre Clarice tem sido repetidamente assinalada a sua condição de "escritora que interiorizou o escrever como destino absoluto" (Haroldo de Campos). O que impressiona nas suas cartas é que essa verdade está ali, desde o princípio. Mesmo antes de escrever o primeiro romance, ainda que já tivesse publicado alguns contos em jornais, ela sabe do caminho. Reporta a Lúcio Cardoso, em 13 de julho de 1941, um anúncio que tem uma força espantosa. Projeta-se nas suas palavras um imperioso desejo, ainda que vagamente percebido e nebulosamente anunciado: "É que eu não sou senão um estado potencial, sentindo que há em mim água fresca, mas sem descobrir onde é a sua fonte." No mês de janeiro do ano seguinte, numa carta para Tania, encontramos agora uma afirmação maximalista face ao que se propõe como vida, destino, encontro: "Não escrevi uma linha, o que me perturba o repouso. Eu vivo à espera de inspiração com uma avidez que não dá descanso. Cheguei mesmo à conclusão de que escrever é a coisa que mais desejo no mundo, mesmo mais que amor." E é muito interessante ler o que, umas linhas à frente, Clarice confidencia à irmã, reportando-se a um episódio ocorrido nas trocas epistolares com Maury Gurgel Valente: uma carta enviada ao namorado, escrita "com uma espontaneidade integral", tinha sido interpretada por este como "literária". Clarice entreviu, na referência de Maury ao estilo literário, a dimensão do artifício e do enfeite. Sublinhe-se o reforço da afirmação acerca do lugar da escrita na sua vida, repetida no final do parágrafo sobre este assunto na carta para a irmã, de modo implícito, em jeito de premissa conclusiva: "Mas, mesmo tendo certa certeza de amor, mesmo tudo, eu continuo querendo mais que todas as coisas a que você sabe."

O caminho escolhido é sem retorno. Se existe a compulsão da escrita, ela existe, no que toca à sua inscrição na literatura, sob a forma de insatisfação e aprofundamento de si mesma. Lemos isso em muitas das cartas. No início de abril de 1948, em Berna, é de novo para Tania que desabafa: "Aqui tudo igual. Eu lutando com o livro, que é horrível. Como tive a coragem de publicar os outros dois? Não sei nem como me perdoar a inconveniência de escrever. Mas já me baseei toda em escrever e se cortar esse desejo, não ficará nada. Enfim, é isso mesmo." Encontramos esse sentido indagativo, eloquentemente expresso, a par de uma reflexão sobre a escrita, numa carta dirigida a João Cabral de Melo Neto, no ano seguinte: "Trabalhar está tão duro. Um escultor tem a matéria como maravilhoso começo. Minha cozinheira adora cozinhar porque – lá está a carne! Mas o que é que existe antes da frase escrita? pensamento só é pensamento quando já traz consigo a sua forma, mais ou menos perfeita. Eu preciso fazer uma coisa nova, João Cabral, não a bem da literatura, a bem da vida, era preciso espiar de outro modo, era preciso adivinhar mais, era preciso não sofrer mais – o sofrimento é um *parti pris*" (Berna, 12 de fevereiro de 1949).

Tudo é entrevisto na direção da indiscernibilidade entre a vida e a literatura. Como a vida, o trabalho da escrita é uma aprendizagem contínua. De Washington, em agosto de 1955, Clarice escrevia para as irmãs: "Uma das coisas mais maravilhosas da vida é que o aprendizado é contínuo, a gente está sempre aprendendo alguma coisa." A intensidade da entrega pressupõe a inclusão da figura do eu (o trabalho sobre si) no processo de pesquisa que é a escrita. Esta mesma ideia foi veiculada na conferência "Literatura de vanguarda no Brasil", pronunciada na Universidade do Texas, em 1963:[1] "É maravilhosamente difícil escrever em língua que ainda borbulha, que precisa mais do presente do que mesmo de uma tradição. Em língua que, para ser trabalhada, exige que o escritor se trabalhe a si próprio como pessoa."

Na linha do que escreveu sobre Lawrence, Clarice insistiu repetidas vezes que não era uma escritora profissional. Nessa afirmação não havia qualquer tipo de pose. Ferreira Gullar viu admiravelmente o seu alcance: "A literatura para ela era uma

[1] Essa conferência está incluída no livro *Outros escritos*, organizado pelas professoras Lícia Manzo e Teresa Montero para a Editora Rocco. A edição comemorativa do centenário de nascimento de Clarice Lispector conta com um posfácio especialmente escrito para a ocasião por Nélida Piñon.

coisa mais profunda do que a carreira de escritor. É a própria vida dela. É o modo de se relacionar com a existência. O modo de indagar, revelar, o sentido da existência. Ser confundido com o profissional da literatura era uma coisa que ela não podia aceitar. Porque ela não era isso. Ela era um poeta no sentido mais puro e pleno do termo. [...] Em cada livro dela há uma busca mais profunda de ir além dos limites. É uma indagação sempre no nível em que a razão, a filosofia, não dá para responder. Lidar com os limites da existência. Ao dizer que não era escritora ela funda a literatura numa condição mais grave, mais importante do que vulgarmente se entende literatura" (*apud* Teresa Montero, *À procura da própria coisa*, 2021). Como chegar àquilo a que as palavras mal podem dar expressão? Na incessante busca que a move, a literatura de Lispector expõe a tensão viva do inacabamento, da incompletude do ser. Em torno da expressão difícil de apreender (um fulcro, uma radiação) gira toda a obra que se foi construindo a partir de interrogações fundamentais sobre "os limites da existência". A sobrevivência só é possível no ensimesmamento insuportável desse mesmo lugar gerador. E é nesse processo que emerge a interrogação sobre a escrita. Dentro dos próprios contos, dos romances, das crônicas. Ou nas cartas. Porque não há dissociações nem espaços laterais. Não há margens.

Em 1942, Clarice frequentou, na Casa do Estudante do Brasil, no Rio de Janeiro, um curso de antropologia ministrado por Arthur Ramos, um destacado intelectual. Quando chegou a Nápoles, em 1944, enviou a este professor, que muito a marcara, um cartão com uma breve e expressiva mensagem, na qual se destaca a metáfora da fonte: "Mando-lhe Narciso... e peço-lhe que me considere sempre inclinada à fonte, mas tentando enxergar alguma coisa na própria fonte e não tentando achar meu próprio rosto." Dois anos depois, já em Berna, escrevia a Tania: "No caminho em que eu entrei eu tenho que aprofundar ao máximo até meus defeitos, quanto mais tempo passar mais enfronhada eu deverei estar no que eu faço – só assim eu conseguirei um arremedo de perfeição. Só tenho na verdade interesse e esperança em certas pessoas, em conhecer certas pessoas. O mundo me parece uma coisa vasta demais e sem síntese possível." Os confrontos com o lugar da estranheza nestas conversas epistolares são a própria estranheza de si. É isso que acontece, afinal, em toda a sua literatura. O foco da observadora desvela a sua condição alienígena que põe em marcha continuamente a autoconsciência e a alteridade propulsoras.

ESTOU SENDO LITERÁRIA?

De passagem por Lisboa, a caminho de Nápoles, Clarice escreveu para as irmãs: "Não reparem nessa carta, que parece ter sido escrita amalucadamente. Mas é tão diferente de falar..." (7 de agosto de 1944). As cartas não substituem as conversas, mas também apontam coisas que nas conversas não são ditas. É numa carta para Elisa que Clarice, ao referir diferenças entre a correspondência e a conversa, lembra que há coisas que também não diriam frente a frente.

Sobre o estilo, a despeito das óbvias diferenças, desde logo surge a questão das afinidades discursivas e temáticas, que nos conduzem a uma dada aproximação entre as cartas e a obra. Como acontece na obra, também em relação às cartas não se pode dizer que estas conformem um registro de puro fato. As anotações sobre o quotidiano, sobre as empregadas ou a educação dos filhos, sobre a escrita ou sobre as contingências de edição e tradução, mesclam-se no mesmo plano com as notas sobre funduras inalcançáveis, sobre pequenas explosões de alegria ou sobre a dor de viver em ausência, sobre silêncios e perturbações. Estas não são cartas intelectuais de pura reflexão e de projeção de ideias ou programas de escrita.

Berna, 12 maio 1946 – domingo

Este é o sexto envio de cartas meu se não me engano. Digam com quantos dias estão recebendo. E se informem sobre os dias de aviões.

Minhas queridas:

Recebi há dias a segunda carta de vocês, que levou uns 15 dias para vir, aquela que vocês acrescentaram com as cartas do Maury e recortes de jornal. Pelo que eu vi vocês não tinham recebido nenhuma carta minha ainda e não dava mesmo tempo. Eu vi que por esse envelope pesado foram pagos 70 e poucos cruzeiros. Embora minha insistencia seja antipatica, peço encarecidamente que paguem as cartas com o dinheiro deixado ou pedido a dr. Mozart. Não vejo porque vocês hão de ter essa despesa enorme. Quanto mais que eu quero recortes e não acho que esse meu capricho deva custar tão caro. Por favor não esqueçam disso. Elisa, querida, suas férias complicadas... mas você se sente repousada? Estou anciosa para receber cartas e respostas às minhas sobre isso, sobre a saude de vocês. E William já está no Rio? Tania, escreva mais ou menos os resultados da viagem. As noticias sobre Marcinha são deliciosas. O estoque de gracinhas que eu colhi "in loco" me servem por muito tempo. Me lembro do castigo de comer numa mesinha ao lado no jantar e que ela terminou dizendo: até como mais descansada quando como sozinha, ninguem me amola. Marcinha está comendo mais depressa para ir ao colegio? – Maury está bem. Eu tambem. Eu tentei deixar de fumar. Acontece porem que se eu não fumar fico sem nenhuma coragem. Fico feito criança, de uma sensibilidade terrivel. Eu tenho resolvido muita coisa com um cigarro... Cigarro me dá paciencia. Mas estou fumando menos. Não sei se pelo cigarro ou porque gasto muito a cabeça pensando, repensando e me preocupando e resolvendo mentalmente todos os problemas, estou sem memoria. Alias o medico disse que estou perdendo fosfato. Fomos ver ontem de tarde um filme de Carmen Miranda e de noite encontramos uma pessoa que nos falou do filme e eu disse com a maior calma: é sim, nós vimos um dia desses esse filme. E fiquei boba quando "soube" que tinha sido nessa mesma tarde. Mas estou fumando menos. Mas como não fumar? ontem à noite por exemplo Maury estava inquieto e disse: estou precisando de calor humano... Então fomos visitar o ministro e familia. O calor humano é tão parco... Eu fumo então. Aliàs eles todos são ótimos. Só que são de outra especie absolutamente. A senhora é o tipo da boa senhora, de boa familia, simples, boazinha. Mas eu vivo me contendo para não abrir a boca porque tudo o que eu digo soa "original" e espanta. Quero explicar o "original". Esta senhora tem pavor de original. Fomos ver uma exposição de modelos de Viena (sem grande graça) e ela dizia: esse modelo é original mas é bonito. Falando de uma senhora ingleza que fazia muito esporte: ela é original, não gosto. Original é um palavrão. E quando eu quero dizer que não posso abrir a boca para não ser "original", quero dizer que se digo: que dia bonito, isso soa original. Quando falo aliàs eles acham muita graça, ficam espantados, riem. E tambem procuro não me revelar. Por exemplo, ela que é simples realmente, me disse: aquela casa de chá defronte do hotel me disseram que é mal frequentada. Isso me avisando depois de eu ter dito que ia là. A casa de chá é muito bonitinha, com gente honesta comendo doce. O que se chama "mal frequentada" é que não é frequentada pelos diplomatas e finuras da sociedade bernense. Então eu fecho a boca para não dizer que continuo a frequentar. Os outros são simpaticos tambem. Mas eu me encontro com eles nos pontos em que começo a mentir. O que não importa, afinal. O que eu estou tentando é negacear o emprestimo de meu li-

Muitos escritores exercem uma extrema vigilância sobre a imagem que pretendem legar, o que se reflete naturalmente nos respectivos epistolários, nos quais se impõe um registro discursivo também muito cuidado. Andrée Crabbé Rocha, em *A epistolografia em Portugal*, afirma que "a partir de certo momento, escrever com os olhos postos na posteridade torna-se quase inevitável. O que as cartas perdem então em frescura ganham em perfeição formal e em sentido. E avizinham-se, portanto, da literatura propriamente dita". Há autores em que é muito clara essa proposição, escritores que inclusive guardaram cópias das cartas enviadas. Quase tudo é programadamente literário. Em Clarice, na sua correspondência, encontramos um impulso de escrita marcado por uma dada espontaneidade que não mostra a construção da estátua. Nenhuma ideia de grandeza ou pose na escrita das cartas. Clarice foi a escritora que não cuidou das suas cartas para que viessem a ser reunidas postumamente em livro. Clarice não compôs a estante para a fotografia, como se pode ler numa crônica em resposta a uma amiga que lhe dera o conselho para que cuidasse da estante: "Mas realmente *je m'en fiche*. Brinco toda secreta de deixar que pensem o que quiserem. Como não tenho remorsos de ser realmente uma 'desfalcada' – em outras coisas me dói – estou pura para sentir o gosto do logro. É que também é muito bom enganar, conquanto que a pessoa não engane a si mesma. Só a poucos conto a verdade. No começo tentei dizer a verdade: mas tomavam como modéstia, mentira ou 'esquisitice'." ("Cultura.")

Mas é evidente que Clarice não permaneceu alheia à imagem de si como escritora. Existiram cuidados (que podemos também acompanhar nestas cartas) face à sua projeção enquanto autora, ou seja, relativamente àquilo que queria fazer, e àquilo que não queria fazer, em concreto, nas preocupações com o nome que empregaria para assinar determinados textos e para não assinar outros. Na volumosa troca de correspondência com Fernando Sabino encontram-se duas missivas de extrema importância pelas declarações em torno da questão da assinatura, em particular nas cartas do ano de 1953. Recorde-se o episódio à volta de uma proposta de Sabino, pedindo uma colaboração de Clarice para a revista *Manchete*, a ser integrada numa seção "sem responsabilidade literária." Apesar disso, é solicitada a assinatura e não um pseudônimo, recurso de que a autora já fizera uso, concretamente com Tereza Quadros, nome com que Clarice assinara as "páginas femininas" no jornal *Comício*, em 1952: "É mesmo impossível ressuscitar Tereza Quadros? Ela é muito melhor do que eu, sinceramente: a revista ganharia muito mais com ela – ela é disposta, feminina, ativa, não tem pressão baixa, até mesmo às vezes feminista, uma boa jornalista enfim. Se for mesmo impossível, tentarei assinar e tentarei um 'à vontade' quase insultuoso" (30 de agosto de 1953). A proposta de Fernando Sabino aponta agora uma situação nova. O sugerido "Bilhete americano" ou "Carta da América" pressupõe uma configuração híbrida – que ultrapassaria os estritos limites de uma escrita extremamente codificada, como acontecera com as "páginas femininas". Perante a insistência do amigo para que ela não usasse um pseudônimo, Clarice responde com uma contraproposta, solução de compromisso. Propõe-se assinar os textos com as iniciais do seu nome literário: "Fernando, veja se pode arranjar um modo de ficar assinando 'C.L.', sim? Por que não? E me escreva. Estou esperando carta sua. E não é a horrível C.L. que está esperando, é Clarice" (5 de outubro de 1953).

No fundo, Clarice é sempre Clarice. Nos romances, nos contos, nas crônicas. E nas cartas. Por isso estamos permanentemente a encontrar afinidades entre as interpelações ou reflexões expostas na sua correspondência e as falas das personagens dos seus livros: interrogativas, meditativas, intensas. Nas cartas, fala-se muito de morte e, mais do que tudo, de vida. A pulsão vital emerge do próprio ritmo de que se alimenta a escrita destes e dos outros textos.

VIAGENS, LUGARES

> "É engraçado que pensando bem não há um *verdadeiro* lugar para se viver. Tudo é terra dos outros, onde os outros estão contentes."
>
> (Carta para Elisa Lispector e Tania Kaufmann, Berna, 5 de maio de 1946)

Em Clarice, o lugar da carta começa por estar ligado às viagens, sobretudo as que a levaram à permanência de vários anos na Europa e nos Estados Unidos. A motivação maior das cartas, que decorre dessas viagens, é a distância da pátria, a ausência das pessoas que ama, das pessoas com quem ela quer estar.

EU PENSAVA ENCONTRAR COISA DIFERENTE: LISBOA

"Todo mundo é inteligente, é bonito, é educado, dá esmolas e lê livros: mas por que não vão para um inferno qualquer? eu mesma irei de bom grado se souber que o lugar da 'humanidade sofredora' é no céu." Estas palavras de desabafo foram dirigidas a Lúcio Cardoso, em setembro de 1944, pouco tempo depois de Clarice ter chegado a Nápoles. A carta apresenta uma síntese do percurso da sua viagem até a cidade italiana. A passagem por Lisboa suscitou comentários não muito abonatórios, nas cartas para o amigo como para as irmãs, refletindo o ambiente asfixiante da capital portuguesa, nesses anos, quando a guerra se aproximava do seu termo. Através do poeta Ribeiro Couto, que nesse período desempenhava funções diplomáticas na Embaixada do Brasil em Portugal, conheceu escritores e intelectuais e fez algumas amizades, concretamente com Natércia Freire, Maria Archer e João Gaspar Simões. Este escreveria mais tarde um interessante texto sobre o seu terceiro livro, *A cidade sitiada*.

O ambiente esnobe dos salões e a atmosfera cinzenta da cidade não lhe deixaram boas impressões, como relatou ao amigo, na mesma carta: "Como disse Maria Archer, o mal dos portugueses é a dignidade. Eu, pelo menos, não sei se pela situação especial de espera e ansiedade, experimentei um desassossego como há muito não sentia." Essa mesma sensação foi transmitida, em termos similares, numa carta para as irmãs, escrita um mês antes, no início de agosto, quando se encontrava na capital portuguesa: "Cheguei finalmente a Lisboa. Não me agradou. Eu pensava encontrar coisa diferente. O Rio é milhões de vezes mais bonito e mais cidade." Nesta mesma carta, falando do ambiente da cidade, tece uma breve e rara consideração de teor político sobre a situação ali vivida em tempo de guerra: "Aqui, como é neutro, veem-se cartazes de propaganda alemã, o que dá um aspecto pau às coisas. Mas em breve a guerra estará acabada. Quase todo o mundo aqui é pelos aliados."

Apesar de tudo, em Lisboa, gerou-se uma particular sintonia entre Clarice e Natércia Freire, de quem se tornou amiga: "As quatro horas que passamos juntas foram pouco para mim, por tudo o que tínhamos a dizer uma à outra. Mas um dia nos encontraremos de novo, vou ouvir muito e falar muito", escreveu Clarice, no início de 1945, num bilhete que praticamente apenas diz isto. No livro *Rio infindável*, publicado em 1947, Natércia Freire dedicou um poema a Clarice, no qual a chama de "Amiga e, num instante, minha Irmã." E muitos anos mais tarde, em dezembro de 1969, na sua página no *Diário de Notícias*, escreveria que "embora alguns de nós conheçam o nome de Clarice Lispector, a romancista brasileira de *O lustre*, poucos conhecem os seus livros. De resto, Clarice Lispector não é um escritor fácil. [...] A sua humanidade, extremamente afinada, alimenta-se de uma personalidade que, a cada instante, mais profunda e sofridamente, transcende." Embora não se tenham tornado a ver, a perspectiva do reencontro esteve sempre presente e a correspondência manteve-se (ainda que esporadicamente) pelo menos até 1972: a última carta de Clarice para a amiga portuguesa aqui apresentada remonta a março desse ano.

OUTROS LUGARES: DE NÁPOLES A WASHINGTON

A chegada a Nápoles deu-se ainda no período da guerra, se bem que na fase final. Esse fato refletiu-se na vida de Clarice, que morou no Consulado do Brasil, com outros funcionários do corpo diplomático, e refletiu-se em especial no modo como participou ativamente no apoio aos soldados da Força Expedicionária Brasileira que se encontravam na Itália a combater ao lado dos aliados. Se nesta cidade ela não teve o seu espaço, um quarto que fosse seu, para escrever, Clarice fez questão de colaborar em tarefas práticas, o que se lhe afigurou uma urgência. O apoio foi prestado no hospital militar americano, onde solidariamente ajudou os soldados brasileiros feridos em combate. As cartas para Elisa falam do seu empenho nestas tarefas: "Recebemos um convite para irmos a Florença e por causa de mim Maury recusou, pelo menos para já, porque não quero largar o hospital quando mal comecei" (25 de março de 1945). Também a Lúcio Cardoso fala do mesmo assunto: "Visito diariamente todos os doentes, dou o que eles precisam, converso, discuto com a administração pedindo coisas, enfim sou formidável. Vou lá todas as manhãs e quando sou obrigada a faltar fico aborrecida, tanto os doentes já me esperam, tanto eu mesma tenho saudade deles" (26 de março de 1945). Os dias de Nápoles são marcados pela paisagem física e humana da cidade e dos arredores. Inevitavelmente surgem as referências ao Vesúvio, à neve, vista aqui pela primeira vez, ou a um dos lugares que mais a encantou: Posilipo. Na mesma carta a Lúcio Cardoso, do dia 26 de março, referiu o arrebatamento: "Em grego quer dizer pausa da dor. A dor realmente fica um instante suspensa, tão doces

Berna, 8 maio 1946

Minha Tania querida,

acabo de receber carta sua, queridissima, de 22 de janeiro de 1946... Explico melhor: veio o caixote de alimentos da Italia e dentro estavam os oito livros e dentro, magicamente, sua cartinha, meu amor, que me fez feliz, emocionada. Você estava voltando das ferias. E você diz:"..... você que embora sustentando fortes lutas, às vezes, é capaz de tomar fortes resoluções ou fortes resignações". E me deseja entre mil coisas boas uma boa viagem ao Brasil... Eu tambem desejo uma boa viagem ao Brasil... Minha querida, você sempre me sustenta muito. E se eu infelizmente sou instavel, você é a coisa estavel que eu vejo e que me guia. Não você propriamente, mas meu amor eterno por você. Um dia desses Maury brincou de dizer de você que, certamente os livros não estavam no caixote porque você era avoada... Ele disse isso rindo para ver o que eu dizia. E mesmo sabendo que era brincadeira, eu fiquei meio seria e disse: você está me arranhando os olhos. - Eu estou bem. O tal vento que dá aqui e que faz mal a certas pessoas, me irrita às vezes, ao que parece - se é que eu preciso de vento para me irritar ou para voar... Mas tudo está bem. Estou trabalhando, mal ou bem; falta ainda o sentido do livro, uma razão mais forte para ele existir - aos poucos é que esta irá subindo à tona, à medida em que eu fôr trabalhando. O que tem me perturbado intimamente é que as coisas do mundo chegaram para mim a um certo ponto em que eu tenho que saber como encará-las, quero dizer, a situação de guerra, a situação das pessoas, essas tragedias. Sempre encarei com revolta. Mas ao mesmo tempo que sinto necessidade de fazer alguma coisa, sinto que não tenho meios. Você diria que eu tenho, atravez do meu trabalho. Eu tenho pensado muito nisso e não vejo caminho, quer dizer, um caminho verdadeiro. Talvez eu não esteja vendo o problema maduro, pode ser que a solução venha daqui a anos, não sei. - Querida, escreva, diga como você está, como vae a garganta. Como vae Marcinha, as adenoides. Como é que ela está aproveitando o colegio.* Tania, querida, se o colegio não é bom por algum motivo, não há necessidade de deixá-la là; ela pode ter um professor particular, quando for mais crescidinha, que lhe dê atravez da lingua uma noção do que ela é e nós somos, sem que seja preciso desde já marcá-la com uma diferença. Marcia é muito pequena, querida; não é necessario que lhe deem problemas desde já e que ela ouça desde já, atravez dos professores, historias tristes. Pense nisso, querida. Conversando com o Wainer e rememorando coisas, tambem ele achou que não era necessario desde logo ensinála coisas e que um professor particular mais tarde resolve.

Esta carta é resposta à sua de janeiro... E tambem para lhe dizer que não precisa telefonar para a srita. Maria Anita Castro Menezes pedindo para ela botar um livro na mala porque naturalmente esses que agora recebi bastam. (sobre a srita. Castro Menezes, do Ministerio, escrevi na carta anterior - talvez você queira "usá-la" para outro pedido futuro qualquer); Escreva sobre Elisa.

O Alfred Cortot vae dar um concerto aqui e tambem Yeudi Menuhim e tambem uma revista francêsa imoral... Vamos aos tres. Tem recebido carta de Suzana? quando é que ela volta? Tania, os livros de Fernando Sabino foram entregues? e meu livro para Araujo Castro, Nova York, que já tinha selo, e que eu não cheguei a deixar no correio... Querida, alimente-se bem, não abuse de nenhum regime, tome Fitina. Noticias sobre William? Um abraço enorme de sua sempre, recipe

Clarice

* Isso tudo se anula diante da notícia de que Marcia está contente.

Tania, acabo de receber carta de Elisa e sua, com recortes e cartas do Maury, datada no envelope de 23 de abril e dentro a sua de 21 e de Elisa de 14 — é a segunda carta escrita por vocês e recebida por mim. Levou 15 dias de viagem. E visivelmente vocês ainda não tinham recebido carta minha. Não respondo agora porque não tem tempo, o correio vae fechar. E só há aviões daqui a uns 3 dias. Diga a Elisa.

são as cores, tão sem selvageria, tão belo, tão belo é o lugar com mar, árvores, montanha. A minha impressão é quase ruim: há coisas bonitas em excesso, e parece que não tenho tempo ou força, o fato é que ficaria mais calma com uma."

Ao seu alcance, em Nápoles, estão as viagens a Roma e a outros lugares próximos. A estada na Itália foi também um tempo de abertura a múltiplas experiências artísticas. Além de ter conhecido diversos artistas plásticos e de ter frequentado alguns ateliês, Clarice visitou muitos museus. Numa carta às irmãs escrita em Florença, em 26 de novembro de 1945, ao relatar o que viu, manifesta o desejo de partilhar a totalidade do vivido, mas resta-lhe dizer o impossível. Como agarrar tudo, como transmitir os instantes que gostaria de compartilhar? A acumulação ("mil coisas", "tudo isso", "todas essas coisas") e a impossibilidade de descrição (a despeito das infinitas repetições do verbo "ver") conduzem ao inalcançável: "Todas essas coisas que eu vi me dão um certo tipo de experiência que talvez continue sempre indecifrável."

Berna é o lugar de um tempo difícil. Em várias cartas encontramos descrições magníficas, cheias de um humor contundente, como na carta de 5 de maio de 1946, "uma carta de domingo". Berna "é uma fazenda" e "dá vontade de ser uma vaca leiteira", escreve Clarice, para acrescentar: "O fato é que não se é a tal vaca, e fica-se olhando para longe como se pudesse vir o navio que salva os náufragos. Será que a gente não tem mais força de suportar a paz?" É inevitável fazer-se uma aproximação às crônicas sobre Berna e sobre a Suíça, muitas delas escritas anos mais tarde, em registro evocativo. Na filtragem dos fatos sobrevém o enigma, o tempo de dentro. Em 1947, as cartas de Berna continuam a falar das sombras, da aspereza dos invernos. Mas tudo renasce em cada batimento, em cada minuto de um tempo lento, muito lento. Em 1967, uma das crônicas do *Jornal do Brasil* receberá o nome "Suíte da primavera suíça" e outra, em 1970, chamar-se-á "Lembrança de uma primavera suíça".

Bluma Wainer, em setembro de 1946, escreveu a Clarice dirigindo um convite ao casal Gurgel Valente para que a visitassem em Paris, insistindo para que a amiga fosse, caso Maury não pudesse deslocar-se. A correspondência de Clarice também possibilita uma reconstituição de algumas destas viagens, durante o período suíço, e do impacto que produziram na autora: "Apesar de ter estado em Paris por um mês e parecer ter tantas novidades, o fato é que escrevo esta para pedir notícias e pedir que escrevam. Receberam minhas duas cartas de Paris? Lá fui muito a teatro, a uns doze; fui de novo ao Louvre, fui de novo ao museu Rodin, fui a muitas *boites de nuit*... Das mais loucas. Uma delas, chamada La Montagne, é frequentada por mulheres que gostam de mulheres. Outra, chamada La vie en rose, é frequentada por homens que gostam de homens... Conheci muitos brasileiros, como lhes disse. Fiquei mais amiga da Bluma, de quem já gostava muito. Ficamos amigos de Santiago Dantas. De Ceschiatti, o rapaz que ganhou o 1º prêmio de escultura moderna no Brasil" (carta para Tania, enviada de Berna, em 6 de fevereiro de 1947). Clarice viveu plenamente a efervescência da capital francesa no pós-guerra, a ponto de, a seguir a esta visita, desejar, mais do que tudo, o silêncio. Os relatos, repletos de humor, sobre a roda-viva do que foi a estada em Paris, são expandidos em outras missivas, concretamente para os amigos Lúcio Cardoso e Fernando Sabino.

O tempo de Inglaterra, no início da década de 1950, é um tempo transitório, mas, como ela escreveu a Tania, "de qualquer modo, apesar de Torquay ser tão chatinho, gosto da Inglaterra. A falta de sol, certas praias com rochas escuras, a falta de beleza – tudo isso me emociona muito mais do que a beleza da Suíça. Por falar nesta, cada vez mais a detesto. Espero nunca mais estar nela." E depois existe Londres. A capital, não ficando ao lado de Torquay, também não fica a uma distância incomportável. Londres é a cidade pela qual Clarice sente uma especial predileção, que raramente é verbalizada, nos mesmos termos, em relação a outros lugares. É também a cidade dos espetáculos de teatro. Em novembro de 1950, Clarice e Maury assistem a duas peças e numa delas participa um conhecido ator de cinema: Tyrone Power. Escreveu sobre ele às irmãs: "Eu pensava que ele devia ser o tipo do bonitão e do burrão. Ele é bonitão e nada burrão. Pelo contrário." Curiosamente, alguns anos mais tarde, nos Estados Unidos, Clarice iria interagir com o famoso ator. Esse encontro foi descrito com detalhe e graça numa carta para os cunhados Eliane e Mozart Gurgel Valente (26 de fevereiro de 1955).

Foi no ano de 1952 que ocorreu novo deslocamento, desta vez para Washington, onde a escritora residiria até ao regresso definitivo ao Brasil, em 1959. Também esta cidade está longe do modelo de urbe que mais a toca. Isso mesmo é explicitado numa carta para Helena Valladares e Fernando Sabino, de 2 de fevereiro de 1953: "É bonita, segundo várias leis de beleza que não são as minhas. Falta bagunça aqui, e não compreendo cidade sem certa confusão. Mas enfim, a cidade não é minha." Mais tarde, em termos que se aproximam da visão aqui sucintamente enunciada, os textos sobre Brasília revelarão um manifesto contra a cidade programada, que é o avesso da cidade ideal, aquela em que Clarice se revê, como o Rio de Janeiro, donde brota uma energia anárquica.

Foi em Washington que nasceu o segundo filho da escritora, Paulo, em 1953. Neste período "americano", destaque-se a amizade que estreitou com o escritor Erico Verissimo e família, assim como com Fernando Sabino e com Rubem Braga. Em 1956, terminou nesta cidade o romance *A maçã no escuro*, um dos seus livros mais ambiciosos. Contudo, dificuldades sucessivas nos contatos com as editoras fariam com que o romance apenas fosse editado em 1961.

Tudo é errância, mesmo antes da partida para o estrangeiro, assim como após o regresso. As cartas deixam adivinhar isso mesmo. A errância faz-se sentir profundamente nos domínios essenciais: da situação que biograficamente marca a vivência da escritora até as mais fundas consequências que se manifestam no plano da escrita. Nasce em trânsito numa terra que ecoa na sua própria voz como nome estranho e mitificado (Tchetchelnik). Chegada ao Brasil com um ano e três meses, viveu a sua primeira infância no Nordeste, lugar cuja presença se irá impor nos últimos textos. Nesse estar não estando, o seu mergulho cego é na língua. Não mental, mas anímico. As fronteiras impõem categorizações, distinções genológicas ou conceituais. No universo de Lispector, tudo escapa.

É interessante observar como nos primeiros textos (concretamente nos romances) predominam as referências aos lugares abstratos, topônimos mais ou menos motivados, numa direção alegórica, como a "Granja Quieta", de *O lustre*, as terras sem nome, em *Perto do coração selvagem*, ou os espaços intensivamente desérticos, de *A maçã no escuro*, que figuram a própria abstração. Das vagas alusões a cidades com existência empírica, mas com uma função lateral, passaremos a encontrar as personagens, nos romances seguintes, movendo-se na cidade do Rio de Janeiro, espaço que ocupa agora uma função de relevo nas narrativas. Este quadro explicitador coincide com o regresso de Clarice à cidade de onde partira. E, no entanto, como a própria autora, também as personagens se enfrentam a si mesmas e ao mundo, num trabalho de despojamento, em direção a um lugar mais fundo: G.H. num espaço estranho, dentro do seu apartamento (*A paixão segundo G.H.*); Lóri consumando o adiado ato de entrega, num sítio não familiar (*Uma aprendizagem ou o livro dos prazeres*); Macabéa perdida de si mesma, na cidade dos outros (*A hora da estrela*).

EU SOU UMA POBRE EXILADA

A maior parte das cartas expõe uma falha incomensurável e um desejo de preenchimento, que recorrentemente recebe, por sinédoque, o nome de "Brasil". Tudo isso são as cartas para as irmãs, enviadas da Europa e dos Estados Unidos, mas isso ocorre em cartas para outros correspondentes. Mesmo para pessoas menos próximas, ela dirige o apelo, impulso voraz que a leva a solicitar cartas continuamente. Pouco tempo depois de ter chegado a Nápoles, escreveu a Natércia Freire, em resposta a uma carta da poetisa portuguesa, de quem se tinha tornado amiga, na breve passagem por Lisboa, antes de partir para Itália: "Deus meu, Itália é muito bonita, naturalmente." O lugar-comum é apontado provavelmente para reforçar o que Natércia Freire lhe teria dito, conforme prossegue Clarice: "Há dias em que eu própria descubro isso e esses são grandes dias. Nos outros, ou não me lembro da Itália ou então o que é pior, eu me digo: pois bem, isso é a Itália; e daí? Mas isso são divagações; o que importa é que não recebo cartas de casa desde que saí do Brasil. Não sei o que imaginar. Pelo menos você me escreva quando tiver oportunidade." A carta seguinte, neste volume, enviada às irmãs, começa assim: "Já mandei tantas cartas e não recebo nenhuma. O que acontece afinal?" (30 de setembro de 1944).

Todo o tempo em que permanece fora, alimenta o sonho do regresso: "Meu desejo é sobretudo estar aí, no Brasil", escreve numa carta para Elisa, em novembro de 1944. Oito dias depois, nas palavras dirigidas à mesma interlocutora, agiganta-se o nome da terra desejada: "Eu sou uma pobre exilada. Você não imagina como longe do Brasil se tem saudade dele. Sou capaz de escrever um novo Brasil, país do futuro..."[2] Em Clarice, o exí-

[2] Clarice se refere aqui ao livro *Brasil, um país do futuro*, do célebre escritor austríaco Stefan Zweig, publicado inicialmente pela Editora Guanabara, em 1941, e hoje integrante do catálogo da L&PM Editores. Esta edição conta com prefácio assinado por Alberto Dines, criador e primeiro diretor da Casa Stefan Zweig, derradeira residência do escritor em Petrópolis.

lio é, passa a ser, ou sempre foi sobretudo interior e não determinado por qualquer tipo de deslocações no espaço. A caminho da Europa, numa paragem em Argel, escreveu para as irmãs: "É engraçado como, ficando pouco em lugares, eu mal vejo. Acho a natureza toda mais ou menos parecida, as coisas quase iguais. Eu conhecia melhor uma árabe com véu no rosto quando estava no Rio" (19 de agosto de 1944). E acabada de chegar a Nápoles, dirigindo-se às mesmas destinatárias, sintetizou: "A vida é igual em toda a parte e o que é necessário é a gente ser a gente" (30 de setembro de 1944).

Clarice desloca permanentemente o lugar onde está para o lugar onde desejaria estar, como busca de uma terra firme. Aquilo que na sua obra pode ser lido como um não-lugar tem por trás o impulso do mais profundo enraizamento. Na correspondência, o tempo que tem início com a partida para a Europa é o tempo dos dias vividos em função do regresso. Numa carta enviada a Mafalda Verissimo, em 14 de agosto de 1954, escrita em Teresópolis, quando de uma das idas ao Rio de Janeiro, no período em que morava em Washington, Clarice falou da cidade, falou do Brasil e falou de coisas não totalmente ditas, coisas de uma grande cumplicidade e de um entendimento maior entre as duas amigas. As lembranças são sempre projeções do vivido naquilo que se desejaria viver. No momento em que parece já não reconhecer a cidade que ocupou sempre o centro do desejo dos seus dias exilados, inventa um Rio de Janeiro. Entre o passado e o presente, nessa imagem sua, encontra-se o lugar que continuará a desejar: "Ainda não absorvi o Rio, sou lenta e difícil. Precisaria de mais alguns meses para entender de novo a atmosfera. Mas que é bom, é. É selvagem, é inesperado, e salve-se quem puder." E acabada de regressar a Washington, depois desta pausa, escreveu aos cunhados Eliane e Mozart Gurgel Valente, em 23 de setembro, referindo o estado que toma conta dela nesses regressos: "Tão tonta e feliz eu fico no Rio"; "Chegando ao Rio é como se eu tirasse um sapato apertado." O tema Brasil está tão presente que, dois dias depois, voltou ao assunto, com o seu humor requintado, numa carta a outro interlocutor próximo, Fernando Sabino: "Para mim, sair do Brasil é uma coisa séria e, por mais 'fina' que eu queira ser, na hora de ir embora choro mesmo. E não gosto que me vejam assim, embora se trate de lágrima bem-comportada, de lágrima de artista de segundo plano, sem permissão do diretor para arrumar os cabelos..."

Numa entrevista a Leo Gilson Ribeiro, após o regresso definitivo, encontramos uma resposta que poderia ser a transcrição de um trecho das suas cartas: "Eu vivia mentalmente no Brasil, vivia 'emprestada'. Simplesmente porque gosto de viver no Brasil, o Brasil é o único lugar do mundo em que não me pergunto, assombrada: afinal de contas o que é que eu estou fazendo aqui, por que estou aqui, meu Deus. Porque é aqui mesmo que tenho que estar, que estou enraizada" (*Correio da Manhã*, 21 de março de 1965). Nas cartas das décadas de 1960 e 1970, essa tônica (o grande vazio nunca preenchido) também se faz sentir nas palavras que Clarice endereçou a pessoas de quem sentia falta: "Estou sentindo falta de você muito maior do que eu sabia que ia sentir. Parece que se criou um pequeno vácuo na minha vida, e ninguém consegue preencher nem de longe a sua vaga" (carta para Marly de Oliveira, 11 de julho de 1968).

O MEIO NÃO ME INTERESSA, AS CONVERSAS NÃO ME INTERESSAM, OS PROBLEMAS DELES NÃO ME INTERESSAM

A vida de mulher de diplomata implicava relacionamentos e sociabilidades, a par dos contratempos vivenciados, coisas que não correspondiam às idealizadas projeções de uma intensa vida de escritora. Em parte, o sentido do "exílio", por si mesma reportado ao período em que viveu fora do Brasil, decorreu do fato de Clarice não se rever nem se realizar nesse papel. E, no entanto, representou com mestria e elegância aquilo que o referido papel lhe solicitava. Chegou a dizer isso nas cartas. Embora, com o tempo, começasse a ficar cada vez mais impaciente em relação ao meio. Há um trecho numa carta para as irmãs que sintetiza o mal-estar: "Cada vez gosto menos de festas, é um sacrifício. Só vou ao que é estritamente dever, isto é, vou quando é caso de ir ou de causar encrenca ou muitas explicações. O meio não me interessa, as conversas não me interessam, os problemas deles não me interessam. Dar jantar em casa é outro sacrifício" (Washington, 18 de outubro de 1956). Como não lembrar um dos seus acutilantes textos breves intitulado justamente "Crônica social", no qual a dado momento se lê: "Depois, entre conhaque, licores e fumaças, a perfeição esticada cada vez mais tênue, cada vez mais tênue, o melhor é voltar depressa para casa e o eu suspirar aliviado. Está cada vez mais tênue. Esporte perigoso esse."

Contudo, esse mesmo meio também lhe foi proporcionando um tempo de concentrações, o tempo largo para a leitura e para a escrita, assim como uma viva e estimulante roda de contatos literários e artísticos. Nas cartas, ela mesma se reportou às suas vivências contraditórias nesse universo. Entre o enfado e as contrariedades, alguns atalhos, lugares de fuga e interesse, foram surgindo. Por exemplo, de Nápoles, logo em 1944, em cartas para Lúcio Cardoso e para a irmã Elisa, referiu o encontro com Zina Aita, uma pintora que tinha participado da Semana de Arte Moderna de 1922 e estava radicada na Itália. No final do ano de 1945, Clarice continuava a falar às irmãs sobre o seu efervescente mundo, repleto de inquietações, dando a conhecer encontros com pessoas marcantes. São muito expressivas as referências a nomes destacados do meio artístico europeu, em alguns casos, personalidades ligadas às vanguardas, como escreveu em carta a Tania: "Tenho conhecido muitas pessoas interessantes, como uma grande pintora, Leonor Fini." Nas trocas epistolares com os amigos escritores relatou informações sobre nomes famosos ligados à literatura. Por exemplo, de Washington, escrevia a Rubem Braga, em 1954: "Conheci num jantar um homem da National Gallery, muito interessante, amigo de Ezra Pound e do Saint-John Perse. Diz que Pound está com uma maravilhosa tradução de Confúcio pronta para ser publicada. Diz que Pound, estando repousado, é lúcido, mas quando está cansado começa a devanear. Quanto a St. John Perse, está escrevendo um longo poema, anda com insônia e foi passar uns tempos na Flórida (ou Califórnia) porque lhe disseram que lá se dorme bem..." E importa igualmente relembrar que alguns dos nomes com quem entabulou as mais estimulantes interlocuções epistolares no plano literário e pessoal ocorreram no âmbito das relações do meio diplomático. Para além do destinatário desta carta, Lauro Escorel, Fernando Sabino, Erico Verissimo ou João Cabral...

O desejo de entrega absoluta à literatura é um ardor, mas também uma autoconsciência crítica. Disse numa das confissões às irmãs que bebeu demais na literatura, o que lhe teria dado a vantagem de se ter tornado menos vulnerável aos efeitos da contemplação do mundo. As intrínsecas contradições alimentam-na permanentemente.

O PRESENTE HISTÓRICO

Os anos vividos no estrangeiro, a acompanhar a carreira diplomática do marido, proporcionaram igualmente a Clarice Lispector encontros com figuras públicas, em concreto nomes associados à política. Alguns desses encontros ecoaram nela a sua precedente atividade enquanto jornalista que, com a saída do Brasil, tinha ficado entre parênteses. Ainda em Belém, cruzou-se com a Sra. Roosevelt, como relatou com entusiasmo à irmã Tania, em carta de 18 de março de 1944: "Fomos convidados para recebê-la no aeroporto e para ir a uma recepção dada a ela. [...] No dia seguinte ela deu entrevista coletiva à imprensa e eu fui, mandei noticiário telegráfico para *A Noite*, mesmo estando de licença, porque não queria perder a chance." Já em Berna deu conta também a Tania da visita de Eva Péron à Suíça, de uma recepção e das reações negativas nas ruas: "Ela é muito bonita mesmo, e deve andar ligeiramente desgostosa em ver que nem todo mundo gosta dela..." (7 de agosto de 1947). Conviveu de perto com políticos brasileiros que admirava, como Vasco Leitão da Cunha e San Tiago Dantas, referidos nas cartas para as irmãs. E, ainda, Alzira Vargas do Amaral Peixoto, filha de Getúlio Vargas, de quem se tornou próxima. Em fevereiro de 1958, antes da habitual forma de se dirigir às irmãs ("Minhas queridas"), apresenta uma advertência: "Cuidado com esta carta." Trata-se de uma missiva carregada de questões sobre problemas de relacionamento, em concreto face ao modo de lidar com Alzira do Amaral Peixoto, na ocasião, mulher do embaixador do Brasil em Washington. Clarice não queria de maneira alguma ser beneficiada em qualquer aspecto pela influência da amiga.

O retrato que De Chirico fez de Clarice constitui um lugar-comum obrigatório na biografia da autora. Recorde-se que, para além da relevância que o nome do artista comporta, acontece que, por outras razões, a própria narrativa sobre o momento em que posava para De Chirico contribuiu para a fixação do traço mitificador. Nesse momento, no ateliê, Clarice ouviu o grito de um ardina na rua: *È finita la guerra!* O relato pode ser lido numa carta enviada de Roma para as irmãs a 9 de maio de 1945. Três meses depois, observava que estranhou as reações diminutas ao fim da guerra, por parte dos italianos, para de imediato tecer considerações sobre o mundo artístico, manifestando o seu apurado sentido crítico em matéria estética. Foi numa carta para Elisa que escreveu: "E por falar em bomba atômica, o fim da guerra no mundo abalou os italianos: ninguém ligou muito, não houve festejos nem alegria. Essa 'terra de artistas' está meio indiferente, ao que parece. E por falar em 'terra de artistas', tem aqui artista medíocre que não é vida. É possível + do que em qualquer parte, porque aqui o pessoal tem muita facilidade de cantar, pintar, poetar, sei lá" (Nápoles, 22 de agosto de 1945).

A CARTA, A CRÔNICA

Relativamente às décadas de 1960 e 1970, não encontramos neste livro um número de cartas idêntico ao das décadas anteriores, que nos ajudariam a traçar um retrato como aquele que pode ser reconstituído a partir das missivas desses anos 1940 e 1950. E, no entanto, o que fica por dizer em relação à escassez de cartas das duas últimas décadas de vida de Clarice talvez se equilibre com as suas próprias afirmações em entrevistas e, sobretudo, nas crônicas que escreveu para o *Jornal do Brasil*. Se as cartas do período em que viveu no estrangeiro conformam um conjunto que leva a que, em função da continuidade, possamos fazer uma aproximação ao registro diarístico, o mesmo ocorre com as crônicas no *JB*. Exemplos óbvios são os textos publicados nessa coluna, em datas como 21 de dezembro de 1968 ou 24 de dezembro de 1971, que revelam a adequação a momentos celebrativos no calendário.

A relação entre a crônica e a carta proporciona diálogos muito estimulantes. Facilmente se encontram nas cartas fragmentos que, de certa forma, se podiam autonomizar e ser publicados como textos breves, à semelhança dos que foram recolhidos em "Fundo de gaveta", a segunda parte de *A legião estrangeira*, na sua primeira edição de 1964, ou em *A descoberta do mundo*. Penso,

Berna, 12 fevereiro 1949

Meu caro João Cabral,

meu coração bateu de alegria quando vi que você tinha entendido que eu pedia ajuda. Disfarcei como pude o pedido, não por amor-próprio mas porque, não sei, por encabulamento. Ainda me lembro, quando eu era pequena resolvi um dia me encher de coragem e pedi a uma menina um bracelete que ela usava. Resposta espantada e ofendida: "Tá doida, bichinha, isso é de ouro!" E se você me respondesse assim? porque é de ouro também. Mas já que você não usou a humilhante fórmula, peço-lhe explicitamente ajuda... A coisa está ruim mesmo. Renovar-se, está bem. Mas como? Renovar-se não é sobretudo matéria de vida? e então? então nada. Não não tenho riqueza nenhuma, não tenho nenhuma escolha. E você não tem pobreza. Só que o que eu "invento" vem cercado de mil bobagens com boa aparência, e o que você "inventa" já é o essencial. Meu luxo é triste, sua pobreza é farta. Agora não estou trabalhando, vou ver se refaço o coro dos anjos, falarei dele daqui a pouco. Trabalhar está tão duro. Um escultor tem a matéria a título de exemplo, no parágrafo inicial de uma carta enviada a Fernando Sabino, em 25 de outubro de 1954. Esse parágrafo poderia ter sido publicado com o título: "Não ter nada o que dizer." A leitura das cartas de Clarice torna claro como estas apresentam, em vários trechos, marcas que as aproximam do registro de algumas das obras da autora, sem que, como foi observado, ela pretendesse, em momento algum, escrever cartas literárias. As aproximações decorrem de uma respiração, de um modo seu de estar na literatura.

Após o regresso ao Rio, vinda de Washington, na primeira carta aqui antologiada, de julho de 1960, Clarice dirige-se a Oscar Mendes, na época ligado à prestigiada Editora Itatiaia, de Belo Horizonte. A escritora sondou o professor e crítico sobre o interesse deste em publicar o seu livro *A maçã no escuro*, terminado quatro anos antes. No fecho da missiva, a acompanhar um pedido de resposta, Clarice indicou o seu endereço e também o seu número de telefone. A partir daqui as comunicações dentro do Brasil passariam naturalmente a ser feitas em grande medida com o auxílio do telefone. Isto explica, em parte, o número muito inferior de correspondência relativa às décadas de 1960 e 1970. Um reflexo da relevância do telefone na vida e na obra da autora é palpável no romance *Uma aprendizagem ou o livro dos prazeres*, publicado em 1969, assim como em muitas das crônicas do *Jornal do Brasil*. No romance, em que se impõe uma linearidade expectante, a presença deste meio de comunicação adequa-se intimamente ao entrecho, na marcação ou na desmarcação de encontros, no pedido de conselhos.

A ansiedade agora não é provocada pela espera das cartas. O lamento é pelo telefone que não toca. Num texto de *A via crucis do corpo* (1974), podemos descortinar um autorretrato da escritora. "Por enquanto" constitui uma paragem nas histórias que se contam para se proceder a uma reflexão sobre a tarefa do escrever essas mesmas histórias que o livro incorpora. A personagem narradora está sozinha a trabalhar e este traço é enfatizado: "O telefone não toca. Estou sozinha. Sozinha no mundo e no espaço." Assinala-se obsessivamente o avanço do tempo, a passagem da hora em que o texto se escreve, que pretende delimitar a progressão e as interrupções do trabalho. No interior das cartas, dos anos 1970, são recorrentes as referências sobre o lugar que o telefone passou a ocupar na sua vida. Em fevereiro de 1971, desabafava em carta para o seu filho Paulo, que se encontrava em Montevidéu, em visita ao pai, onde este desempenhava as funções de embaixador: "No sábado de Carnaval a rua Gustavo Sampaio ficou sem telefone em funcionamento e não fizeram nada até hoje, me atrapalhando bastante a vida." E em várias das missivas deste período ocorrem menções a esse meio de comunicação: "Fiquei sentida de vocês estarem no Rio e não me procurarem, nem sequer pelo telefone", escreveu a João Cabral, em março de 1971; no fecho de uma carta a Mora Fuentes, em maio de 1974, anotou: "E quando você vier me ver, antes me avise porque eu posso estar viajando, e me telefone: meu telefone é: 237-6792. Eu tenho a impressão de que vou receber você vestida de branco."

Para além da marca diarística patente em muitas das crônicas que semanalmente Clarice escreveu para o *Jornal do Brasil*, importa referir o modo como a sua interlocução com os leitores assume, em diversos aspectos, a expressão de pendor epistolar, em alguns lugares explicitada, em outros indiretamente depreendida. Como se nestas crônicas reunidas postumamente pudéssemos enfim ler muitas das cartas que, ao longo das décadas de 1960 e 1970, Clarice foi escrevendo.

No dia 14 de novembro de 1970, publicou um esclarecimento aos leitores que lhe escreviam cartas: "Recebo inúmeras cartas e infelizmente não tenho tempo de respondê-las, nem tenho secretária. Quanto a respondê-las neste espaço que o *Jornal do Brasil* me concede, devo dizer que o fiz umas duas vezes.

Mas com toda razão Alberto Dines me disse: se você utilizar o espaço para correspondência não haverá mais lugar para um só texto. É pena, porque é útil manter um contato mais direto com os leitores e gosto muito de receber cartas: leio-as com atenção e carinho." Na verdade, para além de referências pontuais a missivas que foi recebendo, como é caso de uma carta de Fernanda Montenegro, a quem pediu autorização para a divulgar naquele espaço, há dois momentos em que Clarice se centrou especificamente na leitura e na resposta a mensagens de leitores: "Sentir-se útil" / "Outra carta" e "Correspondência".

Em algumas destas respostas Clarice falou da coisa literária. Recorto da crônica "Sentir-se útil" (24 de fevereiro de 1968) uma expressiva nota profundamente reveladora do seu modo de encarar a literatura: "Não fiquei contente por você, H. M., falar na beleza de minhas contribuições literárias. Primeiro porque a palavra *beleza* soa como enfeite, e nunca me senti tão despojada da palavra beleza. A expressão 'contribuições literárias' também não adorei, porque exatamente ando numa fase em que a palavra *literatura* me eriça o pelo como o de um gato." Em "Correspondência" (29 de junho de 1968), Clarice respondeu a muitas cartas tratando dos mais diversos assuntos sobre os quais foi interpelada, que iam da literatura às questões pessoais ou às questões do momento histórico e político. A escrita desta crônica coincidiu com a sua participação numa manifestação de protesto no Rio de Janeiro contra a ditadura, quando acompanhou vários artistas e intelectuais até ao Palácio Guanabara para pedir explicações ao governador Negrão de Lima sobre atos de violência da parte da polícia. No dia 26, participou igualmente da célebre "Passeata dos Cem Mil". Escreveu Clarice: "Vocês todos que não tiveram a oportunidade de participar da passeata de quarta-feira, dia 26, não sabem o que perderam como espetáculo de amor, fé e solidariedade humana, e protesto profundo. Nós, que fizemos parte da ala dos intelectuais, estávamos unidos à dos artistas e sobretudo à dos estudantes. E honramos a palavra que demos ao governador Negrão de Lima: foi uma passeata pacífica que clamava pelos direitos do povo, mas respeitosamente." E antes, respondendo a uma carta de um leitor, um estudante chamado Élcio Ferreira dos Santos, escreveu: "Os estudantes estão gritando em todas as partes do mundo, Élcio. E eu grito com eles."

A MÁQUINA, A MÃO

Sentada na escrivaninha ou no sofá, com a máquina no colo, no lugar onde esboça os seus contos, e onde se demora na elaboração dos romances, em Nápoles, em Berna, em Torquay, em Washington ou no Rio de Janeiro, Clarice escreve também as suas cartas. A luz do abajur ilumina as palavras, recorta os dias escritos nas folhas. Ela interroga os interlocutores, quer saber o que se passa no Brasil, quando está fora, interroga-se sobre tudo, nesse tempo, no tempo de antes da partida, e após o regresso ao Rio de Janeiro.

Muitas vezes são referidas as circunstâncias, que tornam mais vivo e mais presente o momento da escrita: "Minha querida, fui deixar para escrever hoje para poder contar o que visse no Vesúvio. E agora tive que escrever um pouco às pressas porque soube que a mala fecha daqui a pouco" (carta para Elisa, 19 de março de 1945). Alguns meses depois, ainda em Nápoles, confidenciava à mesma interlocutora: "Estou lhe escrevendo à mão porque tem aí uma pessoa a quem eu mandei dizer que não estava, e então não quero bater à máquina para não me trair. E como a pessoa demorará..." (24 de julho de 1945).

As contingências associadas aos momentos da redação das cartas condicionam também os ritmos da escrita. Encontramos, de vez em quando, no interior das próprias missivas, notas sobre as interrupções e sobre a sua retomada algumas horas depois ou algum dia depois: "Vou interromper um pouco porque me chamaram para o almoço. Já voltei. Almocei. Estou mastigando chicletes – e quando se mastiga chicletes tudo fica mais fácil e mais americano" (carta para Elisa Lispector, 29 de janeiro de 1945). Ocorrem mesmo situações em que é explicitada na folha a indicação de uma data e, mais à frente, outra informação acrescentada; por exemplo, numa carta para as irmãs: "14 de abril 1946"; "15 de abril, segunda-feira (continuação da carta da véspera)".

O presente livro reproduz somente alguns fac-símiles, contudo, as cartas revelam aspectos que nos permitem reconstituir a materialidade da sua escrita. Há referências à máquina de escrever, mas também às cartas redigidas à mão, às canetas que usou, à facilidade ou aos obstáculos encontrados: "A caneta está horrível, mal consigo escrever", desabafa numa carta para as irmãs, enviada de Torquay, pouco tempo depois de ter chegado a esta cidade inglesa, no início de outubro de 1950. Percebe-se que o modo dominante é o da escrita à máquina, o preferido por Clarice. São múltiplas as anotações no corpo das próprias missivas com indicações relativas ao processo: "A máquina está se consertando, tenho que escrever cuidadosamente à mão, o que detesto" (carta para Tania, 22 de outubro de 1947). Também se depreende que a dominância da escrita à máquina decorrerá do fato de, no seu trabalho criador, Clarice privilegiar este meio: "Escrevo-lhe de saudade e amor, enquanto Hulda Pulfer arruma de novo o quarto e eu de novo estou junto da máquina e interrompo meu trabalho rude que é tão duro como quebrar pedras, para lhe escrever e repousar" (carta para Tania, Berna, 1º de julho de 1946).

A relação com a máquina de escrever é tematizada no plano das ideias e também no plano da própria funcionalidade, como, por exemplo, quando a fita começa a falhar, quando a própria máquina se mostra deficiente e quando desobedece, decidindo escrever outra coisa: "Estou hoje um pouco confusa e sobretudo a fita da máquina não dá mais nada e está chovendo, eu não quero sair para comprar outra [...] Vou tentar completar a tinta o que a máquina negou ao papel. Um abraço para você, seja feliz" (carta para Lúcio Cardoso, março de 1944); "Hoje é domingo, felizmente de novo pé de chachimbo (em vez de cachimbo a máquina escreveu chachimbo, o que é muito mais elegante e muito mais próprio para este domingo – na verdade parece que eu ia escrevendo pé de chato, o que é mais certo)" (carta para Elisa Lispector, 7 de janeiro de 1945). A máquina também é diversas vezes referida como via clarificadora da grafia e das ideias: "Ratinho curioso, perdoe essa carta desconexa e insegura. Além disso, prometo escrever à máquina, da próxima vez" (carta para Maury Gurgel Valente, 2 de janeiro de 1942). Talvez não tenha sido por acaso que, numa das últimas crônicas no *Jornal do Brasil*, intitulada "Propaganda de graça" (15 de dezembro de 1973), Clarice tenha falado sobre o lugar da máquina na sua vida de escritora: "Escrevendo praticamente a vida toda, a máquina de escrever ganha uma importância enorme. Irrito-me com esta auxiliar ou então agradeço-lhe fazer o papel de reproduzir bem o que sinto: humanizo-a."

Importa lembrar, a propósito, que em Clarice Lispector o escrever com a máquina no colo constitui um traço biográfico relevante, fixado em alguns lugares, concretamente em entrevistas e registros fotográficos. Sobre essa prática ela também falou nas crônicas: "Uso uma máquina de escrever portátil Olympia que é leve o bastante para o meu estranho hábito: o de escrever com a máquina no colo. Corre bem, corre suave" ("Gratidão à máquina", janeiro de 1968). Uma carta singular compilada neste volume fala de importantes aspectos complementadores sobre os processos de escrita, que reforçam o biografema da escritora que trabalhava com a máquina no colo. Trata-se de um "Bilhete aberto" que Clarice dirigiu ao crítico e professor Edgar Pereira, a respeito de um texto publicado no *Suplemento Literário de Minas Gerais*, no qual o referido professor se reportava a afirmações de Clarice numa entrevista: "A entrevista de um modo geral era fiel mas distorceu minhas palavras em certo trecho, trecho este que o senhor transcreveu nesse Suplemento. Refiro-me à afirmativa de que eu teria dito que, quando escrevo, caio em transe ou coisa semelhante. Eu não disse isto simplesmente porque não é verdade. Jamais caí em transe na minha vida. Não psicografo nem 'baixa' em mim nenhum pai de santo. Sou como qualquer outro escritor" (13 de setembro de 1975). Clarice termina o esclarecimento em forma de carta, que foi publicado no jornal mineiro, em 11 de outubro de 1975, com indicações preciosas sobre o modo como trabalhava: "O processo de gestação se faz sem demasiada interferência do raciocínio lógico e quando de repente emerge à tona da consciência vem em forma do que se chama inspiração. Na verdade, menos do que muitos escritores que conheço, quando escrevo, eu o faço sem procurar circunstâncias especiais, ambiente propício ou mesmo isolamento. Habituei-me a trabalhar sendo interrompida por telefonemas, cozinheira e crianças." Uma das mais belas fotos de Clarice, assinada pela fotógrafa Claudia Andujar, captada no primeiro apartamento onde morou no Leme, na rua General Ribeiro da Costa, logo após o seu regresso de Washington, fixou Clarice sentada no sofá justamente com a máquina ao colo.

(ESTOU RINDO)

Em 1961, quando no Brasil circulava uma certa imagem de Clarice como escritora enigmática, é particularmente expressiva uma resposta sua, numa entrevista concedida a Esdras do Nascimento, quando este aborda a questão. O jornalista deu-lhe conta das versões que corriam a seu respeito, resultantes, em parte, do fato de ela ter vivido muito tempo fora e de não frequentar o meio literário. Havia quem dissesse que ela não existia, que era pseudônimo de alguém que morava na Europa ou que seria um homem, um diplomata: "Clarice ri muito quando ouve as estranhas versões a seu respeito: '– Meu Deus, que foi que eu fiz? De onde vem essa lenda? Qualquer dia desses eu me convenço de que não existo mesmo, de que não me corporifiquei. Entro no quarto, para cuidar das crianças, me vejo no espelho, dou um grito e saio correndo de medo, medo de mim mesma.'"

Em geral, fala-se pouco do humor em Clarice. É um dos traços da sua escrita, talvez mais perceptível em alguns textos, como as crônicas, mas que podemos destrinçar em toda a obra, e que é particularmente visível em muitas das cartas que escreveu. Fico com a impressão de que essa marca é mais nítida na correspondência da década de 1940 e que se vai tornando menos evidente à medida que se avança no tempo; ainda assim, o humor chama a atenção das primeiras às últimas cartas reunidas neste volume. Encontramos momentos extraordinários, de uma estreita associação entre o humor e a inventividade, como na missiva sobre hipotéticos nomes para o primeiro filho, quando Clarice ainda estava a se recuperar do parto no hospital: "Minhas irmãzinhas queridas, estou com saudade de vocês. Vou ensinar Pedrinho a gostar de vocês tanto quanto eu gosto. Ele se chama também Gildo, porque é muito glamouroso. E também se chama Kina-Redoxon, que é o nome de um bom remédio contra gripe."

Nas cartas, o humor ajuda a tratar de temas mais sensíveis. Clarice foi a primeira na família Lispector a casar com um homem de fora da comunidade judaica. As questões culturais e religiosas são mais difíceis de abordar na relação com a irmã mais velha, Elisa, que se manteve próxima dos círculos sionistas. Mesmo antes do casamento, Clarice, numa atitude livre e aberta, dirigindo-se à irmã, fez referências ao universo cristão:

"Não fique nervosa se não puder entender a letra. Conte até 10, dê uma volta pelo jardim e volte à tarefa com o espírito de sacrifício cristão" (maio de 1940). Mais tarde, quando Clarice se encontrava em Nápoles e tratava de diligências com vista à publicação do seu segundo romance, *O lustre*, pediu a Elisa que se informasse sobre a Editora Agir, ligada a nomes como Tristão de Athayde e a uma linha de pensamento católico, para tentar perceber as razões por que esta editora aceitara publicar "um livro que não é católico nem escrito por católico" (20 de abril de 1945). Mas foi numa carta sobre o mesmo assunto, enviada à irmã, alguns meses depois, que teceu considerações cheias de humor, acerca do mesmo assunto: "Pelo recorte que você mandou da Editora Agir, vejo que se eu quiser posso virar freira: tanto meu pobre livro está no meio de uma orgia de livros católicos. Viva a Editora Agir, viva Tristão de Ataíde" (1º de setembro de 1945).

Observa-se também como o humor associado à ironia traduz o seu ponto de vista implacável perante a estreiteza de vistas de uma sociedade de aparências. Veja-se o recurso ao diminutivo como forma de traduzir o apoucamento de mentes retorcidas e vazias: "deliciosa vaquinha carioca" (carta para Tania, 6 de maio de 1944); "espiritinho curto" (carta para Elisa Lispector, 25 de março de 1945). O diminutivo é recorrente em outros momentos, em particular na desmontagem de encontros no âmbito de sociabilizações mundanas. Entre tantos exemplos, vale a pena destacar o encontro entre Clarice e o célebre ator Tyrone Power, numa recepção em Washington: "Quando vejo, eis senão quando imediatamente o queridinho barbado sai da cadeira onde estava conversando com uma moça e vem diretamente para uma cadeira vazia que estava junto de mim. De emoção, eu quase me virei de costas para ele e continuei a fingir conversar com a senhora, e o Tyronezinho tentando inutilmente entrar na conversa, até que a senhora fez conversa de três. Eu nem espiava para o homem, que estava a uma distância de milímetros de mim. Foi quando o bichinho, que é simplesmente um belo homem, o desgraçado, vai e diz apontando para o cinzeiro que estava no meu colo: como o cinzeiro combina com seu vestido, foi de propósito?" A descrição apresentada numa carta para os cunhados Eliane e Mozart Gurgel Valente, em fevereiro de 1955, prossegue dando vida a um quadro em que se misturam o humor e o profundo sentido crítico.

O COMUM DOS DIAS

As cartas de Clarice falam de paisagens, falam do comum dos dias. Em Berna, há um vento que sopra, os cigarros à beira, a máquina de escrever, a neve e as primaveras sucessivas. Longe, as noites quentes das varandas tropicais. O presente é o instante fugaz. Aqui, mas também em Washington, as cartas dão conta do tempo contado e do tempo que se escapa. Ela é uma correspondente séria e cheia de humor: "Pois se às vezes a palavra que falta para completar um pensamento pode levar meia vida para aparecer" (carta para Fernando Sabino, 30 de agosto de 1953). O distanciamento humorístico aparece a desfazer o tom elevado logo na frase seguinte: "Com máximas como esta é que Ataulfo de Paiva deve ter entrado na Academia."

As cartas falam também de encontros, de histórias dos filhos, de pequenas tristezas em surdina, de questões inoportunas, do meramente circunstancial, de programas de vida. No arquivo encontramos "programas", listas orientadoras sobre formas de viver mais eficazmente e que são também esteios no enfrentamento dos alçapões – a dureza do real mais trágico. De algum modo, muitas das cartas refletem esses programas. Especialmente nas cartas dirigidas às irmãs, dos conselhos dados (sobre o perfume, o cabelo, as roupas etc.) até a sua maneira de se revelar, num dia a dia que continuadamente procura aperfeiçoar.

ESTOU AINDA ESPERANDO "A MULHER DE MINHA VIDA"

"Eu também vou bem, sempre preocupada com problema de empregada... Estou ainda esperando 'a mulher de minha vida'... Se eu pudesse encontrar uma pessoa que passasse a ser 'nossa' para sempre, nem sei o que daria", escreve Clarice, de Torquay, a Tania, em outubro de 1950. No mês seguinte, o tema voltava à baila, em resposta à carta que tinha recebido da irmã. O assunto destaca-se no início da missiva, o que indicia a centralidade da questão: "Querida linda, que bom que sua empregada é boa! Bem que quero um membro dessa família, para quando eu voltar." Na mesma altura, outra carta, agora dirigida às duas irmãs, retomava o tópico – "notícia de uma boa empregada é das melhores..." –, para acrescentar: "Aqui tudo bem. Pedrinho com a terceira babá." Estas afirmações e interpelações enfatizam a importância das empregadas na vida de Clarice. Elas habitam os seus dias europeus e americanos, e os dias que vêm depois; nas cartas, ganham o relevo de um acompanhamento do dia a dia; nas crônicas, publicadas quando do seu regresso ao Brasil, em relatos de proximidade no tempo e também de rememoração, continuamos a ler referências a essa presença capital.

Em Berna, antes da partida para os Estados Unidos, Rosa assumiu um papel destacado na vida de Clarice, e a correspondência mostra isso. Mas também suscitam atenção Hulda Pufler, ainda na Suíça, e as *nurses*, neste país e depois na Inglaterra. Em Washington, impõem-se os nomes da brasileira Avany e da portuguesa Fernanda. Antes, em Nápoles, na residência do consulado, as interações com as empregadas não eram tão personalizadas. Não é só às irmãs que Clarice fala das empregadas

Nápoles, 7 janeiro 1945

Elisa, minha querida:

Desculpe este bilhetinho que naturalmente faz a pessoa ficar danada. É que hoje, embora bem, estou mais ou menos burra e sei que não posso escrever muito. Isso não depende de assunto, eu sempre sei o que hei de falar com você, mesmo sem novidades - que essas nunca existem propriamente. Hoje é domingo, felizmente de novo pé de chachimbo (em vez de cachimbo a máquina escreveu chachimbo, o que é muito mais elegante e muito mais próprio para este domingo - na verdade parece que eu ia escrevendo pé de cha-to, o que é mais certo). Hoje de noite vão passar no Parco Hotel um filme chamado Strange Affair, de Walt Disney (mas não sei se é isso mesmo porque falaei por telefone e não ouvi bem). Acho que nós vamos ver. São mais ou menos que com ela coabitam, e que grandemente contribuem para o equilíbrio dos seus dias, ajudando a promover melhores condições para a composição dos seus livros. Em junho de 1946, escreveu ao amigo Fernando Sabino: "Afinal arranjei emprestada uma empregada que em um dia deu ordem na desordem – ela era uma verdadeira mulher. Uma grande mulher, sem dúvida, chamada Rosa, italiana, que Deus a abençoe." É interessante observar como, após a escrita do terceiro romance *A cidade sitiada*, numa entrevista ao *Diário Carioca*, em 1950, Clarice cita o nome de Rosa, a propósito do processo de escrita desse livro: "*A cidade sitiada* foi o que me deu mais trabalho, levei três anos e fiz mais de vinte cópias. Rosa ficava escandalizada com o monte de originais; um dia me disse que achava melhor ser cozinheira, porque, se pusesse sal demais na comida, não havia mais remédio." Pouco a pouco, Rosa vai-se definindo diante dos leitores desta correspondência, à maneira de uma personagem de um romance de Clarice. Vamos ouvindo a sua voz, em interferências contínuas, dando palpites sobre tudo o que rodeia Clarice, querendo estar na pele desta: "Rosa continua um anjo. Hoje ela disse que não queria 'estar na pele' de uma certa vizinha nossa, que é muito sem-vergonha. Perguntei se ela gostaria de estar na pele de outra pessoa qualquer. Para meu encabulamento ela disse que gostaria de estar na minha. Nem perguntei por quê, pois fiquei inesperadamente envergonhada. Ela, que me vê desde manhã até de noite, e assiste meus maus humores e minhas tristezas, mesmo assim aceitaria ser eu... Acho, pois, que não me resta senão querer ser eu mesma – o que já está ficando bastante chato, diga-se de passagem..." (carta para Tania, 22 de outubro de 1947).

O que se lê nas cartas será completado pela leitura de diversas crônicas em que fala das empregadas, com especial detalhe sobre Rosa, em "A italiana", ou Avany e Fernanda, por exemplo, em "Viajando por mar". E como não ler reflexos destas presenças, no seus contos e romances, para além da imediata referencialidade?

Um dos vetores centrais a que aparece associada a figura da empregada na obra da Clarice prende-se com a questão da ordem. A regulação, a disposição e o secionamento do fluxo discreto do real conseguirão, porventura, domar o lado obscuro que avança debaixo da luz dos nossos dias? Muitas personagens de Clarice se debatem com esta problemática: como viver e incorporar o caótico? A vida e a literatura não estão do lado da coisa resolvida. Um dos exemplos maiores encontra-se em *A paixão segundo G.H.* O princípio é a despedida de Janair, a empregada. É aí que tudo começa. "Arrumar", "organizar" são justamente os termos que anunciam a prova a que se vai submeter a personagem G.H.: "Tivesse eu sido empregada-arrumadeira, e nem sequer teria precisado do amadorismo da escultura; se com minhas mãos eu tivesse podido largamente arrumar. Arrumar a forma?"

ELES ÀS VEZES CLAMAM DO LONGE DE MUITAS GERAÇÕES

Numa entrevista de Clarice Lispector ao jornal *O Pasquim*, em junho de 1974, o seu cão Ulisses recebe um destaque de duas fotos, acompanhadas de uma pequena nota com o título "Madama Clarice e seu bicho muito louco". Numa delas, Ulisses aparece com um cigarro apagado na boca. A nota sublinha o quadro relacional que comporta alguns traços mitificadores sobre o animal: o cão que fuma, o cão que bebe uísque, o cão que fala uma língua singular. Mais tarde, em 1977, numa outra entrevista a um jornal uruguaio, não desfazendo esses traços extraordinários, esclarece com humor: "Eu não o eduquei assim. No entanto, come cigarros, toma Coca-Cola, uísque, café. Creio que ele quer me imitar em tudo. Um dia destes vou encontrá-lo no meu escritório, escrevendo" (*El Dia*, 15 de janeiro de 1977). O fato mais importante é que o nome que identifica o cão no mundo empírico será atribuído ao animal no universo ficcional. Se para Clarice a presença dos animais sempre foi marcante em termos biográficos, a sua comparência na obra, com os nomes que recebem no mundo empírico, vai acontecer apenas numa fase tardia, a hora de todas as explicitações. Concretamente em relação a Ulisses, o seu comparecimento surge em *Onde estivestes de noite*, *Quase de verdade*, "Brasília: esplendor" e *Um sopro de vida*.

Numa das crônicas no *Jornal do Brasil*, do início da década de 1970, quando Ulisses ainda não tinha entrado na sua vida, Clarice detém-se, entre outras, na história de Dilermando. O texto é expressivamente intitulado "Bichos" (13 de março e 20 de março de 1971) e termina com uma afirmação que resume, amplificando, o sentido da presença dos animais na vida e na obra da escritora: "Não ter nascido bicho parece ser uma de minhas secretas nostalgias. Eles às vezes clamam do longe de muitas gerações e eu não posso responder senão ficando desassossegada. É o chamado." Relativamente a Dilermando, um cão que Clarice encontrou em Nápoles, a crônica retoma elementos que já tinham sido apresentados em *A mulher que matou os peixes*, livro para crianças publicado em 1968. Neste livro conta também a história da sua relação com outro cão, em outro período da sua vida: "Muitos anos depois eu estava morando em outro país que se chama Estados Unidos da América. E comprei um cachorro americano com o nome de Jack. Não lembro de que raça ele era porque não faço diferenças, eu gosto de todas as raças humanas e de animais."

A correspondência de Clarice revela histórias vivas sobre a sua relação com Dilermando e Jack, antes de serem filtradas e expostas nas crônicas e noutros textos. Numa carta para Elisa, escrita em Nápoles, a 13 de agosto 1945, falou detidamente sobre o cão napolitano com um carinho especial. No ano seguinte, uma semana depois de ter chegado a Berna, numa carta para Tania, reportou-se a Dilermando e deixou extravasar os seus sentimentos, falando da dor que sentiu por não ter podido levá-lo com ela para a Suíça: "Não posso ver um cão na rua, nem gosto de olhar. Você não sabe que revelação foi para mim ter um cão, ver e sentir a matéria de que é feito um cão. É a coisa mais doce que eu já vi, o cão é de uma paciência para com a natureza impotente dele e para com a natureza incompreensível dos outros..." (21 de abril de 1946). Noutra carta para as irmãs, logo a seguir, em 12 de maio, ao falar da adaptação à cidade suíça, voltou a tocar no assunto do cão abandonado: "Só não tenho um cachorro aqui porque nunca mais terei cachorro, para não ter que abandonar depois. Seria infidelidade com Dilermando, o pobre napolitano." Alguns meses depois publicou num jornal brasileiro um conto intitulado: "O crime" (*Letras e Artes*, 25 de agosto). É a própria Clarice que associa a escrita do texto ao abandono de Dilermando. A tentativa de recuperação da perda (e consequente remissão da culpa) manifesta-se obstinadamente pela via literária. No final dos anos 1950, reescreveu o conto, expandindo-o: "Anos depois entendi que o conto simplesmente não fora escrito. Então escrevi-o. Permanece no entanto a impressão de que continua não escrito" ("A explicação que não explica"). O texto receberá então o nome "O crime do professor de matemática" e passará a integrar o livro *Laços de família*. A "impressão" a que a autora alude reenvia claramente para a culpa não resolvida, motor que ativará a compulsão em torno da escrita sobre o animal.

Também Jack, o cão americano rememorado em *A mulher que matou os peixes*, é referido nas cartas de Clarice, escritas em Washington. Não se pode dizer que a sua relação com este animal surja no mesmo plano daquela que encontramos com Dilermando e Ulisses. É sobretudo com Pedro e Paulo que Jack interage, é sobretudo em função da relação com as crianças que o animal adquire uma vida de peripécias. É o filho Pedro que lhe dá o nome, como Clarice refere numa carta aos cunhados Eliane e Mozart, de 13 de dezembro de 1954, na qual também fala humoristicamente da relação entre o cão e Paulo, o filho mais novo: "Não pense que há perigo do cachorro agredir Paulinho... Paulinho é que já mordeu o cachorro. E, para horror deste, tentou escrever com o rabo dele. Ele vai ser um escritor de rabo de cachorro."

SILÊNCIOS, ELISÕES

A tensão entre o dito e o não dito conduz-nos ao cerne da obra e da vida de Clarice Lispector. Se as cartas permitem iluminar alguns pontos menos claros, também elas deixam entrever zonas indecidíveis (silêncios, elisões) que permanecem abertas a múltiplas leituras. É o caso da menção quase nula ou encriptada à terra onde nasceu e à sua origem judaica. E, no entanto, formulada de diversos modos (simbólicos, alegóricos), a problemática da origem é absolutamente central na obra de Clarice, ainda que não seja apresentada de um modo explícito, como acontece no segundo livro da sua irmã Elisa Lispector, *No exílio*, publicado em 1948, um *roman à clef* que retrata a saga da ida da família Lispector da Ucrânia para o Brasil. Importa lembrar que até a morte da mãe (em setembro de 1930) se falava ídiche na casa dos Lispector. Clarice ia fazer 10 anos. Aliás, tendo começado por estudar num estabelecimento de ensino público, o Grupo Escolar João Barbalho, passou a frequentar, a partir da terceira classe, um colégio judaico no Recife (o Collegio Hebreo-Idische-Brasileiro) onde estudou também hebraico e ídiche. Podemos interrogar-nos sobre o lugar da língua ouvida na casa da infância? O que restou como exemplo, como marca desse recinto da diferença?

Numa das primeiras cartas para as irmãs, enviada de Argel em 19 de agosto de 1944, antes de partir para Nápoles, entre novidades sobre as viagens que tinha efetuado, encontramos uma excepcional referência à Rússia. É no quadro da resposta a uma carta de Tania, no qual esta dava conta de conversas ocorridas no seu núcleo familiar, que Clarice, carinhosamente e com humor, pede para corrigirem a empregada de modo que a sobrinha não fique com coordenadas geográficas erradas: "Digam a ela [Márcia] que não sou italiana como ela me disse, e corrijam a Geografia da Célia, porque a Rússia não é perto da Itália, e Márcia vai se criar com péssimas noções."

Nas cartas que escreveu da Europa, mesmo para as irmãs, nunca revelou qualquer tipo de aproximação afetiva à terra onde nasceu. Muitos anos mais tarde, quando já se encontrava divorciada e a viver no Brasil, numa crônica em que se reportou a uma viagem com os filhos à Polônia, onde o ex-marido desempenhava funções diplomáticas, falou da sua terra, aonde jamais regressou: "Lembro-me de uma noite, na Polônia, na casa de um dos secretários da Embaixada, em que fui sozinha ao terraço: uma grande floresta negra apontava-me emocionalmente o caminho da Ucrânia. Senti o apelo. A Rússia me tinha também. Mas eu pertenço ao Brasil" ("Falando em viagens", *Jornal do Brasil*, 12 de junho de 1971).

Como acima foi referido, no período europeu, Clarice conheceu Bluma Wainer, que na altura morava em Paris e se tornou então uma das suas maiores amigas. Ainda que não sejam conhecidas as cartas de Clarice para Bluma, a correspondência desta para a amiga, entre 1946 e 1948, foi recolhida no volume *Correspondências*, organizado por Teresa Montero. Em cartas de Clarice para diversos destinatários, encontramos muitas referências a Bluma, a atestar a imensa relevância desta amizade. Também de origem judaica, Bluma era casada com o jornalista Samuel Wainer, que nesse período fez a cobertura jornalística dos julgamentos de Nuremberg, tendo sido acompanhado por Bluma. Numa carta para as irmãs, no final de abril de 1946, Clarice referiu-se à estada dos Wainer em Berna durante três dias: "Eles são simpaticíssimos e nós nos demos tão bem que eu fiquei sentindo falta. Durante os três dias estive quase todos os minutos com eles." E, em fevereiro do ano seguinte, após uma permanência de um mês em Paris, em carta para Tania, referiu a consolidação da amizade. Mais tarde, a partir de 1948, quando Bluma regressou ao Brasil, Clarice recebeu informações das irmãs sobre a amiga de quem tanto lhes tinha falado.

Algumas das mais belas fotos de Clarice desses anos foram tiradas por Bluma, que foi uma excelente fotógrafa. Aliás, as cartas de Bluma (em *Correspondências* perfazem um total de 18) aludem aos retratos por ela tirados: "Esperei que as fotos ficassem prontas, para escrever" – 22 de julho de 1946; "Não lhe escrevi logo, com a mania de querer mandar as fotos junto" – 2 de setembro de 1946; "Repare como v. está sem máscara de 'mulher dura' – está suave" – 12 de fevereiro de 1947. Trata-se de cartas repletas de considerações de ordem política, sobre a situação brasileira, mas também sobre questões da política europeia e internacional, encontrando-se nelas referências a acontecimentos como o fim dos campos de concentração (28 de novembro de 1946). Fica a interrogação de como Clarice teria respondido a muitas dessas questões, uma vez que não são conhecidas as suas cartas para a amiga. A visão de Bluma sobre o Brasil, quando está fora, e quando regressa, em 1947, é profundamente desencantada. Nas cartas, questiona a visão saudosista e projetiva, que é a de Clarice, e que contrasta profundamente com a sua perspectiva pragmática, comandada em grande parte pela sua leitura política: "Mas lhe diz aqui essa sua irmã postiça, não fique triste por não voltar agora para o Brasil. O lado sentimental, pessoal, essa tristeza gostosa talvez seja até melhor do que sentir essa tristeza que a gente não pode remediar, que é o

Brasil de hoje" (18 de julho de 1947). Em agosto de 1951, em carta enviada aos cunhados Eliane e Mozart Gurgel Valente, Clarice pedia notícias de Bluma: "Vocês tiveram algum contato com Bluma?" Em outubro, pouco tempo depois de Clarice ter feito esta pergunta, a sua amiga morria de câncer.

No campo político, mas também no pessoal, a personalidade epistolar de Clarice aponta para um perfil reservado. Depreende-se isso das interpelações de Bluma: "Você se esconde sempre. Durante todo este tempo que aqui passou (que foi tão pouco), eu falei sempre. Continuo sem saber direito como é Clarice, a não ser da maneira que eu acho que ela deve ser e isso não é bem a maneira de se saber nada. Enfim, não há de ser nada. Um dia... quem sabe!?" (Paris, 12 de fevereiro de 1947). O leitor não deixa jamais de se deparar com o reflexo da personagem, talvez a mais verdadeira, interferindo na vida da escritora, devindo a própria escrita. Ou melhor, a autora devindo personagem a partir da projeção de si na escrita. Muito se especulou, sobretudo a partir do que a autora não disse, adensando-se o lugar do enigma que alimenta o próprio enigma, acabando por se dar acolhimento à imagem que preserva a própria estranheza consentida.

Voltando à questão judaica, aos silêncios e às entrelinhas, assinale-se uma das raras referências, numa carta para Tania, na qual Clarice apresentou um comentário (apenas uma palavra), na sequência de uma referência da empregada Rosa aos judeus: "Bom." Na carta, escrita em Berna, em 14 de agosto de 1946, Clarice contou como ficou indignada pelo fato de Maury não ter sido condecorado pelos serviços prestados à Força Expedicionária Brasileira, quando da sua estada em Nápoles. A indignação é maior pelo fato de terem sido condecoradas figuras "que chegaram à Itália depois da guerra terminada..." Percebe-se que Rosa estava próxima de Clarice, no momento em que esta escrevia a carta. O parêntese é elucidativo: "(A Rosa está agora dizendo que há aqui suíços tão sabidos que até parecem judeus...) Bom."

Também em 1946, numa carta para Tania, escrita em maio, encontramos conselhos de Clarice sobre a educação de Márcia, que frequentava o Colégio Israelita Brasileiro A. Liessin, recém-fundado no ano anterior. O ponto de vista de Clarice sobre a formação da sobrinha, no colégio judaico, é muito esclarecedor quanto à sua abertura relativamente às questões da sua origem: "Ela pode ter um professor particular, quando for mais crescidinha, que lhe dê através da língua uma noção do que ela e nós somos sem que seja preciso desde já marcá-la com uma diferença. Márcia é muito pequena, querida; não é necessário que lhe deem problemas desde já e que ela ouça desde já, através dos professores, histórias tristes."

Ainda em 1946, no final do ano, imediatamente a seguir ao Natal, no dia 28, numa carta para Tania, Clarice contou um episódio extremamente revelador da sua dificuldade em lidar com questões que no seu relato são apresentadas nas entrelinhas. Rosa, a empregada italiana, onipresente nos seus dias de Berna, resolveu fazer uma surpresa que muito comoveu Clarice: a oferta de uma grande e belíssima árvore de Natal enfeitada e iluminada por ela. O episódio é apresentado de um modo muito tocante. No dia em que Clarice escreveu a carta, iam almoçar em sua casa duas senhoras (Mariana e Mme. Fridman) e surge aqui um conflito que Clarice não consegue solucionar: "De repente me lembrei do que elas iam pensar vendo uma bruta árvore de Natal na sala de jantar... Seria impossível explicar..." As reticências são esclarecedoras sobre o interdito. A árvore foi escondida no sótão. As dúvidas, as interrogações são expostas na própria justificação: "É capaz de Elisa dizer: porque você não explicou? Eu respondo que detesto confundir pessoas, que apesar de Rosa ser inteligente, tem uma mentalidade simples e eu ia dar um problema irresolúvel para ela." Creio que se percebe como o não dito é, para Clarice, uma questão profundamente dilacerante: "Enfim, a árvore linda e iluminada, que para mim ficou como símbolo da bondade humana, está toda pobrezinha no sótão da casa, cheia de velinhas, tendo em cada ramo o coração de Rosa."

No início deste volume encontramos duas cartas dirigidas ao presidente Getúlio Vargas, datadas de 1942. São requerimentos oficiais, a solicitar a nacionalidade, mas não convencionalmente protocolares. Tratou-se de um processo cujos trâmites levantaram dúvidas formais, não tendo ficado resolvido após o primeiro parecer de Getúlio Vargas. Todo o processo suscitou em Clarice uma enorme ansiedade. Na primeira carta afirmava que era "casualmente, russa também" e terminava dizendo: "Um dia saberei provar que não a usei [a nacionalidade] inutilmente." É impressionante o testemunho de pessoas próximas de Clarice que falam de uma sombra fantasmática que a atormentou até os últimos dias: o peso de ser estrangeira, o medo de que pudesse ser afastada do Brasil. Tati de Moraes afirma que "Clarice tinha medo de ser expulsa do Brasil por ser estrangeira" (*apud* Teresa Montero, *À procura da própria coisa,* 2021). E Nélida Piñon refere que "Clarice evitava falar do mundo judaico, não era um mundo com o qual ela se identificava oficialmente, mas no seu íntimo. [...] As origens judaicas eram um tema tabu. [...] Ela entrou no mundo brasileiro e temeu ser discriminada. Discriminação dupla: a do mundo judaico e a sua linguagem singular, atribuída ao fato de ela ser estrangeira e não a um mérito estético. É provável que ela visse e entendesse que o mundo brasileiro a discriminasse. Ela sabia que por trás de cada coisa tem uma sombra, uma terceira dimensão" (*id.*).

Sérgio Sant'Anna, numa entrevista a Isabel Lucas, ao falar de Clarice e da grande admiração que tinha por ela (escreveu inclusivamente um conto, "A bruxa", inspirado na escritora) afirmou o seguinte: "Acho que o fato de ela ser ucraniana influenciou um pouco a linguagem dela, mas tudo bem. As pessoas se misturam, as raças se misturam, isso é ótimo. Sou o contrário dessas pessoas xenófobas. É bom ela ser brasileira, mas é bom ser ucraniana também, porque não?" (*Público*, 13 de maio de 2020). Sempre achei que existe alguma coisa de eslavo na literatura espantosa que Clarice nos legou. É difícil fundamentar. Na verdade, Clarice é Clarice no seu universo extraterritorial. Por isso, na obra, como nas cartas (mesmo nas familiares), existe esse recuo, essa suspensão relativamente a qualquer marca ou vínculo que a pudesse circunscrever a uma dada comunidade. É certo que o casamento fora do círculo judaico terá sido o primeiro no clã das famílias Krimgold e Lispector. Mas isso é pouco. O dado biográfico é relevante, mas é apenas um elemento para a compreensão do vasto mundo que Clarice nos ofereceu. Porque ela não era catalogável. Clarice foi a estrangeira de si mesma que sabia que a marca da origem só se podia encontrar dentro da língua que ela manejou inconfundivelmente. É por isso que Clarice está tão próxima de uma estirpe extraterritorial como aquela que, ao falar dela, Hélène Cixous apontou: Kafka, Rilke, Rimbaud, Heidegger. E Cixous falou de "uma mulher quase difícil de acreditar", para acrescentar de imediato: "ou, melhor dito, uma escrita."

SER MÃE DO MUNDO ERA O MEU AMOR APENAS LIVRE

Em muitas entrevistas, sobretudo após o seu regresso do estrangeiro, tornou-se um tópico recorrente a apresentação da autora acompanhada dos filhos; aliás, a imagem de mãe divorciada com as suas crianças, na época, tinha algum impacto nos meios de comunicação: "Clarice faz uma brincadeira carinhosa, dizendo que cada filho é muito uma metade dela. Com seu jeito reservado e indagador, Pedro seria a sua parte mais triste; e Paulinho, alegre e comunicativo, seria a sua parte levada, tão levado como ela foi em pequena" (*Diário de Notícias*, 30 de julho de 1961). Importa também recordar que outra imagem – a da autora que escreve com a máquina ao colo –, fixada igualmente em algumas fotos, foi explicada pela própria Clarice, nalguns depoimentos, em função de um propósito pragmático – poder estar próxima dos filhos quando trabalhava: "*A maçã no escuro* escrevi-a sentada no sofá da sala, com a máquina no colo, para que os meus filhos não tivessem junto a si uma escritora e sim uma mãe acessível" (depoimento reproduzido no *Jornal do Brasil*, 15 de dezembro de 1977).

A partir da leitura destas cartas, é impressionante observar como Clarice, antes de ser mãe, projetou o sentimento materno, no acompanhamento da sobrinha Márcia, dando à irmã Tania conselhos sobre a educação da criança, experimentando um forte desejo protetor. Ela é a mãe das irmãs, a mãe da sobrinha, a mãe da mãe, a mãe do mundo. Desde muito cedo, a forma de tratamento "minha filhinha", "minhas filhinhas", cujo uso na língua está automatizado e não necessariamente marcado pelo sentido maternal, é utilizada com bastante frequência, quando se dirige às irmãs, não deixando de repercutir essa significação.

Clarice escreveu uma vez, numa das suas crônicas: "Quanto a eu me delatar, realmente isso é fatal, não digo nas colunas, mas nos romances. Estes não são autobiográficos nem de longe, mas fico depois sabendo por quem os lê que eu me delatei" ("Outra carta", 24 de fevereiro de 1968). Na verdade, o investimento na escrita dos romances, uma busca ampla e lenta, faz com que eles continuamente solicitem múltiplas decifrações. Recorde-se a este respeito que as protagonistas dos romances de Clarice – Joana, Virgínia, Lucrécia, Vitória, Ermelinda, G.H., Lóri, Macabéa –, todas elas, mais não são do que filhas e, de alguma maneira, todas elas órfãs de um sentir materno qualquer. Uma ferida que Clarice carrega e que projeta por um viés amplificador, um excesso assinalado.

Num pequeno texto intitulado "Perdoando Deus", a narradora é a passeante que sente a bondade do mundo, em aparente distração. Essa vivência a conduz à apropriação de um sentimento novo: o tornar-se mãe do mundo. É a partir daquilo que está entre o seu ser e o ser potencial da "maternalidade" (o ser mãe dos outros) que se gera esse estado: o devir-mãe. A sensação de infinito resulta da experiência que reivindica as categorias da maternidade levadas ao extremo de um possível – Deus, o mundo. Exprime-se a figura da inclusão absoluta nessa forma de retórica amplificadora. Nada se exclui no movimento contido na expressão do carinho por Deus: "Tive então um sentimento de que nunca ouvi falar. Por puro carinho, eu me senti a mãe de Deus, que era a Terra, o mundo. [...] O sentimento era novo para mim, mas muito certo, e não ocorrera antes apenas porque não tinha podido ser. Sei que se ama ao que é Deus. Com amor grave, amor solene, respeito, medo e reverência. Mas nunca tinham me falado de carinho maternal por Ele. E assim como meu carinho por um filho não o reduz, até o alarga, assim ser mãe do mundo era o meu amor apenas livre" (*Felicidade clandestina*).

As cartas revelam muitas observações sobre o crescimento dos filhos, num acompanhamento cuidadoso dos seus dias. Existe no arquivo de Clarice um pequeno caderno, do período em que morava nos Estados Unidos, no qual ela anotou conversas com as crianças, especialmente com o filho mais velho, Pedro, ou apenas falas, em que, ocasionalmente, também aparecem referidas observações de ou sobre Paulo, o filho mais novo. É muito interessante ver como em algumas cartas encontramos passos que reproduzem falas anotadas por Clarice neste caderno. E muitas vezes a aproximação dos termos é de tal ordem que quase parece ter havido uma transcrição.

A primeira anotação no caderno aponta uma data precisa: "29 de setembro de 1955." E logo a seguir outra nota também apresenta uma data (a do dia anterior): "Ontem, 28 set. 1955." Nesta entrada, Clarice registra os sonhos de Pedro com dinossauros, os terríveis e os divertidos. Seguem-se, sem indicação de data, múltiplas anotações, diálogos, sonhos etc., com transcrição de falas em inglês e eventuais comentários em português. Clarice anota, a dado momento, sobre as vozes de Pedro: "Outras anotações" (Pegando meu rosto e meio implorando e rindo) "Let me show"; "Let me amuse you and amuse myself". E acrescenta a sua própria intervenção: "I like your one voice better than this one."

Numa das páginas, no topo, alguns algarismos (correspondendo a datas) e duas operações aritméticas suscitam a atenção. Depressa se percebe que Clarice voltou ao caderno, muitos anos depois. Surge assinalado o ano de 1968 (quando a doença de Pedro se agudizava) como data de regresso a essas notas. E a primeira conta revela que se passaram quatorze anos, desde 1954, o ano a que se reportam algumas das notas. A outra operação aritmética assinala dois tempos: 1954 e 1948. Clarice registra ao lado: "6 anos." Justamente a idade de Pedro no ano a que remontam, nessa página e na anterior, as suas intervenções ali registradas. Aliás, a primeira anotação da página onde mais tarde Clarice faria as contas é justamente a seguinte: "1954 – período em que dinossauros eram o assunto mais importante e motivo central de seus pensamentos, inclusive, ao que parece, a razão dos pesadelos."

A referência ao fascínio de Pedro pelos dinossauros (e aos seus diálogos sobre o assunto) é mencionada numa carta de Clarice para os cunhados Eliane e Mozart, em fevereiro de 1955: "Ele chegou a ter pesadelos com dinossauros, e fazia as perguntas mais cacetes para uma mãe confusa: por que Deus fez o dinossauro e depois nunca mais fez? por que Deus fez dinossauro antes de fazer gente? Respondi, muito envergonhada, que Deus fez dinossauro para treinar a mão e depois poder fazer essa maravilha que nós somos. A erudição dele cai por terra quando ele de repente pergunta: e quando um dinossauro lutava com outro dinossauro e ficava ferido, se botava mercurocromo?"

Em articulação com o registro destes diálogos, considerem-se, na obra, alguns momentos de explicitação. Como objeto direto da relação com os filhos surge o primeiro livro para crianças, *O mistério do coelho pensante*, escrito a pedido de Paulo, quando moravam em Washington. O livro seria depois traduzido para o português e publicado alguns anos mais tarde, em 1968. Para além desta manifestação, há uma singular conformação textual que parece claramente resultar de uma direta interferência da condição do sujeito empírico Clarice Lispector: os diálogos entre um filho e uma mãe que aparecem no livro *Para não esquecer*, muito próximos das situações apresentadas nas cartas e no referido caderno de anotações.

Destaco um fragmento de uma carta enviada a Rubem Braga, em 21 de abril de 1953, que retoma uma transcrição apresentada no caderno: "No mais, tudo igual. Pedrinho na escola, falando inglês; a última mania dele é não querer passar nem a dois metros de um lugar com lama, 'para não sujar a sombra'. Essa crise de limpeza me parece mesmo mais moral, porque ele bem que esperneia para tomar banho. Esse cuidado precioso com a sombra tem se alternado ultimamente com verdadeiro ódio repentino: 'porque é que ela está sempre junto de mim?! mato ela, dou soco nela!' Enfim, são problemas que ele terá que resolver sozinho, a sós com a própria sombra." Eis a anotação no caderno de Clarice: "Com 4 anos, andando na rua com grande cuidado não só para não pisar a lama, como para estar bem longe dela. / – Pedro, basta não pisar a lama! Para que esse cuidado? / – Para não sujar a minha sombra." Numa carta às irmãs datada de 29 agosto de 1955, Clarice refere que

Washington, 25 outubro 1955,
Terça-feira

Minhas queridas,

recebi cartas de vocês ontem, e pretendia responder em separado, já que vocês estão em lugares diferentes. Mas acontece que Tania pode mandar a carta para você Elisa, (mandarei esta para Marquês de Abrantes, chega mais depressa), e acontece que depois de minha "crise" de vago-simpático ainda prefiro escrever uma carta em vez de duas. Estou bem agora, inclusive tomando umas vitaminas que me dão muita fome e muito sono. E tudo voltará sozinho ao lugar. — Recebi uma Manchete com poesia de Vinicius de Moraes, e fiquei "besta" de tão bonita a poesia é; naturalmente recebi outras revistas também, o que é sempre um gôsto. Eu tinha em casa "Les Mandarins", Elisa, que a irmã de Mafalda me deu, e ainda não tinha começado a ler; comecei ontem mesmo, com enorme prazer. As crianças vão, graças a Deus, bem. Pedrinho está contente, tranquilo. Paulinho falando sem parar as duas línguas, e muito malcriado e bonitinho, dando trabalho para comer e precisando de companhia até dormir. Ele disse que quer ser bombeiro quando crescer. Pedrinho então disse que prefere ser um cientista. Paulinho andou mudando de ideia e quer trabalhar numa "laundry" (tinturaria e lavanderia), e quis muito ter um ferro de engomar de brinquedo, anda com ele para cima e para baixo. Ontem Paulinho escreveu duas cartas: uma para você, Elisa, e outra para você, Tania. Não mando porque são enormes e muito herméticas, isto é, nelas tudo é simbólico a um ponto que vocês sinceramente não "receberiam" a .

"outra descoberta dele, ouvindo uma mulher cantando no rádio, foi essa: Mamãe, uma voz é feita de nada! (Mother, a voice is made of nothing!)" No caderno encontramos a mesma situação, descrita praticamente com os mesmos termos, mas expandida: "Ele me disse, ao ouvir num disco uma mulher cantando, e disse com certo deslumbramento de descoberta: / – Mother! a voice is made of nothing! / Em outra ocasião, ouvindo um disco sem nenhuma voz, no qual o violoncelo era o instrumento principal, ele me disse: – I like that music. It sounds like the voice of the earth."

Uma das mais extraordinárias anotações do caderno reporta-se a um episódio protagonizado por Pedro e descrito na carta para Elisa e Tania, datada de 17 de março de 1956. Importa transcrever o episódio tal como é apresentado no caderno para confronto com a descrição na carta. Pode ver-se como a proximidade é notável. O trecho poderia mesmo ser isolado, na linha das pequenas crônicas dialogais que põem face a face uma mãe e uma criança, com o título "That's poetry":

"Avany mandando ele guardar os brinquedos, e ele se negando e com preguiça.

Avany: – Essa é engraçada: você brinca com os brinquedos e sou eu que tenho que guardar!

Pedro com voz pausada, claramente 'citando':

– 'For man must work and woman must weep'

Eu espantada: weep? cry? chorar?

Ele sorrindo meio pomposo: yes!

Eu: quem te disse isso?

Ele: Nobody. I read it the encyclopedia.

Eu: What kind of story was it?

Ele: Not a story! It's poetry.

Eu: Do you like poetry?

Ele andando de um lado para outro, e com um ar de meio orgulho, meio desprezo, muita segurança:

– Some of them!

– Pedro, how do you explain that men must work and women must weep?

Ele, um pouco impaciente comigo:

– Oh mother, that's poetry!"

Na década de 1960, um dos mais representativos conjuntos epistolares, aqui compilados, diz respeito às cartas enviadas ao filho Paulo, no ano de 1969. Esta correspondência remonta a um período de seis meses, em que o filho permaneceu nos Estados Unidos, para estudar, tendo ficado alojado na casa de uma família americana. Algumas destas missivas não apresentam datas. No bloco das cartas datadas, assinale-se que a primeira é de janeiro de 1969 e a última é de junho desse mesmo ano. Pelo início da carta de 26 de janeiro conclui-se que o embarque se efetuou no dia anterior, precisamente o dia da primeira carta ("ontem quando você embarcou, custei depois a pegar no sono"). As formas de tratamento evidenciam-se pela variação (pois não há um único caso em que se repita a maneira de se dirigir ao filho, no início das cartas), dando conta do modo como imaginação e afetividade se associam numa enunciação singular. A variação em torno do nome, e em concreto dos nomes próprios, que é notória logo nos primeiros textos da autora, intensificou-se nos últimos. Neste conjunto, nas cartas não datadas, encontramos expressivas variações: "Meu filho Paulo", "Meu querido Pernilongo", "Paulinho, de minha alma", "Minha alma"; Nas cartas datadas: "Meu gafanhoto querido" (25 de janeiro), "Meu adorado filho" (26 de janeiro), "Meu filho adorado, meu gafanhoto" (10 de março), "Pauluquinha" (22 de abril), "Meu querido Paulinho" (25 de abril), "Paulo Gurgel, meu amor" (maio), "Meu querido Pernilongo" (31 de maio), "Meu adorável, Pernilongo" (12 de junho).

Se estas formas de tratamento testemunham o desvelo materno onipresente em Clarice, a acompanhar o crescimento dos filhos (como se pode ler em muitas cartas a vários dos seus correspondentes), também revelam a forma como a variabilidade no modo de nomear exprime a extraordinária capacidade criativa patente em todos os seus textos. Recorde-se ainda, a este respeito, a forma criativa de se dirigir, ou de se referir, a outros interlocutores próximos, concretamente às irmãs ou à sobrinha Márcia. Esta, por exemplo, nas cartas é chamada de Marsuska, Marçuskinha, Marcinha ou Filomena, que, não sendo o seu nome, foi a forma mais usada, Filomeninha, Marcinha-Filomena...

CICATRIZES INVISÍVEIS GERAM PALAVRAS

Numa carta ao filho Paulo Gurgel Valente, datada de 1969, Clarice fez alusão ao modo como redigiu a carta e explicou as razões dessa opção: "Meu gafanhoto, eu deveria escrever à máquina, mas estou fazendo esses [...] para poder escrever à mão, o que nas entrevistas me é muito útil. Imagina que me mandaram entrevistar Roberto Marinho: fui almoçar com ele ao mesmo tempo falando, anotando – e foi péssimo porque depois não pude decifrar o que às pressas eu anotava. E não saiu entrevista nenhuma. Acho que meu emprego na *Manchete* vai acabar porque simplesmente não tenho a quem entrevistar." Para equilibrar o seu orçamento doméstico, Clarice colaborou como entrevistadora, na revista *Manchete*, entre maio de 1968 e outubro de 1969, numa seção intitulada "Diálogos possíveis com Clarice Lispector", tendo realizado entrevistas com diversas personalidades conhecidas da vida política, social, cultural, científica e desportiva. As dificuldades sentidas no processo de anotação, na entrevista ao célebre proprietário do grupo Globo, aludidas na carta ao filho, refletem as consequências decorrentes de um acontecimento trágico, que marcou a sua vida: um incêndio de que foi vítima. Clarice tinha adormecido a fumar. O incêndio ocorreu no seu apartamento, no dia 14 de setembro de 1966. A parte mais afetada do seu corpo foi justamente a mão direita, que sofreu queimaduras de terceiro grau. Clarice foi mesmo impelida a uma literal reaprendizagem da escrita à mão. Noutra carta enviada ao filho, em 26 de janeiro de 1969, reportou o seguinte: "Silea ficou com tanta saudade de você que não quis assistir televisão, e foi para a cama às oito horas." É referida aqui a presença de Silea Marchi, uma auxiliar de enfermagem que foi contratada por Clarice, a seguir ao acidente, e que teve um papel importantíssimo na sua vida. Silea viveu na casa da escritora até a morte desta, e tornou-se uma espécie de governanta, sempre muito presente.

Em agosto de 1967, quase um ano depois do incêndio que a vitimou, Clarice Lispector iniciou sua colaboração semanal nas páginas do *Jornal do Brasil*, prática que deixou marcas na escrita dos livros seguintes. A partir daqui desencadeia-se, pelo menos aparentemente, um certo deslaçamento de tensões temáticas e expressivas, uma atitude nova perante a escrita. Por um efeito metonímico, ver-se-á como da mão e do corpo afetados somos conduzidos à metáfora da escrita-corpo na sua infinita capacidade regeneradora. Em certo momento, começou a verbalizar o acontecido em entrevistas ou na sua coluna no *Jornal do Brasil*. Por exemplo, na crônica de 13 de julho de 1968, intitulada "A opinião de um analista sobre mim", relata o fato de coincidentemente várias amigas suas terem um psicanalista comum, a quem falaram dela; para compensar o "desgaste dos ouvidos do analista", causado pela insistência do seu nome repetido, Clarice enviou-lhe um livro: "Na dedicatória pedi desculpas pela minha letra que não está boa desde que minha mão direita sofreu o incêndio." O psicanalista teria comentado que Clarice dava tanto aos outros e pedia licença para existir. O pequeno texto termina com uma declaração que é uma espécie de oração e de programa de vida: "Peço humildemente para existir, imploro humildemente uma alegria, uma ação de graça, peço que me permitam viver com menos sofrimento, peço para não ser experimentada pelas experiências ásperas, peço a homens e mulheres que me considerem um ser humano digno de algum amor e de algum respeito. Peço a bênção da vida." Como já referi, de certo modo, as crônicas no *Jornal do Brasil*, do final da década de 1960 e início da década de 1970, ocupam o espaço das cartas, que, em relação a este período, não existem na mesma proporção das cartas das décadas de 1940 e 1950.

O processo de gestação de *Água viva* foi dos mais complexos e doloridos, e resultou de uma profunda depuração de múltiplos textos cronísticos. Num passo do datiloscrito "Objeto gritante", uma das versões que esteve na origem de *Água viva*, explicitou: "Vou escrevendo o que vier aos dedos. Por falar em dedos, fico tão agradecida com o fato de eu não ter perdido a mão direita no incêndio: iam amputá-la com medo de gangrena. Mas uma de minhas devotadas irmãs, preciosas que elas são, pediu ao médico encarecidamente que esperasse. Ele esperou. [escrito à mão: 'Mas o médico esperou.'] E não foi preciso cortá-la. Posso pegar em qualquer coisa. Sabem mesmo o que é isto: pegar? É privilégio" (fls. 154-155).

Sabe-se das depressões contínuas que se seguiram ao acidente e sabe-se que foi a partir desta altura que começou a maquiar-se mais – o rosto dava a impressão de uma máscara, como recordou, por exemplo, José Américo Motta Pessanha. Muitos amigos testemunham que Clarice passou a ser outra depois do acidente, tanto aqueles que sempre estiveram próximos, como aqueles que tinham deixado de vê-la havia muitos anos e a reencontraram depois do acidente. Nélida Piñon: "Depois do incêndio ela mudou muito. Às vezes, ela estava numa angústia tão grande que não falava uma palavra e eu falava sem parar para animá-la" (*apud* Teresa Montero, *À procura da própria coisa*, 2021); Lauro Escorel: "Eu a achava especial. Uma pessoa singular, fundamental na literatura brasileira, um marco. Por volta de 1967, a reencontrei depois de ela ter sofrido o incêndio. Achei-a diferente" (*id.*); Pedro Bloch: "Depois que ela sofreu o incêndio, ela tinha vergonha de mostrar as mãos. [...] Nessa época, Clarice se fechou" (*id.*). A ferida longínqua e presente (o excesso, a obstinação, o pesadelo) é a travessia do deserto obscuro em que o ser se autodevora e se consome na busca. O incêndio, dano abissal que agride o corpo físico e o submete à fúria extensa do horror, é equivalente ao trabalho doloroso que desde sempre persistiu lento sobre o corpo literário de Lispector, onde cicatrizes invisíveis geram palavras.

MEU TRABALHO RUDE QUE É TÃO DURO COMO QUEBRAR PEDRAS

As cartas apresentam uma série de reflexões mais ou menos soltas, mas profundamente reveladoras sobre a relação de Clarice Lispector com a escrita, sobre a sua interminável, exigente e insatisfeita busca. Indiretamente, o leitor desta correspondência é levado a recompor a imagem de fluxos vivos, digamos que o próprio processo da escrita da autora. Algo que podemos ver exposto nos últimos livros, *A hora da estrela* e *Um sopro de vida*, de forma explícita, através da figura do escritor compondo os textos diante do leitor.

Numa das cartas de Washington, em que Clarice se propõe colaborar na imprensa, de modo a ter uma maior folga no seu orçamento, falou, entre outras coisas, da possibilidade de vir a escrever também textos sobre a sua criação literária. Na verdade, numa obra como a de Clarice, em que existem muitas retomas, encontramos "crônicas", escritos de vários tempos, que apresentam reflexões sobre o escrever, em alguns casos sobre a elaboração precisa de determinados textos.

A grande diferença que se impõe nas cartas é que as reflexões sobre a criação, também aqui patentes, ocorrem quase sempre no quadro de reações muito diretas sobre a sua literatura em processo, sobre os seus anseios face a esse processo: "O fato é que eu queria escrever agora um livro limpo e calmo, sem nenhuma palavra forte, mas alguma coisa real – real como o que se sonha, e que se pensa, e que se pensa uma coisa real e bem fina", escreveu a Lúcio Cardoso, em março de 1944, quando se encontrava ainda em Belém. Clarice falou do real. Mas ela sabia de antemão que não existe prova da existência objetiva de um mundo exterior como realidade a que se pudesse sentir vinculada. Não se tratava de passar de uma realidade a outra, de uma natureza a outra. Tratava-se, sim, de tentar dar expressão a uma força incontida, o real que transporta dentro de si, o silêncio e a desesperação. Como se só se pudesse ver de dentro para fora. Como o respirar do próprio ser que só a ela pertence, coisa indefinível, compulsão inseparável da alegria e que também é dor, infinitude instável. As cartas permitem igualmente acompanhar diálogos, partilhas de dúvidas, pedidos de conselhos a respeito da escrita dos romances. Em particular sobre *A cidade sitiada*, nas cartas para a irmã Tania. Por exemplo, quando se reporta ao "sentido do livro" que não aparece logo, que não é predeterminado e vai sendo descoberto à medida que avança no caminho da composição: "Estou trabalhando, mal ou bem; falta ainda o sentido do livro, uma razão mais forte para ele existir – aos poucos é que esta irá subindo à tona, à medida que eu for trabalhando" (Berna, 8 de maio de 1946).

Existem muitos depoimentos da autora sobre a busca contínua de um modo de expressão original, intimamente ligado ao desassossego e ao estranhamento que transparecem nas suas páginas. Numa entrevista concedida ao amigo Paulo Mendes Campos para o *Diário Carioca*, em 1969, referindo-se ao modo como foi acolhido o seu primeiro livro, Clarice disse o seguinte: "Eu já programara para mim uma dura vida de escritora, obscura e difícil; a circunstância de falarem no meu livro me roubou o prazer desse sofrimento profissional." A apurada autoconsciência do ofício, para quem a incumbência não significa facilidade, vem assinalar a insistência na ideia de que o caminho escolhido não é o da habilidade, mas o de uma deliberada travessia da paixão. A resposta a Paulo Mendes Campos constitui uma síntese *a posteriori* do que, em tempo direto, se podia ler nas cartas. Em 1944, pouco depois da saída do Rio de Janeiro, Clarice afirmou que desejaria que o seu início literário (referindo-se ao excepcional acolhimento e à repercussão do primeiro romance) tivesse sido mais árduo. Dirigindo-se ao crítico Sérgio Milliet, numa carta enviada de Belém, escreveu: "Eu tinha me preparado, não sei por que especialmente, para um começo ácido e um fim solitário. Suas palavras me desarmaram. De repente me senti até mal em ser tão bem recebida. Eu que não esperava ser recebida *at all*. Além do mais, a repulsa dos outros – eu pensava – haverá de me tornar mais dura, mais presa no caminho do trabalho que eu escolhera."

Ao falar do trabalho da escrita, também em algumas cartas referiu o propósito de refrear a facilidade. Abre-se aqui um caminho para questões que dizem respeito à mistura de registros, onde coabitam a dicção mais elevada e aquilo que é apresentado pela própria como "a escrita com a ponta dos dedos", isto é, um trabalhar das superfícies, convencionalmente entrevisto como modo menos literário de escrever: "Sinto tanto, tanto ser fraca. Gostava de tal, de tal forma poder trabalhar sem parar. Mas não consigo, as coisas me vêm esparsas – e além disso eu de tal modo desconfio de mim, com medo de escrever facilmente com a ponta dos dedos, que nada faço" (carta para Lúcio Cardoso, novembro de 1944).

GOLPES QUE ME PREJUDICAM E ME FEREM

Concomitantemente às reflexões sobre a criação literária, este epistolário oferece-nos elementos importantíssimos sobre questões editoriais, em concreto sobre as mil e uma dificuldades da parte de Clarice relacionadas com a publicação dos seus livros. A escritora, hoje justamente celebrada, cuja obra alcançou uma notável repercussão nacional e internacional, não encontrou, em vida, uma casa editora fixa e, até o fim, sofreu com os entraves continuados, propostas não concretizadas, recusas de publicação.

Podemos acompanhar, através das cartas, as atribulações que envolveram a publicação dos livros escritos no período em que Clarice viveu no estrangeiro: *A cidade sitiada, A maçã no escuro* e *Laços de família*. As interrogações, as dúvidas, as inquietações e as exasperações são partilhadas com diversos interlocutores, com especial destaque para a irmã Tania e para os amigos escritores Rubem Braga e Fernando Sabino.

Apesar da distância geográfica, Tania foi um esteio, uma presença constante na vida de Clarice. Para além ler e comentar os textos da irmã, acompanhou e intermediou contatos com jornalistas, editores e escritores. A Editora Agir, que publicou *O lustre*, o segundo livro Clarice, propôs-se reeditar o seu livro de estreia, que tivera um impacto retumbante na cena literária brasileira, mas a edição não se concretizaria. Mal recebeu as primeiras indicações de adiamento, Clarice interpretou-as como reticência editorial decorrente do silêncio da crítica em relação a *O lustre*, como referiu em carta para Tania, em julho de 1946. No mês seguinte desabafava com a irmã: "Estou cansada dos golpes deles [Editora Agir] que me prejudicam e me ferem."

A segunda edição de *Perto do coração selvagem* só ocorreria vinte anos depois da primeira, na Editora Francisco Alves, em 1963.

Pode dizer-se que começava ali uma saga que infelizmente muito a marcou. Quando concluiu o terceiro romance, Clarice escreveu a Tania, em novembro de 1947, pedindo-lhe que entregasse o datiloscrito a Lúcio Cardoso para que este pudesse dar a sua opinião. Clarice não tinha editora e, para tal, também contava com a ajuda de Lúcio. Em julho do ano seguinte referiu à irmã que recebera resposta negativa da Agir. No início de 1949 comunicou a Tania novas diligências com vista à publicação de *A cidade sitiada*, agora junto de A Noite, a editora do jornal onde ela trabalhara e que publicara a sua primeira obra. A publicação do terceiro livro concretizar-se-ia efetivamente nesta editora e neste ano.

As coisas não seriam mais simples com *A maçã no escuro*. Pelo contrário. Tratou-se de um dos processos mais difíceis, com contornos indescritíveis, até que o livro pudesse ver a luz do dia. Quando acabou o romance, em maio de 1956, escreveu a Fernando Sabino, pedindo sugestões de dois ou três possíveis editores a quem pudesse apresentar o livro. O nome de Sabino ficará indissociavelmente ligado a esta obra pelo diálogo estabelecido com Clarice, na sequência de uma leitura atenta do datiloscrito e das muitas observações feitas, acatadas na sua maioria por Clarice. Também Rubem Braga acompanhou de perto o processo. A carta que ela lhe dirigiu em 14 de dezembro de 1956 é uma peça-chave para entendermos parte do que sucedeu. A conceituada Editora Civilização Brasileira empatou indescritivelmente a publicação. A José Olympio, outra editora renomada, também esteve na calha, mas tudo falhou. Só em 1961 o livro saiu finalmente na Francisco Alves. Processo semelhante, e não mais pacífico, foi o que envolveu a publicação de *Laços de família*. A correspondência do mês de março de 1959 para a cunhada Eliane Gurgel Valente, que foi intermediária numa dada fase junto de José Simeão Leal, diretor do Serviço de Documentação do Ministério de Educação e Saúde, que estava encarregado de publicar o livro, assim como uma carta ao próprio editor, ajudam-nos a reconstituir o processo.

A DESMESURA, O CLARÃO

Nas cartas, acompanhamos com algum pormenor as dúvidas e as insatisfações associadas à escrita dos livros até *A maçã no escuro*, inclusive. Torna-se desde logo visível, no início, uma dada resistência relativamente à publicação dos primeiros contos, após a estreia com *Perto do coração selvagem*: "Não sei onde publicar meus contos e não tenho propriamente vontade. O bom seria publicá-los em qualquer lugar só para lê-los impressos e, caso que tememos, eu poder apresentá-los", escreveu numa carta à irmã Tania, em 23 de fevereiro de 1944, pouco tempo depois de chegar a Belém. E três dias depois voltou ao assunto, sendo muito clara na apresentação das razões sobre o protelamento da publicação dos textos breves, as quais se prendiam, acima de tudo, com os receios de eventuais reações negativas por parte da crítica: "A verdade é que não estou com vontade de publicar aqueles contos. Quando eu os releio não os acho ruins, mas fora do meu espírito atual. Isso quer dizer muito: que eu não tenho vontade de provocar críticas, possivelmente ruins, por uma coisa que não me interessa muito. Se fosse pelo meu livro, vá lá" (26 de fevereiro de 1944). Muitos anos mais tarde, em plena maturidade artística, numa altura em que criava contos absolutamente extraordinários, após ter terminado *A maçã no escuro*, escreveria a Fernando Sabino: "Um dia desses, quando eu estiver mais desocupada, copio meus três contos e mando para você ler. Não são bons, são gênero meio engraçadinho, mesmo um que não me parece engraçado" (12 de novembro de

1956). E a seguir à publicação desse quarto romance, em 1961, apresentou mais distanciadamente o seu ponto de vista, em registro analítico, nos termos da oposição conto/romance. Numa entrevista, concedida a Alexandre Eulálio, nesse ano, após reconhecer as virtudes da história curta, no que diz respeito à manufatura e ao virtuosismo, sublinhou enfaticamente, numa projeção futurista, que o que lhe interessava acima de tudo eram as possibilidades que a escrita do romance lhe proporcionava: "E isso de um modo tal que quando penso no futuro, não me imagino nunca como autora de contos, e sim de outras longas novelas." Noutra entrevista da mesma época, a Jurema Finamour, reportou-se a essa dicotomia com grande precisão, referindo que se sentia "mais tranquila, mais clara", nos contos, para acrescentar em remate: "Nos romances, sim, acontecem coisas que às vezes escapam à minha própria compreensão." Jamais o ser se libertará das raízes ilógicas do mundo. São essas zonas que Clarice persegue sem cessar. Daí a insistência de que é o largo fôlego que melhor guarida dá à sua busca.

A escrita dos contos, nas suas palavras, mesmo quando se mostra insatisfeita, é sempre uma coisa mais pacificada do que o processo de elaboração dos romances: "Depois que você me disse que eu devia saber sobre que mulher eu estava escrevendo, me sentei junto à máquina e escrevi bem forte: estou escrevendo a história de uma mulher que... e as coisas se embrulharam ainda mais. Enquanto isso escrevi um pequeno conto chamado *O Crime*, que mandarei talvez para você um dia desses" (carta para Fernando Sabino, Berna, 27 de julho de 1946).

Numa crônica publicada no *Jornal do Brasil*, em 1969, "A explicação que não explica", Clarice respondeu a uma interpelação sobre a feitura de textos seus e recordou enquadramentos relacionados com a escrita de alguns dos seus contos mais conhecidos. A propósito da criação de "O búfalo", um conto magnífico, rememorou uma sobreposição de imagens – um rosto que vira "numa mulher ou em várias, ou em homens" e, numa das muitas idas dela a jardins zoológicos, uma troca de olhares que a marcou profundamente: "Um tigre olhou para mim, eu olhei para ele, ele sustentou o olhar, eu não, e vim embora até hoje." Seguidamente, falou da sua reação, quando da releitura deste texto: "Senti um choque de mal-estar e horror." Foi também esta a reação de outros leitores (a quem Clarice mostrou o conto logo após tê-lo escrito) apontada em algumas cartas aqui compiladas. Em 7 de maio de 1956, falou a Fernando Sabino sobre o conto: "Tem dentro dele uma violência que me faz tremer." E, no dia seguinte, dirigindo-se às irmãs, alongou-se com algum detalhe sobre a escrita do texto e sobre o modo como reagiram pessoas próximas, depois de o terem lido: "Um dia desses tive um ódio muito forte, coisa que eu nunca me permiti; era mais uma necessidade de ódio. Então escrevi um conto chamado 'O búfalo', tão, tão forte, que, por experiência, fui ler para Mafalda, Armando Pires (um rapaz que mora aqui e trabalha na União Panamericana) e para Maury, e eles sentiram até um mal-estar. O rapaz disse que o conto todo parece feito de entranhas... Maury, é claro, não gostou: assustou-se com a violência." A irrupção da violência na obra de Clarice tem justamente uma das suas mais radicais comparências neste texto: como uma via sacra, a ida da mulher ao Jardim Zoológico é a demanda da aprendizagem do ódio.

De forma admirável, Hélio Pellegrino escreveu sobre Clarice e a sua arte: "Vidente e visionária, Clarice era fustigada – crucificada – pelo excesso de estímulos, conscientes e inconscientes, que tinha de domar. [...] Ela se espantava, se admirava, perdia-se na inesgotável trama de estranhezas que compõem o real. Por essa razão, o conto terá sido o gênero literário que dominou com maior perfeição." Foi, contudo, nos textos longos que ela viveu intensamente a escrita, por vezes doloridamente, em carne viva, de uma forma diversa da dos textos breves. O romance, para Clarice, é esse lugar de vida e intensificação. Nos textos longos encontramos movimentos complementares que atuam no processo de escrita clariciano: o excessivo, o que transborda, e os clarões que se acumulam e que devêm também excesso. A desmesura decorre de um ritmo lento, num arrastamento de camadas sobrepostas onde reconhecemos quadros mais ou menos delimitados e, neles, as fulgurações, pequenos lampejos que vêm à superfície. *A maçã no escuro* é um ponto alto nesse trabalho de concentração em cuja composição cuidada se cruzam o fôlego totalizador e a irrupção dos flashes epifânicos. Em vários dos seus romances encontramos sucessões de micronarrativas. E nos contos ou nos pequenos textos inclassificáveis, entrevistos conjuntamente, podemos ler um contínuo narrativo. Também as cartas podem ser lidas como quadros desse vasto painel.

UM BORDADO DE SONS

No início do ano de 1945, numa carta para a sua irmã Elisa, escrita em Nápoles, ao falar dos planos para os seus dias, Clarice referiu o desejo de se inscrever num curso de canto: "Quanto a estudar canto, vou tratar disso"; dez dias depois, voltou ao assunto, noutra carta para a irmã, apresentando as suas dúvidas, num registro humorístico: "Não tratei nada sobre o canto, sinceramente não me sinto muito animada a abrir a boca todos os dias e berrar. Mas certamente um dia desses resolvo e quando resolver você um dia acorda de madrugada e em vez de ouvir teus passarinhos ouve meus solfejos." A música acompanha os dias de Clarice, marcando uma dimensão vitalista, surgindo como espontânea exteriorização do sentimento, como libertação de uma vivência ardente. Numa das cartas de Berna, Clarice revelou a Tania como se emocionou com um telefonema desta. A alegria foi tão grande que, de imediato, se pôs a cantar uma

Washington, 5 abril 1954,
segunda-feira

Rubem,

obrigada pelo cartão lindo de Lima.

E aí vae a resposta de Cummings — não sei porque ele resolveu responder para cá e não para o Rio, suponho que porque mais perto. Mas que assinatura boazinha a dele! Pena eu não a ter visto naquela época remota em que a gente adora o próprio nome e enche folhas de papel com variações de assinatura — eu ficaria eletrizada se tivesse visto uma simplificação tão perfeita. Agora, bolas, é tarde demais; passou a fase de amor próprio. Mas um dia ainda assinarei em hieroglifo.

Conheci num jantar um homem da National Gallery, muito interessante, amigo do Ezra Pound e do Saint-John Perse. Diz que Pound está com uma maravilhosa tradução de Confucio pronta para ser publicada. Diz que Pound, estando repousado, é lúcido, mas quando está

(2)

cansado começa a descansar. Quanto a St. John Perse, está escrevendo um longo poema, anda com insônia e foi passar uns tempos na Florida (ou California) porque lhe disseram que lá se dorme bem...

Aqui, apesar de abril, faz frio de abrasar. E essa é a única novidade.

Maury e eu lhe mandamos um grande abraço.

Clarice

ou

C. L———tor

(está bom?)

Quem é Elizabeth Bishop? que faz ela no Rio? Vae ver que lhe disseram que no Rio se dorme bem.

conhecida ária da ópera de Camille Saint-Saëns, que refletia o estado por ela vivenciado no momento: "*Mon coeur s'ouvre à ta voix, comme s'ouvrent les fleurs aux baisers de l'aurore...*" (2 de janeiro de 1947).

O reflexo mais direto das vivências associadas à música deixa transparecer um sentido de exaltação. Mas também lemos observações que revelam como a relação com a música implica igualmente uma entrega e está associada à incessante busca, ao permanente desejo de conhecimento, concretamente nas lições oferecidas para o manejo da sua língua literária. Lembro uma carta enviada de Nápoles para Elisa, em 20 de abril de 1945. O momento da escrita da carta é simultâneo ao da audição de um concerto de música contemporânea transmitido pela rádio. Clarice destaca uma observação feita pelo locutor quando este se refere à forma como a harpa é usada na referida peça. A frase é esta: "[o compositor] tirou o elemento decorativo da música." O que a escritora retém, neste sublinhado transmitido com entusiasmo à irmã, é uma espécie de síntese, uma ilustração daquilo que ela mesma faz na sua literatura: "Realmente a música que estou ouvindo não tem por assim dizer 'história'. Parece um bordado de sons, um manejar puro de notas. É belo, belo."

Em 25 de outubro de 1955, numa carta para Elisa e Tania, deparamos com o relato de uma vivência que poderia ter saído de um dos seus contos, pela voz de uma das suas personagens. O que há de clariciano no episódio referido na carta, literariamente falando? Refere-se à manifestação do impulso da descoberta, o desejo de recuperação de um momento intenso trazido pelo acaso e o modo de o vivenciar. Interessa sublinhar que é a música perdida (uma sonata de Chopin), e o que implica essa perda, aquilo que no relato constitui um núcleo próximo do que vamos encontrar em muitos dos textos da autora. No caso do recorte apresentado nesta carta de Washington, poder-se-ia apontar uma qualquer congeminação ou fantasia, como a das suas personagens, desembocando numa irresolução constitutivamente clariciana.

A referência a Chopin, e ao impacto produzido pelo andamento de uma das suas sonatas, conduz-nos a um elemento de ordem biográfica, apresentado pela escritora. Importa lembrar que Clarice teve formação musical na sua infância, graças ao cuidado paterno. Uma crônica do *Jornal do Brasil* (9 de dezembro de 1967) é central para a leitura sobre o lugar da música na sua obra. O título "Lição de piano" dá o mote, circunscreve o âmbito da crônica centrada na memória da aprendizagem da música a partir do instrumento escolhido pelo pai para a educação musical das filhas. O relato é muito claro quando estabelece um elo direto entre os caminhos da distração e os modos da inventividade. Existe, da parte da criança, uma demarcação, um afastamento relativamente aos propósitos disciplinadores da execução pianística. De certa forma, pode ler-se aqui uma projeção do que será o posicionamento da autora, repetido com frequência quando reflete sobre a sua arte, ao afirmar não ser uma profissional. A menina distrai-se e é nesse processo que ocorre a criação. Consequentemente, também se distrai da dor e da perda, ainda que a doença e a morte da mãe sejam simultaneamente fontes potenciadoras da inspiração. No tempo das lições de piano impõe-se a música por si inventada, no ano em que a mãe morre. A estrutura da peça reflete isso mesmo: a suavidade e a violência, traços que marcarão a obra da futura escritora. É muito interessante observar a existência de uma homologia entre os termos musicais da própria composição criada por Clarice e os procedimentos sintáticos da sua escrita em que sobreleva o efeito rítmico resultante das alternâncias entre as frases longas e as frases muito curtas: "Tinha nove anos e minha mãe morrera. A musiquinha que inventei, então, ainda consigo reproduzir com dedos lentos. Por que no ano em que morreu minha mãe? A música é dividida em duas partes: a primeira é suave, a segunda meio militar, meio violenta, uma revolta suponho." Se o pai é a presença, o sustentáculo motivador, a mãe é ela própria a música, em ferida e força desencadeadora. A dor e a culpa são o puro lugar da invenção. Um círculo concentra a ambiguidade que gera o mistério e o enigma. O pai impulsiona a aprendizagem da música. Contudo, é a ausência, a sombra fantasmática da mãe (uma imobilidade fecundadora) que desencadeiam o processo criativo. No remate é-nos dada a chave. Como na música, a força da sua literatura está na suavidade dos seus "dedos frágeis e delicados". A figuração do piano, enquanto metáfora ou símile, ocorre noutros lugares e encontra uma expressiva adequação, num dos textos publicados no *Jornal do Brasil*, no qual a autora foca a "lembrança da feitura de um romance". É esse justamente o título do texto que convoca a imagem do instrumento para revelar um processo composicional.

Com efeito, na obra, a música pode ser entrevista no plano temático e no plano estrutural, no processo compositivo dos livros, assim como no plano estilístico, concretamente nos efeitos rítmicos das retomas, da reiteração de segmentos textuais, em semelhança ou em contraste. Como acontece na relação de Clarice com outras formas de expressão artística, trazer a música para o texto não é simples adorno estilístico. Revela-se uma das formas de confronto máximo do eu consigo mesmo. De uma forma mais direta, o ponto de vista de Clarice, extensivo a várias artes, pode ser lido num pequeno texto intitulado justamente "Abstrato e figurativo": "Tanto em pintura como em música e literatura, tantas vezes o que chamam de abstrato me parece apenas o figurativo de uma realidade mais delicada e mais difícil, menos visível a olho nu." Além dos lugares convencionalmente redutores, além dos dualismos pré-concebidos, o figurativo a que se refere Clarice diz o modo como a arte pode revelar a realidade mais complexa e não sujeita a qualquer espécie de limites categoriais. Como a vida.

INVENTAR A VERDADE: *QUE MAIS SE PODE QUERER?*

Uma das mais belas cartas deste epistolário, que merece um particular destaque, foi enviada a Fernando Sabino em 11 de dezembro de 1956. Em maio desse ano, Clarice tinha concluído o seu romance *A maçã no escuro*, em Washington, conforme está assinalado no fim do livro, ainda que mil e uma vicissitudes tenham relegado a publicação do romance para o ano de 1961. A carta para Sabino (o interlocutor privilegiado no processo de leitura de *A maçã no escuro*) é escrita unicamente para exprimir o deslumbramento causado pela leitura em curso do romance de Guimarães Rosa, *Grande sertão: veredas*, publicado nesse ano. As palavras de Clarice transvazam emotiva e generosamente o reconhecimento de um encontro sem paralelo com a descoberta do livro: "Nunca vi coisa assim! É a coisa mais linda dos últimos tempos. Não sei até onde vai o poder inventivo dele, ultrapassa o limite imaginável. [...] Fico até aflita de tanto gostar. [...] O livro está me dando uma reconciliação com tudo, me explicando coisas adivinhadas, enriquecendo tudo. Como vale a pena! A menor tentativa vale a pena."

Na apresentação de Clarice Lispector, em diversas obras de referência, como em Histórias da Literatura e em muitos outros estudos, o seu nome é colocado a par do de João Guimarães Rosa. Tristão de Athayde falou da "fraternidade estética entre esses dois grandes solitários e renovadores estilísticos." Este crítico referiu-se a Guimarães Rosa como "voz telúrica do Brasil sertanejo e vegetativo, expresso pelo mais requintado dos manejadores de uma linguagem, recriada em língua." Clarice é apresentada, em semelhanças e diferenças, "ao lado e em face de

Guimarães Rosa, nessa década renovadora de 1940, como voz oceânica do Brasil praieiro, voltado para o 'mundo, vasto mundo', inclusive o eslavo, expressa nos dois teclados coexistentes do subconsciente e supraconsciente." Os dois autores encontram-se num mesmo caminho, que é o de uma concentrada atenção à linguagem e o de uma continuada interrogação sobre a existência, a partir das coisas pequenas que trazem dentro de si mundos imensos. Ou que, reversivamente, em suas amplidões de sertão ou de mar, acolhem as insignificâncias (o "nonada", o "it"), num trânsito dialético que neutraliza todas as dicotomias. E tanto em Guimarães Rosa como em Clarice, a língua devém uma paisagem reconhecivelmente nova.

Em Rosa, a invenção de uma língua é manifesta nas rupturas ao nível sintático e nas inovações ao nível do léxico. Ele "inventa" uma língua palpável. Em Clarice, tudo acontece num plano mais subterrâneo. Encontramos nela alguns neologismos, uma dada marca experimental. Clarice está sempre à procura de novos caminhos e isso acontece de uma forma muito sutil porque é sobretudo através "da entrelinha", como a própria refere, que se opera essa "revolução". Nesta carta sobre *Grande sertão: veredas*, encontramos um passo revelador que reflete a sua aspiração máxima enquanto escritora – uma busca através da linguagem da mais íntima verdade do ser: "A linguagem dele, tão perfeita de entonação, é diretamente entendida pela linguagem íntima da gente – e nesse sentido ele mais que inventou, ele descobriu, ou melhor, inventou a verdade. Que mais se pode querer?"

AO ESCREVER SE ENTENDE O MUNDO UM POUCO MAIS

Numa das primeiras cartas de Clarice compiladas neste volume, encontramos um instigante autorretrato. Dirigindo-se a Lúcio

Cardoso, escreve sobre si mesma palavras em que ressalta um aparente distanciamento e um vívido sentido de humor: "Eu pretendia chorar na viagem, porque fico sempre com saudade de mim. Mas felizmente sou um bom animal sadio e dormi muito bem, obrigada. 'Deus' me chama a si, quando eu dele preciso" (Belo Horizonte, 13 de julho de 1941). Assinala em seguida uma diferença, captada no olhar dos outros sobre ela, reportando-se espirituosamente ao modo como pretende diluir esses traços de "exotismo", para poder passar despercebida: "As pessoas daqui me olham como se eu tivesse vindo do Jardim Zoológico. Concordo inteiramente. Para não chamar a atenção, estou usando cachinhos na testa e uma voz doce como nem Julieta conheceu." Após referir-se, de forma indireta, no fecho da carta, à sua maior aspiração de vida, a escrita ("eu não sou senão um estado potencial"), aponta explicitamente aquela que será uma das raríssimas referências à sua origem "eslava": "O.K. Basta de tolices. Tudo isso é muito engraçado. Só que eu não esperava rir da vida. Como boa eslava eu era uma jovem séria, disposta a chorar pela humanidade... (estou rindo)."

Ao falar do seu retrato pintado por Carlos Scliar, em 1972, Clarice relembrou o momento por ela vivido no ateliê de De Chirico: "Scliar fez antes de pintar vários desenhos de meu rosto. Contei-lhe de quando posei para De Chirico. Ele disse que aparentemente é fácil me pintar: basta pôr maçãs salientes, olhos um pouco oblíquos e lábios cheios: sou caricaturável. Mas a expressão é difícil de pegar. Scliar retrucou: todo quadro é difícil." Os traços do seu rosto, sublinhados na rememoração do encontro com o pintor italiano, destacam traços eslavos da sua fisionomia. Clarice possuía ainda outra assinalável marca diferenciadora: uma singular articulação dos "erres" tornava diferente a sua voz. Como se fosse estrangeira. De acordo com Pedro Bloch, dramaturgo e fonoaudiólogo, amigo de Clarice, também nascido na Ucrânia e chegado ao Brasil com três anos, o defeito de dicção não se devia à língua presa, como ela sempre dizia, mas poderia ter sido causado pelo fato de Clarice, em pequena, ter imitado a maneira de os seus pais falarem. Pedro Bloch teria mesmo conseguido corrigir a falha, em algumas sessões de terapia, mas Clarice voltou a usar esses "erres" com receio de perder esse traço da sua personalidade.

Em Clarice, muitas pistas são lançadas. Também as cartas, que constituem uma importante achega para o delineamento do retrato, estão pejadas de indagações. Uma das últimas missivas deste volume, datada de setembro de 1975, é uma resposta a duas perguntas que lhe foram feitas por Olga Borelli. À segunda questão, Clarice responde devolvendo a pergunta, ativando deste modo o círculo da interrogação: "Quanto à outra pergunta: Como é que você se sente ao escrever seus livros? Respondo com outra pergunta: Como é que você se sente quando lê meus livros? Aí você tem a medida de como é que me sinto quando escrevo."

A obra foi-se construindo a partir de interrogações fundamentais, tão vastas que levariam necessariamente qualquer pensamento a uma espécie de desagregação no seio desse mesmo *continuum* indelimitado do universo em que se projetam as referidas interrogações. No título de uma crônica, encontramos maximizada a assunção identificadora: "Sou uma pergunta" (*Jornal do Brasil*, 14 de agosto de 1971). Todas as questões repõem uma interrogação primeva interminavelmente desdobrada: "Por que poderia perguntar indefinidamente por quê?" As perguntas indefinidamente lançadas são o espelho do espaço do pensamento interrogante e criador da escritora Clarice Lispector. Na carta a Olga Borelli, a resposta à segunda pergunta aponta um procedimento recorrente nos seus textos da fase tardia: o leitor é colocado diante do raciocínio em processo. O desejo de partilha das interrogações sublinha a indagação permanente que acompanha a fundura de um implacável processo de autognose.

A especificidade desta carta leva-nos a questionar as razões da sua escrita. Sabe-se do acompanhamento devotado de Olga Borelli a Clarice, durante sete anos, desde dezembro de 1970, quando a conheceu, curiosamente sem o saber, no dia aniversário da escritora, até a morte desta, em 9 de dezembro de 1977. Olga Borelli fazia voluntariado na Fundação Romão Duarte, no Rio de Janeiro, e foi na sequência de um convite para que Clarice fosse autografar livros para as crianças desta instituição que se tornaram amigas. Fizeram algumas viagens juntas e Olga Borelli procurou apoiar Clarice, interessando-se também por aspectos relacionados com a obra.

No espólio de Clarice existe um dossiê organizado por Olga Borelli constituído por um conjunto de textos críticos sobre a obra da escritora. Trata-se de um projeto que visava uma coletânea cuja publicação não se chegou a concretizar. Numa nota de apresentação que acompanha o referido dossiê, Borelli esclarece o que a moveu: "Tornar a obra de C.L. menos hermética aos estudantes, estudiosos ou curiosos." O projeto contou com o apoio de Clarice. Muitos dos artigos coligidos, traduções de resenhas e de outros textos ensaísticos publicados no estrangeiro, e menos conhecidos no Brasil, apresentam emendas manuscritas com a letra de Clarice, ajustes de revisão da tradução. É muito provável que as perguntas feitas por Olga Borelli visassem integrar um depoimento da escritora na publicação que pretendia levar a cabo. Na referida nota, a amiga de Clarice lembra que esta lhe facultou o "acesso às pastas onde na maior desordem possível achavam-se as críticas feitas sobre seus livros." Mas interessa especialmente sublinhar o cuidado de Clarice na única advertência feita a Olga Borelli – uma indicação para que esta "não incluísse críticas meramente elogiosas ou meramente agressivas mas sem fundo analítico."

Ora, a resposta à primeira pergunta de Olga Borelli "Então, por que escreve?" constitui um depoimento relevante que retoma pontos apresentados por Clarice em outros sítios (crônicas, entrevistas e mesmo em conversas com pessoas próximas). Chama a atenção o fato de Clarice se deter na questão do seu posicionamento face aos críticos (o que fundamenta a hipótese de que o depoimento tivesse sido pedido para o livro que Borelli tencionava organizar) e aos editores, no quadro de um texto pensado em torno do seu lugar como escritora. A resposta de Clarice, que revela sua indignação perante as leituras desacertadas da crítica e perante a desatenção dos editores, que dá conta do seu lamento por não lhe ter sido possível viver da sua literatura, impõe-se sobretudo por aquilo o que sempre a moveu, na sua frontal independência, na escrita. Nesse sentido, argumenta com as suas mais fundas razões: o imperativo cognoscitivo (entender o mundo), o investimento absoluto de si mesma no processo ("a gente só pode fazer bem as coisas que ama realmente") e a não abdicação da busca da verdade ("também faço livros comprometidos com o homem e a sua realidade, porque a realidade não é um fenômeno puramente externo"). Outro ponto sempre presente no seu trajeto foi a extrema lucidez com que sempre olhou para si, desmitificando os lugares-comuns que à volta dela se foram criando: "Sou uma mulher que sofre, como todas as pessoas do mundo, as mesmas dores e os mesmos anseios. Eu nunca pretendi assumir atitude de superintelectual. Eu nunca pretendi assumir atitude nenhuma. Levo uma vida muito corriqueira. Crio meus filhos. Cuido da casa. Gosto de ver meus amigos, o resto é mito."

O retrato da escritora oferecido nestas cartas é um retrato que mostra suavidades e irritações, alegrias, cansaços e desalentos. Estamos perante um retrato intelectual e emocional sem artifícios que, por isso mesmo, muito nos toca. Clarice torna-se aqui muito próxima dos seus leitores. Alguma coisa do seu esta carta desonesta e insegura. Além disso, prometo escrever a máquina, da próxima vez.

Receba um grande abraço meu, bem.

Clarice

P. S. — Estou com saudade de você.

Fazenda Vila Rica —
Avelar — Est. do Rio

universo pessoal nos é revelada, nas contingências da sua vida de mulher de diplomata, na sua incondicional dedicação fraternal e materna, no relacionamento com as empregadas, na consolidação das amizades, na sintonia com os animais, na recepção das críticas, nos diálogos com os tradutores, nos impasses e contratempos da publicação das obras.

A leitura das cartas aproxima-nos ainda do seu extraordinário laboratório de escrita, permitindo-nos igualmente captar alguma coisa desse fulgurante e caótico adensamento que vai ganhando forma de coisa viva, uma literatura em vertigem e permanente indagação.

CARLOS MENDES DE SOUSA

DÉCADA DE 1940

[A Elisa Lispector][1]

17 maio 1940

Querida Elizinha:

Recebemos finalmente hoje a sua carta, hoje sexta-feira. "Finalmente" porque eu estou sentindo tanto sua falta em casa, que terça-feira já esperava pelo correio. Você indo embora a casa ficou muito vazia e eu muito sozinha. Espero somente que tudo isso se justifique com o melhor aproveitamento possível de sua estadia aqui.

Pretendo ir aí no sábado. Ou talvez no outro ainda, porque há um baile e há a probabilidade em 3 milhões de que eu vá: não tenho vestido (queria fazer uma saia comprida de veludo e uma blusa de renda, mas o custo é imenso). Recebi na segunda-feira 281$200 na redação concernente a traduções antigas.[2] Mas entre as qualidades do dinheiro não está a elasticidade...

Elisa, tem outros hóspedes aí? Só queria. Olhe, bichinha, você tem sempre sorte com o número 13, as viagens, são três, para Teresópolis, eram em cadeiras 13 etc., não é? Pois bem, você viajou no dia 13. E papai notando isso disse que no concerto de Yascha Heifetz[3] sua cadeira era nº 13! Vou ver se lhe arranjo um balangandã nº 13.

---

[1] Clarice tinha 19 anos, morava com o pai, Pedro, e a irmã Elisa. Tania se casara e morava no Catete.

[2] Clarice trabalhava como repórter e tradutora na Agência Nacional. A tradução de "O missionário", de Claude Ferrère, foi publicada em 6 de fevereiro de 1941 na revista *Vamos Lêr!* (Cf. CLJ).

[3] O violinista Yascha Heifetz tocou em Recife quando Clarice morava naquela cidade.

Elisa, você tem por aí perto uma farmácia, para que lhe deem injeção?

Por favor, escreva mais um pouco: sou eu quem pede e Tania, para quem eu li sua carta. Papai não está, por isso não se manifesta. Escreva mais detalhes: lembre-se que não sabemos absolutamente nada de sua vida aí. Tem trabalhado muito em Juiz de Fora. Cuidado com uma *surménage*.[4]

Minha filhinha, seja feliz. Não me desaponte. E escreva logo que receber esta, no mesmo dia.

Tania não manda muitos recados, diz que lhe escreverá. Manda mil abraços e lembranças.

Um grande abraço de sua

Clarice

P.S. Não fique nervosa se não puder entender a letra. Conte até 10, dê uma volta pelo jardim e volte à tarefa com o espírito de sacrifício cristão.

[4] Estafa.

[A Elisa Lispector]

22 maio 1940

Querida Elisa:[1]

Não posso verdadeiramente entender por que você não escreve. Francamente: custa muito um dia sim e outro não (alternados) escrever um bilhetinho? Já não peço que você conte novidades, nem escreva um jornal de Miguel Pereira.[2] Mas apenas: notícias! Entendo que aí não há telefone, que você está longe, e que nós ansiamos por notícias suas.

Queremos saber até minúcias, se a comida é boa, se o ambiente é agradável, se você se sente bem disposta. Tudo, tudo.

Nós vamos bem. Quanto à Marcia não vai bem: vai ótima! Está uma linda bolinha cor-de-rosa. Ainda há pouco telefonei pra Tania, que não pôde atender, porque estava acabando de enxugar a srta. Marcia, recém-vinda de seu perfumado banho.

Papai está muito bem, felizmente. Ele foi fazer a tubagem e como se surpreendesse do líquido da vesícula sair de cor diferente da das outras vezes, o médico lhe explicou que a diferença era favorável: a vesícula agora está funcionando. Ele continuará o tratamento, fará os preparos necessários e irá em breve ao médico.[3]

---

[1] Carta incompleta.

[2] Miguel Pereira é um município do Estado do Rio de Janeiro, localizado no centro-sul fluminense. Considerado o terceiro melhor clima do mundo.

[3] Em 26 de agosto de 1940, Pedro Lispector faleceu durante uma operação de vesícula.

Eu vou sábado à noite ao baile. Uma tortura encontrar a fazenda. Mas, enfim... deveres sociais! (Ah! Ah!)

Edith vai passar uma semana em Friburgo; a mãe está doente. Se arranjar quem fique no lugar dela, bem; se não arranjar, é o jeito. Vou comer na cidade, mas agora sem você, para fazer uma farra de cinemas depois.[4]

Elisa, o conto que eu apresentei pro *Pan*[5]... vai ser publicado. Ou o homem está louco ou sou eu quem está.

Você tem lido, tem descansado, tem comido, tem dormido, tem escrito, tem passeado, tem engordado? Só má vontade de sua parte impede que você escreva. Por favor, bichinha, escreva sempre, sempre. É pau não ter notícias suas. Estou aqui muito sozinha ("nesse enorme casarão", acrescentaria uma personagem romântica de Delly)[6] em

---

Tania Kaufmann desconfia que houve erro médico, pois este não explicou o motivo pelo qual o paciente veio a óbito.

[4] Na época, os cinemas da cidade eram os da Cinelândia, como: Pax, Capitólio, Pathé, Cine Palácio, Metro-Passeio e Plaza, entre outros. Clarice era frequentadora assídua deste canto do Centro.

[5] Clarice está se referindo ao conto "Triunfo", o primeiro de sua autoria publicado na revista *Pan*, nº 227, em 25 de maio de 1940 (Cf. OE, pp. 11-13).

[6] Clarice relata em entrevista concedida ao Museu da Imagem e do Som, que lia "livros de moça" de Delly, por exemplo, na biblioteca de aluguel da rua Rodrigo Silva, no Centro da cidade (Cf. OE, p. 143). M. Delly é o pseudônimo de um casal de irmãos franceses que escreveram romances populares na linha da literatura cor-de-rosa, consumidos por jovens leitoras. A vida das mocinhas era narrada numa atmosfera de fantasia onde não faltavam cenários exóticos, personagens belos e ricos e uma história de amor com direito a um final feliz. Autores do maior número de títulos da Coleção Biblioteca das Moças, editados no Brasil entre as décadas de 1940 e 1960 pela Companhia Editora Nacional (SP). Destacam-se entre os 35 mais vendidos os títulos: *Freirinha* (1947) e *Meu vestido cor do céu* (1960).

[A Elisa Lispector]

(Rio de Janeiro, sem data, década de 1940)

Tania lhe escreveu há dias.[1]

Elisa, pense que essas férias são a "grande oportunidade". Viva como viveria uma princesa, isto é, sem cuidados, sem preocupações. Durma ou pelo menos se deite depois do almoço. Dê um pequeno passeio de manhã. E seja feliz e descansada. Lembre-se do "tranquilismo de Lin-Yutang".[2] "Não fazer nada" é uma das ocupações mais produtivas do homem.

Até logo, bichinha. Se eu não receber carta sua, vou aí buscar.

Um grande abraço de

Clarice

Papai manda lembranças e saudades.

36 B c 3... (gostou?)[3]

---

[1] Carta incompleta e sem data. Tudo indica que tenha sido escrita no Rio de Janeiro por volta de maio de 1940.

[2] Lin Yutang (1896-1976), filósofo chinês, autor de *A importância de viver* (1937).

[3] É o endereço da casa de Clarice na Tijuca: Rua Lúcio de Mendonça, 36 B, casa 3.

[A Tania Kaufmann, William Kaufmann e Marcia Kaufmann]

Sábado, 7/2/941

Alô, Tania, William e Marcinha:

Fiquei espantada com a vinda de Gessy. Imagino que você, Tania, deve estar se amolando. Mas eu não acho impossível que, quando você voltar, ela também volte.[1]

Elisa decerto já falou que Leocádia não veio. Mas tudo está se arranjando. Jantamos na pérola das pensões, que, entre parêntesis, não vale nada. Eu senti um nojo incrível quando um garçom, com cara de assassino, veio me servir e no braço descoberto enxerguei uma tatuagem, um coração, com data e sei lá mais o quê. Mas... pra que estou contando isso? Maluquice pura.

Quanto ao trabalho: fui falar com dr. J. e ele ficou de falar com L. F. Mas no dia seguinte telefonei pedindo que ele abandonasse a ideia, porque eu não ia voltar. Nunca vi tanta necessidade de dar coices como naquele sujeito. Começou por me dizer que eu não era indispensável. Como eu dissesse que desejava voltar às reportagens, disse-me que eu já estava com imposições. Que eu, entrando lá, faria o que fosse preciso. E que, quando eu fosse com ele ao L. F., ia dizer que tivera um incidente comigo, mas que eu queria voltar e como

[1] Após o falecimento de Pedro Lispector, Clarice e Elisa mudaram-se da Tijuca para o Catete a convite de Tania. Na Vila Saavedra, situada na rua Silveira Martins, 73, casa XI, as três irmãs passaram a morar juntas, acompanhadas de William e Marcia, respectivamente marido e a filha de Tania.

tinha certas qualidades... E, disse-me ele, aconselhava-me a que concordasse com isso como um pai aconselharia... Fez o possível para me botar no meu lugar. E o idiota do Sampaio não me cumprimentou senão depois de longos minutos de observação. Mas o Santos Jr. acha que eu voltarei, porque o J. S. já tinha falado com L. F. Vai se encontrar comigo segunda-feira para me convencer. Será difícil. Lá pra terça-feira terei talvez uma resposta da *Noite*.[2] E o Brutus assegurou-me que o lugar é meu, como publicista dos *Comediantes*.[3] O que, parece-me, me garantiria uns 800 mensais.

O que mais, querida? Elisa já varreu o quarto dela e mesmo o seu e o de Marsuska. Mas eu ainda não varri o meu e estou me dando tão bem que parece-me descobri o clima ideal... Estou escrevendo ao meio-dia, depois de ter rasgado a carta que tinha escrito ontem e que já estava velha, e ouvindo a "Morte de Isolda"[4] que nunca envelhecerá. Pra variar, vou almoçar no Praia Bar.[5] Ah, esqueci; vou tomar banho antes...

---

[2] Neste período Clarice trabalhava na Agência Nacional, distribuidora de notícias do DIP (Departamento de Imprensa e Propaganda), durante o governo ditatorial de Getúlio Vargas (1930-1945), que cuidava da produção de notícias para os jornais em circulação no país. Sua insatisfação a leva a buscar outro emprego. Ela ingressou no jornal *A Noite* em fevereiro de 1942. Supomos que a abreviatura L.F. corresponda ao diretor do DIP, Lourival Fontes.

[3] Brutus Pereira foi um dos fundadores de Os Comediantes, grupo que realizou a primeira encenação de *Vestido de noiva* (1943), de Nelson Rodrigues, sob a direção de Ziembinski, um marco do moderno teatro brasileiro. Os integrantes desta companhia teatral eram amigos do escritor Lúcio Cardoso, principalmente Tomás Santa Rosa, cenógrafo e autor de capas de diversos livros, tais como *Perto do coração selvagem* e *O lustre*. Lúcio Cardoso era colega de redação de Clarice Lispector na Agência Nacional.

[4] Excerto que encerra a ópera *Tristão e Isolda*, de Richard Wagner. Mostra o lamento de Isolda diante do cadáver do amante, Tristão; são suas últimas palavras antes de morrer.

[5] O Praia Bar era localizado no bairro do Flamengo, relativamente próximo à rua em que Clarice morava no Catete. Segundo Rubem Braga, foi Manuel Bandeira quem lhe disse ter encontrado a escritora nesse bairro. O cronista transformou o episódio na bela crônica "O poeta e os olhos da moça" na qual rememora o dia em que Bandeira saiu do Praia Bar e a viu passando na calçada com o noivo (Maury) (Cf. *Perto de Clarice* (catálogo), Casa de Cultura Laura Alvim, 1987).

Escrevam dizendo tudo. Se a Marcia está se dando bem com a comida, se William está gostando e se você, Tania, está cumprindo aquele programa de "aproveitamento integral". Aqui está fazendo um calor que de tão pontual diariamente, já está ficando chato. Você sabe? Desde que estou namorando o Itamaraty tenho ficado com gosto especial pelas palavras de gíria, bem vulgares... Já comecei a reagir...

William, o homem da geladeira queria lhe mandar uma história de duplicatas pra você assinar. Eu disse a ele que esperasse, que a casa não pega fogo. Assim você se entende diretamente com ele.

Tania, por favor, ensine à Marcia aquela frase assim: o .... não vale nada.

Um grande abraço pra todos.

Vossa irmã, cunhada, tia que vos abençoa,

Clarice

[A Lúcio Cardoso][1]

Belo Horizonte, 13 de julho de 1941

Hellô, bem

Está tudo direito, agora. Antes de partir falei com aquela pessoa por causa de quem eu me encontrei com V. de noite. Não aludi à carta principal e só falei das outras que vieram com belíssimas flores, morangos e outras coisas.

Houve um momento em que ele me disse: S. está tonto porque V. vai embora. Menti: "certamente entra aí um pouco de álcool. E, nesse caso, eu sempre desculpo." Não olhei para ele, não quis ver a reação. Voltei para casa triste com a meia perturbação que eu notara. Mas eu me tinha prometido ser outra, não é? Fiquei defronte do espelho e fiz uma cara belíssima: uma mistura de Nicolau Couro de Cobra com a tua Amélia. (Vi tua Amélia no trem; e para o meu desapontamento... ela me sorriu amavelmente. Quem sabe? se você também lhe tivesse dado uma oportunidade...)

Eu pretendia chorar na viagem, porque fico sempre com saudade de mim. Mas felizmente sou um bom animal sadio

---

[1] Esta é a primeira do conjunto de quinze cartas que Clarice escreve ao escritor Lúcio Cardoso. As três cartas que ele lhe enviou estão publicadas em *Correspondências* (2002). Clarice estava de férias, hospedada no Hotel Imperador, localizado na praça Rio Branco, uma das principais de Belo Horizonte. Na época, ela era aluna do terceiro ano do curso de Direito da Universidade do Brasil (atual Universidade Federal do Rio de Janeiro). Lúcio Cardoso, por quem era apaixonada, foi mais do que seu colega de trabalho na Agência Nacional, ele se tornou uma espécie de mestre e padrinho literário, acompanhou sua trajetória de perto, leu os originais de *Perto do coração selvagem* e a apresentou a escritores e críticos literários. Na crônica "Lúcio Cardoso" (Cf. TC – *Jornal do Brasil*, 11 de janeiro de 1969, pp. 188-190), ela afirma que ele fora "a pessoa mais importante da minha vida durante a adolescência" (...), "se não houvesse a impossibilidade quem sabe teríamos nos casado".

e dormi muito bem, obrigada. "Deus" me chama a si, quando eu dele preciso.

Quanto ao teu fantasma, procuro-o inutilmente pela cidade. As mulheres daqui são quase todas morenas, baixinhas, de cabelo liso e ar morno. Aliás, quase que só há homens nas ruas. Elas, parece, se recolhem em casa e cumprem seu dever, dando ao mundo uma dúzia de filhos por ano. As pessoas daqui me olham como se eu tivesse vindo direto do Jardim Zoológico. Concordo inteiramente. Para não chamar atenção, estou usando cachinhos na testa e uma voz doce como nem Julieta conheceu.

Que +? Eu tinha vontade de escrever outras coisas. Mas você diria: ela está querendo ser "genial".

Encontrei uma turma de colegas de Faculdade em excursão universitária. Meu exílio se tornará + suave, espero. Sabe Lúcio, toda a efervescência que eu causei só veio me dar uma vontade enorme de provar a mim e aos outros que eu sou + do que uma mulher. Eu sei que você não o crê. Mas eu também não o acreditava, julgando o q. tenho feito até hoje. É que eu não sou senão um estado potencial, sentindo que há em mim água fresca, mas sem descobrir onde é a sua fonte.

O.K. Basta de tolices. Tudo isso é muito engraçado. Só que eu não esperava rir da vida. Como boa eslava eu era uma jovem séria, disposta a chorar pela humanidade... (Estou rindo.) Um grande abraço da

Clarice.

P.S. – Hotel Imperador. Pça. Rio Branco, 744-748
quarto nº 302 – B. Horizonte

P.S. – Esta carta você não precisa "rasgar"...

[A Maury Gurgel Valente][1]

2/1/42

Alô, bem

Tudo muito poético. Uma chuva enorme me esperando na estação, um carro descoberto pra me conduzir à Fazenda guiado por um belo negro e dois cavalos; uma capa grossíssima, cheirando a cavalo, pra cobrir a jovem viajante. E os solavancos. E a sensação de perigo (quase nenhum, infelizmente) ao atravessar o riozinho. Por um triz – uma aventura! Faltou justamente o carro virar e a donzela cair desmaiada sobre a terra, os loiros cabelos misturados à lama.

Que tolices estou dizendo?

Mal consigo disfarçar a impaciência, essa é a verdade. É preciso sempre desconfiar quando assumo esse sorridente ar infeliz.

Como vai, benzinho? Como vão tuas mãos?

Escreva-me, bem. Quando se trata de apaziguar os outros, transformo-me subitamente numa grande fonte de serenidade. E eu mesma bebo dessa fonte. Estou sendo literária? Juro, faço o possível para mergulhar bem fundo dentro de mim e retirar belas coisas simples.

Ratinho curioso, perdoe essa carta desconexa e insegura. Além disso, prometo escrever à máquina, da próxima vez.

Receba um grande abraço meu, bem.

---

[1] A primeira da série de quatro cartas escritas ao futuro marido, seu colega na faculdade de Direito, revela o início do namoro. A Fazenda Vila Rica ficava localizada em Avelar, município de Paty do Alferes. São municípios limítrofes Miguel Pereira e Petrópolis.

Clarice

P.S. – Estou com saudade de você.
Fazenda Vila Rica
Avelar – Est. do Rio

[A Maury Gurgel Valente]

6/1/42

Alô, benzinho

Mandarei imprimir cartões especiais, com cestinhos de flores e anjos rosados, anunciando que sou sua namorada. De acordo? Ou você prefere outro gênero de decoração? Escreva-me, que de qualquer modo isso pode definir você.

Sua carta veio justamente depois de uma noite de quase-insônia, de sonhos malucos e de Huxley.[1] Quando a recebi, lia um pedaço sobre as consequências do desejo de ser + do que humano. Ratinho curioso, afinal tuas mãos nas minhas não deixam de ser uma boa dose de humanidade, não é? Ou não basta? Estou hoje tipicamente inquiridora. É um perigo.

Alô, bem. Você imobilizou-se fazendo a barba e eu só consigo imaginá-lo com o sabão no rosto, a Odete, de voz irritante, dizendo pra você tomar banho...

Arranjei uma pequena cascata, algumas montanhas verdes, ótimos vizinhos inexpressivos. Restava-me entoar hinos à paz e repousar. Mas ando de um lado pra outro, dentro de mim, as mãos abandonadas, pronta pra inventar uma tragédia russa, pronta pra criar um motivo que me acorde... horrível. Estou tão vaga, tinha vontade de fazer um embrulho

[1] Aldous Huxley (1894-1963), escritor inglês, autor de *Admirável mundo novo* (1931). Pela resposta deduz-se que a leitura que os dois faziam na época era a do romance *Contraponto* (1928), traduzido por Erico Verissimo para a Coleção Nobel da Editora Globo, em 1934. Um sucesso de vendas.

de mim, com papel de seda, lacinho de fita, e mandá-lo pra você. Aceita?

Quanto ao lugar pra você, temo que isso seja difícil, quase impossível. Talvez um pouco + tarde.

Ordens a serem executadas sob prescrição médica: a) informar-se na Faculdade sobre o exame de Civil; b) manter apenas uma conversa séria por semana com o seu colega inteligente e perturbador; c) acreditar que estamos no melhor dos mundos possíveis; d) ser feliz.

Um grande abraço da namorada

Clarice

[A Maury Gurgel Valente]

(Sem data, janeiro de 1942)

Existe também... sei lá o quê. Talvez qualquer coisa que valha a pena. Pelo menos pra olhar do ônibus e sorrir.

Ou se não, por que não se entregar ao mundo, mesmo sem compreendê-lo? Individualmente é absurdo procurar a solução. Ela se encontra misturada aos séculos, a todos os homens, a toda a natureza. E até o teu maior ídolo em literatura ou em ciência nada mais fez do que acrescentar cegamente + um dado ao problema.

Outra coisa: o que você, *você individualmente,* faria de especial se não houvesse a ruindade do mundo? A ausência dela seria o ideal para todos os homens, em conjunto: Para um só, não bastaria. Garanto-lhe que sempre haveria a arte de evasão e as preces e as fugas para Bach.[1]

Como diria o meu amigo Tasso da Silveira: tudo vem do pecado original...

Alô, bem. Não creio que tenha tocado exatamente no ponto principal. E suponho que esta carta já o encontre em outra disposição e seja inútil, o que ela seria aliás de qualquer modo.

Quanto a mim, estou – O.K. Não consegui no entanto soltar minhas rédeas. Planos, programas, consciência, vigilância. O que vale é que misturada a tudo isso, está a vida que não para.

Um abraço de

---

[1] Johann Sebastian Bach (1685-1750), compositor, cravista, professor. Um dos maiores compositores de todos os tempos, era um dos preferidos de Clarice. É citado em crônicas, romances e na dedicatória de *A hora da estrela*: "dedico-me às cores neutras de Bach."

Clarice

P.S. – Nunca vi uma alma tão feia quanto a minha letra

[A Lúcio Cardoso]

Vila Rica, 10/1/42[1]

Alô, Lúcio

Estou há + de uma semana aqui. Tomei banho numa cascata, já montei "Faísca" e fui mordida por um batalhão de mosquitos. Andei pelos morros, fazendo horríveis reflexões sobre a vida e a morte. Mas ainda não chorei, contrariando os seus prognósticos, – estou "quase", olho-me ao espelho com tanta dureza e com tanta noção de presente, passado, espaço e tempo, que me envergonho.

E você? E sobretudo Clara? Perdoe o sobretudo. Mas indiretamente saberei assim como você está passando.

Dê um abraço pro Padilha, pro Geraldo. Aos outros, eu escreverei. E também você receba um, bem grande.

Clarice

P.S. – Não se esforce por ser um bom rapaz e não se obrigue a escrever-me. Você tem minha simpatia *quand même*.

Fazenda Vila Rica – Avelar – Estado do Rio.

---

[1] Nessa época, Clarice não trabalhava mais na Agência Nacional.

[A Maury Gurgel Valente]

11/1/42

Alô

Ri muito quando li sua carta. Era mesmo de se esperar uma resposta nesse gênero. Mas a verdade é a seguinte: não procurei fazer-me nem enorme nem inteligente. Apenas eu estava precisando pôr em ordem certas coisas que me preocupavam ligeiramente. Estava precisando de uma teoria. Sem querer, propriamente, aproveitei a ocasião e escrevi aquelas tolices que lhe pareceram terrivelmente "feitas" e que no entanto, agravando o caso, foram muito espontâneas.

No entanto, tudo isso servirá para que esclareçamos uns pontos. Quando eu lhe disse que era egoísta, não foi simplesmente por dizer. Eu o sou. E muitas outras coisas, piores ainda. Por isso tenho a impressão de que o jogo continuará unilateral, como você chama. Não só com você, aliás (*sic*). Está esperando demais de mim, suponho. Nunca me vi confiante nem boazinha. Não sei se foram certas circunstâncias de vida que me deixaram assim, sem jeito para me confessar. E orgulhosa (por quê, meu Deus?... estou rindo, não se assuste – nada trágico). E covarde a ponto de não ceder, de não me render, como quer o teu Morgan.

Pode crer: aquela ideia de me mandar num embrulho para alguém, ocorre-me de vez em quando como o ideal, tão cansada eu fico às vezes de estar sempre de pé, segurando eu mesma as minhas rédeas (bem se vê que ando montando). Mas simplesmente como ideal impossível. Estou bastante acostumada a estar só, mesmo junto dos outros. Digo isso sem grande amargura.

Foi nesse sentido apenas que eu lhe disse que era fria como uma estátua. Todas pessoas que gos–[1]

[1] Carta incompleta.

[A Tania Kaufmann]

Fazenda Vila Rica, Estado do Rio, janeiro de 1942

Alô, queridíssima:

Imagine que recebi tuas duas cartas ao mesmo tempo. Uma com o carimbo de 6.

Estou com muita saudade de você. Vou contar tudo direitinho: tem eletricidade que apaga às 10 – mais ou menos. Estou só num quarto, encontrei uma viúva (moça) com uma filhinha, muito simpática, com quem eu tenho me dado. Não escrevi uma linha, o que me perturba o repouso. Eu vivo à espera de inspiração com uma avidez que não dá descanso. Cheguei mesmo à conclusão de que escrever é a coisa que mais desejo no mundo, mesmo mais que amor. Tenho recebido cartas formidáveis do Maury.[1] Houve uma briga entre nós porque ele interpretou como literária uma carta que eu mandei. Você bem sabe que isso é a coisa que mais pode me ofender. Eu quero uma vida – vida e é por isso que desejo fazer um bloco separado da literatura. E além do mais, eu tinha escrito a carta com uma espontaneidade integral. Escrevi interrompendo o nosso caso. Pois recebi imediatamente um telegrama e duas cartas uma em cima da outra. O telegrama com resposta paga. Isso me comoveu e mesmo eu já estava arrependida. Mas, mesmo tendo certeza de amor, mesmo tudo, eu continuo querendo mais que todas as coisas a que você sabe.

[1] Clarice e Maury eram namorados.

Estou engordando aos poucos. Mas não demorarei muito. Estou ansiosa por ir ao Rio, escrever uma coisa boa, arranjar um emprego.[2]

E você, querida? A carta que você me mandou no envelope pequeno foi tão, tão boa que você não imagina. Felizmente eu tenho você.

Dê um grandessíssimo abraço na Marcinha por mim. Dê muitas lembranças a William, a quem esta não foi endereçada somente porque é de "caráter privado". Não esqueça de responder logo e ponha dentro a correspondência que chegou pra mim.

Tua Clarice

P.S. Hoje [...][3] eu ... [...] custei a imaginá-la como mãe. Por que ela perdeu a criança?

P.S. Lembranças a Bertinha.

P.S. Uma mulher botou cartas pra mim[4] (me perdoe... só brincadeira) e disse um bocado de coisas boas. Inclusive que Elisa casará. Juro que não acredito, mas é bom...

---

[2] Clarice estava desempregada, mas logo estaria trabalhando no jornal *A Noite*.

[3] N.E.: [...] indica, evidentemente, uma palavra ilegível.

[4] A ida à cartomante indica que este hábito vem do tempo de mocidade e a acompanhará até o final da vida, vide suas visitas à Dona Nadir, no Méier, fonte de inspiração para compor Madame Carlota, a cartomante de *A hora da estrela* (1977).

[A Getúlio Vargas][1]

Rio de Janeiro, 3 de junho de 1942

Senhor Presidente Getúlio Vargas:

Quem lhe escreve é uma jornalista, ex-redatora da Agência Nacional (Departamento de Imprensa e Propaganda),[2] atualmente n'*A Noite*, acadêmica da Faculdade Nacional de Direito e, casualmente, russa também.

Uma russa de 21 anos de idade e que está no Brasil há 21 anos menos alguns meses. Que não conhece uma só palavra de russo mas que pensa, fala, escreve e age em português, fazendo disso sua profissão e nisso pousando todos os projetos do seu futuro, próximo ou longínquo. Que não tem pai nem mãe – o primeiro, assim como as irmãs da signatária, brasileiro naturalizado – e que por isso não se sente de modo algum presa ao país de onde veio, nem sequer por ouvir relatos sobre ele. Que deseja casar-se com brasileiro e ter filhos brasileiros. Que, se fosse obrigada a voltar à Rússia, lá se sentiria irremediavelmente estrangeira, sem amigos, sem profissão, sem esperanças.

Senhor Presidente. Não pretendo afirmar que tenho prestado grandes serviços à Nação – requisito que poderia alegar para ter direito de pedir a V. Ex.ª a dispensa de um

[1] Carta publicada originalmente em *Eu sou uma pergunta* (Rocco, 1999), de Teresa Montero.

[2] A sede da Agência Nacional era no prédio da atual Assembleia Legislativa do Estado do Rio de Janeiro (ALERJ), na avenida Primeiro de Março. Para acelerar os trâmites de seu processo de naturalização, Clarice escreve a carta ao presidente da República. O pedido só foi concedido em 12 de janeiro de 1943, dias antes de expirar o prazo determinado.

ano de prazo, necessário a minha naturalização. Sou jovem e, salvo em ato de heroísmo, não poderia ter servido ao Brasil senão fragilmente. Demonstrei minha ligação com esta terra e meu desejo de servi-la, cooperando com o DIP, por meio de reportagens e artigos, distribuídos aos jornais do Rio e dos estados, na divulgação e na propaganda do governo de V. Ex.ª E, de um modo geral, trabalhando na imprensa diária, o grande elemento de aproximação entre governo e povo.

Como jornalista, tomei parte em comemorações das grandes datas nacionais, participei da inauguração de inúmeras obras iniciadas por V. Ex.ª, e estive mesmo ao lado de V Ex.ª mais de uma vez, sendo que a última em 1º de maio de 1941, Dia do Trabalho.

Se trago a V. Ex.ª o resumo dos meus trabalhos jornalísticos não é para pedir-lhe, como recompensa, o direito de ser brasileira. Prestei esses serviços espontânea e naturalmente, e nem poderia deixar de executá-los. Se neles falo é para atestar que já sou brasileira.

Posso apresentar provas materiais de tudo o que afirmo. Infelizmente, o que não posso provar materialmente – e que, no entanto, é o que mais importa – é que tudo que fiz tinha como núcleo minha real união com o país e que não possuo, nem elegeria, outra pátria senão o Brasil.

Senhor Presidente. Tomo a liberdade de solicitar a V. Ex.ª a dispensa do prazo de um ano, que se deve seguir ao processo que atualmente transita pelo Ministério da Justiça, com todos os requisitos satisfeitos. Poderei trabalhar, formar-me, fazer os indispensáveis projetos para o futuro, com segurança e estabilidade. A assinatura de V. Ex.ª tornará de direito uma situação de fato. Creia-me, Senhor Presidente, ela alargará minha vida. E um dia saberei provar que não a usei inutilmente.

Clarice Lispector

[A Getúlio Vargas][1]

(23 de outubro de 1942)

Sr. Presidente Getúlio Vargas

Tendo requerido dispensa de formalidades para o processo de minha naturalização e sabendo que o processo, em sua fase final, está dependendo de despacho de V. Ex.ª, tomo a liberdade de, em carta pessoal, vir à presença de V. Ex.ª para, mais particularmente, ressaltar a justiça do que pleiteio.

Tendo nascido em 10 de dezembro de 1920, vim residir, com meus pais, meses depois, em Pernambuco. Desta forma, somente em dezembro de 1941 adquiri a minha maioridade e, com ela, o direito de requerer. Tratei, então, imediatamente, de legalizar, pela naturalização, a minha situação de estrangeira que, entretanto, somente por acaso o era. Tão grande interesse punha nessa regularização que, apesar do demorado processo preliminar para requerimento de tal natureza, poucos meses me foram bastantes para ultimar a preparação dos meus documentos, podendo, assim, em março deste ano, isto é, apenas três meses depois, fazer o necessário requerimento da naturalização.

Tenho visto, Exmo. Sr. Presidente, em despachos publicados pela imprensa o interesse de V. Ex.ª em saber os motivos pelos quais os requerentes de naturalizações demoram anos em pleitear a nacionalidade brasileira. Por esse motivo

[1] Carta publicada originalmente em *Eu sou uma pergunta* (Rocco, 1999), de Teresa Montero.

é que, agora, venho novamente à presença de V. Ex.ª para ressaltar que assim que adquiri a maioridade e, com ela, o direito de requerer, apressei-me imediatamente em fazê-lo, a ponto de não demorar senão três meses para ultimar um processo que quase sempre exige pelo menos um ano de esforço.

Pedindo a V. Ex.ª que me releve o dirigir-me pessoalmente ao Chefe da Nação e certa de que o meu caso será visto com a sua proverbial magnanimidade, sou, de V. Ex.ª, como sempre, a sincera admiradora.

Clarice Lispector

Rio de Janeiro, 23 de outubro de 1942.

[A Francisco de Assis Barbosa]

24 de abril de 1943[1]

Alô, Chico

Se eu não mandei antes o livro era por mil motivos, menos o de não querer que você o lesse. Quando nós estávamos juntos na redação e eu não o mostrava, era apenas por estar escrevendo ainda. Depois você foi embora. E mandar por correio é diferente de dar, dizendo: toma aí, Chico. Fica mais importante e meu livro misturado comigo é a coisa mais sem "smoking" que eu já vi. Estou agora um pouco deprimida porque vim relendo trechos no bonde e se vale a pena escrever não vale a pena ler. As coisas morrem na mão da gente ainda.[2]

Encontrei o Lins do Rego[3] e, por causa certamente de uma carta sua, ele se mostrou muito interessado em fazer

---

[1] A carta foi publicada originalmente em (Cf. *Clarice: Fotobiografia*, de Nádia Battella Gotlib. São Paulo: Edusp/Imprensa Oficial, 2008, p. 509). A pesquisadora Larissa Vaz a transcreveu para este volume tal como foi feita pela autora com atualização ortográfica.

[2] O livro é *Perto do coração selvagem*, publicado a pedido dos colegas de redação de Clarice Lispector pela editora do jornal *A Noite*, onde Francisco de Assis Barbosa (1914-1991) foi redator, cargo que exerceu também em *A Noite Ilustrada*, *Vamos Lêr!*, *Carioca* e *Diretrizes*, entre 1936 e 1942. Como escreveu Otto Lara Resende em "Adeus a um companheiro", o magistério e a pesquisa estavam na vocação de Francisco Barbosa. Sua biografia de Lima Barreto é um marco do gênero. O escritor Lúcio Cardoso acabou sugerindo outro título quando Clarice lhe disse que gostou de uma frase de *Retrato do artista quando jovem*, de James Joyce: "Ele estava só. Estava abandonado, feliz, perto do selvagem coração da vida." Clarice aceitou a sugestão, assim nasceu o título de *Perto do coração selvagem*.

[3] José Lins do Rego (1901-1957), escritor e jornalista, autor de *Menino de Engenho* (1931). Um mestre do romance e, em especial, o do Ciclo do Nordeste. Nesta carta de Clarice a Chico de Assis Barbosa nos é revelada pela primeira vez a participação do romancista como intermediário na apresentação de *Perto do coração selvagem* a Álvaro Lins.

alguma coisa pelo livro. Prometeu telefonar ao Álvaro Lins e perguntar se servia ou não servia. (O livro já estava com o A. L.) Telefonou e o livro não tinha sido lido ainda. Fiquei telefonando, telefonando, até que me amolei um pouco e pedi a J. Lins do Rego pra retirar o livro, porque era bastante pau eu estar insistindo com as pessoas sobre mercadorias delicadas como é uma coisa escrita pela gente. José Lins me deu o telefone do A. L. Falei com ele e ele foi muito amável: me deu um prazo de dez dias (custam a passar como o quê) porque tinha muito o que fazer. Disse que quase se interessava mais do que eu em gostar do livro porque precisava de um romance para sua coleção.

Estou achando horrível agora o título. Uma vez Lúcio achou melhor como nome uma frase, minha mesmo, do meio: Fúria e melodia. Se você preferir diga, viu? Assim eu posso pensar melhor, com mais dados. Por favor, tenha a franqueza de achar ruim o livro.

Eu achei você um pouco abatido na última carta. Ou é impressão? Você deve estar com saudade de Eunice[4] e das duas neguinhas, isso é que é. Você tem muitas notas sobre o seu livro ou nada tem esboçado? Me dê também notícias de coisas do Rio porque eu tenho às vezes a impressão de que nascem e morrem coisas aqui sob meus olhos sem que eu saiba.

Um grande abraço pra você, que eu preciso agora botar o livro no Correio[5], enquanto o Carvalho Neto medita e não me vê. Escreva novidades sobre as menininhas, pai. Saudades

da Clarice

---

[4] Eunice é a esposa de Francisco de Assis Barbosa.

[5] Este exemplar posto no Correio possivelmente é o original apresentado em *Perto do coração selvagem – Edição com manuscritos e ensaios inéditos*. Rio de Janeiro: Rocco, 2022.

[A Lúcio Cardoso]

Belém, 6 de fevereiro de 1944[1]

Lúcio:

Quando eu telefonei para você pra me despedir fiquei aborrecida com um engano seu. Eu disse que nunca tinha podido chegar + perto de seus problemas porque você nunca deixava; que eu, por encabulamento, então, disfarçava minhas perguntas de amizade em perguntas de curiosidade. É bem possível que você já nem saiba do que estou falando, tenha esquecido. Mas eu precisava lhe repetir que minha amizade não se transformou em curiosidade, o que seria horrível para mim.

Estou aqui meio perdida. Faço quase nada. Comecei a procurar trabalhar e começo de novo a me torturar, até que resolvo não fazer programas; então a liberdade resulta em nada e eu faço de novo programas e me revolto contra eles. Tenho lido o que me cai nas mãos. Caiu-me plenamente nas mãos *Madame Bovary*,[2] que eu reli. Aproveitei a cena da morte para chorar todas as dores que eu tive e as que eu não tive. – Eu nunca tive propriamente o que se chama "ambiente" mas sempre tive alguns amigos. Aqui só tem "mutucas"

---

[1] Clarice muda-se para Belém em 19 de janeiro de 1944, para acompanhar seu marido na primeira missão diplomática. Vivem seis meses na capital do Pará, onde ela termina o segundo romance, *O lustre*, que havia iniciado no Rio.

[2] *Madame Bovary* (1857). Considerado o introdutor do romance realista, Gustave Flaubert faz da protagonista Emma Bovary o protótipo da jovem sonhadora formada pela literatura romântica. Presa a um casamento que não a completa, ela busca no adultério sua libertação. Mas a nova vida não supre sua infelicidade, daí Clarice se referir à "cena de morte", quando Emma Bovary se mata tomando arsênico. Flaubert seria citado por ela em uma entrevista ao semanário *O Pasquim* (1974) quando ao ser indagada sobre a ligação com os seus personagens, respondeu: "Madame Bovary *c'est moi*."

(isso é besouro, mas por que não chamar tudo de mutuca logo de uma vez?).

Lúcio, como vai você? Responda, se responder, claramente a essa pergunta.

Achei você confuso naquele domingo, quando estávamos com Eros Gonçalves.[3] Como vai o seu trabalho? – Naquela mesma noite eu liguei para Hermengarda. O telefone por longos minutos tocou sem resposta. É ruim que eu tenha saído assim, sem me despedir, quando eu gosto tanto dela. Me faça um favor, Lúcio: me mande o endereço dela que eu quero escrever. E, enquanto isso, explique-lhe as dificuldades que encontrei. – Recebi duas cartas do Rio Grande do Sul, retransmitidas pelo Rio. Gostei; mas, Deus meu, nunca vi crítico pedir retrato do criticado... – Aqui não consigo jornais do Rio para ler as notícias sobre o que se publica aí – Lúcio, sei que estou antipática e não posso fazer nada. Eu só falo de mim porque nem sei o modo de abordar você. Dê um abraço ao Octávio de Faria,[4] Adonias Filho[5] e Eros

---

[3] Eros Martim Gonçalves Pereira (1919-1973), mais conhecido como Martim Gonçalves, cenógrafo e diretor teatral. Foi cofundador de O Tablado, em 1951, ao lado da amiga Maria Clara Machado. Idealizou a Escola de Teatro da Universidade da Bahia (1956); como fundador da Sociedade Brasileira de Marionetistas, sua participação foi fundamental para a renovação do teatro de bonecos. Amigo do grupo Os Comediantes, que encenou uma peça de Lúcio Cardoso (*O escravo*). Ele encomendou a Clarice a tradução de duas peças de Yukio Mishima: *O tambor de damasco* (1956) e *Sotoba Komachi* (1962). Na crônica "Por trás da devoção", publicada no *Jornal do Brasil* em 2 de dezembro de 1967 (Cf. TC, pp. 46-50) ela o cita a propósito da peça *As criadas*, de Jean Genet (Cf. Rony Ferreira. *Clarice Lispector: uma tradutora em fios de seda (teoria, crítica e tradução literária)*. Tese (Doutorado em Literatura). Brasília: Universidade de Brasília, 2016).

[4] Octavio de Faria (1908-1980), escritor, ensaísta e jornalista. O autor da monumental *Tragédia burguesa*, em 13 volumes, foi uma referência literária para escritores como Vinicius de Moraes, no início de carreira, e para Lúcio Cardoso, de quem foi não só um dos maiores amigos como também um dos divulgadores de sua obra. Ao lado de Cornélio Pena, representava a corrente do romance de introspecção psicológica. Clarice revela ter bastante apreço pelo romancista que era cunhado de Alceu Amoroso Lima. Ele é citado em outras três cartas endereçadas a Lúcio Cardoso. Quando Clarice residiu em Berna, Octavio de Faria lhe enviou um cartão de Paris e revelou que a procurou em vão nas ruas.

[5] Adonias Filho (1915-1990), escritor e jornalista. Como crítico literário escreveu sobre as obras de Clarice Lispector e foi um dos poucos que valorizaram suas incursões no conto

Gonçalves. Saudades da
Clarice

Remete – Clarice Gurgel Valente
Central Hotel
Pará – Belém

(Cf. *Modernos ficcionistas brasileiros*. Rio de Janeiro: Tempo Brasileiro, 1965). Como diretor da editora do jornal *A Noite* (1946-1950), onde Clarice trabalhou, publicou *A cidade sitiada* (1949). Baiano, tinha grande proximidade com os escritores nordestinos de sua geração, como Jorge Amado e Rachel de Queiroz. É mencionado em outras cartas deste volume como Adonias.

[A Tania Kaufmann]

Belém, 16 de fevereiro de 1944 – 4ª feira

Alô, Tania!

Depois de não sei quanto tempo sem carta sua, recebi finalmente uma, do dia 9. Achei você cansada. Recebi a carta de Elisa e já respondi há muito tempo. Como é que vamos fazer quando você for para fora? Respostas – 1) Por intermédio de Maury tenho uns leves conhecimentos que não me interessam propriamente. Estou cansada de pessoas e sozinha me aborreço. Eu mesma não sei o que quero. 2) o "seu" trabalho manual está quase pronto e consta de um paninho vagabundo em ponto de cruz. Mas não devo bordar porque então nada + faço e me dá ânsia de bordar até acabar. 3) Quanto ao meu trabalho, ando horrivelmente desfibrada: tudo o que tenho escrito é bagaço; sem gosto, me imitando, ou tomando um tom fácil que não me interessa nem agrada. Também ainda não conseguimos 2 quartos e isso faz de mim uma cadeira. Procuro não me desesperar, ou melhor, nem posso porque estou vagando numa quietude chata. Espero que isso se transforme depressa; as críticas, de um modo geral, não me fazem bem; a do Álvaro Lins[1] (um amigo do

---

[1] Álvaro Lins (1912-1970). Um dos críticos mais influentes de seu tempo, publicou no *Correio da Manhã* o ensaio "Romance lírico", em 11 de fevereiro de 1944. No entanto, Clarice ouviu a sua opinião sobre *Perto do coração selvagem* antes mesmo de publicá-lo. Seu colega de *A Noite*, Francisco de Assis Barbosa, intermediou o contato. Álvaro Lins buscava um novo romance para publicar na Coleção Joaquim Nabuco, da editora Americ--Edit. O crítico ficou impressionado com o livro, porém indeciso quanto à publicação, por isso resolveu consultar um dos mais eminentes críticos da época, Otto Maria Carpeaux.

Maury trouxe, de passagem) me abateu e isso foi bom de certo modo. Escrevi para ele dizendo que não conhecia Joyce nem Virginia Woolf nem Proust quando fiz o livro, porque o diabo do homem só faltou me chamar "representante comercial" deles. Enfim – está tudo O.K. 4) Recebi do Lux-Jornal o artigo da Dinah Silveira,[2] do Breno Acioli,[3] do Guilherme Figueiredo,[4] do Roberto Lira[5] (elogiando, mas uma porcaria), e só. Um rapaz, Lauro Escorel,[6] crítico ou ensaísta, e que agora entrou pro Itamaraty, escreveu e me mandou um artigo na *Manhã* de 2-2-44 (o Lux-Jornal[7] nem ligou...) muito bom, ótimo mesmo. Vale a pena ler. Tenho impressão que o Lux-Jornal não me mandará nada dos Estados, nem de revistas do Rio, como *Leitura, Revista do Brasil* etc. O mesmo colega do Maury, que passou por aqui, trouxe *Diretrizes*,[8] onde classificam o livro no "Leia se quiser", tra-

---

A desaprovação de Carpeaux inviabilizou a publicação, segundo o depoimento de Francisco de Assis Barbosa em *Eu sou uma pergunta* (1999).

[2] Dinah Silveira de Queiroz (1911-1982). A autora de *Floradas na serra* (1939) saudou *Perto do coração selvagem* em "A verdade na República das Letras", em *O Jornal*, em janeiro de 1944. A escritora tornou-se depois grande amiga de Elisa Lispector.

[3] Breno Accioly (1921-1966), escritor, jornalista e médico, publicou "Um romance selvagem" em *O Jornal*, em 30 de janeiro de 1944. Logo em seguida, foi saudado por Mário de Andrade ao publicar seus primeiros contos em *João Urso* (1944).

[4] Guilherme Figueiredo (1915-1997). O dramaturgo e tradutor publicou "O sentimento da palavra" em *O Diário de Notícias*, em 23 de janeiro de 1944.

[5] Roberto Lyra publicou "Um livro singular, estranho, insólito" no jornal *A Noite*, em 30 de janeiro de 1944.

[6] Lauro Escorel (1917-2002). O artigo saiu em *A Manhã*, em 2 de fevereiro de 1944, e foi republicado no *Diário da Bahia*, em 9 de fevereiro. Sua formação em literatura brasileira possibilitou o exercício da crítica literária, mas foi a carreira diplomática que abraçou em 1943, junto com seu amigo Vinicius de Moraes. Conheceu Clarice Lispector no Rio de Janeiro e a reencontrou depois em Washington, em 1952. Escorel permaneceu nesta embaixada até 1953.

[7] Empresa pioneira de clipping criada em 1928, através de uma assinatura se recebia recortes de jornais sobre um determinado assunto. No Arquivo de Clarice Lispector, do AMLB da FCRB, encontra-se um material significativo sobre a trajetória literária da escritora coletada por essa empresa.

[8] A revista mensal *Diretrizes* foi fundada por Samuel Wainer em 1938, foi transformada em jornal em 1941, e extinta no final desta mesma década. Tratava de assuntos políticos, literários, econômicos e sociais. Entre seus colaboradores figuravam amigos de Clarice, como

tando-me com palmadinhas paternais nas costas, carões e conselhos. Chato e eu não ligo. 5) Tenho descansado depois do almoço. 6) Tenho livros para ler; aqui há uma boa livraria onde há tudo menos meu livro... 7) Já engordei uns dois quilos, mas os 58 estão um pouco longe; estou feia e sem graça, mas estou com boa saúde. 8) Os americanos são bem simpáticos, mas nada sei sobre a família deles, se estão aqui ou não. 9) Maury vai de manhã e à tarde ao trabalho, principalmente porque se aborrece no hotel e porque com 1 quarto só é difícil ler ou ficar simplesmente. Não sei se ele tem saudades do Rio propriamente. Lá ele estava levando uma vida agitada demais. 10) Ainda não consertei o vestido de baile, tenho preguiça de mandar limpar meus sapatos, de tudo. Mas eu sempre fui assim e tudo me custa. – Espero que você me escreva com mais frequência, a menos que isso provoque ainda mais falta de tempo pra você.

O fato é que estou sempre perguntando na portaria se não tem carta. Prometi a mim mesma deixar o homem em paz; mas quando passo por perto, olho de um jeito tal que ele diz logo: não tem nada. – Só ontem recebemos as malas que deveriam vir.

Aqui descobri uma venda chamada: Casa Feio e Forte.

Outra: O sol nasce para todos. Tem uma livraria chamada Livraria Nossa Senhora, Rainha das Dores. Aqui tinha uma venda chamada Pau de Macaco. O dono quis mudar o nome, enquanto não lhe ocorria outro, ele pôs uma placa: Antigo Pau de Macaco. – Estive relendo um livro de Rosamond Lehman,[9] passagens sobre crianças, coisas adoráveis. Fiquei com uma urgência enorme de ver a criança da família, a holan-

Rubem Braga e Francisco de Assis Barbosa.

[9] Rosamond Lehmann (1901-1990), escritora e tradutora inglesa. Clarice Lispector a cita em outras cartas. Seu primeiro romance, *Dusty Answer* (1927), foi um sucesso absoluto.

dezinha.[10] Tire um retratinho dela fantasiada, não é, Tania? E me mande um.

Aqui tem um bocado de urubus. Vivem em cima das casas. Em vez de pombos e passarinhos... – Você não precisa visitar a prima do Maury, se não quiser. Pode ser chato.

Se aparecer alguma coisa contra o livro e que o Lux-Jornal não me mande, você não deixe de enviar. Essas coisas são assim mesmo. – Na carta que você me escrever diga quando Sarita vai embora e como as coisas têm se comportado. Diga do Fabião, dos preparativos de ir para fora; para onde? E quanto tempo de licença?

Olhe, querida, facilite as coisas para você. Um abraço da sua

Clarice

Se estiver com Buono[11] indague se ele recebeu minha carta. Não tive resposta.

[10] Marcia Algranti, sobrinha de Clarice, então com 6 anos de idade. É autora de livros de culinária, como *Cozinha judaica, 5000 anos de história* (Record, 2009).

[11] Paginador da revista *Vamos Lêr!*, localizada no mesmo andar do jornal *A Noite*. Segundo Ary de Andrade (colaborador desta revista do grupo A Noite), Buono Jr. era apaixonado por Clarice.

[A Tania Kaufmann]

Belém, 23 – 2 – 44

Tania, querida:

Só lhe escrevo hoje pra dar uma conversinha, pois estou sem novidades, nem grande fôlego. Recebi sua carta de sábado (antes do carnaval, suponho) em boa hora. Não me passe carão: mas na segunda-feira de carnaval fomos a uma festa na casa do cônsul americano e eu tomei um bom pileque. Eu digo que não me passe carão porque o dia seguinte já me passou. Puxa! Que enjoo. Uma dessas ressacas de filme de cinema. Foi bom que eu tivesse bebido pra tirar o que existe de tentador na ideia, tão divulgada e cantada pelos poetas... Foi a primeira vez e a última, não há dúvida. Mas hoje estou bem e não sinto nada. Ontem, deitada na cama e enjoando (Maury voltou da rua também enjoado), eu recebi tua carta e enquanto lia não senti nada. Quando li a história da cavalgadura se desentendendo com você, eu gostaria de enjoar em cima dela. Na festa dos americanos dancei muito. Eles são muito simpáticos e alegres, com dentes lindos e, certamente, com ótima saúde. As moças que estavam lá tinham também ótimos dentes e pernas lindas.

Tinha uma enfermeira velha e altíssima divertindo-se muito, a única em vestido comprido, parecido com o robe do Maury. E uma outra extraordinariamente gorda, de espantar, muito alegre, fazendo piadas sobre o próprio peso, o que não deixa de ser um pouco triste. Se a gente tivesse duas vidas, não fazia tanto mal ser tão gorda numa delas. – Eu não escrevi ao Álvaro Lins[1] dizendo aquilo sobre o romance não ser o "meu romance" porque não interpretei a crítica dele assim. Mas um amigo do Maury escreveu (a Maury) também protestando contra essa insinuação. De que pedaço você e ele deduziram isso? Me escreva – Um jornalista[2] daqui escreveu uma crônica sobre mim: ele representa aqui o Lux-Jornal e daí o seu conhecimento a meu respeito. É de se ficar arrepiada... Imagine que ele me fez dizer: "Escrevo porque encontro nisso um prazer que não sei traduzir. Não sou pretensiosa. Escrevo para mim, para que eu sinta a minha alma falando e cantando, às vezes chorando... Meus primeiros ensaios literários a princípio me intimidavam. Depois, uma resolução imediata. Publiquei-os. – Tenho-os lido em *Vamos Lêr!* e noutras revistas. (diz ele). – Isso mesmo, respondo eu. Depois fiz o livro que é um pedaço de minha sensibilidade. Está satisfeito na sua curiosidade? (repare que pergunta brejeira e engraçadinha...)" Etc. etc. Não é preciso dizer que nem conversei com ele. Apenas dei-lhe a pedido algumas críticas do Lux-Jornal, das quais ele transcreveu um pedaço. Ele diz ainda que eu tenho "tato intelectual"... "Daí a gente ler sem aborrecimentos(?), sem intermitências, os contos e a arte de C.L." – Não sei onde publicar meus contos e não tenho propriamente vontade. O bom seria publicá-los em qualquer lugar só para tê-los impressos e, caso que tememos, eu poder apresentá-los. Sabendo que eu era jornalista, pediram-me colaborações para um jornal e para uma revista. Mas é impossível... você verá.

(...) Mando-lhe alguns recortes. Leia o conto que é muito bom. Susana também vai gostar. É exatamente o gênero

---

[1] O artigo de Álvaro Lins, "Romance lírico", foi publicado no *Correio da Manhã* em 11 de fevereiro de 1944. Republicado sob o título de "A experiência incompleta: Clarice Lispector", no livro *Os mortos de sobrecasaca. Ensaios e estudos (1940-1960)*, Rio de Janeiro: Civilização Brasileira, 1963.

[2] O jornalista é Edgar Proença. A entrevista "Um minuto de palestra" foi publicada no jornal *Estado do Pará*, de Belém, em 20 de fevereiro de 1944.

dela. Quando eu li estava pensando em você. – Com certeza você recebeu uma carta grande minha depois daquela a que você respondeu. Me escreva e receba um abraço grande de sua

Clarice

Mostre a Elisa os recortes...

[A Tania Kaufmann]

Belém, 26 – 2 – 44, sábado

Alô, querida!

Recebi ontem o seu telegrama que Maury mandou para o Mosqueiro[1] (onde tem a praia), onde fui passar uns dias. Mas voltei hoje de manhã, passando lá só um dia. A luz é horrível para se ler lá e apaga às 10 horas. Não dormi bem, embaixo dum mosquiteiro, e resolvi voltar.

Não lhe mando a resposta por telegrama por não me parecer muito urgente. A verdade é que não estou com vontade de publicar aqueles contos.[2] Quando eu os releio não os acho ruins, mas fora do meu espírito atual. Isso quer dizer muito: que eu não tenho vontade de provocar críticas, possivelmente ruins, por uma coisa que não me interessa muito. Se fosse pelo meu livro, vá lá. Mas assim... O "Muito feliz" tem muitos defeitos e eu precisaria corrigi-los todos. Pra quê? É melhor deixar. Por que é que você diz que Buono "acha conveniente" a publicação? Interesses de venda do livro? Não entendi. É melhor não mexer nesses contos que já

[1] A ilha de Mosqueiro é um distrito administrativo do município de Belém, localizada na costa oriental do Pará, em frente à baía de Marajó. Está localizada a 70 quilômetros do centro de Belém. Possui 17 quilômetros de praias de água doce.

[2] Tudo leva a crer que estes contos são os mesmos reunidos num volume e enviados por Clarice para um concurso da Editora José Olympio, na década de 1940. Segundo Affonso Romano de Sant'Anna, na década de 1970 Clarice cogitou publicar estes contos, mas suprimiu dos originais alguns deles (entre os quais "Muito feliz"). Affonso recorda-se de que eles haviam sido arrancados quando Clarice lhe enviara uma cópia datilografada, pedindo seu parecer a respeito de uma possível publicação. Os contos foram publicados postumamente no livro *A Bela e a Fera* (1978).

me deram desgosto, não acha? Com a publicação deles eu só desceria na opinião dos que se interessaram pelo livro.

Escreve dando sua opinião.

Quando você vai pra fora? Estou escrevendo pouco porque quero botar logo esse cartão no correio, uma vez que me ocorreu que talvez a palavra "urgente" no telegrama signifique a sua partida para Teresópolis. Estamos bem, Maury e eu. Que todos aí também estejam. Me escreva uma carta grande, bichinha. Em breve lhe mandarei uma maior. Um abraço bem grande da sua

Clarice.

[A Lauro Escorel]

(Belém, sem data, fevereiro de 1944)

Exmo. Sr. Cônsul
Lauro Escorel
Ministério das R. Exteriores
Palácio Itamaraty
Rio de Janeiro – D.F.

Lauro Escorel

Agradeço-lhe suas palavras de compreensão e simpatia pelo meu trabalho. Foi uma alegria conversar com o seu artigo[1] várias vezes e surpreender-me sempre de novo. – Esse índio zangado é uma fatalidade nos cartões de Belém – nada se pode fazer senão mandá-lo aos amigos...

Clarice Lispector

Maury manda um abraço

[1] Refere-se ao primeiro artigo do diplomata sobre *Perto do coração selvagem*, publicado no jornal *A Manhã*, em 2 de fevereiro de 1944.

[A Tania Kaufmann]

Belém, 18 – 3 – 44

Minha única filhinha:

Receber uma carta sua é tão bom que me faz chorar.

Querida, notei um certo cansaço em você, fico desesperada. Não ligue, eu hoje estou especialmente sensível. Como vai, querida? Eu queria tanto que você não se aborrecesse com as desobediências de Marcinha, que você só tirasse alegrias e tranquilidade dessa menina.

Seja boazinha, não ligue, ela vai se criando tão bem; uma curta falta de apetite dela não deve fazer você desesperada.

Quem eu quero ver não vem e receber pessoas estranhas é uma troca insuportável. – Olhe, bichinha, eu não quero que você tenha ficado sentida com o que eu disse na última carta sobre não publicar os contos. Eu gosto tanto de você, preferia tudo menos feri-la. Perdoe eu usar palavras burras e grandes e não ficar calada. Notei certo cansaço em você, você abreviou todos os nomes próprios que pôde.

Querida, eu daria tudo para você viver bem, ser inteiramente feliz. – Vou responder a suas perguntas. 1) O atraso já acabou, Pulsatila faz bem e o médico homeopata de uma farmácia daqui me aconselhou a tomar o tempo todo. 2) Acho que tenho roupa suficiente. Essas coisas são difíceis de se avaliar; há sempre necessidade, às vezes falsa, de mais roupa. Mas tenho preguiça. É possível que faça um vestido, alguma seda azul-clara. Tenho usado o preto de *faille*, mas o vestido em que me sinto melhor e o que me fica principalmente bem é o costume verde que você me deu. Ainda não usei o preto de rendas. 3) Nós estamos procurando economizar e temos conseguido um pouco. 4) Certamente posso arranjar professor de inglês, mas não tenho sentido falta de uma ocupação mais tipo "dever".

Marquei com uma americana uma troca de línguas mas a ela não interessou. Assim é que eu gostaria. 5) O cassino aqui é meio chato. Nós nos vestimos uma noite dessas e fomos. A sala estava com algumas mesas ocupadas, a música tocando, mas tudo quieto; eram 9 horas e disseram que o show começava em geral perto da meia-noite. Todos acham animado, mas nós achamos que dormiríamos nas mesas se fôssemos esperar. Uma noite dessas viremos com certeza com alguma companhia e a meia obrigação de conversar vai fazer passar o tempo e esperar pelo tal show. 6) Estou com 56 quilos mais ou menos. Maury abaixou um pouco, aumentou, abaixou, mas vai bem; isso é por causa de uns trabalhos mais chatos que apareceram. – Como você sabe, a Sra. Roosevelt[1] passou por aqui. Fomos convidados para recebê-la no aeroporto e para ir a uma recepção dada a ela. Fui com meu vestido preto. Ela é simpaticíssima, muito simples, vestida com bastante modéstia, bem mais bonita pessoalmente do que nas fotografias e no cinema. No dia seguinte ela deu entrevista coletiva à imprensa e eu fui,

[1] Eleonor Roosevelt era esposa do trigésimo segundo presidente dos Estados Unidos, Franklin Delano Roosevelt. Sua visita às bases navais de Recife, Belém e Natal ocorreu entre os dias 14 e 17 de março, durante a Segunda Guerra Mundial. Maury fora convocado para seu primeiro posto em Belém porque servia como elemento de ligação entre as autoridades estrangeiras ali residentes. A excelente posição geográfica do Pará o tornava um ponto de ligação entre os continentes. A entrada do Brasil na Segunda Guerra, em 1942, ao lado dos Aliados, foi selada com a criação da base naval de Natal, um dos pontos decisivos para destruir as potências do Eixo. Como os aviões vinham da Flórida e precisavam de uma escala para cruzar o Atlântico, Natal era o ponto ideal, daí ser segura a rota para a África, Europa ou Ásia.

mandei noticiário telegráfico para a *Noite*, mesmo estando de licença, porque não queria perder a chance.

Ontem ela passou aqui de novo. Nós fomos a uma recepção curta dada a ela, à tarde. Eu fui com o costume verde. Em seguida ela deu nova entrevista; mandei hoje noticiário. – Uma cliente do pai do Maury, uma Eugenia Gaimavitch, casada com um químico industrial Sacha Kislanov, dá-se com a família do Maury e telefonou para a gente, convidando para visitá-la. Ela é simpática. Amanhã ele vai para o Rio e nós vamos hoje à noite para a casa deles. Talvez peça mesmo para levar essa carta. – Minha filhinha querida, seja feliz, faça tudo o que você quiser para ser feliz e ficar contente. – Marcia está tão inteligente que eu fico boba. Ela esqueceu inteiramente de mim? Dê a ela um pedacinho de papel e peça-lhe para fazer um desenho para mim. – Querida, divirta-se, vá ao cinema, vá a lugares bons, leia os livros que você quiser, faça um pouco de regime, fique contente. – Ainda não recebi participação de Bertinha. Ela vem morar aqui?

Uma vez ela me falou ligeiramente nisso. Vou pensar num presente para ela. – Me escreva uma carta comprida – não tenha trabalho com o Buono e com a editora que não adianta, querida. Receba o meu maior abraço. Sempre sua

Clarice

Olhe, querida, um dia desses eu telefono para você! A esse momento o Sacha Kislanov, marido da Eugenia, deve estar no Rio e deve ter lhe telefonado para lhe explicar como você deve ligar para mim, sem custo. É bom que você me passe um curto telegrama dizendo: hoje falo mais ou menos às tantas horas. Então eu vou à estação e espero a chamada. Outra vez serei eu a falar. É evidente, não se pode abusar mas uma ou outra vez é possível. Dizem que as vozes às vezes ficam um pouco confusas, mas que às vezes é como se se falasse na mesma cidade. Depende de ondas, sei lá. Se a gente não escutar direito, por acaso, não se afobe.

[A Lúcio Cardoso]

(Sem data, março 1944)

Lúcio:

Imagine que eu estava junto da mesa, pronta para escrever para você e contar coisas, quando bateram à porta e trouxeram-me, vindo do Rio, o que você publicou no *Diário Carioca*.[1] Isso valeu como se você tivesse respondido à minha primeira carta... Gostei tanto. Fiquei assustada com o que você diz – que é possível que meu livro seja o meu mais importante. Tenho vontade de rasgá-lo e ficar livre de novo: é horrível a gente já estar completa. Sei que não é isso o que você quis dizer. Quanto ao meu meio sucesso me perturbar, às vezes ele me deixa saciada e cansada. Às vezes, embora possa parecer falso, me desanima, não sei por quê. Parece que eu esperava um começo mais duro e, tenho a impressão, seria mais puro. Enfim, tudo isso é tolice minha. – Não tendo aqui a Agência Nacional e *A Noite*, estou numa liberdade deliciosa, há anos que não sentia isso. Às vezes mesmo passo uns dois dias sem fazer nada, sem mesmo ler, e com a impressão de que escrevi muito, de que li, de que trabalhei. Tenho trabalhado um pouco. Às vezes com uma facilidade que me desespera. Mas eu acho que com um pouco de paciência eu me amansarei, nem sei. Estou hoje um pouco confusa e sobretudo a fita da máquina não dá mais nada e está chovendo, eu não quero sair para comprar outra. Antes de começar

[1] O artigo de Lúcio Cardoso sobre *Perto do coração selvagem* foi publicado em o *Diário Carioca* em 12 de março de 1944.

a escrever eu tinha a impressão de que ia lhe contar como eu tenho escrito, como eu tenho duvidado, como eu acho horrível o que eu tenho escrito e como às vezes me parece sufocante de bom o que tenho escrito, e dois dias depois aquilo não vale nada, como eu tenho aprendido a ser paciente, como é ruim ser paciente, como eu tenho medo de ser uma "escritora" bem instalada, como eu tenho medo de usar minhas próprias palavras, de me explorar... Eu pensava em dizer tudo isso, estava num impulso de sinceridade e confissão que muitas vezes eu tenho em relação a você. Mas não sei, talvez porque você nunca tenha sentido em relação a mim esse mesmo impulso, eu fico de repente apenas com as palavras que eu queria dizer mas sem gostar delas. Eu hoje estou muito burrinha, especialmente hoje, e nem entendo direito o que quero dizer. O fato é que eu queria escrever agora um livro limpo e calmo, sem nenhuma palavra forte, mas alguma coisa real – real como o que se sonha, e que se pensa uma coisa real e bem fina. Lúcio, não se passa quase uma semana sem que eu pense numa coisa que você disse por uns minutos: que ia fazer um livro de muitas pessoas indo a piquenique, e passeios, é isso? Sairia como os pedaços sobre adolescentes do livro que você me deu. Não se pode encomendar livro a ninguém, mas esse você prometeu e eu fiquei esperando – a ideia me pareceu tão viva.

Encontrei aqui pessoas muito interessantes. Paulo Mendes[2] é professor de literatura, mas não um didático. Tem

[2] O professor Francisco Paulo Mendes dirigiu o Suplemento da *Folha do Norte* entre 1946 e 1952. Formou gerações de intelectuais, como o professor Benedito Nunes (uma referência nos estudos clariceanos, autor entre outras obras de *O mundo de Clarice Lispector*). Clarice o conheceu no Central Hotel, onde se hospedou com Maury. Segundo Marília Malavolta Pinho, em "Do dorso à cauda do tigre: trilhando a linguagem de Clarice Lispector" (Universidade Estadual Paulista. Araraquara, Tese dout., 2016), nos encontros promovidos por Francisco Paulo Mendes no café deste hotel circulava a poesia europeia e norte-americana representada por Mallarmé, Ezra Pound, Rainer Maria Rilke, T. S. Eliot. Em 1975, Clarice foi convidada por Paulo Mendes e Benedito Nunes para proferir a conferência "Literatura

grande biblioteca, conhece um bocado de coisas, mas não ficou [...] sobre a cultura, é muito inteligente. É ótimo falar com ele sobre livros dos quais a gente gosta. Ele me emprestou os *Cahiers de Malte*,[3] de Rilke, e pedaços escolhidos de Proust.[4] Ele falou de você de um modo que eu gostei de ouvir. E acho que você ainda alcançará outras fases – desculpe eu estar falando assim, de um modo cru, eu sei que desagrada estar dividindo a gente em fases, mas não sei exatamente os termos que ele usou e você compreende. Junto dele está mais ou menos sempre um rapaz cego que faz poesias. Plínio, não sei direito o nome todo. Sabe como o Paulo Mendes descobriu ele? O Plínio era aluno do Paulo Mendes e, como ainda hoje se mostra, era muito calado e tímido, impossível de se conhecer. (Aliás, ele se parece um pouco com você, tem olhar meio de fantasma.) Pois um dia o professor pediu aos alunos que escrevessem sobre um tema de literatura e lessem na aula. Todos escreveram sobre os clássicos temas de aula de literatura. O Plínio surgiu com um estudo sobre as poesias de Lúcio Cardoso. O professor ficou surpreendido: de fato ele lera em aula "romances de Lúcio Cardoso" mas não falara nas poesias porque naquele tempo só conhecia algumas publicadas nos *Cadernos da Hora Presente*. Encontrando-se o professor e o aluno assim de repente, o professor convidou o aluno para casa e ficaram amigos. O professor descobriu logo que o aluno fazia poesias. Li umas duas. Entre muitas palavras que agora os poetas usam, há mesmo poesia. Ele

de Vanguarda no Brasil", na Universidade Federal do Pará. A primeira versão do texto foi escrita para sua palestra no XI Congresso Bienal do Instituto Internacional de Literatura Ibero-Americana, na Universidade do Texas, em 1963. A mesma conferência foi pronunciada ao longo dos anos em diversas cidades brasileiras, como Brasília e São Paulo. Encontra-se publicada em *Outros escritos* (Rocco, 2005).

[3] *Os cadernos de Malte Laurid Brigges* (1910) é uma espécie de romance autobiográfico em forma de diário, de Rainer Maria Rilke.

[4] A obra citada é certamente *Em busca do tempo perdido* (publicada em sete volumes entre 1913 e 1927), de Marcel Proust (1871-1922), um dos marcos do romance moderno.

fala de luar. "Durma ouvindo os teus passos de anjo pela noite." Serve horrivelmente para um epitáfio e a ideia é de Paulo Mendes. Vou ver se o Plínio conserva seu trabalho sobre as suas poesias. – Seria bom você ler, não é? é sempre curioso.

Lúcio, você diz no seu artigo que tem ouvido muitas objeções ao livro. Eu estou longe, não sei de nada, mas imagino. Quais foram? é sempre curioso ouvir. Imagine que depois que li o artigo de Álvaro Lins, muito surpreendida, porque esperava que ele dissesse coisas piores, escrevi uma carta para ele, afinal uma carta para ele, afinal uma carta boba, dizendo que eu não tinha "adotado" Joyce ou Virginia Woolf, que na verdade lera a ambos depois de estar com o livro pronto. Você se lembra que eu dei o livro datilografado (já pela terceira vez) para você e disse que estava lendo o *Portrait of the artist*[5] e que encontrara uma frase bonita? Foi você quem me sugeriu o título. Mas a verdade é que senti vontade de escrever a carta por causa de uma impressão de insatisfação que tenho depois de ler certas críticas, não é insatisfação por elogios, mas é um certo desgosto e desencanto – catalogado e arquivado. Vou tentar completar a tinta o que a máquina negou ao papel. Um abraço para você, seja feliz.

Clarice

Central Hotel
Belém – Pará

[5] *Portrait of the artist* foi traduzida em português como *Retrato do artista quando jovem* (1916), a primeira obra de James Joyce, considerado o "pai do romance moderno". Ao usar como epígrafe uma frase deste livro em *Perto do coração selvagem*, por sugestão de Lúcio Cardoso, a escritora reforçou seu vínculo com Joyce mesmo sem ter essa intenção; é o que observam Álvaro Lins, Lêdo Ivo e Dirceu Quintanilha que apontaram em seus artigos essa filiação com o romance moderno.

[A Tania Kaufmann]

Belém, 6 – 5 – 44

Tania, querida:

Cheguei aqui e encontrei a sua cartinha tão querida. Soube de notícias da Marcinha e de você, um pouco atrasadas mas simpáticas. Como vai a Marcia, Tania? Já come tudo? Está recuperando o peso? Dorme de boca fechada? Fiquei sem jeito de escrever, tão mais simples é perguntar pessoalmente e inteirar-se de tudo. Vou logo fazendo algumas perguntas: 1) Sobre a Marcia. 2) O remédio de manhã está produzindo melhoras? Você continua com o regime? Querida, vá me comunicando tudo para eu ficar a par e não me preocupar. Cuide-se tanto como você cuidaria da Marcia se fosse ela a ter qualquer coisa no fígado. 3) Está tudo bem em casa?

Olhe, filhinha; você se lembra que Maury me mandava mensagens pelo rádio da Comissão de Limites e eu idem. Esqueci de lhe dizer que você e Elisa podem fazer o mesmo quando tiverem alguma coisa importante para perguntar ou avisar. Há circuito às 7 horas da manhã e às 4 da tarde. Você telefona para 25-4155 (se não for esse procure Comissão Demarcadora de Limites) e peça Estação de Rádio. Diga que quer mandar uma mensagem para o Cônsul Gurgel Valente, da Comissão de Limites de Belém. Eles tomarão nota e no mesmo instante receberemos o recado. Se for alguma coisa que exija resposta, você diga, que uma meia hora depois você receberá. Isso é ótimo. Você pode por exemplo telefonar na hora do circuito ou fora. Assim, se telefonar às 8 da noite, será transmitido às 7 da manhã seguinte. E se não der tempo de eu responder no mesmo circuito, respondo no seguinte. A coisa é feita de camaradagem por isso deve-se evitar reclamar. Mas eles fazem com a maior boa vontade, nada lhes custa.

Minha querida filha, eu vou bem e Maury também. Nada está resolvido sobre Argel e há tantas razões contra como a favor. O que se resolver dará certo.

Viajei mais ou menos porque estou chateada de avião e porque veio de repente uma novidade mensal. Arranjei-me bem. Depois do desembarque não me senti mal como das outras vezes. Maury gostou muito do meu vestido e me acharam mais gorda. Não sei por que... com tanta afobação, só se engordei de "tania". Imagine que uma elegante senhora da sociedade paraense, ou melhor, carioca morando aqui, deu a Eugenia, como grande e segura novidade que eu tinha ido para o Rio para não voltar... O engraçado é que eu tinha encontrado essa deliciosa vaquinha carioca um dia antes de eu viajar, na manicure, e tinha lhe dito a razão de minha viagem e quanto eu demoraria... Ela pouco ligou a minha informação...

Como vai William? Ele foi tão gentil comigo no Aeroporto, tão simpático representando a família... Vê-se que as pessoas simpatizam logo com ele. Olhe, querida, passe muito bem e escreva logo. Faça todas as caretas que você quiser, mas continue tomando aquela coisa de manhã. Desculpe a chateação das recomendações repetidas. Receba um grande abraço da muito tua

Clarice

[A Lúcio Cardoso]

Belém, 24 maio 1944

Lúcio

Não sei se você recebeu há dias um envelope meu com o pedaço do romance para Condé, "Atlântico".[1] Até escrevi a Tania pedindo que ela lhe telefonasse perguntando isso.[2] Mas hoje me lembrei de uma coisa e escrevo-lhe rapidamente para não perder a hora do correio e não atrasar. É o seguinte: o final do trecho, se não me engano, tem uma vírgula que me incomoda horrivelmente: eu gostaria que você a retirasse em nome de nossa amizade... Se você acha que não serve para publicar, o caso é outro. O fim do trecho: "E às vezes, numa queda, como se tudo se purificasse – ela se contentava em fazer uma superfície lisa, serena, unida, numa simplicidade fina e tranquila." É a vírgula de depois do "às vezes". Gostaria que ficasse assim: "E às vezes numa queda, como se tudo se purificasse – ... etc." Perdoe a tolice, estou envergonhada. Mas prefiro mesmo sem vírgula... Agora vou pôr isso no correio. Adeus, um abraço da

Clarice

---

[1] "Os bonecos de barro" é um trecho do romance inédito *O lustre*, que seria publicado pela Editora Agir, em 1946 (Cf. "Passeio literário pelas escritas de mim. As cartas de Lúcio Cardoso e Clarice Lispector." Adriana Guimarães. Diss. mestrado. PUC-Rio, 1998). A revista *Atlântico* (luso-brasileira) o publicou por sugestão de Ribeiro Couto (Cf. *Clarice – Fotobiografia*).

[2] Sua irmã, Tania Kaufmann, é citada em inúmeras cartas. A ela é confiada a tarefa de contatar editores e amigos como Lúcio Cardoso, para resolver as pendências editoriais.

Lembranças a Octávio.
Eu gostaria de ter o endereço dele.

[A Mário de Andrade]

Belém, 27 de junho 1944[1]

Mário de Andrade,

Acostumei-me de tal forma a contar com o senhor que, embora temendo perturbá-lo e não lhe despertar o menor interesse, escrevo-lhe esta carta. O fato do senhor não ter criticado meu livro serve evidentemente de resposta, e eu a compreendo. No entanto, gostaria de bem mais do que o silêncio, mesmo que para sair deste sejam necessárias certas palavras duras. Peço-lhe que interprete minha carta como quiser mas não veja nela falsa humildade. Desejo muito sinceramente que sua saúde esteja boa.

Clarice Lispector

Meu endereço agora é Belém, onde estou por tempos:
Clarice Gurgel Valente
Central Hotel – Belém do Pará

[1] A resposta de Mário de Andrade não chegou a Clarice Lispector. Segundo Fernando Sabino, Mário lhe disse que leu *Perto do coração selvagem* e escreveu uma carta que endereçou ao Central Hotel, em Belém. Clarice enviou um exemplar para o escritor em 18 de dezembro de 1943 com a seguinte dedicatória: "A Mário de Andrade, com grande admiração e simpatia" (Cf. *Clarice – Fotobiografia*).

[A Lêdo Ivo]

Belém, 27 junho 1944

Lêdo Ivo:

Como vai? há tempos estava para lhe escrever. Logo que cheguei me sentia cansada e cheia de pequeninos deveres. O Correia Pinto deve ter gostado de seu livro porque nada me entregou. O seu livro está fazendo sucesso aqui no nosso grupo.[1] O exemplar que você me deu anda correndo por aí. Quando eu o levei para emprestar vi grande gosto pelo verso a Hermengarda. E gostaram muito daquele em que você não cabe mais na sala de visitas de seu pai com o piano (você está vendo que eu não tenho comigo o livro...)

Li um dos seus romances, *A Temporada*.[2] Não sei se você está entendendo minha letra, mas é que estou escrevendo sobre um livro no colo. Gostei muito. Quando se acaba de ler tem-se a sensação de que realmente foi contada uma história; e isso me agrada. Não sei por que você não publica. Acho que você devia trabalhar + nela até purificá-la de pequenas coisas que perturbam a narração. Acho também que o seu defeito é o meu defeito: forte sobrecarga lírica. Detesto isso no meu livro e embora em você isso seja + legítimo, pois

---

[1] É o livro de estreia de Lêdo Ivo: *As imaginações* (Pongetti, 1944). O grupo mencionado é aquele coordenado pelo professor Francisco Paulo Mendes (Cf. a nota da carta a Lúcio Cardoso, de março de 1944).

[2] Foi Lúcio Cardoso quem apresentou Clarice a Lêdo Ivo (1924-2012). Um homem de letras na mais ampla acepção do termo, embora se considerasse basicamente poeta. Em resposta à carta de Clarice, em 5 de julho de 1944, Lêdo Ivo disse-lhe que *A temporada* vai ser entregue ao editor com o título de *O caminho sem aventura*. E mais: seguiu os conselhos de Clarice: "cortei toda a carga poética, vai sair clássico" (Cf. COR).

você é poeta, acho que uma revisão com dureza e secura faria bem a você e a mim. Você bem imagina que se Joana[3] tirasse umas sessenta roupas possivelmente restariam + quarenta a serem tiradas.

Um abraço para você. Não acompanho daqui o movimento da crítica em torno de *As imaginações* e sobre Xavier Placer.[4] Uma ou outra vez recebo um jornal.

Clarice.

Ganhei um retrato de Julien Green. Será que Lúcio sabe como ele é?

---

[3] Refere-se à protagonista de *Perto do coração selvagem*. Sobre as observações de Clarice, Lêdo Ivo escreveu na carta de 5 de julho de 1944: "Protesto em nome de Joana, contra sua intervenção. Joana é praia, manhã, noite, escuridão, vento que não sopra, surpresa de poder caminhar ao crepúsculo. E outras coisas mais" (Cf. COR, p. 46).

[4] Xavier Placer (1916-2008), poeta, ensaísta, professor universitário e bibliotecário da Biblioteca Nacional.

[A Tania Kaufmann]

Belém, 8 – julho – 1944

Minha querida:

Tua carta não chegou fora de atmosfera. Eu bem precisava de algumas palavras como as suas. Já por duas vezes, quase de malas arrumadas, eu ia ao Rio. Um dia antes de receber a tua carta eu me preparava para viajar, já tinha combinado na NAB. À tarde do dia seguinte eu estava lassa e exausta e provavelmente não iria mais, veio a carta. Mas agora eu me pergunto se não convinha dar um pulo ao Rio e permanecer aí algum tempo. Você bem pode imaginar que não há nada de grave. Você dirá que isso sucede a todas; mas eu sou feita de tão pouca coisa e meu equilíbrio é tão frágil que eu preciso de um excesso de segurança para me sentir mais ou menos segura. Não houve nada senão a oportunidade de uma nova declaração de M. como aquela feita poucos dias antes de embarcarmos e que quase me fez ficar. Diante de um começo de cena que eu fiz, horrivelmente magoada, ouvi de novo o que eu sabia desde sempre – sempre fui um pouco cínica –: a de que os homens são assim mesmo, que possivelmente a monogamia não seja o estado ideal, que naturalmente ele sente atração pelas mulheres; que a sensação é de deslumbramento e timidez; disse-me que não interpretasse demais, mas que era uma vaga sensação de vaidade de alguém poder gostar dele; perguntei: então você se sente na sociedade (vínhamos de estar com pessoas) como um rapaz que vai à festa? Ele respondeu que sim. Mas que eu seria sempre a melhor de todas e outras coisas no gênero. Que certamente sempre ele se controlara. Em suma, é isso que você sabe. Naturalmente até agora nunca houve nada. Eu sei que sou bem ordinária, sei que sou a pior; nunca pensei que uma pessoa, um homem, fosse diferente; mas como me sinto mal, como estou calcinada, como me parece estranho tudo o que me parecia familiar. Estou tão enojada de mim e dos outros. O pior é que estou me sentindo a mais miserável das mulheres... Não tenho a menor confiança em mim, basta uma carinha bonita, um braço de fora, um andar mais gracioso, para eu, por assim dizer, cair em mim. Me sinto como uma pessoa que se não fizer alguma coisa que a reabilite, se afoga. Para não ser tão humilhada e pisada eu procuro me interessar por homens e isso até me cansa, me desvia do meu trabalho que é a coisa mais verdadeira e possível que eu tenho. O resto é sensibilidade ferida, é insatisfação, é absoluta insegurança quanto ao futuro, é incompreensão do presente, é indecisão quantos aos próprios sentimentos. Estou ficando cínica e sem pudor. Que me interessa que isso suceda a outras mulheres? O que para umas é condição da própria feminilidade, noutras é a morte desta e de tudo o que é mais delicado. Sei que eu mesma não presto. Mas eu te digo: eu nasci para não me submeter; e se houver essa palavra, para submeter os outros. Não sei por que nasceu em mim desde sempre a ideia profunda de que sem ser a única nada é possível. Talvez minha forma de amor seja nunca amar senão as pessoas de quem eu nada queira esperar e ser amada. Sei que isso é egoísmo e falta de humanidade. Mas se eu fosse me modificar não me transformaria numa mulher normal e comum, mas em alguma coisa tão apática e miserável como uma mendiga. Você bem me conhece, toda a vida você procurou fazer de mim uma pessoa mais equilibrada e de bom senso, mas não conseguiu. Eu gosto de M. e poderia viver bem com ele se afinal eu soubesse da liberdade dele com cinismo e profunda falta de pudor e sentimento de ironia. Desejo mesmo chegar a esse estado de calcinação. E então eu procuraria me refugiar em outras ideias e outros sentimentos e o resto viveria bem. Não sei o que fazer. Só me ocorre ir para o Rio, passar aí um mês ou dois, dar a ele a liberdade de não se controlar, de ter uma vida como ele não teve tempo de ter porque se prendeu cedo demais, e depois voltar cicatrizada e serena. A ele mesmo isso não repugna, só dar a separação; mas ele nada responde a ter plena liberdade enquanto eu estiver fora. E a eu mesma tê-la, contanto que lhe conte depois. É evidente que ele preferiria que eu, enquanto isso ficasse sossegada, trabalhandinho. Mas ele me conhece bem e porque me conhece e tem medo de represálias é que ele se controla. Deus meu, eu sei que ele não tem culpa nenhuma. Mas eu também não tenho. Que é que você acha sinceramente de eu ir passar um tempo no Rio? A sensação de que ele nada fez porque eu estou presente é terrível e eu naturalmente me esgoto. Me faria bem passar um tempo aí, trabalhando na *Noite* ou não trabalhando, alugando um quarto num hotel bonzinho, dando um fim ao meu livro – que se sair de modo que me agrade um pouco será dedicado a você; me compreenda, eu lhe peço. Há pessoas que, quebradas no seu orgulho, nada mais têm. Tenho a impressão de que ficaria tão sossegada no Rio. Ele, ao mesmo tempo, saberia de si próprio, experimentaria uma vida para a qual ele se sente atraído, quem sabe se falsamente. Eu sou horrivelmente difícil de se viver com. Mas não é por culpa minha, acredite. Eu bem que me controlo, mas sou tão sensível. Eu me pareço com Elisa. Diga-me uma palavra, prometa-me que não me censurará quando eu estiver aí, que não tocará no assunto, e eu ficarei sossegada. A vida é longa, eu terei muito tempo para viver com ele. Mas acho que uma temporada longe dele me dará equilíbrio e sossego para eu me refazer e adquirir uma nova psicologia. A uns eu direi que fui tratar da 2ª edição de meu pobre livro. Um pouco de solidão me fará bem. Nem posso escrever no diário, porque ele sempre arranja um jeito de lê-lo, de ler mesmo minhas pobres notas para um romance, escondido. Me escreva querida. Eu estou de um modo geral bem. E não me imagine aterrorizada ou especialmente aborrecida. Mas acho que preciso ir um tempo.

E quanto a M., o principal é que me dou bem com ele em todos os sentidos e que gosto dele.

Tudo se arranja. Amo-te muito, querida.

Um abraço da tua Clarice.

Responda logo. Me fará muito bem você dizer que eu devo ir. Talvez mesmo sem você dizer, eu vá. Acho que é a minha solução.

[A Sérgio Milliet]

(Belém, sem data, 1944)[1]

Eu tinha me preparado, não sei por que especialmente, para um começo ácido e um fim solitário. Suas palavras me desarmaram. De repente me senti até mal em ser tão bem recebida. Eu que não esperava ser recebida *at all*. Além do mais, a repulsa dos outros – eu pensava – haverá de me tornar mais dura, mais presa no caminho do trabalho que eu escolhera.

P.S. O nome é meu mesmo.

Remetente: Clarice Gurgel Valente
Central Hotel
Belém – Pará

[1] Publicada originalmente em *Clarice, uma biografia*, de Benjamin Moser (Companhia da Letras, 2017). Clarice refere-se ao artigo de Sérgio Milliet sobre *Perto do coração selvagem*, publicado em *O Estado de S. Paulo*, em 26 de janeiro de 1944.

[A Lúcio Cardoso]

Natal, 25 de julho de 1944

Lúcio:

Estou lhe escrevendo de Natal, do horrivelzinho Grande Hotel daqui. Maury embarcou ontem e eu estou esperando condução talvez para esse fim de semana. Só tomara que isso tudo já siga um rumo claro, porque estou tão desorientada. Quer dizer, tudo está correndo bem, mas eu estou em Natalzinho e com saudades de minhas irmãs, de Maury, de meus amigos do Rio e de Belém. Quando eu voltar quero encontrar você muito feliz, muito contente, muito sereno; está bem? Lúcio, vou lhe pedir de novo que você se interesse para que Paulo Mendes, de Belém, vá ao Rio fazer algumas conferências sobre Antero de Quental ou algum outro assunto. Sei que você gostará dele, sei que ele gostará de você. Se o Ministério da Educação pudesse fazer alguma coisa... Vou repetir seu endereço: F. Paulo Mendes, Vila Amazônia, Passagem Mac-Dowell, 25 – Belém, Pará. Um abraço bem grande para você e para Inácio[1] que eu não conheço mas que delira tão bem.

Clarice

---

[1] Clarice refere-se ao protagonista de *Inácio* (Editora Ocidente, 1944), novela de Lúcio Cardoso.

Um abraço especial para Octávio.
Um abraço para o Lêdo Ivo[2] e Adonias.[3]
Virgínia está melhor?

[2] Lêdo Ivo (1924-2012), poeta, jornalista e ensaísta, grande amigo de Lúcio Cardoso, saudou *Perto do coração selvagem* em "O país de Lalande" (*Jornal de Alagoas*, 25 de fevereiro de 1944). Em carta endereçada a Clarice, em 5 de julho de 1944 (Cf. COR, pp. 46-47), ele anuncia que Antonio Candido publicará um artigo elogioso sobre o romance. Fato confirmado conforme lê-se em: *Perto do coração selvagem* (*Folha de S. Paulo*, 18 de julho de 1944).
[3] O escritor Adonias Filho (1915-1990).

[A Elisa Lispector e Tania Kaufmann]

Lisboa, 7 agosto 1944, segunda-feira

Minhas queridas únicas:

Não escrevo por enquanto duas cartas separadas porque não quero dar volume demais à mala diplomática daqui – não sei quanto me é permitido. Quando esta carta chegar aí certamente estarei em Argel, em caminho para Nápoles. Parti de Natal no dia 30, no dia 31 cheguei a Fisherman's Lake, na Libéria, onde passei o dia de segunda-feira e a noite.[1] Na terça-feira partimos e almoçamos em Bolama, possessão portuguesa. Partimos de novo e chegamos mais ou menos às 2 em Dakar. Duas horas depois partimos direto a Lisboa, chegando aqui na manhã seguinte, dia 2. A viagem correu ótima. Não enjoei nada. Aliás, parece-me que estou curada, pois nada sinto comendo coisas que em outros tempos não me fariam bem e bebendo vinho – aqui bebe-se muito. Tania querida, você deve continuar no regime e com os remédios porque você fica boa, querida. Chegando aqui, tive que esperar esses dias todos e só segunda-feira parto para Casablanca. A viagem é de pouco mais de uma hora. Terça-feira vou para Argel, onde está o irmão do Maury. Lá certamente demorarei uns poucos dias e tomarei condução para Nápoles. Maury, ao contrário do que eu pensava, só está em Ná-

[1] As impressões sobre a visita às vilas africanas estão registradas em um caderno, uma espécie de diário de bordo da viagem de Natal a Nápoles (Cf. 31 de julho de 1944. ACL/IMS); mais tarde a inspiraram a escrever a crônica "Corças negras", publicada no *Jornal do Brasil*, em 5 de abril de 1969 (Cf. TC, pp. 211-212).

poles há poucos dias, tendo ficado em Argel por um tempo com o resto da comitiva. Assim foi bom porque ele ficou com o irmão; o que eu gostaria de estar fazendo. Tudo está correndo bem; só que estou enervada com a espera e esse "estado de viagem". Em Fisherman's Lake, eu e uma jornalista polonesa a serviço da França (viajava comigo), fomos com dois rapazes da Base de lá visitar de *jeep* algumas vilas de negros. Não fomos a Monrovia, capital da república, porque era longe. Visitamos Tallah, Kebbe e Sasstown. As negras de busto nu nos lugares onde eles aportaram, elas usam qualquer coisa para tapar, mas com uma displicência que dá no mesmo.

Elas trabalham para os americanos, de modo que falam alguma coisa de inglês (só em Monrovia há 24 ou 25 dialetos...). De repente a gente ouve os negrinhos gritarem: hellô! Adoram dar adeus e riem tanto que a gente fica encabulada. Umas crianças têm o umbigo tão grande como laranjas. São tão, tão negros que Marcinha jamais chamaria aquela cor de "marrão". As negras jovens pintam o rosto com traços cor de creme e o lábio inferior com tinta cor de azinhavre, de chumbo. Uma delas me pediu meus sapatos. Carregam os filhos às costas. Agradei um dos filhinhos e a negra veio depois: *Baby nice... baby cry* (chora) *money*. Um dos rapazes deu qualquer coisa. Mas ela não estava satisfeita: *baby cry big money...* Uma delas falou qualquer coisa longuíssima e complicada; eu vi que era a meu respeito. Perguntei a um negro que falava inglês, ele disse: ela gosta de você... Moram em choças redondas, de um só compartimento; parecem formiguinhas andando de um lado para o outro. De noite fui ao cinema da Base, ver o filme sobre Jack London,[2] que é uma bobagem. Dormíamos num só quarto

[2] Jack London (1876-1916), conhecido principalmente como escritor de histórias de aventuras que encantaram gerações de jovens. Clarice Lispector traduziu um de seus grandes

eu, a jornalista e uma missionária. Aliás o avião estava cheio de missionários. Não sei para que vão perturbar os pobres negros. Viajei também com vários portugueses, todos ligeiramente burros. Em Bolama, já o aspecto é diferente. A entrada parece até Belém do Pará, com casas altas de azulejo. Os negros andam lá com roupas parecidas às dos árabes, se bem que diferentes em cor e em modo de atar (está sendo assim tudo diferente...) E falam português de Portugal, imaginem. Dakar é muito bonito, grande, mas o aspecto é de cidade pequena. Tem praias com rochedo, lindas. Mas faz um calor insuportável. Na Libéria não faz calor. Cheguei finalmente a Lisboa. Não me agradou. Eu pensava encontrar coisa diferente. O Rio é milhões de vezes mais bonito e mais cidade. Os portugueses são paus. As portuguesas não se vestem bem, têm todas mandíbulas de cão e rosto meio duro. Estou chateada aqui. Encontrei Ribeiro Couto,[3] da Embaixada, que me levou a passeios realmente bonitos. Mas estou chateada. Imaginem que aqui às 10 horas da noite faz sol ainda. É detestável. Não estou tendo prazer em viajar. Gostaria de estar aí com vocês ou com Maury. O mundo todo é ligeiramente chato, parece. O que importa na vida é estar junto de quem se gosta. Isso é a maior verdade do mundo. E se existe um lugar especialmente simpático é o Brasil. Minhas queridas únicas, sei que vocês estão bem. Não se preocupem comigo nem um pouco.

---

sucessos: *Chamado selvagem* para as Edições de Ouro. Reeditado pela Editora Rocco na Coleção Jovens Leitores, em 2014.

[3] Ribeiro Couto (1898-1963), poeta, romancista e diplomata, exerceu a função de Encarregado de Negócios em Lisboa, de 1944 e 1946. Foi ministro plenipotenciário na Iugoslávia, de 1947 a 1952, e embaixador do Brasil na Iugoslávia, de 1952 até aposentar-se. Durante sua permanência na Europa, ocupou-se também de divulgar a literatura brasileira. O autor de *Cabocla* (1931) como colaborador do *Jornal do Brasil* e *O Globo* escreveu sobre literatura e acontecimentos no estrangeiro. Sua extensa correspondência com Manuel Bandeira revela uma sólida amizade e como ele foi importante para o despertar do poeta para o movimento modernista.

Minha saúde está ótima e em breve estarei com Maury. Filhinhas únicas, eu vos amo.

Fui para o Vitória Hotel, um hotel mais ou menos grã-fino, mas muito caro. O Ribeiro Couto me passou para o Parque Hotel, muito bom, a 80 escudos a diária, com quarto de banho. Imaginem que o garçom me insinuou que eu devia ir com ele ao Estoril (praia), que sozinha não tinha graça. E a dona do hotel tem a dentadura trêmula, é horrível. Vou todos os dias ao cinema, para fazer o tempo passar, e leio livros policiais, um atrás do outro. Comprei uma fazenda azul-clara, de seda, uma bolsa de camurça azul-marinho tipo sacola, muito bonita. Em Natal eu tinha comprado um fustão branco e uma seda pesada, estampada, longa, para costume. Maury comprou dois cortes de fazenda para ele. Imaginem que os portugueses, quando eu passo, dizem: B'ronica Lake (Veronica Lake)[4]... Sair do Brasil para ouvir isso... E Marçuskinha? Elisa, não deixe Tania esquecer de dar a Marcia em meu nome, todo o dia 1º, uma caixinha bem boa de bombons. Vão pondo na minha conta. Eu esqueci, com a afobação da viagem, no meio de cartas e papéis, do retrato de você, Tania, e de Marcia. Elisa querida, por favor me mande um retratinho seu; e você, Tania, me devolva seu retrato. Em breve, quando chegar enfim a Nápoles, tirarei um bem bom com Maury e mandarei. Elisa querida, como vai a delícia do apartamento mais lindo da Europa? Aqui você não encontraria melhor. Tania, bichinha, cuide-se bem. Quando vocês receberem esta carta, estarei ótima porque quase perto de Nápoles ou mesmo em Nápoles. É chatíssimo não morar. Agora são 9 e meia e está bem claro. Daqui a pouco o Ribeiro Couto me telefonará para me mos-

---

[4] Veronica Lake (1922-1973) foi uma das mais belas musas do cinema hollywoodiano. Atuou em filmes clássicos como *Contrastes humanos* (1941). Seus cabelos louros, compridos, suavemente ondulados, viraram moda na década de 1940.

trar umas poesias dele. Aqui, como é neutro, veem-se cartazes de propaganda alemã, o que dá um aspecto pau às coisas. Mas em breve a guerra estará acabada. Quase todo o mundo aqui é pelos aliados.

Minhas filhinhas, sejam muito felizes. Diga a William que pessoalmente farei enormes reportagens para ele. Pode ser que de Argel eu possa escrever, aproveitando a mala diplomática de lá. Telefonem a d. Zuza dizendo que Maury está bem e que em breve verei Mozart, repetindo a ele todas as lembranças que Maury já deve ter transmitido. Não me comunico com Maury já há muito tempo. Hoje seguiu um telegrama para ele perguntando o que ele quer que eu compre aqui. Ganhei dos colegas dele, em Natal, dois pequenos topázios muito bonitinhos. Um abraço enorme para vocês duas. Me recomendem a Marcia... Um abraço para William. Para o Lucio, para a Suzana, para Bertinha, para a família, para Priscila, para Hermengarda. Mil beijos da sempre de vocês,

Clarice.

Quando puderem me escrever, quero cartas longas e desenhos da Marcia.

Atravessei parte do Saara. É uma coisa de meter medo. Nunca vi tanta solidão. A areia não é branca, é creme. É maior que um mar.

Não reparem nessa carta, que parece ter sido escrita amalucadamente. Mas é tão diferente de falar... Sejam felizes que eu serei também. Minha vida está ligada à de vocês.

[A Elisa Lispector e Tania Kaufmann]

Argel, 19 de agosto de 1944, sábado

Minhas queridas:

Na verdade eu não sei escrever cartas sobre viagens; na verdade nem sei mesmo viajar. É engraçado como, ficando pouco em lugares, eu mal vejo. Acho a natureza toda mais ou menos parecida, as coisas quase iguais. Eu conhecia melhor uma árabe com véu no rosto quando estava no Rio. Enfim, eu espero nunca exigir de mim nenhuma atitude. Isso me cansaria. Estou em Argel desde terça-feira à tarde. No dia 14 embarquei para Casablanca e a viagem correu bem como sempre. Fui como correio diplomático, carregando comigo um grande embrulho, sem largá-lo um instante. Mas isso me facilitou arranjar prioridade para Argel, no dia seguinte. Casablanca é bonitinho, mas bem diferente do filme *Casablanca*...[1] As mulheres mais do povo não carregam véu. É engraçado vê-las com manto, véu, e vestido às vezes curto, aparecendo sapatos (e soquete) tipo Carmem Miranda.[2] A cidade não tem muita marca oriental, é cheia de soldados americanos, franceses e ingleses. Há um lugar típico, Medina, mas que eu não pude conhecer porque não era dia de se poder visitar. É proibido ir, e além do mais perigoso porque

---

[1] Considerado um dos maiores filmes da história do cinema hollywoodiano, *Casablanca* (1942) foi dirigido por Michael Curtiz, estrelado por Humphrey Bogart e Ingrid Bergman. Era ambientado na cidade de mesmo nome, no período da Segunda Guerra Mundial.

[2] A cantora Carmen Miranda residia nos Estados Unidos desde 1939, onde alcançara sucesso extraordinário não somente por seus dotes artísticos como também pelo seu talento em ditar modas.

os árabes roubam que não é vida. Em Argel estou muito bem, hospedada na Delegação brasileira, dormindo no quarto de Mozart,[3] que dorme num cômodo sofá marroquino. Aliás a casa, que é alugada, é em estilo marroquino. Mozart está muito bem (isso é para d. Zuza e dr. Mozart[4]), muito alegre; achei-o um pouco mudado no sentido de estar + sociável e comunicativo. No dia 24, quinta-feira, vou para Nápoles com o Mozart e dr. Vasco (que é uma simpatia) – eles se destinam a Roma, mas é a mesma condução. A companhia é muito agradável e me faz passar um pouco da ansiedade de já chegar num lugar, desmanchar as malas e parar. Maury passou aqui 5 dias e me deixou uma carta. Ele está com muita saudade. Todos dizem que ele parece aéreo, que não presta atenção a nada – isso é bom para mim... Certamente quando eu chegar a Nápoles já encontrarei um alojamento arranjado, lavadeira e lugar para comer... Todos dizem que na Itália podem-se encontrar os melhores criados do mundo. (Espero que a Célia esteja ótima com você e Marcinha; senão de volta eu carrego uma napolitana que ensine a Marcinha a falar com as mãos.) Mozart, que esteve em Nápoles há poucos meses, diz que as coisas lá não estão tão difíceis assim – e ele viu a cidade há meses. Agora os americanos devem ter melhorado ainda mais. Não nos faltará nada, estou certa, principalmente em relação à comida por causa dos americanos que nos auxiliarão certamente. Todo esse mês de viagem nada tenho feito, nem lido, nem nada – sou inteiramente Clarice Gurgel Valente. Eu estou bem-disposta. Como tudo, bebo vinho às refeições e nada, nada sinto. Estou como antes de ter aquela sensibilidade chata.

---

[3] Mozart Gurgel Valente (1917-1970), diplomata e irmão mais velho de Maury Gurgel Valente. Ele e sua esposa, Eliane Weil, conviveriam com o casal em vários momentos, particularmente em Roma, Nápoles e nos Estados Unidos.

[4] Os sogros de Clarice residiam no Rio de Janeiro, na rua Duvivier, em Copacabana.

Temos ido ao cinema. Revi a *Estranha passageira*[5] e realmente o filme, que não é novo em técnica ou em originalidade especial, tem uma linda história, cheia de sugestões e de conselhos discretos. Em Casablanca fui com o cônsul americano ao cinema da Cruz Vermelha e vi *Ladies in Washington*.[6] Não tem evidentemente letreiros em português, mas eu entendo tudo ou quase tudo; é uma questão de prática. – Ganhei do dr. Vasco[7] dois livros do pai dele, Tristão da Cunha.[8] – Todo o mundo conhece histórias da Marcinha; eu vivo citando vocês... Um dia Tania disse a respeito de uma fruta (*sic*), que ela era sincera. Pois agora aqui se diz de tudo, se é sincero ou não. Dizem que o cigarro *17* (é uma marca

---

[5] *A estranha passageira* (1942), dirigido por Irving Rapper. O roteiro de Casey Robinson foi baseado no romance homônimo de Olivia Higgins Prouty. O interesse de Clarice pelo filme pode indicar sua admiração pelo comportamento da protagonista, Charlotte Vale, interpretada por Bette Davis. Uma moça que tenta se libertar das rédeas da mãe e busca uma personalidade própria. Ao apaixonar-se numa viagem de navio ao Rio de Janeiro, vê-se diante de um amor proibido; isto provoca uma mudança em seu modo de ser, pois ela finalmente passa a ser dona do seu nariz (Cf. Gustavo Pavan – "Bette Davis. A estranha passageira"). (http://eooscarfoipara.blogspot.com)

[6] *Ladies of Washington* (1944), no Brasil: *A aventureira*. O filme norte-americano dirigido por Louis King e estrelado por Trudy Marshall, Ronald Graham e Anthony Quinn, mostra uma jovem envolvida com um agente inimigo em tempo de guerra.

[7] Vasco Leitão da Cunha (1903-1984). Segundo o verbete da Fundação Getulio Vargas, redigido por Sonia Dias, "no início de 1943, Vasco Leitão da Cunha foi enviado em missão diplomática especial por três meses ao Norte da África e em abril foi removido para a embaixada brasileira em Lisboa, onde permaneceria até dezembro. Nesse mesmo mês foi promovido a Ministro de Segunda Classe e, em seguida, foi nomeado delegado do Brasil junto ao Comitê Francês de Libertação Nacional, com sede em Argel, na Argélia. O comitê foi criado em junho, pelos generais Charles de Gaulle e Henri Honoré Giraud, para lutar contra a ocupação da França pelos nazistas. Argel foi a capital provisória da França livre até a libertação da metrópole e o retorno do governo a Paris". Nesse país, Clarice o conheceu. "Em julho de 1944, Leitão da Cunha viajou para a Itália como observador diplomático. No dia 16 desse mês, os primeiros contingentes da Força Expedicionária Brasileira (FEB) desembarcaram naquele país, para participar da guerra ao lado dos exércitos aliados. No mês seguinte, Leitão da Cunha deixou a delegação brasileira junto ao Comitê Francês de Libertação e foi nomeado cônsul-geral em Roma. Permaneceu na Itália até junho de 1945, enquanto as tropas brasileiras participavam das últimas operações bélicas na península."

[8] Pseudônimo do advogado, poeta e ensaísta José Maria Leitão da Cunha Filho (1878-1942), membro do Lanterna Verde, grupo de literatos que reunia entre outros Abgar Renault e Manuel Bandeira. Uma de suas obras, *Cousas do tempo* (Schmidt, 1935), com dedicatória de Vasco Leitão da Cunha está depositada na biblioteca de Clarice Lispector no Instituto Moreira Salles (Cf. *Clarice – Fotobiografia*).

brasileira) é perfeitamente sincero. Contanto que vocês estejam bem, eu estou ótima – isso é uma coisa egoísta minha que eu peço a vocês para não esquecerem, por altruísmo para comigo. (Esqueci de dizer que eu tenho muito apetite, que vivo com fome...) Que mais eu tenho para contar? Que minha impressão é a de que eu não saí do Brasil. Com serenidade, sem esforço, me parece estar inteiramente próxima das coisas de lá. Em Lisboa o Ribeiro Couto deu um jantar para o qual foi convidado, entre outros, o João Gaspar Simões,[9] grande crítico português. Conversamos bastante. Ele gostou muito de mim e quer o livro (vocês não imaginam como eu fui um sucesso nessa noite. Todos me imitaram, todos ficaram "encantados"). Queria pedir a vocês o seguinte: que buscassem 4 livros na *Noite* e pusessem na mala diplomática para Lisboa. Acho que se entregassem a d. Zuza ela faria isso de boa vontade e sem esforço porque pelas circunstâncias ela está mais em contato com o Itamaraty e seus processos. Esses quatro livros são para Ribeiro Couto, João Gaspar Simões, Natércia Freire[10] (ótima poetisa) e Maria Archer,[11] romancista. Estive em Lisboa meio chateada, con-

[9] João Gaspar Simões (1903-1987), escritor, editor, dramaturgo e um dos críticos literários de maior destaque da língua portuguesa. Fundou a revista *Presença*, em 1927, um marco do modernismo português, com José Régio e Branquinho da Fonseca. Sobre *Perto do coração selvagem* escreveu "Uma aventura do romance brasileiro" (*Dom Casmurro*, 9 de março de 1946) e "Clarice Lispector existencialista ou suprarrealista?", no Suplemento de Letras e Artes de *A Manhã* (1º de outubro de 1950).

[10] Natércia Freire (1919-2004), poetisa e contista. O contato afetuoso com Natércia Freire perdurou ao longo do tempo, como se constata na carta que Clarice dirige à poetisa em 1972, publicada neste volume. Manteve laços de amizade com alguns dos nomes mais destacados da poesia, como Carlos Queiroz e Cecília Meireles. Colaborou com a revista *Panorama* em 1944, e lecionou na Escola Primária da Póvoa de Santa Iria. Obteve por duas vezes o Prêmio Antero de Quental, por *Rio Infindável* e *Anel de Sete Pedras*, publicados respectivamente em 1947 e 1952 (Cf. verbete antoniomiranda.com.br/Iberoamerica/Portugal).

[11] Maria Archer (1899-1982). Aderiu ao Movimento de Unidade Democrática (MUD), grupo de oposição ao regime salazarista, em 1945. As suas obras passaram a ser censuradas. O romance *Casa sem pão* (1947) foi apreendido. Sem condições de viver da sua produção intelectual refugiou-se no Brasil, onde chegou em julho de 1955. No exílio, colaborou com os jornais *O Estado de S. Paulo*, *Semana Portuguesa*, *Portugal Democrático* e com a *Revista Municipal de Lisboa*. Alternou-se entre a literatura de temática africana e as obras de oposição à ditadura portuguesa.

tando os minutos, as horas e os dias. Mas tudo passa – é essa a minha convicção mais moderna. Aqui conheci várias pessoas simpáticas. Muitas esnobíssimas, de feitio duro e impiedoso embora sem jamais fazer maldades. Eu acho graça em ouvi-las falar de nobrezas e aristocracias e de me ver sentada no meio delas, com o ar + gentil e delicado que eu posso achar. Nunca ouvi tanta bobagem séria e irremediável como nesse mês de viagem. Gente cheia de certezas e de julgamentos, de vida vazia e entupida de prazeres sociais e delicadezas. É evidente que é preciso conhecer a verdadeira pessoa embaixo disso. Mas por mais protetora dos animais que eu seja, a tarefa é difícil. No meio de tudo, encontram-se porém pessoas verdadeiramente interessantes e simpáticas como o dr. Vasco e o Ribeiro Couto.

Acho que em Nápoles não me faltará nada, nem mesmo batons porque Roma é perto, em Roma estará Mozart, e lá tem muita coisa.

Deem um grande abraço em William,[12] um beijo no rostinho adorável da Marçuska.[13] Digam a ela que não sou italiana como ela me disse, e corrijam a Geografia da Célia, porque a Rússia não é perto da Itália, e Márcia vai se criar com péssimas noções. Lembranças a Priscila, a Lúcio, a Hermengarda, a Suzana, a Bertinha.

(Tem mais, o principal)

Como vai a filhinha do Buono? Lembranças a ela.

*É quase certo que durante algum tempo não poderei escrever, por condições de Nápoles mesmo.

Mas no caso – falta de notícia é boa notícia: para qualquer coisa que houver mesmo tola, arranjar-se-ia comunicação com o Brasil. Estou bem e Maury também.

Clarice

---

[12] William Kaufmann, cunhado de Clarice.

[13] É a sobrinha, Marcia.

[A Natércia Freire]

Nápoles, 3 de setembro de 1944

Natércia,

Precisarei dizer a você o prazer que me deu receber suas palavras? Li e reli tudo o que você mandou, descobri todos os sentidos expostos e ocultos de cada termo, quase estourei as construções gramaticais... Enfim, Natércia, estou profundamente contente de ter conhecido você.

Deus meu, a Itália é muito bonita, naturalmente. Há dias em que eu própria descubro isso e esses são grandes dias. Nos outros, ou eu não me lembro da Itália ou então, o que é pior, eu me digo: pois bem, isso é a Itália; e daí? Mas isso são divagações; o que importa é que não recebo cartas de casa desde que saí do Brasil. Não sei o que imaginar. Pelo menos você me escreva quando tiver oportunidade. Como vai sua menininha? E seu marido? Diga-me o que tem feito. E perdoe minha carta tão curta: é que o portador espera.

Um grande abraço para você; seja feliz

Clarice

[A Berta Lispector]

Nápoles, 30 de setembro de 1944

Querida Berta:

Parece-me que deixei de responder sua última carta. É que a viagem súbita impediu tudo. Espero que você tenha recebido um bilhete mandado através de uma moça do aeroporto de Recife. Estou muito bem aqui, após uma viagem de um mês: toquei em vários pontos da África, passei 10 dias em Lisboa, um dia e uma noite em Casablanca, 12 dias em Argel, um dia e uma noite em Taranto e aqui cheguei. Meu marido felizmente ia bem (pois viajei sozinha e ele já me esperava em Nápoles).

Dê muitas lembranças aos tios e aos primos.

Para você um grande abraço e saudades da

Clarice

[A Elisa Lispector e Tania Kaufmann]

Nápoles, 30 setembro 1944

Minhas queridas:

Já mandei tantas cartas e não recebo nenhuma... O que acontece afinal? Será que d. Zuza não avisa quando se pode escrever? Seria simplesmente imperdoável. O fato é que Maury e Mozart recebem cartas e eu não. Um dia desses, por isso, tive tanta raiva que meu coração se pôs a bater com força. Vou lhes dar o seguinte endereço: Clarice Gurgel Valente, Consulado do Brasil, 422, FEB. Vocês põem a carta no antigo Banco Germânico e vamos ver se eu afinal recebo notícias. Além disso, Mozart vai passar do lugar onde ele está um telegrama pedindo notícias de vocês. A única coisa em que eu não me permiti pensar foi que vocês me esqueceram; nem que jurassem.

Mozart veio passar uns dias aqui, por serviço, e está hospedado conosco. Amanhã de manhã ele volta. Que contar a vocês, quando o que eu desejo é ouvir? A vida é igual em toda a parte e o que é necessário é a gente ser a gente. Desculpem eu voltar ao assunto: mas veio aqui de Argel uma carta de d. Zuza e de dr. Mozart para o Mozart; e na carta eles me mandavam abraços porque sabiam que eu estava com ele e que seguia ainda com ele para cá, por intermédio do Itamaraty certamente; ora, sabendo que eu estava lá como é que vocês não mandaram nada para mim? Agora não se pode mais escrever por Argel. Mas seria negligência da família do Maury? Continuo a dizer: seria imperdoável. Espero que vocês estejam recebendo minhas cartas. Mas se eu nada receber de vocês, paro de escrever. É mentira, escreverei sempre.

As coisas continuam igual. Eu quase não saio, levo uma vida dentro de casa, o que não me desagrada. Quando saio gosto muito. Fico ou procuro ficar o mais tempo possível no meu quarto, o que me agrada. Procuro fazer e cumprir um programa de certa pureza; o que é difícil pelas contínuas interferências, mas não impossível. Procuro também fazer com que minha vida não seja cercada de excessos cômodos, o que me abafaria. Todas as vezes em que cedo e converso demais com as pessoas fico com uma penosa impressão de devassidão e entrega. Não conheço pessoas, senão um rapaz amigo nosso, do Maury e de mim, Fabrizio Napolitani, que escreve e é muito simpático. Amanhã, domingo, vamos ao S. Carlo ouvir a 7ª Sinfonia de Beethoven.[1] Estou agora procurando acordar às seis e meia e tomando café no quarto. Agora são meio-dia e 15 minutos. Tenho que me vestir para o almoço. Em seguida espero dar uma pequena volta e entrar de novo no quarto. O quarto é muito simpático, dá para o mar, para um pequeno recanto de jardim. Por favor escrevam sobre a saúde, sobre o trabalho, sobre a vida de vocês, sobre a vida da Marçuska, sobre os errinhos dela e sobre as descobertas que ela faz. Tem chovido durante alguns dias, está frio, mas eu me agasalho bem. Não sinto nada, senão raiva de pessoas. Não fui a nenhum cinema e certamente perderei esse hábito; mas tenho saudade de um bom e um mau filme. E tenho saudade de romances policiais em português mal escrito. Vou fechar a carta, porque Maury acaba de bater na porta dizendo que é hora do almoço. Vou beber um

[1] O Teatro San Carlo é uma casa de ópera inaugurada em Nápoles em 1737. Um dos seus diretores artísticos foi o grande compositor Giochino Rossini. É o mais antigo teatro da Europa em atividade contínua. A *Sinfonia nº 7 em Lá maior* (Opus 92) foi concluída por Ludwig van Beethoven em 1812.

pouquinho de vinho. Por favor sejam felizes; eu o sou, a meu modo.

Clarice

Desculpem por favor o tom dessa carta; é que procurei convencer de que devem me escrever. Tudo está bem e eu esperarei com calma.

Essa carta não tem até hoje, 5 de outubro, portador. Certamente lá para o dia 15 ela irá pelo embaixador Acioly, ou melhor, pela filha dele. Por favor, se encarreguem de mandar os cartões-postais e as duas cartas, pelo correio ou pessoalmente. O telefone de Maria Luiza é 26-6137. Os cartões-postais devem ser postos em envelopes. Façam isso direitinho, sim?

[A Lúcio Cardoso]

(Sem data, Nápoles, setembro de 1944)

Lúcio, eu lhe peço um favor especialíssimo: telefonar para 25-0591, chamar Tania e dizer-lhe que não recebi nenhuma notícia nem de Elisa nem dela. No entanto eu já mandei não sei quantas cartas. Transmita-lhe o endereço que eu dei a você; talvez elas não tenham recebido.

Essa carta foi escrita em meados de setembro; já é 5 de outubro e ainda não tenho portador.

Lúcio:

É esquisito escrever uma carta de tão longe, parece que se fica com a obrigação de dizer coisas formidáveis. Por favor, nada é formidável, ou sei lá, talvez tudo seja. Fiz uma viagem longa e sozinha. Passei 12 dias em Natal, esperando o clipper; uma cidadezinha sem caráter, nem mesmo o da velhice; as pessoas são muito delicadas e parecem nem saber que Natal é Natalzinho. No dia 30, domingo de julho, embarquei às duas horas da tarde. Viajei com muitos missionários e olhando para uma mulherzinha santa que dormia em frente a mim, eu mesma me sentia fraca e horrivelmente espiritual, sem nenhuma fome, disposta a convencer todos os negros da África que não há necessidade de nada, senão de civilização. Na manhã seguinte chegamos a Fisherman's Lake, na Libéria, onde passamos um dia e uma noite. Eu precisava me repetir: isso é África – para sentir alguma coisa. Nunca vi ninguém menos turista. (Vi muitas coisas mas não só tenho preguiça de contar, como de lembrar.) No dia seguinte embarcamos de novo e tocamos em Bolama, possessão portuguesa, onde almoçamos. Seguimos até Dacar, aí ficamos duas horas. E daí, a noite toda, até Lisboa, onde fiquei por 10 dias. O Ribeiro Couto deu uma noite um jantar e parece-me que fui um ligeiro sucesso; não é terrível isso? conheci o João Gaspar Simões que é uma simpatia e me deu dois livros; Natércia Freire, talvez, segundo me disseram, a maior poetisa portuguesa, de quem acabo de receber uma carta e um poema sobre mim e sobre ela; Maria Archer, romancista. De um modo geral eu tenho feito "sucesso social". Só que depois deles eu e Maury ficamos pálidos, exaustos, olhando um para o outro, detestando as populações e com programas de ódio e pureza. Deus meu, se a gente não se guarda como nos roubam. Todo o mundo é inteligente, é bonito, é educado, dá esmolas e lê livros; mas por que não vão para um inferno qualquer? eu mesma irei de bom grado se souber que o lugar da "humanidade sofredora" é no céu. Meu Deus, eu afinal não sou missionária. E detesto novidades, notícias e informações. Quero que todos sejam felizes e me deixem em paz. Em Lisboa há muitos livros brasileiros nas livrarias e grande interesse a respeito: mas o melhor eles não conhecem. Lisboa deve ser horrível para se viver e trabalhar. Como disse Maria Archer, o mal dos portugueses é a dignidade. Eu, pelo menos, não sei se pela situação especial de espera e ansiedade, experimentei um desassossego como há muito não sentia. Mas de algum modo a gente se sente mesmo como se estivesse em casa – talvez por isso, quem sabe? Mas vi coisas lindas. O bairro de Alfama, por onde nasceu a cidade, é verdadeira Idade Média. Seus personagens, Lúcio, dariam urros de alegria vendo aquilo de noite, com pescadores, com cheiro de peixe, mofo e frio. Depois fui a Casablanca, como correio diplomático, passei lá um dia e uma noite e fui para Argel, onde fiquei 12 dias. As coisas são iguais em toda a parte – eis o suspiro de uma mulherzinha viajada. Os cinemas do mundo inteiro se chamam Odeon, Capitólio, Império, Rex, Olímpia; as mulheres usam sapato Carmem Miranda, mesmo quando usam véu no rosto. A verdade continua igual: o principal é a gente mesmo e só a gente não usa Sapatos Carmem Miranda. Depois fui de navio, já então com dr. Vasco Leitão da Cunha e meu cunhado que trabalha com ele, até Taranto, sem largar um instante o salva-vidas obrigatório, comboiada nos dois destróieres. Em Taranto tomamos o avião particular do comandante em chefe das forças aliadas no Mediterrâneo e chegamos a esta cidade. Eu estava moralmente exausta – tenho impressão de que quando eu for velha hei de praguejar o tempo todo. Passei várias noites sonhando que tinha que arrumar de novo as malas. Isso aqui é lindo. É uma cidade suja e desordenada, como se o principal fosse o mar, as pessoas, as coisas. As pessoas parecem morar provisoriamente. E tudo aqui tem uma cor esmaecida, mas não como se tivesse um véu por cima: são as verdadeiras cores. Um edifício novo aqui tem um ar brutal. Às vezes eu me sinto ótima; às vezes simplesmente não vejo nada, não sinto nada. Estou lendo em italiano porque é o jeito. A palavra mais bonita da língua italiana é *gioia*, embora alegria também seja bonito. Reli a *Porta estreita*[1] de Gide, sobretudo encontrei as *Cartas*[2] de K. Mansfield. Não pode

---

[1] *A porta estreita* (1909), de André Gide (1869-1951), é considerada uma história triste que aborda a complexidade da adolescência. Poeta, romancista, dramaturgo e ensaísta, ganhou o Nobel de Literatura em 1947. Um dos escritores preferidos de Lúcio Cardoso e de muitos outros da geração de Clarice.

[2] *Cartas*, de Katherine Mansfield (1888-1923). Quando Clarice leu *Bliss* (1923), traduzido por Erico Verissimo sob o título de *Felicidade*, teve uma identificação imediata; adquiriu o livro com seu primeiro salário, conforme revelou em entrevista. A vida desta escritora neozelandesa foi bastante conturbada, com um enredo onde cabem casamentos, separações, vida boêmia e uma tuberculose que a mataria aos poucos. Seu comportamento era uma exceção para as mulheres de seu tempo, contemporânea de Virginia Woolf e D.

haver uma vida maior que a dela, e eu não sei o que fazer simplesmente. Que coisa absolutamente extraordinária que ela é. Passei alguns dias aérea – estou aqui de vez em quando muito delicada, me interessam principalmente flores e passarinhos. Um passarinho para se comprar e depois abrir a gaiola custa umas 1.600 liras. Quero também um gato e um cachorro. Quero milhões de coisas. Quero também não morar com tanta gente. Estamos num apartamento grande, com todos do consulado que são ótimas pessoas; mas eu nunca precisei de ótimas pessoas. Mas, enfim, por enquanto nada há a fazer. Meu livro se chamará *O lustre*. Está terminado, só que falta nele o que eu não posso dizer. Tenho também a impressão de que ele já estava terminado quando eu saí do Brasil; e que eu não o considerava completo como uma mãe que olha para a filha enorme e diz: vê-se que ainda não pode casar. Mas é preciso que ela case e que eu fique sozinha olhando flores e passarinhos, sem uma palavra. Encarregue-se por obséquio de lhe arranjar marido na Edit. José Olympio. Se eles fizerem qualquer tipo de oposição, ou se só me prometerem a impressão daqui há muito tempo, então Tania, minha irmã, se encarregará de arranjar algo mais modesto e possivelmente pago – mas rápido, rápido, porque me incomoda um trabalho parado; é como se me impedisse de ir adiante. – Não me esqueça inteiramente, Lúcio, não me considere exilada. A distância nada quer dizer, acredite. Escreva-me, diga coisas, diga-me sobretudo o que você quiser – eu ia dizendo, ou então nada escreva para lhe dar liberdade; mas não, eu *exijo* uma palavra fria e curta que seja. Sei que é difícil agora a correspondência; eu mesma até hoje nada re-

H. Lawrence (um dos escritores preferidos de Clarice), suas cartas datam de 1928. Proust e Tchekhov eram duas de suas maiores paixões literárias. Alguns críticos identificaram afinidades literárias entre a romancista e Clarice Lispector, especialmente em *Perto do coração selvagem*.

cebi de minhas irmãs, o que me desespera; mas agora dou um endereço. Você me escreve e entrega a carta no antigo Banco Germânico. No envelope você só põe o seguinte: "Clarice Gurgel Valente – Consulado do Brasil – *422 – FEB.*" Desculpe essa carta tão malfeita e tão tola; é que eu mesma sou malfeita e tola. Se você pudesse me mandar a professora Hilda![3] Mas isso é esperar demais. Me conte o que está sucedendo aí. Diga a Octávio que eu gosto muito dele. Dê um abraço a Lêdo Ivo, a Adonias Filho. Como vai seu incrível apartamento-casa de cômodos? Vou mandar postais para vocês. Para você um abraço enorme da

Clarice

Está chovendo e está frio. São 10 horas da manhã, quinta-feira. Meu quarto é independente dos outros e eu desarrumo ele à vontade. Meu quarto dá para o mar. O mediterrâneo é azul, azul.

Fui a um concerto e ouvi Variações Sinfônicas de Cesar Fremb [...]. Fui a outro e ouvi Duvorjak (é assim?) e só faltei dormir. Aqui tem ópera todos os dias, às 2 – da tarde...

Fui ao vulcão Solfatara[4] mas tenho preguiça de contar. A coisa parece um milagre. Os museus estão fechados.

---

[3] *Professora Hilda* (1946) é a terceira novela publicada pela José Olympio, inscreve-se no seu laboratório de experimentações romanescas ao longo da década de 1940, que culminaria com o romance *Crônica da casa assassinada* (1956). Clarice foi leitora atenta dessas novelas, como se vê em sua correspondência com o romancista: "se você soubesse com quanto interesse leio seus livros"; pedia sempre que ele lhe enviasse os exemplares. A partir dessa carta há um diálogo constante sobre suas impressões das novelas do amigo.

[4] O Solfatara está localizado perto da cidade de Pozzuoli, a segunda maior cidade do país; em outras épocas o vulcão atraiu a curiosidade de escritores como Goethe e Stendhal, como revelou o site *Mundo ecologia*. É o segundo maior vulcão nas proximidades de Nápoles, depois do Vesúvio. A Solfatara é a zona mais ativa entre os cerca de 40 vulcões que fazem parte do complexo vulcânico Campi Flegrei.

[A Lúcio Cardoso]

(Sem data, Nápoles, outubro de 1944)[1]

[Na] turalmente não tanto quanto eu. No envelope ponha meu nome, e Consulado do Brasil em Nápoles. Não é fácil? Não consigo lhe dar a ideia do que é isto aqui. Nem de mim mesma. Não sei o que está me fazendo triste e cansada. Talvez eu precise começar a trabalhar de novo, certamente é isso – mas tenho que me conter um pouco também. Estou lendo em italiano e romances policiais também. Li *Anfitrião 38.*[2] Lúcio, você pode me mandar seu livro, se é que já foi publicado. Faça o embrulho e deixe no Itamaraty. Uma jovem a quem eu devo apresentar uma carta de uma arqueóloga romana deve me apresentar a várias pessoas, entre as quais Benedeto Croce.[3] Acho ele muito interessante e tudo o mais, porém para falar a terrível verdade não sei o que é que eu tenho com ele. Sobretudo a obrigação de conversar coisas espirituais me cansa de antemão; e de fazer perguntas gênero discípula falando com mestre. Hoje tirei um retrato que deve ter saído horrível porque eu estava horrível. Mas se sair mais ou menos eu mandarei um a você. Quer? Coitado você não quer nem retrato nem carta. Inventei que você me tem como amiga somente porque eu sou sua amiga; que pequena tragédia. Continuamos morando todos no Consulado; em parte é bom porque me tira a responsabilidade de pensar

---

[1] Carta incompleta.

[2] *Anfitrião 38* (1929), peça de Jean Giraudoux, cujo número no título alude a uma estimativa de Giradoux de quantas vezes a história havia sido adaptada anteriormente, inspirada em O *Anfitrião*, de Plauto.

[3] Benedeto Croce (1866-1952), filósofo, historiador e político.

em casa. Mas nós bem gostaríamos de estar num apartamento nosso. Embora se possa com esforço arranjar para não ter uma vida por demais misturada com a dos outros. Acho que vou tomar um professor de italiano. Compramos uma máquina fotográfica. Vamos tirar milhões de pequenos retratos. Você continua escrevendo para *A Manhã*, quartas-feiras? se você pudesse me mandar alguns dos artigos... Quando você me escrever me diga novidades da Irmgaard. Quando vim embora ela estava muito doente; mandei um cartão para ela daqui, uma carta antes do Natal; as pessoas que ela me incumbiu de procurar eu ainda não achei e julgo difícil localizá-las. Diga-lhe por favor o meio de me escrever. Um abraço para você, Lúcio, e seja muito feliz.

Clarice

15 de nov. – Hoje não está mais chovendo e o frio está agradável, estou bem. Hoje vou tomar chá com a diretora de um colégio de moças que resolveu, não sei por que, comemorar de algum modo o 15 de novembro, sem ser brasileira. Se Octávio quisesse mandar um recado para mim... Eu mesma não ouso escrever... Ele é tão fugitivo de algum modo. Eu tenho um pouco de medo dele; quando nós estávamos juntos eu quase procurava dizer ou não dizer qualquer coisa; mas isso não quer dizer que eu me sentisse mal com ele; muito pelo contrário, sentia-me muito bem, com vontade de falar muito e de ouvir. Mas vocês dois jamais se dignariam me conceder um leve esboço de vocês mesmos; eu me vingo tendo tantos segredos quanto se pode ter... E seria inútil você me dar um de seus adjetivos ou de Octávio ter alguma vez me classificado cientificamente, como eu imagino que ele deve ter feito... Enquanto vocês vivem no Brasil, eu aqui tomo chá com leite num colégio de moças.

[A Lúcio Cardoso]

(Sem data, Nápoles, novembro de 1944)

Lúcio, espero que a cartinha ao seu amigo não pareça idiota. Ou melhor, é idiota. Mas eu fico encabulada. Diga a ele para me escrever sem falta. E assim eu me sinto perdoada pelo bilhete. Você está certo de que ele não é invenção sua?

Lúcio, caro:

Que alegria receber sua carta, tão curta e tão apressada. Mesmo assim, *grazie tante* pela lembrança. Me faz (*sic*) bem receber qualquer palavra sua. Me entristeceu um pouco você não gostar do título, *O lustre*. Exatamente pelo que você não gostou, pela pobreza dele, é que eu gosto. Nunca consegui mesmo convencer você de que eu sou pobre...; infelizmente quanto mais pobre, com mais enfeites me enfeito.

No dia em que eu conseguir uma forma tão pobre quanto eu o sou por dentro, em vez de carta, parece que já lhe disse, você recebe uma caixinha cheia de pó de Clarice. Talvez você ache o título mansfildeano porque você sabe que eu li ultimamente as cartas da Katherine. Mas acho que não. Para as mesmas palavras dá-se essa ou aquela cor. Se eu estivesse lendo então Proust alguém pensaria num lustre proustiano (meu Deus, ia escrevendo proustituto!), numa dessas pequenas coisas a que ele dá tanto sentido mas sem dar nenhum valor sobrenatural. Se estivesse ouvindo Chopin, pensaria que meu lustre era um desses de grande salão, com bolinhas delicadas e transparentes, sacudidas pelos passos de moças doentes e tristes dançando. O diabo é que naturalmente eu venho sempre por último, de modo que eu sempre estou no que já está feito. Isso muitas vezes me deu certo desgosto. Assim, eu estava lendo *Poussière*[1] e encontrei uma coisa quase igual a uma que eu tinha escrito. E agora que estou lendo Proust, tomei um choque ao ver nele uma mesma expressão que eu tinha usado no *Lustre*, no mesmo sentido, com as mesmas palavras. A expressão não é grande coisa, mas nem sendo medíocre se chega a não cair nos outros. Mas isso não importa tanto. O que importa é trabalhar, como você tantas vezes me disse. E é isso o que eu não tenho feito. Minha impaciência chega a ser tão grande que às vezes me dói. Assim não tenho gostado verdadeiramente da Itália, como não poderia gostar verdadeiramente de nenhum lugar; sinto que há entre mim e tudo uma coisa, como se eu fosse daquelas pessoas que têm os olhos cobertos por uma camada branca. Sinto horrivelmente ter que dizer que esse véu é exatamente minha vontade de trabalhar e de ver demais. Um dia desses pensei com tristeza de como é genial a tortura da mediocridade... Sinto tanto, tanto ser tão fraca. Gostaria de tal, de tal forma poder trabalhar sem parar. Mas não consigo, as coisas me vêm esparsas – e além disso eu de tal modo desconfio de mim, com medo de escrever facilmente com a ponta dos dedos, que nada faço. Quer me animar, Lúcio? Não que eu mereça ser animada, mas mereço como qualquer pessoa ter os pés em cima da terra. Eu queria fazer uma história cheia de todos os instantes, mas isso sufocava o próprio personagem. Acho mesmo que meu mal é querer ter

---

[1] *Poussière* (1929), tradução francesa do primeiro romance de Rosamond Lehmann, comprado em Roma. Foi publicado originalmente em inglês sob o título de *Dusty Answer* (1927). Esta escritora inglesa foi evocada por Lêdo Ivo quando Clarice publicou seu romance de estreia, *Perto do coração selvagem*, pois encontrou semelhanças com o estilo de Clarice Lispector. Ela é citada com entusiasmo em cartas às suas irmãs Elisa e Tania.

todos os instantes. Que eu estou idiota, você não precisa dizer, sei bem...

Nem toquei no fato de você ler meu livro porque sei que você não gostará; e isso me entristeceria. Estou lendo *À sombra das rap'rigas eim floire,*[2] como traduziram os portugueses, estou lendo em francês naturalmente. Eu pensava que ia gostar de Proust como se gosta das coisas esmagadoras; mas com grande surpresa vejo que tenho um prazer enorme e sincero em lê-lo, acho-o naturalíssimo, nada cacete, nada imponente, pelo contrário, de uma modéstia intelectual que nunca se sacrifica por um brilho, por uma imagem; você concorda? diga. Que é que você faz? Minha irmã Elisa mandou-me uma tradução sua de Emily Brontë,[3] ainda não li de tão cheia de mil pequenas ocupações esses dias. Por que *A professora Hilda* não aparece? O que é o anfiteatro?[4] é o anfiteatro com gente vendo espetáculo ou o anfiteatro escuro na hora da limpeza? que mistério. Explique, se é que você ainda me escreverá, tão desiludida é esta pobre moça. Que aliás vai posar (ia escrevendo pousar, mas a tempo corrigi minha natureza de pássaro) para uma pintora brasileira há muitos anos aqui, uma que tomou parte na semana de arte moderna, Zina Aita.[5] Acha com certeza meu rosto "caracte-

---

[2] *À sombra das raparigas em flor* (1918) é o segundo dos sete volumes da série *Em busca do tempo perdido*, de Marcel Proust.

[3] Tradução de Lúcio Cardoso da coletânea de poemas *O vento da noite*, de Emily Brontë (1818-1848), publicado pela José Olympio em 1944. Brontë é autora do clássico *O morro dos ventos uivantes* (1847). As impressões de leitura de *O vento da noite* são descritas por Clarice na carta endereçada a Lúcio Cardoso em 7 de fevereiro de 1945, publicada neste volume.

[4] *O anfiteatro* (Agir, 1946), é uma novela de Lúcio Cardoso.

[5] Zina Aita (1900-1967), pintora, ceramista e desenhista mineira, foi precursora do modernismo em seu estado natal. Segundo a pesquisadora Ivone Vieira Silva, Aita foi para Belo Horizonte o que Anita Malfatti foi para São Paulo. Aproximou-se dos escritores Mário de Andrade, Manuel Bandeira e da pintora Anita Malfatti quando da realização da Semana de Arte Moderna, da qual fez parte. Mudou-se para a Itália em 1924, berço de sua formação com os mestres das artes plásticas. Não há notícia que Zina Aita tenha de fato retratado Clarice, pois não há nenhum quadro desse período a não ser o célebre retrato de

rístico", como já me disseram tantas vezes sem dizer característico de quê. Com certeza é qualquer coisa feia. – Aqui as ruas são atapetadas de bambinos, principalmente os becos. A gente fica boba para passar entre eles (nos becos todos vivem na rua, cozinham até), crianças que engatinham, crianças que já têm ar sabido, imundas, com aspecto saudável na maioria, com a carinha vegetativa, sentadas ao chão. Tem feito bem frio, de vez em quando cai um pouco de neve. O Vesúvio[6] está com as encostas brancas. Mas ainda não vi neve caindo propriamente dita, em flocos. Quando vejo já está no chão, e como é pouco fica logo meio derretida, não muito branca. A primeira vez o *chauffeur* do consulado veio me dizer que o carro estava com nevinha. Eu abri a porta, saí correndo e peguei um punhado (fica um pedaço grudado a outro), quando veio Maury com um ar zangadíssimo, bateu na minha mão que segurava a neve, a neve caiu e eu fiquei com cara de boba. Então ele me lembrou que eu estava bem resfriada, que podia pegar uma pneumonia etc. Mas eu estava inconsolável. No dia seguinte, eu estava no quarto, Maury entrou com um papel dobrado, desembrulhou e mostrou um pouquinho de neve que ele tinha ido buscar para mim. A coisa estava derretida, horrorosa, e Maury com um ar de triunfo, mas era um presente mesmo. Hoje está fazendo um

---

Giorgio de Chirico. Zina Aita fixou residência em Nápoles e passou a dirigir a fábrica de cerâmica Freda, tradicional no ramo desde 1900. Trocou a pintura pelas artes industriais. Faleceu em Nápoles.

[6] Localizado em Nápoles, a fama do Vesúvio se espalhou por todo o mundo devido a erupção de 79 d.C., que destruiu as cidades romanas de Herculano e Pompeia, redescobertas acidentalmente quando um homem escavava perto do vulcão, no século XVIII. A descoberta foi considerada uma das mais importantes da história. Cientistas afirmam que o vulcão adormecido durante tantos anos pode destruir a Itália caso entre em erupção novamente. Entre as inúmeras erupções, a última e mais significativa foi justamente a de março de 1944, cinco meses antes de Clarice se mudar para Nápoles. Ela comentou o caso na carta enviada a Lúcio Cardoso, e na carta endereçada a Elisa Lispector em 19 de março de 1945; nesta última, detalha sua visita, em companhia de Maury, a uma casa localizada perto do vulcão e as impressões que esta lhe despertou. Ambas estão publicadas neste volume.

bom sol, mas minha janela está quebrada e eu não posso abrir. – A lavadeira de casa, uma *signorina*, está esperando bebê e vive espionando a nossa cozinha e tremendo com os olhos enormes. Um dia desses fui pedir uma xícara de chá e só ela estava lá. Quando pedi que ela fizesse, ela tremeu de alegria e disse: *Faccio una anche per me!* (*anche* é também) (e *faccio* não sei se se escreve assim...) – Lúcio, me escreva as vinte páginas que você prometeu, ou mesmo, duas ou três apenas. Não seja egoísta nem preguiçoso, isso me ofende. Diga a Irmgaard que não escrevo por enquanto porque estou procurando os dois endereços que ela pediu.

Um grande abraço para você da

Clarice

Lúcio, você quer alguma coisa daqui?
NÃO SEJA PREGUIÇOSO!!!!

[A Elisa Lispector]

Roma, 8 novembro 1944

(Carta velha...)
Elisa, queridinha:

Você não é minha amiga? Por que você não me escreve dizendo coisas suas, dizendo do apartamento, do trabalho, de você mesma?

Estou escrevendo a última hora, antes de levarem as cartas, e mesmo depois de ter escrito a vocês duas. Mas quis ainda fazer este apelo de última hora, na esperança de comover você. Me diga também sobre Tania, se ela está muito cansada. Por favor, se você me quer bem, escreva.

Cuide-se, divirta-se, cuide de Tania, seja feliz. Nem sei mais o que dizer, tão aflita fico por convencer. Diga sobretudo o motivo por que até agora não me escreveram.

Um abraço da

Sua Clarice

[A Elisa Lispector]

Nápoles, 13 novembro 1944

Elisa, querida:

Recebi afinal cartas de vocês, as primeiras há quase quatro meses. Continuo não entendendo por que não me escreveram antes, uma vez que tinha avisado que eu estava aqui, eu mesma escrito, e Maury recebia cartas da família. Espero porém que, mesmo não se esclarecendo esse mistério que me custou tantos dias de desespero, agora tudo esteja normalizado e que nenhuma mala do Vaticano chegue sem trazer uma palavra sequer para mim. Assim espero. Aqui *(isso ainda é um restinho de que)* não é tão divertido como vocês imaginam; penso que vocês acham que eu levo tal grande vida que menos cartas, mais cartas, me dá no mesmo. Que eu levasse essa tal maravilha de vida, e precisaria de cartas de vocês. Ainda mais, quando meu desejo é sobretudo estar aí, no Brasil. Não é que não esteja gostando daqui. Mas me amolo e me chateio sempre, em qualquer parte. Passei uma semana em Roma e de lá escrevi para vocês; mas, antes que a mala partisse, tirei de lá as cartas para mandá-las pelo meu colega Silvio da Fonseca, correspondente de guerra, e que vai ao Brasil. Quando cheguei em Nápoles vi as cartas chegadas. Elas vão para o Vaticano e em um ou dois dias, ou uma só manhã, conforme seja o dia do carro do correio brasileiro, chega aqui o envelope destinado a Nápoles. É facílimo e não há por que vocês não possam me escrever. Até pessoas que não são da família podem fazê-lo. É só deixar a carta no Itamaraty, na seção conveniente. Digam quais as dificuldades e eu direi, por conselho de Maury, as soluções.

Tudo aqui continua igual. Eu estou bem de saúde. Hoje estou um pouco mole, mas não é nada; talvez seja apenas o fato de ter há dias recebido enfim cartas de vocês. Felizmente estão todos bem. Não façam isso de novo comigo, é o que lhes peço. Estamos esperando um funcionário do Itamaraty, um tal Neves da Rocha (*agora sei que ele não deve trazer cartas suas estou satisfeita*), por esses dias. Talvez ele traga cartas para mim. E se não trouxer é outra decepção porque a oportunidade seria ótima. Não repare na caligrafia de máquina: o frio dificulta o trabalho dos dedos. Estamos no outono e as folhas caem realmente. Mas o inverno será bem difícil. Não se perturbem, nós tomamos muito cuidado, temos roupas. Desde há muito que faz frio e eu não me resfriei nenhuma vez. A casa onde nós moramos tem aquecimento; por enquanto não está funcionando com força mas no inverno melhorará. Continuamos morando no consulado. Minhas atividades de dona de casa são nulas, felizmente. Eu não decido nada e só às vezes me meto; porque senão tudo cairia em cima de mim e mesmo o que fosse ruim por ser naturalmente ruim seria explicado como sendo erro meu. Tenho mais o que fazer do que cuidar de uma espécie de pensão: por exemplo, ficar sentada olhando para a parede. Estou lendo bem em italiano e até romances policiais eu arranjei. Parece que a questão de cinema se resolve aos poucos. Tem um hotel aqui requisitado onde passam filmes americanos em quase primeira mão. Antes de ir a Roma fomos uma vez e agora pretendemos ir mais. – Tania me escreveu sobre Ana; é simplesmente horrível; imagino como ela está abatida; mas agora o principal é a menina e a educação especial da menina; que ela não esqueça isso e não se feche na dor e no abatimento; o trabalho que ela vai ter é enorme. Elisa, peço-lhe seriamente que me mande um retrato seu, recente. Não custa nada o trabalho, e a mim dará enorme prazer. Vou lhe fazer uma série de perguntas a que você deverá responder em ordem:

1. Como vai de saúde?
2. Que divertimentos tem "usado"?
3. Tem ido frequentemente à casa de Tania?
4. Como vai você no trabalho? Que novidades tem?
5. Como vai a questão do apartamento? Continua ótimo?

Minha vida tem sido mais ou menos legal. Não me dou com quase ninguém. Num dentista encontrei uma mulher simpática que quis vir aqui e veio. Ó chateação! Dei-lhe chá, olhamo-nos, procuramos uma conversa, ela foi embora. Ela já telefonou para voltar, mas jamais estarei em casa. Ela é distinta; mas e eu com isso? Não posso abrigar todas as pessoas distintas no meu pobre seio. – Lembrei-me de uma coisa engraçada. O primeiro escalão de soldados brasileiros[1] inventou um sambinha a bordo do navio (eles inventam mil). Era sobre o nabisco: nabisco é uma espécie de bolacha americana, dura, que, embebida em leite, fica mole; serviam isso no *breakfast* e os soldados, acostumados com a caneca de café e o pão com manteiga, ficavam danados. Fizeram o seguinte samba:

[1] Na Itália, a FEB ficou subordinada ao Comandante do V Exército Norte-americano, general Mark Clark. Ele colocou em linha tropas brasileiras do I e II Batalhões do 6º Regimento de Infantaria para invadirem Massarora, a oeste de Lucca. O êxito da operação levou os pracinhas a ocuparem depois Camaiore e Monte Prano. Em outubro, eles tomaram Nápoles, enquanto os russos penetravam na Hungria e Tchecoslováquia. A tentativa de retirar os alemães de Castelnuovo di Garfagnana foi malograda e os pracinhas foram deslocados, no início de novembro, para Porreta Terme. As três tentativas de tomar o monte aos alemães fracassaram. Nos primeiros meses de 1945, enquanto os americanos tomavam Belvedere, os pracinhas conquistaram finalmente Monte Castelo, que custara a vida de centenas de brasileiros.

De covarde podem me chamar,
O fato é que já passei o Gibraltar.
Este "shiipe" pode até afundar,
O que eu quero ver é o nabisco boiar.

Nápoles, 14 novembro 1944
(continuação)

Não há mais nada a contar. Hoje choveu. Mas a casa exatamente hoje está bem aquecida. Minha vontade é de me meter na cama e ficar bem calada. Mas não chega a ser tão forte, que eu o faça e tenha realmente prazer. Maury está bem de saúde e bem de um modo geral. Está sentindo falta de um esporte, mas todos os clubes aqui estão requisitados pelos aliados e não há possibilidade de entrar. Dizem que lá para fins de dezembro, janeiro, o frio é forte. Não há propriamente nada em perspectiva na nossa vida. Tudo está bem assentado e calmo. Naturalmente quando a guerra acabar e houver facilidade nós nos mudaremos para um apartamentozinho. Não tenho a menor vontade de conhecer pessoas e elas me chateiam. Mas isso é também uma disposição temporária; o pior é que a carta calhou de ser escrita nessa época. – Elisa, de agora em diante vamos numerar as cartas, assim, se uma ou outra se atrasar ou se extraviar nós saberemos; quando você responder a esta, diga respondo à carta número 1, porque a numeração começa agora. E você mesma ponha um número na sua. Gostei muito do bicho que Marcinha fez em colaboração com Portinari; lamento extraordinariamente não ter estado aí no dia dos anos dela. Gostaria de vê-la alegre recebendo presentes. Peço-lhe de novo que me mande um retrato seu. Hoje de manhã tirei um meu mas ele só ficará em provas não sei quando, é possível que Silvio não possa ainda levar. Mas ficará para outra vez. Escreva-me com frequência, e cartas maiores. Um abraço enorme da

Clarice

Desculpe esta carta mal escrita e vazia. Eu estou muito bem e talvez minha moleza venha de que eu me relaxei um pouco quando recebo carta

Carta número 1

Recebi suas cartas de uma só vez, não sei por quê.

Se vocês receberem cartas minhas queixosas não se preocupem – reparem na data, anterior a esta, quando eu não tinha notícias

[A Elisa Lispector]

Nápoles, 21 novembro 1944

Minha Querida:

Recebi a carta número três de vocês e fiquei contentíssima. Por favor não liguem minhas queixas. Você compreende que eu devia estar desesperada, sem saber o que pensar: porque Maury recebia cartas e pela mesma via vocês deveriam normalmente me escrever. D. Zuza, pelos abraços que me mandava, mostrava estar ao par de que eu estava em Nápoles. Mas agora está tudo bem. Descobri que, mesmo estando longe, se se recebem cartas a coisa não é tão terrível. Você é uma querida, não há dúvida. Gosto tanto, tanto de você... Me escreva dizendo o que tem feito. Você está feliz? Eu quero isso tanto. – Compramos em Roma o livro *Poussière*, de Rosamond Lehmann. Você devia ler, é uma maravilha. É difícil encontrar no Rio, mas é capaz de algum de seus conhecidos e amigos possuí-lo. – Ontem nós fomos jantar fora com Silvio e um rapaz russo (russo mesmo) que vai ensinar sua língua a Maury. É um rapaz muito inteligente e simpático, de 18 anos apenas, que nos contou muitas coisas curiosas. Ontem (foi um dia cheio), vieram aqui duas moças, Isa e Vera Coifman, para quem Maury recebeu um recado de um colega dele, casado com uma prima dessas moças. A Isa tem trabalhos sobre anatomia comparada, pelo que me consta. São muito simpáticas e eu irei visitá-las com Maury um dia desses. Num chá ao qual compareci, ligeiramente chato, colégio de moças, comemorando o 15 de novembro, conheci uma senhora que se criou no Brasil e é professora. A irmã dela, que eu ainda não conheço, é pintora e trabalha em cerâmica. São Giovana e Zina Aita, esta brasileira. A professora veio ontem aqui e eu vou um dia à casa delas. Essa gente toda de quem estou falando apresenta o ligeiro milagre de não ser chata, pelo contrário. Compramos uma máquina fotográfica, Zeiss Ikon, em segunda mão, mas muito boa, ao que parece. Assim poderemos mandar retratos. Se ficarem prontos ainda enquanto o Silvio está aqui, mandaremos por essa carta mesmo. Mas por favor mande retratos seus; não dá trabalho a você e a mim dá muita alegria. – Gostei de saber que Maria Luiza queria me escrever e que você ensinou o meio; porque quanto mais carta melhor; se o porteiro do edifício onde você mora quiser me escrever, ensine-lhe o meio; além do mais gosto de Maria Luiza e ela pode me contar novidades. Se você puder me mandar algum livro, alguma revista, ficarei contentíssima. Eu sou uma pobre exilada. Você não imagina como longe do Brasil se tem saudade dele. Sou capaz de escrever um novo Brasil, país do futuro... Vou mandar um cartão para o Aníbal. Não sei se ele já se mudou de onde morava, mas você arranjará isto. Você se dá bem com ele? Conte-me coisas assim, quem são seus amigos, de quem você gosta e de quem não gosta. E o trabalho? Dê um abraço ao Duarte. Diga a ele que de vez em quando eu reconto coisas que ele contou, e com grande sucesso; e que depois eu cito o autor. Me dá prazer saber que Marcinha está tão sem vergonhazinha que pede para se contar aos outros as gracinhas dela; nunca vi criança mais adorável e mais querida. E Tania me escreve com a maior seriedade: Marcia vai bem nos estudos; mas um dia desses lavou a própria roupa na escola. Me escrevam, me escreva. E receba um grande abraço da

Clarice

[A Arthur Ramos]

Nápoles, 22 nov. 1944

Caro prof. Artur Ramos:[1]

De volta de Belém, estive quase 4 dias no Rio me preparando para viajar. Por isso não o procurei. Gostaria muito de conversar com o senhor, tão boa era a nossa amizade, se assim me permite chamá-la. Estou bem aqui, quanto é possível. Concluí meu 2º livro. Dr. Artur Reis esteve no Rio, procurou-o várias vezes na Faculdade de Filosofia e não conseguiu encontrá-lo nem perturbar seu horário. Mando-lhe Narciso... e peço-lhe que me considere sempre inclinada à fonte, mas tentando enxergar alguma coisa na própria fonte e não tentando achar meu pobre rosto. O senhor precisa de alguma coisa da Itália, daqui? Bastará escrever-me e mandar entregar a carta no Itamaraty. No envelope basta escrever: Clarice Gurgel Valente, consulado do Brasil em Nápoles, aos cuidados do vice-cônsul M. Gurgel Valente. Espero uma palavra qualquer sua.

Clarice Lispector

---

[1] Arthur Ramos (1903-1949) é considerado o pai da antropologia brasileira, sua obra *O negro brasileiro* (1934) é um marco no campo das Ciências Sociais. Faleceu em Paris, onde trabalhava no Departamento de Ciências Sociais da Unesco na elaboração de um projeto de paz para o mundo, ao lado de Jean Piaget e Maria Montessori. Clarice Lispector fez um curso de Antropologia ministrado por ele na Casa do Estudante do Brasil, no Rio de Janeiro, entre 16 de junho e 15 de setembro de 1942.

[A Lauro Escorel]

Nápoles, 23 de novembro de 1944

Lauro:

Souza Gomes mandou-nos num recorte seu artigo sobre o prêmio Graça Aranha.[1] Se eu gostei daquele seu primeiro publicado no *A Manhã*, não sei como lhe dizer quanto me agradou, sobretudo como interpretação, este outro. Estivesse eu aí, iria ver Sara e Silvinha e conversar um pouco com você. Sobre a prima de Sara, Maury falará no cartão. É muito simpática a parte italiana da família dela. Um dia destes vou visitá-las de novo. Agradeço-lhe de novo, Lauro, você ter parado mais um momento sobre o livro e ter esclarecido tanta coisa que mesmo para mim talvez fosse obscuro e, o que é certo, não consciente.

Um abraço para Sara[2] e para você da Clarice

---

[1] O artigo "Prêmio da Fundação Graça Aranha de 1943" foi publicado em *O Jornal*, em 13 de outubro de 1944.

[2] A esposa de Lauro Escorel.

[A Elisa Lispector]

Nápoles, 18 dezembro 1944

Feliz Ano-Novo, Leinha!
Elisa, queridinha:

Recebi sua carta de 26-11-44 ontem, dia 17-12-44. Você vê como demora, mas felizmente chega. E quando chega é o meu melhor dia, pode acreditar. A última carta que eu tinha recebido de vocês era datada de 30 de outubro, imagine. O que vocês mandaram por um portador, que eu não sei quem é, não nos chegou ainda. É possível que ainda venha ter às nossas mãos. Não mandem nada mais de agasalho porque nós temos suficiente. O frio não está sério, é como o inverno do Rio. A caixa que d. Zuza mandou por intermédio do Itamaraty pelo navio, e na qual parece, segundo ela, que vocês puseram minha máquina, desviou-se para Livorno, mas nós esperamos reavê-las. Querida, você não imagina a minha saudade. Não quero mesmo empregar essa palavra porque me faz mal e a você também, certamente. Vivo pensando em ir aí e vê-las. Depois da guerra, é certíssimo que eu vou aí passar um mês ou dois. Mas mesmo agora andei pedindo e sondando junto de várias pessoas e a coisa é difícil, quase impossível. Espero tremendamente que a guerra acabe, por todos os motivos. E o que é mais egoísta é esse, o de permitir que eu faça essa viagem. Isso não é nada; o irmão de Maury, que casou hoje, pretende que a mulher dele vá de vez em quando a Paris visitar a família dela. Eu acho, e estou mais do que certa, que depois da guerra irei ao Brasil de seis em seis meses. A despesa é suportabilíssima, não é nada, logo para mim que não gasto em certas coisas, e quanto a Maury, uma separaçãozinha de tão pouco só pode fazer bem. Além disso isto está no meu direito e Maury concorda plenamente. Deixo apenas que acabe essa maldita guerra, que para nós felizmente não foi tão maldita. – Hoje o irmão de Maury casou aqui no Consulado. Eu mandei fazer um grande almoço, ao qual compareceram o dr. Vasco Leitão da Cunha, vindo de Roma, os noivos naturalmente, nós naturalmente, o pessoal do consulado naturalmente e dois rapazes do Banco do Brasil que serviram de testemunhas. Eu mesma fui comprar coisas, o cuoco (cozinheiro) esmerou-se, enfim – foi um almoço excitante, alegre e meio chato como todos os almoços em geral. Compramos um peixe que custou 700 liras – por aí você pode ver o preço das coisas. Para nós não sai assim porque as rações vêm dos americanos, mas quando se quer comprar alguma coisa fora das rações é assim. O povo vive claramente em contrabando, mercado negro, prostituição, assaltos e roubos. A classe média é que sofre. Eu fiz há pouco um vestido de lã que Tania tinha me comprado e saiu muito bom. Botei hoje o vestido, me penteei toda, me enfeitei e fui um sucesso. De tudo isso o que mais me interessa é vocês. Não tenho feito quase nada, vivo como se fosse numa grande pensão em que se é obrigado e a gente se habitua (o que é o pior) a ser íntima e delicada e amiga de todos. Mal tenho lido, mas a vida continua. E em breve certamente arranjarei um programa em que eu me isole um pouco mais e possa ler ou não ler, como me agradar. Estou muito bem de saúde, não sinto mesmo mais nada; estou comendo tudo. Querida, eu lhe peço: cuide-se extraordinariamente, pense que isso também é para mim, eu lhe peço. E pelo amor de Deus, veja nas minhas palavras mais do que minhas palavras. Aquela sua carta em que você diz que nós temos a intimidade que devíamos ter, é certa de algum modo. E se você nas suas cartas não é tão íntima comigo eu no entanto adivinho, perdoo ao acaso e às circunstâncias o fato de termos uma espécie de pudor, uma em relação a outra. Mas leio suas cartas como se você me dissesse tudo, e na verdade é tudo o que você quer dizer. Tania, por exemplo, se deixa mais acarinhar do que você, não é verdade? e do que eu. Lembra-se quando eu dei a você o apelido de Leinha e a Tania o de Pildinha? O de Pildinha pegou porque ela deixava mais. Mas o que significa isso em relação ao carinho que eu tenho por você? – quando você me deu novidades do *Noite*, quando falou em Berta que tinha acabado o curso eu caí na gargalhada. Porque com sua letra eu li: Berta se forma este ano... Estou vendo que assim como Marcinha chama Pola de Bola, você também, embora involuntariamente, diz gracinha à la Marcia.

Elisa, nossas cartas todas parecem um monólogo: dá a impressão que vocês não estão respondendo às minhas cartas nem eu às de vocês; porque parece que eu esqueço de responder a certas coisas e que com vocês acontece o mesmo. Peço a você que antes de me escrever dê uma vistinha na carta para ver se eu não pergunto especialmente alguma coisa. Tania também faz o mesmo: pedi há tempos, ainda em Lisboa, que mandasse quatro livros meus para a mala diplomática de Portugal no nome de Ribeiro Couto, e ninguém me respondeu dizendo se era possível, se tinha mandado ou não. Querida, esses dias têm sido cansativos. Sempre aparece alguém de Roma, sempre aparece alguém para jantar, fora a casa cheia das pessoas que moram nela. – Mando-lhe um brochinho com figurinha de marfim. A fechadura não é complicada, põe-se aquele instrumentinho depois de fechado o broche para dar maior segurança. É uma coisa que serve apenas para eu lhe mandar meu desejo de que o seu

Ano-Novo seja mesmo seu, com tudo de bom que você especialmente quer. "Que seus desejos se realizem", meu bem, e tudo o mais que nós todos queremos para você. Imagine, inventei de mandar para Marcinha um parzinho de brincos de madrepérola e coral: acho que não faz mal ela usar porque não é para orelha furada e a coisinha é prata. Espero que ela fique contente. Querida, só lhe peço que me escreva sempre. Ouvi dizer que em Roma tem carta para o Mozart; quem sabe se dentro não vem uma para mim? mas não posso esperar para respondê-la porque o portador parte em breve. Receba o meu melhor abraço, querida.

Depois que eu escrevo uma carta para você me sinto melhor, + sossegada. Conte mesmo as coisas bobas que acontecem, como eu faço. Receba + um abraço enorme de sua sempre

Vovó

Diga se recebeu as cartas que mandei pelo Silvio. E se o livro chegou bem. Você leu?

[A Elisa Lispector]

Roma, 3 janeiro 1945

Elisa, queridíssima:

Que cartas lindas eu recebi de você, meu Deus! Não conheço seu livro, mas tenho certeza de que ele é bom; basta as amostras que eu recebo. Tão delicada, você, tão engraçadinha.

Ontem, quando recebi as cartas, as duas na mesma tarde, quase me fazendo estourar de alegria, mostrei retratos na Embaixada e li para o dr. Vasco[1] o pedaço dos passarinhos instalados no aquecedor do banheiro; ele ficou encantado e riu tanto que eu fiquei besta de vaidosa; e fiquei + ainda quando ele disse: leia mais alguns pedaços. Eu não me fiz de rogada e peço-lhe desculpas. Mas só mostrei o que achei que devia mostrar. Depois perguntei a eles: agora entendem por que eu quero ir ao Rio? Eles deviam estar pensando: que irmãs!! Quanto a mim, estava alegríssima. Quando abri a carta e vi retratos... nem digo nada. Você está ótima, ótima, apesar do retrato não ser grande coisa e ter escurecido vocês todas. Marcia está vivíssima e com um ar sapeca e inteligente. Escreva-me, se não lhe for incômodo, sempre à máquina; fica ótimo de ler, porque sua letra é um ninho de passarinhos. Mas que cartas lindas! Tenho que

[1] Vasco Leitão recebeu Maury Gurgel Valente e os demais cônsules no aeroporto de Argel, em julho de 1944, quando o marido de Clarice dirigia-se ao seu primeiro posto diplomático na Europa. Clarice conheceu o ministro no mesmo período, viajou em sua companhia e na de Mozart Gurgel Valente, irmão de Maury, quando deixou Argel em direção a Nápoles, a bordo de um navio para Taranto. De Taranto tomaram o avião particular do comandante em chefe das Forças Aliadas no Mediterrâneo até Nápoles.

voltar ao assunto. Sei que esse elogio é pau porque a gente depois, na hora de escrever, fica consciente e aborrecida. Você então conhece o Paschoal Carlos Magno?[2] Eu conheci rapidamente em Natal. E ele, cabotino ele só (nem sei se ele é seu amigo... mas isso não quer dizer nada), me disse: como essa gente brasileira é amável! Imagine que me fizeram herói nacional, não leu? não sabe? Eu respondi: não, não sei. Você leu o livro dele? Eu tinha curiosidade de ler.[3] Se você puder me mandar, será bom. E se você puder mandar artigos, mesmo que não sobre mim, bem interessantes, seria bom também, porque tenho saudade de ler essas coisas. Como vão suas férias querida? Estão próximas? (Recebi as cartas número 1, 2 e 3. Mas estou encabulada por ver que esqueci de numerar tantas outras. Não adianta só numerar, é preciso também anotar o número e + o assunto correspondente. Mas eu sou uma esquecida danada e não fiz isso. Assim, vou batizar, sem nenhum fundamento, esta carta com o lindo nome de 5. Fiquei com uma pena enorme de não ver o filme *Jane Eyre*,[4] que eu tanto esperava. Deve ter sido uma dessas maravilhas.

Tania me disse que você anda ocupada com provas parciais e com as provas do livro. É um trabalho infame. Peço-

---

[2] Paschoal Carlos Magno (1906-1980), escritor e diplomata, fundador do Teatro do Estudante do Brasil (1938), um centro de formação de atores brasileiros. Em uma de suas voltas ao Brasil, por um período de quatro meses, como correio diplomático, conheceu Clarice em Natal, onde foi homenageado pelo Teatro do Estudante do Rio Grande do Norte. É considerado um dos maiores incentivadores do teatro brasileiro em todos os campos, por criar o Teatro Duse, a Barca da Cultura e a Aldeia de Arcozelo. Para saudar seu aniversário de 70 anos, Carlos Drummond de Andrade escreveu: "por sua vida tão curtida e generosa, hoje devia ser feriado nacional."

[3] *Sol sobre as palmeiras* (O Cruzeiro, 1944).

[4] O filme foi dirigido por Robert Stevenson, em 1944. É uma adaptação da história de amor de Charlotte Brontë, estrelado por Joan Fontaine e Orson Welles. Depois de uma infância como órfã, Jane Eyre consegue emprego como governanta da filha do perturbado Rochester, um aristocrata inglês. Com o passar do tempo, Jane e seu patrão se apaixonam e decidem se casar. Mas o casamento deles é abalado por um grande segredo de Rochester.

-lhe que me diga como andam as coisas. Joel Silveira[5] passou por Nápoles e me disse que não se lembrava se era Melo Lima ou um outro que lhe tinha dito que seu livro era ótimo. Estou louca para ler e espero que ele seja bem compreendido pela crítica e bem aceito. Muitas vezes é uma questão de sorte de circunstâncias o que faz com que um livro seja compreendido nas suas intenções. Aqui em Roma está um frio louco, que nem se compara ao de Nápoles. Nós viemos passar uns dias, inclusive o Ano-Novo. Na Embaixada do Vaticano (que não fica na cidade do Vaticano) o embaixador Nabuco reuniu alguns brasileiros para uma ceia numa festa bem simpática. Nós não temos passeado muito por causa do frio. Mas tomamos bastante cuidado para não pegarmos uma gripe. E só de imaginar que [a essa época] faz calor no Rio. Fiquei emocionada em saber que o Paschoal Carlos Magno escreveu a Rosamond Lehman[6] sobre o que eu disse e que já nem me lembrava. É possível que ele nem tenha escrito, porque ele vive prometendo mundos e fundos, segundo me disseram. Mas eu adoro Rosamond Lehman, e gostaria de lhe dar para ler um livro dela, o primeiro que ela escreveu, e que talvez seja o melhor: *Dusty Answer*, em original; e *Poussière*, em ótima tradução francesa como eu encontrei. É uma beleza de graça e de profundidade e de extrema realidade poética. Se você encontrar em algum sebo não hesite, que vale a pena. Peço-lhe que apresse um pouco a leitura de

[5] Joel Silveira (1918-2007) foi um dos pioneiros do jornalismo literário no Brasil. Ao trabalhar nos *Diários Associados* como correspondente na Itália durante a Segunda Guerra Mundial, ao lado de Rubem Braga, conheceu Clarice em Nápoles. As memórias desse período foram registradas por Joel Silveira e Thassilo Mitke em: *A luta dos pracinhas: a Força Expedicionária Brasileira – FEB na Segunda Guerra Mundial* (Record, 1983). Foi cofundador do semanário *Comício*, no qual Clarice assinou a página feminina.

[6] Rosamond Lehman (1901-1990) fez sua estreia como escritora aos 23 anos de idade, com a obra *Dusty Answer*, um acontecimento literário na Inglaterra. A par da aguda percepção psicológica, a autora caracterizava-se pela extraordinária vida e poesia de seu estilo. O livro foi traduzido no Brasil por Mário Quintana sob o título de *Poeira* (Editora Globo, 1945).

meu livro por Tania e que você o leia também rapidamente. E que me diga, sem magnanimidade, o que pensa.

Querida, se você acha que eu ponho você numa redoma, você acerta mas no bom sentido: você não cuida bem dos passarinhos que se aninharam no aquecedor do banheiro?

Que filme mais você tem visto? O que tem saído como livro brasileiro? O que tem lido? Sua ideia de que eu faça um trabalho manual é muito boa. Só que acho que aqui não se encontram daqueles paninhos para bordar e eu, o diabo me entenda, não gosto de fazer certas coisas úteis, como cozer minhas calças. Mas, voltando para Nápoles, no meu novo quarto, vou me por a recozer toda a minha vida... Encontrei um livro de Tolstoi, *Qu'est-ce que c'est l'art?*,[7] em 2ª edição francesa de 1898, e fiquei boba. Ele diz que não entende Baudelaire e Verlaine, chama Beethoven de "o surdo Beethoven" e cita D. Quixote ao lado de livros de Alexandre Dumas pai, mete o pau em Wagner e na arte moderna de então, que para nós já é clássica. Não parece incrível? Ele fala mal até de Michelangelo. Não sei como ele fica, o diabinho, que por sinal é tão grande romancista. Agora interrompi um segundo pra tirar uma fruta cristalizada que eu ganhei de um rapaz do Banco do Brasil, e que ele recebeu do Rio. Compre para você que são muito boas, em caixinhas da Colombo... E assim eu faço propaganda do Brasil, como boa brasileira e divina senhora de diplomata. Sobre a vida de senhora de diplomata há muitas palavras a dizer, e na verdade, pela sutileza própria do assunto, inteiramente indizíveis.

Enfim... Minha querida, cuide-se como se você fosse de ouro, ponha-se você mesma de vez em quando numa redoma e poupe-se.

---

[7] Leon Tolstói (1828-1910), o autor de *Anna Karenina*, no livro *O que é a arte?* condena quase todas as formas de arte, inclusive suas próprias obras. Defendeu uma arte inspirada na moral, na qual o artista comunicaria os sentimentos e a consciência religiosa do povo.

A tinta está acabando, meu Deus. Receba depressa um abraço enorme de sua vovó

Clarice

Seja F E L I Z
(escrevi o resto quase só com saliva... que horror!)

[A Elisa Lispector]

Nápoles, 7 janeiro 1945

Elisa, minha querida:

Desculpe este bilhetinho que naturalmente faz a pessoa ficar danada. É que hoje, embora bem, estou mais ou menos burra e sei que não posso escrever muito. Isso não depende de assunto, eu sempre sei o que hei de falar com você, mesmo sem novidades – que essas nunca existem propriamente. Hoje é domingo, felizmente de novo pé de chachimbo (em vez de cachimbo a máquina escreveu chachimbo, o que é muito mais elegante e muito mais próprio para este domingo – na verdade parece que eu ia escrevendo pé de chato, o que é mais certo). Hoje de noite vão passar no Parc Hotel um filme chamado *Strange Affair,*[1] de Walt Disney (mas não sei se é isso mesmo porque falei por telefone e não ouvi bem). Acho que não vamos ver. São mais ou menos cinco horas; daqui a pouco vou me vestir para jantar. Aqui aos domingos inovei um jantar frio para os empregados poderem dar o fora; sou ou não uma grande dona de casa? Parece-me que estou pesando 62 quilos, mas não parece propriamente e embora eu não esteja magra não dou a impressão de gorda. Também com esse regime de vida besta em que eu não faço nada. Só emagrecerei se começar a me desesperar por exatamente essa vida besta, o que eu não creio que aconteça por-

[1] *Strange Affair* (1944) foi estrelado por Allyn Joslyn e dirigido por Alfred E. Green. No Brasil recebeu o título de *Banquete da Morte*.

que estou excessivamente mergulhada nela para poder me desesperar. Em suma, a ideia do Brasil é muito boa para mim. Que esse diabo de guerra acabe é o que eu desejo.

Minha querida, escreva-me, conte as novidades, conte sobre você, escreva-me suas queridas cartas que tanto bem me fazem. Um grande abraço para você e seja mil vezes, de todos os modos.

Clarice

[A Elisa Lispector]

Nápoles, 12-janeiro-1945

Elisa, querida:

Recebi cartas formidáveis de vocês, e como disse a Tania, tenho vontade de provocar para receber, também, carão, é verdade, nas cartas grandes. Pois então não vou durante a guerra, nem de 6 em 6 meses, exatamente, se vocês acham absurdo. Mas, querida, não pense que eu gosto de você porque estou longe e acrescento. É que quando estamos juntas não escrevemos cartas e parece que é escrevendo que se podem dizer certas coisas. Você tem razão, com a ideia do provisório não se pode fazer nada. E por isso é que carta me faz bem, me dando uma lição. Não me diga que não tem a pretensão de ter ascendência sobre mim, que é bobagem, meu bem. E por falar em bobagem, cito-lhe outra e produzida pela mesma fonte, que é vocêzinha: você diz que embora pareça incrível, você também já perseguiu miragens. Que burrinha você é! Se há pessoa em que se veja isso, é você. E não só você perseguiu, como persegue – o que vale como não ter mudado e ser fiel. Até passarinhos essa menina cria no banheiro, lugar onde em geral só se penduram toalhas! Me interessa saber é como eles se alimentam. Uma das coisas formidáveis disto é que é ótimo ter passarinhos mas é pau às vezes a gaiola; no seu caso os passarinhos é que têm você e vocês moram de igual para igual, um reclama contra o outro, são até capazes de não se falar durante algumas horas. Você explicou pouco em relação a eles; você já os viu?

Quantos são? Às vezes eles saem? Eles mesmos cuidam da comida ou o contrato que eles assinaram é com pensão? E por falar em pensão, não só os passarinhos precisam comer, você também. Escreva-me sem falta onde tem almoçado e jantado.

Você vai ver como eu vou melhorar e levar uma vida agradável. Mas vou ao Rio, não sei quando, depois que a guerra terminar, um dia e em boas condições. Eu gostaria aqui de ajudar um pouco, mas é impossível. Pedir dinheiro às pessoas para dar a outras é dificílimo porque a quem eu pediria? Ao Matarazzo? Ele começaria por dizer que tem casa requisitada e etc. Ele não precisa, mas todos precisam pouco ou mais. Porque me ofereci para fazer alguma coisa, estou agora trabalhando em datilografia com o coronel Julio de Moraes. Vou lá todas as manhãs e salvo a humanidade copiando numa letra linda à máquina, umas coisas. Pretendo também visitar feridos. Ajudamos pessoalmente e em cada caso como podemos e isso não é nada. O casos aqui são inúmeros e cada família tem o que contar. É verdade que se culpa a guerra de muita coisa que sempre existiu aqui. A prostituição, por exemplo, sempre foi aqui um grande meio de vida. Contam-nos que agora os meninos na rua oferecem as irmãs, o marido que diz que tem uma moça muito bonita e no fim sabe-se que é a mulher dele, etc.; mas todos dizem que é isso sempre. Tem aqui e que o povo napolitano é o + sem vergonha do mundo. Os italianos dizem que a vergonha da Itália é Nápoles. Roubam como podem, e não sou eu quem os acusaria. Aliás, quando estive em Lisboa, que não está em guerra, fiquei boba. Não se dá um passo sem que alguém não peça esmola. E me disseram que a prostituição lá é terrível, abundantíssima e desde a idade de 13, 14 anos. A guerra é boa talvez no sentido de chamar a atenção para certos problemas. Talvez incorporem estes na resolução de outros propriamente de guerra.

Em Roma está caindo um pouco de neve; eu não vi. Mas aqui o Vesúvio está com o cimo coberto e ontem e hoje caíram aqui pequenos flocos. Eu não vi, mas Maury saiu hoje de manhã trouxe embrulhado num pedaço de papel (!) uns pedaços de neve que parece gelo, com certeza já gelada, já meio derretida, e não muito branca. Amanhã de manhã vamos a um bairro onde talvez tenha neve. Disse que nesse bairro onde ele esteve hoje tinha uns dois dedos de neve no chão (conte isso a Tania).

Quanto a estudar canto, vou tratar disso. Quanto a cursos interessantes, desde que cheguei procuro me informar vagamente mas você sabe como são esses cursos, a maioria deles terrivelmente didáticos, terminando por dar caceteações e obrigações em vez de interessar realmente e dar prazer. Mas continuo + em vista. E em vista também de alugar um rádio, se for possível encontrá-lo, tão difícil que é.

Agora me lembrei de uma coisa engraçada. Um amigo nosso em Argel achou a moça do restaurante muito bonitinha e perguntou-lhe se queria ir ao cinema com ele. Ela respondeu um pouco ofendida e muito digna: *Pas moi, je suis vierge!*[1]

Não é tão engraçado? Ele disse que teve vontade de responder: *C´est pas ma faute...*[2]

– Tudo está bem e eu gosto muito de vocês. Seja feliz, querida, sem falta nenhuma. E não tome água gelada. Um grande abraço de sua

Clarice

[1] "Eu não, sou virgem!"

[2] "Não por culpa minha..."

[A Elisa Lispector]

Nápoles, 22 janeiro 1945

Elisa querida:

Não tenho carta sua para responder, o que diminui de milhões o assunto. Porque aqui não há nada de novo nem eu mesma tenho qualquer coisa de novo. Recebi o livro de Emily Brontë, que ainda não li porque esses dias foram um pouco atropelados. Vários brasileiros foram para o Brasil, tudo organizado de repente, de modo que também eu ajudei, como pude. No meio de tudo havia uma baronesa ou marquesa ou o que seja, que, quando viu que as senhoras iam todas dormir na mesma sala, disse que se soubesse que era assim não teria ido. Um rapaz conhecido nosso disse que na hora teve vontade de lhe pisar o pé. Nada mandei pelas pessoas que embarcaram porque não tive tempo de providenciar. Mesmo, com mala frequente, não era tão grande perda.

Você está boa da gripe? Querida, peço-lhe que não beba água gelada... Se você soubesse como aqui está frio assim, embora de vez em quando caia neve... Mas ainda não vi cair, vi somente no chão e como é pouca fica logo um pouco misturada, não muito branca. – Querida, como vai o seu livro?[1] Não me quer falar nele? Gostaria tanto de saber quando será publicado, e se está tudo correndo bem! Diga-me qualquer palavra.

[1] Clarice se refere ao primeiro livro de Elisa Lispector, *Além da fronteira*, publicado pela Editora Leitura, em 1945.

D. Zuza mandou-me alguns recortes sobre alguns livros, tudo infelizmente do cretino Eloi Pontes.[2] E no meio sobre um livro de Sara Novak, que eu não conheço. Pelo que ele diz, o livro não presta. Você leu?

Terminei meus negócios com o dentista, e foi bom porque só a obrigação de ir lá já estava me dando raiva. Nada mais tenho feito, tenho ido de vez em quando ao cinema, mas para ver droga. Ontem vi *Maisie goes to Reno*,[3] com Ann Sotherns. Suas lições de inglês continuam? Não tratei nada sobre o canto, sinceramente não me sinto muito animada a abrir a boca todos os dias e berrar. Mas certamente um dia desses resolvo e quando resolver você um dia acorda de madrugada e em vez de ouvir teus passarinhos ouve meus solfejos. Um dia desses fomos ouvir *Lohengrin*[4] e não gostei. Ópera é chata como ela só. E apesar de ser Wagner era pau e cansava. Estou é com vontade de ter rádio, mas é dificílimo encontrar para comprar ou alugar. – Se você se lembrar, recorte artigos saídos nos suplementos, sobre coisas publicadas. – O que eu sinto falta aqui é da Cinelândia, cheia de cinemas onde eu podia entrar a hora em que eu quisesse, sozinha ou acompanhada. Felizmente leio agora italiano como português e posso ler meus livros policiais quando

[2] Eloy Pontes (1890-1967), jornalista e crítico literário que assinava uma coluna em *O Globo*. Foi autor de diversas biografias literárias, entre as quais se destacam: *A vida dramática de Euclides da Cunha* (1938) e *A vida contraditória de Machado de Assis* (1939).

[3] Intitulado no Brasil *Por conta de cupido*, 1944, estrelado por Ann Sotherns, John Hodiak e Ava Gardner e dirigido por Harry Beaumont.

[4] *Lohengrin* (1850) é uma ópera de Richard Wagner ambientada no Ducado de Brabant (na atual Bélgica). Narra a história da princesa Elsa von Brabant, injustamente acusada de ter assassinado o herdeiro do trono de Brabant pelo duque Friedrich von Telramund e sua esposa Ortrud. Elsa invoca Lohengrin, cavaleiro do Santo Graal, ele surge no julgamento de Elsa em um barco puxado por um cisne, e derrota Telramund em uma batalha, comprovando assim sua proteção divina. Lohengrin propõe casamento a Elsa desde que ela nunca queira saber sua identidade. Persuadida por Ortrud, Elsa rompe o pacto com Lohengrin ao anunciar diante de todos sua verdadeira identidade. Então Lohengrin parte, deixando Elsa para trás, e o cisne que tracionava seu barco se transforma no herdeiro do trono, que todos julgavam morto, atribuindo a culpa a Elsa.

quero. Essa noite, quer dizer, de manhã, fui acordada por qualquer coisa e depois reatei o sono e sonhei que alguém dava às pessoas o sono perdido; e que a mim perguntavam: perdeu mil ou dois mil de sono? Mas antes sonhei que estava num jantar onde estava presente... Deus. E Deus era representado por um enorme bolo todo luminoso; e porque alguém estava atrasado, o bolo se afastava zangado até que eu dava uma desculpa. Que coisa doida.

Querida, me escreva muito, me conte mil coisas. E seja muito feliz. Receba um abraço da sua

Clarice

[A Elisa Lispector]

Nápoles, 29 janeiro-1945

Elisa, querida:

Recebi sua cartinha, que, embora curta, me adiantou muito porque assim que eu vi que você já deve estar boa do resfriado. Tome cuidado, sim? Querida, o verão do Rio é uma fonte de resfriados. Tania me escreveu que seu livro sairá talvez nesse mês; então já deve ter saído. Peço-lhe enormemente que me mande um dos primeiros exemplares. Quem fez a capa? Tenho tanta vontade de ler... Tenho muitas esperanças nele e em você. Alguém mais leu? Por que você não me escreve nem ao menos rapidamente sobre ele? Fico tão sentida, nem uma palavra, quando tudo isso me interessa tanto. Sei que é uma espécie de pudor, e por isso não insisto demais, somente peço-lhe. Me espanta que você diz: há duas semanas sem carta. Acho que tenho escrito sempre. E peço a vocês o enorme favor de fazer o mesmo, de escrever todas as semanas: é muito? Não sei, sei apenas que minha vida fica intolerável sem receber cartas de vocês.

Nada tenho feito, tenho lido um pouco. A vida continua igual quer dizer, bastante chatinha. Como é que vocês vão me escrever quando estiverem de férias? É um problema que me preocupa. Sou tão egoísta. Peço-lhe, querida, que aproveite bem as férias, descansando quando possa. A vida do Rio, de um ano no Rio, merece enormes férias. Acho que a vida em geral. Eu mesma gostaria de tomar férias, mas não sei de que, com uma vida tão ociosa e vazia. Minhas férias serão no Rio de Janeiro, capital do Brasil. Serão umas grandes férias e assim como você passa os dias pensando em Teresópolis, eu passo os dias pensando nas minhas férias da Itália.

Nada tenho feito, meu maior prazer é ir dormir – que maravilha é! E como eu sonho! Passo a noite sonhando. Um dia desses sonhei que você me mandava em vez de carta uma revista impressa por você para mim... E uma revista grossa. Veja se consegue imprimir a tal revista para mim e mandá-la todos os dias; vou ficar animadíssima. E todos os dias ficarei tão alegre que incomodarei os outros, o que pouco me importa, já que eu tantas vezes sou incomodada pela alegria superficial e digestiva dos outros. Pronto, encontrei uma boa fórmula: poucas vezes a gente encontra pessoas cuja alegria não seja somente digestiva. Concorda? Você não imagina o prazer do meu sonho e o prazer que eu tenho em imaginá-lo verdade. Meu ideal de pequena, o de um dia por acaso ficar presa uma noite inteira numa confeitaria, mudou. Meu ideal agora é não ter tempo para nada porque, meus amigos devem compreender e meus vizinhos também, porque afinal eu estou lendo a revista da família. Inclusive artigos de fundo de Marcia Maria, como ela gostaria de assinar. Não lembra que um dia ela andou dizendo aos outros que era assim que ela se chamava? É o *nom de plume*[1] dela...

Estou posando para uma pintora brasileira, há muitíssimos anos na Itália, Zina Aita. Por enquanto nada se pode dizer, é preciso paciência. Vocês receberam afinal os retratinhos levados pelo correspondente de guerra? Telefone para o DIP, talvez o encontre lá, na Agência Nacional. Nem eu os vi, e tenho curiosidade. Estou mais gorda, em breve serei matrona romana, ou melhor, napolitana. Falta-me apenas o

[1] "Seu nome como pseudônimo."

título de duquesa e então eu farei esta também e receberei às quintas-feiras, declamarei versos de Olegário Mariano[2] e por fim, como surpresa final, balinhas de estalo. Hoje vem aqui uma professora de espanhol que fala português, esteve no Brasil, parente do chocolate Falchi – muito boa mulher, mas uma tortura e um desânimo. Por que é que as pessoas não são mais vivas, coitadas? Ontem almoçamos com o conde Matarazzo e com os genros duques ou condes, não sei. Eles não acreditariam se eu dissesse que não gostaria de ser condessa. Parece afinal que só eu acredito em mim... Obrigada, querida, pelas duas revistas do *Globo*, certamente foi você quem mandou. Mande-me quando sair o livro daquela moça Maria Luiza Cordeiro,[3] prêmio Alcântara Machado, tenho curiosidade. Que alegrezinha que ela é... Será alegria digestiva? Quero ver por isso.

Vou interromper um pouco porque me chamaram para o almoço. Já voltei. Almocei. Estou mastigando chicletes – e quando se mastiga chicletes tudo fica mais fácil e mais americano. Acabei há dias de ler *Les chemins de la mer*,[4] de François Mauriac, muito bom, como todos dele. A máquina é que não é boa, quer dizer, a fita está clara. E a minha maquininha, a que veio do Rio, não funciona nada; vou ver se a vendo, porque conserto não adianta; ou então a troco por outra, o que é difícil. Rádio também não temos, faz uma falta enor-

[2] Olegário Mariano (1889-1958), poeta, político e diplomata, autor de *Toda uma vida de poesia* (1957), frequentou a roda literária de Olavo Bilac, Coelho Neto e outros. Sua poesia está identificada com os preceitos do Simbolismo.

[3] Seu romance de estreia, *Um olhar para a vida* (Livraria do Globo, 1945), premiado pela Academia Paulista de Letras.

[4] *Les chemins de la mer* (Ed. Grasset, 1939), de François Mauriac (1885-1970), um dos grandes escritores franceses do século XX, Prêmio Nobel de Literatura em 1952. Ao lado de escritores cristãos, como Georges Bernanos e Julien Green, tornou-se uma referência para aqueles escritores influenciados pelo cristianismo existencial como Lúcio Cardoso, Octavio de Faria e Cornélio Pena. Suas principais obras literárias são: *Le désert de l'amour*; *Thérèse Desqueyroux*; *Le noeud du mystère*; *Le mystère de Frontenac*.

me. Querida, escreva sempre e logo. Receba um grande abraço meu e seja muito feliz.

Sua sempre

Clarice

[A Lúcio Cardoso]

Nápoles, 7 fevereiro 1945

Caríssimo amigo:

Que felicidade receber seu livro! acabei de recebê-lo com uma carta de casa, li a carta, li correndo a primeira página de seu livro, escrevi correndo uma carta para casa e estou agora escrevendo para você para pegar um portador que vai para o Brasil. Li logo a primeira página de seu livro porque não podia esperar, tanta curiosidade, tanta alegria. Estou tão contente. Vou ler, vou ler, vou ler, vou ler, vou ler... Um dia desses eu acordei com uma moleza de gripe e depois do café voltei para a cama. Achei então que era um bom momento para ler as poesias de Emily Brontë. Como ela me compreende, Lúcio, tenho vontade de dizer assim. Há tanto tempo eu não lia poesia, tinha a impressão de ter entrado no céu, no ar livre. Fiquei até com vontade de chorar mas felizmente não chorei porque quando choro fico tão consolada, e eu não quero me consolar dela; nem de mim. Você está rindo? – Fez há uma semana mais ou menos 1° abaixo de zero. Alguns dias depois eu desconfiei que o tempo estava bom e fui para a terrasse. Ainda estava frio e ficará assim até março, mas estava tépido e fresco, com um perfume que só se sente mesmo depois do inverno por causa das folhas que desde o começo do outono caem e ficam no chão. Eu respirei tanto que Deus me castigou e por isso no dia seguinte eu estava com a moleza de gripe e li Emily Brontë... Você vê que as coisas se completam perfeitamente na Itália. – Estou tentando escrever qualquer coisa que me parece tão difícil para mim mesma que eu me contenho para não me desesperar. É alguma coisa que nunca será gostada por ninguém, mas não posso fazer nada.

Lúcio, essa Editora Ocidente é a de Adonias Filho? ele não quererá editar meu livro *O lustre*? porque decididamente não posso esperar dois anos para vê-lo publicado pela José Olympio. E ainda mais sei que José Olympio não quererá editá-lo depois de lê-lo. Se Adonias lesse o livro e o quisesse, se Adonias me prometesse a publicação para bem, bem, bem breve, se Adonias tivesse qualquer interesse nele e, sobretudo, se a Editora Ocidente é de Adonias! Enfim, responda-me sobre isso e eu mandarei uma carta para ele conforme a sua resposta. Está bem? Lúcio, me escreva, não seja preguiçoso. Me conte muitas coisas e não esqueça seus "conhecidos" de ultramar. Ainda não li seu livro,[1] não sei quem é Inácio, mas seu nome agora vai ser, para o livro de ponto no DIP: Joaquim Inácio Cardoso Filho, e para os livros: Inácio Cardoso. Estou tão burrinha hoje, quanto mais eu escrever mais bobagens digo. Por isso um abraço para você e até breve. Responda também sobre Adonias. Outro abraço da

Clarice

[1] O livro em questão é a novela *Inácio*, lançado pela Editora Ocidente, cujo proprietário era o escritor Adonias Filho.

[A Natércia Freire]

Nápoles, 29 fevereiro 1945[1]

Querida Natércia:

Espero que tanto você como Ribeiro Couto tenham recebido as cartas que eu mandei há vários meses. E o livro meu que eu tinha prometido. As 4 horas que passamos juntas foram muito pequenas para mim e para o muito que nós deveríamos dizer. Mas um dia nós nos encontraremos de novo, eu ouvirei muito e falarei muito.

Escreva-me sempre que puder, diga-me se tem escrito muito.

Um grande abraço da Clarice

---

[1] Neste cartão, a referência a Ribeiro Couto se justifica porque foi ele quem apresentou Natércia Freire a Clarice Lispector, quando esta esteve na embaixada do Brasil em Lisboa, enquanto aguardava o voo que a levaria para Nápoles. Em carta às irmãs (Argel, 19 de agosto de 1944), ao se referir a Natércia escreveu: "ótima poetisa"; e na carta para Lúcio (Nápoles, 1944): "talvez, segundo me disseram, a maior poetisa portuguesa, de quem acabo de receber uma carta e um poema sobre mim e sobre ela" (Cf. ACL/FCRB).

[A Elisa Lispector]

Nápoles, 19 março 1945

Minha queridinha:

Estou lhe respondendo suas cartas de 9-2-45 e de 24-2-45, chegadas ao mesmo tempo. Fiquei aborrecida porque você não me mandou retratos seus. Sei que você não "adora" tirar retratos, mas para mim você deveria tirar. Se você vir que Tania insiste muito para que você seja fotografada, não se zangue com ela, zangue-se comigo que pedi a ela para insistir...

Achei graça na história do seu contínuo dar meu nome à filha... Que tola "heroína" eu sou! Enfim, o que vale é que é um nome normal.

Fiquei contente em ver você receber tia Dora[1] e amizades. É como Tania diz, as pessoas têm que ficar encantadas com a sua hospitalagem (é assim que se diz? Me pareceu coisa inventada). E que história é essa de dizer que teve meia dúzia de gripes? Meu bem, quando é que você aprende a ser uma boa menina? Nem precisa você me dizer porque já li que andou tomando sorvete de abacaxi ou de creme. Sei que o calor daí não é brincadeira, mas seis gripes são uma brincadeira sem graça. Desculpando-me a senhora o pequeno carão, passemos adiante.

[1] Dora Rabin, filha de Leivi Rabin, um dos irmãos da avó materna de Clarice, Tcharna Rabin. Casou-se com Israel Wainstok e tiveram cinco filhos: David, Jacob, Jonas, Anatólio e Cecília. Dora se dava muito bem com a prima Marieta, mãe de Clarice.

Sua apreciação sobre o livro[2] é animadora demais, ao meu ver. Você tem o célebre medo de ferir e entristecer e diz pouco ou quase nada. Mas eu lhe agradeço do mesmo modo e compreendo muito bem o seu pudor e a sua delicadeza. Não sei como fazer o livro amadurecer +. Se livro fosse como maracujá, punha-se na gaveta... e ficava em vez de "maracujá de gaveta", livro de gaveta (perdoe essas letras que parece estarem saindo enormes, mas é que eu escolho as posições mais difíceis para escrever e nunca a normal). Como você diretamente não tem coragem de me dizer o que acha realmente, diga-o se quiser a Tania que me transmitirá. Pelo que sei Tania vai me mandar uma lista de observações, o que eu estou esperando ansiosamente.

Quanto à vida em geral... ela vai em geral mesmo. Não há novidades. Continuo trabalhando no hospital indo lá todas as manhãs. Me canso um pouco, mas corpo e alma foram feitos para na hora de dormir estarem cansados. Pretendemos ir a Roma em breve, já que a primavera está por aí. Aqui dizem: *marzo pazzo*, o que quer dizer sem rima: março é louco. Porque ora faz frio, ora esquenta, ora nevica, ora nem tempestade. Este ano a loucura de março deu apenas para esfriar o tempo e esquentá-lo, sem a menor ordem. Maury disse: dê a ela alguma coisa feita de lava do Vesúvio. Mas ontem, domingo, fomos com dr. Ubezzini Bueno para a casa de um médico italiano, casa essa que fica perto do Vesúvio, para vermos as lavas que caíram e desceram no passado. Ontem fazia exatamente um ano, a erupção. Destruiu uns dois terços de uma cidadezinha, S. Sebastiano, e grande parte de outra, Massa. A gente vê de longe o Vesúvio e na encosta a lava que desceu e se bifurcou, cobrindo inteiramente casas e tudo. É um mar de lava que agora está seca em pedras.

[2] O livro em questão é *O lustre*, lançado pela Editora Agir em 1946.

A altura é de 15, 20, 25 e 30 metros. A gente anda em cima e na verdade está andando em cima de casas destruídas. A lava é negra. Mas quando descia, fresquinha, era fogo líquido, vermelho e grosso. Maury perguntou: o calor era de 500°? O médico riu, disse: de 3.000° ou de 4.000°. A uma enorme distância, pelo calor, sem serem tocadas pela lava, as árvores murcharam em poucos minutos, todas retorcidas. Uma igreja, que não foi atingida pela lava, queimou-se toda e a cúpula caiu em terra. O mais curioso é que, depois de um ano, a lava ainda está quente. Assim disse o médico que, quando chove, ergue-se de toda aquela extensão uma fumaça. E nós mesmos colocando a mão em algumas reentrâncias sentimos um calor evidente. Sabe como se chama o barulho que faz o Vesúvio quando vomita? boato. Porque ele faz quase assim: boaato... É uma palavra onomatopaica. O médico achou muita graça quando nós dissemos que em português boato quer dizer rumor falso... Nunca vi coisa menos falsa do que o barulho do Vesúvio (não vá pensar que eu ouvi, hein? Não há perigo, no lugar onde estamos). Tirei da lava umas pedras que vão servir de peso-papéis. Uma delas é sua, achei que fica muito + curioso e interessante a coisa bruta, tirada de lá mesmo. Quase brigamos por causa da lava do Vesúvio e por causa de Leinha, mas afinal resolvemos a parada com um bom e sadio lugar-comum: cada qual tem a sua opinião. Falta a sua, que é a + importante. Que é que você prefere? Não vá me dizer que prefere nada porque eu me aborreço.

Estou ansiosa por ver seu livro publicado e por receber um exemplar escrito por Leinha. Com vai ser emocionante abrir as páginas de um livro. Eu ia escrevendo: Leinha Capivara, para usar a mensagem surrealista de Marcia (capivara, pato e ovo). Mas tive medo que mesmo através da distância você jogasse alguma coisa em protesto. Experimente contar a

Marcia o que ela disse quando estava com febre e que certamente ela não se lembra. Você vai ver como ela vai rir, a danadinha querida. Espero que ela esteja boa. Felizmente pelas fotografias se vê que ela está formidável e gordinha. Tania também está ótima. Só não me agradaram as notícias de que vocês duas não aproveitaram bem as férias. Detesto pessoas que se parecem comigo...

Não tenho lido muito; ando ocupada com o hospital e com a dispersão de minha vida. Fiz ondulação permanente e pareço um carneiro. Como se vê, a História realmente se repete. Estou eu às voltas com óleos e raivas, sendo que nenhum dos dois alisa meu cabelo. O tempo se encarregará de amainar a fúria onduladora do cabeleireiro.

É capaz de haver alguma carta de vocês para mim em Roma: isso me deixa toda assanhada. Não há no mundo inteiro coisa melhor do que carta.

Minha querida, fui deixar para escrever hoje para poder contar o que visse no Vesúvio. E agora tive que escrever um pouco às pressas porque soube que a mala fecha daqui a pouco. Cuide-se bem, queridinha e seja feliz a todo custo. Não ligue nada do que possa incomodá-la, afaste todo o mal de você. Mande-me sempre as suas cartas queridas que tanto bem me fazem mostrando que você não esquece de mim. (a forma "não esquece de mim" seria reprovada com razão pela ginasiana Berta). Receba um grande abraço, querida, e seja muito, muito feliz e alegre.

Sua Clarice

[A Elisa Lispector]

Nápoles, 25 março 1945

Elisa, queridinha:

Não tenho carta para responder, mas escrevo do mesmo modo. Aliás soube que em Roma há mala. Talvez haja envelope para Nápoles e talvez dentro haja carta para mim... Como a história de fadas onde dentro tem um ovo, dentro do ovo tem a varinha de condão. A carta de vocês é para mim uma varinha de condão. Com ela eu mudo de humor.

Fora disso não há nada de novo. Você e Tania sugerem que eu releia e desentorte o livro. Mas eu não consigo mais entrar dentro do ambiente dele. Para mim é como ler uma coisa vazia e eu tenho que parar de palavra em palavra para me concentrar, exatamente como eu encaro o primeiro livro, com o qual felizmente eu nada mais tenho a ver. Em todo o caso vou ver se o leio durante uma semana. É impossível de certo modo tocá-lo, tanto o que nele tem de ruim está misturado à sua essência e ao seu decorrer. Tania me prometeu me dar uma relação de observações a respeito; isso me facilitará porque acordará minha atenção num momento em que meu interesse não pode acordá-la. Nas provas do livro, que pretendo me sejam enviadas, certamente poderei enxergar melhor e modificarei qualquer coisa.

Quando terei um exemplar de seu livro? Que vontade de lê-lo... Imagino que você deve estar se aborrecendo com a demora da publicação mas, você bem sabe, as coisas são assim mesmo no Brasil e certamente em qualquer parte do mundo, uma vez eu estava falando com uma moça ítalo-brasileira e ela disse: eu não gosto de festas, eu sou retraída, como nós dizemos aqui na Itália... Eu não pude me impedir de dizer, embora temesse o vexame dela: no Brasil também se diz... Isso é o que se chama um espiritinho curto. Morando na Itália, é como se ela morasse numa província; não tem a menor ideia de que a Itália não é o quintal da casa dela. Como você vê, está aí uma moça certamente "viajada". Ela dirá o que um colega meu disse quando esteve nos Estados Unidos. Eu lhe perguntei o que tinha achado. Ele respondeu imediatamente: lá as moças ficam bem de óculos. Uma outra, referindo-se à filha, que por sinal é italiana, neta de italiana e de pai italiano, disse: vê-se pelos olhos dela que ela é brasileira, porque os olhos dela brilham e as italianas não têm olhos brilhantes... O que é mentira.

Mando pelo portador que gentilmente se ofereceu para levar cartas uma lembrança de aniversário para Tania. Não quis abusar demais e mandei pequeno e mandei uma só coisa, quando meu desejo era mandar para você uma certa coisa cá minha (parece português falando). Mas como a lembrança de Tania é mais urgente, dou-lhe preferência. Se você gostar da caixinha me dará muito prazer porque eu poderei mandar uma para você na primeira oportunidade. Você sabe quanto me dá alegria mandar lembranças para vocês. Se você protestar pense então no seu caso e compare-o com o meu; assim você não só me perdoará como me compreenderá...

Recebemos um convite para irmos a Florença e por causa de mim Maury recusou, pelo menos para já, porque não quero largar o hospital quando mal comecei. Quem sabe se depois da guerra ainda veremos Florença juntas...

Não tenho lhe falado de você vir para cá porque me parece absurdo por enquanto, uma vez que tudo aqui está convulsionado e difícil. Mas é minha esperança e meu sonho. Eu acho que ficaria maluca de alegria em receber você no cais ou no aeroporto... Prefiro no cais. Passaria dois dias pelo menos sem deixar você ver nada, só olhando e conversando, tão bestinha eu sou. Mas afinal neta é neta. Por falar em neta me lembro de Marcia, me lembrando de Marcia me lembro das fotografias dela, me lembrando das fotografias dela me lembro de fotografias em geral e finalmente chego à varinha de condão que é fotografia sua. Por que não recebi retrato seu? Por que, oh por quê? (não lhe impressiona meu ar de ópera italiana?) Falando sério, eu lhe peço que faça o sacrifício de tirar retratos e me mandá-los. Velhinha como sou, meu consolo são exatamente as netas. E não há nada igual a um retratinho netal. Não esqueça, por favor. E me escreva, escreva e escreva. Diga tudo, conte suas novidades, escreva aquelas cartinhas tão lindas.

Dê um abraço no Miranda Neto, que por sinal não é meu neto, mas bem simpático. E não esqueça sua irmãzinha.

Clarice

[A Lúcio Cardoso]

Nápoles, 26 de março de 1945

Lúcio:

Há quanto tempo estou para lhe escrever... (Naturalmente não conto o tempo que você "demora" para escrever para mim.) Li seu livro[1] numa só tarde, naturalmente sem interromper. A princípio tinha dificuldade de lê-lo, tão trágico me parecia porque é escrito na primeira pessoa e eu tinha a impressão de que o rapazinho era você. E como você é mesmo impossível podia ser você. Aos poucos fui me acostumando e afinal separei você de seu livro. Você começa com um estilo tão excitado como um passarinho... E no começo tem uma coisa que você parece nunca ter usado (sobretudo no começo): quase bom humour, quase ironia. (Não fique irritado, é bom humour no bom sentido...) O fato é que gostei de Inácio com tanta curiosidade e tanto interesse como dos seus outros. Ele é uma mistura (nesse livro mais, me parece) de coisas em que a gente sempre toca, como a Duquesa fazendo café à moda da roça e a flor "sem serventia nenhuma", com coisas que a gente nunca toca, como Inácio, meu Deus... Quando chegou o momento em que o rapazinho diz finalmente: eu queria saber como minha mãe e você se conheceram, eu parei e fiquei descansando uns 15 minutos. E quando ele fica louco, que alívio. Quando dá a gargalhada,

[1] *Inácio*, a segunda novela de Lúcio Cardoso, escrita em quatro dias, segundo Mario Carelli em *Corcel de Fogo. Vida e obra de Lúcio Cardoso* (Guanabara, 1988).

a gente respira: o livro todo prepara a gargalhada. O livro podia se chamar Lucas Trindade, mas no momento em que Inácio aparece com o xadrez e o lenço perfumado, com a cara de boneca velha, então só podia mesmo se chamar Inácio. Gostei muito de Inácio ter ido à Feira de Amostras com aquelas jovens; é uma situação tão rica, tão desenvolta, e como audaciosa. Gostei muito de vários pedaços das conversas do rapazinho com Violeta. É que..., suspirou a dama. (tão gentil...) O modo como Stela e Lucas se divertiam sufocando de riso é uma maravilha, nem sei lhe dizer como emociona sobretudo quando se sabe a verdade das relações dos dois. Gostaria de ler críticas a respeito. Como não sou crítica nem um pouco, minha opinião sempre se condensa melhor depois de ler uma crítica (quer dizer, minha opinião falada), qualquer que seja minha opinião, contrária a qualquer crítica. Compreende? Você deve estar com a professora Hilda nas livrarias. Não quer me mandar? se você soubesse com quanto interesse leio seus livros haveria de me mandar.

Comigo nada há de novo. Tania me avisou que a Editora Agir publicará meu livro; estou esperando confirmação. Quanto ao mais, não sei. Diz santa Terezinha que cansa recolher os sentidos que "*como estan acostumbrados a andar derramados, es harto trabajo*" recolhê-los, como tirar água do poço, diz ela num espanhol mais ortográfico do que a minha citação. Pois estou um pouco cansada de retirar água do poço, tão espalhada anda ela e tão harto é o trabalho. Mas o pior é que a água do poço quando não se tira em vez de acumular desaparece. Estou simbólica como no *Jornal das Moças*, o que afinal dá no certo porque sou uma moça. Tania fez sérias restrições ao *Lustre*. Inclusive quanto ao título. Vai assim mesmo embora ela tenha razão. Nada ali presta realmente. Minha dificuldade é que eu só tenho defeitos, de modo que tirando os defeitos quase que resta *Jornal das Mo-*

ças.[2] – Estou trabalhando no hospital americano,[3] com os brasileiros. Visito diariamente todos os doentes, dou o que eles precisam, converso, discuto com a administração pedindo coisas, enfim sou formidável. Vou lá todas as manhãs e quando sou obrigada a faltar fico aborrecida, tanto os doentes já me esperam, tanto eu mesma tenho saudade deles.

Lúcio, me escreva e conte coisas. Ou então não escreva, que posso eu fazer? Um dia desses fui ver a lava do Vesúvio. Tenho um pedaço feio de lava para você. Depois de um ano ainda estava quente; é uma extensão enorme, negra, de vinte a trinta metros de altura; a gente anda sobre casas, igrejas, farmácias soterradas. A erupção foi em março de 1944 e quando chove sai fumaça ainda. Com certeza eu já lhe disse que o mar aqui é absolutamente azul; mas como estou com a porta do quarto aberta para o terraço, vi o mar e me lembrei de dizer de novo. E certamente já lhe falei em Posilipo,[4] que é um lugar. Em grego quer dizer pausa da dor. A dor realmente fica um instante suspensa, tão doces são as cores, tão sem selvageria, tão belo, tão belo é o lugar com mar, árvores, montanha. A minha impressão é quase ruim: há coisas bonitas em excesso, e parece que não tenho tempo ou força, o fato é que ficaria mais calma com uma.

Dê lembranças a Octávio, a Lêdo Ivo, a Adonias. Um abraço para você da

Clarice

---

[2] O *Jornal das Moças* era uma revista quinzenal que circulou entre 1914 e 1965. Além de um meio de entretenimento, também dava dicas de moda, beleza e culinária. Fazia propaganda de produtos desejados pelo universo feminino, como as lingeries, e funcionava como um norteador do comportamento social, familiar e religioso, reforçando o papel idealizado da mulher mãe-esposa-dona de casa.

[3] Clarice refere-se ao seu trabalho voluntário na Seção de Serviço Social do Serviço de Saúde da FEB.

[4] Bairro napolitano a partir do qual se tem a melhor visão do Golfo de Nápoles, tendo ao fundo o Vesúvio.

Perdoe carta tão mal escrita. É que detesto recopiar, sempre que copio transformo.

[A Elisa Lispector]

Nápoles, 20 abril 1945

Elisa, querida mesmo:

Eu estava no fim do almoço, esperando pelo café, assoando o nariz vermelho de um ligeiro resfriado, quando tocaram a campainha e um rapaz do Banco do Brasil veio entregar cartas vindas por intermédio do capitão Sena Campos. Chega *(sic)* fiquei boba... As coisas boas vêm quando menos se esperam... Sua carta e a de Tania. Não quis mais café, Maury é que botou açúcar na minha xícara e eu bebi frio. Que importa café frio se se tem cartas quentes? perdoe o que se pode chamar de trocadilho... Você botou o poema do Miranda Neto na frente de sua carta. Você não precisa dizer a ele, mas eu virei o poema e tudo e li antes a sua carta. Carta curta, mas carta sua. Já há dias recebi carta de Tania e você não escreveu por falta de inspiração. Que menina impossível. Mas eu bem compreendo e sei que às vezes não se tem o que escrever mesmo quando se tem o que falar. Peço-lhe mesmo que, não tendo inspiração para escrever, mande-me então apenas um bilhete dizendo como vai. Mas não abuse de minha permissão, Leinha!!

O rádio está ligado para Roma, para a Academia Santa Cecilia, onde há um concerto de música moderna contemporânea, de autores italianos. Estamos ouvindo harpa. (O autor não ouvi bem.) A música é de 1939. Disse o speaker lendo um comentário muito inteligente, que esse compositor usou o instrumento romântico para uma peça que não é romântica; que ele tirou o elemento decorativo da música (é bom como observação, não é?) e que usa a matéria musical como um artesão, e que já não sei que chinês dizia que a arte era o aproveitamento da matéria-prima. Realmente a música que estou ouvindo não tem por assim dizer "história". Parece um bordado de sons, um manejar puro de notas. É belo, belo. Há muita coisa bonita no mundo, Leinha. Ser irmão é uma delas, gostar de irmã muissima delissima (desculpe o "neologismo"?).

Transcrevo aqui um ofício que acabo de receber do Chefe da Seção Brasileira de Hospitalização em Nápoles antes dele passar a chefia a outro.[1]

Lá vai o elogio: "Ao deixar a Chefia da Seção Brasileira de Hospitalização em Nápoles, cumpro o grato dever de agradecer a V. Excia. todo o serviço que tão espontaneamente vem prestando a nossa organização, colaborando na sua Seção de Serviço Social, trazendo ao nosso soldado ferido ou doente o grande consolo do seu serviço e da sua graça. Nunca seriam demais as palavras que eu poderia dirigir a V. Ex. para expressar a minha admiração pela contribuição que trouxe a todos nós nestes momentos em que o Brasil precisa tanto de seus filhos. Em nome destes homens, de todos os que aqui labutam e no meu próprio, beijo, agradecido, as vossas mãos dadivosas. Nápoles, 17-abril-1945 – dr. Sette Ramalho, Tte. Coronel Médico."

Que acha? Parece muito pouco um ofício nº 473-5; parece mais a homenagem de um cavalheiro andante à donze-

---

[1] Clarice serviu como voluntária na Seção de Serviço Social do Serviço de Saúde da FEB, prestando solidariedade aos soldados brasileiros feridos em combate. Nas visitas diárias, conversava com os doentes e procurava ajudá-los no que fosse necessário. Em cartas, comentou que quando deixava de ir ao hospital ficava aborrecida, "tanto os doentes já me esperam, tanto eu mesma tenho saudade deles". (O ofício citado pela escritora encontra-se no Arquivo Clarice Lispector pertencente ao Arquivo-Museu de Literatura Brasileira da Fundação Casa de Rui Barbosa, no Rio de Janeiro.)

la-da-janela-defronte. Me emocionou um pouco, sobretudo porque eu não imaginava a possibilidade de recebê-lo.

Então ao som da harpa que estão tocando... Até a gente não se lembra da possibilidade provável do coronel ter dito um dia: chii, preciso agradecer aquela chatinha da vice-consulesa! José, redija aí alguma coisa e no fim beija-lhe as mãos dadivosas de uma vez! Bom, mas é capaz e provável também que não tenha sido assim. E vou acabar de imaginar hipóteses, com a sua licença, porque senão amanhã, em vez de "pronunciar" as palavras quentes da gratidão que eu resolvi, fico fria. Até logo ao assunto.

Elisa, que há no seu trabalho? Que sucede de novo? Tem trabalhado muito? É obrigada a ir todos os dias sem poder descansar um dia aqui, outro ali? Eloá funciona? Tem lhe feito daquelas visitas de horas? O que me aborrece é saber que você se aborrece com a demora do livro. Sei que essas coisas irritam enormemente, essas demoras injustificadas que na maior parte das vezes são símbolo apenas de moleza. (Estou ouvindo "Dança Sagrada e Profana", de Debussy,[2] que eu já vi dançado no Rio, em *ballet*, com cenário meio grego.) Queria lhe perguntar o que você achou do ambiente da Editora Agir quando você foi lá falar, o que achou deles. Porque eu lhe confesso que não entendo porque a Editora Agir,[3] dirigida por essencialmente católicos, aceita

---

[2] Claude-Achille Debussy (1862-1918), músico e compositor francês, um dos preferidos de Clarice Lispector. Autor do *Prelúdio à tarde de um fauno* (1894), da ópera *Pelléas e Melisande* (1895) e das suítes orquestrais *Noturnos* (1899). É citado na dedicatória de *A hora da estrela*.

[3] A Agir foi fundada em 1944 para ampliar as publicações católicas, além de seu diretor literário, Alceu Amoroso Lima, ser também catedrático em Literatura Brasileira na Universidade do Brasil e participar ativamente da cena literária modernista como atesta sua correspondência com Mário de Andrade. Saudou com entusiasmo a estreia de Clarice com *Perto do coração selvagem*, e ao comentar sobre *O lustre*, sublinhou: "há nele a mais completa ausência de Deus." Mas nem isso o impediu de reconhecer o talento da escritora: "Só seu estilo mereceria um ensaio especial. É uma clave verbal diferente."

um livro que não é católico nem escrito por católico. Estranho muito. Queria saber alguma coisa a respeito. Talvez seja apenas porque eles se interessam por literatura apenas, no seu sentido largo. Se não por isso, que é lisonjeiro para eles e que pode ser a verdadeira razão, então é por motivo que escapa à minha pobre compreensão.

Elisa, querida menina, cuide-se, dê-se alegrias, seja feliz. Aí vai um cartão para Miranda Neto.

Me conte novidades do Gungo de Oliveira em relação à Marcia. Eu não sabia que Celia era restauradora de molduras... É realmente uma pena que os quadrinhos tenham vindo com penicilina, como diz Tania. Enfim, não são grande coisa e de modo algum o que vocês merecem. O valor deles estava em serem mandados por mim (desculpe a modéstia à parte) para vocês. Recebi a *Revista do Globo* que você mandou.

(as fitas para o cabelo não recebi ainda, mas espero-as.)

O Congresso dos Escritores, pelo que vi, terminou em parada de modas... Enfim, como diria uma legítima vice-consulesa metida a literata, com um suspiro: o que é a vida senão uma parada de modas?

Depois desta retiro-me pois a chave de ouro foi dada. Seja feliz, querida. Meu abraço enorme de sua sempre

Clarice

[A Elisa Lispector]

Roma, 1º maio 1945

Minha queridíssima Elisa:

Minha querida, não estou exatamente com força de escrever agora por causa da saudade. Mas quero aliviar um pouco o coração com algumas linhas; amanhã escreverei melhor. Mas, querida, por que você está tão pessimista? Minha Elisinha, eu sofro em ver você assim, sofro em ver você dizer coisas contra você mesma, você me humilha com isso, me faz sofrer. Até para dizer que o artigo da Leda não lhe agrada, você como se escusa. Uma droga de artigo, vazio e pretensioso. E dizer a propósito da lava, "sinto tanto + quanto eu não estou em condições de corresponder a tantas gentilezas". Mas, querida, você parece que sofre com o amor que lhe dão... Por favor, minha Elisa, não seja assim, querida, isso me faz sofrer. Como você ousa dizer que fica acanhada e com remorsos porque você não vale tanto, nem está à altura de retribuir... Meu amor, isso me doeu no coração de um modo insuportável. E por que você se escusa tanto depois da observação sobre Miguel? Minha querida, você me perdoe, você é tão sensível e às vezes eu não tenho entendido bem você por minha culpa!

Eu escrevo amanhã de manhã porque fiquei triste.

2 de maio – Minha querida, bom dia e perdoe as palavras de ontem. Eu estava ao mesmo tempo com um excesso de saudade e tristeza pelo seu pessimismo injustificado. Mas

sei que às vezes a gente está assim e passa. O artigo da Leda vale tanto quanto uma mala mesmo. – Também eu, com a morte de Roosevelt,[1] sofri. E usei expressões como as suas, de que o mundo estava abandonado. São tão poucas as pessoas decentes e num momento em que + se precisa delas, desaparece uma. Não sei se lhe escrevi, fomos a uma cerimônia numa igreja protestante em Nápoles em memória dele. Falaram um padre, um pastor protestante e um rabino. Foi muito bela a cerimônia; um rapaz com voz divina e puríssima cantou coisas lindas com órgão. Também saí meio tonta. Mas a Marcinha estava longe de mim e eu não pude me refrescar com as trancinhas dela e o narizinho arrebitado.

Você recebeu com brincadeira a minha ideia de vir um dia aqui. Mas eu estava falando sério. Você poderia pedir uma licença. Converse com Tania a respeito.

Quanto ao livro sei que nós não podemos ler os livros uma da outra como crítico, mas sempre como irmã. Agora o caso do Miguel. Eu ri quando você disse que não convida o seu porteiro. Eu também não... E se você quisesse convidar, eu ficaria espantada. Mas, querida, a Virgínia[2] era uma pessoa que podia convidar. Ela podia ler com ele; ela era uma pessoa inculta e sem inteligência – ela podia ler com ele a Bíblia. E podia recebê-lo porque ela era da mesma espécie dele. A vida dela na Granja era uma vida sem sociedade, onde os vizinhos eram a amizade. Sei perfeitamente que você não devia recebê-lo e nem está pensando em diferença de classes etc. Sei que você quer dizer que, com motivo ou sem motivo, na vida real ninguém faria isso. Mas é que Virgínia era tola e mais do que simples – simplória. Você concorda?

---

[1] Franklin Delano Roosevelt (1882-1945), trigésimo segundo presidente dos EUA, foi o único a governar o país por quatro mandatos consecutivos, entre os anos de 1933 e 1945.

[2] É a protagonista de *O lustre* (1946), segundo romance de Clarice Lispector.

Maury está chegando da rua e me disse: diga a Elisa e a Tania que eu mando muitos abraços e que me cuspiram. Sabe o que foi? Ele saiu para comprar jornais e algum romano cuspiu de um 1º andar. Eu brincando disse que nunca + ele sairá só.

Minha Leinha, você veio me revelar uma coisa quando se queixou de receber presentes meus. Veio me revelar como eu estou errada quando lhe mando coisas sólidas e feitas para usar. Eu sei o que você precisa e o que eu teria verdadeiro prazer em dar para você: gardênias, jasmins, rosas, orquídeas. Ah, se eu pudesse mandá-las para você... Esse é o seu gênero: flores, receber flores, usar flores, enfeitar a casa com flores. O resto é sólido demais cara dona Olho-de-Uva. Mas como não posso mandar... Como estou em Roma, não sei se o portador de uma caixinha de pó para você já partiu. Dentro do embrulho pus apenas um bilhete porque era escrito junto com uma carta que foi para outra via. Eu pensava que você receberia a carta e a caixinha ao mesmo tempo e escrevi o bilhete. Maury está de novo aqui dizendo: diga a Elisa que eu fui cuspido e que tive que ler o artigo da Leda.

Elisa querida, recebi as fitas e o diário. As fitas logo experimentei: são lindas e me ficam muito bem. Açucena,[3] na casa de quem estamos hospedados, disse que as americanas usam muito, ela que esteve em Washington. A de palha é deliciosa, leve. As de veludo servirão como Maury disse, de chapéu. Quanto ao diário, fiquei boba. Que maravilha! Só que eu fico sem jeito de escrever nele bobagens. Acho que vou copiar nele as poesias que me agradam, os pedaços de livro que me agradam. E assim, aonde eu for, terei uma biblioteca escolhi-

---

[3] É a esposa de Landulpho Borges da Fonseca, que serviu no Consulado de Nápoles e fora transferido para Roma em 1945. Há, inclusive, duas fotos em que o casal aparece com Clarice, Maury e amigos na embaixada brasileira em Roma (Cf. ACL/FCRB).

da. Que acha? Muito obrigada, querida, por uma ideia tão delicada e gentil. A capa do diário é uma beleza, parece mármore.

Vou hoje ou amanhã tirar um retrato aqui, num bom fotógrafo.

Minha filhinha querida, por que você não faz o mesmo? Eu gostaria tanto, tanto de ter seu retrato. Você diz que tirou e saiu ruim. Mas quantos eu tenho tirado e não prestam. Até que um dia presta.

Fiz, como você sabe, o tratamento. Depois fui ver o resultado e saiu, a menos que seja "bondade" do laboratório, tudo ótimo. Mas quanto a um primo para Marcia, acho que Marcia terá que esperar + um pouco. Peço desculpas a ela.

Tem aqui um poeta, Ungareti,[4] que ensinou por 5 anos em S. Paulo na Universidade. Mozart emprestou meu livro a ele e ele disse que era "molto bello" e que vai me apresentar a uma "scritice" (escritora...) "molto interessante". Seja...

Minha irmã querida, minha Leinha, fique alegre, seja feliz!! E abrace muito sua

Clarice

Elisa, atrás do artigo da Leda, na outra página, está escrito: ventre livre não é purgante.

[4] O poeta Giuseppe Ungaretti (1888-1970) regeu a cadeira de Língua e Literatura Italiana na Universidade de São Paulo de 1937 a 1942. Admirador e tradutor da poesia brasileira, com sua filha traduziu algumas páginas de *Perto do coração selvagem*, conforme ele dá notícias em carta (Cf. Roma, 29 de julho de 1945. ACL/FCRB).

[A Elisa Lispector e Tania Kaufmann]

Roma, 9 maio 1945

Minhas queridas:

Ainda hoje de manhã escrevi pelo Rubem Braga[1] umas palavras antes dele partir, mas não quero perder a mala de amanhã, quinta-feira. Dessa vez estamos demorando muito em Roma. Já era para termos ido mas o embaixador Nabuco[2] faz anos amanhã e ficamos... Hoje de tarde posei a última vez para De Chirico[3] (pronuncia-se De Quírico). Ele é fa-

[1] Rubem Braga (1913-1990) foi um dos maiores cronistas brasileiros de todos os tempos. Grande amigo de Clarice, foi seu editor na Editora do Autor e depois na Sabiá. Ele conheceu Clarice em Nápoles, durante a Segunda Guerra Mundial, quando atuava como correspondente para os *Diários Associados*. No fim da Guerra, em 1945, regressou ao Brasil e publicou o livro *Com a FEB na Itália*, reunindo as melhores crônicas enviadas para o *Diário Carioca*.

[2] Embaixador Maurício Hilário Barreto Nabuco de Araújo (1891-1979), filho do diplomata, historiador, político e defensor das causas abolicionistas Joaquim Nabuco. Um dos expoentes da diplomacia brasileira, neste período foi embaixador no Vaticano entre outubro de 1944 e março de 1948. Ele aparece ao lado de Clarice em uma foto no terraço do Consulado em Nápoles, com oficiais da Força Expedicionária Brasileira (Cf. *Clarice – Fotobiografia*). Suas memórias no mundo da diplomacia foram publicadas em *Reflexões e reminiscências* (Nova Fronteira, 2001).

[3] Giorgio De Chirico (1888-1978). Apontado como o precursor da estética surrealista, foi em Paris que sua obra passou a ser referenciada por Picasso. Em 1940 adotou um estilo acadêmico baseado em temas mitológicos e clássicos. Entre 1940 e 1942 viveu entre Milão e Florença, e de 1943 a 1944 residiu em Florença e em Roma. Segundo Mariana Karina Ribeiro: "apesar de ter participado da roda de artistas surrealistas em Paris, de ter estado ao lado deles no momento da fundação do grupo, em 1924 – é famosa a foto feita à ocasião, por Man Ray, na qual aparecem De Chirico e Breton, o último tendo atrás de si um quadro do artista – e de ter exposto suas obras com eles várias vezes, mesmo depois, na segunda metade da década de 1930, nos Estados Unidos, De Chirico não se considerava parte dele. Ou melhor, de nenhum grupo" (Cf. *A viagem do Argonauta. As poéticas de Giorgio De Chirico no acervo do MAC-USP*. Campinas, 2009). Por sugestão do diplomata Landulpho Borges da Fonseca Clarice Lispector foi apresentada ao pintor (Cf. *Clarice – Fotobiografia*). Em

moso no mundo inteiro. Tem quadros em quase todos os museus: certamente vocês já viram reproduções dos quadros dele. O meu é pequeno; está ótimo, uma beleza, com expressão e tudo. Ele cobra muito caro como é natural, mas cobrou menos. E enquanto ele estava pintando apareceu um comprador. Ele naturalmente não vendeu... Mas veio com uma história de fazer dois quadrinhos para eu escolher. De outra vez que eu estiver em Roma, se o excelentíssimo marido permitir posarei então para ele mesmo, quer dizer, para o quadro ficar dele (ele venderia então). O meu retrato é só da cabeça, pescoço e um pouquinho de ombros. Tudo diminuído. Posei com aquele vestido de veludo azul da Mayflower, lembra-se Tania? Quando tirar a fotografia do quadro, mandarei. Mas não se poderá talvez ver bem por causa das cores que não saem. Tudo isso misturado ao cansaço e a uma saudade horrível. Mas resolvi não falar hoje em saudade, nem dar a entender "saudade" por carinhos... Senão me derramaria demais e perderia o equilíbrio que é tão necessário pelo menos para se dormir de noite. É melhor ir na onda dos jantares, das comemorações e das besteiras. Mas, antes de encerrar o assunto: sinto verdadeira sede de estar aí com vocês. A água que eu tenho encontrado por este mundo afora é muito suja, mesmo que seja champagne. Estou preciosa, pelo que vejo. – Mando por essa mala dois feltros de veludos (está no lado avesso para maior segurança). São para você, Elisa, e para você, Tania. Espero ardentemente que agrade.

Por favor, peçam coisas. Há coisas aqui que devem ser + baratas do que no Rio. A chapeleira estica o feltro, como dis-

---

entrevista ao Museu da Imagem e do Som, ela declarou: "Eu estava em Roma e um amigo meu disse que o De Chirico na certa gostaria de me pintar. Aí, perguntou e ele disse que só me vendo. Aí me viu e disse: 'Eu vou pintar o seu retrato.' Em três sessões ele fez e disse assim: 'Eu poderia continuar pintando interminavelmente esse retrato, mas tenho medo de estragar tudo'" (Cf. OE, p. 160).

se a Açucena, e faz o modelo que se quer. Se não agradaram as cores eu mando outros. Aliás pretendo ver melhor e achar + bonitos. Vão também dois retratos para vocês, maus retratos no sentido de não darem muito a ideia do que se é ou se está.

Elisa, você recebeu a caixinha de pó levada pelo Tenente Deschamps? Não sei ainda se ele partiu porque não estou em Nápoles. Tenho em Nápoles duas caixas de madeira feitas em Sorrento, muito bonitinhas, mas não arranjei ainda portador. Por favor me escrevam, gostem de mim... Porque eu amo vocês + do que se pode. – Minha hesitação quanto a filhos vem principalmente porque eu gostaria de tê-los ou melhor tê-lo aí.

Uma das coisas de que eu estou surpreendida e vocês certamente também é que no bilhete de hoje de manhã não falei no fim da guerra. Eu pensava que quando ela acabasse eu ficaria durante alguns dias zonza. O fato é que o ambiente influiu muito nisso. Aposto que no Brasil a alegria foi maior. Aqui não houve comemorações senão feriado ontem; é que veio tão lentamente esse fim, o povo está tão cansado (sem falar que a Itália foi de algum modo vencida) que ninguém se emocionou demais. Naquele filme *Wilson*[4] vocês viram a parte natural do fim da guerra de 14: uma alegria doida. Mas agora não. Eu estava posando para De Chirico quando o jornaleiro gritou: *È finita la guerra!* Eu também dei um grito, o pintor parou, comentou-se a falta estranha de alegria da gente e continuou-se. Daqui a pouco eu perguntei se ele gostava de ter discípulos. Ele disse que sim e que pre-

[4] *Wilson* (1944) foi dirigido por Henry King e é uma produção em tecnicolor, uma raridade na época. O título é uma referência ao 28º presidente dos Estados Unidos, que lutou na Primeira Guerra Mundial, Thomas Woodrow Wilson. Ele, que também foi governador de Nova Jérsei, entrou na Guerra a contragosto, após o afundamento do navio britânico *RMS Lusitania*, que levava muitos americanos a bordo. Após o conflito, Wilson lutou pela criação da Liga das Nações.

tendia ter quando a guerra acabasse... Eu disse: mas a guerra acabou! Em parte a frase dele vinha do hábito de se repeti-la, e em parte do fato de não ter mesmo a impressão exata de um alívio.

Minhas queridas, escrevo a cada uma separada na mala seguinte. Estou precisando de cartas de vocês. Sejam felizes como eu desejo que vocês sejam.

Clarice

[A Elisa Lispector]

Nápoles, 24 julho 1945

Elisa querida:

Estou lhe escrevendo à mão porque tem aí uma pessoa a quem eu mandei dizer que não estava, e então não quero bater à máquina para não me trair. E como a pessoa demorará...

Minha querida, não veio carta sua dessa vez; mas Tania diz que a sua, deliciosa, perdeu-se e que você estava muito ocupada com exames e tudo para escrever de novo. – Espero que você tenha recebido o telegrama de felicidades para o seu aniversário. Só que o telegrama partiu no dia 24; no dia 23 Maury e eu estávamos doentes... Não é nada de grave, é a mordida de um mosquito especial que dá febre por 3 dias. No dia 24 Maury ficou melhor e pôde se ocupar do telegrama. Também eu estou bem. Não sei o que querem do Brasil: fala-se no calor e nos mosquitos de lá. A Itália cheia de civilização, fascismo, renascença, tem no verão um calor às vezes acima do carioca, e quanto a mosquitos, você vê, de todas as qualidades.

Minha querida, mande retratos seus. Mande um grande tirado em fotógrafo. E fale do seu livro: por que você não diz + nada a respeito?

Elisa, meu bem, perdoe a carta pequena e tola; é como me sinto neste momento...

Receba um abraço grande de sua irmã que lhe quer tanto bem,

Clarice

[A Elisa Lispector]

Nápoles, 13 agosto 1945

Elisa, queridinha:

Recebi hoje sua carta de 17-7-45 e de 21-7-45. Querida, fiquei muito amolada com a história do livro sair errado, me aborreci enormemente. Você não tem culpa porque é de esperar que uma editora boa como a Leitura faça bem uma revisão e tenha pessoal adequado para isso. Ainda mais rever 3 meses e não acertar! Mas não ligue muito, no Brasil a coisa + normal é o uso de errata. Eu, por exemplo, sempre descontei nos livros que lia os erros, nem ligava, porque sempre se sente quando é erro de revisão e tipografia. Revisão é um dos trabalhos + chatos do mundo, mais perigosos e cansativos, e não há escritor que não se queixe da revisão. Um dia desses estava lendo um livro francês, editado por uma das melhores editoras francesas, a NRF, e me lembro que disse a Maury: está inteiramente cheio de erros de tipografia, e isso me espanta nessa editora. Mas se entendia tudo e o livro afinal não perdia com isso, naturalmente eu sei o que há de aborrecido nisso. Sobretudo para quem o escreveu e tanto cuidou de escrevê-lo bem. Mas o leitor passa naturalmente por cima disso, sem sentir. Querida, como eu quero ler seu livro! Que horror esperar até que venha d. Zuza! não há nenhum jeito de mandar antes? fico impaciente, e quase ofendida pela demora como se a culpa fosse sua. É que pegarei no livro com enorme prazer. Talvez aconteça comigo o que aconteceu com você, que sentia dificuldade de dar sua opinião sobre meu livro porque estava perto demais de mim como irmã e "conhecida". Como é a capa? Pelo menos me informe de coisas, já que não posso ver o livro agora: quem faz a capa? Quantos exemplares? E mil coisas + que eu quero saber e que você esquece de contar. Quantas páginas tem o livro? É capaz de você estar me achando boba por fazer essas perguntas quase materiais, mas isso me dá, na falta de melhor, a ideia do livro.

Elisa, eu tenho escrito várias cartas que não chegaram aí. Uma com fotografia na praia, vocês não acusaram e foi há muito tempo por portador, e não posso reclamar porque não o conheço. Outra foi com encomenda por um rapaz do Banco do Brasil: na encomenda mandei 2 canetas-tinteiro e mais outras coisinhas. Outra carta, grande, está retida em Roma, à espera da maldita mala que não está seguindo normalmente. E outra, com várias fotografias, não chegou a Roma e penso que esteja perdida. Essa história de ter que mandar carta para a embaixada em Roma pôr na mala e a história de ter que esperar que as cartas de vocês cheguem antes a Roma e sejam mandadas para Nápoles me irrita horrivelmente. Espero ansiosamente o dia em que as comunicações postais da Itália e com a Itália se regulem e eu desprezarei então essa mala. Imagine, em 12 a 15 dias receber carta de vocês, diretamente! Você vê que eu não peço muito, me parece um sonho o período de Belém, quando recebia carta às vezes em 2 dias. Cada vez mais, parece, o passado "foi" melhor que agora. Elisa querida, eu tenho a impressão de que no dia em que vier do Ministério um telegrama para Maury transferindo-o para o Brasil eu fico maluca. Penso que adiarei então a viagem por + duas semanas só para aproveitar da certeza de ir para o Brasil... Enfim, isso será daqui a 3 ou 4 ou 5 anos. Espero que 3. Conheci uma senhora austríaca, esposa de um diplomata brasileiro, que me disse que nunca passou + de dois anos sem ir à Áustria ver a mãe e as irmãs; só agora, por causa da guerra na Áustria mesmo, é que passou + tempo. Por aí você vê que é assim mesmo. No dia em que vocês me escreverem assim: Clarice, por que é que você não dá um pulo aqui? – eu ficarei feliz e irei. Porque eu tenho medo de vocês, da opinião de vocês; sou em geral tão anormal e ninguém me compreende apoiando, geralmente, de modo que se vocês me acusam eu não posso fazer nada, não tenho a quem recorrer para me defender...

– Não sei por que Joel Silveira foi anunciar que faria a reportagem sobre o livro de Mussolini, quando eu disse a ele que era pouco provável que eu o conseguisse. Certamente ele não anunciou a verdade e disse isso para você para que eu me sentisse comprometida.

Maury vai bem. Ele tem muito + do que eu, como é natural, o temperamento adequado para a carreira dele. Se eu não falasse em saudade, acho que ele não se lembraria muito de pensar nisso, se bem que goste da família como é de esperar.

Enfim, eu estou bem. Dilermando,[1] o cachorro, é uma delícia de cão e gosta de mim + do que a todos da casa. Me faz uma festa louca quando me vê de manhã, depois de uma noite de separação. Ele tem uma briga antiga com um gato das vizinhanças; mas o gato fica sentado olhando para ele com frieza enquanto Dilermando fica rouco de latir com medo de se aproximar. Dilermando come pão com manteiga,

[1] As enormes dificuldades de transporte e a proibição de cachorros nos hotéis da Suíça impediram Clarice de levar consigo Dilermando quando se mudou para Berna. Dilermando é um dos personagens de *A mulher que matou os peixes* (primeiramente editado pela Editora Sabiá, em 1968, e hoje pertencendo ao catálogo da Editora Rocco), na longa galeria de bichos que Clarice teve ao longo da vida. Foi provavelmente a fonte de inspiração para o conto "O crime" (1946), que em sua segunda versão foi intitulado: "O crime do professor de matemática."

carne, arroz, macarrão, biscoito, chocolate, uva, melão, sendo que despreza um pouco as frutas. Quanto a fruta cristalizada, detesta simplesmente. Nós tivemos aqui uma empregada muito burra e medrosa; uma noite voltamos tarde e encontramos o miúdo Dilermando de pé mas sem conseguir dar uma "palavra" que não fosse cortada de três bocejos: o cachorro nem tinha força de fazer festas, e bocejava tão alto que parecia uma gaveta se abrindo. A empregada estava vitoriosa, a burra, e disse: eu não deixei ele dormir para montar guarda na casa! Só faltei dar nela de raiva, mas não disse nada, só rimos muito vendo o cãozinho que ela atiçara e que não tinha nada com a história, bocejando a ponto de molhar os olhos. Essa empregada é que disse à moça que trabalha no Consulado que eu lhe parecia um pouco burra...

Quanto ao mais, macarrão, macarrão, macarrão.

Minha querida, tenha uma boa vida, faça dieta. Tania está fazendo? Está bem de saúde?

Receba um grande abraço de sua sempre

Clarice

[A Elisa Lispector]

Nápoles, 22 agosto 1945

Elisa, querida:

Há dias recebi a sua carta de 29-7-45, estava em Roma e tive a enorme alegria de receber diretamente da mala, sem ter que esperar pelo correio. Ia responder logo, mas o cansaço velho bateu em cima e eu tive uma crise de colite, coisa boba e passageira que não deixou marcas. De modo que só escrevi, antes de ir embora, aquele bilhete infecto, deixando para responder em Nápoles quando estivesse melhor. Enquanto estou escrevendo Dilermando está farejando no quarto: o coitado, na minha ausência, comeu carne demais, ficou com umas espécies de brotoejas e está cheio de remédio, o que me dá raiva porque os outros têm nojo dele. O coitado me olha bem nos olhos, triste, sem entender por que eu não pego nele. Não fique com preocupação, não é nada contagioso. Estive no veterinário com ele, ele se espantou muito de ver cavalos, gatos e cachorros – tudo esperando a vez. O veterinário disse para ele nunca comer carne... É só isso. Quem quis o cachorro foi Maury. E quem se preocupa com ele +, sou eu. Suponho que seja assim mesmo...

Elisa querida, aí vai uma proposta, faça um embrulho de seu livro e enderece-o ao sr. Landulfo Borges da Fonseca, Embaixada do Brasil junto à Santa Sé. Dentro do embrulho você colocará meu nome. Você entrega o livro no Itamaraty ou a d. Zuza (não sei como vocês costumam fazer) e o livro virá, se Deus quiser. Porque a mala do Vaticano vem mais vazia e tem trazido embrulhos. Quem me sugeriu isso foi Açucena (a quem transmiti suas lembranças, e ela respondeu: espero que você tenha escrito sempre que mando abraços). Vamos tentar isso?

O que me desconsola é todo o mundo ler seu livro e eu não. Espero, querida, que a ideia das erratas tenha solucionado o caso dos erros tipográficos. Repito, querida, que sei como é desagradável isso; mas quando a coisa acontece a gente deve sempre pensar que isso sucede a muita gente e que o leitor está tão habituado que passa por cima. Por isso acho + grave uma vírgula a mais ou uma coisa que altere o estilo mesmo levemente, que uma palavra claramente errada. Porque esta torna evidente o erro. Quanto a uma concordância errada, quem lê as outras páginas do livro percebe que o autor não erraria nisso. É + grave o erro mínimo às vezes do que o grande erro em matéria de tipografia, já se vê...

Leinha, vou fazer perguntas e desejo-as respondidas, por favor:

1) Você tem feito regime? 2) Onde toma as refeições? 3) Trabalha muito? 4) Há alguma modificação no seu trabalho, alguma melhora provável? 5) Você está com o mesmo peso? Quanto pesa? 6) Tania está bem de saúde? Está trabalhando e se cansando muito? 7) Você tem se distraído? 8) Não há nos estatutos alguma lei que dê direito, a um funcionário que trabalha bem e tem um certo número de anos de serviços, a umas férias + prolongadas? Digamos de dois meses. Querida, se você quisesse e pudesse vir passá-las aqui! Eu nem ouso oferecer a você coisas que qualquer pessoa oferece a qualquer pessoa, sem mesmo ser irmã! Você é tão arisca. Quer pensar nisso?

Não se preocupe com as histórias que eu contei rapidamente sobre pessoas mesquinhas. Estou até habituada. Você tem razão, a intimidade forçada leva a compartilhar isso também. Mas é que no exterior, para nós, essa intimidade tem que existir. Não posso explicar melhor. Tudo isso me faz olhar para Dilermando e quase pensar o que disse não sei que pessoa célebre: quanto + conheço os homens, mais gosto dos cães. E imagine que eu gosto muito de Dilermando...

Nós temos ido ao cinema de vez em quando: vemos cada droga às vezes... Mas quando eu saio do cinema saio fora do mundo, nem reconheço as coisas. Até faz mal uma coisa dessas. A gente só devia ir ao cinema de noite e em seguida dormir. Ir durante o dia inutiliza o resto do dia, tão boba, burra e narcotizada eu fico. – Elisa, é pena eu não poder contar coisas engraçadas e chatas que acontecem: você haveria de rir ou então dizer: não gosto de saber. Embaixo de um casaco de peles esconde-se cada tipo... Parece que o calor do casaco faz com que alguma coisa prolifere com mais liberdade, é uma fecundação doida e cansativa. Em Roma é um tal de um convidar o outro e o outro responder convidando e esse agradecer convidando e o outro se surpreender por que não se respondeu convidando... Muita coisa está precisando de bomba atômica nesse mundo. – E por falar em bomba atômica, o fim da guerra no mundo não abalou os italianos: ninguém ligou muito, não houve festejos, nem alegria. Essa "terra de artistas" está meio indiferente, ao que parece. E por falar em "terra de artistas", tem aqui artista medíocre que não é vida. É possível que + do que em qualquer parte, porque aqui o pessoal tem muita facilidade de cantar, pintar, poetar, sei lá.

Querida, agora vou entrar num bom sistema, imitando o da Eliane. Vou receber uma boa mesada-por-mês, igual a dela; ela a usa como quer, para roupa para o que quiser e quando não quer guarda no Banco. Vou fazer isso: e um belo dia, não longínquo, tenho, sem escrúpulos, minha viagem ao Brasil. Também dessa minha mesada nem esmola a pobre eu dou... (isso é piada, menina).

Ri muito com a história do "parece um urso", da Marcinha. Realmente há coisas que parecem "falsas". Estou burrinhando muito. Deixe de me passar carão porque mando coisas. Eu mando o que eu quiser, Leinha; estou de bom humor, o que é uma coisa rara nesses últimos tempos. Hoje vem um americano meio importante visitar Maury, vai se oferecer whisky e eu estarei presente apenas para fazer a clássica pergunta, com um ar inocente de quem não conhece as dificuldades: pode-se viajar facilmente para o Brasil? Querida, isso já se tornou uma mania íntima. Se me acordarem de noite, finjo inocência e digo: pode-se viajar... etc. Receba um enorme abraço de sua

Clarice

[A Elisa Lispector e Tania Kaufmann]

Nápoles, 23 agosto 1945

Elisa e Tania, queridas

Amanhã será 24 de agosto, cinco anos que o nosso pai desapareceu.[1] Eu não esqueci. Não será um dia alegre. Se eu sempre estou com vocês através da distância, amanhã pensarei ainda mais em nós todos, e estarei aí em pensamento.

Que nós todas sejamos felizes e tenhamos saúde – é um modo de realizar o que ele queria.

Uma coisa que eu queria pedir há muito tempo e peço agora: que me mandem um retrato de papai e um de mamãe... Às vezes quero ver e não tenho.

Minhas queridas, eu vos amo.

Sejam felizes. Eu abraço vocês.

Clarice

---

[1] Pedro Lispector faleceu no dia 26 de agosto de 1940, aos 55 anos de idade, devido a complicações de uma cirurgia para extrair a vesícula (Cf. Depoimento de Tania Kaufmann em *Eu sou uma pergunta* (1999), de Teresa Montero).

[A Natércia Freire]

Nápoles, 27 de agosto de 1945

Natércia, querida,

recebi sua carta há tempos, sem poder responder. Uma carta tão abatida e meiga, que eu gostaria de responder quase pessoalmente. Mas sua irmã Graça deve estar respondendo a cada minuto... Espero que você esteja bem de saúde agora, espero muito, muito. Você deve estar contente: quem tem uma filhinha como Ana Lúcia deve ter muitas. Você não pode arranjar um programa de vida tal que lhe permita cuidar dos filhos e ao mesmo tempo ter a liberdade íntima de que você precisa? quem sabe, você estudaria um plano feliz e o executaria com facilidade? Tudo isso que eu estou dizendo talvez seja tolice, mas é meu desejo enorme de preservar você. Acho que as pessoas olhando para você têm logo a ideia de preservá-la. Sei que "liberdade íntima" não se pode condensar em horas. Mas com um esforço contínuo, quem sabe. Desejo-lhe muitas felicidades, Natércia. Espero vê-la um dia, tenho quase certeza de que isso se dará. E vai ser muito bom. Nós passearemos juntas, emprestaremos livros, falaremos de nossas irmãs.

Eu aqui morro de saudade de casa e do Brasil. Essa vida de "casada com diplomata" é o primeiro destino que eu tenho. Isso não se chama viajar: viajar é ir e voltar quando se quer, é poder andar. Mas viajar como eu viajarei é ruim: é cumprir pena em vários lugares. As impressões, depois de um ano num lugar terminam matando as primeiras impressões. No fim a pessoa fica "culta". Mas não é o meu gênero. A ignorância nunca me fez mal. E as impressões rápidas são para mim mais importantes que as prolongadas. Estou dizendo mil bobagens, querida Natércia. Eu sou muito mais boba do que pareço à primeira vista. Só sinto falta é das amizades prolongadas. Por isso é que espero tanto encontrar você mais longamente do que quatro horas.

Escreva-me quando puder e quando não for esforço. Seja muito feliz.

Clarice

[A Elisa Lispector]

Nápoles, 1º setembro 1945

Querida Elisa

Estou respondendo a sua carta de 13 de agosto, recebida ontem. Carta pequena, mas carta. Lamento que vocês às vezes demorem a receber cartas minhas. Mas nunca se preocupem: minha vida continua igual e boa. Nunca tenho nada de mais na saúde, o máximo é um pouco de colite e uma moleza que mais parece preguiça. Tudo está sempre bem e normal. Continua a fazer calor, o outono só chegará pelos fins deste mês ou começo do outro. Vamos ver se vamos a Florença em outubro. Será, espero, uma viagem muito interessante. A força de viver pega-se afinal uma culturinha rápida e suburbana que serve depois para os "salões"? Os embaixadores me respeitam... As pessoas me acham "interessante"... Eu concordo com tudo, também, nunca discordo do que se diz, tenho muito tato e conquisto as pessoas necessárias. Como você vê, sou uma boa senhora de diplomata. Como as pessoas sabem vagamente que eu sou "uma escritora", meu Deus, com certeza permitiriam que eu comesse com os pés e enxugasse a boca com os cabelos. Estou brincando, se eu fizesse o milésimo disso seria expulsa da sociedade ou então tolerada com aborrecimento.

Pelo recorte que você mandou da Editora Agir,[1] vejo que se eu quiser posso virar freira: tanto meu pobre livro está no

---

[1] Clarice se refere ao livro *O lustre*, cuja orelha foi escrita pelo pensador católico e crítico literário Alceu Amoroso Lima.

meio de uma orgia de livros católicos. Viva a Editora Agir, viva Tristão de Ataíde.

Como escrevi na outra carta, você deve mandar seu livro endereçado ao sr. Borges da Fonseca, Embaixada do Brasil junto à Santa Sé. Como a mala para o Vaticano vem + vazia, eu receberei o livro. Faça isso, querida, não tenho tempo de esperar por d. Zuza escrever que você e Tania estiveram na casa dela e que você está muito bem, com o cabelo ondulado, bem disposta. Bem, naturalmente é inútil pedir retratos. Tenho que "ver" você pelas cartas. Uma carta passada você falou em "Penina"; quem é? Veio para cá? Nunca soube dela.

Quanto ao mais, nada. Estou lendo livros de autores italianos. Os contemporâneos não tecem uma literatura muito brilhante, creio que até um pouco pobre. Mas existem coisas boas no meio.

Querida, vida vazia – carta vazia. Espero que o calor daqui não se transmita na carta, e apenas "o calor de meu coração".

Receba um abraço, seja feliz e cuide-se bem, por favor, por favor, por favor.

Sua irmã

Clarice

[A Tania Kaufmann]

Nápoles, 1º setembro 1945

Tania, querida.

Recebi sua carta de 12 de agosto, aquela que você se queixa da dificuldade de correspondência. Com certeza ela é resposta a alguma minha em que eu me queixo de não receber cartas. Mas acho que eu me queixava da demora apenas. Creio que estou recebendo tudo o que você manda. Tanto que as notícias que você resume eu já as tivera por outras cartas. Quanto a não poder conversar direito pelas cartas, isso é uma fatalidade e tem que ser por toda a vida... É melhor a gente se habituar. Mesmo pessoalmente é difícil conversar, mesmo quando a conversa é entre duas irmãs que se gostam e se entendem. Mil sentimentos atrapalham, como seja o amor mesmo, a desconfiança de que se esteja vagamente mentindo, a vontade de convencer etc.

Não ligue a mim, não se preocupe. Vou escrever dagora em diante cartas + alegres. Na verdade não tenho ido a festas, que Nápoles tem pouca vida social. Tudo o que eu tenho é a nostalgia que vem de uma vida errada, de um temperamento excessivamente sensível, de talvez uma vocação errada ou forçada etc. Que importa na verdade se por carta não se pode falar direito? pessoalmente você se irritaria comigo. E com razão, certamente. Está tudo bem, não há nada a fazer. Meus problemas são os de uma pessoa de alma doente e não podem ser compreendidos por pessoas, graças a Deus, sãs. Mas fique tranquila, eu tenho levado uma vida como de todo o mundo. E tudo corre bem. Leio agora com mais interesse, estou trabalhando um pouco, vou ao cinema. Maury tirou um dente de siso, teve que abrir o osso. Mas tudo está bem, feito por dentista americano.

O cachorro[1] pegou uma doença, fui com ele ao veterinário e um burro me disse que era incurável.

E lá estava eu chorando, passei um dia nervosa e triste com a ideia de que se teria que matá-lo, eu que gosto tanto dele. Maury, como sempre, reage normalmente e não sentiria muito. Mas estamos nos interessando em fazer raio X no cachorro e ele se curará, me garantiram.

O cachorro é a pessoa + pura de Nápoles... Se você visse como esta cidade é suja.

Estou vendo se vou a Castelmare, onde há fontes minerais, fazer uma rápida estação de águas, porque sinto que minha colite se acordou um pouco.

Recebemos carta de d. Zuza onde ela diz que o burro de um portador disse que eu devia estar chegando no Rio. Não sei quem o autorizou a isso. Não, não vejo ocasião de ir. Será + tarde ou talvez eu não vá, só vá daqui a quatro anos, normalmente. Afinal de simplicidade e de menos personalidade é que eu preciso... Cada um tem o seu destino: agora começo a acreditar em destino.

Quanto a escrever a amigos do Brasil, querida, eles não me respondem... é ridículo, não é? não escrevo mais. Mas não tem importância. Peço-lhe, Tania querida, que não se preocupe comigo. Eu sou muito feliz.

Me diga sobre o livro de Elisa,[2] sobre a reação da crítica. Me diga sobre o que tem feito, se você está bem de saúde.

---

[1] Clarice se refere a Dilermando, que ela adotou ao encontrá-lo em uma das ruas de Nápoles. Ao vê-la ele abanou o rabo, ela apaixonou-se e decidiu comprá-lo. Ela fala do cachorro não só nas cartas para as irmãs como também nas crônicas.

[2] O livro em questão é: *Além da fronteira* (Leitura, 1945), dedicado a Pedro Lispector, seu pai.

E sobre a Márcia. Aqui continua fazendo calor. Parece que em breve as casas serão desrequisitadas, então procuraremos um apartamento. Quanto a primos para Márcia... a questão é *troppo* complicada. Nem mesmo pessoalmente você concordaria e eu saberia me explicar. Além do mais não deve ter importância.

Em outubro iremos a Florença, parece.

Bem, querida, nada mais resta dizer, senão as coisas de sempre, das quais você já deve estar cansada: que gosto de você e que você deve ser feliz.

Me perdoe, não sei como você desejaria que eu fosse...

Estou muito bem e muito alegre. Quando puder darei um pulo ao Brasil, e você verá que, feliz ou infelizmente, sou a mesma de sempre. E você se irritará comigo e preferirá que eu viva muito bem... mas longe. Estou muito bem e feliz.

Me escreva sempre, que suas cartas são sempre as novidades. Dê um beijo para Márcia e me abrace, que no abraço mais do que em palavras, as pessoas se gostam. Sua sempre Clarice.

Digo sinceramente que estou muito bem e tenho esperanças.

[A Octavio de Faria]

Nápoles, outubro 1945

A Otavio, com tanta saudade, admiração, respeito, com muita amizade,

Clarice

Li o *Anjo de Pedra.*[1] Quase lhe agradeço por ter escrito uma coisa tão bonita. Quase não: agradeço mesmo, muito. Foi durante a semana em que o li uma grande companhia. E depois também, sempre.

Clarice

[1] *O anjo de pedra* (José Olympio, 1944) é o quarto volume de *Tragédia burguesa*, obra monumental em 13 volumes de Octavio de Faria. Aos 13 volumes iniciais, a edição completa de *Tragédia burguesa* acrescentou mais dois inéditos: *A atração* e *A montanheta*.

[A Elisa Lispector e Tania Kaufmann]

Florença, 26 novembro 1945

Minhas queridinhas:

Estou escrevendo de Florença, onde estou desde o dia 20. Fui no dia 4 para Roma, sozinha, ver se assistia ao nascimento do filho de Eliane. Depois Maury tirou as férias e foi para lá. Como a mãe de Eliane veio de Paris, eu vi que seria inútil a minha presença e para Maury não perder as férias viemos para cá num ônibus – uma viagem cansativa que durou o dia inteiro. O coronel Brauguer, adido militar à embaixada, estava aqui com a senhora e nos convidou para irmos no dia seguinte a Pistoia,[1] Porreta e ver o célebre Monte Castelo.[2] Cansados da viagem, passamos de novo o dia seguinte viajando. E depois passamos até hoje em Florença, andando desde manhã até de noite. Eu peguei uma gripe e ontem meu cansaço nervoso era tão grande que, recebendo convite de ir de carro até Veneza (7 horas de viagem) eu não pude aceitar com medo de chegar a um acúmulo desagradável de cansaço. Maury que não estava gripado nem especial-

[1] Em Pistoia está localizado o cemitério militar em que foram enterrados os 465 soldados da FEB mortos na campanha da Itália. Em 1960 os restos mortais destes soldados foram transferidos para o Memorial Nacional da Guerra, popularmente conhecido como Monumento aos Pracinhas, no Aterro do Flamengo, no Rio de Janeiro. Em 1967, foi inaugurado no local o Monumento Votivo Militar, projetado pelo arquiteto Olavo Redig de Campos (1906-1984). Há duas fotos de Clarice no local (Cf. *Clarice – Fotobiografia*).

[2] Ao lado dos norte-americanos, os soldados brasileiros atacaram o Monte Belvedere e o Monte Castelo. Aos brasileiros cabia conquistar este último. Uma batalha sangrenta, com muitas baixas, que se desenrolou entre 24 de novembro de 1944 e 21 de fevereiro de 1945, e foi vencida pelos brasileiros.

mente cansado, não quis ir só apesar de minha insistência. Perdemos agora a oportunidade de passar 2 dias em Veneza. Mas suponho que surgirão outras. Eu não posso nem me arrepender porque esse dia passado na cama (são 3 horas da tarde e eu escrevo deitada) está me fazendo tanto bem que eu resolvi passar um dia por semana deitada. As últimas cartas que eu escrevi se não me engano são irritadas e sem graça. Vocês precisam sinceramente me perdoar. Eu tenho tido um exaurimento cerebral enorme. Passo épocas irritada, deprimida. Minha memória é uma coisa que nem existe: de uma sala para outra eu esqueço com naturalidade as coisas. Tenho procurado Tonofosfan ou Fitina, mas é impossível achar nesses tempos. Se vocês puderem me mandem vários vidros (Tonofosfan ou Fitina, mas em pílulas, que é o único modo de remédio que eu não "esqueço" de tomar). Também comprei há uns tempos um preparado com carvão que me fez mal. Se puderem me mandem: Carbolevedo. Mas abram na hora o remédio, na frente do farmacêutico, para ver se não está estragado com bolor. Tenho receio de ficar permanentemente fatigada. Eu procuro fazer o que se deve fazer, e ser como se deve ser, e me adaptar ao ambiente em que vivo – tudo isso eu consigo, mas com o prejuízo do meu equilíbrio íntimo, eu o sinto. – Quanto a Florença, é uma maravilha. É verdade que eu imaginei + bonita ainda. Mas é um lugar ideal. Toda a minha angústia quando eu vejo coisas é que vocês não estão vendo comigo. E eu não sei descrever. Vi coisas de Michelangelo, de Botticelli, de Rafael, de Benvenuto Cellini, de Bruneleschi, de Donatelo que eu gosto + do que Michelangelo, de muitos outros. Vi palácios da idade média, da renascença. Vi o palácio dos Médici, os aposentos deles, mil coisas.[3] Tudo isso abafa muito e eu chegava

---

[3] Florença foi o grande centro intelectual e artístico europeu da Renascença. Durante 300 anos foi governada pelos Médici. Nela floresceram grandes artistas como os citados por

a ter uma impressão de alívio quando sabia que uma certa galeria estava ainda fechada por causa da guerra porque isso me impedia de ver.

Todas essas coisas que eu vi me dão um certo tipo de experiência que talvez continue sempre indecifrável – uma pedra no caminho, diria talvez Carlos Drummond de Andrade.[4] A cidade toda vive do passado, da tradição – e materialmente (em tempos normais, nos quais ainda não estamos) de turismo. Estamos num hotel requisitado, a janela do nosso quarto dá para o rio Arno. Tem ruas estreitinhas, antigas, quase escuras. Está fazendo frio, mas ainda não neva – eu nunca vi neve. Uma novidade é que Maury me comprou um casaco de peles. Deveríamos ter comprado um melhor que durasse anos e anos. Mas as peles aqui não estão ótimas e são caras como se fossem. Compramos então uma barata que durará talvez uns 2 ou 3 invernos e num outro país, em época melhor e com + possibilidade de escolha, comprarei outra + durável. Meu casaco não é bonito nem feio, ou é + bonito que feio, cinzento, de "lapin"; mas parece bem melhor que "lapin" (em linguagem vulgar – coelho...). O que eu queria e me fica muito bem é pele de leopardo, aliás das + caras mas raras aqui.

No cemitério de Pistoia tiramos uns retratos. Como eu estava distraída, por causa do ambiente, me esqueci de fazer uma cara melhor para vocês. Saí em todos de cabeça baixa ou baixíssima, distraída... Perto da igreja de S. Maria Novella,[5] ainda medieval, tiramos um retrato em que eu sorri para vocês – e acontece que o sorriso não iluminou meu

---

Clarice: os escultores Donatello e Cellini, o arquiteto Brunelleschi e o pintor e escultor Michelangelo.

[4] Clarice se refere a um verso de "No meio do caminho", de Carlos Drummond de Andrade, um dos seus poetas preferidos.

[5] A igreja de Santa Maria Novella está situada na Piazza di Santa Maria Novella. É a principal igreja dominicana de Florença, inaugurada em 1279.

rosto... Eu posso estar rindo por dentro e não parece por fora...

Comprei para vocês chapéus de palha da Itália, aqueles célebres. Comprei para mim também. Para Marcinha um chapeuzinho de palha de Itália trabalhado como renda, em forma holandesa que se pode entremear com uma fita fina de veludo. Os de aba larga são também creme e se podem debruar com veludo negro – fica muito bonito. Eu queria comprar para vocês cópias de esculturas célebres. Mas depois de ver os originais, fica-se comparando e quase nada agrada. Comprei três cinzeiros, cada um para nós três, com dísticos e perdi numa confeitaria (comprei outros)... Comprei para minha futura e problemática casa umas toalhas bonitas de jantar e alguns enfeites. Compramos um relogi-nho antigo de botar em cima do móvel, que funciona bem... Aqui alguém me deu a notícia extraordinária de que pelo rádio do Brasil se anunciou uma linha aérea Brasil-Londres (passa em Lisboa também) por um preço baratíssimo. Se é por tal preço viajar custará talvez menos do que convidar 3 pessoas para jantar. E isso quer dizer que as linhas vão começar a funcionar – e eu irei ao Brasil. Espero que isso suceda dentro dos primeiros seis meses do ano que vem. – Florença é cheia de charretes e coches e sempre se está a ouvir as patas de algum cavalo. E os sinos vivem tocando.

As malas estão instáveis. Recebi há alguns dias, em Roma, cartas de vocês de setembro, vindas por uma mala marítima. Cartas em que vocês falavam do nosso telefonema "interurbano" e que infelizmente não se puderam repetir. E em que falavam das gracinhas de Marcia, que eu tenho ânsia de abraçar.

NOTA – vocês estão dormindo em muitas coisas. As cartas do Brasil para cá (o contrário parece que não) têm vindo em 15 dias, diretamente. Escrevam, por favor, por essa via. Ponham carta aérea, escrevam no envelope: Clarice Gurgel Valente, Consulado do Brasil, via G.B. Pergolesi, 1, apto. 1, Nápoles – E bem claro o seguinte: Via New York. Ou em italiano: Consolato del Brasile, Napoli e o resto. Por favor! E outra coisa. O cônsul aqui em Florença (que por sinal é uma mulher e uma mulher de grande valor) tem recebido pacotes pelo correio aéreo ou comum ou talvez via Nova York (que é a + rápida, parece). Ela recebeu *Vestido de noiva*[6] que eu li e gostei muito. Não mandem coisa de valor por causa do risco, mas os livros bons que aparecem, os suplementos dos jornais, que eu tanto pedi. Estou esquecendo o português, estou falando italianado.

E meu livro? Estamos em fins de novembro e vocês disseram que o livro sairia em princípios de outubro... Por que não recebo notícias? Espero que vocês tenham podido mandar um exemplar pela d. Zuza que, segundo um telegrama, chegará em La Rochelle, França, no dia 3 de dezembro. Nós tínhamos tido a ideia de ir buscá-la na França aproveitando as férias. Mas Mozart e Eliane acharam tão absurdo e inútil e mil outras coisas que nós desistimos. Com certeza ela se arranjará melhor sozinha pois será mais cercada pelos brasileiros, é o que dizem e eu não acho.

Queridas minhas, não há nada que eu queira + do que ver vocês felizes. Eu quero saber como vão vocês de saúde. Eu quero que vocês me respondam isso rigorosamente. Vou calcular o tempo que esta carta levará a ser respondida; se na resposta eu não encontrar resposta a essa pergunta eu me vingarei de algum modo. Estou falando absolutamente sério.

Elisa, o fato de você não pegar bolsa de estudo por causa do clima não quer dizer que você não viaje. Você pode

---

[6] Peça de Nelson Rodrigues, encenada pela primeira vez em 28 de dezembro de 1943, no Theatro Municipal do Rio de Janeiro.

tirar férias e passar se quiser o fim da primavera e o verão num outro país. Eu não aconselho a ninguém a passar o inverno num país frio – é uma coisa que entristece e abate a quem vem de um país de sol. Disse a Zoraima, a cônsul daqui, que passou sete anos na Inglaterra, que a luz lá é quase a mesma em todas as estações e que diariamente os jornais dão os minutos que o sol brilhou. E que há pessoas que pensam que é propaganda dos países estrangeiros quando se diz que neles há dias inteiros de sol. É por isso que os ingleses se inspiram loucamente na Itália e que para nós, brasileiros, o clima da Itália não é tal revelação.

Tenho até medo de reler a carta que deve estar cheia de erros desagradáveis e má letra – é que estou burra e ainda por cima deitada. Imaginem um burro deitado escrevendo. Só não acrescento: "escrevendo às irmãs" para não ofender...

Vou procurar aqui um livro de decoração da Renascença ou outro período interessante, para William. Agora não tenho + portador. Com certeza eu mesma levarei as coisas. Por favor, escrevam, queridas. Pessoalmente eu contarei tudo o que tenho visto e com um enorme prazer – que prazer, meu Deus! Eu seria capaz de viajar até o fim do mundo para contar depois a vocês! Mas que esse depois viesse logo, logo. Escrevam, me contem muitas coisas. Agora vou me levantar, são 6 horas (eu tinha interrompido a carta por falta de tinta), vou me vestir, me fazer lindíssima para descer e jantar, assoando o nariz nos intervalos. Estou em dúvida se mando os retratos para vocês – não quero que vocês se decepcionem. Mandem retratos. Houve uns dias de desespero para mim porque eu não achei o envelope com todos os retratos que vocês me mandaram. A culpa era minha que os levava para Roma e andava com eles na bolsa... Até hoje não os achei mas continuo a procurar por toda a casa em Nápoles. Me mandem novos, pelo menos. Todos têm pena da gente porque estamos morando há mais de um ano no Consulado; ninguém entende como principalmente eu suporto, que nem trabalhar posso. Casa é impossível achar. Estou tão cansada de certas mesquinharias que acho que de volta das férias vamos morar numa pensão (hotéis são destruídos ou requisitados para militares ou civis em trânsito) se não acharmos mesmo casa.

Eu abraço vocês e peço que me abracem. Me recomendem à Marcia querida. E a William.

Clarice

[A Tania Kaufmann]

Roma, 3 dezembro 1945

Estou fazendo tanta confusão com estas cartas... Estou escrevendo no verso da 1ª carta a 3ª... Estou escrevendo para dizer que me sinto muito bem; que estou me divertindo em Roma e que só de olhar para mim se vê que eu estou + repousada. Todos mesmo dizem isso e me sinto assim. A gripe melhorou. Tenho conhecido pessoas interessantes, como uma grande pintora, Leonor Fini.[1] E mesmo a presença de Açucena que é muito amiga me faz bem.

Eu amo vocês e amo Marcia; que é que me falta?... Estou muito bem, queridas. E no ano que vem e vem perto vou aí. D. Zuza deve estar chegando em França e traz cartas para mim e retratos... Minhas queridas, recebam meu abraço e me recebam

Clarice

[1] Leonor Fini (1908-1996), pintora surrealista nascida na Argentina e criada em Trieste (Itália). Deu-se com pintores como Giorgio De Chirico, Salvador Dalí e Pablo Picasso.

[A Tania Kaufmann]

Roma, 2 janeiro 1946

Minha irmãzinha querida:

Feliz Ano-Novo!

Minha querida, suas cartas miúdas foram afinal completadas com algum relato de d. Zuza que você está bem disposta, bonita e querida. Isso me deu grande alegria e grande calma. Depois de ouvi-la falar sobre vocês duas, depois de passada a emoção dormi tão tranquila e feliz...

D. Zuza chegou bem, fatigada pelas peripécias da viagem. Ela gosta muito de vocês e vive fazendo elogios sinceros. Sem saber que eu estava ouvindo, ela estava dizendo à mãe de Eliane[1] coisas de vocês de fazer meu coração aumentar de volume.

Estou aqui em Roma há muito tempo, mais do que Maury que tem voltado para Nápoles também. Depois de amanhã voltaremos a Nápoles, sem ter visto as coisas que vêm para nós, as milhares de coisas que vêm para mim, nem os retratos. É que as bagagens estão em Milão, a caminho daqui e nós não podemos esperar mais. Porém quando eles vierem para Roma, seguirão para Nápoles pelo portador de maior confiança. Espero que a senhora tenha se lembrado de mandar retratos seus para mim e isso constituirá meu melhor presente. Recebi com a sua carta o artigo de Rubem Braga.

---

[1] Cunhada de Clarice, casada com Mozart Gurgel Valente.

Minha querida, suas cartas são tão minúsculas em comparação com as que eu tenho mandado para você que dá vontade de fazer você experimentar a sensação de abrir o envelope e encontrar um bilhetinho... Compreendo porém que você é muito ocupada e faço mesmo questão que você só escreva muito quando puder e tiver vontade. As notícias sobre Marcia são as mais animadoras: aquela conversa pelo telefone dela com Tania sobre se usar ou não meias para o aniversário, mostra que a menina anda pelo caminho da mãezinha e isso é um bom documento. Eu não sei se você já pensou nisso, mas assim como você sonha comigo em pequena, eu estou habituada a uma ideia de uma Marcia menor e essas coisas me fazem cair na gargalhada. Eu conto o tempo separada dela desde Belém. Comprei uma boneca "Lenci" para ela, não tão bonita quanto eu queria, mas vai ver quando eu mandar a boneca, a Marcia não terá tempo de brincar com ela porque estará lendo Proust.

Minha irmãzinha querida, que vontade de abraçar você que me deu! Não sei quando irei ao Brasil, mas irei com você ao cinema e compraremos doces para nos enjoarmos bem enquanto assistimos o filme policial...

D. Zuza ainda me pareceu + simpática. E fiquei contente e emocionada quando vi que ela compreendia com tanta simplicidade e naturalidade a minha vontade de ir ao Brasil. Isso me dá muita força. Só que eu não sei quando poderei ir. Por enquanto há necessidade quase de dar a volta ao mundo para aportar no Rio. D. Zuza lembrou a ideia de eu voltar com ela. Vamos ver se vem a designação de Maury para outro posto. Se vier, conforme o posto, haverá ou não haverá vantagem de partir para o Brasil de Nápoles ou do outro posto, conforme a situação deste. Se for um lugar de onde partam transportes diretos para o Brasil, a coisa será maravilhosa. Se não, arranjarei um jeito qualquer de ir daqui mesmo.

Minha querida Leinha, tenha cuidados consigo mesma, seja feliz, não me esqueça. Não trabalhe demais, divirta-se. Eu estou bem de saúde, não tenho sentido nada. Só que preciso tratar com urgência dos dentes e isso farei logo que chegar em Nápoles. Me dê um abraço, seja feliz, tenha um ano como você deseja e eu desejo.

Um abraço de sua irmã

Clarice

Dia 3
Chegou em Nápoles carta aérea de vocês
amanhã eu as terei e responderei por outra
Mala. Não deixem de utilizar a mala também

[A Elisa Lispector e Tania Kaufmann]

Berna, 14 abril 1946

Minhas queridas:

Estou escrevendo num domingo, em Berna. Chegamos ontem à noite, estamos hospedados num magnífico hotel, o melhor, Belle-vue. Estou contendo nesse momento o amor por vocês para não escrever uma carta grandiloquente... Fiz uma viagem complicada e demorada do Brasil até Roma. Chegando em Casablanca não havia avião para Roma – tive que ir ao... Cairo, onde passei dois dias e pouco; de lá fui a Roma, almoçando em Atenas... Vi as pirâmides, vi a esfinge. São umas belezas, infelizmente tão exploradas que diante delas a gente só pode ter uma sensação já descrita no almanaque da Saúde da Mulher. Fui a um *cabaret* egípcio com o cônsul brasileiro de lá e a mulher dele... Comi comidas egípcias e vi a dança do ventre dançada por uma egípcia. Acreditem ou não, a música da dança era "Mamãe eu quero",[1] em ritmo adequado... (À medida que eu for me lembrando de coisas vou descrevendo nas cartas.) Almocei em Atenas. A Grécia vista do avião, com as ilhas e tudo, é uma beleza. Almocei comida americana e enquanto o avião se aprontava para partir, entrei no *jeep* de um americano que "voou" até a Acrópole e eu pude ver de longe o Panteon.[2] A visão foi igual a que eu teria se olhasse uma foto-

[1] "Mamãe eu quero" (1936), marchinha de Jararaca e Vicente Paiva.

[2] Localizado na Acrópole, o Parthenon é um suntuoso templo em honra da deusa Atena.

grafia, porque foi rápida. As pirâmides, que eu vi à noite e também de dia, são impressionantes, sobretudo à noite. E junto da esfinge leram minha sorte na areia do deserto... e não disseram nada. O maometano disse que eu tinha "white heart", coração puro... O que eu tenho na verdade é um coração pequeno onde já não cabem coisas, tão cheio de amor guardado ele é. Várias vezes eu tenho tido uma vontade aguda de abraçar, por exemplo, a Marcinha. Estou muito bem de saúde e bem de espírito. Estou considerando Berna como uma prova. Aqui espero ter condições boas e levar uma vida ao máximo inteligente e sadia. Ainda não conversei com brasileiros e suíços para saber sobre moradia. Fizemos a viagem de Roma para cá em dois dias de trem. A Suíça é uma beleza. Berna, pelo que eu estou vendo do terraço onde escrevo, é uma cidade encantadorinha, limpíssima. Todo mundo tem uma rodelinha vermelha na face e um ar sério e decente. Procurarei não ser aqui a pálida flor da Suíça e procurarei aperfeiçoar minha decência até aproximá-la da deles. Encontrei Maury muito bem, disposto e contente. – Todos os letreiros aqui são em alemão (talvez seja dialeto e não valerá a pena aprender) mas fala-se francês se se quer. Dizem que há muitos livros aqui. A vida é cara mas o que se ganha dá bastante. Ainda não sei como vou botar esta carta no correio e quais são os meios. Elisa, querida, vá pensando na licença-férias comigo, a sério. – Tania, diga a Priscila que amanhã ou depois trato do negócio dela e vejo as possibilidades. Farei tudo o que puder. Como está William? Quando vem? Sonhei que ele tinha voltado, sonhei com vocês todas.

Por favor, escrevam. Elisa tomou férias? E o trabalho aliviou? Só tomara que venha logo carta. Tania, meu amor, você quando receber esta carta, alimente-se bem e descanse... Como vai Marcinha na escola? Me escrevam que eu já quero ter a sensação de uma carta na mão. Mas só escrevam quando estiverem desocupadas. Não tem pressa. Só quero saber que vocês estão bem. Cuidem-se bem. Eu vou me cuidar e pretendo não adiar nenhum plano. Berna vai ser a dura prova que me mostrará se eu sou capaz de ser gente ou não... Deus vos abençoe; a nós todas.

Escreverei em breve. Não sei ainda quanto demoram as cartas. Vamos experimentar e não se preocupem com demoras. Recebam o meu verdadeiro amor e tenham saúde e felicidade.

Clarice

15 de abril, segunda-feira
(continuação da carta da véspera)

Estivemos com o ministro[3] e família, são simpáticos. E Berna é bonitíssima, toda limpinha e pitoresca. Acho que alugaremos um apartamento porque hotel sai muito caro. Ainda estou sem pé aqui, meio boba, meio pensativa. Mas se eu mesma não me sacudir ninguém me sacudirá. Dizem que as cartas demoram uns oito dias... Fiquei feliz. Parece que custam muito no correio. Peço a vocês que tirem o dinheiro para as cartas de minha conta. (Com dr. Mozart e com o dinheiro que eu deixei com Tania); não vejo por que vocês hão de gastar em cartas para mim. O endereço é:

Clarice Gurgel Valente
Légation du Brésil

[3] O ministro é Mario Moreira da Silva – Ministro Plenipotenciário. Chefiou a Legação do Brasil em Berna.

Seminar-Strasse, 30
Berne – Suisse

Escrevam para o meu nome mesmo. Maury fez a bobagem de mandar as cartas de vocês pelo Duque de Caxias. Foi uma decepção.

Abraços.

Clarice

[A Tania Kaufmann]

Berna, 21 abril 1946

Minha florzinha,

Fiquei tão contente por você ter recebido notícias de William! Uma separação assim serve tantas vezes para mostrar tantas coisas. Estou muito contente, meu amorzinho. Não sei em que data você botou a carta no correio porque o carimbo estava apagado. Mas pela data que você anotou me parece que demorou muito. Fiquei sabendo por pessoas que às vezes a carta demora 8 dias (uma vez até 6) e às vezes inexplicavelmente mais de um mês. É preciso indagar os dias de avião e talvez colocar a carta na NAB, não sei. Querida, pergunto-lhe antes de tudo o seguinte: 1) Como vai a sua garganta? Como vai o seu estado geral? 2) Como vai o resfriado na Marcia? Como vai ela nos estudos? Está impaciente?... Eu queria receber cartinhas dela, já...

Querida, estou bem de saúde. Aqui o clima é bom, dizem que cansa um pouco porque é alto. O tempo é seco, tem um ventinho frio constante. A água é muito calcária e corta a pele, estou usando no rosto só creme. Na cidade propriamente tem pouca coisa a ver ou fazer. Maury ao que parece vai comprar um carro. A despesa é grande mas talvez bem utilizada porque a gente fica com liberdade de passear e os trens também são caros. E depois a gente pode levar o carro para o Brasil. Eu infelizmente sou um espírito cansado e "blasé"; pouca coisa me entusiasma, eu bebi demais na literatura. Mas como deixar por exemplo de ler e escrever por um tempo? No caminho em que eu entrei eu tenho que aprofundar ao máximo até meus defeitos, quanto mais tempo passar mais enfronhada eu deverei estar no que eu faço – só assim conseguirei um arremedo de perfeição. Só tenho na verdade interesse e esperança em certas pessoas, em conhecer certas pessoas. O mundo me parece uma coisa vasta demais e sem síntese possível. Até Dilermando ficou em Nápoles, haveria enormes dificuldades de transporte do coitadinho. Não posso ver um cão na rua, nem gosto de olhar. Você não sabe que revelação foi para mim ter um cão, ver e sentir a matéria de que é feito um cão. É a coisa mais doce que eu já vi, o cão é de uma paciência para com a natureza impotente dele e para com a natureza incompreensível dos outros... E com os pequenos meios que ele tem, com uma burrice cheia de doçura, ele arranja modo de compreender a gente de um modo direto. Sobretudo Dilermando era uma coisa minha que eu não tinha que repartir com ninguém. Nunca vi carta mais estúpida. Eu estou muito bem de espírito também. Estou muito animada para o trabalho, estou gostando muito de trabalhar. Berna é simpática e mais tarde iremos a Paris. Fiquei tão arrependida porque a gente não tirou mais retratos... Querida, se você quer fazer regime pelo amor de Deus cuide de não se enfraquecer. Vá a um médico para saber que espécie de coisas você deve deixar de lado, mas alimente-se bem, você não é um passarinho, é uma mulher linda. E, querida, não ponha pó de arroz em baixo dos olhos, isso é inteiramente contra qualquer processo de maquiagem (estou rindo). Meu amor, seja bem feliz, não seja inquieta, seja tranquila e boa consigo mesma. Desenvolva as qualidades de Marcinha, que é uma uva. Tania, que notícias você me dá de meu livro? Saiu alguma crítica depois que fui embora? Me informe, querida, preciso saber. Receba o meu amor e a felicidade que eu quero lhe dar.

Clarice

Como vai Marcia com o resfriado, e se a penicilina adiantou. Quero saber como vai você, Elisa, com o trabalho. Quero saber como está você, Tania, com a saúde e disposição. Como vai William com o trabalho, se está dando frutos a viagem. Como eu nunca sei ao certo como vocês estão, acho que vou inaugurar um sistema de dizer coisas às cegas. Assim digo hoje:

A maior parte de nossos males são imaginários.

São Francisco de Sales.

(Isso eu repito a mim mesma.)

E depois disso continuo minha carta. E na verdade minha carta inteira é uma pergunta: como estão vocês. E é uma palavra: felicidades. Temos ido como sempre ao cinema e saio meio tonta do cinema, de tal forma estou sempre disposta a perder a consciência das coisas e a me entregar à inconsciência. Seria muito bom um emprego de ir todos os dias ao cinema e depois não dizer se gostou ou não gostou. Quanto ao mais, nada propriamente. Sou como o papagaio da anedota: não falo, mas penso muito, presto muita atenção. Hoje é domingo, e não sei por que todo domingo é pé de cachimbo. As bernenses até ficam engraçadinhas no verão. No inverno, parece, a cidade é de monstros, todos vestem milhares de roupas grossas, e meionas. Uma das coisas mais horríveis do vestuário das bernenses, no verão ou inverno, é o chapéu. São os chapéus mais esquisitos, mais altos, enormes, grossos e de forma estranha que tenho visto. E dentro do chapelão uma cara séria, sem vaidade, e muitas vezes com papo no pescoço; nas jovens, o papo é bem ligeiro ainda e dá até certa graça, o pescoço parece redondo e como elas são brancas, pode-se dizer: são pescoços redondos e brancos. – Vocês nunca experimentaram o que é receber cartas quando se está fora, sobretudo fora como eu, inteiramente fora: pergunta-se sem esperança mas cheia de esperança e quase certeza: há cartas para mim? E se respondem: chegou esta – então eu fico boba de surpresa e de reconhecimento. – Que é que há sobre *O lustre*? Espero sempre notícias.

Tenho pedido muito aos acontecimentos que eles me sejam favoráveis. Porque com a saída do 1º secretário, vem outro a substituí-lo. E se por acaso viesse um casado que tivesse uma mulher simpática que pudesse ser minha amiga, abreviaria muito minha permanência em Berna. Mas isso é dificílimo. Provavelmente o que virá trará uma amiga para d. Noemia.

Bom, queridas, o que faltou dizer é que eu penso muito em vocês. Mas isso não se diz; se pensa. E outras coisas mais. Espero que esta carta vazia de domingo-bernense, escrita sob o signo de Hulda Pulfer, encontre vocês com saúde, com tranquilidade, com esperança, com bem-estar, com sentimento de doçura de viver, com bom humor, com plenitude, com alegria em Marcia, com alegria nos domingos e nos dias da semana em si mesmas. Deus abençoe esse meu desejo. Um abraço grande,

Clarice

Tania querida, passei um telegrama no dia 19. Querida, tenho medo que o texto tenha chegado errado porque eu o deveria ter escrito à máquina sendo em português. Estava escrito: felicidade sempre. Isso era o que estava escrito. E o que não estava escrito eram abraços, amor, desejo de saúde para você – e outras coisas que não estavam escritas nem eu sei descrever.

Tania, já se acabou o dinheiro do correio? Peça + ao dr. Mozart. Não precisa dizer para quê, diga que é para pagar Lux-Jornal e bobagens. Mande recortes querida.

[*A Helena Valladares, Fernando Sabino, Paulo Mendes Campos e Otto Lara Resende*]

Berna, 21 abril 1946[1]

Helena, Fernando, Paulo, Oto,

esta carta em conjunto parece discurso – é que eu desejaria contar a cada um de vocês um pouco da viagem e acabaria no artifício de não repetir fatos ou palavras... Também estou fazendo o que eu tinha combinado com o Fernando em outro terreno: que ele escreveria o primeiro capítulo... É uma pequena sabedoria minha. Eu terminarei recebendo de cada um de vocês as primeiras palavras de base, se é que vocês querem responder.

Na verdade nem sei direito o que contar. Aquela minha carinha alegre da despedida resolveu-se em lágrimas no avião. Os americanos felizes ficam olhando enquanto a gente não sabe onde botar tanta lágrima e nem tem lenço suficiente. E nem um grito de café para me animar, "Nandinho"... Aliás Sérgio Milliet, falando na insistência de meus gritos me tirou uma das últimas liberdades. O jeito é olhar Berna da janela e fechar a boca com força. Berna é linda e calma, vida cara e gente feia; com a falta de carne, com o peixe, queijo, leite, gente neutra, termino dando um grito e comendo o primeiro boi de alma doente que eu encontrar; falta demônio na cidade... Tudo isso é tolice.

---

[1] Esta é a primeira das vinte e oito cartas endereçadas ao escritor Fernando Sabino entre 1946 e 1969, publicadas em *Cartas perto do coração* (Record, 2001). Helena Valladares é sua esposa, Paulo Mendes Campos e Otto Lara Resende, amigos escritores de Sabino, que também passaram a fazer parte do círculo de amizades de Clarice Lispector.

Depois que chorei bastante no avião fiquei cheia de Saudade, Amizade, Amor, Esperança, Tristeza, Vontade de Trabalhar, e o pior era a Vontade de Dar Tudo Isso. Agora eu estou rindo, mas estava séria. Talvez estejam me achando excessiva, não faz mal, corro o risco e até perco.

Afinal o avião ficou tão íntimo que eu comecei a andar de um lado para outro, como na tarde em que Helena se vestiu de mocinha francesa e foi visitar a marquesa, a duquesa, seguramente uma princesa. Passei uns três dias em Natal, passei pela ilha de Ascenção, Libéria, Dakar – onde não pude arranjar sua bolsa de estudos, Paulo: perdoe a pergunta que irritará você: você está melhor do ouvido? – Casablanca; aí tinham cortado a linha para Roma e então fui simplesmente para o Cairo, onde passei uns dois dias. Vi as pirâmides, a esfinge – um maometano leu minha sorte nas "areias do deserto" e disse que eu tinha coração puro... Afinal alguém dizia coisas melhores do que as cartas do Paulo, a grafologia do Fernando e a inspiração de Oto – dei a ele dez piastras pelo "white heart". Falar em esfinge, em pirâmides, em piastras, tudo isso é de um mau gosto horrível. É quase uma falta de pudor viver no Cairo. O problema é sentir alguma coisa que não esteja prevista num guia. Cairo tem um ar internacional, explorado e sabidinho. Fui a um cabaré egípcio com o cônsul brasileiro e a senhora e vi *la danse du ventre* – em francês é melhor – dançada ao som de Mamãe eu quero. Eu quase tenho vergonha de dizer que as pirâmides são assustadoras, principalmente de noite, sem luar, e que a esfinge me impressionou. Mando a fotografia – a fotografia é muito mais nítida e mais bela que o original; com a fotografia tem-se imediatamente uma sensação que diante da esfinge é mais lenta e mais difícil. Do Cairo tomei o avião para Roma, passando por Atenas onde almocei, também envergonhada: dei uma rapidíssima volta de *jeep* até perto de (*sic*)

Acrópole e vi a uma certa distância o Panteon. Cheguei a Roma quase dormindo. Aqui em Berna já estou tentando trabalhar. Não quero pensar em saudades, não quero pensar em gritos, nem sequer em Berna eu quero pensar. Oto, aqui você não precisaria "puxar angústia" (é assim?), ela viria sozinha com a primeira moça em Berna. Heleninha, as moças daqui pisam duro na calçada, raras se pintam – fui lavar os cabelos no cabeleireiro do hotel e a moça com uma saúde adquirida com anos de neutralidade íntima tinha tal força que eu saí de lá sem a menor ideia – quase num daqueles processos de Fernando.

O que eu espero é que através desta carta tão tola vocês saibam ver amizade e saudade.

Clarice

Légation du Brésil
Seminarstrasse, 30
Berne, Suisse

[A Elisa Lispector e Tania Kaufmann]

Berna, 29 abril 1946

Minhas queridas:

Não tenho nenhuma carta de vocês a responder (talvez ainda receba hoje mesmo, ninguém sabe...) mas quero escrever para dar notícias e para uma conversinha. Esta é a 3ª remessa de cartas para vocês: uma para as duas, duas para duas e esta. Só recebi uma de vocês, com as fotografias. – Berna é de um silêncio terrível: as pessoas também são silenciosas e riem pouco. Eu é que tenho tido acessos de riso. O último foi com Maury no cinema e tivemos que sair. O outro foi com Samuel Wainer e Bluma[1] que estiveram aqui uns três dias para a nossa alegria. Já tínhamos estado juntos em Roma um pouco. Eles são simpaticíssimos e nós nos demos tão bem que eu fiquei sentindo falta. Durante os três dias estive quase todos os minutos com eles. Wainer disse que em Berna é diariamente domingo... Que ele não suportaria Berna se nós não estivéssemos aqui. Ele achou cacetíssima a cidade e sem caráter... Mas não faz mal para mim. Realmente não tem para onde ir senão uns passeios muito bonitos. Mas Maury está vendo carros porque sairá até mais barato fazer as pequenas viagens em fim de semana. Eu fui a um oculista – foi aí que Wainer e eu começamos a rir – e ele disse que eu sou o contrário de míope e me canso por isso e

[1] O jornalista Samuel Wainer e sua esposa Bluma residiam em Paris quando conheceram Clarice e Maury. Bluma se tornou uma das suas melhores amigas neste período.

que um olho vê diferente do outro; me recomendou óculos para ler e cinema; eu não comprei, vou antes a um outro oculista que não esteja ligado a uma casa de ótica, apesar da honestidade dos suíços, porque é delicado usar óculos que podem estragar a vista. Vou também um dia desses ao médico não só para um exame geral como para perguntar coisas de água e clima. Eu tenho sentido a rudeza do clima: tenho dormido às vezes em demasia e por fraqueza, com a cabeça pesada. Só tomara não ter nada com o clima, o ministro anterior aqui passou todo o tempo tomando diariamente cafiaspirina e remédios e agora no Rio não sente mais nada; e tem uma senhora brasileira que perdeu os cabelos, os cílios, as sobrancelhas... Não se assustem... acho que nela foi coisa interna. Mas vou perguntar ao médico. Também pode ser que essa moleza que me dá seja a fadiga da primavera, segundo dizem e mui poeticamente. De um modo geral estou muito bem. Vivo com parte do corpo e da cabeça voltada para o Brasil e às vezes todo o corpo e toda a cabeça (não sei se esse a está certo...) Procuro substituir todas as coisas que eu não tenho pelo trabalho. O pessoal brasileiro é muito simpático e simples. Um rapaz do ministério mandou para Maury dois artigos enormes de Almeida Salles na *Manhã*. Dos livros meus que vocês mandaram pelo Duque de Caxias... só chegaram e foram entregues pelo amigo de William, dois. Mas ainda temos esperança de encontrar os outros oito num caixote de comida arranjado pelo dr. Mozart e que ainda não chegou da Itália, se bem que eu pense que o amigo de William nada tenha a ver com o caixote. William tem dado notícias? Quando volta? Avisem. Vou escrever para ele, para os EE.UU. Queridas, respondam as perguntas que eu fiz, sem falta. Quero saber sobre saúde, trabalho e férias de Elisa, sobre operação de Tania, sobre Marcia. Por favor. Estamos procurando casa, porque em hotel gastaríamos cerca de dez contos por mês... Vocês escrevam e mandem coisas de jornal com aquela verba que eu deixei com Tania (ou talvez tenha esquecido) e peçam dinheiro ao dr. Mozart, sem dizer para quê, se é para uma coisa ou outra, não precisa. Sei que o correio é caríssimo. Queridas, que a paz esteja convosco. Essas são palavras mágicas que dão alguma coisa. Que a paz esteja convosco, a saúde, a serenidade, a alegria. E meu amor também. Até breve, escrevam.

Clarice

Maury gostou muito dos presentes. A ótima água-de-colônia e a escova moderna com apetrechos estão no toilete dele, ele usa diariamente, não sai sem se escovar e perfumar o lenço (é verdade).

[A Elisa Lispector e Tania Kaufmann]

Berna, 5 de maio de 1946 – 4 horas, domingo

Minhas queridas:

É uma pena eu não ter paciência de gostar de uma vida tão tranquila como a de Berna. É uma fazenda. No domingo, como hoje, passou um grupo do Exército de Salvação, homens e mulheres cantando em coro, com voz bem calma e afinada, sem vergonha. Às vezes se veem camponesas, de alguma cidadezinha perto, vestidas com os trajes regionais, o rosto vermelho, honesto, com olhos azuis – os olhos são tão honestos que nem parecem observar. E os camponeses com roupa de ombros estreitos, nariz corado. E o silêncio que faz em Berna – parece que todas as casas estão vazias, sem contar que as ruas são calmas. Dá vontade de ser uma vaca leiteira e comer durante uma tarde inteira até vir a noite um fiapo de capim. O fato é que não se é a tal vaca, e fica-se olhando para longe como se pudesse vir o navio que salva os náufragos. Será que a gente não tem mais força de suportar a paz? Em Berna ninguém parece precisar um do outro, isso é evidente. Todos são laboriosos. É engraçado que pensando bem não há um *verdadeiro* lugar para se viver. Tudo é terra dos outros, onde os outros estão contentes. É tão esquisito estar em Berna e tão chato este domingo... Parece com domingo em S. Cristóvão. Mas a prática termina ensinando que jamais se deve no domingo ir de tarde ao cinema, deve-se sempre ir de noite, porque se fica esperando pela noite... É o caso de hoje, embora não haja filme direito para ver.

Hoje depois do almoço fomos ver os ursos de Berna. Os ursos são o símbolo da cidade; quando se ia fundar a cidade encontrou-se um urso; isso foi considerado como bom augúrio e ali mesmo fundou-se Berna, onde é agora Bärengraben, caverna dos ursos. É por um caminho muito bonito, ladeando o rio, que é mais ou menos raso, muito caudaloso e brilhante. Dá-se comida aos ursos e para eles ganharem comida eles procuram fazer gracinhas – gracinhas de urso... É muito bonito. Mas num domingo... Parece que num domingo a gente deve fazer coisas grandiosas. Por exemplo, eu ia passar um domingo com vocês. Esta carta é bestinha, é carta de domingo, soa a "ajantarado" e a folga de empregada... e a mosca voando... Na verdade quando eu escrevo carta eu estou com um anzol compridíssimo cuja isca bate no Rio de Janeiro para pescar resposta. É um jogo sujo, esse de mandar qualquer carta para receber RESPOSTA. O pior é que vocês, com falta de tempo, reúnem dez cartas minhas e respondem em uma.

Estou me lembrando de Marcinha: fui levá-la ao cinema Rex e comecei a errar caminho que não foi vida, de vez em quando eu via que estava entrando por um beco errado. A Márcia suportou tudo calada. E eu calada também, envergonhada. De repente Marcinha disse: titia, eu acho que você está bobeando...

Dando assim notícias de Marcinha, que é a flor mais preciosa do mundo, eu encerro a missiva de domingo e vou pôr a carta no correio, se estiver aberto, para pegar o avião de amanhã. Neste mesmo avião seguem uma carta para S. Clemente e outra para Silveira Martins, escritas ontem; botei ontem a data de hoje porque sabia que só iriam amanhã. Me abracem, queridas, sejam felizes sempre.

Clarice

[A Tania Kaufmann]

Berna, 5 maio 1946

Minha querida:

Como não tenho o que escrever, mando-lhe apenas as "minhas saudações". Somente que estas não são apenas cordiais; são tão cordiais que isso me empurra para a máquina, em nome do amor. Tudo aqui está bem. Estamos procurando casa e ainda não achamos. O hotel é muito bom mas é caro demais e cansa. Dizem pessoas entendidas no prazer de morar que este hotel é dos melhores, digamos, do mundo (isso é para me impressionar, falar em mundo inteiro sempre impressiona). Mas porque afinal eu hei de observar minha natureza como se ela fosse um pecado? Por que não ver com franqueza e sem recriminações que eu tenho a pior espécie de snobismo, que é o de não ter prazer nas "coisas do mundo"? estou rindo. Na verdade eu tenho um temperamento pobre. Acontece que os dois gramas de força íntima que eu tenho eu gasto no meu trabalho e no meu desejo de trabalho – e não resta para mais nada. E já notei que, se eu não trabalho, então esses dois gramas eu também não sei dar. Não é engraçado? Eu que posso ser tão ativa quando se trata de alguma coisa que eu quero realmente, como viajar para ver vocês mesmo num avião desconfortável e solitário e tudo o mais, não tenho o menor interesse em desarrumar as malas que chegaram da Itália, em tomar um partido mais intenso no fato da procura de casa... Querida, não pense que se Marcia tivesse vocação para trabalhar em alguma coisa de arte ela sofreria. Quando uma pessoa é viva em todos os sentidos, isso não acontece. Por falar nisso, querida, eu não tenho o direito de aconselhar ou pedir, mas acho que você deveria deixar Marcinha se expandir em todos os terrenos. Não é necessário que ela faça de um desses "terrenos" uma "profissão" – mas expandir-se é a própria alegria de viver. Não se pode fechar o coração de uma florzinha e obrigá-la a se abrir somente em determinada época e em determinado sentido. Estou parecendo doutoral... E William? Perdi o endereço dele nos Estados Unidos. Quando é que ele volta? Que notícias há dele? Tomara que ele esteja logo aí. Escreva-me, querida. Eu aprendi uma sensação nessa minha vida fora às vezes eu me sinto como se fosse receber carta... Naturalmente não há tempo para a carta ter vindo. Mas não custa nada esperar... Com o esforço de esperar através do mundo inteiro a carta que não vem, parece que eu afinal me ponho em contato com vocês através da distância. Muitos pensamentos meus são assim: que é que você acha, Tania? O que é que você pensaria, Elisa? Veja esse passarinho, Marcia! Tania querida pequena, veja bem o programa de aviões e dê notícias. Deus te abençoe. Receba um abraço da

Clarice

Tania, o amigo de William só entregou dois livros. Você mandou dez, não foi? Eu preciso deles. Mas não mande pelo correio que sairia uma fortuna. Se você puder, telefone ou vá ao Ministério, procurando a senhorita Castro Menezes, diga que é minha irmã e pergunte se ela não pode conseguir mandar pela mala dipl. para Berna um livro meu ao menos. Ela é muito gentil. Diga que eu mando lembranças e que o pedido é meu. Diga que eu estive em Berna com o sr. Aldo

Castro Menezes e sra., e que eles estão muito bem. E que eu ofereço o que ela precisar da Suíça.

Querida, faça isso sem falta, viu?

Tania, tem saído alguma crítica?

[A Tania Kaufmann]

Berna, 8 maio 1946

Minha Tania querida,

Acabo de receber carta sua, queridíssima, de 22 de janeiro de 1946... Explico melhor: veio o caixote de alimentos da Itália e dentro estavam os oito livros e dentro, magicamente, sua cartinha, meu amor, que me fez feliz, emocionada. Você estava voltando das férias. E você diz: "... você que embora sustentando fortes lutas, às vezes, é capaz de tomar fortes resoluções ou fortes resignações." E me deseja entre mil coisas boas uma boa viagem ao Brasil... Eu também desejo uma boa viagem ao Brasil... Minha querida, você sempre me sustenta muito. E se eu infelizmente sou instável, você é a coisa estável que eu vejo e que me guia. Não você propriamente, mas meu amor eterno por você. Um dia desses Maury brincou de dizer de você que certamente os livros não estavam no caixote porque você era avoada... Ele disse isso rindo para ver o que eu dizia. E mesmo sabendo que era brincadeira, eu fiquei meio séria e disse: você está me arranhando os olhos. – Eu estou bem. O tal vento que dá aqui e que faz mal a certas pessoas, me irrita às vezes, ao que parece – se é que eu preciso de vento para me irritar ou para voar... Mas tudo está bem. Estou trabalhando, mal ou bem; falta ainda o sentido do livro,[1] uma razão mais forte para ele existir – aos poucos é que esta irá subindo à tona, à medida que eu for trabalhando.

[1] O livro *A cidade sitiada* (Editora A Noite, 1949).

O que tem me perturbado intimamente é que as coisas do mundo chegaram para mim a um certo ponto em que eu tenho que saber como encará-las, quero dizer, a situação de guerra, a situação das pessoas, essas tragédias. Sempre encarei com revolta. Mas ao mesmo tempo que sinto necessidade de fazer alguma coisa, sinto que não tenho meios. Você diria que eu tenho, através do meu trabalho. Eu tenho pensado muito nisso e não vejo caminho, quer dizer, um caminho verdadeiro. Talvez eu não esteja vendo o problema maduro, pode ser que a solução venha daqui a anos, não sei. – Querida, escreva, diga como você está, como vai a garganta. Como vai Marcinha, como é que ela está aproveitando o colégio. Tania, querida, se o colégio não é bom por algum motivo, não há necessidade de deixá-la lá; ela pode ter um professor particular, quando for mais crescidinha, que lhe dê através da língua uma noção do que ela e nós somos sem que seja preciso desde já marcá-la com uma diferença. Marcia é muito pequena, querida; não é necessário que lhe deem problemas desde já e que ela ouça desde já, através dos professores, histórias tristes. Pense nisso, querida. Conversando com o Wainer, rememorando coisas, também ele achou que não era necessário desde logo ensiná-la coisas e que um professor particular mais tarde resolve.

Esta carta é resposta à sua de janeiro... E também para lhe dizer que não precisa telefonar para a srta. Maria Anita Castro Menezes pedindo para ela botar um livro na mala porque naturalmente esses que agora recebi bastam. (Sobre a srta. Castro Menezes, do Ministério, escrevi na carta anterior – talvez você queira "usá-la" para outro pedido futuro qualquer.) Escreva sobre Elisa.

O Alfred Cortot[2] vai dar um concerto aqui e também Yehudi Menuhin[3] e também uma revista francesa imoral... Vamos aos três. Tem recebido carta de Suzana? Quando é que ela volta? Tania, os livros de Fernando Sabino foram entregues? E meu livro para Araújo Castro, Nova York, que já tinha selo, e que eu não cheguei a deixar no correio... Querida, alimente-se bem, não abuse de nenhum regime, tome Fitina. Notícias sobre William? Um abraço enorme de sua sempre

Clarice

Isso tudo se anula diante da notícia de que Marcia está contente.

Tania, acabo de receber carta de Elisa e sua, com recortes e cartas do Maury, datada no envelope de 23 de abril e dentro a sua de 21 e de Elisa de 14 – é a segunda carta escrita por vocês e recebida por mim. Levou 15 dias de viagem. E visivelmente vocês ainda não tinham recebido carta minha. Não respondo agora porque não tem tempo, o correio vai fechar. E só há avião daqui a uns três dias. Diga a Elisa.

---

[2] Alfred Cortot (1877-1962), pianista e maestro suíço, considerado um dos melhores músicos do século XX. É um dos intérpretes mais consagrados dos compositores que Clarice amava, como Chopin e Debussy.

[3] Yehudi Menuhin (1916-1999) é um violinista e maestro norte-americano naturalizado suíço e britânico. Entrou para a lista dos maiores músicos do século XX e, durante a Segunda Guerra Mundial, realizou concertos benemerentes para as tropas Aliadas e para os sobreviventes dos campos de concentração.

[A Elisa Lispector e Tania Kaufmann]

Berna, 12 maio 1946, domingo

Minhas queridas:

Recebi há dias a segunda carta de vocês, que levou uns 15 dias para vir, aquela que vocês acrescentaram com as cartas do Maury e recortes de jornal. Pelo que eu vi vocês não tinham recebido nenhuma carta minha ainda e não dava mesmo tempo. Eu vi que por esse envelope pesado foram pagos 70 e poucos cruzeiros. Embora minha insistência seja antipática, peço encarecidamente que paguem as cartas com o dinheiro deixado ou pedido a dr. Mozart. Não vejo porque vocês hão de ter essa despesa enorme. Quanto mais que eu quero recortes e não acho que esse meu capricho deva custar tão caro. Por favor não esqueçam disso. Elisa, querida, suas férias complicadas... mas você se sente repousada? Estou ansiosa para receber cartas e respostas às minhas sobre isso, sobre a saúde de vocês. E William já está no Rio? Tania, escreva mais ou menos os resultados da viagem. As notícias sobre Marcinha são deliciosas. O estoque de gracinhas que eu colhi *in loco* me servem por muito tempo. Me lembro do castigo de comer numa mesinha ao lado no jantar e que ela terminou dizendo: até como mais descansada quando como sozinha, ninguém me amola. Marcinha está comendo mais depressa para ir ao colégio? – Maury está bem. Eu também. Eu tentei deixar de fumar. Acontece porém que se eu não fumar fico sem nenhuma couraça. Fico feito criança, de uma sensibilidade terrível. Eu tenho resolvido muita coisa com um cigarro... Cigarro me dá paciência. Mas estou fumando menos. Não sei se pelo cigarro ou porque gasto muito a cabeça pensando, repensando e me preocupando e resolvendo mentalmente todos os problemas, estou sem memória. Aliás o médico disse que estou perdendo fosfato. Fomos ver ontem de tarde um filme de Carmem Miranda e de noite encontramos umas pessoas que nos falaram do filme e eu disse com a maior calma: é sim, nós vimos um dia desses esse filme. E fiquei boba quando "soube" que tinha sido nessa mesma tarde. Mas estou fumando menos. Mas como não fumar? Ontem à noite por exemplo Maury estava inquieto e disse: estou precisando de calor humano... Então fomos visitar [...] O calor humano é tão parco... Eu fumo então. Aliás eles todos são ótimos. Só que são de outra espécie absolutamente. A senhora é o tipo da boa senhora, de família, simples, boazinha. Mas eu vivo me contendo para não abrir a boca porque tudo o que eu digo soa "original" e espanta. Quero explicar o "original". Esta senhora tem pavor de original. Fomos ver uma exposição de modelos de Viena (sem grande graça) e ela dizia: esse modelo é original mas é bonito. Falando de uma senhora inglesa que fazia muito esporte: ela é original, não gosto. Original é um palavrão. E quando eu quero dizer que não posso abrir a boca para não ser "original", quero dizer que se digo: que dia bonito, isso soa original. Quando falo aliás eles acham muita graça, ficam espantados, riem. E também procuro não me revelar. Por exemplo, ela que é simples realmente, me disse: aquela casa de chá defronte do hotel me disseram que é mal frequentada. Isso me avisando depois de eu ter dito que ia lá. A casa de chá é muito bonitinha, com gente honesta comendo doce. O que se chama "mal frequentada" é que não é frequentada pelos diplomatas e finuras da sociedade bernense. Então eu fecho a boca para não dizer que continuo a frequentar. Os outros são simpáticos também. Mas eu me encontro com eles nos pontos em que começo a mentir. O que não importa, afinal. O que eu estou tentando é negacear o empréstimo de meu livro, para não "feri-los". Porque eu estou classificada dentro da "pintura moderna". Por enquanto são as pessoas que eu conheço. E dificilmente conhecerei mais ou melhor. Mas não importa. Estou lendo bastante, estou procurando através dos livros chegar a uma conclusão sobre as coisas que me parecem tão confusas como nunca. Quarta-feira vai acontecer uma coisa muito boa: vamos assistir a uma conferência de Charles Morgan.[1] Isso é bom. Ele está fazendo uma *tournée* pela Suíça. Ele tem agora 72 anos. A conferência é: defesa dos contadores de história. Em outras cidades ele falou sobre coisas mais importantes e mais interessantes para mim, mas era difícil ir ouvir por causa de descombinação de trens. – Continuo a achar a cidade muito bonitinha. Há passeios deliciosos à beira do rio Aar. Se isso é nome de rio. É um rio muito sinuoso, muito caudaloso, e brilhante. Há um jardim zoológico e se há uma coisa que eu adoro é ver bicho. Só não tenho um cachorro aqui porque nunca mais terei cachorro, para não ter que abandonar depois. Seria infidelidade com Dilermando, o pobre napolitano. Enfim, a vida pode ser muito agradável aqui, muito pacífica; pode-se trabalhar, passear, e com um carro conhecer a Suíça. Naturalmente tem dias em que o coração está anuviado: nem dias: durante

---

[1] Charles Morgan (1894-1958) é dramaturgo e romancista, autor de *Sparkenbroke* (1932) e *A fonte* (1936), ambos traduzidos por Mário Quintana, para a Coleção Nobel da Editora Globo, de Porto Alegre. Otto Maria Carpeaux escreveu no Suplemento de *A Manhã* (Cf. Letras e Artes, 28 de setembro de 1947) que ele era um dos mais admirados escritores ingleses contemporâneos, sobretudo no estrangeiro, em virtude de sua profunda visão filosófica. Seu nome aparecia entre Proust e Kafka. Fernando Sabino citou *Sparkenbroke* como leitura obrigatória entre os escritores de sua época (Cf. "Os livros que (não) lemos", in *Gente II*. Editora Record, 1975).

um só dia tudo fica claro e tudo fica escuro e de novo tudo claro. O que é preciso é não ir demais contra a onda. A gente faz como quando toma banho de mar: procura subir e descer com a onda. Isso é uma forma de lutar: esperar, ter paciência, perdoar, amar os outros. E cada dia aperfeiçoar o dia. Tudo isso está parecendo idiota... Mas até que não é.

Amanhã vamos de manhã cedo com o ministro e d. Noemia para a feira de Bâle (Basilea), onde passaremos o dia vendo as coisas, os produtos suíços. De noite vamos ouvir Alfred Cortot. Terça-feira de manhã vou ao dentista, às duas horas da tarde vamos encontrar com um homem que nos mostrará um apartamento mobiliado. Acho que logo depois que a gente se instalar num apartamento faz-se uma pequena viagem a Paris.

Minhas queridas, esta noite sonhei que ia ao Brasil. E que as pessoas diziam, inclusive vocês: já de volta? E eu ficava tão triste, com aquele horrível sentimento de arrependimento que se tem quando se faz uma coisa que ninguém aprova. Foi um verdadeiro pesadelo... Acordei de mau humor. Mas Maury diz que eu estou de mau humor de manhã, de tarde, de noite... Não é verdade. Naturalmente eu sou irritável, naturalmente meu humor não é brilhante, mas de um modo geral sou alegre.

D. Zuza segue pelo Duque de Caxias.[2] Ela vinha conosco para Berna passar uma semana mais ou menos até que viesse o navio. Mas na época em que partimos as notícias sobre o navio estavam confusas e ela não queria arriscar perdê-lo. Foi uma pena porque assim ela veria Berna e

[2] "Construído em 1918, o navio-escola *Duque de Caxias* foi, inicialmente, um navio mercante misto. Em 1932, foi incorporado à Marinha dos Estados Unidos como Transporte de Guerra e, em 1945, incorporado à Marinha do Brasil. Em 1953, foi classificado como navio-escola. Sua mostra de desarmamento ocorreu em 1958" (Cf. "A história dos navios--escola", portogente.com.br).

saberia no Brasil como nos imaginar e transmitiria também a vocês.

Peço que se tiverem tempo me escrevam. O dia de receber carta é um dia glorioso, toda Berna sacode as asas de alegria. Então quando Marcinha tiver bastante "cultura" para me escrever e falar na história deliciosa de Luiz Pastel (estou imaginando sua expressão ao telefone, Elisa), eu mandarei iluminar a catedral, as fontes de Berna e as caras dos bernenses. Minhas queridas, que a paz e a alegria estejam convosco e a saúde e a tranquilidade.

Clarice

Este é o sexto envio de cartas meu, se não me engano.

Digam com quantos dias estão recebendo. E se informem sobre os dias de avião.

Vocês podem dirigir as cartas ao meu nome diretamente. Sra. Clarice Gurgel Valente... E Tania, Maury agora não é cônsul, é secretário...

[A Tania Kaufmann]

Berna, 15 junho 1946

Tania querida

Esta carta é sobre Marcia. Mas antes quero agradecer o retrato, querida. Você está uma querida. Tania, não se canse muito, por favor. Tania você está cuidando da boquinha de Marcia? Não se descuide. Agora eu queria pedir um favor: pense bem na história de Marcia não estudar dança. Isso é um crime, querida. Eu não queria que Marcia tivesse razão de queixas de você. Pense bem, eu lhe peço. Ninguém tem direito de torcer e moldar demais destinos, mesmo que sejam os dos próprios filhos, suponho. Pense bem, querida: moças das melhores famílias estudam. E se ela quisesse ser dançarina, que é que tem, querida? Que coisa mais bonita existe que dançar? A Bluma passou a vida toda querendo e a mãe não deixou e ela não esquece. Mas era uma mãe antiga. Você disse que não queria que a Marcia fosse artista de nenhum modo. Querida quem faz arte sofre como os outros só que tem um meio de expressão. Se você vê por mim está vendo errado. Eu sofro com o trabalho não é pelo trabalho só, é que além do mais não sou muito normal, sou desadaptada, tenho uma natureza difícil e sombria. Mas eu mesma, com esse temperamento e essa anormalidade de todos os instantes – se eu não trabalhasse estaria pior. Às vezes penso que devia deixar de escrever; mas vejo também que trabalhar é a minha moralidade, a minha única moralidade. Quer dizer, se eu não trabalhasse, eu seria pior porque o que me põe num caminho é a esperança de trabalhar. Mas quem faz arte não é como eu, querida. Qualquer pessoa que escreve, por exemplo, riria disso que eu sou porque não tem nada a ver com arte. Querida, peço-lhe muito mesmo: pense antes de tirar de Marcia essa possibilidade. Deixe ela estudar dança sem empurrá-la. O mais provável é que passe o entusiasmo. Mas se não passar é porque ela sentiria sempre falta disso. Minha querida, eu vi um *ballet* em Paris. É tão lindo. É a coisa mais alta que se pode fazer. Não deixe passar a idade de começar a aprender, querida. A Marcia está justamente na idade. Querida, é do tempo antigo a história de que o palco é horrível. No Rio as melhores famílias deixam as filhas estudar. Tem uma menina judia Tamara Kapeller que, dizem, será uma grande bailarina, tem 15 anos, começou cedo. Pense bem, querida, não se deixe levar por preconceitos tolos. Não marque desde logo Marcinha com um preconceito. Pense bem e faça como quiser. Eu detestaria que a Marcia culpasse você de alguma coisa. Querida, não seja mandona demais... Quanto mais, ela ficará com movimentos graciosos e delicados e ficará com o corpo bonito. Pense nisso, por favor, sim? Você ainda há de ter muito gosto na Marcinha como você tem agora. Desculpe esta carta intrometida e um pouco aflita.

Sua sempre

Clarice

Responda sobre o que você pensa.

Mandei carta também para a rua Silveira Martins.

[A Fernando Sabino]

Berna, 19 de junho de 1946 – quarta-feira

Fernando,

Sua carta me surpreendeu tanto! Eu tive a impressão de ter caído numa coisa assim: de jogar verde para colher maduro ou de ir buscar lã tosquiada, ou dois e dois são quatro – eu escrevi para vocês no Rio, na sua casa, e você me responde de Nova York. Eu sabia que vocês estavam lá por alguém que veio dos EEUU e passou por Paris – estive uns 15 dias em Paris – mas pensei que era a passeio. Não cesso de imaginar vocês em New York e não sei como. Como é que Heleninha fala no meio da cidade? E você trabalha de noite num arranha-céu? e os arquivos? Só agora é que vejo que vocês no Rio eram uma das garantias que eu procurava. Por que é que todo mundo quer sair do Brasil? E você é espírita, é, Fernando? Então como é que você me pergunta o que eu faço às três horas da tarde? Ou já falamos sobre isso? Às três horas da tarde sou a mulher mais exigente do mundo. Fico às vezes reduzida ao essencial, quer dizer, só meu coração bate. Quando passa, vêm seis da tarde, também indescritíveis, em que eu fico cega. Se o telefone toca eu dou um pulo e se me "convidam" eu pareço criança ou cachorrinho, saio correndo e enquanto corro digo: estou perdendo minha tarde.

Mas eu tenho ido de tarde à biblioteca pública. E por estranho que pareça, estou estudando cálculo das probabilidades. Não só porque o abstrato cada vez mais me interessa, como porque eu posso renovar minha incompreensão e concretizar minhas dificuldades gerais. Estivemos em Paris andando desde manhã até de noite. Aquela cidade é doida, é maravilhosa. Não consegui absorvê-la, ter uma ideia só. De volta fomos diretamente para um apartamento novo, ainda novo, tudo encaixotado, estranho, desarrumado. Encontrei cartas de casa e vários recortes de jornal, artigo de Reinaldo Moura, nota de Lazinha Luiz Carlos de Caldas Brito..., várias notinhas, referências a você e a mim em Sérgio Milliet,[1] e em vários. E nota de Álvaro Lins[2] dizendo que meus dois romances são mutilados e incompletos, que Virgínia parece com Joana, que os personagens não têm realidade, que muita gente toma a nebulosidade de Claricinha como sendo a própria realidade essencial do romance, que eu brilho sempre, brilho até demais, excessiva exuberância... Com o cansaço de Paris, no meio dos caixotes, femininamente e gripada chorei de desânimo e cansaço. Só quem diz a verdade é quem não gosta da gente ou é indiferente. Tudo o que ele diz é verdade. Não se pode fazer arte só porque se tem um temperamento infeliz e doidinho. Um desânimo profundo. Pensei que só não deixava de escrever porque trabalhar é a minha verdadeira moralidade.

Afinal arranjei emprestada uma empregada que em um dia deu ordem na desordem – ela era uma verdadeira mulher. Uma grande mulher, sem dúvida, chamada Rosa, italiana, que Deus a abençoe.

---

[1] A primeira crítica de Sergio Milliet sobre *Perto do coração selvagem* foi publicada em *O Estado de S. Paulo*, em 15 de janeiro de 1944; aparece também em *Diário crítico* (1944). Vol. II. Martins/Edusp, 1981.

[2] Álvaro Lins escreveu sobre *O lustre* em maio de 1946. Ele viu no romance uma continuação de *Perto do coração selvagem*. Repetiram-se as qualidades e as deficiências, apesar de dotada de uma personalidade original seu romance, tal qual o primeiro, era "mutilado e incompleto" (Cf. *Os mortos de sobrecasaca. Ensaios e estudos (1940-1960)*. Civilização Brasileira, 1963).

Hoje passei o dia lendo; às três horas li de novo sua carta e o bilhete de Helena. Diga a Helena que na primeira vez em que nos encontrarmos ela ganha de mim uma caixinha de música. No mesmo dia em que recebi sua carta, recebi uma de Paulo. Carta pequena, cautelosa, quase silenciosa.

Fernando, procure em Nova York, no Consulado, Araújo Castro.[3] Ele é ótimo. Vai lhe parecer calado e fechado, de início. Ele é muito, muito inteligente, bom, e de boa espécie.

São nove horas da noite, mas parece seis da tarde. E eu brilho, brilho sempre – isso deve ser brilho. Na verdade deve ser apenas adaptação ao novo apartamento. Não se pode deixar uma janela aberta, voa tudo; é um lugar onde ainda estão construindo, sem muitas casas. A rua chama-se Ostring e eu sou a pérola de Ostring, não vê? Vocês pretendem mandar buscar Eliana? como vão fazer? Quanto tempo na realidade vão ficar nos EEUU? Paulo diz que vocês ficarão seis meses apenas... Desejo muita felicidade a vocês. Sejam muito felizes: estou com vontade de dar conselhos grandiosos, dizendo: custa um pouco adaptar-se a um lugar novo etc. Fernando, você tem trabalhado? E Helena, o que é que faz? Acabei de passar uma semana das piores em relação ao trabalho. Nada presta, não sei por onde começar, não sei que atitude tomar, não sei de nada. Digo a mim mesma: não adianta desesperar, desesperar, desesperar é mais fácil ainda que trabalhar. Me mande um conselho, Fernando, e uma palavra bem amiga. Desculpe esta carta tola. Respondam depressa e eu mandarei uma muito boa, muito calma. – Quem

[3] João Augusto de Araújo Castro (1919-1975). O diplomata foi enviado a Miami, nos Estados Unidos, em maio de 1944, e a Nova York, em outubro desse mesmo ano. Promovido a cônsul de segunda classe em dezembro de 1945, ascendeu, ainda em Nova York, a cônsul-adjunto em maio de 1946. No exercício desta função, integrou, como encarregado de questões jurídicas, a delegação do Brasil à conferência durante a qual foi criada a Organização Mundial de Saúde (OMS), realizada em Nova York em junho de 1946 (Cf. Verbete Araújo Castro – FGV).

tinha me falado de *Sagarana*[4] era o Escorel, elogiando. Não sei mais nada. E as notícias que recebo do Brasil são as piores. Até pão falta. Vocês devem estar experimentando agora a tristeza de estar num país onde mesmo lentamente tudo tende a melhorar e receber notícias constantes desse jeito. Dá vontade de ser um grande homem e fazer alguma coisa. Certamente teremos alguma revolução. Até o ar lá está precisando disso.

Fernando, Helena, um abraço grande. Me escrevam, agora que vocês sabem quanto pode valer uma carta e sobretudo certas cartas.

Dei um ar de tristeza? não, dei um ar de alegria.

Clarice

---

[4] *Sagarana* (Editora Universal, 1946) é o primeiro livro de contos de João Guimarães Rosa.

[A Tania Kaufmann]

Berna, 23 junho 1946

Minha querida irmãzinha:

Você não pode calcular minha alegria: sua carta datada de 15 e colocada no correio a 15 mesmo, chegou aqui a 20... Cinco dias. Você escreveu num sábado e eu recebi na quinta seguinte. Rememorei meu sábado e quando vi que nesse dia chato e vazio você estava me escrevendo, entrei em êxtase. Estou muito contente que William tenha voltado e tudo esteja bem. A ideia que você tem de acenar a William com uma viagem para me ver, embora eu saiba que é apenas uma ameaça a ele, tomei como promessa a mim. Imaginei você aqui e fiquei pensando vários minutos; e só nisso tive alegria. A primeira coisa que eu faria era não deixar você em Berna e ir depressa com você a Paris.

A notícia da morte de tia Zina[1] me deixou triste. Eu pensava às vezes nela. Fiquei perplexa como se isso não pudesse acontecer.

Querida, fico com remorsos de estar aqui em vez de ajudar você nos seus trabalhos. Se eu estivesse lá ajudaria Marcia a fazer os deveres, pelo menos. Me escreva sem falta o resultado da penicilina. Eu tenho grande fé nisso e se o Mazzini disse que ela fica boa, acho que fica. Escreva sem falta. E por mais trabalho que você tenha, queridinha pe-

---

[1] A irmã de Mania Lispector, mãe de Clarice, morava em Maceió. Ela e seu marido, José Rabin, conseguiram viabilizar a vinda dos Lispector para o Brasil. Ela faleceu em São Paulo.

quena, não descuide da vaidade, como você diz que não sucede... Faça o penteado mais lindo, meu amor, seja querida. Mas por favor, acredite que você conseguirá a mesma soma de produção mantendo ao mesmo tempo os nervos relaxados. Chegue junto do espelho, faça a sua cara mais repousada e calma – e com essa expressão continue o trabalho. Você vai ver que ganha uma nova força. Essa história de olhar ao espelho e fazer uma expressão tem raízes científicas, se você quer se convencer. Tem uma teoria de emoções que diz que a gente fica alegre porque ri. Sem aprofundar mais, ela tem uma parte verdadeira. Não, não comprei os óculos. Como a coisa é importante fiquei de consultar um oculista que não estivesse ligado a uma casa de ótica. E até hoje não fui; mas vou. Tenho lido bastante, tenho ido à Biblioteca Pública, tenho trabalhado como posso. A crítica de Álvaro Lins me abateu bastante; tudo o que ele diz é verdade; causada ou não por uma inimizade que ele tem por mim, seja ou não uma crítica escrita em cima da perna. Ao lado disso que ele diz e é verdade, ele não me compreendeu. Mas isso não tem importância. Recebi carta de Fernando Sabino, de Nova York, ele diz que não compreende o silêncio em torno do livro. Também não compreendo, porque acho que um crítico que elogiou um primeiro livro de um autor, tem quase por obrigação anotar pelo menos o segundo, destruindo-o ou aceitando. O terceiro é de que ele não precisa falar, se quiser. Gostaria muito de ler uma crítica de Antonio Candido. Ele escreveu? Diga sua opinião, querida. Em todo o caso, já passei por cima da crítica de A. Lins, embora a leve a sério. De um modo geral, é preciso fazer como o homem que dava todo dia uma surra na mulher porque algum motivo teria de haver. Mesmo que A. Lins não saiba porque "dá a surra", eu aceito porque um motivo e vários devem existir e eu mereço. – Sobre Joseph Sztern e mulher, agora você diz que estão em Roma. Enquanto isso eu já tinha enviado a segunda carta, com cópia para Polônia e Suécia. Acho que se estão em Roma, vai ser mais fácil. Com certeza já procuraram a Embaixada. Vamos nos comunicar com Mozart imediatamente. – Recebi sua carta a 20 de tarde, exatamente o dia em que parte o correio para o Brasil e perdi.

Por isso escrevo apenas hoje, domingo, e amanhã de madrugada segue. Sim, meu amor, os meses passam depressa, felizmente. Os dias às vezes é que não passam. Seja feliz, minha florzinha miúda, tenha uma vida linda, me escreva, me escreva.

Tua Clarice

Recebi os recortes com citação de Lucia Miguel Pereira e Alcântara Silveira.[2]

[2] "O romance e o leitor popular", de Alcântara Silveira, *O Estado de S. Paulo*, 16 de março de 1944.

[A Elisa Lispector e Tania Kaufmann]

Berna, 30 junho 1946

Queridas,

sem nenhuma carta para responder, de novo. Mas escrevo. A última carta recebida foi no dia vinte, datada de 15. Receio muito que vocês estejam me esquecendo. Me arquivaram depressa demais. De minha prisão em Berna, mando-lhes minhas lembranças comovidas... Estou brincando, naturalmente. Sei que estão muito ocupadas. O que vocês precisam fazer é saber pelo menos em que dia e hora parte o correio. Assim, pelo menos, quando eu receber cartas, receberei novas, com notícias recentes. – Aqui está tudo bem, o apartamento correndo como deve correr, suponho. Demos um jantar aqui aos ministros, à datilógrafa-secretária, e ao 1º secretário que foi hoje embora para o Brasil. – Está fazendo dias belíssimos de sol e calor. Os bernenses ficam doidos, andam de fazendas claras, de shorts, fazendo excursões pelas montanhas. – Eu tenho uma comunicação a fazer. Prestem atenção: nossa empregada se chama Hulda Pulfer. Não sei aliás se já não escrevi a respeito. Eu perguntei a ela como se chamava; ela disse: madame Pulfer. Eu disse: posso chamá-la pelo primeiro nome? Ela disse: pois não, é Hulda. De modo que com enorme perplexidade e sentimento de grandeza do mundo e da moral feminina, cristã e bandeirante, eu grito: madame Hulda, pode trazer a sopa. Faço questão de avisar que Hulda é com h aspirado, esse é o segredo de Hulda Pulfer. Antes dela, tivemos uma emprestada, a Rosa, que era de uma animação notável. Conversando com ela, ela disse que tinha oito irmãos e irmãs e muitos não se conheciam ainda porque na outra guerra os pais morreram e eles se espalharam meninos (ela é italiana). Uma irmã é artista de cinema, um irmão é cantor (ele às vezes vem a Berna e ela vai assistir ele cantar), outros são casados. Disse que a irmã do cinema disse para ela que não entendia como Rosa[1] podia ser cozinheira e arrumadeira. Então que Rosa respondeu: eu amo isso; você não vive no seu trabalho rodeada de pessoas? Pois eu também: ouço muitas coisas, vejo muitas coisas, conheço muitos diplomatas e não há nenhuma empregada que eu não conheça em Berna; um dia desses fui apresentar os papéis na polícia e uma velhinha toda encarquilhada me disse: *bonjour*, Rosa. Eu fiquei pensando, pensando, e me lembrei que ela tinha sido lavadora de escadas. E enquanto isso, disse Rosa, todo o pessoal da polícia me olhava com olhos deste tamanho! Ela riu muito e disse ainda: eu gosto muito de fazer sopa, de cozinhar. *C'est mon métier.*[2] Eu fiquei adorando Rosa que infelizmente foi embora. Madame Hulda está agora no quarto fazendo as camas. Rosa disse que quando a gente espirra três vezes de uma vez, é sinal de carta. No dia em que eu espirrei três vezes seguidas, veio uma cartinha de Bluma, de Paris. Mas vou provocar uma gripezinha e as cartas choverão. Toda esta carta só tem um fim: pedir notícias. Quero saber por que é que Elisa não me escreve? Ela está bem? Há muito tempo não recebo carta dela. Espero que as férias em Cambuquira tenham feito muito bem a ela. E o trabalho dela como vai?

---

[1] Rosa é a empregada italiana que conviveu com Clarice em Berna. Certa vez, ao ver com espanto o monte de originais de *A cidade sitiada* empilhados na mesa, comentou que achava melhor ser cozinheira, porque se pusesse sal demais na cozinha, não havia mais remédio. Foi citada em algumas crônicas publicadas no *Jornal do Brasil*, como "A italiana" (4 de abril de 1970) (Cf. TC, pp. 291-293).

[2] "É o meu ofício."

Landulfo e Açucena estão com o projeto de tirar férias em fins de agosto ou começo de setembro, e de irem a Portugal de carro, para ver a família. Eles passarão talvez por Nice, e seguramente pela Espanha: Madri, Barcelona etc. Eles nos perguntaram se queríamos ir também, e realmente estamos pensando nisso. E parece que iremos mesmo. Depois, quando tudo estiver mais combinado, darei maiores detalhes.

Quanto ao mais, tudo igual. A primeira secretária é simpática e o marido burríssimo, uma das pessoas mais burras que conheço. Mas ele nos parecia bom sujeito. Mas tivemos informações de que é uma pessoa perigosa, altamente intrigante. De modo que a pequena intimidade que eu já estava tendo com ela, vai ser um pouco cortada, ou completamente. Isso tudo é muito desagradável.

Maury está completamente bom da operação. A operação propriamente dita não doeu "nenhuma palavra". Eles anestesiam a garganta completamente. Com você não foi assim, querida? E depois da operação, cada vez antes de uma refeição, chupa-se uma pastilha anestesiante que impede a dor na hora de engolir (da minha janela estou vendo dois passarinhos se namorando).

Sim, minha queridinha, vai ser infinitamente bom passearmos descansadamente numa praia, e conversarmos. É isso que me anima tantas vezes, essa boa esperança. O mundo perderia para mim o sentido, sem isto. Muitas vezes as coisas ruins perdem para mim a virulência somente porque você existe. Nem mesmo um filho me prenderia mais à vida do que você.

Raul Bopp, que trabalha em Zurich, me mandou uma página do suplemento de *O Jornal*, a página onde estava "Perseu no trem".[3] Assim, pela primeira vez vi a página in-

---

[3] Raul Bopp (1898-1984) é autor de *Cobra Norato* (1931), integrante dos grupos modernistas Pau-Brasil e Antropofágico, de Oswald de Andrade, Tarsila do Amaral e Antônio de

teira. Fiquei surpreendida de como este suplemento é vagabundo. E fiquei um pouco surpreendida também de ver que eles publicavam minhas coisas na terceira página de um suplemento. Trabalhei em jornal e sei que, se a 3ª página de um jornal é um ótimo lugar, a 3ª página de um suplemento é o lugar mais vagabundo do jornal (a menos que o suplemento, no *O Jornal*, conste apenas da 3ª página do mesmo). Não quero que você interprete minha surpresa como vaidade, querida. Mas fico me sentindo como intrusa – mandando coisas que eles não ligam. Você não diz nada a Ary, nem àquele seu colega que trabalha no suplemento, mas acho que vou mandar agora para *A Manhã*, por seu intermédio, se você não se incomodar. De que modo você dava minhas coisas ao *A Manhã* antes? Ia pessoalmente? Não queria incomodar você, bichinha.

Minha bonequinha querida, irmãzinha adorada, obrigada por me desejar "saúde, sossego, paciência e inspiração". São quatro musas eficientes... – Quando Maury estava operado, fiquei me lembrando de minha operação de apendicite e de como você foi tão carinhosa, e tão boa. Me tirou da pensão e me levou para sua casa. Querida, até sinto dificuldade em dizer "sua casa", em vez de dizer simplesmente "em casa". Você me desculpe, bichinha, mas onde você está é realmente minha casa.

Deus te abençoe, florzinha delicada, e te dê todo orvalho de que você precisa... E muita saúde, e muita inspiração para você, minha margaridinha.

Clarice

Alcântara Machado. Nesta época, era cônsul em Genebra (onde ficou até 1948), quando enviou uma página do suplemento de *O Jornal*, do mês de junho, com um texto extraído do romance que Clarice estava escrevendo, *A cidade sitiada*.

[A Tania Kaufmann]

Berna, 1º julho 1946

Minha queridinha,

Escrevo-lhe de saudade e amor, enquanto Hulda Pulfer arruma de novo o quarto e eu de novo estou junto da máquina e interrompo meu trabalho rude que é tão duro como quebrar pedras, para lhe escrever e repousar. Você me pergunta se eu tenho trabalhado. Não sei se tenho trabalhado: meu trabalho não tem aparecido. Acho que ele consiste na maior parte do tempo em me vencer. Em vencer meu cansaço e minha impotência. Acho que meu trabalho de elaboração é tão exaustivo que eu depois não tenho o ímpeto e a força da realização. É um trabalho acima de minhas forças, eu diria, se ao mesmo tempo não visse que o que eu escolho para fazer é a única coisa que posso. Se isso se chama poder. O que me atrapalha é que vivo permanentemente cansada. O trabalho está desorganizado, está muito ruim, muito confuso. Material eu tenho sempre e em abundância. O que me falta é o tino da composição, quer dizer, o verdadeiro trabalho. Minha tendência seria a de pensar apenas e não trabalhar nada... Mas isso não é possível. O trabalho de compor é o pior. Eu gasto muito de minhas forças procurando formar uma vida severa e austera, procurando me esvaziar de pequenos prazeres – só assim se consegue o tom de vida que eu gostaria de ter. Mas é exaustivo também. Eu gostaria de ter um aparelho matemático que pudesse ir marcando com absoluta justeza o momento em que eu progredi um milímetro ou regredi outro. Minha impressão é a de que eu trabalho no vazio, e para não cair eu me agarro num pensamento e para não cair desse novo pensamento eu me agarro em outro. É essa a minha vida mental. Na parede de meu quarto pendurei várias frases. Uma delas é assim, dita por Kafka: "há dois pecados capitais humanos donde decorrem todos os outros: a impaciência e a preguiça. Por causa da impaciência, os homens foram expulsos do paraíso. Por causa da preguiça, eles não voltam. Talvez haja apenas um pecado capital: a impaciência. Por causa da impaciência eles foram expulsos do paraíso, por causa da impaciência eles não voltam." Outro cartaz: "a inspiração é o mais alto momento de uma atenção sem defeito." Outro: "nadar contra a corrente só serve em casos raros que é preciso reconhecer; senão, fazer-se de 'prancha', manter-se à superfície, deve ser a política de um homem que quer aproveitar o mistério das correntes." Eu mesma vivo me levantando e caindo de novo e me levantando. Não sei qual é o bem disso; sei que é dessa forma confusa de vida que eu vivo. Você não imagina quanto eu sou infantil nisso: meu desejo mais obscuro era dar minha cabeça para alguém dirigir; que alguém me dissesse todos os dias: hoje faça isso, hoje corte isso, hoje aperfeiçoe isso, isto está bom, isto está ruim. Uma pessoa que quisesse "tomar minha direção" seria bem-vinda... Eu nunca sei se quero descansar porque estou realmente cansada, ou se quero descansar para "desistir".

Meu amor, no meio de tudo, tua existência me abençoa.

Estou bem de saúde, só cansada, sem motivo. Vai haver vários concertos na catedral[1] com música de Bach, Haydn, Mozart, cantada. Se eu fosse mais simples, aproveitaria de tudo mais. O pior é esse hábito mental em que caí de querer

---

[1] A catedral de Berna foi citada em crônicas publicadas no *Jornal do Brasil*, tais como: "Suíte da primavera suíça" (Cf. TC, p. 34) e a cidade em "Lembrança de uma fonte, de uma cidade" (Cf. TC, pp. 273-274) e "Lembrança de uma primavera suíça" (Cf. TC, p. 330).

transformar tudo em ouro. Me receba e me abrace, minha florzinha querida. Seja feliz, seja alegre, Deus te abençoe.

Tua Clarice

[A Tania Kaufmann]

Berna, 2 julho 1946

Tania, querida:

Recebi agora sua carta datada de 26 de junho. Com certeza a falta de notícias de que você fala vem mesmo de nosso passeio em Paris. Mas já escrevi várias cartas depois disso. Elisa diz que vocês vão usar a mala oficial. Acho que não vale a pena. Eu não recebo cartas porque vocês não escrevem, apenas. Porque quando escrevem acontece como agora: recebi sua carta em seis dias. Diante da vida ocupada que você leva não me animo a exigir mais. Porém fique sabendo, querida, que estou muito isolada, que receber carta é ainda o que espero na Suíça. – Ao mesmo tempo que sua carta, recebi uma da editora Agir; do Rubens Porto. Ele me diz (e acrescenta que é confidencial, não sei por que) que dos 3.000 exemplares(!) já foram vendidos 1.642. E quanto ao primeiro livro, diz: não seria aconselhável lançar já a reedição. E pede minha aquiescência. Escrevi dizendo que naturalmente concordo, mas que gostaria de saber dos motivos. E digo a ele que suponho que a prudência dele vem do fato dele ter observado o silêncio da crítica em relação ao *Lustre*. E digo que espero resposta dele me dizendo os motivos. (Peço-lhe que, se por um acaso, você estiver com ele não fale nos 3.000 exemplares.) Realmente a crítica tem sido pouca em relação ao primeiro. Ninguém me escreve a respeito; porque saber de opiniões vale às vezes como ler críticas. Eu gostaria de saber o que há a respeito. Mas sei que você não pode me informar nada. Talvez o Ari de Andrade[1] possa. Tania, querida, não esqueça nem adie pôr dentro dos envelopes alguma nota sobre o livro. Estou bastante desanimada e como sei sofrer por tudo, sofro por isso também, o que é uma vergonha.

De manhã em diante vamos aprender tênis, para fazer um esporte. O tênis fica ligado com uma piscina onde tomaremos banho. É um esforço que eu faço para viver. Meu impulso de todos os momentos é ir embora. Não tenho nenhum ânimo para trabalhar. Minha luta de todos os instantes que Deus me dá é contra o meu negativismo. Me escreva alguma palavra de amizade e esperança, meu amor.

Fiquei alegríssima com a ideia da Marcinha banguela... Flor banguela eu nunca vi. Acho muita graça no fato dela ser um pouco vadia... Tania, querida, tenha paciência com a Marcia, não se irrite com ela, não brigue com ela. Você diz a história da penicilina. Por que não começa logo? Não vejo motivo para adiar. Estou surpreendida no fato da viagem de William não estar dando resultados. Talvez você esteja se apressando um pouco. É preciso aguardar.

Minha querida, Deus te abençoe, te dê saúde e felicidade. E me faça ir depressa para o Brasil. Eu te abraço muito.

Clarice

Eu noto uma coisa: Elisa escreve e dá a carta a você e só vários dias depois você acrescenta a sua e põe no correio. A culpa então é sua, quanto à raridade com que recebo. Ou talvez eu esteja exagerando: porque espero carta diariamente...

---

[1] O poeta e jornalista Ary de Andrade, colaborador da revista *Vamos Lêr!* conviveu com Clarice Lispector quando ela trabalhou no jornal *A Noite*. Ele também foi amigo de Elisa Lispector.

[A Elisa Lispector e Tania Kaufmann]

Lausanne, 13 de julho de 1946

Elisa, Tania,

escrevo de Lausanne, sentada no parapeito do lago Leman. Perto tem uma orquestra com uma mulher tocando violino, uma marcha meio valsa, meio militar. Junto tem um hotelzinho estreito chamado Hotel du Port. Há montanhas a pique na outra margem do lago. Há uma fontezinha dividida em três ramos sobre uma bacia de pedra. Há uma criança comendo um biscoito. Uma mulher de chapéu branco num barco. Vocês quase que podem adivinhar que é sábado de tarde. O lago é de água doce e tem um cheiro gostoso de água. O lago é enorme e transparente. Junto de mim é esverdeado. Mas do meio para o fim está da cor do céu e a montanha mesmo está da cor do céu. Hoje à noite vai ter uma festa noturna no lago, sobre um barco. No banco está sentada uma mulher com o chapéu preto e fita branca enterrado até os olhos como em 1920 e tanto, lendo jornal. Isso que eu estou sentindo pode-se chamar de felicidade. Só que a natureza se faz tão estranha que o próprio momento de felicidade é de temor, susto e apreensão. É pena que não possa dar o que se sente, porque eu gostaria de dar a vocês o que sinto como flor. Compreendo que ontem em Berna, quando recebi carta de vocês, ficasse tão aflita. Talvez fosse de alegria – e de não poder dar esta mesma alegria naquele mesmo instante. Um momento muito forte como o de ontem sempre arrasta tudo para ele: arrastou todos os meus pecados que Deus não precisa castigar porque neles mesmos vem o castigo. Pecado de egoísmo, de indecisão, pecado de deixar morrer gente de fome e comer, pecado de não entender o mundo, pecado de amar demais, pecado de não saber amar. Vi um filme idiota onde o rapaz dizia: eu gosto de você. E a moça dizia: eu sei, mas não gosto do jeito pelo qual você ama as pessoas. Eu sei, é preciso dar muito mais o que dou. É também de minha natureza carregar nos ombros a culpa do mundo. Se todos sentissem isso talvez saísse um novo mundo. Uma pessoa só pode apenas sucumbir. Foi isso que fiz chorando no cinema e aliviando uma mágoa confusa. O início disso tudo foi a carta de vocês que eu botei junto do coração para sentir o calor dela e dormi assim, e mesmo agora, sentada junto do lago, tenho a carta na mesma posição, com o envelope me arranhando um pouco. Não incomoda, é como um aperto de mão um pouco mais forte. Agora tem um passarinho se aproximando da fonte. E dois meninos passaram, me olharam e continuaram a falar em francês. Fomos há pouco ver uma exposição de pinturas holandesa, de Van Gogh[1] para cá. Eu estava vendo pacificamente com a cabeça. De repente vi um pequeno quadro *Vers le Soir*,[2] de um pintor chamado Karsen. Entendi muito bem o que você disse, Tania, sobre a paisagem que se misturou com você. Esse quadrinho finalmente me dominou. É uma casa no cair da noite. Não posso descrever. Tem umas escadas, umas heras, o branco é azulado e tudo um pouco escuro; tem umas estacas – é um fim de caminho com mato. Gosto de muitas coisas; mas de repente uma coisa é o que a gente está vendo

[1] O pintor holandês Van Gogh (1853-1890) é considerado um dos artistas mais influentes da arte ocidental moderna.

[2] *Vers le soir*, do pintor holandês Eduard Karsen (1860-1941), é característico de seu estilo, reminiscente da Escola de Haia, com perceptível influência de George Hendrik Breitner. Ele pintou sobretudo vistas da cidade, da vila e das fazendas na "hora tranquila do crepúsculo", pela manhã cedo, ou à noite.

e acima dela não existe mais nada, pelo menos por um instante; não sei se estou me explicando bem.

Toda esta carta foi uma tentativa malograda de tirar um retrato deste lugar junto do lago Leman, porque esqueci de trazer a máquina. E aproveitei a ausência da máquina para tirar o retrato deste momento também. Que Deus abençoe vocês e lhes dê uma alma luminosa. A paz esteja com vocês, minhas queridas.

Clarice

[A Elisa Lispector]

Berna, 17 julho 1946

Elisa, queridinha,

Depois da carta boba escrita em Lausanne, tento escrever uma mais razoável. Antes quero falar no existencialismo, porque você se interessou. E vou mesmo lhe mandar um livrinho sobre essa filosofia, do mestre dela mesmo, Jean-Paul Sartre. Também aqui o existencialismo tem sido muito atacado, e mesmo na França, embora tenha muitos adeptos (a maioria segue sem entender mesmo ou por entender um ou outro princípio – e todo o mundo está doido para crer em alguma coisa depois dessa guerra, mesmo que essa crença seja uma descrença). Agora a história de dizer que essa teoria tem um germe alemão, é tolice. Mesmo que tivesse não era em sentido político. Eu comecei com tanta disposição mental de lhe transmitir o que li a respeito, e agora vejo não só que tenho dificuldade minha mesmo como que a coisa é mais difícil em si. Vou lhe mandar o livrinho. E peço desculpas por mandar como presente de aniversário uma coisa ainda incompleta... mas é preciso esperar muito tempo para se ver o existencialismo nas suas verdadeiras luzes... Diz Sartre que o existencialismo é uma filosofia de ação, os outros veem como de negação, e que ele não tirou nenhuma moral propriamente da teoria dele. Para mim, à primeira vista do livro, deu certa esperança, mas coisa que eu preciso analisar melhor e estudar melhor para ver se a "culpa" não era minha e se não era eu que estava com vontade de ter esperança. Para

Sartre a existência precede a essência, no sentido de que existir precede isso que nós somos; e que somos o que nós mesmos escolhemos ser. Tudo isso que eu estou dizendo está primário e confuso, e o livro lhe dará melhor a verdadeira ideia. Além desse livrinho, ele tem um milhão de páginas chamado *L'être et le néant*[1] que é a obra principal dele e a propriamente dita, que eu não tenho.

E por falar em aniversário, minha queridinha, *happy birthday to you*! Mil felicidades para você, minha irmãzinha. Passou a época de perguntar "o que queres que eu te diga". Sei bem o que quero dizer e quero te desejar coisas boas mesmo que você não as queira exatamente. (a conversa sobre existencialismo, num momento em que estou especialmente aérea, me deixou com linguagem confusa...) Quero dizer que desejo tantas coisas boas para você que mesmo que você esteja distraída com outras coisas, eu fico desejando isso para você e... as coisas acontecem. Por favor, seja bem feliz, é isso o que eu tenho vontade de lhe pedir. No dia 23 estou pensando especialmente em você e estou aí e te dou flores e passarinhos, já que o livrinho de Sartre vai chegar tão atrasado. Minha querida, receba o meu melhor abraço e seja feliz.

Numa carta de aniversário, fico meio boba de contar o que tenho feito... Não tenho feito nada propriamente, senão levado uma vida exteriormente calma e interiormente ocupada, se é que se chama assim. Não tenho visto ninguém propriamente e termino por não sentir falta. Também é 8 ou 80; ou em Nápoles uma vida onde nenhum minuto se respirava sozinha, ou aqui onde se respira mesmo sozinha... Mas estou contente. A Suíça é sólida e quan-

---

[1] *O ser e o nada* (Gallimard, 1943). Obra fundamental da teoria existencialista, um dos maiores best-sellers da filosofia. A primeira tradução integral no Brasil foi realizada por Paulo Perdigão e editada pela Vozes, em 1997.

do a gente abre os olhos de manhã sabe que ela está ali onde se deixou. Não tem o caráter de terra magnânima como a Itália, por exemplo, ou a França, onde as coisas são tão espontâneas e variadas que terminam dando certa confusão ao ambiente; aqui cada coisa tem seu lugar, há silêncio e dignidade. Dignidade excessiva, às vezes. Lausanne já é diferente de Berna; as pessoas têm o ar mais vivo, se olham mais, a cidade é mais larga e parece mais jogada. Enquanto Berna parece que foi recortada; recortaram um riozinho verde e brilhante junto recortaram um pôr de sol cor-de-rosa vivo, junto recortaram uma casa que termina aguda e outra que termina rasa; botaram uma ponte aqui, outra ali, recortaram as ruas principais em arcadas (isso deixa as calçadas sempre cobertas como uma casa). Agora estou pensando que não mandei nenhuma vista de Berna para vocês; vou mandar. Minha querida, continuo hoje em relação a você com sensação de dia de festa onde a gente se veste melhor e não conta o que comeu de manhã. Estou, desde o começo da carta, procurando vestir uma roupa mais decente, ou pelo menos não contar que hoje comi bife com cenoura e salada de tomate e depois pêssego e depois café. E eis senão quando, já disse!

Elisa queridinha, me escreva dizendo como você vai, o que você tem feito, se tem ido ao cinema e se distraído um pouco, se seu trabalho afinal se aliviou ou se você espera que isso aconteça em breve. Me escreva depressa, diga como está de saúde. E me abrace, minha querida.

Sua Clarice

(cortei porque manchei de tinta)

[A Fernando Sabino]

Berna, 27 julho 1946

Fernando,

deixei de responder logo à sua carta porque exatamente estava em período agudo de precisar receber e não de escrever. Ainda estou assim, mas hoje é domingo de manhã, está chovendo e tudo está escuro; e como não vejo mesmo jeito de receber, então saio de meu egoísmo e lhe escrevo com prazer. Na sua carta tão boa para mim, você diz que não pode dar nenhuma palavra animadora, e no entanto vieram muitas, veio uma carta inteira delas. Uma carta que me sacudiu um pouco. Infelizmente estou muito por baixo e não consegui me alçar mesmo.

Não trabalho mais, Fernando. Passo os dias procurando enganar minha angústia e procurando não fazer horror a mim mesma. Tem dias que me deito às 3 da tarde e acordo às 6 para em seguida ir para o divã e fechar os olhos até as 7 que é hora de jantar. Isso tudo não é bonito. Sei que é horrível. Caí inteiramente e não vejo um começo sequer de alguma coisa nascendo.

Desculpe esta carta burrinha, estou me dizendo que você não tem nada com isso. Tenho lido muito a *Imitação de Cristo*[1] que tem me purificado às vezes. Mas não sei apren-

[1] *A imitação de Cristo*, obra de autor anônimo publicada no século XV. Há quem atribua sua autoria ao padre alemão Tomás de Kempis. É considerada a obra mais lida no mundo cristão depois da Bíblia. A frequência com que este livro é citado na correspondência para Fernando Sabino e Tania Kaufmann evidencia a forte impressão que causou em Clarice. Foi mencionada também em carta a Fernando Sabino datada de 5 de outubro de 1953.

der ainda a desistir e tenho medo de desistir e me entregar porque não sei o que virá daí. Até agora eu mesma me ergui mas sempre é um esforço muito grande e naturalmente estou bem cansada. Esta vida íntima que chega a um ponto de não ter nenhum sinal exterior termina por me tirar a direção e o sentido das coisas. Me parece que cheguei a um ponto de onde não posso mais sair. Não quero empregar grandes palavras, mas isso é insuportável e eu tenho suportado segundo por segundo. Esta chuva que está caindo é uma maravilha e tem também um pouco de sol: chuva e sol, casamento da raposa com o rouxinol. Estou cheia de problemas e cada dia um deles entra em estado de crise, sem socorro. Interrompi mesmo o trabalho. Minha impressão é de que é para sempre.

Que coisa está me acontecendo não sei dizer. Já me perdi em tantos pensamentos que se afinal eu pudesse fazer uma confissão que salvasse tudo, não saberia fazer. Era preciso que alguém desse as primeiras palavras ou todas por mim.

Enquanto isso, os movimentos simulados me dão muito o que pensar. O título é tão bonito e tão a propósito de alguma coisa que está sucedendo. Acho que com este nome você pode dizer muita coisa boa. Escreva contando um pouco mais se você pode. Eu gostaria de dizer alguma coisa para você que servisse como me serviu aquilo que você falou de saber que está escrevendo uma história sobre uma mulher que..., e não apenas sobre uma mulher. Mas acho que você tem muitos recursos de vida que lhe inspiram palavras de segurança e de conforto, e isso é mais do que eu poderia dizer.

E enquanto isso, conheci frau Hulda Pulfer. É a concierge daqui que faz a cozinha e a arrumação da casa e lava a roupa. Hulda é com h aspirado. Então nos primeiros dias eu ficava boba com minha sorte, de conhecer de perto frau Pulfer. Sonhava com ela e só faltava acompanhá-la pelo apartamento para não perdê-la de vista. Um dia desses eu estava lavando um lenço e tive a seguinte visão: Hulda Pulfer chegara perto de mim – me olhou, balançou a cabeça, se encostou numa porta. Então fiquei envergonhada e me interrompi com as mãos molhadas. Ela afinal disse com a vassoura na mão: (não traduzo para não estragar):

– *Vous savez, frau Valente, ça me fait une drôle d'impression d'être chez vous.*

E eu disse:

– *Pourquoi, frau Pulfer?*

Ela disse tranquila:

– *Oh. Comme ça.*

Ficamos caladas. Eu disse com cuidado:

– *Vous savez, frau Pulfer, à moi aussi ça me fait une drôle d'impression que vous soyez ici.*[2]

Ela não me perguntou por que e nós duas nos olhamos bem, tanto frau Valente como frau Pulfer pensativas. A visão não excedeu isto e assim não posso contar mais.

Depois foi a vez de Martha Baumann que para comprar um maço de cigarros botou o chapéu e saiu por horas como se fosse para colher flores. Afinal saiu para sempre, velha, muito limpa, com as sobrancelhas para cima como de um diabinho. Agora vem Anna Michalek, polonesa, cujo endereço é Gryphenhüberliveg 31, e com quem eu tenho que falar em mistura de francês e... de alemão.

A poesia do Hélio[3] é muito bonita e tão triste. Está tudo mordido pelas formigas. Me dói muito que não se possa,

---

[2] "Sabe, sra. Valente, para mim é um tanto estranho estar em sua casa./ Por que, sra. Pulfer?/ Oh, não sei. Assim, assim.../ Sabe, sra. Pulfer, para mim também é um tanto estranho que a senhora esteja aqui."

[3] Hélio Pellegrino (1924-1988), um dos quatro cavaleiros do Íntimo Apocalipse, como batizou Otto Lara Resende o quarteto de amigos mineiros escritores, incluindo ele, Fernando Sabino e Paulo Mendes Campos. Mesmo seguindo o caminho da Psicanálise, Hélio Pellegrino cultivou o amor à poesia e à literatura desde a juventude, o que não implicava em sua materialização em livros; jornais e revistas foram os caminhos para a veiculação de suas poesias. Participou ativamente da vida política do país e tornou-se uma voz importante nos principais movimentos contra a ditadura militar. Após sua morte, obras como *A burrice do demônio* (Rocco, 1989) passaram a eternizar seu legado literário.

quase por coincidência, escrever uma poesia alegre. Nem sei o que é preciso para se chegar um dia a isso. Acordado, de pé, aqui estou. Isso tudo é muito bonito.

E você, Fernando? me diga mais coisas; me diga se os movimentos simulados[4] estão crescendo, que isso é tão bom. Depois que você me disse que eu devia saber sobre que mulher eu estava escrevendo, me sentei junto à máquina e escrevi bem forte: estou escrevendo a história de uma mulher que... e as coisas se embrulharam ainda mais. Enquanto isso escrevi um pequeno conto chamado *O Crime*,[5] que mandarei talvez para você um dia desses.

Recebi da Agir uma carta pedindo consentimento para adiar a reedição de P.C.S. [Perto do coração selvagem]. Consenti naturalmente, e que me interesse, compreendo que a prudência da editora vem do silêncio da crítica em relação ao outro livro.

Tenho outros problemas também, Fernando, e por carta não saberia falar. Ia me fazer muito bem abrir afinal meu coração e mostrar afinal a alguém que fechasse os olhos e não ouvisse, que horror pode se guardar numa pessoa. A solidão de que sempre precisei é ao mesmo tempo inteiramente insuportável.

Enquanto isso descobri um novo meio de fumar: ir ao cinema. Que filmes horríveis tenho visto! E quase diariamente.

Recebi de não sei quem um número da revista *Edifício*.[6] Até escrevi para a direção da revista pedindo assinatura

---

[4] O romance *Os movimentos simulados* foi publicado somente em 2004, ano da morte de Sabino, pela Editora Record.

[5] "O crime" foi publicado pela primeira vez em *O Jornal*, em 1946.

[6] A revista *Edifício* foi fundada em Belo Horizonte, em 1946, por Autran Dourado (1926-2012), Sábato Magaldi (1927-2016), Wilson Figueiredo (1924) e Francisco Iglésias (1923-1999). Teve somente quatro edições. Feita para agitar um pouco Belo Horizonte que, segundo Autran Dourado, estava muito parada e tomada por um clima reacionário. Na faculdade de Direito, Autran conheceu Sábato Magaldi, que o apresentou aos escritores mineiros: Murilo Rubião, Otto Lara Resende, Wilson Figueiredo e Hélio Pellegrino.

e dizendo outras coisas de solidariedade (que na verdade é também pedido de solidariedade...) mas rasguei logo a carta porque este era um movimento simulado. (perdoe estar talvez desvirtuando inteiramente o sentido de movimento simulado...) Tem uma poesia muito boa do Lúcio, tem uma outra do Ledo Ivo, é engraçada uma coincidência meio incompreensível. A poesia é dirigida a uma Madalena que ele ama e a quem diz coisas de ternura. E lá para o fim, ele diz que "te quero brasileira" etc., e "não te quero europeia, lendo Paul Valéry./ Não te quero nas montanhas suíças, ou olhando a Itália de um expresso noturno./ Não te amaria tanto se me enviasse cartões-postais onde a Europa imóvel fosse a saudade transatlântica etc." Não mando mais cartões-postais para ninguém...

Fernando, você perdoe essa carta que eu desejaria que fosse mais alegre e animadora, como é animadora uma carta sua. Sobretudo para justificar minha insegurança que faz você ficar surpreendido... Mas você deu minha resposta única: "só você sabe à custa de que sacrifícios, no íntimo sou frágil, incerta, descontrolada." Você se espantaria se eu lhe dissesse exatamente isso: você é que tem uma segurança que eu admiro embora saiba à custa de que ela é feita. Me diga como você tem trabalhado, o que tem lido, como vai essa forma de ser alegre que é sua bateria. Acabei de ler *Uma Tragédia Americana*,[7] que é um verdadeiro romance que me fez chorar. Elianinha está gostando dos EEUU? ela diz o quê? Imaginei bem o susto de Helena e de você com a história do aeroporto. Como vai Heleninha como dona de casa ameri-

---

Carlos Drummond de Andrade inspirou não somente o título da revista, com seu poema "Edifício Esplendor", como foi uma espécie de guia literário da turma (Cf. "Um edifício que se mantém em pé 60 anos depois", Fabrício Marques. *O Tempo*, 28 de junho de 2006).

[7] *Uma tragédia americana* (1925), de Theodore Dreiser, narra a trajetória de um jovem pobre que abandona os valores morais em busca da ascensão social.

cana? ela encontrou aí aquela amiga americana de seu edifício? aqui tudo é racionado e o açúcar também e carne tem dias certos. Frau Hulda vivia com cupons, restrições e súbitas liberalidades e de novo cupons. Que é que eu faço para o almoço? bife com batatas fritas é minha solução geral. Agora começou a chover de fato e desta vez acho que é para sempre. Quando estive em Paris nem soube que Pedrosa estava lá, senão teria procurado vê-lo. Passei sob o Arco do Triunfo várias vezes, fui a lugares incríveis. Num *cabaret* vi, enquanto o show se passava, uma moça feinha, de cabelos curtos e lisos, de rosto gordinho, loura, chorando tanto até quase desfalecer. Tinha uma mulher forte morena junto que só faltava dar nela, e um homem gordo junto que puxava o braço dela e falava duro com ela. Todo mundo começou a reclamar, a dizer que queria ver o show e que quem queria chorar que fosse para casa... (quase que fui). Então o homem gordo que já estava bêbado levantou-se e gritou: então uma mulher não tem o direito de ter uma crise de nervos? então puxaram ela para fora para evitar briga. A moça chorava tanto que já não tinha olhos. Então a moça morena afinal foi buscar alguém: um rapaz magro que era o amante da moça que chorava e que veio como uma fúria, falando baixo enquanto o show se passava e chamou a moça dos piores nomes franceses. A moça morena disse que daria a ela cem francos para ela ir dormir não sei onde. A moça que chorava pediu perdão ao rapaz e todo mundo pedia silêncio e as moças do show cantavam e o artista principal, vestido de mulher, interrompeu-se e disse que um artista não podia trabalhar assim. Então o amante da moça se levantou e foi embora enquanto a moça puxava ele pelo braço e recomeçava a chorar tanto que já não tinha forças. A moça morena então bebeu toda a taça de champagne de uma vez e puxou a outra que saiu assoando o nariz e soluçando. Eram três horas da madrugada. Não posso explicar o que havia de horrível nisso, de anônimo, e nunca poderei saber o que fez a moça e aonde ela foi dormir em seguida.

Não vi Jean-Paul Sartre nem ninguém do gênero. Aquele sinalzinho que eu botei junto de seu nome, no envelope, significa abreviação de *Esquire*, título de nobreza e respeito, cavalheiro ou coisa que valha... Jamais deixarei de botar esse sinalzinho numa carta para você. Até estou pensando num equivalente para Heleninha mas só consigo mesmo pensar na caixinha de música.

Você procurou Araújo Castro? estou no entanto certa de que vocês se gostariam.

E sob o signo de *u unter lemons*, e *sunkist* para sempre, (receio que seja uma coisa horrível) me despeço de vocês. Desejo-lhes uma felicidade muito boa, tranquilidade, esperança e alegria. Um abraço para Heleninha e outro para você da

Clarice

Escreva, por favor

De Seminarstrasse o endereço passou a ser LUISENSTRASSE.

Légation du Brésil, Luisenstrasse, 46

[A Fernando Sabino]

Europa, Suíça, Berna, Ostring, 5 de agosto de 1946,
segunda-feira de manhã, 10 horas menos 10 minutos

Fernando,

recebi carta daquela moça Diva, lembra? e ela me mandou seu artigo "O Sentimento e a Palavra",[1] que assim recebi pela segunda vez. Li de novo e fiquei tão contente... Foi de novo uma carta sua, e uma conversa. Fiquei animada, não importa que daqui a pouco acabe e que eu vá com alma morta para a costureira... O que importa é que fiquei como estou agora, bem na primavera. De repente me pareceu que eu devo continuar a trabalhar, que tudo está ruim, mas que é assim mesmo, que as coisas são desconhecidas até que rebentam numa conhecida, a pessoa está só no mundo de modo que deve tomar certas providências urgentes de silêncio e meditação, já que não se sabe nem se pode agir, e que de vez em quando a gente pode receber este presente gratuito que é a palavra amiga de um amigo, e suponho que se há compensação e não vejo por que ela haveria de ser maior – esta já é grande e é mais do que se merece. Assim, mando depressa este momento de felicidade para você, e espero que ele vá incendiando papéis e ervas por onde passar e quando chegar a Nova York vá subindo em fogo rasteiro as escadas e chegue junto de Heleninha

[1] O título correto do artigo sobre *O lustre* é: "O sentimento e a linguagem" (*Diário de Notícias*, 1946). Foi publicado em *Livro aberto*, de Fernando Sabino (Record, 2001).

de Troia e de Fernando, o Sabino, num grande fogo de amizade. Amém.

Clarice

[A Fernando Sabino]

Berna, 14 agosto 1946

Fernando,

a descrição de Old Greenwich começou muito bem, eu lendo apenas; depois fui entrando em 1912, e entrei em transe – fiquei passeando pela praia com um *maillot* até os tornozelos e com meu lanche numa cestinha; e depois, na hora do pôr do sol, botei meu chapéu de abas largas até os olhos, meu vestido comprido de linho bordado e me sentei num banco junto de um homem de bigode e chapéu de palha. Que maravilha se a gente pudesse mesmo usar o pó de pirlimpimpim. "Nandinho", que carta boa a sua. Estou entendendo tão bem o que significam os movimentos simulados. Trabalhe bastante, Fernando, dê um "tempo" largo aos movimentos simulados. O personagem é "corajoso"? (não sei como dizer o que quero dizer sob a palavra "corajoso"). Gostaria que ele fosse. Vou copiar para você o pedaço em que você me dá uma ideia do sentido de movimentos simulados. Talvez esteja aí mesmo um dos pontos que você precisa. Eu tinha tanta vontade de ser um fantasma arrepiado e ficar atrás das pessoas que estão pensando junto de uma mesa e soprar um ânimo, uma palavra. Agora já estou em "transe" de novo, e me contenho para não me imaginar fantasma. Eu chegaria junto de Heleninha e com um toque leve curaria o terçol e ela olharia espantada. A você diria, como se fosse seu próprio pensamento: como é bom trabalhar, como é bom construir etc. Mas acho que também faria brincadeiras, esconderia coisas e riria dentro das pessoas: as pessoas iam dizer: não sei por que estou rindo! Meu anjo da guarda acaba de me dizer que eu tenho que fazer tudo por mim mesma – e foi embora.

E eis-me aqui, em pé. Por que é que eu acho que você pode tão bem fazer exatamente essa história com título de movimentos simulados? mas acho muito. Você diz num pedaço: o verdadeiro testemunho é o dos santos e nossa tristeza mais irremediável é de nem ao menos saber onde é que perdemos nossa única oportunidade de sermos santos. Fernando, meu Deus, pois você falou numa coisa que está ligada ao trabalho que eu estava tentando e abandonei. Tratava-se de uma moça que, porque era curta de espírito e muito lenta, forçava muito esse espírito fraco e isso dava uma espécie de santidade. Meu Deus, nem sei explicar, estou vendo que você não pode entender assim. Mas, porque ela era desses fracos, ela forçava o espírito para ver a realidade – "mas era mais fácil ver o sobrenatural do que a realidade". Ela forçava um momento de "santidade" para estar à altura das coisas que ela via com uma clareza intransponível e estúpida.

Estou vendo que não disse nada, que não é nada disso, e estou vendo que estou bastante perdidinha. Não quero mais falar, tudo isso é horrível e pesado. Quem me mandou escrever para você e você responder? Tem certas coisas que é melhor que a gente nunca tenha oportunidade de dizer, certas coisas que ficam fatais depois que se disse, e antes pelo menos era a vida de um modo geral, os divertimentos, o momento amargo antes de dormir, o almoço. Você sabe, quando eu queria entrar na Faculdade, papai não queria e eu soube que ele tinha dito à minha irmã que não queria porque tinha medo que eu terminasse pensando demais e me exaltando. Não foi a Faculdade evidentemente que me deixou assim. Mas agora compreendo tanto o que ele queria dizer. Uma vez ele disse: se eu escrevesse, escreveria um livro sobre um homem que viu que se tinha perdido. Não posso pensar nisso sem que sinta uma dor física insuportável.

Quanto à *Imitação de Cristo,* ela me manda sofrer até o sangue, e me ceder inteiramente. Sofrer até o sangue, chegarei lá e mesmo às vezes já cheguei. Mas me abandonar, não sei como, me falta a graça. Como diz A. Lins, eu sou dos muitos chamados e não escolhidos...

Vou encerrar essa conversa horrível. Vou lhe dizer que mando aí "O Crime", a história tosca de um homem que não quis ser punido.[1] Mandei-a para um amigo que tem uma revista chamada *A Casa,* e a quem prometi há muito tempo dar um conto melhor.

Que foi que houve com você no escritório comercial? Você está no consulado? Imagino que você também ganha pouco e como é cara a vida em N. York. Mas você sabe que em traduções você pode ganhar muito? traduções do inglês para o português: tem mil revistas agrícolas, comerciais etc., que precisam mandar artigos para Portugal e Brasil e que pagam muito bem os tradutores que são raros numa língua tão rara como a nossa. Muitos brasileiros já se sustentaram muito bem assim nos EEUU. E tradução de filmes? Heleninha poderia traduzir para essas revistas, e seria até uma distração para ela. Informe-se junto a editoras, e mesmo, quem sabe, pondo um anúncio no jornal. Sei que pagam muito bem. Me escreva a respeito, Fernando. Não pergunto mais e não digo mais para não tomar ar maternal.

Não recebi resposta de Paulo, e com razão: no momento de escrever me lembrei do ouvido dele, e me lembrei que vocês saindo ele estava um pouco só, e sem querer tomei um ar maternal detestável, que não era na verdade ma-

[1] "O crime do professor de matemática", em *Laços de família.*

ternal mas imagino que ele interpretou assim. Estou sempre errando.

Fernando, não escrevo mais hoje, porque apesar de estar com os cabelos molhados, estou com os olhos secos e a alma seca, tenho medo de ser "maternal".

A Tragédia Americana[2] é de Theodore Dreiser, é muito bom. Li também *Les revenants*[3] e *Maison de Poupée* de Ibsen.[4] Li *A Aranha Branca*, romance policial. Li um livro de contos de uma boa escritora suíça-romanda (quer dizer da Suíça-Francesa), chamada Clarisse Francillon.[5] Li *La machine infernale*,[6] de Cocteau, teatro, versão da tragédia de Édipo. Li um romance de Simone de Beauvoir que está ao lado de Sartre no movimento existencialista, *L'invitée*.[7] Acompanho na *Gazette de Lausanne* um folhetim chamado Fabia. Esse amigo da revista me escreveu dizendo que Nelson Rodrigues fez uma peça chamada *Álbum de família*,[8] que a polícia proibiu, mas já está à venda. E diz que Marques Rebelo deu uma entrevista dizendo que "temos que passar o bastão de 'geração moderna' para os que vêm chegando em novas levas", e que "nosso tempo já passou, o que

---

[2] O título correto é: *Uma tragédia americana* (1925).

[3] *Les Revenants* é uma peça de teatro escrita em 1881 pelo dramaturgo norueguês Henrik Ibsen (1828-1906), considerado um dos criadores do teatro realista moderno.

[4] No Brasil: *Espectros* (1881) e *Casa de bonecas* (1879) – esta última se propõe, entre outros temas, a questionar os papéis tradicionais do homem e da mulher no casamento.

[5] Clarisse Francillon (1899-1976) publicou na época em que Clarice Lispector morou na Itália e na Suíça os romances *Sábado à noite* (1944), *A bela laranja* (1944) e *The Ghosts* (1945).

[6] *La machine infernale*, de Jean Cocteau, foi escrita em 1932 e estreou no Theatre du Champs-Elysées, dirigida por Louis Jouvet, em 1934.

[7] *L'invitée* é o primeiro romance de Simone de Beauvoir, publicado em 1943, cujo título em português é *A convidada*. Observe-se que esse é o segundo livro de Simone de Beauvoir lido por Clarice.

[8] *Álbum de família* é a terceira peça de Nelson Rodrigues. Publicada pela Edições do Povo em 1946, foi proibida no mesmo ano devido às relações incestuosas nela retratadas. Sua primeira encenação, sob a direção de Kleber Santos, foi realizada pelo grupo do Teatro Jovem em 1967.

fizemos foi isso que está por aí, se foi pouco a culpa foi nossa e o prejuízo do povo – os outros que chegam que prossigam".

Fernando, um grande abraço para Heleninha e para você; me escreva. Se vocês viessem morar em Berna, arranjaríamos uma casa para vocês em Gryphenhüberliveg, eu daria a Elianinha mil amiguinhos suíços e ela mandaria em todos eles; depois nós iríamos almoçar aqui em casa, eu mandava Rosa fazer um *gâteau aux pommes*. A única pena é que eu não receberia mais carta de você... (Agora que entrou na minha cabeça a história de vocês fazerem traduções, ela não me sai mais "da ideia" e eu estou pensando.) Um abraço.

Clarice

Tenho uma vaga ideia de que o conto não presta para nada... Não se constranja com isso.

15 de agosto – Ontem ouvi pelo rádio a *Cantata de Narciso*,[9] de Paul Valéry, com música de Germaine Tailleferre (?). A cantata é linda e está num livro dele chamado *Mélange*.

---

[9] *Cantate du Narcisse*, de Paul Valéry (1871-1945), é um libreto redigido para a cantata de mesmo título composta por Germaine Tailleferre. O livro *Mélange* foi publicado em 1941.

[A Tania Kaufmann]

Berna, 14 agosto 1946

Tania, meu amor,

Recebi sua carta datada no correio a 6 de agosto em 12... Eu estava me convencendo de que não ia receber tão cedo, e eis o grande presente: Ah, querida, como estou cansada de ter saudade e de pensar. Estou tão cansada disso e de tentar pelo pensamento sair fora da vida que levo que não tenho gosto nem força de trabalhar. Um dia desses abri um livro que comprei, o célebre *Imitação de Cristo*, e estava escrito: ainda não sofreste até o sangue. Acho que no momento em que isto suceder, será o momento de agir, de resolver. Por enquanto ainda posso contemporizar. A carta que eu estou respondendo é aquela em que você manda a cartinha de Marcia... Que amor de cartinha, da primeira série! É a adulta menor mais querida que eu conheço. E você a criança maior querida. Fiquei boba com os quatro bilhetes de *sweepstake* vencidos. Seria melhor do que você imagina, você vir aqui... As cartas de vocês afinal recebi, acho que todas, com retratinhos, com recortes. Eu tinha tanta vontade de lhe dar uma boa notícia qualquer. Nossa sala de visitas é muito bonitinha. Lá está o seu retrato numa moldura, me olhando. Nos momentos em que estou mais chateada, você sorri para mim. Muitas vezes não sei o que você quer dizer, mas estou sempre adivinhando. Tem o retrato de Marcia na parede. E também, em moldurinha dupla, Elisa, com um retrato de carteira, e Marcia em duas pequeninas provas para o retrato grande. Tem meu retrato de De Chirico e todas as coisinhas que nós temos. Ontem fui comprar flores para enfeitar, e achei um lugar maravilhoso: é um jardim enorme, com um corredorzinho sombrio que leva a ele. Chega-se lá, entra-se numa casinha de teto de vidro e se diz: quero comprar flores. Então a mocinha com avental e meias compridas de algodão pega numa tesourona e sai com a gente, mostra o jardim enorme e diz: quais? A gente escolhe: essas amarelas. Então ela corta da planta mesmo uma dúzia de flores amarelas, enrola no papel e dá. Não é bom? Quer me mandar um retratinho com o vestido havana? Os botões foi você mesma quem escolheu, e é bem possível que os tenha pago também... Naquele tempo você pagava muita coisa por mim... Já não posso nem escrever uma carta, Rosa aparece para conversar. Já está ficando chata a minha amizade com ela... Ela tem mil histórias sempre, e tantas opiniões quanto é possível. Muitas histórias ela termina assim: ah, os homens, a senhora sabe... Finjo que sei, e talvez saiba mesmo. – Ontem Maury recebeu a carta de um amigo; ele dizia que "como nós devíamos saber", o Itamaraty estava distribuindo *O lustre*...; que por enquanto ele só tinha recebido o ofício anunciando mas não o livro. Isso nos deixou mortos de raiva e vergonha. Você não pode imaginar o ridículo disso, como vão rir de mim. Você não pode imaginar essas coisas porque está afastada do ambiente. Todo o mundo se reúne para falar mal de pessoas. Não sei se a notícia é verdadeira, e não sei de quem partiu a ideia. Acredito que talvez a AGIR, vendo que o livro não se vende, tenha se lembrado de vender exemplares ao Itamaraty... Se isso for verdade, não quero mais saber da AGIR para nada; estou cansada dos golpes deles que me prejudicam e me ferem. Sei bem que todos vão imaginar que fui eu quem consegui esta história no Itamaraty, porque estive no Rio. Tudo isso me chateia mais do que posso lhe explicar. Maury está furioso, sentindo-se ridículo. – Minha querida, então você não tirou sua amizade por mim. Me fez tanto bem sua carta. Ah, minha querida, eu acho que já não tenho mais palavras para lhe dizer como estou ligada a você, mais do que pelos botões...

– Mandei um conto muito pequeno para Buono, para a "Casa". Chama-se "O Crime".[1] Não mandei para você antes, com medo de você não gostar... Meu livro está encostado. Já não sei chegar até ele. Abandonei ele muitas vezes demais, e agora precisaria revivê-lo todo para transformá-lo. Com o seu auxílio longínquo, vou tentar de novo. – Eu me correspondo com Fernando Sabino, que está em Nova York, com Sarah Escorel,[2] que está em Boston, com Maria Luiza; recebi uma carta grande de Buono, uma daquela moça Diva Alves Terra, que diz que conheceu você. O pessoal da Itália não me escreve. Açucena não gosta de escrever. Saiu no boletim do Ministério, saiu que todo o pessoal masculino da Itália foi condecorado com cruz de guerra por serviços prestados à FEB. Estão incluídos personagens que chegaram à Itália depois da guerra terminada..., e uma datilógrafa também. O nome de Maury foi excluído, não se sabe por que, talvez porque ele esteja na Suíça; é uma vergonha. Tinham falado que até eu ia ser condecorada pelo trabalho no hospital... (A Rosa está agora dizendo que há aqui suíços tão sabidos que até parecem judeus...) Bom.

Um dia desses vimos um filme já antigo de Betty Davis; o título em inglês é *Old acquaintace*, com Miriam Hopkins.[3] Se passar por aí de novo, vá ver. É um desses filmes gostosís-

---

[1] Publicado posteriormente sob o título de "O crime do professor de matemática", no livro *Laços de família* (Francisco Alves, 1960).

[2] Esposa do diplomata Lauro Escorel.

[3] *Old Acquaintance* (1943), estrelado por Bette Davis e Miriam Hopkins e dirigido por Vincent Sherman. Foi exibido no Brasil sob o título de *Uma velha amizade*, e conta a história da amizade entre duas escritoras, Kit Marlowe (Bette Davis) e Millie Drake (Miriam Hopkins), abalada pelo sucesso de Marlowe, que é aclamada pela crítica.

simos, de se ter pena que acabe. Às vezes também aparecem filmes franceses, bons. Tania, não será exagero seu dizer que William ainda não aproveitou a viagem aos EE.UU? Só sei que se ele precisar de novo viajar, você deve aproveitar e ir também; não vejo por que não. – Já escrevemos encomendando cristais, talheres e porcelanas para você. Só que é preciso esperar também que tudo venha por água abaixo, tanto o seu serviço como o nosso. Só no momento em que ficarem prontos é que saberemos. Porque se a questão de dinheiro mudar, sairiam por uma fortuna. – Tania, diga a Priscila que continuamos sem receber resposta dos parentes dela. Que talvez ela deva lhes escrever, dando nosso endereço; porque não entendo a demora, uma vez que Priscila diz receber carta deles. Vamos escrever de novo. Maury escreveu em inglês e deu muito claramente as instruções.

Querida, me escreva, sim? É tão infinitamente bom receber sua carta depressa e com frequência... Receba meu abraço, querida, e goste um pouco de mim.

Clarice

[A Fernando Sabino]

Berna, 13 de outubro de 1946

Fernando,

Que bom receber carta sua.

Eu não sabia que você tinha amígdalas... Minha amizade por você teve presença por tão pouco tempo. Acho que deveríamos apagar tudo e principiar pelo princípio. Começo um pouco timidamente dizendo que fiz operação de apendicite. Quem sabe a sinusite não era amígdalas?

Seu sonho, Fernando, nem quero psicanalisá-lo, e nem lamento que tenhamos esquecido o nome da fera, se bem que por dentro eu diga decepcionada: pronto, nunca mais. Mas se nos lembrássemos o nome dela estaríamos no mesmo: certamente ele não seria uma palavra clara mas uma ignorada, uma que de novo a gente teria que dizer: é um símbolo. Se bem que dessa vez essa palavra fosse o último símbolo, o mais perto do nome real, e não o símbolo do símbolo do símbolo, como são as outras palavras. Mas acho que já estou desvairando e continuando o sonho do sonho do sonho.

E outra coisa, meu caro confrade: seu sonho está muito bem escrito. Não estou falando em "descrito", porque por mais bem descrito que fosse não seria o original que é o sonho, seria mesmo descrito.

Uma noite dessas também sonhei uma coisa. Não foi terrível como o seu sonho (a ideia de uma unha partida em dois é o mesmo para mim que apagar o quadro-negro com folha de papel... até nisso sua "técnica de horror" foi bem-sucedida). Meu sonho não foi tão terrível como o seu mas também me deu uma angústia de símbolo. Sonhei que estava num lugar de cores apagadas, tudo meio dormente, e que eu ia subir uma escadaria imensa, alta, alta. Eu me aproximava para subir, e com horror via que a escadaria era apenas pintada – nem pintada, desenhada a lápis com perspectivas certas em claro e escuro, parece que em cima de papel móvel porque havia vento. Nem lhe posso descrever de como comecei a subir e que dificuldade sentia: era uma imagem de escada e eu pisava em degraus desenhados e sem profundidade. Peço-lhe que não faça psicanálises... Acho que a explicação é de que me falta "realidade".

Aliás o Lauro,[1] numa carta que recebi dele, fala em relação ao *Lustre* em "escritor a ficar pedalando indefinidamente no vácuo", o que está bem dito, em relação a quem é. Não é truísmo o seu – o problema para quem escreve é antes de tudo um problema literário – mas pergunto-lhe agora: é ainda um problema literário a falta de pés no chão ou é anterior a ele? Acho que estou divagando e nem responda.

Estou muito contente com seu período de "bom jeito". Gosto muito de "em 1896 chegou ao Brasil..." Também andei procurando "anos atrás". Meu livro há meses está parado por falta de movimento íntimo e "êxtimo". Espero em Deus acordar deste mau sonho que está se prolongando mais do que posso às vezes suportar. Mas às vezes nem é difícil suportar. Às vezes estou num estado de graça tão suave que não quero quebrá-la para exprimi-la, nem poderia. Esse estado de graça é apenas uma alegria que não devo a ninguém, nem a mim, uma coisa que sucede como se me tivessem mostrado a outra face. Se eu pudesse olhar mais tempo essa face e se

[1] Lauro Escorel.

pudesse descrevê-la, você veria como é esse o nome da fera que você esqueceu no sonho.

Talvez seja orgulho querer escrever, você às vezes não sente que é? A gente deveria se contentar em ver, às vezes. Felizmente tantas outras vezes não é orgulho, é desejo humilde. Enquanto isso, estou me divertindo tanto quanto você não pode imaginar: comecei a fazer uma "cena" (não sei dar o nome verdadeiro ou técnico); uma cena antiga, tipo tragédia idade média, com... coro, sacerdote, povo, esposo, amante... Em verdade vos digo, é uma coisa horrível. Mas tive tanta vontade de fazer que fiz contra mim. Não está pronto e está tão ruim que até fico encabulada. Mas você não imagina o prazer... Trabalhando nesta cena, estou descobrindo uma espécie de estilo empoeirado – uma espécie de estilo que está sempre sob nosso estilo é que é uma mistura de leituras meio ordinárias da adolescência (não a sua, por Deus, talvez de sua infância...), uma mistura de grandiloquência que é na verdade como a gente já quis escrever (mas o bom gosto achou com razão ridículo), uma mistura disso – está ruim como o quê, mas com que prazer descubro as tiradas – parece que não há sequer invenção. É tão engraçado... Talvez, se chegar a um ponto em que a grandiloquência pelo menos tenha o pudor da gramática, eu lhe mande. O verdadeiro título dessa grande tragédia em um ato seria para mim "divertimento", no sentido mais velhinho dessa palavra.

Recebi há tempos cartas de Rubem Braga que diz: tenho saudades do Fernando e também muita, ou mais, de Helena, menina engraçada... Recebo carta de Sarah, mulher do Lauro Escorel, de Diva, aquela moça amiga do Lúcio, lembram? Ela é agora minha amiga, me mandou numa das cartas um amor-perfeito. Fernando, eu queria muito ler outros contos de Helena, seria possível? Não escrevo diretamente para ela sobre o conto para não amolar, mas foi tão bom, fiquei tão honrada...

"Tirou a pá do saco" também está me soando horrível... Dá impressão daquelas frases-brinquedo que têm molinha escondida: tanto pode ser "tirou a pá do saco" como "pá saco tirou".

Página 178 é uma bela página de romance para se estar. Desejo que você não esmoreça, porque é tão bom estar de "bom jeito". Acho que eu devia abandonar minha "tragédia" em um ato...[2]

Demorei tanto a responder por motivos exteriores ao prazer que tenho em receber carta sua e ao gosto de lhe responder. Por que é que você hesita em cada carta, sobre se deve ou não mandá-la? Acho que sou tão seca que corto o

---

[2] A cena descrita refere-se ao texto inicialmente intitulado de "O coro dos anjos", sobre o qual Clarice comentou também em carta a João Cabral de Melo Neto, que o pediu para publicar em sua prensa manual em Barcelona. Essa peça seria publicada em 1964 no volume *A legião estrangeira* com o título de "A pecadora queimada e os anjos harmoniosos", a única peça teatral escrita por Clarice. Sobre esta diz a escritora em sua apresentação a "Fundo de gaveta" (segunda parte do volume citado): "Por que tirar do 'Fundo de gaveta', por exemplo, a 'pecadora queimada', escrita apenas por diversão enquanto eu esperava o nascimento de meu primeiro filho?"

Um raro estudo sobre a peça, aliás o primeiro, é do professor americano Earl E. Fitz: "A pecadora queimada e os anjos harmoniosos: Clarice Lispector as dramatist", publicado em *Luso-Brazilian Review* XXXIV (1997), pp. 25-39 (Cf. A tradução em português por Eneida Nalini. *Revista Cerrados*. Brasília, v. 20, n. 32, pp. 130-149, jun. 2011). Earl Fitz é o mais eminente estudioso da obra clariceana nos Estados Unidos, aluno do tradutor Gregory Rabassa desde 1977, publicou diversos livros e artigos sobre a escritora. São de sua autoria a primeira tradução para o inglês de *A mulher que matou os peixes* (*The Latin American Literary Review*, 1982) e de *Água viva* (em parceria com Elizabeth Lowe) publicada pela Universidade de Minnesota, em 1989.

Em 2005, a cineasta Nicole Algranti, sobrinha-neta de Clarice Lispector, produziu a peça sob a direção de José Antonio Garcia (1955-2005), um apaixonado pelo universo clariceano, diretor do premiado filme *O corpo* (1991). Ele já havia dirigido a peça em meados da década de 1990, especialmente para um evento de textos curtos no SESC-SP, com uma única apresentação. O espetáculo intitulado *Crônicas para não esquecer e A pecadora queimada e os anjos harmoniosos* reuniu também crônicas adaptadas pelo diretor e a roteirista Yoya Wursh. A peça, estrelada por Cristina Aché e Dora Pellegrino, foi encenada no Jardim Botânico do Rio de Janeiro, em dezembro de 2005. No Teatro Sérgio Cardoso, em São Paulo, em janeiro de 2006, contou com a supervisão de Juliana Carneiro da Cunha, pois Garcia faleceu em 22 de dezembro de 2005, no final da temporada carioca.

movimento das pessoas. E só quem é assim é que pode compreender como é ruim ser assim.

Estou aqui em pleno outono, e apesar de ser outono, apenas por ser "pleno", tem o mesmo fulgor de primavera plena, inverno pleno – a impressão que dá é que alguma coisa está madura. Talvez sejam as maçãs,

Que
São
Redondas
E
Vermelhas

E depois dessa extrema poesia, peço, porque estou com frio, uma esmolinha pelo amor de Deus. E para rimar digo adeus, que é rima pobre e nua, mas, ai de nós, absoluta. Recebam um abraço de saudade,

Clarice

Fernando, você poderia me mandar "O espelho do general"?[3] O nome é uma beleza. E o general é velho, e é silencioso.

[3] "O espelho do general" foi publicado em *O homem nu – contos e crônicas* (Editora do Autor, 1960).

[A Lúcio Cardoso]

Berna, 31 outubro 1946

Alô, Lúcio,

isto é apenas pra perguntar como você vai.

O quê? ah, estou bem, obrigada.

Sim, com frio também, obrigada.

O quê? ah, sim, mesmo no outono já se tem um grau abaixo de zero.

Que eu vou morrer de frio? Ah, sim, você talvez tenha razão. Que você tem me escrito muito? sim, recebo sempre suas cartas; até ia lhe dizer que não me escrevesse tanto porque você pode se cansar. O quê? que você fez isso por amizade? é claro, foi o que pensei. Que você me mandou seus livros? realmente, todos os dias recebo um. Se eu li seu poema "Miradouro"? sim, li e gostei tanto, tanto. O quê? desculpe, não estou mais ouvindo, a distância é grande, minha "aura" está acabando e o esforço desta comunicação é tão sobre-humano que mal tenho força de assinar

Clarice

[A Tania Kaufmann]

Berna, 26 novembro 1946

Minha Tania,

Recebi ontem sua carta de 19 de novembro, aquela que você manda junto de uma carta adorável de Marcinha e junto dos seguintes recortes: Depoimento de Lúcio Cardoso, (*A Manhã*), recorte da revista *Carioca* (conselho de leitura Malucia...), recorte da *Vanguarda* ("Onde o céu começa", de Almeida Fischer) e artigo de José Geraldo Vieira no *Estado da Paraíba*, "Uma técnica de realidade no Romance". E terminado o inventário, pergunto depressa em outro tom como está você e como vão todos, e em outro tom ainda, digo que tua carta é tão boa, minha querida. Acho a ideia de uma colônia de férias para Marcia ótima. Aqui na Suíça tem muitas coisas parecidas, chamadas *Kinderheim*. A mulher do secretário da Argentina vai exatamente mandar a filha de três anos para um desses kinderheim por dois meses. Adorei simplesmente a história de Marcia me dizer que "a cartinha de você é muito bunitinha *(sic)* é também muito linda". Não peça mesmo nunca para ela me escrever, é melhor mesmo ela escrever se tiver vontade. – Querida, a essa hora você já deve ter recebido "Children's Corner"[1] e saber

[1] Segundo Clarice (Berna, 8 de fevereiro de 1947 – *Cartas perto do coração*, p. 84), são "Pequenos trechos, algum poema, tudo ligado pelo título geral de 'Children's Corner'. Em 1962, ela também assinou a coluna com o mesmo título na revista *Senhor* da seção "Sr.&Cia". Alguns textos foram publicados pela primeira vez em "Fundo de gaveta", na segunda parte de *A legião estrangeira* (1964).

que não é história de crianças, como se poderia com razão pensar, e eu esqueci de dizer a você. Você aprovou? Escreva. Gostei da ideia de mudar de penteado para estar nos "tempos modernos", e fiquei mesmo com vontade de mudar de cara. Acho que, quando eu precisar de novo de permanente, vou cortar os cabelos curtos e fazer "coroinha" com permanente. Acha bom? Pelo menos vou experimentar. Aqui posso me dar ao luxo de experimentar o que eu quiser porque conheço tão pouca gente... – Continuo me dando muito bem com mme. Strasser, com o irmão dela e o marido. Acontece que ela se apegou muito a mim e me diz que eu sou a única amiga dela; todos os dias me telefona e quer se encontrar comigo todos os dias. O que me faz passar de oito a oitenta... Eu sempre disse a mim mesma que o amor que os outros têm pela gente cria mais deveres do que o amor que a gente tem pelos outros. É por isso que às vezes tenho medo de estar incomodando você com meus sentimentos "grandiosos" a seu respeito. – Esses dias foram complicados. Tivemos que por dias seguidos convidar pessoas para jantar. Estou tão cansada. Você não imagina como é chato, como fatiga mentalmente. Me sinto de palha, como disse um poeta inglês...

O carrinho chegou. É inglês, pequeno, preto. Com lugar confortável para quatro pessoas (inclusive quem guia), mas quando se trata de amigos, cabem cinco... Ainda não andei nele, é uma vergonha, mas até me esqueci de que ele existe. Maury está tomando as últimas aulas e em breve fará o exame para obter carteira. Depois começarei a aprender eu mesma. Vai ser bom porque posso ir guiando para minhas aulas em Friburgo (são as duas muito boas). Indo de trem, por causa do horário, tenho que ficar rodando na cidade uma hora antes das aulas e uma hora e pouco depois. Já falei de vocês a mme. Strasser e ela já gosta de quem eu gosto...

É aliás a única condição que exijo de amigos... O escultor pediu para fazer minha cabeça, que ele acha muito "interessante", e que gosta muito de minhas "formas"... Mme. Strasser tem o rosto excepcionalmente bonito, estilo clássico. Um dia tiro retrato dela e mando para você. Já disse mesmo a ela.

Minha flor querida, fique certa de que amo suas cartas. O fato de você lavar a cabeça e da água e sabão "lavarem alguns fósforos cerebrais", deixa você ainda mais querida. Gosto muito de gente burrinha. – Também vi o filme das irmãs Brontë em Nápoles. Me emocionou muito e eu teria gostado de vê-lo com você. É muito bonito aquele cavalo com um cavaleiro embuçado, não é? A história delas foi no filme inteiramente falseada. A Emily Brontë não gostou jamais daquele que foi marido de Charlote. Não se conhece mesmo nenhum amor na vida de Emily Brontë, apesar dela ter escrito um livro onde o amor chega a um ponto sobrenatural. Mas o que importou no filme é que eles deram o ambiente como era e transmitiu a ideia do amor e da ternura entre as irmãs. Minha querida, por que Elisa não escreve? Ela está bem? Me dê notícias. Receba tudo de bom que eu tenho e tiver, minha alminha.

Sua Clarice

[A Tania Kaufmann]

Berna, 2 dezembro 1946

Minha filhinha, minha querida,

Hoje de manhã, mal acordei, fui depressa saber se tinha chegado carta, e Rosa disse que não. Quando fui lavar os dentes, vi a carta diante do espelho... Essa Rosa tendo prazer em me dar surpresas felizes. Foi um bom-dia tão infinitamente bom, o seu, minha querida irmã. Me deu tal alegria, tal bem-estar. É sua carta escrita no dia 26 de novembro, aquela em que você diz que no dia anterior levou Marcia para o teste no Instituto Pestalozzi[1] (sabe que ele era suíço?), aquela em que você diz ter recebido "Children's Corner", aquela em que você diz ter recebido meu "presente"..., o presente que lhe fiz de um momento de felicidade. Meu amorzinho, você transcreveu "meu momento" e isso me deu de novo alegria: você transcreveu e como o trecho é na primeira pessoa, foi como se você também dissesse o mesmo. Acho, querida, que se todo o mundo tivesse você como irmã, poderia dizer como eu digo: tenho uma das experiências mais ricas que se pode ter. Bom, vou deixar de coisinhas. Mas antes de deixar, deixe eu dizer de novo: você é uma margaridinha viçosa e delicada,

[1] A história da Pestalozzi no Brasil começou em 1926, com a fundação do primeiro Instituto Pestalozzi no Rio Grande do Sul, inspirado pelo trabalho do pedagogo suíço Johann Heinrich Pestalozzi (1746-1827). Com a educadora e psicóloga russa Helena Antipoff o movimento se consolidou em nosso país. Sua atuação marcou consideravelmente o campo da assistência social, da educação e da institucionalização dos serviços voltados para as pessoas com deficiência no Brasil. A primeira sede no Rio de Janeiro ficava na rua Gustavo Sampaio, no Leme, onde Clarice viria a morar a partir de 1959.

uma criaturinha completa, e eu aceito você tão sem condições que isso me engrandece.

Fiquei triste com a notícia de titio. Também eu passei a senti-lo muito mais como tio, talvez porque, pela compreensão do sofrimento dele, eu tenha me aproximado dele. Espero que ao menos não seja totalmente grave.

Tania querida, quanto ao título do Children's Corner: pode botar um par de aspas: "Children's Corner." Não é preciso pôr subtítulo nem explicação – isso estragaria muito. Acho que você tem razão, mas basta botar as aspas. Não é? *Não precisa subtítulo.*

Por que Elisa não me escreve? Sabe que a última carta que recebi dela foi datada no dia 10 de novembro? O que é que há? Vou escrever hoje mesmo para ela, de novo. Mas você também peça a ela para me escrever.

Minha florzinha, vou amanhã ao ginecologista, e se for necessário vou também ao clínico geral. Nessa semana mesmo vou tratar da operaçãozinha. E vou também a um oculista, embora não sinta mais nada; apenas porque o primeiro a quem eu fui me aconselhou óculos para ler e ir ao cinema. Cuide-se bem, minha florzinha, minha filhinha. Sinta-se bem, meu amor. Acho que somos xifópagas (que horror), se você não se cuidar bem não me sinto bem. Está bem assim? – Minhas duas aulas em Friburgo são ótimas. Minha grande surpresa foi ver que os dois professores são padres... Mas são muito abertos e muito inteligentes. Um deles é de uma alegria tão sadia, que saem dele ondas cor-de-rosa... É um velho grande e corado, de cabelos de prata, e muito humor. Quando ele descreve a paisagem da Palestina, para depois entrar na história do antigo testamento, ele descreve a terra, o sol, a lua, os bichos, as árvores, tão bem e com tal prazer puro de viver, que dá vontade de andar descalça, de pular pela janela e ir viver com os bichos, com o sol e com a lua. Tudo o que me dá uma emoção boa me faz pensar logo em você. Foi o que aconteceu nessa aula. – Fiquei muito contente em ver que Marcia acha que eu sei escrever carta direitinho... Você nem imagina que elogio ótimo que é. Estou doida para receber uma cartinha dela. Dela é que se pode dizer: "Marcia é muito bunitinha é também muito linda." Minha querida, escreva sobre Elisa, peça a ela para me escrever. *E receba meu melhor abraço, minha querida flor infantil.*

Clarice

[A Elisa Lispector e Tania Kaufmann]

Berna, 11 dezembro 1946

Minhas queridas únicas, minhas filhinhas,

Acabo de receber os presentes e as cartas. Posso-lhes dizer que meu aniversário foi verdadeiramente no dia 11, hoje, agora. Fiquei tão emocionada, chorei de alegria, de gratidão, de amor, de saudade, de felicidade. Resolvi agora mesmo ir ao cinema porque preciso voltar ao estado normal e então responder a vocês, se é possível responder em palavras ao amor que se recebe. Mas antes de ir ao cinema, quero dizer que vos amo com tanta força e tão eternamente, que sinto uma felicidade muito grande. Depois que eu voltar do cinema, estarei em estado de poder dizer como me agradaram os presentes (além da beleza deles, por uma coincidência engraçada, eu precisava exatamente deles... Descreverei depois de como precisava mesmo e ia comprá-los); estou emocionada com o fato de vocês me entenderem tão bem quanto a Irmgard – falarei depois do que pretendo fazer. Falarei nas cartas de vocês, na história linda da Marcia. Por enquanto vou ao cinema – e as cartas de vocês vão dentro do *soutien* (desculpem), porque assim sinto o calor da amizade de vocês... É muito bom; vou ao cinema com vocês. Sejam felizes, minhas queridas, eu vos adoro, e não sou nada sem vocês, e fico muito contente em ter essa sensação precisa. Boa noite, minhas irmãzinhas.

12 de manhã – Depois de telefonar no mínimo quatro vezes, consegui ontem encontrar Mariana. Eu já estava danada com a burrice do hotel, quando ela veio ao telefone –

me acalmei logo, porque nunca ouvi voz mais harmoniosa e simpática, um verdadeiro bálsamo que essa moça tem. Ela está ocupadíssima e não pode vir a Berna, nem adianta eu ir a Basileia, porque ela não teria tempo. Quando tudo terminar, faremos alguma coisa. Pedi a ela que mandasse a encomenda pelo correio, ela se espantou, mas eu expliquei que na Suíça se manda até relógios de ouro pelo correio para que o cliente escolha e mande de volta os que não agradam... Os presentes são uma maravilha. Rosa disse que eu era muito *gatée*[1] pelas minhas irmãs. E quando chorei, ela viu e bateu nas minhas costas e disse: compreendo muito bem. A caixinha para pó, Elisa, é uma beleza; poucos dias antes Rosa tinha me perguntado como eu botava pó quando estava numa visita, porque as caixinhas que eu tinha eram uma muito esportiva, outra tão pequena que bastava um pouquinho de pó para transbordar e sujar a bolsa. Então eu disse que ia comprar uma... A água-de-colônia é tão gostosa que ontem mesmo já botei... O jogo de *lingerie* é lindo – eu estava precisando de uma combinação preta que fosse fina, porque a única que eu tenho já está rasgando. E posso usar mesmo no inverno, porque o que vale é sempre o *manteau* como calor, pois nas casas está sempre aquecido. Os sapatos marrons fechados... e tinha preguiça de começar a procurar. Eles são lindos, com uma forma tão delicada, e não apertam. E as meias, não preciso dizer, são finíssimas. Como vocês veem, não poderiam ter adivinhado melhor. Só o que me aborreceu é que são todos presentes caríssimos, e eu sei como está a vida no Rio. Isso me aborreceu bastante. Mas os votos de felicidade são tão bonitos, e ainda retratos ótimos seus, Elisa, e a cartinha com uma história deliciosa de Marcia... Muito obrigada.

[1] "Mimada."

Responderei a carta de Marcinha na próxima vez

Tania queridinha, espero que você tenha recebido minha carta onde eu autorizava pôr aspas em Children's Corner ("Children's Corner"), mas não subtítulo. Aliás isso chega a ter importância, e não é preciso adiar mais a publicação.

Essa carta é só sobre mim quase, porque eu tinha tantos assuntos pequenos a resolver. Escrevam por favor contando de vocês. Tania, meu amor, você volta mesmo ao trabalho no dia 16? E a colônia de férias para Marcia? E a operação de garganta? E a licença prêmio, quando é que vem mais ou menos, Leinha? Escrevam. Recebam meu abraço feliz, não esquecerei nunca a alegria que vocês me deram ontem. E sempre.

Clarice

[A Tania Kaufmann]

Berna, 17 dezembro 1946

Tania queridinha,

Aqui está fazendo um frio doido. 8 graus abaixo de zero. E vai descer, naturalmente. A neve ainda não é forte, mas tudo já está um pouco branco. Com o carro já fomos à cidadezinha de Thun[1] e a Biena.[2] Estava nevando um pouco e muito bonito. Na Suíça em toda a parte há montanhas e lagos – e isso dá uma paisagem muito bonita. Quanto ao mais, está igual. E uma vontade louca de abraçar você, minha querida, de estar junto. Mas nessas coisas não se falam. – Já usei teu jogo de lingerie, que não ficou grande. A combinação é tão macia, e tão linda. Mostrei a mme. Strasser. Continuamos a nos dar com eles; só que eu me canso com certa facilidade. Não posso ver mme. Strasser diariamente, como ela quer. No domingo fomos de carro com eles para além de Bienne, onde mora a mãe dela, que é compositora. É uma casa isolada, e a mãe vive lá só, feliz, com o piano. Ela improvisa que é uma beleza. Mme. Strasser disse a ela: mamãe, faça a música de nossa visita. E a mãe sentou-se ao piano e tocou uma música linda mesmo. Ela improvisou uma fuga no gênero Bach. E como a lareira estava cheia de toras de madeira em brasa, ela tocou a música do inferno. Eu pensei de como você ia

[1] A cidade está situada ao norte do lago Thun, a 30 quilômetros de Interlaken, e é repleta de castelos e construções medievais.

[2] Biena (em alemão, Biel) está localizada na extremidade oriental do lago Biel. Conhecida como a cidade da relojoaria suíça, é a única em que o francês e o alemão são falados conjuntamente.

gostar disso tudo. E fiquei triste. Ninguém adivinhou por quê. É que eu fiquei imaginando como seria bom ter você junto, sentada defronte da lareira, com o rosto lindo iluminado pela chama, e dizendo com esse jeito que é só seu, de entusiasmo misturado com um pouco de pudor pelo entusiasmo, dizendo: mas é ótimo! Você é uma querida, minha querida. Eu chego a sentir raiva quando estou no carro de estar levando a passear outras pessoas em vez de você. Mas tudo isso virá.

Escreva, minha florzinha miúda. Acho que você não gostaria desse frio... Quantos cobertores você ia pedir! Eu daria todos.

Como vai Marcinha? E a colônia de férias em que deu? Como você achou a volta ao trabalho? Você pretende tirar férias? Aonde vai? Escolha um lugar que não lhe dê trabalho, e que permita você se divertir ao mesmo tempo que descansar.

Receba um abraço de ternura e saudade, de muito amor.

Sua Clarice

[A Tania Kaufmann]

Berna, 28 dez 1946

Querida irmãzinha,

Já estava estranhando a falta de cartas – mas você confessa que se atrasou, e assim tudo está bem. Fiquei tão, tão contente, minha queridinha, em saber que o resultado foi negativo, que você não tem que operar a garganta, que o resultado do Manoel Fabião também foi, minha querida. Deus te dê saúde e felicidade. Por carta de Elisa, chegada hoje (a sua chegou ontem à noitinha), soube que no dia 21 você extraiu um dente. Quando você tirar o outro, vai se sentir muito bem. Não tem importância que você tenha que substituir – a saúde é o mais importante, e o trabalho sendo bem-feito nada se verá, o que também é importante. – Recebemos aviso de que não precisaremos mudar de Ostring; mas queremos mesmo assim, e em março teremos um apartamento na cidade velha, como descrevi. – Fiquei contente em você dar o "Children's Corner" para *O Jornal*. Espero, querida, que você não tenha mudado nada nele... – Quanto ao Lux Jornal, não sei se vale a pena continuar com duas cópias, uma vez que não sai quase nada. Você resolva como achar melhor, mas penso que nesse caso é melhor uma cópia só, e quando sair alguma coisa então ou você me manda ou me diz o que é, apenas. Porque não sai nada de importante. Mas você faz como achar melhor. – O Wainer vai para o Brasil no dia 2 de janeiro. Bluma fica, esperando a volta dele. Como nós íamos a Paris lá pelo dia 11 ou 12, quando o ministro voltasse, então resolvi ir um pouco antes, no dia 4, e Maury ia na outra data. Assim ficarei mais tempo. Ficarei no hotel de Bluma. Eu já pensava em procurar a família de Priscila. Quando Maury estiver lá, ele falará de novo com o cônsul. Pode ficar certa de que fizemos o possível e ainda se fará. – Procurarei também mme. Jenny. Por enquanto não lhe dou meu endereço em Paris porque não tenho certeza. – Querida, não precisa me mandar coisas, nem sapatos. Tenho tudo de que preciso, e posso arranjar não tão caro como se vende aqui. Além do mais há tantas estações que a gente não gasta muito sapato; comprei ontem botas contra neve e frio, muito boas. Em Paris vou comprar uma máquina fotográfica, afinal. Então tirarei retratos com botas, sem botas, com neve, sem neve, e mando para você. Mande por enquanto seu retrato com vestido italiano, minha florzinha, e seja linda sempre. E não interrompa as cartas pelo fato de eu estar em Paris: continuarei a escrever. Você quer alguma coisa de Paris, minha querida? escreva. E outra coisa, mais ou menos urgente: mande dizer seu número de roupa. Porque se eu puder mandar, mando uma blusa de renda ou uma coisa parecida. Se você não disser o número, resolvo que ele é 44. Está certo? Peça o que você quiser, minha querida, quem sabe se não posso mandar por mme. Jenny. – Convidei para almoçar hoje aqui a Mariana e mme. Fridman, que eu não sabia que tinha vindo (pensei que ela fora substituída pela Mariana). Foi engraçado o nosso Natal... Eu vi que Rosa estava em preparativos misteriosos e ajudei a não quebrar o mistério para não desiludi-la: pensei que ela estava preparando um bolo. De tarde saímos, e quando voltamos, de repente ouvimos o som de sininhos e Rosa chamando. Fomos à sala de jantar e deparamos com o seguinte: Rosa pálida de emoção numa sala só iluminada por velinhas... diante de uma grande árvore de Natal, coberta de luzes, de passarinhos de celuloide, de bolas brilhantes. Fiquei tão emocionada que nem podia falar. Rosa pensou que era por causa da árvore, e não adivinhou que era por causa dela. Ela tinha pendurado nos ramos da árvore aquelas estrelinhas de S. João e tinha aceso todas: de modo que encontramos uma verdadeira *féerie*.[1] Embaixo da árvore estavam os presentes embrulhados: biscoitos que ela tinha feito, um chocolate, um quebra-nozes, uma caixinha de madeira imitando baú antigo e... doze guardanapos de linho (ela tinha um linho antigo que lhe tinham dado) bordados por ela, de noite. E no centro da mesa um bolo com uma velinha no meio, acesa. E a luz elétrica apagada. Resultado: eu não podia engolir a comida, e depois que ela finalmente foi embora para casa (porque a presença dela nos deixava emocionados e constrangidos), depois que ela foi embora fiquei tão nervosa que minhas pernas tremiam... (no aniversário dela dei um par de meias e pó de arroz; e nas vésperas de Natal, calças de lã, como ela pedira. E como eu não sabia como agradecer as delicadas intenções dela de nos dar alegria, dei na hora um potinho de creme, porque ela é muito vaidosa, e como diz, toda noite antes de dormir "engordura" o rosto...) O pior é o que tive de fazer ontem: tendo convidado Mariana e mme. Fridman para almoçar hoje, de repente me lembrei do que elas iam pensar vendo uma bruta árvore de Natal na sala de jantar... Seria impossível explicar... Então, com toda a gentileza de que sou capaz, expliquei à Rosa que convinha tirar porque vinham duas brasileiras e que no Brasil só se bota árvore de Natal quando se tem filhos. Ela ficou um pouco desiludida porque pensava em deixar a árvore por várias semanas, como se usa. É capaz de Elisa dizer: porque você não explicou? Eu respondo que detesto confundir pessoas, que apesar de Rosa ser inteligente, tem uma mentalidade simples e eu ia dar um problema irresolúvel para ela. Enfim, a árvore linda e iluminada, que para mim ficou como símbolo da bondade humana, está toda pobrezinha no sótão da casa, cheia de velinhas, tendo em cada ramo o coração de Rosa.

---

[1] Espetáculo feérico, mágico, maravilhoso.

– Quando Maury também partir para Paris, ela vai para a Itália, ver os parentes.

Minha querida, você não sabe que emoção tive quando, no mesmo dia em que avisei a telefonista de que queria falar para o Brasil no 31 – tocou o telefone e ela disse: mme. Kaufmann disse que aceita o telefonema (eu ia ficar desiludida se vocês não aceitassem...) e diz que estará em casa de 3 às 4 horas da tarde... Vamos falar três minutos, querida, e vai dar tempo de falar com todos. Dizem que se ouve tão bem como se se estivesse falando no mesmo país.

Vejo pela carta de Elisa que ela está animada e com bons projetos – fiquei radiante. Espero que ela consiga essas viagens todas, mas que viaje sempre em estações amenas – é preciso que ela leve sempre agasalhos fortes, mesmo que seja no verão, porque o clima pode variar.

Receba, minha florzinha, meus desejos de um ano feliz para você. Que você tenha saúde, minha querida, saúde, bem-estar, felicidade, tranquilidade, conforto moral, físico, social. Que Marcinha não se gripe, que faça bons exames... que seja adorável como sempre. Que William seja feliz com vocês, que faça bons negócios, que continue bem disposto e alegre. E até o dia 31, minha querida, quando vou ouvir sua voz querida.

Sua Clarice

Acabo de receber *Sagarana*[2] e *Água funda*. Obrigada, querida.

[2] O primeiro livro de Guimarães Rosa, publicado em 1946.

[A Tania Kaufmann]

Berna, 2 janeiro 1947, quinta-feira de noite

Tania, queridinha,

Depois de falar com você no dia 31, recebi de manhã, no dia 1º de janeiro de 1947, uma carta sua (aquela com recorte de artigo de Antonio Cândido, no *O Jornal*, 15 dez.; nota no *Correio da Manhã*, 15 dez., sobre os melhores livros de 1946; e entrevista da sra. Leandro Dupré, na revista da *Semana*). Na sua carta, por distração, você me mandou também uma folha em branco, junto das escritas... Minha queridinha, eu estava tão nervosa antes de falar; e foi tão bom, ouviu-se tão bem, tua vozinha delicada, autoritariazinha... Reconheci todos os jeitos de voz de você, de Elisa, de Marcinha querida, que reclamou ausência de cartas minhas... Depois que desliguei, Maury estava na outra sala com os olhos úmidos e Rosa ficou com ar de frio... E eu fiquei tão alegre em ver que tudo estava bem que comecei a cantar a seguinte ária de ópera, com perdão da palavra: *Mon coeur s'ouvre à ta voix, comme s'ouvrent les fleurs au baiser de l'aurore...*[1] Antes de falar me deu um frio que não houve nada que me esquentasse; senti até uma falsa dor de garganta e pensei que estava gripada; mas logo que acabei de falar, passou. Me controlei muito e estava muito bem. Fui me vestir para irmos à casa de mme. Strasser de vestido comprido, como ela pedira. Rosa saiu também para a gente levá-la de carro para a casa dela. Quando saí, tinha nevado muito, estava uma beleza. E eu levei meu batismo

[1] "Meu coração se abre à tua voz, como se abrem as flores ao beijo da aurora."

de verdadeira neve: levei um daqueles tombos, que nem passarinho baleado. Se não fosse a Rosa me segurar um pouco, minha cabeça bateria com força no chão. Me levantei e fui para o carro. Mas com o choque da queda violenta, o controle da emoção do telefonema desorganizou-se e eu fiquei tão lassa para o resto da noite que teve um momento, antes da meia-noite, que adormeci ligeiramente na cadeira... A casa de mme. Strasser fica junto da Catedral; os sinos antes tocam pelo ano velho, param, e tocam à meia-noite pelo ano-novo. Vestimos os casacos, abrimos a janela, e tudo estava branco, com os sinos batendo como se fosse dentro de casa. Pedi a Deus que nos desse muita saúde e felicidade; não pedi coisas demais para não confundir Deus que à meia-noite de ano-novo está tão ocupado. Depois se botou na vitrola uns discos brasileiros (Maury comprou, apesar de não termos ainda vitrola), e dançamos tico-tico no fubá etc. Eu dançando mole, de veludo, decotada, na Suíça, tico-tico no fubá,[2] ano-novo... que mistura estranha. Ainda me cumprimentaram pela queda, porque diz que é bom cair no dia 31, no fim do ano-velho, porque quer dizer que a coisa ruim aconteceu no velho e que o ano-novo está limpo... – Minha querida, vou lhe pedir uma coisa: pelo fato de eu contar que fiquei tão contente e emocionada com o telefonema, não vá ter um remorsinho por não ter sentido exatamente o mesmo: cada pessoa é diferente e afinal quem está na Suíça sou eu... – Minha queridinha, você está bem no trabalho? Espero que você se habitue depressa, e que não leve a sério demais. Você não poderia deixar de trabalhar? Quem sabe, florzinha? Pense nisso. Estou tão contente porque tudo está bem com você, meu amor. Que 1947 comece para você um tempo lindo e constante de boa saúde, de alegria e tranquilidade. – Mando aí outra série de "Children's Corner", para *O Jornal*. Não sei se você vai gostar. Mas, querida, não

[2] *Tico-tico no fubá* (1917), de Zequinha de Abreu, foi gravada por Carmen Miranda.

mude nada, sim? Nem vírgulas. E entregue logo ao jornal, para que saia logo. No meio, tem um trecho chamado "Au-dessus d'un certain vide", entre aspas, mas que traduzo para o português na linha abaixo, exatamente como você gosta. Tive que botar em francês mesmo, porque é o título de um quadro que vi, de um pintor suíço, cujo nome já não me lembro bem. Você há de dizer que eu devia explicar que é um quadro; mas não posso, porque se disser que é uma pintura, pensa-se que então estou descrevendo a pintura, o que não é verdade: uma coisa nada tem a ver com a outra. Deixe assim mesmo, viu, querida? Isso não tem a menor importância. – Quanto a escrever para jornais, querida, é o que eu estou fazendo, não é? Você é muito ambiciosa... Mais do que estou fazendo não quero, nem posso. Pode ser que mais tarde. Fazer crônicas de estilo ligeiro, tem muito perigo. O perigo de tomar gosto na facilidade de escrever. O perigo de cair no que Antonio Cândido chama de literatura "infernal"... Você leu o artigo dele? Ele diz, falando de um livro qualquer: que ele "reflete um espírito que vem chegando aos poucos em certos magazines, certos cronistas e contistas. Espírito que é uma mistura da irresponsabilidade das histórias de quadrinhos com o humorismo superficial, e cuja ética, ou falta dela, exprime a apoteose do gostosão". Naturalmente sei que você não se refere a isso, e sim a crônicas boas como de Raquel de Queiroz. Mas por enquanto, querida, fico nisso ainda: mandando de vez em quando coisas para um ou outro jornal.

Minha queridinha, como você se sente agora? Seja muito feliz, minha irmãzinha, e que Deus te abençoe, te dê saúde, alegria interior e exterior, alegrias em casa e fora de casa.

Vou sábado para Paris: Maury seguirá logo que o ministro voltar, o que será mais ou menos uma semana depois de eu partir. Estou muito contente com a viagem. Embarco sábado de noite e domingo de manhã estou lá. Mas tenho cama reservada. Continue a escrever, minha querida, vou dar um jeito para que as cartas me cheguem logo às mãos. Desculpe eu ter escrito no lado avesso da carta, esqueci que o papel era meio transparente.

Receba um abraço grande, grande, minha margaridinha viçosa, filhinha pequena, e seja feliz, feliz, feliz, feliz, feliz, feliz, feliz! (como é bom escrever essa palavra).

Tania: como é? A Agir não vai pagar o resto? E quando? Já recebi dela 2.800,00, quer dizer, descontando daí os selos. Ela deve me pagar ainda essa quantia. Quando?

Clarice

[A Tania Kaufmann]

Paris, 28 janeiro 1947

Meu amor, minha amiga única,

Não sei como há tanto tempo você não recebe carta minha, escrevi uma que mandei daqui. Minha filha pequena, você me feriu muito em dizer que acha que comigo vai acontecer o mesmo que com Suzana, que eu vou querer morar fora. Estou até chorando de desgosto. Como é que você pode dizer isso? Você não sabe que sem você eu não posso <u>viver</u>? Minha irmãzinha, te adoro, minha única amiga. Oh querida, meu modo de dizer como te adoro já gastou as palavras até. Seja feliz, seja feliz, seja feliz! Tenho vontade de pedir perdão por estar longe. Para mim não existem nunca lugares, existem pessoas. E acima de todas as pessoas do mundo está você, que eu não comparo com ninguém. Aonde você estiver, é aí que eu me sentirei feliz. Seja alegre, me esqueça, ou melhor, não me esqueça. Que vontade de abandonar tudo isso que não vale <u>nada</u> para mim e ir para o Brasil. Você é tão perfeita. Não ligue histórias de óculos e bobagens, nada pode atingir sua graça e sua beleza e sua simpatia. Que vontade de estar aí e ouvir você, minha florzinha, margaridinha simpática e delicada. Deus te abençoe, a você e a Marcia. Acredite em mim, sim, querida? – Você tem razão quanto ao tom dogmático da *À margem da beatitude*. Não está me interessando nada escrever. Oh meu amor delicado, você é minha vida, não aguento mais de saudades. Tenho que parar porque estou na sala de espera do médico de senhoras e escrever está me doendo meus olhos incríveis. Escrevo mais tarde. Seja feliz, minha flor querida.

29 janeiro – Sonhei que havia um trem Brasil-Paris e que você vinha passar duas horas comigo. Minha felicidade era tão grande. Eu corria para mostrar algumas coisas a você, e protegia você contra todos. Nunca mais diga que eu vou querer ficar por aqui como Suzana. Não me obrigue a lhe escrever dizendo como minha vida está desenraizada, como não vejo futuro, como é gratuito viver na Suíça ou em outro lugar, como se pudesse viver em qualquer época e em qualquer lugar. Cada dia que não tenho o seu convívio querido é um dia sem sentido. – Elisa me escreve uma carta tão evasiva... Nada do que eu perguntei ela respondeu. Respondeu que não tinha importância. – Minha boneca, também vou usar óculos e logo que chegar em Berna operar o dente. O médico de senhoras disse que eu não tenho nada, pelo contrário, está tudo muito bem. Mas nada me alegra propriamente; não quero escrever, não quero mesmo nada, estou vivendo noutro planeta onde não é necessário nada disso.

Seja feliz e linda, meu amor, tenha saúde e alegria. Que Deus te proteja e te dê uma vida muito saudável, cheia de plenitude e de alegria. Receba um abraço muito grande de sua sempre, sempre

Clarice

<u>Mande retratos</u>

[A Elisa Lispector e Tania Kaufmann]

Paris, janeiro de 1947

Minhas queridas,

apesar de não ter escrito tanto tempo, estou sempre pensando em vocês, minhas queridinhas. Não escrevo porque minha vida aqui tem sido mais movimentada do que é possível e eu queria escrever muito, mas só poderia superficialmente. Não sei se estou louca por Paris. É difícil dizer. Com a vida assim parece que sou "outra pessoa" em Paris. É uma embriaguez que não tem nada de agradável. Tenho visto pessoas demais, falado demais, dito mentiras, tenho sido muito gentil. Quem está se divertindo é uma mulher que eu não conheço, uma mulher que eu detesto, uma mulher que não é a irmã de vocês. É qualquer uma. É por isso também que não tenho escrito. Não pensem que Clarice está se divertindo tanto que não tem tempo de escrever. Tempo eu tenho, mas escrever para vocês pediria uma concentração que estou evitando porque se eu me concentrar uma vez, passo a não querer ver tanta gente e a estragar o programa de Maury. Eu amo vocês. E Paris é ótimo e até conheci pessoas ótimas. Conhecemos Santiago Dantas[1] que é inteligentíssimo. Co-

---

[1] Francisco Clementino de San Tiago Dantas (1911-1964). Um dos maiores juristas do Brasil, professor de Direito Civil a partir de 1940 na Universidade do Brasil [atual Universidade Federal do Rio de Janeiro], onde Clarice cursou Direito. Foi ministro da Fazenda no governo João Goulart, em 1963. O afeto de Clarice pelo jurista ficou registrado na crônica "Santiago", publicada no *Jornal do Brasil*, em 6 de janeiro de 1968 (Cf. TC, pp. 65-67).

nheci melhor Augusto Frederico Schmidt[2] e a mulher dele, almocei hoje com ela. Uma noite dessas Santiago Dantas nos convidou e ao Schmidt e mulher e a filha de Tristão de Ataíde[3] para jantar – terminamos a noite às cinco da manhã e todos bastante bêbados. A mulher de Schmidt me disse hoje que quando eu bebo eu pareço um anjo. Minhas queridas, se vocês estivessem comigo como eu seria feliz! feliz! Vocês estão bem de saúde? por favor [...] sejam felizes, pelo amor de Deus. Entendam o motivo por que não lhes escrevi – é porque gosto demais de vocês para escrever apressadamente. Temos ido a teatros ótimos. Hoje no almoço com Yeda, mulher do poeta, estava sentado junto (foi no Ritz) aquele ator de cinema Victor Franceu (*sic*). Ele é igual à tela. Temos visto muitos bolsistas, somos amigos de Ceschiatti,[4] o escultor brasileiro que ganhou 1º prêmio de viagem. Temos estado o dia inteiro com Bluma,[5] de quem gosto

---

[2] Augusto Frederico Schmidt (1906-1965), poeta, empresário, proprietário da Livraria Schmidt Editora, lançou autores como Jorge Amado, Rachel de Queiroz, Graciliano Ramos, Vinicius de Moraes e Lúcio Cardoso (*Maleita*, 1934). Amigo de amigos de Clarice, como Fernando Sabino e Otto Lara Resende, transitava no meio literário e nas altas esferas da política, especialmente durante o governo de seu amigo Juscelino Kubitscheck, Clarice, que chegou a entrevistá-lo na Agência Nacional, tinha uma predileção pelo poema "Cânticos para adolescentes". A esposa de Schmidt chamava-se Ieda.

[3] Sílvia Ferreira é a segunda filha de Tristão de Athaíde (pseudônimo de Alceu Amoroso Lima). Seu contato com Clarice a impressionou tanto que ela fez questão de lhe escrever uma carta (Cf. Tânger, Marrocos, 28 de fevereiro de 1947, ACL/FCRB). Em entrevista que o crítico lhe concedeu, publicada na coluna do *Jornal do Brasil*, Clarice demonstrou sua admiração pelo pai de Sílvia: "Nem sei o que lhe perguntar, tanto tenho a aprender do senhor" (Cf. TC, pp.197-204).

[4] O escultor, desenhista e professor mineiro Alfredo Ceschiatti (1918-1989) tornou-se conhecido especialmente pela parceria com Oscar Niemeyer em Brasília, onde tem várias obras como *Os Quatro Evangelistas*, na Catedral. Pintou um retrato de Clarice Lispector em Paris, em janeiro de 1947, e chegou a esculpir "a cabeça" de Clarice, mas insatisfeito com o resultado a destruiu (Cf. TC, p. 606). Bluma Wainer fala dele com frequência em suas cartas endereçadas a Clarice Lispector (Cf. COR).

[5] Bluma Chafir Wainer (1914-1951), jornalista e fotógrafa, "mulher linda, de ótimo caráter e extremamente generosa". É assim que o jornalista Samuel Wainer (1910-1980), fundador do jornal *Última Hora*, refere-se a sua primeira mulher nas memórias *Minha razão de viver* (Record, 1987). O casal conviveu com Clarice e Maury durante o período em que residiam em Paris. Ao assistir ao filme *Ivy*, com Joan Fontaine, lembrou a Clarice das idas

muito. Falei muito com ela de vocês. Fomos ouvir Madeleine Gray. Não sei se ela estava doente, mas ela cantou horrível. Vimos *Electra* de Eugene O'Neill, uma beleza. – *Digam a Prescila o seguinte:* Maury falou com o cônsul de novo e com outras autoridades a resposta é: não. É impossível. O cônsul respondeu que tudo depende de autorização do Brasil. Que no momento em que vier uma autorização, por telegrama ou não, ele dá imediatamente o visto. Não é possível insistir mais. A família vai bem, com ótimo aspecto. Perguntei mil vezes se eles precisam de alguma coisa, de dinheiro, roupa ou comida: eles responderam que têm tudo isso e não precisam. Prescila deve fazer tudo no Brasil.

Minhas queridas, recebam meu abraço e me abracem. No dia 4 de fevereiro volto para Berna. Me escrevam, me escrevam

Clarice mil vezes para vocês.

---

juntas à cartomante. Simpatizante do Partido Comunista, Bluma estava atenta ao panorama cultural e político brasileiro e europeu da década de 1940, conforme se vê no livro *Correspondências* (Rocco, 2001), onde foram publicadas suas dezoito cartas endereçadas a Clarice Lispector, entre 22 de julho de 1946 a maio de 1947, quando voltou a morar no Rio. Nas cartas, judia que era, Bluma não deixou de falar sobre o antissemitismo, os campos de concentração e sua admiração pelo povo iugoslavo, que considerava grandes democratas e antifascistas. Seus relatos cobriam da vida literária carioca aos movimentos mais conturbados da política brasileira. Ela é responsável por registros memoráveis da iconografia clariceana, em Paris e Berna. Na correspondência, revelam-se dois temperamentos diferentes, mas de puro afeto: "Continuo sempre eu, a contar coisas. Você se esconde sempre", diz Bluma. Clarice a acompanhou no período final de sua vida, quando morreu precocemente vitimada por um câncer em 19 de outubro de 1951. Seu casamento com Samuel Wainer durou quinze anos. Ele relatou que a conheceu quando morou na pensão da mãe dela, no Catete. Com ela dividiu o dia a dia da redação da revista *Diretrizes* (1938-1944), para onde convergiam os sobreviventes da ditadura de Getúlio Vargas: "ali, Bluma, uma mulher muito organizada, e muito querida dos amigos, que trabalhavam comigo, seria uma espécie de secretária-geral." Uma testemunha privilegiada do período em que Wainer amadureceu como jornalista. Parece ter acompanhado o marido na cobertura do Primeiro Tribunal Militar Internacional de Nuremberg, palco de um dos mais significativos julgamentos da história mundial, criado pelas potências vencedoras para julgar os criminosos de guerra nazistas. Samuel Wainer foi o único jornalista brasileiro a cobrir o julgamento. É o que se deduz da foto atribuída a Bluma Wainer que circula na web mostrando a Tribuna de Jornalistas do Palácio de Justiça de Nuremberg em outubro de 1946.

[A Tania Kaufmann]

Berna, 6 fevereiro 1947

Minhas queridas,

Apesar de ter estado em Paris por um mês e parecer ter tantas novidades, o fato é que escrevo esta para pedir notícias e pedir que escrevam. Receberam minhas duas cartas de Paris? Lá fui muito a teatro, a uns doze; fui de novo ao Louvre, fui de novo ao museu Rodin,[1] fui a muitas *boites de nuit*... Das mais loucas. Uma delas, chamada La Montagne, é frequentada por mulheres que gostam de mulheres. Outra, chamada La vie en rose, é frequentada por homens que gostam de homens... Conheci muitos brasileiros, como lhes disse. Fiquei mais amiga da Bluma, de quem já gostava muito. Ficamos amigos de Santiago Dantas. De Ceschiatti, o rapaz que ganhou o 1º prêmio de escultura moderna no Brasil. Comprei dois vestidos, um no Lelong, outro no Alex. E comprei um chapéu no Jaques Fath. Nos cansamos muito, a vida que se leva lá, estando pouco tempo, fica vertiginosa. Já estava com vontade de me pôr a sério, a ler, a trabalhar, a levar uma vida mais limpa por dentro e por fora. Vamos nos mudar no dia 15, acho eu. Não tem importância o endereço que vocês botarem, porque o correio aqui é ótimo e tudo o que vier para Ostring será automaticamente enviado para o novo endereço. – Em Paris comprei umas lembrancinhas para vocês, que seguiram de navio com Carlos Perry. Tudo o

[1] Auguste Rodin (1840-1917), escultor francês, autor de *O pensador*.

que eu dei a ele, ele deve ter espalhado pelas malas, porque não podia ir num pacote só. Junto de cada coisa escrevi meu nome, mas pode ser que dê confusão. Assim aí vai a lista do que mandei: para você, Elisa: um colar dourado e brincos dourados, e um vidrinho de perfume chamado "Dans la nuit", de Worth (pode ser que me engane, mas achei o colar e os brincos lindos; quando você quiser vestir mais "toilette", põe as duas bolinhas do colar para a frente, e quando quiser menos toilette, ponha para trás). Para você, Tania: os brincos brancos que você pediu, uma blusa branca de renda, um baton *Schiaparelli* e um vidrinho de perfume chamado "Je reviens", de Worth; os brincos não sei se são os que se usam no Rio pois mme. Jenny ficou de comprá-los para mim e como estava demorando, fiquei com medo de que ela esquecesse e resolvi arriscar; achei preferível comprar a blusa de renda em cor branca, por causa do tempo no Rio – a renda é feita à mão, e a blusa serve para ser usada também com saia comprida preta para baile, no inverno também – uma moça em Paris que tem também uma, não tão bonitinha como a sua, e ela faz com ela grandes toilettes, apesar da dela ser mais esportiva. Para dona Zuza, um broche e um vidrinho de perfume chamado "N", de Lelong. – Em Paris tirei retratos num grande fotógrafo, para vocês. Mas não saíram bons. O fotógrafo me mexeu tanto nos cabelos e não me avisou que eu estava despenteada, de modo que pareço ainda mais relaxada do que sou... (isso é para prevenir carões de vocês... sou sabida.) Compramos também uma máquina fotográfica. Dagora em diante poderei mandar retratinhos de vez em quando. Que mais? Talvez mande logo os retratos, mas talvez, se souber que vai alguém embora mando então, para não se amassarem. Meu trabalho agora vai ser afastar um pouco mme. Strasser. O que ela quer não me agrada: ficar sempre juntas. Apesar de eu simpatizar com ela, ela não é exatamente a amiga que eu escolheria. Além do mais não posso mais perder tanto tempo. Ela é meio intelectualizada, sem grande simplicidade. Vocês são as minhas maiores amigas, isso é verdade. – Engraçado é que voltando de Paris, fiquei surpreendida de voltar para Berna; minha certeza íntima era voltar de Paris para o Brasil... Conversando eu diria muito sobre Paris, contaria muitas pequenas coisas. Estou com muita saudade de vocês. Falei tanto de vocês a Bluma. Contei as coisinhas de Marcia a várias pessoas e elas simplesmente adoraram. Levei retratos de vocês e de Marcinha para mostrar. Mandem mais retratos. Há muito tempo não recebo nada. E escrevam, minhas queridas. Acusem o recebimento das lembranças de Paris; dei o telefone de casa a Perry. Alguém terá que ir buscar no endereço que ele der. Passem a usar perfume, vocês não sabem como isso é bom para a gente mesma e para os outros. A parisiense gasta um vidro de perfume por mês. Eu serei a fornecedora de perfumes para vocês, está bem? Vocês me escrevam quando um vidro acabar, e que perfume vocês preferem. Elisa, procurei coisa simples para você, e achei o colar dourado e os brincos dourados uma beleza (talvez eu não tenha gosto), mas a casa onde comprei tem de sobra...

Minhas queridas, me despeço quase correndo... para esta carta chegar logo e eu receber logo a resposta. Rosa esteve na Itália e trouxe para mim uma planta e um jarrinho pequeno de porcelana... Minhas queridas, seria tão bom, agora, às 7 horas da noite, quinta-feira, abraçar vocês e conversar um pouco. Estou abraçando vocês e conversando, só que é de longe. Mas *je reviens...*[2]

Clarice

[2] "Eu volto."

[A Fernando Sabino]

Berna, 8 fevereiro 1947

Fernando,

quando recebi sua carta datada de 15 de dezembro, gostei tanto, respondi logo... e depois não sei onde a guardei, não achei mais. Foi pena, porque eu estava no ponto máximo de entusiasmo pelo Aprendiz de Feiticeiro e pelas coisas que você diz a respeito da necessidade de desmoralizar nossa própria necessidade de escrever. Continuo inteiramente entusiasmada e verdadeiramente grata por coisas que você diz e que me inspiram muito. Só que na outra carta eu demonstrava isso com palavras imediatas e agora sou levada por um horrível espírito de síntese a resumir. Depois fui no dia 4 de janeiro a Paris e voltei no dia 4 de fevereiro. Queria escrever de lá, contando as impressões bem frescas, mas caí na bobagem de querer juntar mais impressões ainda, e acontece de novo que só posso resumir ou tomar um ar detestável de descrição, que não seria detestável se eu soubesse descrever. Encontramos lá Schmidt e a mulher (que é prima do Maury, coisa descoberta em Paris...), conhecemos bem o Santiago Dantas, conhecemos o Ceschiatti (de quem gostamos muitíssimo), vi uma vez o Pedrosa,[1] por acaso, num almoço de brasileiros. Soube de coisas que me deixaram confusa, como por exemplo: a Albertina do Proust ainda existe e tem um

[1] José Pedrosa (1915-2002). Residiu em Paris entre 1946 e 1949, com uma bolsa concedida pelo governo francês. Criou a escultura *Pampulha*, a pedido de Oscar Niemeyer, para decorar o jardim do Cassino de Belo Horizonte (atual Museu de Arte da Pampulha).

restaurante, só que Albertine[2] é um Albertino, sempre foi, e hoje está bem gordo, com grandes bigodes. Albertine era um rapazinho empregado no hotel Ritz, e Proust fez uma ótima transposição colocando o caso todo com uma mulher. Fiquei muito confusa. Tinha-se marcado um dia para ver Albertino, mas ficou difícil e eu não insisti porque não queria amolar Proust.

Outra coisa que me deixou confusa foi saber que Mauriac está, nesse ponto, no mesmo caso que Proust. Como explicar? E Julien Green também. E Jean Cocteau é sabido. Estou procurando um pensamento para pensar a respeito mas ainda não encontrei. Me arranje um. Por intermédio do Schmidt e do Santiago, conhecemos um rapaz que tem uma livraria e que por si mesmo não tem importância, mas era um amigo íntimo de Valéry, de Léon-Paul Fargue[3] e de Colette.[4] Eu perguntei sobre Valéry e ele respondeu coisas que eu não tinha perguntado e que não me interessam muito. Que Valéry era muito pornográfico, *mais quel esprit! Il était un roi!* e ele era amante da cunhada. Não me interessa. Fomos muito ao teatro: *Hamlet*, traduzido pelo Gide, trabalhado pelo Jean-Louis Barrault,[5] *L'aigle aux deux têtes*,[6] de Cocteau, *Les parentes terribles*,[7] de Cocteau. *Les mal aimés*,[8]

---

[2] Clarice refere-se à personagem Albertine, amante do narrador de *Em busca do tempo perdido*, de Proust.

[3] Léon-Paul Fargue (1876-1947), autor de *O pedestre de Paris* (1939), trava amizade com Verlaine e André Gide. Com Paul Valéry, ele fundou a prestigiosa revista *Commerce*.

[4] Colette (1873-1954), autora de *Gigi* (1944), bastante popular no período do pós-guerra.

[5] A peça *Hamlet*, de Shakespeare, dirigida por Jean-Louis Barrault (1910-1994), diretor de uma das companhias teatrais mais famosas da França. Esteve duas vezes no Brasil.

[6] *L'aigle à deux têtes*, de Jean Cocteau é uma peça em três atos encenada no Hébertot Theatre a partir de dezembro de 1946. Foi adaptada para o cinema pelo próprio Cocteau, tendo como título no Brasil: *A águia de duas cabeças*.

[7] Apresentada originalmente em 1938, *Les parentes terribles* foi interrompida pela censura e as atribulações da Segunda Guerra Mundial. A reestreia ocorreu em 1946, e sua adaptação cinematográfica em 1948.

[8] *Les mal aimés* (1945), de François Mauriac, foi encenada pela primeira vez na Comédie

de Mauriac etc. Me cansei muito, falei muito, fui de novo ao museu Rodin,[9] ao Louvre,[10] comprei perfume e agora mesmo estou perfumada e contente. Voltei com uma necessidade quase cruel de trabalhar e de ler, uma vontade de estar só e de não contar que estive só...

Está cansando esse espírito de dar entrevistas sobre a solidão. Esse tempo em Paris me deixou menos piedosa, quer dizer, sei muito mais distribuir minha piedade agora, sou muito mais ruim. Quando voltei as pessoas me acharam com ar de menino e de moleque, e não de "feminino", de *Vogue*.[11] Foi o que me disseram, *Je m'en fiche*.[12] Aliás estou num *m'en fichismo* muito agudo. O que você me disse sobre o amadorismo me agrada inteiramente. Em Paris há muito o amadorismo literário. E o capítulo sobre as Tentações da Facilidade, no *Aprendiz de Feiticeiro*, como é bom! Como vai a história da cleptomaníaca? Depois que transformei o Espelho do General de espelho particular para espelho de cavaleiro corrigir posição, achei ainda melhor. Mande logo, Fernando, porque esse título está me assombrando e ficando gigantesco.

Já dei vários nomes à fera, mas cada vez que dou um nome ela sacode os ombros-de-cobra e diz muito budista: que importa...

Française, em março de 1945, sob a direção de Jean-Louis Barrault.

[9] O Museu Rodin está localizado em Paris em um pequeno palacete onde residiu o escultor, o Hotel Biron, criado em 1919. Além das obras de Rodin, estão expostas as de sua coleção de pinturas e fotografias.

[10] O Louvre é considerado o maior museu de arte do mundo. Fundado em 1793, pouco após a Revolução Francesa. Durante a Segunda Guerra Mundial grande parte do seu acervo mais valioso foi guardado em castelos no Vale do Loire, para não serem alvo de bombas. A *Mona Lisa*, de Leonardo da Vinci foi uma delas. Em 1946, quando Clarice visitou o museu, esta obra já havia retornado para o acervo.

[11] Lançada em 1892, em Nova York, a *Vogue* é considerada a revista de moda mais conceituada e influente do mundo.

[12] "Eu não me importo."

– Tive um verdadeiro cansaço em Paris de gente inteligente. Não se pode ir a um teatro sem precisar dizer se gostou ou não, e porque sim e porque não. Aprendi a dizer "não sei", o que é um orgulho, uma defesa e um mau hábito porque termina-se mesmo não querendo pensar, além de não querendo dizer.

Aqui está muito frio e com neve. Eu contei que falei com o Rio por telefone? Foi tão bom. Foi no dia 31 de dezembro, antes de sair para uma festa. Tinha nevado muito e a neve estava muito fresca, eu estava de vestido comprido e muito emocionada, e infelizmente com sapato muito fino, e levei a queda mais maravilhosa do mundo – voei um pouco e fiquei tão surpreendida. Gostei muito de estar de vestido preto por causa da neve – foi quando Erico Verissimo passou e escreveu o gato preto em cima da neve. Na festa, por ocasião do telefonema e da emoção do voo, fiquei com um sono estranho, e de vez em quando dormia um pouco. Contei que vamos mudar para uma casa com lareira? Acho que contei. É uma casa pequena, um apartamento, só que em dois andares, com uma escada no meio (só isso me deixa feliz), e meu quarto tem aspecto de *atelier* de artista pobre do século suponhamos 18, com uma das paredes inclinada e o teto inclinado. O apartamento fica na parte velha da cidade, e a rua se chama Gerechtigkeitsgasse. Rua da Justiça.

Em Paris comprei vários livros de Kafka,[13] o *journal* de Julien Green, e muitas outras coisas boas. Vimos uma exposição enorme de Van Gogh, uma beleza.

---

[13] Franz Kafka (1883-1924) é considerado um dos escritores mais influentes do século XX. *A metamorfose* (1915), *O processo* (1925) e *O castelo* (1926) são suas obras mais conhecidas e passaram a ganhar notoriedade em língua francesa e inglesa justamente no período em que Clarice começa a lê-las. A primeira tradução de sua obra no Brasil foi realizada por Breno Silveira, em 1956: *A metamorfose* (Cf. "A recepção da obra de Franz Kafka no Brasil". Celeste de Sousa, Eduardo Brito, Maria Célia Santos. *Pandemonium Germanicum* 9/2005, pp. 227-253).

Fernando, estou tentando terrivelmente escrever uma carta de notícias mas não consigo mesmo. No dia em que eu conseguir escrever uma carta de notícias talvez possa escrever uma história com um verdadeiro enredo. Leram minha mão e disseram que não sou muito feliz. E que não vou ser muito feliz. Que coisa. Muitas coisas não quiseram me dizer e é isso que está me incomodando. Disseram também que sou uma pessoa muito controlada.

9 de fevereiro – várias coisas aconteceram de ontem para hoje: mudei a fita da máquina, mas parece que dá no mesmo; fui ver a *Sinfonia Pastoral,*[14] que é muito bonita (Recomendo *La Belle et la Bête,*[15] de Cocteau, com Jean Marais); dormi; acordei num domingo com neve e sol; li pedaços do *journal* de Julien Green, onde encontrei coisas assim: "*9 septembre – Difficultés habituelles. Quand j'écris trois phrases sans interruption, je suis presque sûr que l'une d'elles va 'sauter'. Crainte incessante de faire dérrailler ce livre en me trompant une fois d'un mot*".[16] Encontrei isso também, que achei muito meu, porque sempre penso, com muita estranheza aliás, que talvez a vida seja a morte e quando a gente morre, acorda e vive, com medo de morrer, quer dizer, de tornar a viver – o que não está ligado a este pedaço de Julien Green,[17] mas me lem-

[14] A *Sinfonia Pastoral* (1808) é a sinfonia nº 6 em Fá Maior, opus 66, de Ludwig van Beethoven (1770-1827).

[15] *La belle et la bête* ("A Bela e a Fera") é um filme de Jean Cocteau, de 1946, estrelado por Jean Marais (Fera) e Josette Day (Bela). Uma adaptação do conto de mesmo título de Jeanne-Marie Le Prince de Beaumont.

[16] "9 de setembro – Dificuldades habituais. Quando escrevo três frases sem interrupção, fico quase certo de que uma delas vai 'sobrar'. Medo incessante de 'descarrilar' esse livro, me enganando com uma palavra."

[17] No período ao qual se refere Clarice Lispector tinham sido publicados três volumes dos diários de Julien Green (1900-1998), pela Plon, que ao longo do tempo totalizaram dezenove (1938-2006). São eles: *Journal I* ("Os anos fáceis", 1926-1934), *II* ("Últimos dias bonitos", 1935-1939), e *III* ("Em frente à porta escura", 1943-1944). Além de uma crônica de sua vida literária, traça sessenta anos do panorama artístico e literário parisiense. Fer-

bra muito: "23 février – Souvent, en pensant à la mort, je me dis que ce sera comme un réveil. Il y aura quelqu'un qui me dirá: 'Eh, bien! tu as vu ce que c'était. Qu'est-ce que tu en penses? Ce n'était pas la peine d'avoir peur!' Et l'on m'interrogera comme on interroge un voyageur qui revient de loin... Mais je ne me souviendrai que de l'amour".[18] *Não é exatamente igual, porque ele continua pensando na vida como na vida, e apenas que depois da morte ele continua a viver. Em muita coisa me sinto tão parecida com ele que paro para respirar profundamente e, ao mesmo tempo que me dá uma sensação muito boa de comunicação, me dá uma sensação intolerável de prisão, como cada vez que sou "compreendida".*

– Por um jornal do Rio, num artigo que resumia os suplementos de domingo, soube que você escreveu sobre política. É verdade? O quê? Como? Eu também publiquei algumas coisas, na *Manhã*[19] e no *O Jornal*.

São pequenos trechos, algum poema, tudo ligado pelo título geral de "Children's Corner". Talvez eu mande para você, mas não vale a pena. E talvez, no fim da carta, eu transcreva uns dois pequenos trechos para você.

Heleninha como vai? tem escrito? e Eliana? Vocês estão contentes em viver em N.Y.? Eu cessei de me interrogar sobre se estou ou não contente de viver na Suíça. Cheguei à conclusão que não importa. Agora não sei lhe explicar se não importa viver aqui ou ali, ou se não importa estar ou não

---

nando Sabino em resposta a esta carta (27 de junho de 1947), comenta a leitura do *Journal* e pergunta: "Você já viu o terceiro volume?"

[18] "23 de fevereiro – Frequentemente, pensando na morte, me digo que será como um despertar. Haverá alguém que me dirá: 'Bem, você viu o que era: que é que você acha? Não era para ter medo!' E me interrogará como se interroga um viajante que vem de longe... Mas eu não me lembrarei senão do amor."

[19] Em *A Manhã*, no Suplemento de Letras e Artes, foram publicados respectivamente: "O crime", em 25 de agosto, e "O jantar", em 13 de outubro de 1946. Ambos os contos figuram em *Laços de família* (1960).

contente. Ambos. Escreva logo! estou com saudade de suas cartas. Abraços para vocês.

Clarice

Araújo, numa carta a Maury, falou sobre Kafka. Num momento de entusiasmo escrevi para ele uma carta sobre Kafka, "em verdade" muito pedante. Coisa que tem me feito não pensar muito na carta... Me desculpe junto dele, se você tiver ocasião, pois você me conhece e ele não.

Fernando, você já pode escrever para meu novo endereço:

Fulana de Tal
(de la Légation du Brésil)
GERECHTIGKEITSGASSE, 48
Berna

[A Tania Kaufmann]

Berna, 22 fevereiro 1947

Minha florzinha de Pati de Alferes

Se você soubesse ao menos como estava aguardando carta sua e notícias, e como suspirei de alegria quando recebi sua cartinha de Arcozelo... Ainda não sei porque você tirou férias de dois meses, e isso me preocupa muito ainda. Mas pelo menos tenho notícias. Antes de receber sua carta, tive uma crise de saudades que me deixou de olhos inchados e dor de cabeça. Oh, vontade de ir lá e abraçar minha irmãzinha, e conversar um pouco! Achei tão bonitinho o número de telefone do hotel: Pati. Ligo para Pati e ouço sua vozinha delicada. Espero que a vegetação em torno de Pati cresça depressa, depressa, e lhe dê as árvores de que você precisa para ter paz, alegria e mistério em torno, minha querida pequena. Uma dessas senhoras que contam a vida para você não se tornará sua amiga? Tenho uma pena de Susana estar longe. Já li *O amante de Lady Chatterlay*,[1] é também o livro mais cru talvez que já li. Mas como tudo o que escreveu Lawrence, tem uma força vital e uma vegetação intensa, como a que faz falta em torno do seu hotel e em torno de outras coisas também... Você está feliz, meu amor? Em outros livros de

---

[1] *O amante de Lady Chatterley* (1928), de D. H. Lawrence (1885-1930), é um clássico da literatura erótica. Foi proibido na Inglaterra sob a acusação de pornografia. A história mostra a relação proibida de Constance Reid e o guarda-caças Oliver Mellors, que trabalha para seu marido. Casada com um oficial inglês que voltou inválido da guerra, Lady Chatterley é autorizada por ele a encontrar um amante.

Lawrence, me lembro ter encontrado personagens que tinham qualquer coisa de você: a mesma vida-de-pensamento atraente, o mesmo viço, a mesma qualidade feminina intensa, que sempre encarou as coisas da vida com uma sabedoria e uma naturalidade que não vem da pequena inteligência que se tem, mas da grande força de vida que poucas pessoas têm. Minha querida, você está bem? E William? Ele tem ido a Arcozelo? Espero que vocês estejam bem de dinheiro. Vou responder às perguntas. Um curso acabou. Tendo eu perdido muitas aulas por causa de Paris; outro não acabou, e perdi aulas por causa da mudança e porque d. Noemia se operou e eu ficava de tarde com ela. A Rosa continua bem. Quando eu disse que a nova casa era ótima, ela imaginou um palácio, e quando viu, ficou tão decepcionada que dava pena. Ficou durante uns dias com uma má vontade tal, que tive que dar uns "duros" nela. Com a liberdade que ela tomou (e eu dei...), ela me disse que todos os nossos móveis não valiam os móveis da entrada da casa de mme. Tal, madame essa que foi patroa dela e cujo nome aparece em casa de dois em dois minutos. Eu disse a ela, uma vez por todas, que afinal eu não tinha nada a ver com mme. Tal e que cada um tinha a sua vida. Afinal mme. Tal começou a rarear nas conversações, o que é um alívio... Ela também esteve fora, na Itália, com as irmãs (feliz que ela é), enquanto estávamos em Paris. – A Bluma está esperando para saber se o marido volta à Europa ou não. – Estive com mme. Jenny, mas não muito. No primeiro dia dela em Paris saí com ela para arranjar coisas para ela, mas ela pretendia muito mais: queria que eu ficasse acompanhando desde manhã até de noite em compras, apesar de ter o endereço de uma senhora que o faria – mas eu era de mais confiança... Tanto eu como Bluma tiramos gentilmente o corpo fora, porque afinal ela não é uma pobre coitada e foi a Paris para fazer mais dinheiro. Mas ela é simpática mesmo. Sobretudo trouxe cartas de vocês, o que me fez telefonar muitas vezes para ela para saber como ela ia... – Vocês já receberam pelo Carlos Perry o que mandei? Você vai ficar tão bonitinha com a blusa branca de renda. – Mudamos há uma semana. Os Strasser nos ajudaram muito mesmo. A casa é um "amor". Tem um salãozinho com lareira, e móveis antigos autênticos (1600 e tanto), onde também pusemos a mesa de almoço. A salinha de jantar, que era pequena, fizemos quarto para Maury, com quadros e tudo, está muito bonitinho e pode-se também receber lá. Depois sobe-se uma escada e encontra-se meu quarto, com uma escrivaninha ótima onde estou escrevendo agora, minha cama, um *divan*, armários embutidos, mesa de cabeceira. A parede de um lado é inclinada, como atelier, sabe? E duas janelas. Junto de meu quarto tem um banheiro bonitinho e um pequeno *hall*. Embaixo também tem um *toilette*. O fato de de novo ter meu quarto para mim sozinha, tem me dado uma calma de nervos que eu já não conhecia mais. Recomecei a trabalhar com muito mais calma e estou mais feliz. Uma coisa que eu nunca preciso esquecer é de que necessito de um quarto para mim. Tudo melhora, mesmo meus sentimentos por Maury. Recebi carta de Bluma. Recebi uma de Santiago Dantas. Parece que ficamos mesmo amigos. Ele diz para nos escrevermos, "pois tenho a sensação (não deve ser nada raro você ouvir isto) de que a sua amizade é preciosa para mim". Marcinha continua aproveitando de Arcozelo? Querida, naturalmente você deve continuar a cuidar para ela ser muito forte e saudável, mas não faça ela engordar demais. Os resfriados dela passaram? E sua saúde, minha florzinha? Você não diz nada sobre o resultado dos tratamentos que fez. E os dentes? Cuide-se bem, meu amor, quero você linda e saudável e adorável.

As cartas de Elisa para mim são cada vez menores e com menos coisas dentro. E quando ela diz alguma coisa, acrescenta em geral, como na carta mais recente: "afinal você dirá que não tem nada com isso." Como se fosse possível eu não ter nada com as coisas de vocês. Oh, meu amor, te adoro, você é minha vida, que é que eu posso te dar? Me preocupo tanto com você! Mesmo quando não estou pensando "objetivamente" em você, sinto um pensamento constante a seu respeito, como a música que acompanha os filmes. E a maior parte do tempo você é o filme propriamente dito. Seja feliz, não é, querida? Que Deus te abençoe e te dê uma vida longuíssima cheia de alegrias, de tranquilidade, de inspiração para viver bem, de satisfações físicas, morais e intelectuais, de tudo o que é bom e puro e lindo. Na primeira página de minha vida há uma dedicatória assim: à Tania.

Tua

Clarice

[A Elisa Lispector e Tania Kaufmann]

Berna, 28 fevereiro 1947

Elisa, Tania, queridas,

Depois que recebi sua carta, Elisa, de 19 de fev., aquela em que você dizia da febrezinha de Tania, deixei passar uns dias para me acalmar até escrever. Estou tão sentida com o fato de vocês só me escreverem as coisas depois que eu peço mil vezes, e depois que eu resolvo não esconder minhas preocupações. Vocês não acham melhor me escrever? Fiquei muito abatida com o fato de que eu não sabia o motivo de extração de dentes, o motivo de tantas coisas. Sinceramente, não tenho nenhum jeito para falar, estou deprimida e sem palavras. Então, pelo fato de eu estar longe, isso é motivo para eu desconhecer as coisas? Espero que Tania esteja bem, espero em Deus que todas as coisinhas chatas em vez de caírem em cima de vocês caiam em mim – fico muito mais feliz com esta hipótese. Qual é a opinião dos médicos? Por que a febre? Felizmente dando os exames todos resultado negativo – o que há então? Será cansaço? Oh, que desânimo de estar longe e ter que pedir por favor que me escrevam contando. Em Arcozelo continua a febre? O que é que Bronstein diz? Desde quando é que veio essa febre? E você, por que é que diz: cometi a tolice de dizer que tinha tomado coramina... Tolice, por quê? Meu Deus, mas quando é que finalmente convencerei vocês de que quero, preciso, imploro, notícias. Isso é modo de deixar uma pessoa? Sem saber de nada e imaginando, e quebrando a cabeça para adivinhar, para me pôr em contato com vocês por intermédio da cabeça, já que escrever não adianta? Não basta o que sofro com a ausência? Desde que saí do Brasil para ir a Nápoles, desde que fui a Belém, minha vida é um esforço diário de adaptação nesses lugares áridos, áridos porque vocês não estão comigo. A última verdadeira linha que escrevi foi encerrando em Nápoles *O lustre*, que estava pronto no Brasil. Desde então, não tenho cabeça para mais nada, tudo que faço é um esforço, minha apatia é tão grande, passo meses sem olhar sequer meu trabalho, leio mal, faço tudo na ponta dos dedos, sem me misturar a nada. Vai fazer três anos disso, três anos diários; então a isso vem se acrescentar o fato de que vocês resolvem não dar verdadeiras notícias. É um pouco demais. Desde quando Tania tem a febrezinha? Que impotência a minha.

Bom, não tenho nada mais a dizer, suponho. Estou esperando. É a única coisa que tenho feito desde que saí do Brasil. Tem nevado, tudo cinzento, já nem sei mais como é o sol. Hoje vieram dois limpadores de chaminé, com cartola e cara suja. Tirei dois retratos deles, se saírem bons mando para vocês. Recebam meu abraço.

Clarice

Escrevam, por favor, por favor, por favor, por favor.

[A Tania Kaufmann]

Berna, 29 março 1947

Minha querida,

Recebi sua carta de 24 de março e não sei porque você não tem recebido notícias minhas. Mandei várias cartas ultimamente, duas delas com retratos: uma com retratos grandes de Paris e outra com retratinhos tirados com minha máquina. Recebeu? Não acha que estou tirando retrato direitinho? A questão também é ter boa máquina. A última carta que mandei peço que vocês não levem em consideração, foi escrita em mau humor. Nada é verdade. Tudo é pretexto para o abandono de si mesma e para a preguiça mental. Estou feliz e o que é preciso mesmo é, como você sempre diz, construir um pouco sua felicidade. É o que estou fazendo.

Você agora já deve ter recebido minha carta em que eu acusava o recebimento dos livros que você mandou por Gilda. Muito obrigada, queridinha pequena. Comecei a ler *A volta do gato preto,*[1] que, apesar de ter um caráter meio best-seller, é muito divertido e interessante. O livro que Maria Luiza mandou, *A busca,*[2] infelizmente ainda não li, porque como a Bluma ia viajar e tinha começado a ler, emprestei a ela para a viagem. Mas receberei em breve. Ela me escreveu

---

[1] Em *A volta do gato preto* (1946), Erico Verissimo narra as impressões de sua viagem aos Estados Unidos na década de 1940, para onde foi convidado a lecionar literatura brasileira na Universidade da Califórnia.

[2] *A busca* (José Olympio, 1946), primeiro romance de Maria Julieta Drummond de Andrade.

dizendo que Maria Julieta escrevia muito como eu escreveria. Você gostou? – Minha filhinha, espero que você esteja bem de todo da garganta, e que não sinta mais nada. Fico aqui esperando notícias suas, querendo saber se você tem a febrezinha, e se ainda se sente cansada, e o que os médicos dizem. Não esqueça de escrever a respeito, por favor. Eu vou bem de saúde, muito mole por causa da primavera que está chegando. Dá uma moleza que não tem nada de agradável, um peso em todo o corpo, vontade de tomar banho de mar. – Estranhei a história do Príncipe de Gales não querer a pele de coelho... Puxa! – Ainda não sei o que resolver, Maury e eu vamos pensar a respeito ainda. Pena que não seja uma pele bonita e usável, senão ela seria sua. Mas um tal traste não presta para uma moça bonita e sem amígdalas usar. Não conheço a rapsódia espanhola de Ravel,[3] mas imagino como ela deve ser bonita. Estamos pensando em ter uma vitrolinha: já temos dois discos, dados pelo Alceu e pelo Ceschiatti: um de Debussy e outro de Bach. Em abril parece que d. Noemia vai dar um jantar seguido de dança. Fomos convidados para a dança chata. Como será primavera, não quero botar vestido de veludo. Comprei uma fazenda maravilhosa há uns tempos, por amor à primeira vista, e sem necessidade: uma fazenda furta-cor, espécie de tafetta, que tem ora cor púrpura ora negra, uma coisa linda. Mas não queria gastá-la agora ainda... Como tenho uma blusa de renda negra, acho que farei uma saia de tule preto, bem ampla, que me servirá depois com futuras blusas. Que tal? Não sei de nada.

Minha florzinha delicada, você está bem, não é? Me escreva dando notícias. E Elisa? Há quanto e quanto tempo

---

[3] Composta em 1907, a *Rapsódia espanhola* é a primeira grande obra para orquestra do pianista e compositor Joseph Maurice Ravel (1875-1939).

não recebo de Elisa uma verdadeira carta. Desisti de lhe mandar cartas grandes porque tudo fica sem resposta, em resposta vem um bilhete curto que fala de tudo menos dela. Mas ela está bem, não é? É o que me importa.

Um grande abraço para você, meu amorzinho, e peça a Elisa que me responda às vezes. Sua

Clarice

[A Elisa Lispector e Tania Kaufmann]

Berna, 13 abril 1947

Minhas queridas irmãzinhas,

Há muito tempo não recebo cartas de vocês, a última que recebi foi de você, Elisa, finalmente me contando um pouco mais o que você tem feito; e me agradou muito sentir que desses movimentos todos sairá alguma coisa boa. É o que desejo, meu bem. Com a falta de cartas, tenho feito de modo a não me preocupar, e nem queria escrever para não pensar. Mas vi que a coisa estava começando de novo e que era melhor eu pedir depressa notícias e cartas, antes que eu entrasse num período de preocupações e aborrecimentos. Peço-lhes por favor que me escrevam. Por favor, Tania, quero saber como você está, escreva mesmo uma carta de duas linhas, falando como se sente, o resultado da operação, se voltou a trabalhar – por favor, querida, não me deixe sem notícias. Por favor.

Aqui está tudo bem. Ótimo mesmo. Com a vinda da primavera e do sol ganhei vida nova, me sinto um passarinho... Fico o mais tempo possível no terraço, fazemos passeios de carro – a Suíça é mesmo uma coisa linda. Fomos ao cantão francês, a zona dos lagos, tudo com sol, e gente. Vocês não sabem que valor extraordinário tem o sol quando se passou um longo inverno cinzento. Parece que a gente nasce, e a pele bebe literalmente a claridade. Já há uns quinze dias que estou, sem interrupção, num paraíso de bom humor e de alegria de sol, de boa vontade. A boa vontade é um fator muito mais importante do que a gente pensa. A gente não muda um pouco de ponto de vista quanto às coisas porque tem medo de sair da própria pele e do próprio sistema. Mas às vezes basta resolver estar simples, e o milagre se realiza: tudo fica mais simples. Mas me escrevam, minhas queridíssimas: tudo isso tem que ser equilibrado pelo bem-estar de vocês, senão cai, e não tem motivo de ser. Por favor me escrevam: quero, preciso saber como vocês estão de saúde. Tania, conte sobre o resultado da operação. Você ainda tem febrezinha? Será inútil dizer alguma mentira para mim, juro que sinto quando não é verdade. Quando não é verdade, absorvo a mentira mas fico ansiosa e sem base, sinto alguma coisa que me demonstra que não é verdade. Não estou querendo dizer que é coisa espírita; o fato é que conheço vocês o bastante para, sem saber dizer como e porquê, ver mutações de tom, ver diferenças de planos.

A primeira secretária é bonita e simpática, mas não quero muita intimidade porque o início dessas intimidades é rosa pura e depois começa o ruim.

Minhas queridas, mandei três retratos grandes de Paris, e não recebi nada que mostrasse vocês terem recebido; mandei uns dez ou quinze retratinhos com paisagens e tudo, e não sei se vocês receberam. Já mandei há muito tempo tudo isso e nem uma palavra. Será que se perderam? Mandei também um retratinho de uma menina suíça para Marcia; e não sei de nada mais. O que é que há? Por favor, por favor, por favor, escrevam. Minhas queridas, quando estou triste penso em vocês, quando estou alegre penso em vocês; não queria encher a atmosfera de tantos sinais telegráficos, queria que não houvesse necessidade disso. Mas me deem notícias e tudo estará bem. Sobretudo contem <u>tudo, tudo</u>. Digam como vai Marcinha, de quem não recebo notícias, e William, de quem não recebo notícias.

Maury vai muito bem com o sol, e sempre muito simpático. E eu vos amo com a melhor força que tenho e tudo o que tenho é de vocês. Recebam de mim o que eu tenho de bom. E sejam muito felizes, minhas queridas, eu lhes peço. Que Deus vos abençoe e vos dê saúde, saúde, saúde, felicidade, alegria, bem-estar,

Clarice

[A Tania Kaufmann]

Berna, 13 junho 1947, sexta-feira

Minha queridinha pequena,

Receber carta sua às vezes tem o sentido que teria abrir as janelas de um quarto onde eu estivesse fechada há semanas. Foi assim que numa manhã o correio tocou para me dar uma carta registrada, que era sua e a de Elisa, com o desenho maravilhoso de Marcinha. Quando li a carta, de novo fiquei certa, minha querida, que você é a minha ligação maior com o mundo. Tudo toma sentido e eu pareço levantar de uma doença de espírito e ficar boa. Espero que você tenha recebido uma carta que mandei antes de receber a sua, com fotografias. Tinha deixado de escrever porque exatamente estava na escuridão, como me sucede um pouco mais frequentemente do que deveria. Mas tudo está bem e sua carta veio me dizer muito mais do que você disse. Estou trabalhando melhor, o que quer dizer, estou trabalhando, porque acho que há anos não trabalho.

Estou muito feliz por você estar bem de saúde, meu amorzinho, e peço-lhe que se mantenha muito bem. Maury se operou das amígdalas e já voltou do hospital, onde passou 6 dias. Ainda deverá passar outros tantos em casa, com dificuldade de comer; mas ele está passando muito bem, felizmente, e apesar de chateado com tudo isso, não perde o bom humor. Tania, queridinha, acho que não se estão perdendo cartas; acho que você deixou um tempo de me escrever e eu mesma também. Vou responder mais ou menos às suas perguntas: estou trabalhando mais ou menos, vendo se me livro do romance que faz anos comecei e que nunca se adianta, por falta de estímulo. Parece mentira, mas preciso muito de estímulo, de certa espécie de estímulo que me tire de vez em quando a ideia de inferioridade e de impotência. Mas agora recomecei e quero ver se não esmoreço por que às vezes já não aguento mais meu livro... Me dou bem com a primeira secretária, ela é simpática e tudo e me faz confidências às vezes. Pena é que eu seja tão desconfiada que nunca abro a boca para falar de mim; mas sempre um dia as coisas provam que é melhor eu não falar mesmo. Quanto ao clima, está hoje chovendo, mas tem feito quentinho e bom. O médico não achou nada em mim. Diz que a moleza que tenho às vezes é quase constitucional; disse que quando eu estava crescendo certamente as glândulas estiveram deficientes; achou minha pressão um pouco baixa e me deu umas gotas, e também Fitina.[1] Disse que eu devia ter *surmenage*. Mas com as gotas e Fitina estou bem melhor e muito disposta. Rosa continua firme, às vezes adorável, às vezes chata. Foi ao circo e desmaiou de emoção na hora do trapézio. Eu também fui ao circo, mas não desmaiei. Aliás não me adianta quase ir ao circo... vejo as coisas mais maravilhosas e... não acredito, simplesmente não acredito, e nem me espanto. No dia seguinte ao circo se me perguntarem se é possível alguém "ficar de pé" sobre um dedo da mão, eu direi imediatamente que é impossível, apesar de ter visto. Acho em mim mais facilidade para acreditar em almas do outro mundo... Acredito mais no sobrenatural do que na realidade extraordinária... – Quanto a viajarmos por aqui por perto, não sei de nada ao certo. Maury e Mozart estavam combinando passarmos férias juntos, em setembro, em Cannes.

[1] A Fitina, extraída de sementes e raízes de certo vegetais, atua como tônico e estimulante.

Mas, e aí entro eu com todas as minhas complicações que você detesta: me custa muito ir tomar banho de mar com mil companhias, você sabe. E em vez de ser um prazer, essa viagem já está me torturando e eu me surpreendo imaginando mil humilhações... Quanto a voltar em 1948, nem gosto de ficar pensando. Em agosto de 1948 completaremos 4 anos de exterior, e já poderíamos voltar. Me pergunto se Maury quer. Às vezes ele fala em voltar, às vezes diz que seria tão bom ir para outro posto em tal e em tal lugar. Não respondo nada, mas nesses momentos meu coração para de desolação. Em agosto de 1948 completarei intimamente quatro anos de espera, de solidão e de sonhos. Eu sonho acordada, pareço uma mocinha de 15 anos. Em 1948 espero ter terminado meu livro horrivelzinho, porque senão terei vergonha de, em quatro anos, ter sucumbido às circunstâncias, o que na verdade quer dizer, ter sucumbido ao meu caráter fraco. Mas tudo vai bem e eu farei tudo para voltarmos ao Brasil quando terminar o prazo.

A cópia que Marcinha fez da "obra prima", é uma delícia, querida. Morri de rir quando vi os seios penduradinhos no pescoço, com tanta gentileza; é um nu delicioso. D. Noemia, a quem mostrei, riu muito e disse que essa moça nunca poderia usar o mínimo decote sem mostrar logo o busto todo. D. Noemia tem sido muito gentil; ela e o ministro vieram visitar Maury diariamente no hospital. Amanhã vou de noite assistir o Ballet Jooss,[2] embora Maury não possa ir; mas não quero perder, dizem que é tão bom. – Eu disse a

---

[2] O Ballet Jooss pertence à companhia do coreógrafo alemão Kurt Jooss (1901-1979), precursor da dança-teatro conhecida como German Tanztheater. Foi como aluno e assistente de coreografia de Rudolf von Laban que colaborou com seu mestre para criar um novo estilo de dança que combinava movimento, texto e drama. Um mestre da dança moderna. Seu trabalho mais popular, *The Green Table* (1932), é um poderoso libelo contra a guerra. A bailarina Pina Bausch, um mito da dança, foi sua aluna. Jooss seguiu a linha precursora de Isadora Duncan, que preconizava a individualidade do bailarino.

Rosa: minha irmã pergunta como vai você. Ela respondeu: vou bem, só que tenho tido enjoos de manhã. (tudo isso eu já sabia diariamente, mas foi como uma resposta para você...)

Amanhã ou depois mando para você dar a publicar um continho, dessa vez conto mesmo para aqueles chatinhos não errarem. A história de botar "Suíça" já está ficando cacete...

Querida, peço seu retrato com o casaco de peles, sim? E você tem feito passeios de carro? Quem guia? É William? Ele guia bem? Marcia ainda enjoa de automóvel?

Escrevo amanhã ou depois para Elisa, porque suponho que ela ainda não voltou de Cambuquira, mas já está em vésperas de voltar, e não daria tempo de você lhe mandar carta para lá. E amanhã ou depois terei talvez mais novidades para contar.

Receba um abraço grande, minha florzinha querida, e me abrace também. Tenha muita saúde e muita felicidade, minha filhinha pequena.

Sua sempre

Clarice Clarimunda

[A Tania Kaufmann]

Berna, 21 junho 1947, sábado[1]

Minha florzinha querida,

Recebi ontem sua carta de 15 de junho. Fico contente em ver, meu amorzinho, que você toma cuidado para não se cansar, é tão importante isso, queridinha. Então Marcinha não estuda tão bem? O que é que Artur Ramos disse da atenção dela? E quanto ao pouco de anemia? – Minha querida, se deixei de escrever com tanta frequência como antes é que as coisas parecem tão iguais que, a menos que eu continue a encher as cartas de meu amor por você, o que deve terminar cansando você, – nada há propriamente a contar. A menos que eu ponha você, quase inutilmente, ao par de todas as minhas variações, de todas as minhas dificuldades etc. Eu mesma tenho vencido, como posso, minhas dificuldades e minhas hesitações, e descoberto traços em mim, antes nem sonhados. Por exemplo, fico surpreendida em notar que tenho o que se chama "caráter fraco" (não no pior sentido do termo, felizmente...) E, como lhe disse numa carta passada, eu sonho acordada, mesmo como uma mocinha de quinze anos. É o que se chama de sonho estéril. Imagino conversas, imagino situações e cenas – pareço nunca ter tido nenhuma experiência... Estou trabalhando esses últimos dias mais ou menos bem. Segunda-feira vamos a Morat. Estou bem contente e comprei um *maillot* muito bonito; vocês receberão eu dentro dele numa fotografia, onde deverá apare-

---

[1] Carta incompleta.

cer o lago, o *chalet* e tudo o que eu puder botar dentro… Não pense que a correspondência se alterará nesses quinze dias. Maury virá diariamente de carro para o trabalho e me trará no mesmo dia as possíveis cartas. Em Morat vou tentar tirar um retrato como você quer, olhando para "os olhos da máquina", e rindo para vocês. Você me pergunta se no verão daqui se pode dispensar todo agasalho. Às vezes, sim, durante o dia. Mas qualquer coisa esfria um pouco o tempo. E de noite torna-se bem mais agradável ter alguma lã no corpo.

[A Lúcio Cardoso]

Berna, 23 junho 1947

Lúcio,

fiquei tão contente em receber seu livro e a cartinha. Li o livro imediatamente, e você bem sabe que alegria me dá ler coisas suas. Acho o livro lindo, e as mulheres de seus livros são as pecadoras mais violentas e inocentes... Durante toda a leitura espera-se que alguma coisa mortal suceda e que de repente, fique tranquilo, pastoral, e ainda assim perigoso – gosto tanto disso. A cena no anfiteatro é tão plástica e visível, na minha opinião um dos pedaços melhores do livro. Vejo, Lúcio, que você está cada vez melhor, e isso me alegra tanto na admiração e na amizade. Estou esperando a professora Hilda. Irmgaard não me deu logo o livro só trouxe quando veio passar uns dias na Suíça. E depois, não respondi logo, porque várias coisas pequenas e maiores sucederam. – Aqui nada de novo. Eu com o desejo permanente de voltar para o Brasil, não sei quando vamos. Ou então de viajar sem cessar, mas sobretudo não ficar parada gratuitamente num lugar. No meio disso tudo felizmente veio a primavera e você não pode imaginar que boa notícia é a primavera depois de um inverno longuíssimo. Logo que ela chegou passei uns dias meio boba, tomando qualquer sol que aparecia, farejando flor onde tivesse nascido. Uma das coisas que faço na Europa é mudar de estação... Tenho muita saudade dos amigos, tenho saudade de você. Às vezes como seria bom você me ajudar com uma palavra ou outra. Continuo a trabalhar mas como num pesadelo. Seria tão bom que você lesse um pouco o que faço e dissesse se estou doida ou não. Ou então não lesse, mas me explicasse várias coisas. Às vezes continuar a escrever tem para mim o ar de uma teimosia, digamos ao menos de uma teimosia mais ou menos vital, mas não muda. Cada vez mais parece que me afasto do bom senso, e entro por caminhos que assustariam outros personagens, mas não os meus, tão loucos eles são. Mas não pense que tenho saudade de você apenas porque tantas vezes preciso mesmo da ajuda de uma amizade. Tenho saudade de ouvir você contar coisas, de acompanhar mais de perto o trabalho que você faz e que me entusiasma sempre tanto. Sei que Octávio está em Paris, mas não tenho nenhuma outra notícia mais. Eu gostaria tanto de vê-lo. E você com Portugal? escreva contando, se escrever... Recebo poucas notícias do Brasil, e quase nada de livros, nem sei o que se publica. Me mandaram *Sagarana*, *Água funda*[1] e *A busca*, os três ótimos. Quanto ao livro de Adonias,[2] nada. Soube do romance de Lêdo Ivo[3] por um artigo seu que me mandaram, onde você me chama de "lembrada", que é o nome mais amigo que se pode dar a um amigo.

Nem sei mais o que contar, Lúcio, para mim cartas são cada vez mais um meio gelado de comunicação. Embora, quando as recebo, sejam para mim cada vez mais uma alegria. Me escreva quando você puder, quando você quiser – espero que você possa e queira. Me diga um pouco o que você faz, o que tem escrito. Meu endereço é: Gerechtigkeitsgasse, 48. Defronte de casa está a fonte da Justiça com estátua

---

[1] *Água funda* (Editora Globo, 1946) é o romance de estreia da paulista Ruth Guimarães. Considerada uma das primeiras escritoras negras da literatura brasileira, privou da amizade de Mário de Andrade, que a iniciou nos estudos do folclore. Saudada como uma revelação de nossas letras, destacou-se também como professora e tradutora.

[2] *Os servos da Morte* (José Olympio, 1946) é o romance de estreia de Adonias Filho.

[3] *As alianças* (Agir, 1947) é o romance de estreia de Lêdo Ivo, agraciado com o Prêmio Graça Aranha.

respectiva, rodeada de gerânios. E como meu quarto dá para os telhados, tenho de vez em quando a visita de dois gatos, um preto e outro pardo, que entram pela janela, ficam um pouco, não dizem uma palavra, e vão embora, nova edição de *never more*. Tenho também pelas vizinhanças mil pardais; dois fizeram ninho na janela da cozinha e para a grande hilaridade da cozinheira carregaram no bico, como material, vários cabelos meus, dos que caem na primavera. Enfim, você vê, não é uma roda gigante que está girando, está girando uma rodinha pequena, toda apressada e desapercebida: gatos entrando pela janela, cabelos caindo na primavera, pardais fazendo ninho, cozinheira rindo, tudo isso com o mínimo sentido possível...

Se você quiser me mandar *A professora Hilda*, ficarei muito contente. Maury manda lembranças. Eu desejo muitas felicidades para você.

[A Elisa Lispector]

Berna, 30 junho 1947

Elisinha, minha querida,

Se você soubesse como fiquei emocionada ao abrir sua carta, encontrando seu retrato, querida! Fiquei com os olhos molhados de alegria. Você está tão querida com seu meio sorriso, com os olhos de uva, e o cabelo tão bonito, de uma cor claro-escuro. E fiquei muito honrada com o fato de você ter tirado o retrato com o colarzinho que lhe mandei. Mostrei imediatamente a Rosa (Maury ainda estava dormindo) e ela ficou encantada, disse que certamente um dia desses eu receberia a notícia de que você ia casar, porque uma moça bonita assim, mesmo que não queira, casa... Ela é uma metidinha; mas eu gostei de ver como ela gostou de você, porque o retratinho de carteira que tenho seu e que está exposto na sala é pequeno demais para se ver bem. Recebi a carta sábado de manhã e fui imediatamente à cata de uma moldura, mas não achei logo, e hoje segunda-feira, vou achar; e hoje mesmo você vai com seu sorrizinho emoldurado para cima da chaminé, que é o lugar de honra daqui de casa. Muito obrigada, meu benzinho, por pensar em mim e me mandar esse presente, que é dos maiores. Mas me deu uma saudade tão grande! Em vez de retrato, porque você não vem me ver? Queridinha, Maury esteve me perguntando se você não arranjaria um jeito de vir trabalhar no Bureau International de Trabalho, que tem sede em Genebra! Ah, se pudesse ser! Você viria para cá, digamos por um ano, e talvez voltássemos juntas, hein? será possível? Você não quer se informar? Sinceramente o que me faz mal nessa ideia é que detestaria separar você de Tania, é isso apenas que me faz pensar. Mas, querida, quem sabe se é possível? Veja, informe-se, me escreva. E se a coisa depender daqui também, o que não creio muito, farei tudo, Maury fará tudo o que for possível. Pense nisso, sim, querida? E me escreva depressa. Se você viesse a Genebra, você estaria sempre aqui, e eu... eu, meu Deus, estaria sempre lá... Pense nisso, informe-se, escreva.

Aqui tudo mais ou menos igual. Íamos para o lago de Morat, e infelizmente não vamos mais: não tínhamos visto o *chalet* e imaginávamos que era bonzinho como por fora; mas o homem não tinha dito que não tinha eletricidade nem água corrente, era preciso ir buscar a água um pouco longe; quando soubemos desistimos, e apesar de procurarmos outro, nada encontramos, porque já está tudo alugado. Landulfo e Açucena vão em setembro a Portugal, passando pela Espanha. Nosso programa é ir também, mas nada está certo ainda.

Querida, pergunte sobre o *Bureau International* de Trabalho a Miranda Neto, que deve estar bem a par do assunto, ele talvez lhe dê ideias de como conseguir etc. Se você conseguir, nós duas iremos passar uns quinze dias na montanha, no clima melhor do mundo.

Marcinha me escreveu uma carta que é um amor, com uma letrinha toda delicada, onde ela pergunta: Mais o Maury está passando melhor? e onde diz: eu vi o elefante, eu vi palhaço, eu vi os anão, eu vi os macaquinho, eu vi o leão eu vi o homem maior do mundo mas ele não tem perna de pau? Tive vontade de dar um abraço grande nessa escritorinha miúda que, segundo você diz, precisa com urgência da Galinha Ruiva.

Esses últimos dias têm sido verdadeiramente quentes. Dizem os jornais que há 120 anos apenas não faz calor nessa época. São os dias mais quentes que já passei aqui. – Elisa, você fala no casamento de Berta, sem que eu saiba de nada, senão que ela estava namorando. Querida, você me fala sobre Simone Beauvoir,[1] e eu fiquei vermelha de vergonha de não lhe ter mandado o livro: vou mandá-lo sem falta. É uma vergonha como pensei que tinha mandado e tirei isso da cabeça. Minha querida, escreva com mais frequência, esta sua carta apesar de pequena me deu tanto prazer! E o retrato então! Maury está lhe mandando um grande abraço e eu mando um beijo para você e muitas felicidades, meu benzinho Leinha. Me dê um abraço também, e *God bless you.*[2]

Sua Clarice, vovó de sempre.

---

[1] Simone de Beauvoir (1908-1987), escritora, filósofa e feminista francesa.

[2] "Deus lhe abençoe."

[A Tania Kaufmann]

Berna, 7 agosto 1947

Tania, minha filhinha,

Escrevi um dia desses a você e estou arrependida de minha carta. Eu dizia entre outras bobagens, a coisa sobre Artur Ramos; e depois, pensando melhor, achei que você não devia se meter com coisas parecidas que são sempre perigosas. Peço a você apenas para não se cansar nem se afobar, nem correr demais, oh não se canse, minha querida. E desculpe a carta intrometida que escrevi, resultado apenas de meu amor por você e de minha saudade.

Aqui está tudo chato como sempre, e às vezes fico bem nervosa. Essa noite mesmo acordei às 3 horas me revoltando contra a presença permanente de Rosa, que é minha única companhia – às vezes passo dias e dias sem ver outra pessoa senão Maury e Rosa, e mais ninguém. Rosa dominando cada vez mais o ambiente, boazinha, ruinzinha, falando, enchendo a atmosfera de seu espírito, explicando, augurando, dando a nota mais constante e mais forte de minha vida. E quando vejo outra pessoa, que pessoas! Antes não visse. – Anteontem houve uma recepção dada por Eva Perón,[1] que nas ruas de Berna recebeu um tomate de um cidadão – o tomate

[1] Dotada de grande carisma, Evita (1919-1952), como o povo argentino a batizou, teve participação marcante na eleição de seu marido, Juan Domingo Perón (1895-1974), em 1946, destacando-se por sua atuação no plano político e social. Em sua visita ao Rio de Janeiro, no dia 18 de agosto de 1947, depois de ter passado pelo Recife e viajado três meses pela Europa, como embaixadora da paz, discursou na Rádio Nacional, quando mencionou sua passagem pelo continente europeu e transmitiu a mensagem do povo argentino para o mundo: que a tragédia da guerra deixe preces fervorosas de paz. A passagem pelo Rio

lançado com violência não chegou porém a atingi-la. Em Lucerna jogaram uma pedra. Ela é muito bonita mesmo, e deve andar ligeiramente desgostosa em ver que nem todo mundo gosta dela... – Parece que vamos mesmo à Espanha, em setembro. – Cada vez estou mais cansada de escrever cartas, já queria estar pessoalmente (como se não quisesse antes...), mas agora já carta não adianta; embora receber seja tão infinitamente bom. Ultimamente só consigo escrever o que se chamaria de boa carta a pessoas mais estranhas, porque com elas eu nunca falaria mesmo de minhas coisas. Espero ardentemente que nosso estágio termine e que eu possa de novo ver vocês.

Meu amorzinho, Deus te abençoe, te dê saúde e felicidade e tranquilidade e alegria e calma e boa disposição e muita felicidade. Escreva logo, sim, querida?

Receba um abraço enorme de sua irmã

Clarice

---

deveu-se à sua participação na Conferência Interamericana de Manutenção da Paz e Segurança, em Petrópolis (Cf. *A Noite*, 18 de agosto de 1947, p. 3).

[A Tania Kaufmann]

Berna, 13 agosto 1947

Minha florzinha adorada, minha filha pequena,

Recebi ontem de tarde sua carta de 8 de agosto. Não há dúvida que temos raízes comuns, além de naturezas parecidas. Tudo o que você disse, como resultado de autoanálise, é muito adaptável a mim. Tudo isso que você disse, minha querida, vem também de encontro à minha hipótese, quanto ao motivo por que você se cansa também. Ouça, queridinha, você talvez esteja procurando compensar o fato de termos a impressão de que não fizemos tudo o que podíamos em relação à mamãe. O que eu disse é que você de algum modo estava querendo se sacrificar – e é a mesma coisa que acontece, em outro terreno, com Elisa. Note bem, querida, você quer agora cumprir mil deveres e dedicar-se terrivelmente à casa e a Marcinha, para compensar, não só a ideia de que anteriormente não cumpriu deveres, como para compensar o fato de que nós, em pequenas, não recebemos, por circunstâncias, todos os cuidados de que precisávamos. Assim como uma pessoa que nunca teve brinquedos em criança, quer dar ao filho todos os brinquedos do mundo, mais do que o filho precisa e quer, – você quer talvez dar a Marcinha uma compensação do que você não teve. Querida, é naturalmente preciso e louvável que se queira corrigir nos filhos as próprias incorreções; mas é preciso não ultrapassar, porque se cairia em erro oposto. Cada criança é outra criança, e Marcinha não tem a menor ideia do que foi outra infância; quem sabe se Marcinha mais tarde, em relação aos próprios filhinhos dela, queira também corrigir e dizer: vou deixar meus filhos se desenvolverem mais independentes. O que eu quero dizer, minha querida pequena, é que você pense com lealdade na situação, e que veja com absoluta sinceridade se Marcia precisa mesmo de que você almoce com ela, por exemplo. Tenho certeza de que ela está muito bem alimentada e gordinha. E tenho certeza de uma coisa, que prova bem a minha hipótese: é que, do momento em que você não trabalhar mais, você largará um pouco Marcinha, e deixará ela seguir mais naturalmente. Exatamente porque, para você, o trabalho veio substituir aqueles divertimentos de escola que nós procurávamos em pequena, e dos quais tínhamos um pouco de remorsos. Você tem sensação de culpa por trabalhar – e por não se dedicar inteiramente a Marcia. Quando você não trabalhar, você de algum modo vai ter a sensação de que é igual às outras mães – e vai fazer menos do que você faz agora em casa. O que vai ser bom para Marcia. E para você, querida. Conheço uma moça inteligente que tem uma filhinha e que se separou do marido porque não podia viver com ele; no fundo ela acredita que, fazendo um esforço bem grande, ela poderia ter continuado a viver com o marido, por causa da filhinha; como ela não fez e não pode fazer este esforço, ela se sente culpada em relação à filha; que é que ela fez então para compensar seu sentimento de culpa e seu sentimento de que foi egoísta? Ela tem um cuidado tão grande com a filha que chega a ser anormal; ela diz que não deixa a filha nem com a avó, que não tem confiança nem na própria mãe; e a filha ganha mil presentes e mil cuidados extras que devem fazer um bom mal a ela. E que fazem, é claro, mal à mãe; não só porque ela, embora confusamente, sabe que esse é um caminho de falsas compensações, e porque sente que tudo está errado e que sua filha está tendo uma infância provocada por circunstâncias externas, como faz mal a ela porque, segundo coisas que ela disse, eu vi que ela não se permite nem tomar um chá com uma amiga. Conheci essa moça brasileira em Genebra, para onde ela veio aceitando um emprego temporário com brasileiros; o pretexto que ela arranjou para se permitir viajar um pouco, foi o de que precisava mais dinheiro para a filha; e como ela sabe que essa não é a exata verdade, ela tem uma saudade que já não é saudade, é remorso. A filhinha dela se chama Tâmara, e eu fiquei com pena de Tâmara estar sendo o inocente centro de tanta intriga moral. Se eu tivesse tido um pouco mais de oportunidade, teria falado com essa moça e dito a ela como o caso dela é claro para os que ouvem ela falar. Tenho certeza de que ela gostaria de ouvir, porque ela sente a falsidade da situação. Outra coisa que ela diz é que em Genebra saía para dançar – exclusivamente para não pensar na filha. Ora, ela é moça, bonitinha, viva, e é claro que deve gostar de ver homens ao seu redor, e de dançar, e de estar numa atmosfera de amor ou propícia ao amor. Mas, para fazer o que seria inteiramente natural, ela arranja mil artifícios de imaginações que só fazem ela sofrer.

Minha florzinha, pense bem. Você tem aqui uma pessoa que deseja, acima de tudo no mundo, a sua felicidade. Minha filhinha, você disse bem: ninguém depende de nós. Deixe eu lhe dizer uma coisa, minha querida única: eu queria que você não tivesse excesso de contemplações com as pessoas. Eu queria mesmo que – se você amar, ame de verdade. Não somos nós que somos cruéis, a vida é que é, e nós somos os elementos vitais dessa vida, e não se chama crueldade viver a vida. Eu queria que você não pusesse nem em William nem em Marcia a pessoa que encarna o deus a quem se sacrifica. E quem sabe se um verdadeiro amor não "resolveria coisas passadas, secretas e delicadas sem excessiva sensibilidade". A cabeça só não resolve.

Sei que as coisas são complicadas. Mas são ao mesmo tempo simples. Elas se complicam à medida que se tem medo da simplicidade – porque essa simplicidade seja o fato em si, a verdade. Encare um pouco a verdade, que é muito bonita, e sinta-se livre, querida. Em relação a mim, por exemplo. Um dos motivos, dos mil motivos felizmente, pelos quais você é a pessoa preciosa de minha vida – é que você é, em relação a mim, a Pessoa que Perdoa. Junto de você, eu me sinto mais livre, e, de um modo largo e geral, perdoada. É sua própria pessoa que me perdoa, e não os seus atos. Minha filhinha, sinta-se bem, você tem muitos direitos, os direitos de uma pessoa; os direitos de pegar para você o que lhe fizer bem, o direito de cumprir as necessidades de sua vida; as necessidades de uma vida são as coisas mais bonitas de uma vida. As necessidades de uma vida não têm nada a ver com os deveres de uma vida. As necessidades são verdadeiras inspirações.

Isto não é sequer uma carta, é um pedido de meditação sincera. Da qual espero uma resposta, minha flor querida, meu cavalinho dos campos.

Tua, sempre, Clarice

[A Lúcio Cardoso]

Berna, 13 de agosto de 1947

Lúcio,

realmente tem muita gente e muita coisa envelhecendo, isso me assusta. Contanto que isso nunca suceda a você, caro Lúcio. E nunca sucederá. Mesmo o Teatro de Câmera mostra que você está jovem do mesmo jeito. E você tem bem razão de não querer sair do Brasil. Se sair, que seja por pouco tempo, só para dar uma espiada, e voltar. É ruim estar fora da terra onde a gente se criou, é horrível ouvir ao redor da gente línguas estrangeiras, tudo parece sem raiz; o motivo maior das coisas nunca se mostra a um estrangeiro, e os moradores de um lugar também nos encaram como pessoas gratuitas. Para mim, se foi bom, como um remédio é bom pra saúde, ver outros lugares e outras pessoas, já há muito está passando do bom, está no ruim nunca pensei ser tão inadatável (*sic*), nunca pensei que precisava tanto das coisas que possuo. Embora agora mesmo esteja envergonhada de ser assim, porque enquanto escrevo a catedral está batendo os sinos; fico envergonhada de não viver bem em qualquer lugar onde uma catedral bata sinos, onde haja um rio, onde as pessoas trabalhem e façam compras; mas é assim mesmo.

Você sabe que sou difícil de fazer uma frase boa, embora sobre coisa que me interesse, como o Teatro de Câmera. Fiz uma um pouco além de quatro ou cinco linhas sem querer; você tem direito de transformá-la como quiser; ou, senão servir de todo, você me diz para eu fazer outra, está bem?

"Os autores, cenaristas e artistas que trabalham para o Teatro de Câmera asseguram a realização de seu propósito – fazer o gesto recuperar o seu sentido, a palavra o seu tom insubstituível, permitir que o silêncio, como na boa música, seja também ouvido, e que o cenário não se limite ao decorativo e nem mesmo à moldura apenas – mas que todos esses elementos, aproximados de sua pureza teatral específica, formem a estrutura indivisível de um drama."

signé: Lili, rainha do Deserto.

Não sei se compreendi bem a intenção do Teatro de Câmera, mas como compreendi achei ótimo. Eu queria tanto saber como é *A corda de prata*.[1] O que é, Lúcio, conte, por favor, um pouco ao menos. E escreva. Se você soubesse como me faz bem receber uma carta sua, como me anima. Eu estava precisando tanto que você me ajudasse no meu trabalho. Que mais você tem feito? quando é que Octávio volta? Como é *O jardim*, de Cecília Meireles? deve ser uma maravilha, e eu tinha tanta vontade de conhecer a peça e a autora.

Escreva, Lúcio, é muito bom. Aqui estou esperando, com muita saudade mesmo.

Clarice

---

1 Segundo Mario Carelli, em *Corcel de Fogo*, esta peça foi escrita por Lúcio Cardoso para seu grupo, o Teatro de Câmara. Como em sua primeira peça, *O escravo* (1937), também trata do tema da loucura. As ligações com o teatro surgem por sua amizade com o cenógrafo Santa Rosa, autor do cenário de *Vestido de noiva* (1943), dirigido por Ziembinski e produzida pelo grupo Os Comediantes, espetáculo que marca o surgimento de Nelson Rodrigues no cenário teatral. Segundo Ida Vicenzia em "O teatro poético de Cecília Meireles" (PUC-Rio, 2006), sendo amiga dessa companhia teatral, para a qual traduziu duas peças, Cecília Meireles escreveu a peça *O Jardim* (seu segundo texto dramático), um drama especialmente para o grupo criado por Lúcio Cardoso, Agostinho Olavo e Gustavo Dória (então ex-integrantes de Os Comediantes, que acabara de ser desfeito), mas não foi levado a cabo. As incursões da poetisa no teatro nos anos 1940, traduzindo clássicos como *Bodas de sangue*, de García Lorca, e a estreia de sua filha, a atriz Maria Fernanda, nos palcos, podem justificar a faceta de Cecília dramaturga. Quanto à curiosidade de Clarice de saber o que era *O Jardim*, estava longe de ser adequada para uma cena camerística, com trinta personagens em cena, era uma alegoria do Planeta Terra. O original está depositado no AMLB/FCRB.

Acho que em setembro iremos em férias a Espanha e Portugal. Você quer alguma coisa de lá? Eu posso arranjar, e mandar com o primeiro portador.

[A Tania Kaufmann]

Berna, 22 outubro 1947

Minha queridinha,

A máquina está se consertando, tenho que escrever cuidadosamente à mão, o que detesto. Querida, florzinha, você está bem então? Com saúde? Está fazendo algum tratamento?

E Elisa com o concurso? – Fiquei contente em saber que Marcinha quer estudar até atingir o minueto... E falando em música, temos uma vitrola! O tio de Maury, quando passou por aqui, nos ofereceu, como presente de casamento um bonito relógio. Mas achamos que preferíamos uma vitrola – e compramos. Pode ser que isso não seja bonito, mas é bom.

Tem havido almoços etc. Hoje mesmo vai haver na Legação uma espécie de recepção, onde Felícia Blumental[1] vai tocar compositores brasileiros. Maury vai bem. Engordou bastante nesses últimos tempos, trabalha bastante, está de um modo geral satisfeito. Gostou muito da viagem à Espanha,[2] e nem se cansou de guiar tanto. Ele está e é muito bom. – Rosa continua um anjo. Hoje ela disse que não queria "estar na pele" de uma certa vizinha nossa, que é muito sem-vergonha. Perguntei se ela gostaria de estar na pele de outra pessoa qualquer. Para meu encabulamento ela disse que gos-

---

[1] Felícia Blumental (1908-1991) era uma pianista e compositora polonesa naturalizada brasileira. Em 1954, Villa-Lobos dedicou a ela o "Concerto para piano nº 5".

[2] A viagem à Espanha, onde passou por Toledo e Córdoba, realizada em setembro, é descrita brevemente em trechos da crônica "Minha próxima e excitante viagem pelo mundo" (Cf. TC, pp. 487-488). Maury e Clarice também passaram por Portugal.

taria de estar na minha. Nem perguntei por quê, pois fiquei inesperadamente envergonhada.

Ela, que me vê desde manhã até de noite, e assiste meus maus humores e minhas tristezas, mesmo assim aceitaria ser eu... Acho, pois, que não me resta senão querer ser eu mesma – o que já está ficando bastante chato, diga-se de passagem...

Estou com o livro, por assim dizer, terminado. Deus sabe que ele não vale nada, querida. Creio que nuns dois meses posso dá-lo por encerrado. Acontece que vou encerrá-lo porque já tenho nojo dele. Foi o trabalho que mais me fez sofrer. Já são três anos que viro e mexo, abandono e retorno. E faz apenas uns 3 meses que sei afinal o que eu estava querendo dizer nele... Esse livro foi mil vezes copiado, destruído –, renascido, sei lá. Um dia desses, pegando numa das cópias mais recentes (bem diferente da de agora) – me deu náusea física à medida que me lembrava de como sofri por cada pedaço daquele e de como depois eu via que não prestava. Tive que não pensar nele durante dias – porque persistia em mim esse curioso nojo da dor. Enfim, querida, o livro não presta. Não evoluí nada, não atingi nada. Continuo com os pés no ar, continuo vaga e sonhadora, deslocando de algum modo o sentido da vida. Que Deus me perdoe. Três anos – para chegar a isso. Virei e revirei tanto o livro que já não entendo o seu sentido. Dá vontade de gritar de tanta impotência. Em todo esse período de 3 anos, desempenhou grande papel minha desadaptação. Parece, queridinha, que estou agora me habituando; tenho estado mais alegre e mais conformada, e mais capaz de me dominar e de abafar sonhos inúteis. Mas posso dizer que desse período me ficou mesmo uma repugnância de sofrimento, como se tem repugnância de ferida que não cura. Não sei o que fazer com o livro, Tania. E estou lhe pedindo conselho. Não adianta me dizer que devo deixá-lo de lado e revê-lo mais tarde: ele está podre nas minhas mãos, e cada vez mais me afastarei dele. Embora esteja tão ligada a ele, que sou incapaz de começar outra coisa. Naturalmente você há de perguntar o que diz Maury. Maury uma vez começou a ler e não gostou (ele, à primeira leitura, também não gostou do 1º nem do 2º livro, no que teve razão). Deste aqui não só ele não gostou, como se desinteressou de tal modo que só leu umas 15 páginas, e esqueceu de ler o resto. Nem aliás me pediu mais. Compreendo muito bem. Naturalmente a semana que se seguiu a esse incidente sem importância foi muito ruim para mim; guardei o livro "para sempre". Mas, com uma constância que até parece leseira, voltei de novo a trabalhar nele; parece que sou incorrigível. Maury teve razão: o livro não presta. Mas o que é que eu devo fazer? Não sei. Mandá-lo, depois de definitivamente copiado, para você e Lúcio lerem? Diga, por favor, querida. (Se não digo também: para Elisa ler, é que ela tem tanto escrúpulo num caso desses, que não vale a pena provocar nela um problema.) Me escreva, querida, diga o que você pensa.

Enquanto isso, aquele rapaz, que está em Genève, está completamente neurastênico. Parece mesmo que acorda de noite para chorar... <u>Não diga</u> a <u>ninguém</u>, <u>naturalmente</u>. Parece que ele vai mesmo para uma casa de saúde. Em parte, deve ser porque ele esteve doente, e isso o deprimiu. Mas acho que em grande parte, isso vem do desenraizamento dessa vida no estrangeiro. Nem todos são bastante fortes para suportar não ter ambiente propriamente, nem amigos. Cada vez mais, admiro papai e outros que, como ele, souberam ter "vida nova"; é preciso ter muita coragem para ter vida nova. Nessa carreira se está completamente fora da realidade, não se entra em nenhum meio propriamente – e o meio diplomático é composto de sombras e sombras. É considerado mesmo de mau gosto ter um gosto pessoal ou falar de si ou mesmo falar de outros. Ninguém se dá propriamente com um diplomata; com um diplomata, se almoça. Isso tudo – e mais o conforto, as facilidades e a instabilidade – faz com que eles se considerem à parte e acima dos outros. Assim um deles disse, falando de uma moça: "ela não casou bem: casou com um simples médico..." E mesmo ele uma vez se queixou ao tio de Maury de que trabalhava demais e estava se esgotando. O tio de Maury, que é homem misturado com a vida, perguntou quantas horas ele trabalhava. Resposta: umas 4 por dia, e muitas vezes menos... O homem caiu na gargalhada! Porque ele mesmo trabalha mais de 8 horas por dia, e tem responsabilidade direta, tem assinaturas, despachos de navios, e também dinheiro a perder. E não tem tempo de ter a horrível depressão moral de M.

Acho que falei demais, querida. Espero que você tenha tido paciência de ler até o fim...

Peça a Marcinha para me escrever uma carta. Ela está me "devendo" resposta... Diga sobre o concurso de Elisa. Como vai William? Mande notícias dele, sim? Sobre saúde, trabalho.

Minha irmã querida, Deus te abençoe e te dê muita saúde e alegria.

Clarice

[A Tania Kaufmann]

Berna, 15 de novembro

Abri a bolsa e encontrei essa carta e outra para Elisa – esquecidas de botar no correio. Desculpe.

Tenho pensado no que posso fazer pelo livro. Acontece que se fosse para mudar alguma coisa, eu teria que fazê-lo eu mesma – porque as mudanças seriam complicadas e a paginação da cópia que tenho é inteiramente diferente da que você tem. Que devo fazer? Nem sei. A história de subúrbio é a que me parece + importante.[1] Mas também a mais difícil de transformar, e sobretudo sem ter o original comigo. Resolvi então o seguinte. Que se deixe o livro assim pelo momento. Que Lúcio leia. Que se arranje editor (ainda não sei como). E que as provas do livro me sejam mandadas, quando estiverem prontas. Corrigirei tudo nas provas, acrescentarei, cortarei. A ideia é, além do mais, boa porque não consigo ver pequenos defeitos nas cópias datilografadas, tão habituada estou com elas. Notei que, no livro impresso, havia coisas que tinham passado despercebidas na cópia datilográfica. Acho que esta é a melhor solução. Portanto, nada faço agora. Quando as provas estiverem prontas, você as mandará por avião, registradas – e pouco tempo depois as receberá de volta com todas as correções possíveis. Está bem? Um beijo pra você, querida!

Clarice

---

[1] Trata-se de seu terceiro romance, *A cidade sitiada.*

[A João Cabral de Melo Neto]

Berna, 28 de novembro de 1947

Caro João Cabral,

você veio me trazer graves problemas: sua tipografia mágica vai ou não imprimir coisas minhas? acho que não. Logo que recebemos sua carta, comecei por despejar todas as gavetas da casa no chão. Nunca perco as esperanças de ter escrito, pela mão de Deus, uma coisa maravilhosa. Mas que joia, que nada. Esboços e esboços, maus esboços. A tentação de ter ao menos uma página impressa assim particularmente por você, é grande. Descobri mesmo uma peça de teatro em 1 ato! minha alegria foi grande. Imediatamente comecei a ler, cheia de curiosidade e de grande benevolência. Mas, sabe, acontece que a peça não presta mesmo. Ela tem, é verdade, um coro de anjos[1] que me enche de orgulho. Mas bastará coro de anjo? essa é a questão. Os anjos se transformam no fim em menino e menina. Há também um sacerdote. E uma mulher que vai ser queimada viva. E é claro, o amante vem à tona, com marido e tudo. Enfim, é uma pena: não presta mesmo, para minha desilusão já habitual. E agora o problema é este: devo escrever "especialmente" alguma coisa para a sua tipografia? bem queria (apesar de não me dar bem com escrever coisas "especialmente) – bem queria, mas estou toda

---

[1] O *coro de anjos* é a única peça teatral escrita por Clarice Lispector, que a intitulou: *A pecadora queimada e os anjos harmoniosos*. Clarice não a enviou a João Cabral de Melo Neto na ocasião. Somente próximo ao nascimento de seu primeiro filho, Pedro, em setembro de 1948, foi que ela colocou um ponto final no texto.

aérea, e quando não estou aérea só consigo mesmo me interessar por esse romance caduco que se está escrevendo há tanto tempo mas nunca fica bastante maduro.

Mas a ideia e a tentação não me abandonam. A primeira coisa que eu escrever, fora do romance, mandarei para você – se você ainda me aceitar...

Como vai a bandeirante? lamentei muito não a conhecer, e nem poder conversar direito com você – o que seria tão bom para mim. Escreva ao menos, contando sobre vocês, contando sobre seu trabalho, o que tem escrito – como vai a antologia de touros?

Maury manda um abraço grande, e eu idem para vocês.

Clarice

Vocês não pensam em conhecer a Suíça? Está aí uma notícia ótima a receber de vocês – e sugiro que ela venha o + depressa possível.

[A Elisa Lispector e Tania Kaufmann]

Berna, dezembro 1947

Minhas queridinhas,

Tem tanta coisa o que escrever: o telefonema, os presentes... Não sei como foi o telefonema para vocês, mas para mim foi tão pouco. Para mim cada vez mais é pouco escrever carta ou telefonar. Achei o telefonema curto, achei que não ouvi durante horas a voz de vocês, achei que não cheguei a dizer nada. Estou mesmo cansada dessa tentativa de contato à distância que são cartas ou telefonemas. Ainda mais que o telefonema estava sendo adiado desde o dia 10 e isso me tornou impaciente e tudo. Enfim. Isso tudo não impedirá que no ano que vem eu telefone de novo.

E quantos aos presentes... Meu Deus, como vocês me mimam! Que coisas bonitas. Quando eu soube que era você mesma, Leinha, quem tinha feito o vestido fiquei tão emocionada. Ele é lindo! E no modelo que mais gosto, gênero túnica. E a pedra? Mas Elisa como você foi fazer uma coisa dessas? Ela é uma beleza. E vai ficar linda quando montada. O cônsul Narbal em Natal ainda tinha me dado uma, da qual fiz um anel. A sua é ligeiramente maior e da mesma cor, embora a sua tenha um tom mais quente: vou mandar montá-la em broche ou *pendantif* e vai fazer jogo com a outra. Fazer jogo é modo de dizer: vai fazer jogo aparentemente; porque como recebi de modo diferente duas pedras quase iguais! Quando é que você esteve em Minas? Nem sei disso. E os seus presentes, Tania queridinha... O robe é uma beleza e me fica como um manequim e é quente e macio. Rosa disse que me alegra o rosto. E eu mesma estou certa de que você pensou em me dar mesmo uma coisa que me alegrasse o rosto... Eu estava precisando comprar um robe de inverno mas você sabe, enquanto as coisas não se rasgam na minha mão eu esqueço de botar fora... E o seu robe me obriga a comprar chinelos mais decentes para não estragar a aparência dele... Suponho que devo agradecer a Marcinha ela ter escolhido sapatos tão graciosos de bailarina... E ter adivinhado que eu fiz na Espanha um tailleur verde, da cor dos sapatos... Quero apenas saber com que espécie de roupa e em que ocasiões é que usam esse tipo de sapato no Rio. E Leinha pensou em tudo, até no batom... Maury agradece muito os presentes, a carteira de couro que é muito bonita e sobretudo prática, e o livro que em Gênova mesmo ele começou a ler na cama...

Minhas queridas, sinto tanta falta de vocês. Com os outros eu sou ruim e os outros me chateiam. Só vocês é que são tudo para mim e me compensam de tudo. Um dia desses uma moça falando comigo disse que era bom ter filhos porque a gente experimentava um sentimento que não se dá a ninguém mais: a gente prefere que tudo de ruim caia sobre a gente em vez de sobre o filho. E ela insistia dizendo que era uma coisa que só acontecia a ela com a filha. Eu não disse nada. Mas pensei: comigo não foi com filho que aconteceu isso, foi com vocês. E me senti tão rica. E ao mesmo tempo tão pobre por não poder fazer nada. Passamos alguns dias em Gênova, voltamos ontem de noite. D. Zuza chegou bem, alegre, distraída. E eu sem poder conter um sentimento feio mas constante: por que em vez dela vir não vieram Elisa ou Tania. Quando penso que poderemos alguma vez ter um posto em Buenos Aires ou Montevidéu fico alegríssima. Lá vocês poderiam vir e Marcinha também... Maury também gostaria enormemente de ter um posto lá.

Você, Tania, deve estar em férias agora. Aonde é? E você, Leinha, quando tira? Está muito calor no Rio? Agora mesmo está nevando aqui. Uns flocos sem peso que ficam flutuando um pouco no ar antes de cair. Mas tudo está branco pela neve da noite anterior. As ruas estão cheias de gente comprando para o Natal. E com a neve o silêncio da Suíça parece ficar ainda mais absoluto. Aqui no meu quarto não ouço um som.

Agora quero lhes pedir uma coisa. O mais provável mesmo é que eu esteja enganada. Mas tenho a impressão de que vocês estão me escondendo alguma coisa. Não posso tolerar isso.

Peço a vocês encarecidamente que me contem o que é que há.

Com certeza essa impressão veio de entrelinhas das cartas de vocês. Não sei. E ainda mais se acentuou depois que eu falei pelo telefone com vocês. Estou falando sério. Peço encarecidamente me dizerem como estão e o que há. Por favor.

Um homem vidente disse que íamos para o Brasil no ano que vem... Quando penso que pode ser verdade, meu coração até bate. Que Deus o ouça. Já queria estar com vocês e levar uma vida perto de vocês. É isso que me atrai no Brasil, na volta do Brasil. Porque se antes eu também queria enormemente estar no Brasil de um modo geral, agora fiquei indiferente quanto ao lugar onde viver – foi esse o resultado do isolamento na Suíça. Aprendi a não querer ninguém. Não era exatamente isso o que eu estava precisando para o meu caráter, bem ao contrário. Mas no começo eu sofria muito por não ter com quem falar. E agora, mesmo tendo com quem falar e conhecendo mais gente – não sinto falta e até as pessoas interessantes me chateiam. Para mim me basta ir ao cinema. E Rosa como conversa...

Queridas, me escrevam logo dando notícias. Por favor. Recebam meu amor e a minha saudade.

Sempre a de vocês,

Clarice

Vou tirar retratos melhores para mandar. Por enquanto mando estes antigos, um pequeno demais e sério demais, e outro mentiroso demais. Um é numa cidadezinha da Suíça e outro em Cannes.[1]

---

[1] Indica que se confirmou a viagem de férias programada por Maury e seu irmão Mozart em Cannes, conforme Clarice mencionou na carta de 13 de junho de 1947. Hoje a cidade é conhecida principalmente pelo seu festival de cinema, considerado o maior do mundo, porém, quando ela a visitou o festival tinha sido criado há pouco, em 1946. Situada na Côte d'Azur, na Riviera francesa, é também muito apreciada por suas praias.

[A Tania Kaufmann]

Berna, 6 janeiro 1948

Minha florzinha,

recebi sua carta desse estranho Bucsky, datada de 30 de dezembro. Como fiquei contente, minha irmãzinha, com certas frases suas. Não diga porém: descobri que ainda há muita coisa viva em mim. Mas não, minha querida! Você está toda viva! Somente você tem levado uma vida irracional, uma vida que não parece com você. Tania, não pense que a pessoa tem tanta força assim a ponto de levar qualquer espécie de vida e continuar a mesma. Até cortar os próprios defeitos pode ser perigoso – nunca se sabe qual é o defeito que sustenta nosso edifício inteiro. Nem sei como lhe explicar, querida irmã, minha alma. Mas o que eu queria dizer é que a gente é muito preciosa, e que é somente até certo ponto que a gente pode desistir de si própria e se dar aos outros e às circunstâncias. Depois que uma pessoa perder o respeito de si mesma e o respeito de suas próprias necessidades – depois disso fica-se um pouco um trapo. Eu queria tanto, tanto estar junto de você e conversar, e contar experiências minhas e de outros. Você veria que há certos momentos em que o primeiro dever a realizar é em relação a si mesmo. Eu mesma não queria contar a você como estou agora, porque achei inútil. Pretendia apenas lhe contar o meu novo caráter, ou falta de caráter, um mês antes de irmos para o Brasil, para você estar prevenida. Mas espero de tal forma que no navio ou avião que nos levar de volta eu me transforme instantaneamente na antiga que eu era, que talvez nem fosse necessário contar. Querida, quase quatro anos me transformaram muito. Do momento em que me resignei, perdi toda a vivacidade e todo interesse pelas coisas. Você já viu como um touro castrado se transforma num boi? assim fiquei eu..., em que pese a dura comparação... Para me adatar (*sic*) ao que era inadatável (*sic*), para vencer minhas repulsas e meus sonhos, tive que cortar meus aguilhões – cortei em mim a força que poderia fazer mal aos outros e a mim. E com isso cortei também minha força. Espero que você nunca me veja assim resignada, porque é quase repugnante. Espero que no navio que nos leve de volta, só a ideia de ver você e de retomar um pouco minha vida – que não era maravilhosa mas era uma vida – eu me transforme inteiramente. Mariazinha, mulher do Milton, um dia desses encheu-se de coragem, como ela disse, e me perguntou: você era muito diferente, não era? Ela disse que me achava ardente e vibrante, e que quando me encontrou agora se disse: ou esta calma excessiva é uma atitude ou então ela mudou tanto que parece quase irreconhecível. Uma outra pessoa disse que eu me movo com uma lassidão de mulher de cinquenta anos. Tudo isso você não vai ver nem sentir, queira Deus. Não haveria nem necessidade de lhe dizer, então... Mas não pude deixar de querer lhe mostrar o que pode acontecer com uma pessoa que fez pacto com todos, e que se esqueceu de que o nó vital de uma pessoa deve ser respeitado. Minha irmãzinha, ouça meu conselho, ouça meu pedido: respeite a você mais do que aos outros, respeite suas exigências, respeite mesmo o que é ruim em você – respeite sobretudo o que você imagina que é ruim em você – pelo amor de Deus, não queira fazer de você uma pessoa perfeita – não copie uma pessoa ideal, copie você mesma – é esse o único meio de viver. Eu tenho tanto medo de que aconteça com você o que aconteceu comigo, pois nós somos parecidas. Juro por Deus que se houvesse um céu, uma pessoa que se sacrificou por covardia – será punida e irá para um inferno qualquer. Se é que uma vida morna não será punida por essa mesma mornidão. Pegue para você o que lhe pertence, e o que lhe pertence é tudo aquilo que sua vida exige. Parece uma moral amoral. Mas o que é verdadeiramente imoral é ter desistido de si mesma. Espero em Deus que você acredite em mim. Gostaria mesmo que você me visse e assistisse a minha vida sem eu saber – pois somente saber de sua presença me transformaria e me daria vida e alegria. Isso seria uma lição para você. Ver o que pode suceder quando se pactuou com a comodidade de alma. Tenha coragem de se transformar, minha querida, de fazer o que você deseja – seja sair nos *weekends*, seja o que for. Me escreva sem a preocupação de falar coisas neutras – porque como poderíamos fazer bem uma a outra sem esse mínimo de sinceridade?

Que o ano novo lhe traga todas as felicidades, minha querida. Receba um abraço de muita saudade, de enorme saudade de sua irmã

Clarice

[A Elisa Lispector e Tania Kaufmann]

Berna, 14 janeiro 1948

Minhas queridinhas,

Parece que estou esperando criança.[1] Comecei a enjoar no dia 31 e desde então não parava mais, apesar de ser bem suportável. Mandei então fazer exame de reação em cobaia, e ontem veio o resultado, positivo. Então fui ao médico, ele examinou e disse que lhe parecia também ser positivo. Me mandou voltar daqui a um mês e enquanto isso tomar diariamente uma pílula para manter e fortificar o "estado". Disse que devo tomar cuidado nesse mês, não levantar coisas pesadas, não fazer exercícios violentos. Me esqueci de perguntar a ele há quanto tempo eu já estava. Essa noite já não dormi direito, pensando... Me deu grande crise de saudade.

Quanto a Maury está muito contente, como se imagina. Mas também me parece um pouco pensativo... acho que a pessoa fica um pouco boba. Eu mesma estou bem disposta e o que me diziam era que, para uma pessoa enjoada, eu tinha ótima aparência. Naturalmente não se sabia de nada então.

Tenho vontade de perguntar como Marcinha perguntava quando era bem pequena: vocês estão contentes? Logo que me telefonaram dizendo que o resultado era positivo, pensei em vocês, como primeiras pessoas. Mas queria antes ouvir o médico também. Meu médico é considerado um dos melhores daqui no gênero e ele mesmo tem uma maternida-

---

[1] Pedro, o primeiro filho de Clarice e Maury, nasceu no dia 10 de setembro de 1948.

de. Foram só uns quinze dias de enjoo mesmo, e agora passou: é só ter a boca cheia de água, e um ou outro enjoinho, perfeitamente suportável, e sem ânsias. Que é que vocês acham desta carta? Sempre me imaginei escrevendo para vocês que: dentro de um mês estaremos no Brasil. Em vez disso estou anunciando outra coisa... Mas também serve, suponho... Embora não substitua, muito pelo contrário. Escreverei sempre, dando notícias e dizendo que estou bem.

Uma coisa que eu queria falar há muito tempo era isso, para William: se ele, sabendo de um apartamento, poderia nos escrever, nos indicar. Aqui nos dizem que para entrada de apartamento de mesmo 400 contos não se precisa sequer de 100 contos, que bastam mesmo 80. Nós estamos perdendo tempo, então. William podia ver isso mais ou menos? ele conhece muita gente e com certeza um ou outro fala nisso. Gostaria do apartamento em Flamengo ou Laranjeiras, um bom local. Copacabana dispersa demais as pessoas, e Sara Escorel vivia dizendo que não tinha um instante de sossego, que o marido nem ler lia mais, tanto a rua chamava essas pessoas e os bares.

Queridas, não sei o que escrever mais nesta carta... Senão que vos amo. Tania bichinha e William, sejam muito felizes e parabéns pelo dia 18. Me escrevam logo, e recebam meu melhor abraço. Sempre de vocês,

Clarice

[A Tania Kaufmann]

Berna, 10 março 1948

Naninha querida,

Fiquei aborrecida com aquela história da casa e advogado. E fiquei preocupada com a carta que lhe mandei sobre o joguinho de futebol que d. Zuza leva. Aliás Maury pensou sempre em mandar e por culpa minha não se fez isso antes. É que eu tinha receio de estar dando, em vez de coisa boa, uma causa de amolações. Espero que William só se entusiasme com a ideia se ela for realmente boa e realizável, sem perdas. Espero muito isso. E, se ele achar logo que a ideia não é realizável, arranje você um jeito de dar o brinquedo a alguém, como presente de aniversário ou o que seja: para que não se fique brincando em sua casa e fazendo barulho e tirando o seu descanso. Imagino que despesa, e mais que despesa, que aborrecimento essa história da casa está lhe causando. Mas também espero que você não perca o sono por causa disso: nada merece tal desgaste. Eu talvez não seja a pessoa indicada para pedir aos outros que não se preocupem inutilmente: sou vulnerável às menores bobagens, às mínimas palavras ditas, a olhares até, e sobretudo, a imaginações. Mas, exatamente por ser assim procuro combater essa propensão doentia, é que posso pedir aos outros que não resvalem por esse caminho. Já nem estou falando da casa e do advogado e consequências monetárias: estou falando de você que é muito equilibrada e tem grande força vital (é desta força aliás que vem seu equilíbrio). Pois, querida, é preciso que você mantenha essa força em vigor, sem cansá-la. E não há nada que canse tanto, como se torturar com preocupações. Repito, já nem estou falando da casa.

Espero que você tenha recebido minha carta em que eu acusava o recebimento dos retratos adoráveis de Marcia – mostrei eles a minha "colega" argentina, e a cara dela ficou radiante de gosto.

– Fiquei contente em Marcinha perguntar quando volto. Diga a ela que talvez no começo do ano que vem estejamos lá. Diga a ela que esses anos todos pingaram gota a gota e que eu por assim dizer contei uma por uma – mas que ao mesmo tempo passaram incrivelmente depressa porque um só e único pensamento ligou-os: esse tempo todo foi como o desenvolvimento de uma só ideia: a volta. Diga a ela que não espere, por isso, me ver voltar aos pulos de alegria e aos risos: nunca se viu ninguém sair de prisão aos risos: a alegria é muito mais profunda, e também o tempo de contenção e a obrigação de paciência ensinam a calma.

Vou responder às suas perguntas:

1 – Devo ir na semana que vem ao médico e este me dirá com maior precisão em que mês estou. Ao que ele já disse, agora em março vou fazer quatro.

2 – Tenho ido mensalmente ao médico.

3 – Não tenho feito nenhum tratamento. Quanto àquele que você me recomendou, ainda não tive oportunidade de falar com o médico. Mas vou falar. O mais provável é que ele nem ligue: eles aqui não ligam para essas coisas como no Brasil. Mas vou fazer o possível para convencê-lo.

4 – Ele não me deu nenhum regime alimentar. Acho que isso só virá mais tarde.

5 – Não tenho lido muito. Na verdade tenho a impressão de uma intoxicação de literatura e de leitura, o que não se explica porque nunca fui grande leitora. Nesses quatro anos de exterior não aumentei quase nada em matéria de cultura e conhecimentos. Não sei se foi o desenraizamento súbito que me desnorteou: a leitura me lembrava coisas de que eu não era capaz e me dava angústia, fazia bobagens por horas. Por mais ridículo que pareça, sinto necessidade de leituras chamadas "edificantes"..., essas que dão ânimo. As outras, mais verdadeiras, por isso mesmo talvez me deixavam ruim.

6 – Tania querida, muito obrigada por querer os originais do livro. Sei, querida, que minha amizade é uma carga, e não é por causa do livro que estou dizendo isso: porque o amor e a amizade às vezes são uma carga para quem os recebe. Assim é que possivelmente a alegria que você me deu em querer ler meu livro, seja um peso para você. Na verdade fiquei mais animada, recomecei a trabalhar. Espero em breve aprontá-lo e poder copiá-lo definitivamente.

7 – Por enquanto não tenho ideia de algum livro especial para você me mandar. Nem sei o que sai no Brasil.

8 – Externamente não se nota diferença na aparência: ninguém diria mesmo que estou "interessante".

9 – O frio acabou subitamente, e há primavera no ar, e Berna está linda.

10 – Maury está contente, sim. Às vezes, por causa dele, me lembro do Sully que "roubava" uns meses na espera de Paulinho. No terceiro mês, Maury dizia: bom, agora vai rápido porque já se está na metade do tempo.

11 – Rosa cuida bem de mim... Às vezes ela é uma grande chata e eu perco o sono brigando mentalmente com ela...

Tania, minha queridinha, você está bem? Como eu disse na outra carta, volto também ao sistema de perguntas:

1 – Como vai você de saúde?

2 – Susana voltou? Você tem alguma amiga?

3 – Você passou alguma tintura nos cabelos? Que cor? Espero que não tenha sido negro, que endurece muito os traços.

4 – Por uma fotografia recente de Marcinha tive a impressão de que os dentes estavam ligeiramente salientes. É verdade?

5 – Como vai Elisa? Há alguma novidade? Há alguma possibilidade de novidade? E de saúde? e o livro dela?[1]

6 – Você tem estado com pessoas?

7 – Célia está boa?

8 – Você tem rido, querida, achado graça nas coisas, tido bom humor? Tem tido tempo moral de olhar um pouco ao redor, com um olhar tranquilo? Tem tido gosto em repousar vendo uma revista? Tem se dado presentes, tem feito favores a você mesma, tem tirado folgas? Por favor responda isso tudo.

9 – Você como resolveu a questão dos óculos?

10 – Em que ano Marcinha está? Não esqueça de mandar a fotografia dela de bailarina. E se ela quiser escrever uma carta para mim, ficarei muito contente.

Clarice

[1] O livro que Elisa Lispector estava escrevendo e publicou em 1949 foi: *No exílio*, romance que narra a saga da vinda da família Lispector da Rússia para o Brasil.

[A João Cabral de Melo Neto]

Berna, 15 de março de 1948

Caro João Cabral,

há tanto tempo recebi sua carta e seu belo livro[1] – não respondi até agora por questões de saúde. Mas o livro foi lido e admirado e várias coisas relidas. Que "limpeza" de palavras! Nenhuma delas apodrecerá nem se gastará com o uso. Acho que você consegue o que quer. Apesar de se sentir a poeira "purificada", não se sente o trabalho de purificação. E que alegria, de fato, em ler poesia ou prosa sem "achados". E uma coisa muito boa também é que você não procura enternecer ninguém. É uma dignidade. Enfim, muito obrigada por ter me mandado o livro. Quanto à impressão, excelente. Não vi nenhum deslize – ou eu estava absorvida demais pelo texto? mas não vi nenhum deslize.

Quanto a ser escolhedora – a resposta vai tarde, a Ruth me disse mesmo que a revista[2] já saiu – mas em que material

---

[1] *Psicologia da composição* (1947) é a primeira obra de João Cabral composta em sua prensa manual, no projeto editorial denominado O Livro Inconsútil. A segunda foi *O cão sem plumas* (1950). O poeta explica: "Em Barcelona comprei uma prensa Minerva, manual, por razões terapêuticas. Eu andava com problemas de saúde e o médico me aconselhou a fazer ginástica. Em vez de fazer ginástica sueca, eu resolvi comprar uma prensa manual. Trabalhar nela era quase a mesma coisa que fazer exercícios. Quando eu tinha alguma dúvida sobre como operar a prensa, consultava um amigo chamado Enric Tormo, que cuidava das litografias do Miró. No início dos anos 50, eu vim para o Brasil e vendi a prensa para um convento de Petrópolis" (Cf. *Cadernos de Literatura Brasileira. João Cabral de Melo Neto.* IMS, 1996). *O mafuá do malungo* (1948), de Manuel Bandeira, e *Pátria minha* (1949), de Vinicius de Moraes, estão entre os quatorze volumes publicados.

[2] A revista citada chamava-se *Antologia*, seria trimestral e organizada por João Cabral, Lauro Escorel e Antonio Candido, conforme o poeta explica a Clarice em carta: "Não terá pro-

eu escolheria? não tenho nada quase, senão uns poucos livros que me mandam vez por outra. Não conseguimos trazer nada do Brasil – nossa viagem foi por avião, época de guerra. De modo que estou reduzida a não poder sequer escolher... Mas me mande a revista, gostaria tanto de ler. – É uma pena que a Suíça seja longe da Espanha – você poderia me ajudar muito: estou quase parada no trabalho, e é coisa + séria do que desânimo. Também gostaria tanto que você lesse o que tenho feito – mas não lhe mandaria o livro de modo algum porque não acredito em distância e em cartas. Só lhe mandaria o livro já impresso.[3]

Escreva dizendo o que tem feito em trabalho, como está a revista, o que faz Lauro Escorel. A Suíça está caretinha e linda, com a primavera mal chegando. Depois de muito tempo, não conseguindo o contrário, fomos à montanha, 1.800 a 2.000 metros. Nos cercam demais a pessoa e isso dá certa agonia. É muito bom estar no centro das coisas, mas melhor ainda é estar no limite delas: essa complicação horrível é para lhe dizer que preferia estar em terra que desse para o mar.

Ruth me mandou alguns suplementos literários para eu enviar a você depois de ler. É o que vou fazer amanhã ou depois.

Maury manda um abraço grande. Escreva, sim? não escrevo mais para ninguém, nem recebo cartas de ninguém portanto – me sepultei entre as montanhas.

---

grama formulado, não dará bola à chamada vida literária, não terá seções, nem de cinema, nem de livros, nem de nada. (...) O fim verdadeiro da revista será o de começar a escolher o que presta de nós. Qualquer coisa como um balanço dos fevereiros que todos nós somos" (Cf. COR, p. 180). Porém, segundo Priscila Monteiro (2017), a prensa manual cabralina imprimiu somente um exemplar de uma revista trimestral cujo título é: *O cavalo de todas as cores* (1950). A proposta desta difere da descrita pelo poeta quando quis publicar *Antologia*, o que nos leva a deduzir que a ideia não saiu do papel (Cf. *Afluente*, UFMA/Campus III, v. 2, n. 4, pp. 14-37, jan./abr. 2017).

[3] O livro é *A cidade sitiada*, que só seria concluído em torno de junho de 1948.

Abraço para vocês da

Clarice

[A Tania Kaufmann]

Berna, 19 abril 1948

Tania minha querida,

Escrevo-lhe no dia 19 mesmo, para lhe dizer, minha florzinha, que você seja feliz, por favor. Que todos os anos te tragam alegria, saúde, felicidade. Que Marcia te dê sempre alegrias. O que posso dizer é pouco, e o desejo de te ver bem é enorme. Só tomara que no próximo 19 de abril eu possa te abraçar e te falar pessoalmente. O presente seria meu, no caso. Que você consiga tudo o que você deseja, contanto que seja para o seu bem.

Aqui tudo igual. Eu lutando com o livro, que é horrível. Como tive coragem de publicar os outros dois? Não sei nem como me perdoar a inconveniência de escrever. Mas já me baseei toda em escrever e se cortar este desejo, não ficará nada. Enfim, é isso mesmo.

Estou bem de saúde. Elisa sugeriu o nome de Mariana, se for menina. É bonito mas não sei por que acho um pouco triste. Você não acha? Me escreva contando como passou o dia 19, se recebeu o telegrama que passei hoje de manhã. Me escreva, querida, por favor.

Sua

Clarice

[A Tania Kaufmann]

Berna, 28 abril 1948

Minha querida,

Foi ótimo você me mandar uma carta maior, respondendo mais ou menos às minhas perguntas – eu quase tinha desistido... – Marcia está um amor com as novidades dela! Imagino que você se amola quando ela pede um irmãozinho. Todas as crianças pedem, querida, e as mães só fazem o que acham que devem fazer.

Estou bem de saúde, fui ontem ao médico. Ele já ouviu o coração da criança bater... E ela mesma tem me dado vários sinais... Dá pulinhos, ajeita-se bem, bate nas paredes. É uma criança muito boazinha e não tem me amolado. Já estou tratando de uma *nurse* para os primeiros meses, muito importantes porque neles a *nurse* vai educar o bebê e dar-lhe bons hábitos. Elas são todas diplomadas e eficientíssimas, comem na mesa conosco e fazem *tricot* para a criança... Aqui, mesmo pessoas que não podem muito, tomam uma por um tempo. Além do mais, com um clima diferente eu nunca saberia como vestir a criança e quando deixá-la ao ar livre. – Dos nomes de menina que você mandou gostei mais de Diana. Mas todo o mundo retruca que se dá esse nome a cachorros... Fiquei chateada. Acho o nome lindo. De algum modo tem o caráter do nome Marcia. Maury quer Beatriz, mas acho um nome triste, romântico demais, para moça que usa tranças e borda ao crepúsculo.

Aqui está fazendo um tempo bonito, com sol e vento. Maury tem uma vontade louca de ir a Paris mas não queremos gastar agora, e Paris sai bem caro. Ele já está bem chateado da Suíça e da vida dele na Suíça. Quem sabe, talvez neste ano sejamos transferidos para o Brasil. Não sabemos de nada.

Querida, você tem sido amiga de Susana? Quem tem sido sua amiga? Tania querida, pelo amor de Deus não se canse, não faça mil coisas de uma vez. (A criança agora se mexeu toda, talvez pedindo o mesmo à tia querida.) Me escreva, dê notícias, e prometa, filhinha, que levará uma vida mais tranquila, menos afobada.

Um abraço enorme, filhinha, de sua sempre

Clarice

[A Tania Kaufmann]

Berna, 22 maio 1948

Tania, filhinha,

Também há muito não lhe escrevo, mas peço-lhe que nunca interprete a demora de cartas como sintoma de que não estou bem. Pelo contrário, vou ótima. Se não escrevo tanto, é que cada vez mais escrever cartas me parece pouco – se bem que carta sua me pareça sempre muito. Estou contente em saber que agora vocês têm inquilinos honestos – espero que seja para o melhor. Não se preocupe com o caso de nosso apartamento. Sua ideia de alugar um para nós, seria ótima se soubéssemos quando voltaremos. Na verdade não sabemos de nada – e nem sabemos se iremos ao Brasil ou a outro posto, pois o prazo máximo de estada no estrangeiro é de 6 anos, e nós vamos completar em agosto apenas 4. Se soubermos de qualquer coisa quanto à volta para o Brasil, avisarei logo – e nesse caso pode-se tratar de alugar um apartamento, o que é grande solução. – Achei graça na "barriga sonsa de Célia". Parece que o mundo inteiro resolveu ter filhos. Como vão as duas Bertas com os respectivos nenês? Se não me enganei, terei a criança em fins de agosto ou começo de setembro. Contanto que seja uma criança perfeita, tudo será bem. A gravidez tem sido muito simples, posso mesmo esquecê-la "fisicamente". A *nurse* ainda não apareceu, é difícil conseguir uma. E ainda não comecei a tratar do enxoval e de berço e banheira etc. Queria esperar o conselho da *nurse*, mas vejo que não poderei esperar. Não estou muito grande; só a partir do sexto mês é que se começou a ver (vou, por esses dias, entrar no sétimo). Mas estou com 67 quilos, quase 68... O que não é engraçado. Mas, se depois do bebê nascer, eu não voltar ao peso normal, farei ginástica.

Querida irmãzinha. Pequena filhinha (isso foi só parênteses). Continuando: mentalmente, estou mais "vaquinha" com o estado. Não consigo aprofundar nada, não consigo me concentrar bastante. Representar mesmo um descanso. Vivo comendo coisas doces, bombons, e bebo litros d'água...

Ontem comprei 3 discos: *O pássaro de fogo*, de Stravinsky,[1] *A valsa* – de Ravel,[2] e a *Sonata patética*.[3] Diga a Elisa que a *Sonata patética* foi comprada para ela ouvir no Brasil. Não escrevo para ela porque tenho medo de perturbá-la nos seus estudos. Enquanto ela estiver fazendo o concurso, não deve se preocupar com outras coisas, nem em me escrever. Mas você me dê notícias dela, diga se ela está cuidando da saúde, alimentando-se. Quando sai o livro dela? Me escreva a respeito.

Tania querida, minha filhinha, você está de novo cansada. Como se explica que você não ordene sua vida, que não aprenda um sistema de se economizar um pouco? Marcinha ainda se resfria com frequência? E a alergia? – Obrigada pelo recorte, agradeça a Susana por mim. Como vai ela?

---

[1] *O pássaro de fogo* (1910), de Igor Stravinsky (1882-1971), foi composto para um balé baseado nos contos populares russos. O pássaro vive no jardim do mago Katschei junto com jovens princesas aprisionadas. O príncipe Ivan ganha uma pluma do pássaro que tem o poder de protegê-lo contra os encantos do mago Katschei. Apaixonado por uma das princesas, Ivan fica no jardim e acaba aprisionado pelo mago. A pluma do pássaro o salva da prisão e dá ao príncipe o segredo do mago: a imortalidade.

[2] Segundo Maurice Ravel (1875-1937), *A valsa* é a apoteose da valsa vienense, à qual se misturava a impressão de um redemoinho fantástico e fatal.

[3] Em *A sonata patética* (1799), ou sonata para piano nº 8 em Dó menor, opus 13, de Ludwig van Beethoven (1770-1827), o tema central transmite um sentimento de solidão. Tanto Tania Kaufmann quanto Elisa Lispector estudaram piano no Conservatório de Música do Recife. Isso pode justificar as inúmeras vezes que Clarice menciona suas idas a concertos e o hábito de comprar discos.

Sempre simpática? Ela é sua amiga? Tania, querida, me mande seu retrato com as roupas modernas e o cabelo solto, sim? Eu queria tanto que se parecesse conosco. Não é que sejamos maravilhosas... Mas eu quero uma criança Lispector. Ou então parecida com Maury. Mas não com os outros. Tania querida, ainda não estou muito gorda, você ainda pode me abraçar. Me dê um abraço, querida, e seja feliz.

Sua sempre Clarice

[A Tania Kaufmann]

Berna, 12 junho 1948

Tania, filhinha,

Minhas saudades têm estado agudas mas dentro de uma névoa – como uma sirene de noite no mar, como diria Jeni Pimentel Borba[1] ou eu mesma. Mas abrindo a caixa de correio e vendo sua letra – de repente meu coração começou a bater de alegria e eu ouvi a sirene de perto, desfeitas as névoas, sirene de manhã. Fui lendo na rua mesmo, e todo carinho que você me fazia eu bebia rápido-rápido, porque já há muito tempo você não regava esta planta suíça. Dei logo flores e passei um dia de sol. Tua filha é o que há de melhor na terra. Diga a ela que se eu tiver gêmeos, eles são dela. Mas não acho provável o acontecimento... Suponho que vi nascer muito simplesmente uma criatura apenas – mas que será dela, que ela pegará nos braços, beijará. É uma cena que imagino e reimagino, sempre com prazer. Querida, você está linda? Tem cuidado dos cabelos? E o retrato com cabelos curtos? E o vestido comprido? Eu cortei uma franja lisa, e fiz permanente no resto. Mudei tanto que certas pessoas não me reconheceram. Vale apenas como transformação momentânea.

Querida, vou ver se mando vitaminas para vocês: para Elisa, você e Marcia – irá tudo para sua casa. Em cada pílula

[1] Jenny Pimentel de Borba (1906-1984) é escritora, jornalista e militante feminista. Após a vitória do movimento sufragista, fundou a revista *Walkyrias*, em 1934, cujas colaboradoras foram Bertha Lutz e Gilka Machado.

estão contidas 9 vitaminas. Peço que vocês tomem, há de fazer bem.

Não se preocupe comigo, ando muito bem, com saúde. Não sinto nada, somente me canso quando faz calor. Imagino como é estar grávida no verão do Rio. Queridinha, Maury me deu a ideia de chamar a menina de Constança. Acho o nome muito bonito e delicado. Que é que você acha? Até já nos habituamos com ele. Não é um nome rebuscado, e ao mesmo tempo não é vulgar. Diga a Bertinha que já não me interessam os doces. Que agora me interesso especialmente por frutas. É época de morango, cereja e abricó. Quando como cerejas, aos montes, me lembro tanto de você, filhinha pequena. Me lembro que você dizia: eu queria um dia comer cerejas mas não uma por uma porque tem poucas: queria comer muitas de uma vez só. Fico com pena que você não faça isso. As cerejas estão carnudas e maduras, pretas ou vermelhas. E como aqui não há perigo de tifo, vivo comprando morangos. Um quilo de cerejas custa o equivalente a 10 cruzeiros. Estão caras as frutas no Rio? Querida, vocês se equilibram bem com a vida cara? Meu amorzinho, dê um beijo na Marcinha por mim, dê minha força a ela. E você, minha florzinha, minha margaridinha de primavera, cuide-se *por favor*. *Seja feliz*, minha filha e minha irmã.

Sua Clarice

[A Tania Kaufmann]

Berna, 6 julho 1948

Minha queridinha pequena,

Você soubesse que emoção boa foi a de receber os presentes pro bebê! Posso te dizer que recebi coisas de outras pessoas e que classifico de "frias" as emoções ao recebê-los – comparando-as com as que experimentei quando recebi o joguinho de cama e a camisola. São umas delícias de delicadeza e bom gosto e intenção. Imaginei a criança usando aquilo tudo – e mais – vocês pegando nela. Muito obrigada, minha Naninha, pela delicadeza da escolha. Os bordados são finíssimos e com cara de bebê... – Se eu pudesse escolher a época de você ganhar na loteria, querida, eu pediria que isso acontecesse depois da criança nascer. Porque vir à Europa para entrar e sair em casa de saúde, e para só conhecer Berna, é pouco. Quero que você ganhe na loteria e venha para cá quando eu puder ir com você a Paris e mostrar coisas a minha irmãzinha. Te adoro, querida, Deus te abençoe e te dê alegrias. – Não cheguei a ver o sr. Koogan. Ele me telefonou de Montreux dizendo que pretendia vir até Berna e então me daria pessoalmente a encomenda de vocês. E que se não pudesse vir, me telefonava e me mandava ao mesmo tempo o embrulho pelo correio. Ora, ele não me telefonou, só me mandou. E como eu esperava que ele me telefonasse de novo, não tomei nota do hotel em que ele estava (minha memória está meio ruim e só anotando as coisas consigo me lembrar delas). Não sabendo do hotel dele não posso aproveitar a gentileza com que me ofereceu de levar coisas para vocês. Quem sabe se ele ainda me telefona.

Está pela Suíça um colega de Maury que vai para o Brasil. Estou vendo se ele leva meu livro. E, conforme a cara dele no momento de lhe pedir esse favor, pedirei que leve ao menos um chocolate para Filomeninha querida. – Não sei se você sabe que a Agir não quer ou não pode publicar meu livro – o fato é que a resposta foi negativa. De modo que estou sem editora. Estou com vontade de mandar por esse rapaz o livro para o Brasil. Você dê ao Lúcio para ler. Ele talvez arranje editora para mim. Se não arranjar, não tem importância. O que eu quero é que este livro saia daqui. Melhorá-lo é impossível para mim. E, além disso, preciso com urgência me ver livre dele. Quando você der o livro ao Lúcio, não fale nele arranjar editora. Eu mesma escreverei talvez uma carta dizendo. Nem tenho coragem de pedir a você que o leia, querida. Ele é tão cacete, sinceramente. E você talvez sofra em me dizer que não gosta e que tem pena de me ver literariamente perdida... Enfim, faça o que você quiser, o que lhe custar menos. Espero um dia poder sair deste círculo vicioso em que minha "alma" caiu. – A Agir já me pediu duas vezes a cópia do contrato de *O lustre*. Você a tem? Quer mandá-la à Editora? – Mozart, Eliane e a criança tiraram férias e passaram por aqui. Eliane e a menina seguiram logo para a montanha e Mozart ficou umas duas semanas conosco, ele parte amanhã.

– Eu estou bem de saúde, só sofro de um ardor danado no estômago...

Estou com 70 quilos... Mas não pareço gorda. Acho que esse peso todo vem em parte de mim, em parte da criança e em parte do "enxoval" que uma criança traz consigo: águas, placentas etc. O médico disse que estou muito bem, que a criança está se desenvolvendo muito bem e que tudo está completamente normal. Aí vai um retratinho que um inglês tirou de nós há poucos dias. Nele estou um pouco favorecida... Mas pelo menos vocês veem que estou bem. O retrato foi tirado num passeio a Interlaken. – Até não me incomodo por você não ter mandado o bolo... Porque eu acharia até sacrilégio comê-lo. Certamente acordaria de noite para comer os farelos. Minha queridinha pequena, minha florzinha do campo, Deus te abençoe. Cuide-se bem, minha irmãzinha, nunca deixe que o cansaço tome conta de você, nunca se deixe levar por nenhuma depressão. Seja alegre, seja feliz. Faça higiene mental e moral, não se deixe abater por chateações de empregada nem por chateações de trabalho. Sim, querida? Também não se preocupe comigo: estou muito bem, tudo se passará perfeitamente, com todo conforto, médico bom, clínica boa. De modo que não há mesmo por que se preocupar. Nem me ocorre medo de parto ou de dor. Fique descansada.

Me dê um abraço, querida, seja muito feliz. Dê um abraço para William, um beijo na Marcia. Diga a ela que o bebê manda um beijo.

Sua, sempre, Clarice

[A Tania Kaufmann]

Berna, 16 julho 1948

Tania, minha querida, minha flor, minha boneca:

como estou amolada de não ter escrito mais frequentemente! Não tinha ideia de ter demorado tanto. Mas espero que você já tenha recebido minha última carta, aquela em que eu acusava o recebimento dos maravilhosos presentes para o Baby. Minha irmã pequena, minha florzinha do campo, minha adoradinha, como é que você se cansa tanto? Oh, minha florzinha, peço a você de joelhos que não se preocupe com negócios de William e que não leve a sério coisas de empregada. Pelo amor de Deus, não se deixe levar por preocupações que são, na maior parte das vezes, inventadas pelos nervos e pelo cansaço. Fale francamente consigo mesma, querida, e veja que pelo menos metade das amolações devem vir da imaginação cansada! Querida única, minha filhinha e minha mãezinha, Deus te abençoe e te faça ver as coisas com justeza. Não quero que você esteja cansada, não quero carta escrita quase à meia-noite! Minha Tânia, minha boneca única, como te adoro! Você é minha filha. Por favor, querida, corte as preocupações inúteis, raciocine com clareza e veja que as coisas amolarão do mesmo modo, quer você se preocupe ou não. Como é que eu posso convencer você?! Não queira fazer as coisas com perfeição, à custa de sua tranquilidade. Você sempre encheu a cabeça de deveres e de falsos deveres. O seu primeiro dever é estar bem, querida, acredite nisso, peço-lhe por tudo.

Também não escrevi o último tempo porque queria aprontar o livro para este seguir com o colega de Maury. Ainda faltava copiar alguma coisa e rever, e tudo isso foi feito no meio de almoços e jantares que fui obrigada a dar. Mas estou muito bem de saúde, não sinto nada de extraordinário, nem cansaço especial. Peço a você por favor que não acrescente às suas preocupações a ideia de que não estou bem. O médico nem me dá remédios, só estou tomando vitaminas. Aliás já mandei para vocês – há umas 3 semanas – cinco caixinhas dessas vitaminas. Um dia desses elas chegarão aí. Peço-lhe que tome essas vitaminas, elas lhe farão bem. E peço a você, pelo amor de Deus, que seja feliz, que não se aborreça, que não se [...] à toa. Já estou com uma *nurse* mais ou menos em vista, só vi a fotografia – nos parece simpática. Maury vai bem, trabalhando muito.

Peço-lhe desde já uma coisa: se o telegrama sobre o nascimento da criança demorar a chegar, não se preocupe. Você sabe que nunca sou capaz de saber direito sobre os meus "incômodos", e posso muito bem ter errado na data. Espero a criança lá para o fim de agosto, começo de setembro – a menos que tenha errado e seja para mais tarde. Estou com um médico muito bom, dos melhores ou melhor daqui. Maury, você sabe, é muito bom e toma conta de mim. De modo que não há nem haverá motivo de preocupação.

– O livro já seguiu com o rapaz e dentro botei uma lembrancinha para Marcia. Bem quis mandar mais, mas o rapaz segue de avião e é cacete pedir para levar muito. Deus te abençoe e te dê saúde e alegria. Eu te dou o que tenho de melhor em mim e o melhor de minha força. E te peço, de joelhos, que você se cuide e seja feliz.

Sua, a de sempre,

Clarice

(Vou escrever para Maria Luisa)

[A Elisa Lispector e Tania Kaufmann]

Berna, 27 julho 1948

Minhas queridas,

Sem carta para responder, escrevo para dizer que estou bem, sem novidades. Fui de novo ao médico; ele disse que estou bem e que a criança deve nascer lá para meados de setembro. De modo que vocês não se impacientem com a demora... Continuo sem albumina, não estou inchada, nem tenho manchas. Como tudo o que quero, sem dieta nenhuma. E tenho ótima disposição. Vivo saindo. De modo que vocês nem pensem em mim... Eu é que penso em vocês e com muita saudade. Leinha, espero que você tenha recebido meu telegrama de aniversário. Acrescento a ele tudo o que um telegrama não comporta: desejo a você mil felicidades, querida. Maury sempre pergunta se eu boto o nome dele no telegrama. Mas não boto para poder assinar Vovó, por exemplo... Como vai o concurso? Quais são as novidades? Você anda impaciente? E o livro? E você, Naninha, está mais descansada? Peço a você, filhinha, que se cuide, por favor, por favor. E Marcia? Como está essa querida? Estou com a impressão de que vou ter menina também. O médico não tem nenhuma impressão... Tânia, como foram as férias de vocês? Você aproveitou? William também tirou férias?

Peço a vocês que me escrevam, estou com saudade de cartas. E peço também que não fiquem à espera de telegrama: a criança vai demorar ainda muito. Como vai Bertinha? E Berta? Aquela minha "colega" argentina teve uma filhinha e um parto ótimo. Fiz questão de que Maury visse crianças recém-nascidas porque ele tinha as ideias mais falsas sobre o caso: acho que ele esperava receber uma criança já rindo e já grande, sei lá o quê. Às vezes ele via uma criança de 6 ou 7 meses e pensava que tinha alguns dias apenas...

Minhas queridas pequenas, me escrevam. E cuidem-se, não se cansem à toa, por favor. Um abraço grande,

Clarice

Por favor, me escrevam logo que meu livro chegar no Brasil.

[A Elisa Lispector e Tania Kaufmann]

Berna, 11 setembro 1948

Minhas irmãzinhas queridas,

Vocês devem ter recebido o telegrama de Maury – Pedro nasceu ontem, dia 10, às 7h30 da manhã. Estou escrevendo na madrugada de 11, porque não posso dormir direito. Estamos muito contentes, Maury e eu: a criança é sadia, fortona, pesa uns 3 quilos, 600 – por enquanto é a cara do Maury... Eu sofri muito. O médico achou que o bebê estava tardando e eu me internei no hospital no dia 9 de manhã. Eles começaram a provocar as dores por intermédio de injeções. Às 2 horas da tarde comecei a perder as águas e às 2 ½ as dores se instalaram. Sofri de 2 ½ do dia 9 até 7 e pouco do dia 10. Mas apesar das dores fortes e frequentes a dilatação, não se sabe ainda por quê, não se fazia. Então o médico resolveu fazer cesariana. Não se assustem, correu tudo bem. Só que na hora o médico e as enfermeiras não estavam com boa cara, estavam meio impressionados. Eu disse que se fosse questão de esperar e sofrer ainda, eu esperaria, contanto que a criança não corresse perigo. Mas o médico disse que a criança estava correndo perigo se não nascesse logo, porque ele não conseguia adivinhar os motivos da demora; que minha bacia era bastante larga e que a criança estava em boa posição. Maury e eu assinamos um papel dizendo que estávamos de acordo e éramos responsáveis. Toda essa encenação necessária nos custou muitos nervos. Às 7 horas o médico resolveu operar, às 7h15 me botaram a máscara de gás e às 7 – o Gildinho nasceu – nasceu tão vivinho e alegre... O médico disse que mal abriu minha barriga, o menino deu pulinhos e chorou: que o primeiro choro dele foi dado dentro de mim ainda... Passei depois um mau pedaço com a anestesia – vomitando e cada esforço de ânsia era uma dor. Agora estou com um pouco de tosse e cada tosse é uma dor... Maury está dormindo no quarto, exausto.

Dia 13 – Minhas queridas, estou muito bem: o médico diz que estou ótima. Não tenho mais febre desde ontem e hoje já tomei um caldo de arroz que me deu muitas forças. Francamente eu não podia estar melhor. Pedrinho é tão engraçado, não acho ele muito bonito, mas é uma bola. Tem cabelos (enormes) negros, olhos escuros, um nariz por enquanto meio batatudo, umas bochechas enormes e uma boca de bico de passarinho, e os dedos compridos. O ar todo é de Maury. É uma criança muito gostosa. Reli a parte escrita na madrugada de 10 para 11, às 3 horas da manhã, e Maury leu – ficamos bobos como a carta está lógica e direita, não parece que eu estava sob a narcose ainda. Maury diz que só se explica uma carta tão clara em tal momento porque era dirigida a vocês – desde o começo a minha preocupação era vocês. Pedrinho manda um beijo para tio William! E manda dizer a Marcinha-querida que pertence a ela, que ela vai brincar com ele quanto quiser e que ela é dona do bebê. Maury está contentíssimo. Ele passou maus momentos. Quando disseram que a criança tinha nascido ele me perguntou se era menino ou menina. Quando acordei da anestesia ele me mostrou a criança e eu disse que ela tinha cara de *chauffeur* de táxi e que era feia. Maury parece que ficou triste e custei a convencê-lo de que eu falara ainda narcotizada.

Leinha querida, recebi hoje sua carta do dia 8, foi tão bom ouvir qualquer coisa de vocês, mesmo anterior ao nascimento. Vocês receberam o telegrama que Maury passou, não? Foi o primeiro que ele mandou porque sabia como eu estava ansiosa que vocês soubessem. Ainda não se sabe se vou ter leite porque com cesariana de qualquer modo demora a vir. Maury tem sido tão bom e carinhoso, tem dormido aqui todas as noites, apesar de eu já poder dispensar. Mas hoje ele vai para casa. Minhas irmãzinhas queridas, estou com saudade de vocês. Vou ensinar Pedrinho a gostar de vocês tanto quanto eu gosto. Ele se chama também Gildo, porque é muito glamouroso. E também se chama Kina-Redoxon, que é o nome de um bom remédio contra gripe. Um beijo grande para a Filomeninha. Um abraço forte em William.

O meu amor para vocês.

Clarice

Aí vão dois instantâneos de Pedrinho no 2º dia, para vocês.

[A Elisa Lispector e Tania Kaufmann]

Berna, Franenspital – 21 setembro 1948

Minhas queridinhas,

Por enquanto as cartas vão em conjunto porque escrever deitada é às vezes cacete. Recebi suas duas cartinhas, Lea, e finalmente a sua Naninha. Desculpe ter obrigado você a gastar dinheiro com telegrama. E suas cartas, Elisa, primaram pelo silêncio a respeito. Preparei, num momento de febre e raiva, uma carta para vocês que felizmente não mandei. Eu avisava que só escreveria muito raramente, que estava cansada de ser o cachorrinho da família. Que durante 4 anos implorou uma notícia para recebê-la apenas depois de 5 ou 6 cartas vazias de vocês. Dizia – e é pura verdade – que tive que pedir a você, Elisa, em mais de dez cartas para me informar sobre o concurso e o resultado, mas que isso parecia ser assunto tão privado que só depois de eu implorar você resolveu ser indiscreta em alto grau e me dizer que ainda não sabia do resultado. Parece absolutamente incrível! A você, Tania, escrevi cartas ridículas. Sei quanto isso é importante e estava ansiosa. Pois escrevi umas 3 ou 4 cartas para finalmente ter resposta. Quero sinceramente dizer a vocês que isso me feriu muito, especialmente agora depois do parto, na casa de saúde. Não digo que eu poderia me vingar e não mandar notícias – não digo isso porque seria ridículo imaginar que vocês se incomodariam. Não adianta protestarem. Se vocês se incomodassem entenderiam que não podem fazer o mesmo comigo.

Passado esse período de queixas, minhas queridas, quero dizer como gostaria que vocês vissem Pedrinho. Ele é tão engraçado. Não é bonito (os outros acham, eu não propriamente) mas é tão engraçadinho. Tem os olhos escuros, meio achinesados, um nariz de batatinha – e está com um calo nos lábios porque agarra a mamadeira com muita força... É um comilão. Não tem nenhum defeito, é sadio, redondo, gozado, muito parecido com Maury. Eu mesma ainda estou no hospital, mas vou bem melhor. Tenho um pouco de febre mas não é nada e já está diminuindo. As dores também já estão diminuindo. E estão me fazendo um enérgico levantamento de forças – injeções de vitamina na veia, fortificantes, mil coisas. Estou passando realmente bem melhor e espero não ficar aqui mais do que uns 8 ou 10 dias ainda. Talvez até menos. Quanto a Maury, poucas vezes na vida tenho visto pessoa igual. Ele é tão bom para mim, pensa em tudo, tem uma paciência enorme comigo e me cerca de tanto carinho e cuidados que eu nem mereço. Espero nunca na vida feri-lo em nada. Não é só porque ele tem sido assim que eu digo. Em relação a tudo, ele é das pessoas mais puras que conheço. Eu não poderia ter um pai melhor para meu filho.

Já estou tão arrependida de ter escrito duramente para vocês no começo da carta. Mas vocês me fizeram sofrer muito. Tania, na sua carta você diz que eu devo estar em casa em trabalheiras com o bebê. Mas vocês então não sabem o que é uma *nurse* suíça. Uma *nurse* suíça é uma enfermeira diplomada que se encarrega de tudo, tudo – e que não deixa a mãe dar opinião demais. No contrato já impresso vem que ela pode chamar médico sem consultar os pais. E coisas do gênero. Naturalmente estarei sempre de olho nela, não só vigiando como aprendendo. Mas pode-se entregar perfeitamente uma criança aos seus cuidados e ir viajar. (Não farei isso senão se for muito necessário ou depois de conhecer bem minha *nurse*.) Pedrinho é de boa paz, ao que parece. Mas com mãe tão chata, é melhor ele ser criado por pessoa pacífica, que lhe dê bons hábitos e bons nervos, vocês não acham? Maury está muito contente com o menino. Como lhes disse, ele nasceu com grande cabeleira negra, fizeram chuca-chuca desde o primeiro momento. Os olhinhos são muito vivos, tem um choro muito forte, parece de um marreco chamando outros marrecos num rio. Tem as mãozinhas muito bonitinhas. E dois respeitáveis pares de bochechas, um queixo meio pontudinho, o lábio superior mais saliente que o inferior. As orelhas são coladinhas na cabeça, por enquanto. E de vez em quando ele suspira... Enfim eu gostaria de partilhar com vocês as alegrias das caretas de Pedro. Marcinha recebeu minha carta de aniversário? Como recebeu ela a notícia de Pedro? Me escrevam por favor. Se tiverem vontade. De agora em diante só escreverei em resposta a cartas. Não se preocupem com minha saúde, afianço a vocês que agora eu não poderia estar melhor. Mil abraços,

Clarice

Não estou amamentando. Tinha muito pouco leite também porque passei muitos dias sem comer nem beber. E ainda tiraram o leite que eu tinha, impedindo de vir, acho que para não me cansar. Mas Pedrinho não precisa.

[A João Cabral de Melo Neto]

Berna, 4 de outubro de 1948

Caro João Cabral,

estou certa de que você compreenderá minha demora em agradecer os livros que você me mandou e em responder sua última carta. Tantas revoluções por aqui em casa que só agora a atmosfera de irrealidade começa a passar. Acabo de receber o livro de Alfonso Pintó.[1] Ainda não o li, não quero adiar por mais tempo esta carta. Mas, francamente, seus trabalhos de impressão há muito deixaram de ser uma experiência – estão perfeitos.

Ruth tinha telefonado transmitindo seu recado sobre o livro – não pude responder porque dois dias depois a criança nascia. Que surpresa, João Cabral (a tradução, não a criança...). Peço-lhe por favor que perceba que estou longe de querer me aproximar da palavra "modéstia" – e ela não caberia – mas você acha que vale a pena? Eu não suportaria uma leitura de meus livros porém mesmo à distância deles: que más tentativas, meu Deus. Mandarei para você *O lustre* – também porque não tenho o primeiro – porque acho você pessoa incapaz de um gesto fútil qualquer. Se você achou que o livro é traduzível, isso me basta. E estou bem contente. Perdoa tanta complicação mental... Apesar de que o outono está aqui tão calmo e bom. Outono na Espanha deve ser

---

[1] O livro de Alfonso Pintó é *Corazón en la tierra*, o oitavo impresso por João Cabral de Melo Neto.

mais vermelho. Vocês não pensam mesmo em dar um pulo na Suíça? Para nós seria um grande presente! Estou tão desabituada de falar que durante dias só faria ouvir, e com que prazer. Escreva, diga se puder no que tem trabalhado, como tem trabalhado.

Os nossos melhores abraços, e que vocês tenham muitas alegrias com os filhos.

Clarice

Mandei em junho ou julho meu novo livro para o Brasil, ninguém leu ainda e também nem sei nada de editor... Chama-se *A cidade sitiada*.

P.S. Quanto às condições comerciais de tradução, não sei o que lhe dizer. Não é melhor que você resolva?

[A Tania Kaufmann]

Berna, 7 outubro 1948

Tania, queridinha,

Tanta demora em responder suas duas últimas cartas – escrevi no mínimo umas 3 e rasguei-as porque pretendo "rasgar" também todo e qualquer sentimentalismo e deixar os outros em paz... Tentarei, por todos os meios – e que Deus me ajude nisso porque preciso – tentarei por todos os meios exigir menos amor e atenção dos outros, e também exigir menos que as pessoas se deixem amar... Mas é melhor deixar de mais considerações senão também esta carta será rasgada... – Pedrinho vai bem, a cara mudando dia a dia, não se sabe ainda em que sentido. Nem a cor dos olhos está firme, e os cabelos que eram negros estão visivelmente clareando. Ele come muito direitinho e a *nurse* é boa. Eu mesma cada dia tenho mais forças e mais disposição. Parece que teremos que mudar de casa porque o médico achou o quarto da criança sem sol e frio. Este clima é cachorrinho, danadamente deprimente. Há outonos e invernos que fazem a gente esquecer o que é luz. O médico não aconselha levar o menino em viagem, mesmo que seja para tomar sol na Côte d'Azur. Acho que teremos que deixá-lo por um mês com a *nurse* – é de toda confiança. Não o faríamos se Maury e eu não precisássemos de férias. Até os que não podem, mudam aqui de ar umas 2 vezes por ano. Maury anda precisando de mudar de atmosfera, mais móvel mesma que física. Berna é triste, extremamente silenciosa, tem apenas cinema. Tania querida, acho melhor você dar o livro pra Lúcio ler. Você não suportará a atmosfera pesada dele, a leitura cansará você. Me avise quando você tiver dado o livro a ele, preciso saber. – Nada mais de novo. Pedrinho tem recebido várias ministras... Hoje vêm tomar chá aqui a ministra da Itália e da França. A ministra do Líbano teve um filho logo depois de mim: o mesmo se chama Tarik... Pedrinho olha muito para a gente e vira a cabeça quando se fala. A *nurse* exige de nós um silêncio de hospital e, como a criança está sempre na peça onde haja mais claridade, Maury e eu vivemos nos transportando de um lado e de outro... Um abraço grande para William, um beijo para você e Marcinha. Sua

Clarice

[A Elisa Lispector]

Berna, 19 outubro 1948

Leinha, querida,

Recebi sua carta (aquela em que você falava que tinha ido ver Berta) e hoje a de 14. Não respondi logo porque eu estava esperando que uns instantâneos de Pedrinho ficassem prontos – mas adiando cada vez mais a entrega e nem sei se irão ainda com esta carta. Me lembro bem da carta que eu lhe escrevi, sobre deixar os outros em paz. Realmente o tom geral devia estar pessimista. O pessimismo passou, mas o bom propósito não: farei o possível para não amar demais as pessoas, sobretudo por causa das pessoas. Às vezes o amor que se dá pesa, quase como responsabilidade na pessoa que o recebe. Eu tenho essa tendência geral para exagerar, e resolvi tentar não exigir dos outros senão o mínimo. É uma forma de paz... Também é bom porque em geral se pode ajudar muito mais as pessoas quando não se está cega pelo amor. Espero com Pedrinho não exagerar – serei mais útil a ele assim. Por falar nele, está engraçadíssimo, rindo à toa. Não há na carinha dele nenhum traço que lembre sequer algum meu. Ele é totalmente Maury, ou melhor, a família de Maury. Até traços de d. Zuza ele tem. Acho que me impressionei demais com ela... Às vezes fico com pena, porque passei por todo esse trabalho sem deixar um sinalzinho meu ao menos... Ele está muito esperto e tenho a impressão de que vai ser uma criança bastante sapequinha. Minha vontade é que vocês gostem muito dele. E gostarão com certeza. Do momento em que ele rir para vocês – um risinho tolo, cheio de graça – vocês ficarão conquistadas... Estive em atrapalhações com a *nurse* que – como você previu – chateou com os excessivos cuidados. Ela agasalha tanto a criança que esta transpira. E o motivo é que ela mesma é friorenta. Além do mais é uma nervosa, uma excessiva em tudo: nos cuidados, nos carinhos, nas manias de silêncio, e na teimosia. De modo que no dia 8 vem outra muito melhor, do mesmo jeito diplomada e de absoluta confiança, que serviu na casa de minha amiga argentina. Assim nossas férias vão ser ainda mais repousadas. Essa chata que tenho em casa nos apressou, com o seu nervoso, a procurar outra casa, e nem é preciso ainda. Mas agora vamos já assinar contrato para uma outra (só em dezembro) não tão original e bonitinha como esta; mas mais ensolarada. Querida, como você vê, estou contando mil fatos pequenos sem importância mas que dão uma ideia da vida em Berna... Hoje tenho que ir a um *cocktail*. Amanhã jantaremos com o presidente na casa do ministro, com vestido comprido e balangandãs materiais e espirituais. Depois de amanhã almoçarei na casa da embaixatriz de França, senhora que escolhe muito os convidados e que me honra com sua atenção frequente (ela é aliás a única mulher inteligente do meio diplomático). Depois de depois de amanhã, almoço com o ministro do Exterior na nossa Legação... Não pense que é sempre assim, é uma semana rara. A você conto para dar ideia do que pode acontecer por aqui... – Espero que os retratos fiquem prontos ainda hoje e possam seguir. – Querida, um beijo para você. Como eu gostaria que você estivesse ouvindo Pedrinho chorar (ele está chorando agora). Ele olha bem nos olhos da gente e acompanha uma pessoa pelo quarto com o olhar. Hoje está pesando 4k580. D. Noemia almoçou hoje aqui com o ministro, e Pedro distribuiu sorrisos a todos. Espero que ele não tenha alma de diplomata, seria um grande desgosto... Minha querida, um grande abraço pra você, da sua sempre

Clarice

[A Tania Kaufmann]

Berna, 22 outubro 1948

Minha florzinha,

Recebi sua carta de 15 e ao mesmo tempo uma de Bluma que me fala no jantar e diz que você "estava muito bonita". Fico logo com mais saudade. Querida, você está com o cabelo curto? Mande um retrato assim. Eu estou com o cabelo enorme, pretendendo cortar e ondular embora não saiba se me fica bem. Mas estou já cansada de minhas hesitações, que já me trouxeram bastante aborrecimento. Tenho sempre que me lembrar que tudo que consegui na vida foi à custa de ousadias, embora pequenas. Quando a gente cai nessa atmosfera de indecisão, se sente perdida. Resolvi mudar a *nurse* (que é a maior chata do mundo, e ciumenta ainda por cima); a resolução veio depois de dias de tortura mental e afinal resolvi arriscar e pedir outra à Aliança das Nurses. Pois se eu tivesse hesitado umas horas a mais teria perdido uma ótima que serve na casa de minha amiga argentina (esta vai embora pra Suécia, para a minha tristeza, pois era a minha amiga aqui). A nova *nurse* vem em novembro e é perfeita e tem ótimo temperamento. Também quero lhe falar de minhas outras hesitações, talvez de algum modo lhe aproveitem.

– Querida, há quanto tempo não tenho um retrato de vocês! Por que não tira alguns? Ontem um brasileiro de passagem tirou fotografias em cores de Pedrinho conosco – estou ansiosa para saber se são daquelas que se podem copiar ou se saem em placas (nesse caso não se podem mandar). As fotografias que mando aí para vocês (mandei para Elisa as mesmas, mas estou com ideia de que tem alguma diferente; verifiquem) não são justo de um mês, porque no dia 10 não havia muita claridade.

Querida peço-lhe o grande obséquio de não se perturbar em me dizer que não gosta do meu livro. Eu mesma não estou satisfeita com ele, apesar de ter sentido a necessidade de escrevê-lo – gosto apenas de certas partes, o que infelizmente não desculpa o livro todo. Passe depois o livro para Lúcio. Na participação de nascimento dei uma palavrinha sobre ele, de modo que o aviso foi mais ou menos feito. – Mande retratos de Marcia. E me fale na possibilidade de você vir nos visitar aqui – você recebeu minha carta sobre o assunto? Receba um beijo, querida, e seja feliz, tranquila e com saúde.

Sua Clarice

[*A Tania Kaufmann*]

Berna, 5 de novembro de 1948[1]

Tania, minha irmã querida,

Recebi agora de manhã sua carta de 26 de outubro, com bastante atraso (levou 10 dias para chegar). Ontem mesmo escrevi para vocês uma carta pedindo notícias, mas como chegou a sua hoje não a mando mais – escreverei também a Elisa. Vejo também que vocês não receberam ainda as cartas que lhes mandei com retratos de Pedrinho (separadas para Elisa e para você) e que foram aliás registradas. Chegaram? – Não temos a menor notícia da encomenda de porcelana e talheres, nem para você nem para nós. Você não tem nada o que reembolsar, não pagamos nada ainda. Se eu tiver alguma notícia, lhe escreverei. – Encomendei para você a Eliane uma bela toalha de jantar para 12 pessoas, em cor e bordado. Em Roma há as coisas mais lindas no gênero. E Eliane tem grande bom gosto. Mas essa toalha é presente para você, há muito tempo pensei nisso e agora que Eliane e Mozart estão perto de deixar a Itália, não quis perder a chance. Encomendei para mim também e como Eliane vem por Berna em dezembro, escolherei a mais bonita e lhe mandarei. – Estou também contente por você ter experimentado Bellergal. Consultei o médico e ele disse que não

---

[1] Esta carta é das mais importantes no que diz respeito ao processo de criação e análise de uma obra de Clarice Lispector feito por ela mesma. É uma espécie de diálogo entre ela e sua irmã Tania a respeito de *A cidade sitiada*, o terceiro romance que ela estava escrevendo, e que publicaria em 1949.

fazia mal. – Continue a fazer uma ligeira dieta, querida, vejo que paga a pena.

A carta que recebi hoje de você trata de *A cidade sitiada*. Tania, não posso lhe dizer como agradeço a Deus, se Deus existe, o fato de você ser minha irmã. Você é o prêmio de minha vida. Você é o sol da Terra, o que lhe dá a graça. A existência de você dá um sentido à vida e a justifica. De um modo geral eu não agradeço aos céus a amizade ou o amor. A amizade, eu sempre posso explicar, se quiser, como sendo uma coisa provocada por mim (suponhamos, sem modéstia, pela minha simpatia). O amor, eu posso explicar dizendo que foi provocado pela atração que todo mundo tem. Mas *você* – eu não posso nem quero explicar – eu agradeço. Não é pelo que você diz no livro, propriamente, que estou lhe dizendo essas coisas. É pela sua alminha querida que sinto tão bem no que você diz. Querida, como você é inteligente. (Desculpe.) Deus te abençoe mil vezes – você é para mim o símbolo do que existe de melhor, do que existe de mais humano. Deus te abençoe mil vezes e te faça feliz. Querida, compreenda por favor que não estou lhe agradecendo o fato de você ter lido o livro e de ter gostado de certos pedaços. Não é isso propriamente. Tudo o que você diz sobre o livro está justo, ou então, outras vezes, quase justo. Vou estudar bem a questão e lhe escreverei talvez ainda nesta carta. Vou, por exemplo, reler o capítulo que você acha enxertado (os primeiros desertores) e ver quais as ligações. É muito provável que haja ligações. Mas eu sou uma chata que parece viver com medo de dizer as coisas claramente. Isso me lembra um personagem de Proust que era tão delicado, mas tão delicado, que para agradecer uma caixa de garrafas de vinho que recebera de presente em vez de agradecer simplesmente – achava mais "fino" falar em garrafas, ou falar de um modo geral em "vizinhos simpáticos" (fora um vizinho que lhe dera o presente) – de modo que o tal vizinho nunca entendeu que estavam agradecendo o vinho... Ah, querida, que saudade de você me deu agora, só à ideia de que você sorriu desta história. – Suponho que a ligação de Perseu com o resto, é que ele não precisava, como Lucrécia, de procurar a realidade – porque ele *era* a realidade, ele fazia parte da verdade. A mulher de preto sentiu que ele era assim, e que era inalcançável por isso, como uma criança. Perseu era o que Lucrécia não conseguiu ser. Basta como justificativa desse capítulo? Ou ainda parece enxertado? – Também o fato de eu chamar S. Geraldo de subúrbio, vou estudar. Você tem razão, mas creio que vai ser talvez difícil de mudar, porque teria que mudar outras coisas também. Mas vou ver ainda. Mas vejo que você entendeu bem o que eu queria pelo fato de você na carta ter falado em "cidadela". – Quanto ao fato de Efigênia ser invejada como pessoa, apesar de ser rústica etc. – é mesmo pelo fato de ela não tomar parte no progresso de S. Geraldo que ela adquire importância aos olhos dos outros. Os outros sentiam o perigo em S. Geraldo progressista, e já tinham um pouco a nostalgia da "volta" à rusticidade. O pedaço de Efigênia, além do mais, serve como preparação ao que vai se seguir: é um exemplo de uma pessoa que *é* a realidade, em vez de *pensá-la*. *Ser* a realidade é o máximo de espiritualidade, é o único modo de como o espírito pode viver. Perseu, aliás, em outro plano, é também uma criatura que não se perde, como Efigênia. Quanto ao fato de eu dizer: "Depois de guardar os pratos enxutos é que se iniciou a verdadeira história dessa tarde" – estou de acordo que na verdade não houve mudança de plano mental. Mas me refiro ao fim do capítulo, quando ela *vê* realmente a sala de visitas, atingindo por assim dizer um "êxtase" de visão. Sei que você tem razão, mas não encontrei outro modo de aprofundar o plano em que as coisas se passavam (aprofundamento necessário) senão falando em "verdadeira história dessa tarde". Ainda vou estudar todos os pontos dos quais você fala, querida, e lhe escreverei o mais depressa possível, para você dar o livro a Lúcio – estou curiosa da opinião dele também. Como lhe escrevi na outra carta, Pedrinho vai bem, pesando hoje 5k 170, sorrindo muito; é um amor. Estou às voltas com *nurses*, a minha é uma peste diplomada. Parece que em breve terei uma boa, não sei. Nem sabemos mais se vamos tirar férias. Um beijo para você, minha filhinha pequena, irmã de Pedrinho. Sua sempre

Clarice

[A Rubem Braga]

Berna, 14 de novembro de 1948

Rubem,

é o primeiro livro que Pedro recebe. Pra falar a verdade, ele não o leu. Mas nós lemos. E como gostamos, Rubem. Li inteiro no mesmo dia em que chegou. Não consigo elogiar você porque me lembro logo de sua cara encabulada e sobretudo amolada quando se diz coisas elogiosas a você. Continuo com grande admiração por você, maior ainda da que tinha quando em tempos bastante idos eu recortava seus artigos nas revistas. Pena que tudo o que se quer dizer de bom a uma pessoa tome logo ar de "carta publicável", de "crítica de jornal". Tudo o que você escreve me emociona muito e a Maury. Ele anda muito ocupado para escrever mas não tão ocupado que não me leia alto vários trechos de seu livro.

Como vai Zora?[1] e o menino? Como tem sido a vida dos Bragas? Os Valentes estão às voltas com o bebê. Expulsei a criatura que tinha vindo me ajudar – e francamente nunca vi tanta fralda na minha vida. A suíça que expulsei espalhou pela vizinhança que éramos uns selvagens, que cometíamos o grande pecado suíço: a desordem. Ficamos muito humilhados. Além do mais ela só queria ouvir Bach e Mozart e só queria ler Rilke e Herman Hesse. Tanta cultura acabou por dar nos nervos. Você está muito interessado nessa história?

---

[1] Zora Seljan Braga e Roberto, respectivamente a esposa e o filho do cronista.

Não responda. Aqui a vida anda bastante cacete e precisando de mudar. Mandei em julho um romance para o Brasil.[2] Se um dia uma editora qualquer quiser publicá-lo, mandarei um exemplar para vocês, com a recomendação expressa de que você não o leia. É "introspectivo", Rubem... Pior ainda que "introspectivo": é ruim.

Mande notícias, estamos com saudade. Um beijo para o seu filho, e nosso abraço para vocês. Escreva.

Com amizade,

Clarice

P.S. Pedro está pesando mais do que 5 quilos – isso lhe interessa? Tem dois meses.

[2] O livro em questão é *A cidade sitiada* (*A Noite*, 1949).

[A Tania Kaufmann]

Berna, 15 janeiro 1949

Minha florzinha,

Cadê carta sua? Estou tão, tão contente com a sua "mãe e filha" – só tomara que elas continuem ótimas, filhinha. Pedrinho voltou hoje para casa. Você não imagina como ele estranhou a mudança. Primeiro começou a olhar cada coisa com enorme atenção. E depois fez uma cara tão triste, e pôs-se a chorar sem parar. Então ficamos com medo de que a dor tivesse voltado, e telefonei para o hospital. A chefe disse que era impossível que ele tivesse dor, que ele estava curado. Disse que ele não era parecido com os outros bebês, que era muito sensível e observador, muito inteligente – e que ela tinha certeza de que ele estava estranhando a casa e as pessoas... Então notamos que na verdade cada vez que ele espiava a capota do berço, fazia beicinho e começava a chorar. Isso dele não ser parecido com os outros bebês só é válido em relação aos bebês suíços: estes já no berço, têm um ar "sólido" e bem instalado na praça – Como vai Marcinha? Elisa me escreveu dizendo que ela está usando franja. Eu queria um retrato dela assim querida. Tenho uma saudade dela! Quando me lembro dela ao nascer, tão gozadinha, lambendo os lábios.

Aqui, fora a volta do filho pródigo, nada de novo. Maury vai começar a fazer esqui, mas hoje exatamente começou a chover. Eu ainda não utilizei a mansarda – estou cheia de alergias... Tânia, eu sempre fui assim, difícil, melancólica?

Acho que a resposta é positiva, infelizmente. Procurei me ocupar, me ofereci para trabalhar na Cruz Vermelha. Ainda não tenho resposta, mas parece que será negativa pois eles só aceitam suíços – e a Cruz Vermelha Internacional, onde aceitariam estrangeiros, fica em Genebra. – Escrevi a Buono[1] sobre o livro, pedindo para saber se a Editora A Noite se interessaria. Mas não recebi resposta. Ele lhe telefonou ou qualquer coisa no gênero? Não tenho trabalhado em nada, e, infelizmente, por maiores esforços que faça, nem ler consigo. Já gostaria de receber as provas de *A cidade sitiada*, e endireitar tudo o que há a endireitar. Minha filhinha, como vai você de saúde? Mande retratos, florzinha. Um abraço grande para você, William e Marcia, da

Clarice

---

[1] Buono Jr., paginador da revista *Vamos Lêr!*, o romance *A cidade sitiada* seria editado meses depois pela Editora A Noite.

[A Elisa Lispector e Tania Kaufmann]

Berna, 26 janeiro 1949

Minhas queridas,

Obrigada, Tania bichinha, pelo seu lindo retrato com suas colegas. Você está tão bem, querida, me deu gosto de ver. Achei um pouco magra, mas você está bem de saúde, não é, meu bem? Por que você não manda um também, Leinha? Há muito pouco tempo não recebo nada. Aliás recebo poucas cartas de vocês. É verdade que lhes tenho escrito pouco. Ando em nova onda de apatia, o que é coisa velha... Chego a pensar que nem a volta para o Brasil me dará um jeito. Mas sonho com ela. Em agosto teremos 5 anos de exterior. Não são cinco dias. Cinco anos de não saber o que fazer, cinco anos durante os quais, dia a dia, me perguntei como perguntava a vocês: que é que eu faço? Para vocês terem uma ideia do que tem sido minha vida durante esses anos: para mim todos os dias são domingo. Domingo em S. Cristóvão, naquele enorme terraço daquela casa. A pessoa, individualmente, perde tanto de sua importância, vivendo assim, fora, em ócio. A vida começa a parar por dentro, e não se tem mais força de trabalhar ou ler. Só chaleira fervendo é que levanta a tampa. A Europa é o mundo, é da Europa que ainda saem as melhores coisas. Eu não conheço ninguém e me sinto esmagada por essa entidade abstrata que não consegui concretizar em nenhum amigo. Berna é um túmulo, mesmo para os suíços. E um brasileiro não é nada na Europa. A expressão mesmo é: estar esmagada. No Brasil comecei a encontrar meu equilíbrio quando me empreguei, quando comecei a ter horário no DIP. Acabado o ócio, comecei a trabalhar de manhã para mim, e tudo começou a funcionar. O pior é que estou ficando tão embotada: às vezes nem entendo o que leio. Acho que a culpa é da excessiva solidão, e dessa longa tarde de domingo que dura anos.

Não se preocupem com a gripe por aqui, não está assim tão grave. E aqui na Suíça quase inexistente. E não é de caráter maligno. Pedrinho felizmente muito bem, muito espertinho, sempre comendo bem. A *nurse* é ótima. Maury foi, no fim de semana passado, à montanha fazer esqui. Talvez eu também me anime a ir no próximo. Vamos muito a cinemas, é meu hábito pernicioso. Escrevam, queridas, por favor. É tão bom receber notícias de vocês. Não sei quando voltaremos para o Brasil. Um beijo para vocês quatro da

Clarice.

P.S. Tania, desculpe o engano de data de seu aniversário de casamento. Viva 18 de janeiro!

[A Tania Kaufmann]

Berna, 31 janeiro 1949

Minha florzinha,

Recebi hoje sua carta, queridinha. Estou tão contente de você dizer que não está cansada. Mas acho que férias seria bom justamente porque você as aproveitaria bem; elas ajudariam você a continuar bem. Você não pode tirar às vezes um fim de semana fora? Faz tanto bem, querida, e não sai tão caro. Só tomara que a nova sociedade de William traga muita felicidade e muito dinheiro para vocês. Como vai William? Continua bonito? Tenho saudade dele. Ele é tão animado e alegre, e saudável. Ele é um ótimo equilibrador do "temperamento Lispector"... – Fiquei contentíssima com a boa notícia sobre a editora. Só tomara que ela se confirme. Vejo uma vantagem no fato da Jackson[1] estar misturada, mas não sei qual é exatamente... Existe mesmo uma vantagem? E a editora Agir não está me devendo dinheiro? Só tomara que esteja. Esse dinheiro é seu, do mesmo modo que *O lustre* foi dedicado a você. Vamos nesse fim de semana a Zurich: quero ver se consigo interessar o representante da Panair e ver se consigo uma coisa. Só tomara, meu Deus. Nem quero falar nisso, nem quero me entusiasmar antes do tempo.

[1] A Editora W. M. Jackson é conhecida por suas famosas coleções de capa dura. *O tesouro da juventude* e as obras de Machado de Assis e Manuel Antônio de Almeida foram publicadas por ela nos anos 1940-1950.

Juquinha está muito engraçado e muito voluntarioso. Ele presta grande atenção a tudo. Não entendo mesmo, mistério de uma criança. E ele se defende que só vendo! A hora da comida é sagrada para ele. Fica uma furiazinha. Para distraí-lo enquanto a mamadeira não vem brincamos com ele. Então ele dá um sorrisinho apressado e impaciente, e recomeça a brigar. Ele é muito musicalzinho: quando se passeia com ele e a banda do quartel começa a tocar, ele acorda e acompanha o ritmo com os braços. Aliás, com o braço esquerdo. Temos a impressão de que ele vai ser canhoto, como Mozart. É a mão esquerda que ele mais usa. E dá beliscões com a mão esquerda também... Estou ansiosa para vê-lo com dentes, falando e tudo. Ele tem mil expressões: riso forte, sorriso forte, meio sorriso. E o mais engraçado é quando faz uma cara sem sorriso mas claramente satisfeita, como durante o banho. Um corpinho desse tamanho existe com grande evidência uma almazinha. Da onde vem? Não responda... Estou tomando um fortificante e me sentindo bem mais disposta. Parece que o médico vai me dar injeções de cálcio também. Tenho certeza de que vou melhorar.

Tania querida, como vai Susana? Continua sua amiga? Ela é tão simpática, tão atraente como pessoa. Quem for sua amiga será minha amiga também. Dê lembranças a ela.

– Como foi essa história do braço de Elisa? Não entendo acho tão esquisito quebrar assim o braço. Ela está melhor? Tânia, que é que Marcinha faz? Ela lê livros de história? Ela tem amiguinhas? Acho que vou encabular quando estiver junto dela: vou encontrar uma meninona. Tenho muita vontade de ter uma menina parecida com ela.

Bichinha, seja muito feliz, sim? Beijo tuas mãos lindas. A coisa melhor da vida é ter irmãs. Não há ninguém que as substitua. Dê um grande abraço para William. Um beijo pra vocês da

Clarice

As "mãe e filha" estão firmes? Eu as bendigo. Diga a elas que quero conhecê-las.

[A João Cabral de Melo Neto]

Berna, 5 de fevereiro de 1949

Caro João Cabral,

ia lhe escrever há muito tempo mas o menino não esteve bem, mudamos de casa e outras coisas. Nem lhes posso dizer como ficamos desiludidos ao saber que vocês não viriam + aqui. Puro egoísmo de minha parte: estava contando com sua presença para me dar ânimo e para me acordar dessa apatia que este silêncio sem expressão provoca. Não tenho trabalhado nada, e a cabeça está vazia e sem remédio. Nada do que leio me parece bastante, a literatura francesa me cansa, é muito bem acabada. Não sei como chegar a outras coisas, mas preciso tanto. Será que passou o tempo das descobertas? o meu tempo, quero dizer. Imagine que vou começar umas aulas de modelagem: barro pelo menos não usa palavras. É engraçado como eu que gosto tanto do silêncio uso tantas palavras nos meus livros. Estou com grande vontade de revisão geral (não me refiro aos meus livros), vontade de (é horrível dizer) achar "uma verdade filosófica". Que coisa horrível. Qual é o caminho? acho que é o de pensar. Por onde começar? bem sei, pelo primeiro objeto que estiver à frente. Mas os objetos estão tão bem acabados que já podem ficar silenciosos. Estou falando tanta bobagem que até vou ao cinema. Se resolvermos ir a Paris (lá pela primavera) escreverei a você. Talvez suas férias coincidam com as nossas, talvez o lugar de férias também.

Cada vez mais acho, como você, que romance não é literatura.

Escreva, diga no que está trabalhando, mande um trabalho seu. Maury e eu mandamos um abraço para vocês.

Clarice

[A João Cabral de Melo Neto]

Berna, 12 fevereiro 1949

Meu caro João Cabral,

meu coração bateu de alegria quando vi que você tinha entendido que eu pedia ajuda. Disfarcei como pude o pedido, não por amor-próprio mas por quê, não sei, por encabulamento. Ainda me lembro, quando eu era pequena resolvi um dia me encher de coragem e pedi a uma menina um bracelete que ela usava. Resposta espantada e ofendida: "Tá doida, bichinha, isso é de ouro!" E se você me respondesse assim? porque é de ouro também. Mas já que você não usou a humilhante fórmula, peço-lhe explicitamente ajuda... A coisa está ruim mesmo. Renovar-se está bem. Mas como? Renovar-se não é sobretudo matéria de vida? então nada. Não, não tenho riqueza nenhuma, não tenho nenhuma escolha. E você não tem pobreza. Só que o que eu "invento" vem cercado de mil bobagens com boa aparência, e o que você "inventa" já é o essencial. Meu luxo é triste, sua pobreza é farta. Agora não estou trabalhando, vou ver se refaço o coro dos anjos, falarei dele daqui a pouco. Trabalhar está tão duro. Um escultor tem a matéria como maravilhoso começo. Minha cozinheira adora cozinhar porque – lá está a carne! Mas o que é que existe antes da frase escrita? pensamento só é pensamento quando já traz consigo a sua forma, mais ou menos perfeita. Eu preciso fazer uma coisa nova, João Cabral, não a bem da literatura, a bem da vida, era preciso espiar de outro modo, era preciso adivinhar mais, era preciso não sofrer mais – o sofrimento é um *parti pris*. Quanto ao coro dos anjos, acredite, é horrível. Ele nasceu como puro divertimento. É de um mau gosto que me encanta. Escrevendo uma vez a um amigo,[1] exatamente quando havia terminado essa "tragédia" em um ato, disse-lhe que tinha feito enfim alguma coisa grandiloquente e ridícula que correspondia a uma época entre 13 e 14 anos, de péssima leitura, de grandes sentimentos etc. O resultado é risível mas é como eu desejaria ter podido escrever naquela época. Eu tinha que dar uma satisfação à minha "grandeza" daquela época que foi verdadeiramente quixotesca. Vou corrigir coisas como vírgulas e mandar para você ler. Não esqueça, João Cabral, o trabalho é de uma menina horrivelmente séria de 15 anos. É a incoerência mal e mal reconstituída. Mas reconstituindo-a não consegui deixar de rir e de me divertir – acho que foi o riso aliás que estragou completamente a grande tragédia... É que eu não estava habituada a rir enquanto escrevia. Só vou mandar a peça a você porque se não a mando ela se arrisca a tomar proporções formidáveis na sua cabeça. Quando você fala em "coro dos anjos", na sua pena a frase me parece tão cheia de promessas – eu disse a Maury que ia dar a você a frase e pedir-lhe que fizesse uma coisa linda dela. Você aceita?...

Logo que tivermos carro também nos sentimos horrivelmente ricos. Não conseguíamos esquecê-lo. Felizmente conseguimos. O que não acontece com o Milton que cuida do seu como de uma criança... Escreva, João Cabral, diga mais coisas. Não me responde que o bracelete é de ouro, bem sei que é.

---

[1] O amigo é o escritor Fernando Sabino, como atestam as cartas que Clarice Lispector lhe enviou e estão reproduzidas neste volume.

Um abraço para vocês da amiga

Clarice

Como é que Ledo Ivo leu *A cidade sitiada*? que é que ele disse dela?

[A Elisa Lispector e Tania Kaufmann]

Berna, 19 fevereiro 1949

Minhas duas queridas,

Recebi ontem sua carta, Leinha, e hoje a sua, Naninha. E estava usando bolsa e sapatos e brincos de vocês, e Maury já com as gravatas novas... É que Bluma veio aqui – chegou na quinta de manhã e partiu na sexta de noite, ontem. Que presentes lindos! Muito obrigada, queridinhas, tudo o que vocês me mandaram foi lindo – desembrulhei e me paramentei toda na mesma hora. As gravatas são uma beleza, os guarda-chuvas engraçadíssimos. Engraçado é que eu sempre pensava em brincos que mexessem quando a pessoa mexesse a cabeça – é o caso dos que recebi... Vocês duas me falam em eu largar a *nurse*. Eu andava pensando nisso. Não sei ainda o que fazer. Segundo me parece, ela mesma talvez vá embora por causa de negócios dela. Se ela precisar ir embora, experimentarei ficar só com o menino. Acho que devo ou ficar só com ele ou pegar uma *nurse*. Porque uma babá qualquer me dará, além do trabalho de eu mesma cuidar da criança, o trabalho de cuidar especialmente da babá. Enfim, vamos ver. Aí vão fotografias do Juca, em grandes e pequenas – assim vocês dividem. Ele foi aumentado em comida, não sei se já contei. Agora come também meia banana amassada, mingau de sêmola, e vai começar com purê de legumes. Hoje está pesando 7 quilos e 60 gramas. Aquela coisinha de borracha para morder, ele não gosta. Molhamos ela num doce para ver se tentávamos o bichinho: mas o chatinho lambeu o doce, gostou muito e jogou pro lado a borracha. Em seguida meteu 3 dedos na boca, como sobremesa. Ele está muito sabido: faz bolhas de cuspe, agarra bolinhas de cortina, resmunga sem chorar durante horas e não estranha mais tanto os desconhecidos.

Maury vai bem, um pouco chateado. Agora é que estamos sentindo a perda dos 100 contos: se tivéssemos um apartamento ao menos começado poderíamos voltar ao Brasil. Uns dizem que com o que Maury ganhará lá não dá para viver, se ainda se deve pagar aluguel. Não sei. Eu vou melhor. Imaginem que estou aprendendo a tricotar... E entrei num curso vagabundíssimo de modelagem, 1 vez por semana. Estou modelando uma cabeça de... macaco. Nunca pensei ter tanta dificuldade com macacos. Quanto a jogo de cartas, não nos faltam convites para nos ensinarem. E o jogo é uma coisa mesmo muito "diplomática" – por meio do jogo a pessoa pode ser muito convidada. Uns nós não queremos por uma questão quase de princípio: o jogo seria um meio fácil de sair do tédio e teria um sentido por assim dizer de morfina. Pode ser que um dia eu aprenda, mas hesitarei muito até lá. – Estou com palpite de que a Jackson não vai querer o livro – se tem que passar por tantos julgamentos, estou perdida. Aliás a Bluma e uns brasileiros que passavam por aqui disseram que ninguém mais está fazendo crítica. Que sai um livro e os antigos críticos nada falam, pois abandonaram o ofício.

A história de arranjar passagem grátis de avião está dando em nada. Não sei o que pensar. Que é que há de novo a respeito? Escrevam, por favor.

Como vai seu braço, Leinha?

Deem um beijo na Marcia e, por que não? No William. Toda ternura pra vocês da

Clarice

[A Elisa Lispector e Tania Kaufmann]

Berna, 18 março 1949

Minhas queridas,

Sonhei durante anos com o momento de lhes escrever esta carta. É prematura ainda. Prematura talvez de meses. Mas não posso mais deixar de falar nisso. Maury achou que 3 anos de Berna bastavam e pediu para ser chamado para o Rio. O pedido foi mais ou menos aceito. O que não sabemos é quando o decreto de transferência será assinado. Pode ser daqui a um mês, pode ser daqui a quatro ou seis. Não há nada de certo. Só tomara que seja logo porque a espera é ansiosa. Nós temos pouco dinheiro. Maury no Rio ganhará 7 contos. Precisarei trabalhar e ganhar no mínimo 2 contos por mês para nos equilibrarmos – isso de acordo com as notícias de preços que nos veem do Rio. Mas a questão de trabalho verei no Rio mesmo. Estou querendo ver se levo uma empregada italiana, para tudo. Mas ainda não consegui. Quanto a alugar apartamento para nós, Maury acha melhor que nos primeiros tempos moremos numa pensão de uma amiga de D. Zuza – no Rio ele vê o que pode fazer quanto a apartamento (não sei bem o que ele quer e não estou de acordo com essa solução, mas ele teima que quer assim e então é melhor deixar – no Rio talvez ele dê um jeito).

Queria fazer umas perguntas:

1 – Quanto dinheiro mais ou menos se precisa para mobiliar um pequeno apartamento?

2 – Quanto mais ou menos se paga uma empregada? Precisarei de duas?

Oh só tomara que esse decreto seja logo assinado! Vou, talvez no começo de abril, passar uns dias em Milão para fazer alguma roupa. Mesmo que o decreto só seja assinado daqui a meses, é tempo de fazê-las se eu não quiser depois correr.

Aí vão retratos do Juquinha aos seis meses. Ele não é bonito, mas é muito simpático e atraente... Estou ansiosa para vocês verem ele.

– Ainda não recebi o contrato sobre o livro; logo que receber mandarei assinado imediatamente. Já comecei a ver e a modificar o livro.

Não sei falar sobre outra coisa senão sobre viagem, viagem, viagem. E já esgotei o assunto. Escrevam, por favor, deem notícias. Há muito não tenho cartas. Um abraço para William, um beijo para Marcinha. Da irmã cheia de saudade

Clarice

Tenho agora outra *nurse*...
Parece muito boa.

[A Elisa Lispector e Tania Kaufmann]

Berna, 25 março 1949

Minhas queridíssimas,

Estou escrevendo sob o secador do cabeleireiro, me preparando para ir hoje de noite a Roma para fazer alguma roupa, aproveitando dos conhecimentos de Eliane. Nem sei dizer o que senti quando soube que íamos embora pro Brasil. A grande alegria é inexpressiva. Minha reação imediata foi coração batendo, pés e mãos frios. E dois segundos depois, chegou o incômodo... Em seguida passei a dormir mal à noite, e consegui emagrecer ainda mais. Sou tão chata que já estou pensando que irei embora do Brasil de novo. Estou me controlando para não ficar alegre demais. Ainda não veio a comunicação direta para Maury. Do momento em que vier, teremos dois meses para partir. Queremos partir só no fim desses dois meses porque aqui Maury ganha mais.

A oferta que vocês fizeram de seu apartamento, Leinha, é formidável. Sinceramente, se isso não incomoda você demais, é uma grande coisa termos aonde ficar até arranjar (e com urgência) um apartamento. Naturalmente pagaremos o aluguel do seu enquanto estivermos lá – e, repito, ficaremos o mínimo de tempo possível. Foi ótimo sua carta chegar hoje, Tania querida. Comprarei sua fazenda de lã preta na Itália e todas as outras coisas também. No fim da carta falarei sobre o relógio cuco (Maury foi procurar e se informar agora de manhã e me dará a resposta logo mais. Esses relógios são raros aqui porque vêm da Alemanha, Baviera se não me engano). Quanto à *laise de organdé* branco, passei hoje numa grande casa e não tinha. É muito provável que eu ache em outra casa. Mas pergunto a você: aqui tem uma *laise* de ST. Gall, muito bonita, especialidade absoluta da Suíça e muito cara fora daqui. É uma *laise* de batista, custa mais ou menos 110 cruzeiros o metro e tem mais ou menos 80 cm de largura. Escreva se quer, procure ver essa fazenda no Rio, se achar, para ver se lhe agrada. Diga se é para Marcia para eu ver se acho uma mais especial para crianças.

Quanto ao contrato do livro, o melhor é esperar que eu vá lá. Se eles podem começar a imprimir as provas antes do contrato assinado, será ótimo. Quanto aos tapetes, escreverei também no fim da carta.

O apartamento de que d. Zuza fala, de 2.500 por mês – achamos caríssimo. Ou é o preço no Rio? Se pudéssemos achar um de aluguel antigo... Outra coisa: vimos em anúncios de jornais brasileiros que o Ipase se encarrega 100% do financiamento de apartamentos, com apenas 20 contos de entrada. Se for possível inscrever Maury numa lista, se existir lista, será ótimo. Maury é contribuinte do Ipase.

Estou tão contente. Quem sabe se no Rio conseguirei escrever de novo e me animar. Euríalo (é o novo nome de Juquinha) já está recebendo carinhos em nome de vocês. Vou logo informando os nomes dele: Juquinha, Euríalo, Júbilo, Pinacoteca, Vivaldi, Evandro etc. Ele atende por qualquer desses nomes. Ele também atende por qualquer outro nome, tão burrinho ele é. – Maury está querendo que eu vá com Euríalo por avião porque são só dois dias e é menos penoso. Maury iria de navio com a bagagem. Mas nada sabemos ao certo.

Quanto ao relógio cuco, Maury achou um de madeira escura por mais ou menos 600 cruzeiros. Quanto aos tapetes, compramos para nós persas, com os seguintes preços e dimensões: um de 88 cm x 1m64 cm por 1.000 cruzeiros; um de 1m72 x 3m17 cm por 4 contos e 600. São persas legítimos, marca Beluchistan. Responda se quer e que gênero, se escuros ou claros, mais ou menos as medidas. Quando eu voltar da Itália verei os tapetes, o cuco e a *laise* – de acordo com a sua resposta.

Minhas queridas, nada mais há a acrescentar senão esperar com alegria pelo dia da partida. E agora vou fazer as malas, parto em breve. Fico na Itália o mínimo de tempo possível, ou seja, 8 a 10 dias.

Um beijo para vocês e muitas saudades da Clarice.

(Abraço grande para William)

Marcia querida,

Muito obrigada pela cartinha que você nos mandou. Em breve você poderá brincar com Pedrinho que vai ser como um irmão para você. Ele está mesmo muito espertinho e se soubesse falar diria: que vontade de ver logo a minha Marcia, menina querida e lourinha! É capaz dele já ter um dente quando formos para o Brasil. Um beijo grande para a sobrinha queridíssima do titio Maury, titia Clarice e Pedrinho.

[A Elisa Lispector e Tania Kaufmann]

Berna, 20 abril 1949

Minhas queridas,

A insistência de vocês duas para Pedrinho e eu irmos de navio terminou nos fazendo mudar de ideia. Vocês já devem ter recebido minha carta onde eu dizia que a viagem de avião seria grátis: foi esse o motivo mais forte de nossa decisão anterior. Depois de vocês insistirem tanto – até dá a impressão de que vocês estão com medo do avião – começamos a calcular quanto gastaríamos de hotel para mim, para o menino e para a *nurse*, e ordenado da *nurse*, e extraordinários e viagem de trem até Zurique para o aeroporto – e chegamos à conclusão de que com um pouco mais teríamos a minha passagem de navio. De modo que está resolvido: vou com Maury no *Cantuária*, que parte de Gênova em 27 de maio. Maury está muito contente pois assim é uma preocupação a menos para ele. E é evidente que uma viagem por mar me descansará. Chegaremos lá para meados de junho. A viagem por avião foi conseguida grátis e eu queria porque achava que com a criança dava menos trabalho. Mas parece que afinal vamos arranjar uma empregada portuguesa, e assim ela me ajuda. Ofereci a ela 500 cruzeiros por mês. Ainda não recebi resposta se ela aceita ou não. Não adiantava oferecer menos: quando ela chegasse ao Brasil e visse quanto ganham as outras, ia pedir mais de qualquer modo.

O apartamento de Susana é ótimo! Assim teremos tempo de ver outra coisa e no começo logo não vamos ter que nos preocupar com instalação de móveis etc. Uma vez nesse apartamento, e sabendo nessa época ao certo de quanto podemos dispor para uma possível compra de apartamento, dando entrada pequena – então nos mudaremos. Se vocês puderem reservar esse apartamento para nós, será ótimo.

Já compramos o relógio cuco (que William saiba que o passarinho pode ser "desligado"...). Compramos também os pratos de parede, irmãos em tamanho, mas com figuras diferentes, bem suíços. Comprei também a lã preta, pura, muito bonita, 2 metros e meio com dupla largura (1m40), um corte para cada uma de vocês. A *laise* de organdi está dificílima: dizem as casas que essa *laise* não é suíça. Mas ainda vou procurar. O *sweater* de Marcia, só encontro o equivalente a cento e tantos mil réis – como você pediu barato, pergunto se serve, se no Brasil não é o mesmo preço. A máquina Elna ainda não vi, verei e escreverei talvez nessa carta mesmo. – Ontem passei pela Gerechtigkeitsgasse e a lembrança de todas as angústias e de minha solidão vazia e de meu ócio enchia cada pedra. Eu mesma não acredito como tive força de resistir 3 anos em Berna. Só voltarei um dia a Berna se Pedrinho quiser ver o lugar onde nasceu. Minhas queridas, que bom que está perto a viagem! Nem tenho forças para me alegrar, estou toda roída por dentro, com várias peças de menos...

Um beijo para vocês da

Clarice

Ia até esquecendo:

Pedrinho há três dias: diz MAMAN! (mas nem sabe quem é nem o que é.)

[A Tasso da Silveira][1]

(Sem data, década de 1940)

Para Tasso da Silveira:

O resultado dessa tentativa de crítica escrita é bem triste para mim: compreendi que só sei destruir, apontar defeitos. Quando se trata de dizer por que gosto de uma coisa, silencio: mas se tudo está como deveria ser, como eu queria que fosse, que mais dizer? Também diante da natureza, grande e completa, não tenho palavras.

Quando li seu livro, a cada passagem perfeita, eu parava um momento. E, em vez de pensar pensamentos claros, nítidos em julgamentos frios, fechava os olhos e ficava descansando. Ficava sentindo, apenas e puramente. Mas nem encontro um melhor elogio para sua poesia: parece que a finalidade do poeta é a de fazer vibrar, de atingir o fundo de nós mesmos, diretamente, pelo sentimento. Quando gostamos cerebralmente de uma coisa, o gostar aí é um resultado quase matemático: se recebi a noção x, como sendo boa, se

---

[1] O documento original embora não tenha o formato padrão de uma carta, isto é, estar datado e assinado, foi aqui incluído por guardar várias características com esse tipo de texto. Tasso da Silveira (1895-1968), poeta, professor, jornalista, é um dos integrantes do grupo Espiritualista, ao lado de Andrade Muricy e Cecília Meireles. Através da revista *Festa* o grupo polemizou abertamente com Mário de Andrade por ter uma visão diferente sobre o ideário modernista. Foi diretor da revista *Pan*, que publicou "Triunfo", primeiro conto de Clarice Lispector. Em 19 de dezembro de 1940, Clarice o entrevistou para a revista *Vamos Lêr!*, quando demonstrou seu afeto e admiração: "Quando na redação do *Pan*, sua mesa não estava muito atulhada de papéis e seu cigarro não queimava rápido demais, eu puxava a cadeira e, assim como quem nada quer, dizia uma palavra simples, uma simples palavrinha. E em breve discutíamos a gênese do mundo, a significação da arte, a explicação do tempo e da eternidade. Eram problemas para mim, certezas para ele" (CLJ, pp. 39-45).

transformei-a num critério de julgamento, é lógico que se tal assunto baseia-se na noção x, imediatamente declaro: ele é bom. Está um pouco confuso. O que quero dizer é que algo em mim ficou livre de civilização, livre de artifícios, de mecanização: foi ao encontro desse "algo", que eu ainda não sei definir, que caminhou sua poesia.

Também quero dizer que descobri o seguinte: sendo eu ateia e o senhor um religioso profundo, o seu Deus é o meu, é o de todos os que pensam, sonham e querem. Apenas alguns conseguem abranger de forma concreta e num nome essa tendência muito humana de ascensão para a verdade e de amor pelo homem e pela vida.

Usando um de seus qualificativos tão cheios de sentido, o senhor escreveu um livro "matinal". Surpreendo-me ao ver renascer, após as noites negras e iguais, sempre e sempre manhãs límpidas e ingênuas. Surpreendo-me que em meio da vida nasçam às vezes cantos tão puros e claros. A alma tem um fortíssimo instinto de conservação.

Lendo sua "Alegrias do mundo"[2] tive a impressão de que, soterrada numa gruta cada vez mais irrespirável e abafadiça, recebia subitamente, por uma pequena fresta e em pleno rosto, uma lufada de vento fresco.

Clarice Lispector

[2] Trata-se do livro *O canto absoluto seguido de Alegrias do mundo: poemas* (Rio de Janeiro: Cadernos da hora presente, 1940).

DÉCADA DE 1950

[A Elisa Lispector e Tania Kaufmann]

Collingwood Hotel – Torquay,[1] 3 de outubro de 1950

Minhas queridas,

Não pude escrever de novo até agora, também por falta de tempo. Pedrinho e os acontecimentos me ocupam completamente. No sábado arranjei uma *nurse* que hoje mandei embora. Uma senhora que nada fazia, que não brincava com Pedrinho e era... meio surda. Quando eu disse a Pedrinho: você vai ter uma babá inglesa, ele respondeu todo interessado: uma batata inglesa? Era o que ela era: uma boa batata inglesa. Por outro lado, o hotel onde estávamos (o papel ainda é de lá, mas mudamos) era caro demais e sem comodidade para uma criança. Mudamos para outro, onde simplesmente gelamos. Pedrinho dorme na nossa cama para se esquentar. Então já andamos procurando outro hotel e mudaremos na quinta-feira. A comida é, de um modo geral, bem ruinzinha e pouca. A sopa que dão, nunca se sabe ao certo de quê, enche um dedo do prato. Mas não se preocupem, nós nos arranjamos e estamos bem alimentados. Pedrinho come muito bem e a comida não lhe faz mal porque é como se fosse de dieta. O hotel para onde vamos é muito bom. A dificuldade maior é com a *nurse*. As que me oferecem, só ven-

[1] Clarice e Pedrinho mudaram-se para Torquay, na Inglaterra, em 28 de setembro de 1950, para acompanhar Maury Gurgel Valente em uma nova missão diplomática: a Terceira Conferência de Comércio e Tarifas, que buscava normalizar o comércio internacional, seriamente alterado durante o período de depressão econômica entre as duas guerras mundiais, com a adoção de medidas protecionistas.

do. Na maior parte das vezes senhoras que não querem fazer nada e desejam se encostar comodamente numa família. E o pior é a língua. Pedrinho desatou o português que é uma beleza. Fala tudo. E as inglesas não entendem nada, ele fica irritado, grita com elas. Não sei como vai ser. Já tivemos bons momentos de abatimento, mas depois ficamos mais esperançosos. Chove de duas em duas horas e há um vento constante. Deus me livre não gostar da Inglaterra, tenho que adorá-la, mesmo que para isso precise separá-la em duas: a Inglaterra de minhas dificuldades e a Inglaterra dos escritores que mais amo. Maury está escrevendo para os pais e aconselhando d. Zuza a não vir. Que faríamos então? Ela não aguentaria uma casa mal aquecida de uma senhora inglesa sem recursos, e aqui, como a hospedaríamos? Pedrinho está muito bem. Ainda não o levei a um médico, mas amanhã o farei. Eu estou bem de saúde, não estou abatida. Estou é sem tempo de ir lavar sequer os cabelos. Vocês receberam a primeira carta de Torquay? Respondam, sim? Deem-me notícias. A caneta está horrível, mal consigo escrever. – Essa gente tem fome há dez anos. É admirável como resistem. O pior, no estrangeiro, é que não posso adivinhar o que as pessoas são ou sentem ou pensam ou fazem. Tenho que ficar com a figura física de cada um. Um beijo para vocês, minhas queridas, e escrevam logo. Um beijo para Marcia. Um abraço para William. Com muita saudade,

Clarice

Escrevam para o escritório de Maury. O endereço:
Clarice etc.
BRAZILIAN DELEGATION
BEAUFORT LODGE HOTEL

TORQUAY
ENGLAND

A carta de Maury para d. Zuza pinta isso aqui com cores mais negras... se ela falar, não se assustem.

[A Elisa Lispector e Tania Kaufmann]

Torquay, 16 outubro 1950

Minhas queridas,

Recebi duas cartas de vocês: uma de Tania e depois outra de Elisa. Mas é pouco. Já gostaria de estar de novo com vocês. Até há pouco, mal tive tempo de pensar: Pedrinho me ocupava sempre. Agora tenho uma babá, uma moça mais ou menos simpática. Pedrinho ainda não gosta nada dela. Receio que ele não goste de nenhuma, por causa da língua. Ele a chama de miss Peggy. Ontem ele disse: "ele tem medo de miss Peggy." Não sei se é verdade. – O hotel é muito bonzinho e estamos bem longe de estar passando fome. Tem muitos americanos aqui, simpáticos, com os quais nos damos. Fomos a um teatro razoável, vamos de vez em quando ao cinema.

Pedrinho diz para miss Peggy: vai embora! Vai embora! – vira-se depois para mim e diz com o tom mais melífluo (aprendido de mim quando lhe mostro as qualidades da babá): "ela é ta, ta, (tão) boazinha! Vai embora, miss Peggy!"

Mas pouco a pouco a coisa está indo. Estamos bem de saúde, e gostando do hotel. Pedrinho às vezes brinca com um menino norueguês. Eles mal se olham. – Acabei de receber sua carta, Tania querida. Ainda bem que os hóspedes só ficaram 4 dias. Com esta carta, veio uma de d. Zuza... desistindo de vir. Muito bom. Quantos dias você passou em Belo Horizonte, Elisa? Não é simpática a cidade? Hoje fui ao dentista e arranquei um dente de siso. Apesar disso, sobra-

-me muito juízo. – Pedrinho vive tocando as campainhas do hotel – os garçons ficam malucos. Ele está muito bestinha e às vezes meio manhoso. Entro no quarto dele e ele choraminga: ele quer ver o bigode do papai!

Sempre falo para ele de vocês e ele pergunta muito. – Hoje está fazendo um belo sol. As coisas estão muito melhores do que no começo. Vou ver se tomo aulas de inglês. Entrei numa livraria de aluguel. Vamos ver se vamos passar o fim de semana próximo em Londres, se tudo correr bem. Elisa querida, obrigada pelo recorte de jornal. Se eles soubessem como sei pouco a respeito de existencialismo... Mas o artigo é bom e pela primeira vez tocaram em certos pontos, mostrando-me que minha intenção não foi de todo perdida.

Um beijo para Marcinha: que ela me escreva. William está totalmente bom? Que brincadeira. Um abraço grande para ele.

Com amor,

Clarice

[A Tania Kaufmann]

Torquay, 23 outubro 1950, segunda-feira

Tania queridinha,

a essa hora você já deve ter recebido carta minha, não? Repito que estamos bem, e que a alimentação é inteiramente suficiente aqui no hotel. Mesmo assim, ainda compro coisas para acrescentar, de modo que tudo vai bem.

Pedrinho está bem, embora mais pálido do que no Rio. Mas está gordinho e comendo bem. Maury trabalha bastante mas não demais e vai bem. Eu também vou bem, sempre preocupada com problema de empregada... Estou ainda esperando "a mulher de minha vida"... Se eu pudesse encontrar uma pessoa que passasse a ser "nossa" para sempre, nem sei o que daria. A babá de Pedrinho não tem experiência nem paciência. É uma moça que deseja se divertir e tem ótima vida no hotel. Com todos os problemas usuais de convivência, vou despedi-la e parece que na semana que vem terei uma de óculos... Pessoas de óculos são de mais confiança? Tem prática e não é tão moça assim – e tem cara de *nurse*. Com ela talvez eu possa ir a Londres ou outros lugares. Aqui tipicamente cidade pequena, tem cheiro de Berna. Sem ser por pouco tempo, seria chatíssimo. Todo o mundo é mais ou menos feio, com chapéus horríveis, modas horríveis nas vitrinas. Em cidade pequena, até os filmes são ordinários, de *far-west* e comédias, de um modo geral. Fiquei radiante de você ter visto *Ladrões de bicicleta*.[1] Não é mesmo um dos maiores filmes que já fizeram? Talvez mesmo o maior. Imagine que entramos no cinema para vê-lo sem nenhuma referência anterior, apenas porque o diretor era bom. Imagine o choque e a surpresa. Julien Green[2] para mim é dos maiores e foi minha paixão por muito tempo (só deixou de ser porque também as paixões literárias vão se apagando, sem se saber por quê). Mas ainda o venero, apesar de seus últimos livros terem decaído muito. – Querida, que disse Paulo Frank? Você, aposto, não tomou as prometidas vitaminas. Cuide de sua saúde, minha filhinha. E procure não levar certos problemas tão a sério. Às vezes, quando olho certas coisas passadas a que dei tanta importância e que não têm mais nenhuma, fico chateada. Cuide-se moralmente também, minha querida. Seja feliz, custe o que custar! Não seja severa consigo mesma. Me dá aflição ver como você puxa por si mesma e vive se castigando em pensamento. Amo você e se me fosse dado pedir alguma coisa e vê-la realizada, eu pediria coisas para você.

Aqui o frio está pouco a pouco apertando. Mas o hotel é bem aquecido. Aos domingos de noite tem cinema. De qualquer modo, apesar de Torquay ser tão chatinho, gosto da Inglaterra. A falta de sol, certas praias com rochas escuras, a falta de beleza – tudo isso me emociona muito mais do que a beleza da Suíça. Por falar nesta, cada vez mais a detesto. Espero nunca mais estar nela. – Muitas pessoas estão pa-

---

1 *Ladrões de bicicleta* (1948), de Vittorio de Sica, é considerado um clássico do neorrealismo italiano dos anos 1940. O drama do protagonista desempregado como reflexo do pós-guerra é uma realidade da qual Clarice Lispector foi testemunha no período em que viveu em Nápoles.

2 Julien Green (1900-1998) foi uma das paixões literárias de Clarice Lispector e Lúcio Cardoso, que o cita inúmeras vezes em seu *Diário I* (1961) e no *Diário completo* (1970). Nascido na França, mas radicado nos Estados Unidos, é uma referência para a geração de Octavio de Faria e Cornélio Pena, que se identificava com suas reflexões sobre questões como a fé e a luta entre o Bem e o Mal. Identificado como um escritor católico.

gando apartamento, dizem que sai + barato. Mas temos medo de cair numa arapuca, com dificuldades de racionamento, de cozinheira etc. Mesmo um apartamento seria um pouco triste. Apesar de vida de hotel ser chata, é mais divertida. Maury e eu voltaremos *falando* admiravelmente bem o ping-pong... Quanto a Pedrinho, ele não quer saber de aprender inglês. O mais engraçado é que ele fala as poucas palavras aprendidas como um caboclo falaria inglês. Ele diz: *gude morningue*. Estou louca para ver Miss Peggy pelas costas. Dê um beijo em Marcinha querida e um grande abraço em William. Ele ficou completamente bom? Como vão os negócios? Um beijo para você, querida

Clarice

[A Paulo Mendes Campos]

Torquay, 5 de novembro de 1950

Alô, Paulo,

há tanto tempo não tenho notícias de vocês – que é que há? Mandei uns cartões-postais para vocês todos e não recebi resposta. Depois um diplomata sábio me informou que só se mandam cartões quando não se esperam respostas – é verdade? positivamente não era essa a minha intenção. Como vai Fernando[1] de saúde? Heleninha está bem? Quando nasceu a criança? A falta de notícias me preocupa. E vocês como vão de apartamento? encontraram muita desordem? peço de novo desculpas, saímos de casa com uma pressa de ladrão.

Aqui tudo bem, Maury trabalhando muito, Pedrinho sem consciência de estar na Inglaterra. A cidade é pequena, bonitinha e meio enjoada. O que tem de bonito mesmo são as gaivotas, inúmeras, dando gritos e voando baixo. Tem x também – é assim que Pedrinho diz cisne. Ainda não pudemos dar um pulo a Londres, que é a cidade de meu coração. Faz frio, faz saudade e coisas mais confusas ainda. Mas felizmente faz esperança também. A comida é como de dieta, nós nos sentimos delicadíssimos. Moramos num hotel, jogamos *ping-pong*, eu aprendi pessimamente a jogar snooker. Agora compreende bem o que é snooker de bico.

---

[1] Fernando Sabino e sua esposa, Helena Valladares Sabino.

Vimos *Orfeu,*[2] de Cocteau, muito bom. Vimos *Marius,*[3] com Pierre Fresnay, ótimo.

Mas a finalidade desta carta, a primeira, é a de pedir notícias, diga como vão Fernando e Heleninha de saúde. Por que não recebi notícias deles? Sei que você no máximo responderá com um bilhete, mas nem peço mais, nem ouso. Como vai o *Diário Carioca*?[4] Eles não poderiam me mandar alguns suplementos? Geni está se arranjando bem na casa? Como vai ela?

Paulo, um abraço para você. Peço-lhe que me escreva um bilhete pelo primeiro correio. Maury manda um abraço.

Clarice

Torquay – England

---

[2] É o segundo filme da trilogia cinematográfica de *Orfeu*, de Jean Cocteau (1889-1963), iniciada com *O sangue de um poeta* (1930), seguida de *Orfeu* (1950) e finalizada com *O testamento de Orfeu* (*Le testament d'Orphée, ou ne me demandez pas pourquoi!*), de 1960.

[3] *Marius* (1931), filme do romancista, dramaturgo e cineasta Marcel Pagnol, é uma adaptação da peça homônima, interpretada por Alexander Korda, Pierre Fresnay, Orane Demazis, Alida Rouffe e Fernand Charpin.

[4] *Diário Carioca* era o jornal no qual Paulo Mendes Campos escrevia uma coluna diária, na seção Semana Literária.

[A Tania Kaufmann]

Torquay, 10 novembro 1950

Tania, queridinha,

Recebi sua carta de 5 de novembro, chegou ontem. Querida linda, que bom que sua empregada é boa! Bem que quero um membro dessa família, para quando eu voltar.

A babá do Pedrinho é boazinha, mas a língua é o inferno e Pedrinho está chorão, agarrado a mim, nem sei o que fazer. Não há crianças para brincar com ele e isso faz falta. Botei um anúncio pedindo quartos em casa de família: se responderem e aparecer alguma coisa conveniente, mudaremos. Acho que lá, especialmente se tiver alguma criança, Pedrinho se sentirá menos perdido. O inverno é longo e mal está começando, chove muito e ele tem que ficar em casa. – De saúde vamos todos bem. – Entrei num curso por correspondência sobre Yoga, um negócio indu *(sic)*... Não conte a ninguém, senão me ridicularizam. Os exercícios consistem em respiração, em relaxamento muscular etc. Vamos ver se viro super-homem, sem mudar de sexo.

– Tania, querida minha! Achei tão, tão boa a ideia de teatro! Só tomara que não tenha passado. Acho que você poderia fazer coisas ótimas nesse campo. Você procurou alguém a respeito? Luiza Barreto Leite?[1] Se você não procurar ninguém, é pouco provável que a oportunidade caia do céu.

---

[1] A atriz, diretora e crítica teatral Luiza Barreto Leite (1909-1996) foi uma das fundadoras do grupo teatral Os Comediantes.

Minha impressão é a de que você teria enorme, enorme jeito. Só tomara que você não mude de ideia. – Vou começar aulas de inglês na semana que vem. Parece que o professor é bom. – Agora vejo mesmo que é necessário ter outro filho, queira ou não queira. Não se pode pegar uma criança e periodicamente fazê-la sofrer sozinha todas as espécies de adaptações. No Rio, Pedrinho não precisava de irmãos. Mas aqui, com a dificuldade de língua e diferença de tudo, quanto ajudaria ele ter companheiro. Não sei se posso ter outra criança, quer dizer, se isso acontecerá, mas resolvi que devo fazer o sacrifício! Viajando sempre, ele precisará de criança ao lado.

Fui fazer uma visita a uma senhora de um dos delegados. É uma senhora de seus quarenta e cinco anos, perigosamente atraente, cheia de vitalidade, encantadora. Minha impressão é a de que você será assim, nessa idade. Me deu uma saudade de você! Você é uma criatura querida, fabulosa! E até mesmo adorável. Hoje uma das datilógrafas almoçou aqui e disse: "não sei como esses ingleses podem comer peixe no *breakfast*. Carne, vá lá: é até mesmo adorável, mas peixe!" – Fomos ontem ver Esther Williams, em *Duchess of Idaho*.[2] Ela está ficando com o corpo feio. Que notícias lhe mando da Inglaterra! Até mesmo horrivelmente sem graça. Por que Elisa não me escreve? Um beijo para ela, vou lhe escrever. Um abraço grande para William, um beijo para Marcinha querida. Deus abençoe vocês todos. Da sua sempre

Clarice

---

[2] A atriz e nadadora Esther Williams foi uma das grandes estrelas dos estúdios MGM, protagonizando os chamados musicais aquáticos entre os anos 1940 e 1950. No filme musical *Duchess of Idaho* (1950), dirigido por Robert Z. Leonard, Christine, personagem vivida por Esther Williams, cria um plano infalível para ajudar sua amiga Elle Hallit a conquistar o chefe, o playboy Douglas Morrison Jr. No Brasil, este filme foi exibido com o título de *Meu coração tem dono*.

[A Elisa Lispector e Tania Kaufmann]

Torquay, 28 novembro 1950

Minhas queridas,

Não posso me queixar demais da falta de cartas porque eu mesma negligenciei um pouco a correspondência nesses últimos dias. Acontece que fomos finalmente a Londres, onde passamos quatro dias. Logo depois, Diva veio passar o fim de semana aqui em Torquay. Tudo isso atrasou muito. E, ainda mais, botei um anúncio para encontrar casa de família onde morarmos e tínhamos que ir ver inúmeras casas. Amanhã vamos mudar e parece que ficaremos satisfeitos. A casa é boa, limpa, com jardim, cachorro e gato e duas crianças em idade escolar. E, naturalmente, sairá pela metade do que pagamos no hotel. É um pouco longe da cidade, mas Maury vai domingo a Paris buscar o carro encomendado (ele passará apenas uns dois dias e por isso não vou também). Gostamos muito de Londres. Não era como eu pensava. É menos "evidente". E se é uma cidade misteriosa, não tem propriamente título de "mistério". Não é como Paris que é imediatamente e claramente Paris. É preciso ir pouco a pouco entendendo, pouco a pouco reconhecendo. E depois a pessoa começa a gostar. Fomos a dois teatros. Vimos uma peça muito boa com... Tyrone Power.[1] Ele é uma uva. Muito mais uva do que

[1] Clarice se refere à atuação de Tyrone Power (1914-1958) na peça *Mister Roberts*, no London Coliseum, o maior teatro de Londres. Conhecido por estrelar comédias românticas, Power emprestou suas habilidades como espadachim protagonizando *A marca do Zorro* (1940).

no cinema. Eu pensava que ele devia ser o tipo do bonitão e do burrão. Ele é bonitão e nada burrão. Pelo contrário. Vimos outra peça, a célebre *Cocktail Party*, do Elliot.[2] Mas a peça lida foi muito melhor, porque os artistas já não são os mesmos que a estrearam. Quem fez um dos papéis principais foi Ian Hunter,[3] do cinema americano. Pedrinho, enquanto estávamos fora, estava ótimo. Ele já fala muita coisa de inglês com a *nurse*. Virou-se para Diva e disse: está frio!, e virou-se para a *nurse* e traduziu: *is cold*. Entende quase tudo que ela lhe diz. Ele está muito engraçadinho e mais magro porque está crescendo. Está muito carinhoso, alisa meus cabelos, me chama de "minha alma". Deu para fingir de encabulado e toda vez que é apresentado a uma pessoa bota as duas mãos na cara e esconde os olhos. Diva passou aqui uns dois dias e foi ótimo. Ela é adorável, muito inteligente. Que mais? nem sei. Estou tomando aulas de inglês com um velho muito simpático. A *nurse* é ótima, muito carinhosa e todos no hotel a observam e dizem que ela é extraordinária. Ontem ela me disse que se eu quisesse ela iria conosco para o Brasil, com a condição de pagarmos sua viagem de volta se ela não gostasse. Isso é perigoso. Enfim, tem muito tempo para observá-la e conhecê-la melhor. Ela tem vinte anos e parece ter um caráter doce e cordato. Nós não sentimos falta de nenhuma comida. Naturalmente o gosto é sempre o mesmo, sem sal e sem tempero. Mas estamos habituados.

Por favor, escrevam, digam como estão. Se não fosse a certeza de não demorar demais aqui, eu estaria louca para

---

[2] *The Cocktail Party* (1950), do poeta, dramaturgo e crítico inglês T. S. Eliot (1888-1965), é baseada na peça *Alceste*, de Eurípedes. Estreou na Broadway em 21 de janeiro de 1950 com grande sucesso, e nas representações de Londres, dirigida por E. Martin Browne, teve a participação do célebre ator inglês Rex Harrison, que, entre outras peças, atuou ao lado de Julie Andrews em *My Fair Lady*.

[3] Ian Hunter (1900-1975) atuou em *Edward My Son* (1949) ao lado de Deborah Kerr, filme exibido no Brasil sob o título de *Meu filho*.

voltar. Fala-se vagamente na conferência demorar até março, abril. Perto do Natal, Maury terá uns quinze dias de férias. Queríamos ir a Paris, mas temos medo de estar mexendo tanto com Pedrinho. O mais provável é irmos a Londres, todos. E, no fim da conferência, podemos ir a Paris, de onde tomaremos condução para o Rio. Não vemos demais os brasileiros, o que é ótimo. Só vemos um ou dois rapazes mais simpáticos.

Agora vou terminar porque tenho que começar a arrumar as malas. Vocês não podem imaginar como estamos cansados de viagens e mudanças. Estamos espiritualmente cansados, fisicamente cansados. Para decidirmos ir a Londres, foi um problema. Imagina que daqui a uns anos estaremos exaustos. O corpo e a cabeça ficam constantemente procurando uma adaptação, a gente fica fora de foco, sem saber mais o que é e o que não é. Nem meu anjo da guarda sabe mais onde moro.

Mas vocês sabem, e por favor escrevam, queridas. Deem um beijo grande em Marcinha, um grande abraço em William. Para vocês, o amor constante de

Clarice

[A Elisa Lispector e Tania Kaufmann]

Torquay, segunda-feira, novembro 1950

Minhas queridas,

Acabo de receber sua carta, Tania meu bem, e felizmente tudo está bem aí. Eu já estava louca atrás de cartas. A notícia de uma boa empregada é das melhores... Eliane me escreve que achou você, Tania, muito bem e que d. Zuza viu Elisa e achou você ótima. Fico tão contente. – Aqui tudo bem. Pedrinho com a terceira babá. Mas essa parece boazinha e Pedrinho gosta dela, mas está tão agarrado a mim que é um desespero. Ele está muito bem, cheio de palavras novas, mas tudo em português. Come que é uma beleza, vive faminto, conversando sobre comida, "carninha gostosa", "peixinho ótimo" etc. Está reconhecendo cores, mas erra às vezes redondamente. Ontem viu um cachorro e disse: – olha o au-au verde! Já bota l nas palavras, diz "planta" direitinho, mas em vez de dizer "abrir" diz "ablir". Já usa tempos de verbo: "ele fazeu." E fala tanto que se ele de um modo geral não fosse um filho eu ficaria cansada. A conversa não varia muito – é sobre comida, carros, ônibus e comida de novo. Um dia desses lembrou-se do nome dele inteiro e gritou: Pedro Gurgel Valente! Depois pensou um pouco e disse espantado: papai Gurgel Valente! O pior é que ele não acredita muito na língua inglesa, só usa uma ou duas palavras quando quer brincar ou melhor, blincar. Ele diz mamãe, quer comer no hotel! Quer fazer dodô no hotel! Tem simpatias e ódios gratuitos. Tem aqui uma velha que ele odeia. Ela dá biscoito para ele, ele come e depois joga um cinzeiro na cara dela. Quando a vê de longe, já vai com a mão estendida para bater nela. Ela tem marca das unhas dele na cara... Maury trabalha muito. Ainda não pudemos ir a Londres por causa da babá. Mas acho que nesse próximo fim de semana iremos a Paris por uns três dias para buscar o carro que Maury comprou. Como vai ser para levar para o Brasil, ainda não sabemos. É possível que tenhamos de vendê-lo aqui antes de ir embora. Pedrinho está um pouco resfriado, perguntei à babá se ele acordara de noite, ela disse: – acordou uma vez, pediu "egua" e dormiu de novo. Pedir "egua" é boa notícia para Marcia. – Fora disso, não há muita novidade. Elisa, a notícia sobre eu publicar livro de contos é falsa, não sei como inventaram isso. – Ontem fomos ver umas cavernas antigas – milhões de anos pré-histórica. Descobriram lá ossos de homens pré-históricos e restos de bichos idem. Foi muito bonito. Apesar de dar certa aflição. Saí de lá disposta a não me preocupar com coisas pequenas, já que atrás de mim havia tantos e tantos anos. Mas, chegando no hotel, vi que era inútil – nada tenho a ver com a pré-história, a comida de Pedrinho é mais importante.

Tenho lido alguma coisa, jogamos de vez em quando *ping-pong*. Mal vejo os brasileiros, o que é muito bom. Nosso hotel é separado do deles. E como não se trata de diplomatas, não há rapapés e delicadezas extras. Tem feito bastante frio. Não gosto nada. É detestável andar encolhida, com a pele toda franzida de vento. É por isso que às vezes se veem moças de vinte anos com cara de muito mais.

Bem, queridas, vou encerrar, vou ver a criança. Um beijo enorme para vocês, com muita, muita saudade. Que sorte que a conferência não é longa demais. Um abraço grande para William. A Irma foi embora? Pena que eu não a tenha visto. Um beijo para Marcinha querida. Escrevam, escrevam.

Clarice

Por favor, me deem uma ideia do que posso comprar para vocês. Vocês não podem imaginar que grande favor seria.

[A Elisa Lispector e Tania Kaufmann]

Torquay, 5 dezembro 1950, terça-feira

Minhas queridas,

Com a maior surpresa, recebi o telegrama de vocês pedindo notícias. Maury respondeu na mesma hora, também espantado. O fato é que tenho escrito regularmente. Se não me engano, na semana passada mandei duas cartas. Escrevi também para Eliane e Mozart, escrevi uma cartinha para d. Zuza. Não consigo entender por que vocês não recebem o que mando. Espero que a essa hora as cartas mais recentes também tenham chegado. Uma das cartas que lhes mandei na semana passada foi até registrada. Passei, é verdade, uns dias sem escrever porque fomos a Londres e na mesma semana Diva veio de lá nos ver. Nós estamos todos bem, não há motivo de preocupação. Pedrinho está, felizmente, ótimo de saúde e muito esperto e sem vergonha. Maury tem trabalhado bastante mas se sente muito bem. E eu estou também ótima. Mudamos de casa, como já lhes escrevi. E estamos gostando bastante. Só que a dona da casa, uma mulher linda, nos pegou como isca: entramos com um preço determinado e, depois que nos instalamos e respondemos positivamente a todas as perguntas sobre se estávamos bem, ela disse que só poderia continuar a nos hospedar pelo dobro, pois tinha calculado mal as despesas. O fato é que aceitamos, porque mesmo assim é menos caro que em hotel e porque estamos satisfeitos. E também porque é a terceira *nurse* (continua muito boa) e a quarta instalação no decorrer de dois meses. Acho que é um pouco demais. Maury vai amanhã de manhã a Paris, de onde voltará domingo de noite ou segunda. Ele vai buscar o carro. Não vou porque ao mesmo tempo é muito para deixar Pedrinho no meio de ingleses (nossa casa fica muito longe dos brasileiros) e pouco para ficar em Paris. Não sabemos exatamente o tempo que demora a conferência. Ora se fala em março, ora se fala em terminar antes. Já tinha vontade de arrumar as malas de novo e de estar no Brasil. Estou com muita saudade de vocês; parece que é mesmo meu destino. Forço de todos os lados para mudá-lo, mas vejo que não tenho força para tanto.

Aqui está frio de doer. Às quatro da tarde é noite fechada. O vento corta o rosto, dá uma vontade de gritar. Deixa tudo miserável, como disse uma inglesa. Domingo de manhã caiu a primeira nevada. Fomos, com um grupo, andar a cavalo. E ainda hoje, terça-feira, estou toda doída... (não caí, não, Elisa!) Ontem fui com Pedrinho e a babá comprar-lhe um novo par de botinhas e o temperamento do sem vergonha se revelou. Todas as botas que ele experimentava queria levar, chorou tanto e tantas vezes que limpou o nariz da sujeira de séculos. De volta, no ônibus, ele ainda estava de mau humor que empurrou o cotovelo de um homem. O homem riu e afinal Pituca riu também. Mas estava inchado de sofrer. Para piorar a história, as botas que compramos e que ele saiu usando rebentaram logo em seguida no fecho ecler. De modo que tivemos que voltar e devolvê-las: o que fez recomeçar a tragédia. Amanhã irei de novo com ele. Deixei a compra descansar hoje.

Por favor, não se preocupem com falta de cartas. Se o correio falhar, não pensem em nada de mais – estamos realmente muito bem, bem alimentados também. Pedrinho, graças a Deus, só teve aqui um ligeiro resfriado. E nós nem isso.

Estou agora atrasada para pegar o correio e quero que a carta siga hoje mesmo. Um beijo para vocês, bem grande.

Clarice

[A Elisa Lispector e Tania Kaufmann]

Torquay, 1º março 1951

Minhas queridas,

Depois de amanhã, sábado, partiremos para Londres onde ficaremos até tomarmos o navio. Paris, infelizmente, está fora dos planos. Levar Pedrinho sem babá é inútil porque eu não poderia me mover. Com babá, além de sair caro, ainda há o inconveniente de mexer demais com a criança, pois teríamos que voltar a Londres para o navio. Vamos ficar uns vinte dias em Londres, até o dia 24, quando embarcaremos. Parece que chegaremos no Rio em 9 de abril. Mandem desde já as cartas para: Brazilian Consulate General, Londres.

Elisa querida, vou pedir a um colega de Maury para trazer uma máquina dos EE.UU. para você: ele vai passar por lá quando partir daqui. Assim sairá mais barato. Por favor, escreva-me dizendo se tem preferência por alguma marca.

Peço a vocês que não avisem a ninguém sobre minha chegada...

Estou ansiosa por já estar no navio, em caminho.

Minhas queridas, qualquer coisa que vocês quiserem daqui, peçam e logo. Qualquer coisa eu procurarei e se achar levarei. Deem um beijo em Marcia, um abraço para William. Para vocês outro abraço, com muita saudade, da

Clarice

Tania, com as datas que lhes dei você pode calcular quando deve tomar babá e cozinheira para mim. Estou achando melhor a cozinheira encarregar-se também da arrumação da casa. A babá se ocuparia só de Pedrinho e da roupa dele. A cozinheira lavaria nossa roupa também. Você acha bom? Porque a babá sempre tinha pretexto com a arrumação da casa. Mas faça como você achar mais fácil de arranjar – e sobretudo o que lhe dê menos trabalho.

[A Eliane Gurgel Valente]

Rio, 14 de agosto de 1951

Meus caros Eliane e Mozart,

estou para lhes escrever há muito, mas simplesmente não tenho tido um momento de verdadeira calma. Tenho trabalhado muito e estou organizando com uma moça um plano de maior trabalho... que dê mais dinheiro. Enquanto isso, parece que vou ter que mudar de babá, que está muito chata. E terminarei por mudar também de cozinheira, que está mais malcriada e seca que nunca. No meio desse enxame de abelhas chatas, não sobra quase nada de tempo. Ficamos contentíssimos ao saber que vocês estão pouco a pouco se arranjando e se estabilizando: estamos certos de que tudo correrá muito bem para vocês todos. Mas queremos mais cartas, queremos acompanhar mais ou menos a vida de vocês aí. – Na rua Duvivier, tudo excepcionalmente calmo. D. Zuza com muita boa vontade, dr. Mozart mudou o aparelho e vendeu duas casas (Maury entende melhor desse assunto e certamente explicará). Murilo e Nini foram a Caxambu e voltaram. Godofredo é que não passou bem: teve uma ulceração na córnea e foi operado. Estivemos lá e ele está fora do perigo de perder uma vista. Vovó Neca estava bem, sem empregadas como sempre. Nós estivemos num *cocktail* na casa de Bueno do Prado,[1] fomos à casa de Nogueira Porto, à

---

[1] As pessoas citadas pertencem ao mundo diplomático: Nogueira Porto, Narbal Costa, cônsul em Nápoles, e chefe de Maury; Câmara Canto, Yolanda e Mário Gibson Barbosa.

casa de Narbal (estavam lá o Mário, a Maria Helena e Lizette), vamos jantar na casa dos Câmara Canto, jantamos na casa de Fayga, demos um pulo na casa de Yolanda e Gibson, reunimos numa das quartas-feiras o grupo todo de Fernando,[2] Paulo, Rubem Braga, Yolanda e Gibson, Ceschiatti etc. enfim, dá a impressão de grande movimento, tudo misturado com muito trabalho. Fomos ver uma estranha peça de Nelson Rodrigues,[3] fomos ver Jaime Costa em *Morte de um caixeiro-viajante*,[4] ele ótimo, os outros menos. Vimos uma revista no Follies, chamada *Hoje não, meu bem...* Estou tentando fazer carta-documentário, mas falho miseravelmente: a impressão é de lista telefônica. Maria Helena me telefonou hoje estranhando muito que você não lhe escrevesse nem ao menos um cartão; eu disse que você certamente tinha mandado e a coisa se extraviara. É bom você mandar algumas palavras. Que notícias mais? Pedrinho teve uma crise de urticária (já passou) e ficou muito irritado. Num dos momentos de maior raiva, chegou junto de mim e disse todo concentrado: Mamãe, Pedrinho quer fazer muito escândalo, pirraça e choraminga. É um bom programa de desabafo que, infelizmente, não posso cumprir pelo fato de ser adulta. Estou tentando ver se consigo botá-lo no Bennett,[5] que é mais

---

[2] Foi Rubem Braga quem apresentou Clarice Lispector aos escritores mineiros Fernando Sabino e Paulo Mendes Campos nos anos 1940, após sua volta ao Brasil quando do término da Segunda Guerra Mundial. A partir daí, Fernando, Paulo, Otto Lara Resende e Hélio Pellegrino (que veio a conhecer nos anos 1950) tornaram-se grandes amigos da escritora.

[3] *Valsa nº 6*, dirigida por Henriette Morineau, foi o único monólogo de Nelson Rodrigues protagonizado por sua irmã, Stella Rodrigues. Sônia é uma adolescente assassinada que reconstituiu sua trajetória.

[4] *A morte de um caixeiro-viajante*, de Arthur Miller, um dos principais dramaturgos norte-americanos, foi dirigida por Esther Leão e encenada no Teatro Glória, em 1951, pela Companhia Jaime Costa. O comentário de Clarice revela o que era público e notório: Jaime Costa foi um dos mais importantes atores de seu tempo.

[5] O Colégio Metodista Bennett, fundado em 1888, tem sua sede localizada na rua Marquês de Abrantes, 55, no Flamengo, desde 1920; rua em que Clarice residiu nessa época. É um dos colégios mais tradicionais do Rio de Janeiro. Marcia Algranti, sobrinha da escritora, estudou no Bennett.

difícil do que vir a ser presidente da República. Terminarei colocando num dos novos colégios de Copacabana. Tania, Elisa, Diva, d. Noêmia, Yolanda falaram-me que receberam cartões de vocês. Maury tem trabalhado bastante, mas não parece descontente. Milton escreveu de Berna dizendo que Lousada contou que Ena entregou ao Dutra um memorial falando mal de nós todos de Berna... A mulher é doida. O memorial falava também do Ciro e do Lafaiete. Diz o Jorge Carvalho e Silva que a coisa foi despachada para Raul Fernandes que rasgou depois de ler. (Ena é mulher do Higas.) Como é a vida aí, com mais dinheiro? Vocês têm ido a teatros? Como vão Miriam e João e as crianças? Vocês tiveram algum contato com Bluma?[6] Aqui tem feito bastante frio e está bom. Os dias estão lindos, muito claros. O carrinho está andando muito bem, Carlos Jacinto veio uma noite dessas e conversamos até duas horas. No jornal me pediram que fosse ao Sweepstake e se pudesse dissesse o nome de algumas pessoas: fomos e encontramos Gissa e Valle e um bocado de grã-finas enchapeladas e emperequetadas. Tem um conto meu a sair no *Diário Carioca*. – Não há nada mais a escrever. Peço que escrevam muito, digam como vai Marilu,[7] que gênero de vida ela leva, como vai a Mariazinha, se está adaptada. Digam sobre vocês mesmos muitas coisas.

Muita saudade da

Clarice

[6] Bluma Chafir Wainer faleceria dois meses depois, em 19 de outubro de 1951.

[7] Marilu Valente é filha de Eliane e Mozart Gurgel Valente.

[A Helena e Otto Lara Resende][1]

(Washington, 8 dezembro 1952)[2]

Helena e Oto,

já se passou tanto tempo que é um pouco tarde para falar no fato de não termos podido abraçar vocês pessoalmente antes de partirmos. Estivemos na casa de vocês e não os encontramos. Eu queria escrever antes mas tenho andado sem calma, às voltas com instalação, adaptação, cozinha e outras coisas, todas em forma de "probleminhas a resolver". Não tenho o endereço de Fernando, de Paulo e de Rubem – quer me mandar o endereço deles?

Será que existe alguma lei rígida que impede as pessoas que ficam de escrever antes para as que partem? Estou com saudade e querendo notícias dos amigos. Quando é que você vai ter a criança, Helena? Espero a minha para fins de janeiro, começo de fevereiro, já com certa impaciência.

---

[1] A aproximação do jornalista e escritor Otto Lara Resende (1922-1992) com Clarice deu-se no período em que ela residiu no Rio de Janeiro, entre 1950 e 1952. É uma sugestão de Otto o título "Fundo de gaveta", que ela empregou para intitular a segunda parte da primeira edição de *A legião estrangeira* (1964). O jornalista Alberto Dines levantou a hipótese do solidário Otto ter lhe sugerido que Clarice se tornasse colaboradora de dois jornais que ele, Dines, dirigiu: *O Diário da Noite*, onde ela escreveu uma página feminina entre 1959 e 1961; e a coluna semanal no *Jornal do Brasil*, entre 1967 e 1973. Os longos anos de convivência levaram o escritor a constatar: "cada escritor é um caso. Clarice um caso especial. Especialíssimo. Por isto mesmo é difícil classificá-la no quadro das letras contemporâneas – e em particular da ficção brasileira" (Cf. "O fulgurante legado de uma vertigem." Catálogo da exposição *Perto de Clarice*. Casa de Cultura Laura Alvim, 1987).

[2] Clarice mudara-se para Washington em setembro de 1952.

Desejamos para vocês um Natal feliz e um Ano-Novo cheio de coisas boas. Um abraço da Clarice

Um beijo para André[3]

[3] André é o primogênito do casal Helena e Otto, hoje o importante economista André Lara Resende, um dos idealizadores do Plano Real.

[A Helena Valladares e Fernando Sabino]

Washington, 2 fevereiro 1953

Helena, Fernando,

há quanto tempo estou para escrever a vocês todos, mas também esqueci de tomar os endereços, e no catálogo de 1952, que trouxemos, nada encontrei. Quando ia escrever para *Comício*,[1] soube que tinha acabado (ainda não entendi por quê). Sabendo que Lauro havia recebido seu livro,[2] Fernando, perguntei se não vinha com seu endereço – e vinha. Por que você também não mandou para nós? Vou então ler o do Lauro, já que até agora não veio para mim.

Depois de tanto tempo sem escrever, acho que estou dispensada de falar de Washington – felizmente vocês conhecem, e assim não preciso tentar tornar concreta essa cidade vaga e inorgânica. É bonita, segundo várias leis de beleza que não são as minhas. Falta bagunça aqui, e não compreendo cidade sem esta certa confusão. Mas enfim, a cidade não é minha.

Estamos numa casa simpática, com jardinzinho e quintal, janelas verdes, algumas árvores, tudo murcho agora, sem folhas. Todos só falam da maravilhosa primavera em Washington, com tal frequência que começo a sentir alguma

---

[1] O periódico *Comício*, dirigido por Rubem Braga, Rafael Correa de Oliveira e Joel Silveira, onde assinou uma página feminina intitulada "Entre Mulheres", com o pseudônimo de Tereza Quadros, foi publicado entre maio e outubro de 1952. Foi a primeira experiência de Clarice com textos endereçados ao público feminino.

[2] Lauro Escorel, diplomata e amigo de Clarice e Fernando. O livro chama-se *A vida real* (novelas, 1952).

inimizade pela primavera. Enquanto isso, Pedrinho está na escola, aprendendo aos poucos inglês, apanha e bate nos garotos da vizinhança, toma leite americano e adora hot-dog. Maury trabalha bastante, eu faço compras no mercado; de noite vejo programas de mistério na televisão; tudo calmo, como se vê.

Estou com saudades de vocês todos. Como vai a família Mendes Campos, Lara Rezende, e Rubem? Como estão vocês e as crianças? Seria tão bom receber uma carta. Mas sei bem – a distância é grande, o tempo é curto. Rubem está escrevendo para algum outro jornal, além do *Correio da Manhã*? E você? E Paulo e Oto? Como vai Tati?[3] João e Miriam[4] têm uma nova menina, chamada Sílvia, nascida em dezembro. Sarinha e Lauro Escorel partem em março para o Rio. Conheci na casa deles Dr. Alceu e D. Maria Tereza,[5] duas das pessoas mais simpáticas e límpidas do mundo. – Acho que não tenho mais nada a contar, é uma pena. Se vocês tiverem tempo, escrevam-me ao menos um bilhete. Tenho a impressão de que saí do Rio há vinte anos. Escrevam-me, deem notícias. E um abraço grande da amiga,

Clarice

Novo endereço:
4521, Ridge Street
Chevy Chase
15, Washington, D.C.

[3] Tati de Moraes foi a primeira esposa de Vinicius de Moraes, com quem teve dois filhos: Susana e Pedro; nesta época o casal estava separado e o poeta vivia com a segunda mulher, Lila Bôscoli. Na década seguinte, Tati traduziria com Clarice peças de teatro, como *Hedda Gabler*.

[4] João Augusto de Araújo Castro e Miríam, sua esposa, são citados com frequência nas cartas. Clarice o apresentou a Fernando Sabino, que se tornou seu amigo.

[5] O crítico literário Alceu Amoroso Lima e sua esposa Maria Tereza.

[A Elisa Lispector]

Washington, 21 fevereiro 1953, sábado

(esta carta só partirá segunda, pois o correio fecha em fim de semana)

Leinha querida,

Recebi agora mesmo sua carta de 14, meu benzinho. Você já deve ter recebido cartas minhas explicando tudo bem. Mas repito: este parto não teve nenhuma das horríveis complicações do outro. Me perdoem mil vezes, mas eu sabia que ia ser cesariana – os médicos, sem saber por que eu tinha tido a anterior, acharam melhor não arriscar. Mas eu nem estava preocupada, nem Maury – eles fazem muita cesariana aqui, e duas brasileiras que já partiram tiveram aqui, cada uma, 3 cesarianas perfeitas. Também pensei que não devia contar porque eles tinham dito que só resolveriam depois de tirar radiografia. Tiraram e disseram que o parto ia ser normal, que não havia motivo de esperar. Mas quando chegou o dia em que eles haviam mais ou menos calculado para o parto, e não havia dores ainda, eles (porque são dois trabalhando alternadamente) acharam mais simples marcar dia e esperar. Entrei no hospital no dia 9, segunda-feira, às 2 horas da tarde para me prepararem para o dia seguinte, de manhã, quando Paulinho nasceu. Juro por Deus que estou tão bem que nem sei como explicar a você – o corte cicatrizou com enorme rapidez, desde o quinto dia não tinha sequer um esparadrapo. Faço qualquer movimento, tomo banho de chuveiro, desço escadas. E de espírito eu não podia estar melhor: me sinto tão leve, aliviada, animada e contente. Isso me lembra uma frase que uma moça (Helena) ouviu num restaurante, numa mesa ao lado, dito por uma mulher desconhecida: "a alma é misteriosa; mas o corpo é muito mais."

Se Eliane não esteve aqui antes, é que não avisei a ninguém que ia para o hospital. Achei melhor assim. Ela veio um dia depois de Paulinho nascer. Tive, sim, meus maus momentos que felizmente não foram péssimos e passaram logo. Momentos mais de fraqueza nervosa que outra coisa. Senti, sim, falta de vocês, isso é inútil dizer. Agora está dita toda a história – e repito: juro por Deus que mal acredito na enorme diferença entre o primeiro e o segundo parto. Aqui não houve nenhuma "barbeiragem" de médico e fiquei apenas 8 dias no hospital, em vez de cerca de um mês, como na Suíça. Tenho uma *nurse* ótima, uma preta maravilhosa e carinhosa que vai ficar conosco pelo menos 2 semanas. Avany é uma joia de menina, sempre com a maior boa vontade, e muito inteligente. Pedrinho, com o ambiente calmo, tem podido receber de mim todas as atenções, de modo que não tem tido ciúme. Está muito carinhoso comigo, diz que vai me dar uma casa bem grande, com muitas comidas dentro. Eu preferiria que ele me desse mais uma empregada.

Maury foi de um carinho que ultrapassa as palavras que eu possa usar. Ele se repartiu infatigavelmente entre mim e Pedrinho, de modo que nós dois (Pedrinho e eu) não nos sentíssemos sós. Pedrinho estando no colégio, ele almoçava no restaurante do hospital. Ele queria menina enormemente, eu estava com medo de que ele ficasse muito decepcionado. Mas ele está tão feliz agora com Paulinho. "Este" está um amor, Leinha. Eu estou continuando a amamentá-lo (para me garantir, pedi ao médico que receitasse um pouco de mamadeira complementar) – estou tão espantada de estar amamentando. Nunca esperei. Paulinho é muito bonitinho, eu tinha me enganado!

Minha querida, espero que esta carta encerre qualquer preocupação sua. Daqui a 6 semanas vou ao médico. Ainda não recebemos a conta deste... Maury pagou de 8 dias de hospital a quantia de 350 dólares. Esperamos que o médico peça uns 400. A *nurse* custa 12 dólares e meio por cada 24 horas. Mas a calma que ela nos dá (além de Avany aprender) vale a pena. Mandei retratos para vocês. Espero, por Deus, que não se percam...

Minha filhinha, me escreva, me diga como vão aquelas dores. Me diga também como vai no trabalho (você não tem falado nele) e como vai de finanças. Como vai o *Jornal do Comércio*? Você não foi aumentada? Tenho recebido com bastante regularidade os suplementos e *Cruzeiros*. É ótimo. Avany abençoa você cada vez que vem *Cruzeiro*...

Um beijo da sua Clarice

Leinha querida, obrigadíssima pelas coisas lindas que vocês mandaram para o Paulinho. Não posso dizer que ele não merece tanto, porque isso já ofende o bichinho. Achei totalmente absurdo, porém, vocês gastarem tanto – por favor, não aproveitem nenhum portador eventual para nada – finjam que ignoram a existência de portador.

Leinha, minha florzinha, tire um retrato e mande para mim! Quando comprarmos máquina vou bombardear vocês com retratos.

[A Helena Valladares, Joan Abercrombie, Paulo Mendes Campos e Fernando Sabino]

Washington, 22 fevereiro 1953, domingo

Helena, Joan, Paulo, Fernando,

essa carta é de participação e de queixas.

Participação: temos agora mais um menino, nascido a 10 de fevereiro, e a quem demos o nome de Paulo (sem pedir licença a você, Paulo).

E de queixas. Injustificadas, mas nem me importo com justiça. O fato é que, sem ter escrito a vocês (menos um cartão para Helena e Oto, outro para Rubem, e uma carta para Helena e Fernando), acho que vocês poderiam ter mandado pelo menos um bilhete, desses formais mesmo, dos que se seguem a um "acho que devo escrever". Eu mesma provo que a queixa é injustificada. Mas vocês bem podem ver que nem me incomodo mais de receber "carta obrigatória" de vocês.

Além da participação acima, não tenho muito o que dizer. Vivemos bastante isolados, e agora que Sarinha e Lauro vão embora, Washington vai ficar ainda mais Washington. Do Brasil recebemos suplementos literários de vez em quando – mas o melhor do suplemento é ser lido domingo de manhã, com o jornal ainda cheirando a tinta – e não adianta muito sequer requentar em banho-maria, mas é bom de qualquer modo, e sobretudo têm sempre notícias de vocês.

Gostaria de saber se vou receber seu livro,[1] Fernando, e se Oto vai me mandar o dele.[2] E isso é queixa grande.

Se isso interessa a vocês, o tempo aqui tem estado bom com algumas chuvas, e às vezes neve. Não temos ainda podido aproveitar o quintal e o jardinzinho, que por enquanto são domínio dos esquilos mais apressados, e de vários cachorros vagabundos. Contratamos por duas semanas uma *nurse* preta, extraordinária, que tem uma voz linda e é gorda, grande – ela costumava cantar em igrejas. Ela é a pessoa mais macia que já conheci, e vive sorrindo. Um dia desses vou pedir para ela cantar, o que desde já me dá saudade do dia em que ela for embora (quando meu trabalho em casa vai aumentar bravamente).

Recebi o livro de Otavio[3] que vou ler logo que a casa tome um ar mais normal. Estive a um tempo lendo *Claro enigma*,[4] e fico doente de tanta admiração, é excessivamente ótimo. Ainda não vimos cinema. Ledo Ivo foi ou vai para Paris – por que vocês não vêm por aqui? , embora não sendo Paris? Como vai Rubem? Vou escrever para ele um dia desses. Maury está representando em U.S.A., no México e Canadá, a comissão do convênio de S. Paulo, e trabalha muito, o tempo vai passando e um dia, com o coração todo embandeirado, chegarei ao Brasil.

Um abraço nosso para vocês.

Clarice

---

[1] *A vida real* (novelas, 1952).

[2] *O lado humano* (A Noite, 1952), o primeiro livro de contos de Otto Lara Resende.

[3] *Os Loucos*, volume VI da série *Tragédia burguesa*, de Octavio de Faria.

[4] Livro de poemas *Claro enigma* (José Olympio, 1951), de Carlos Drummond de Andrade.

Um abraço para Tati. Quando é que Helena e Oto tiveram a criança? É menino ou menina?[5] Como vão os quatros Sabinos pequenos. E Gabriela?[6]

[5] Bruno, segundo filho de Helena e Otto Lara Resende, nasceu em 1952. São os quatro Sabinos pequenos: Eliana, Leonora, Pedro e Virgínia.

[6] Gabriela, filha de Paulo Mendes Campos e Joan.

[A Elisa Lispector]

Washington, 12 março 1953, quinta-feira

Alô, minha queridinha,

Finalmente veio carta sua, já estava demorando muito. Você tem estado bem, minha Leinha? Espero que você não perca de novo o seu carro preto e novo – se fosse velho e descascado! Mas novinho assim é uma pena, querida. Que sonho que você "usa"!

A *nurse* vai embora agora, e, com ela, muita tranquilidade. Paulinho está longe de estar na linha. Não sabemos bem o que acontece com ele: já tem um mês e chora muito, dorme pouco, às vezes come de duas em duas horas de noite. Tenho telefonado quase diariamente ao médico, e agora mesmo estou esperando o telefonema dele (chamei-o e ele estava ocupado) para ver se ele faz alguma nova sugestão. Eu queria que ele o visse antes das seis semanas protocolares, mas o médico achou que não era necessário, que pelo telefone mesmo ele mudaria fórmula de mamadeira e solveria o caso. Mas tenho receio de que o choro e a inquietação sejam provocados por alguma dor. E como a *nurse* diz: em geral, quando vou embora de uma casa, deixo a criança na linha mais ou menos, mas desta saio e entrego para a senhora uma criança que está tão inquieta ainda como se tivesse apenas saído do hospital. Enfim, vamos ver. – Avany ficou muito contente com sua linda carta queridinha. Até numa carta para Avany sinto a delicadeza de alma com que você nasceu. Por falar em Avany, continua um amorzinho de temperamento e boa vontade, mas, como diz Eliane[1] (que passou aqueles dias aqui), ela se parece demais com o próprio corpo, quer dizer, assim como o corpo dela não dá confiança, de tão fino e pequeno, assim é ela. Eliane acha que, no fundo, não tenho empregada, que tenho um complemento de empregada, uma dessas babazinhas cariocas. Realmente não consigo confiar mesmo nela, ela faz de tudo um pouquinho, mas não satisfatoriamente. Felizmente ela está agora em ótimas relações com Pedrinho, ambos se dando admiravelmente, pois ambos são crianças. Eliane chega a sugerir que eu passe ela para outra pessoa, e arranje uma pessoa de fato, uma empregada básica e não um complemento. Eu nunca faria isso, pois ela é uma menina ótima, alegre, disposta, e, sobretudo ótima com Pedrinho. Mas fico sem saber que empregada arranjar (com que dinheiro) para fazer que serviço? Se é empregada por hora, não me adianta muito com Paulinho. Enfim, também isso vai se esclarecer com o tempo, e a própria necessidade vai me indicar o caminho a seguir. Quanto à *nurse*, achamos que podíamos mantê-la até agora porque, de qualquer modo, Maury vai ter que pedir empréstimo no banco (paga-se depois mensalmente determinada prestação, descontando – é fácil pedir o empréstimo) por causa de casa de saúde e médico. Várias pessoas já fizeram isso aqui. De qualquer modo, Maury precisaria fazer esse empréstimo para pagar em junho a prestação do apartamento no Rio, os vinte e cinco contos.

O sem-vergonha do Pedrinho está chegando da escola agora, lindo, sempre com um assunto que chega a mim já no meio, como se eu adivinhasse o pensamento dele. Ele está muito engraçado, muito bonitinho. Quando volta da escola, pergunto o que ele comeu lá no almoço. Ele, o máximo que

[1] Eliane Gurgel Valente, cunhada de Clarice.

concede como confissão, é dizer: pão com geleia. Até já enjoei dessa mistura, de tanto ele falar nela. Ele continua a não ligar a mínima a Paulinho – é preciso dizer que este paga com a mesmíssima moeda. Acho aliás, que Pedrinho não percebeu totalmente o que significa a vinda do baby. Porque um dia desses, na hora do jantar, ele saiu com esta, com a maior naturalidade: mamãe, quando é que o baby vai embora? Eu tive que explicar que Paulinho não é simples hóspede, que tem raízes aqui em casa. Ele está habituado com a escola, apesar de diariamente me sugerir que podia ficar em casa. Se você visse a cara dele vendo *Peter Pan,* sem se encostar na cadeira de tanto interesse, e, ao mesmo tempo, metendo a mãozinha no pacotão de pipocas que comprei para ele – e dando risadas agudas, quase sempre um pouco fora de propósito. Quase todas as crianças aqui comem pipocas e outras porcarias enquanto estão no cinema. O que motivou uma anedotinha boba no jornal: uma menina dizendo a outra: não gosto de ir ao cinema quando tem filme duplo, porque saio com dor de estômago.

O médico telefonou, e eu achei melhor pedir que ele venha ver o menino aqui em casa, sem esperar pelo dia marcado no consultório. Depois que ele vier, eu continuarei a carta, dizendo o que ele achou. Até logo, ou até amanhã de manhã, porque já são cinco horas, não sei que horas ele vem, e depois a Sarinha e o Lauro vêm jantar aqui, jantar de despedida porque já vão em breve embora.

Minha florzinha, minha netinha, me escreva logo, me dê muita notícia sua, Deus te abençoe. Um beijo de sua avó

Clarice

Elisa, tenho que dizer de novo de como gostei dos cartões! Maury vai adorar. Que ideia feliz e gentil, a sua, minha querida.

[A Rubem Braga]

Washington, 21 de abril de 1953, terça-feira

Rubem,

"meio desempregado, enfrentando o verão" dá uma saudade enorme do Rio, é um dos poucos lugares do mundo onde é bom estar meio desempregado. Aqui, apesar de ocupadíssima em casa, me sinto meio desempregada. Também Washington é uma cidade tão larga, de ruas tão abertas, que dá pouco aconchego, dá impressão de vazio, de falta do que fazer; não há como ruas mais estreitas e um pouco sujas para facilitar certa concentração, concentração para nada, só para com flor de cerejeira, e jardim brotando todo, mas veio de repente um frio até com nevezinha e acabou. Paulo[1] está dando muito mais trabalho que Pedrinho dava como bebê. Mil vezes confunde a noite com o dia, dorme de dia e abre o berreiro de noite, ou simplesmente fica acordado, sorrindo, com vontade de brincar – morremos de sono, eu, então que já nasci morrendo de sono. – Estou desde já querendo enormemente *A Borboleta Amarela*.[2] Rubem, eu queria mesmo aproveitar o oferecimento que você faz de "livros, recortes de jornal, revistas" – queria, se não desse mesmo trabalho a sua secretária, que você mandasse de vez em quando crônicas suas do *Correio da Manhã*, você poderia

---

[1] Paulo Gurgel Valente, segundo filho de Clarice e Maury, acabara de nascer, em 10 de fevereiro de 1953.

[2] Rubem Braga relatou a Clarice em carta que fez uma edição de luxo de *A borboleta amarela* (José Olympio, 1953), ilustrada por Carybé (Cf. COR, pp. 194-195).

mandar muitas ao mesmo tempo, o que diminuiria o trabalho de mandar pôr no correio.

Raul de Vincenzi deu, no mesmo dia em que chegou, notícias suas, muito boas. Quando chegou aqui, teve a surpresa desagradável de saber que, durante a viagem de volta, tinha sido designado para servir na China, que é lugar para onde se vai só com vontade de ir. Consolamos como pudemos, falando em espírito de aventura e coisas do gênero, Maury lembrou que ele passaria na viagem por Bali onde dizem que vive o protótipo (era a palavra que eu mais gostava de usar na época do ginásio, eu pensava que ela por si me daria nota dez, o que não acontecia), como eu ia dizendo em Bali está o protótipo da raça humana, o que pode assustar se não se acrescentar depressa que lá estão as mulheres mais bonitas do mundo. Raul[3] não pareceu ficar muito comovido, talvez porque o posto afinal é na China, e não em Bali. Estivemos uma noite dessas num jantar na embaixada, e Lolô estava lá, adorando o tipo de vida que leva aqui, sem preocupações diárias, sem providências a tomar. Disse-nos que há muito tempo não tinha tanta paz, que dormia a hora em que queria, fazia o que queria – o que deixou Maury e e a mim com muita inveja. Quanto a Vera,[4] não consegui infelizmente me aproximar dela, nem sequer vê-la, o que eu queria muito, pois, além dela ser amiga sua, achei-a, no Rio, muito simpática. Ao que parece ela está em N. York, me disseram que trabalha lá, mas é informação de que não tenho a menor certeza. Um dia tentei atacar o caso de perto, e convidei Lolô e Vera para jantar em casa, mas ele se limitou a dizer que ela estava em N. York e ficou por isso mesmo até agora. – Sari-

---

[3] Raul Henrique Castro Silva de Vincenzi (1918-2010). Serviu na embaixada em Washington até 1953; foi embaixador no Chile entre 1977 e 1981.

[4] A socialite Vera Nascimento.

nha[5] e Lauro já estavam em alto-mar quando recebi sua carta, não pude assim dar o recado para Lauro. – Para quando, mais ou menos, é sua viagem Tóquio-Rio? isso é o tipo da coisa que só aconteceria com você, e é tão bom; será que o avião toca em Washington? prometemos que não levaremos você a ver monumentos, se bem que o de Lincoln[6] é bonito.

No mais, tudo igual. Pedrinho na escola, falando inglês; a última mania dele é não querer passar nem a dois metros de um lugar com lama, "para não sujar a sombra". Essa crise de limpeza me parece mesmo mais moral, porque ele bem que esperneia para tomar banho. Esse cuidado precioso com a sombra tem se alternado ultimamente com verdadeiro ódio repentino: "porque é que ela está sempre junto de mim?! mato ela, dou soco nela!" Enfim, são problemas que ele terá que resolver sozinho, a sós com a própria sombra. Fiquei contente com as boas notícias sobre Tati.[7] E imagino como Susana, na sua experiência de apendicite, deve ter ficado "abafada" com as orquídeas. Eu fiquei muito quando, entre lágrimas as mais cruéis, divisei as anêmonas se balançando com o balanço do navio – anêmonas passaram a ser símbolo de pensamento amável e amigo. – Vimos há um tempo dois filmes bons, *I Confess*[8] e *Come back, little Sheba*.[9] Tenho lido quase nada, mas agora tenho uma empregada por hora e a situação vai melhorar. Mas li, ou melhor, reli agora já im-

---

[5] Sarinha, esposa do diplomata Lauro Escorel.

[6] Um dos pontos turísticos de Washington, D.C., o Lincoln Memorial foi projetado por Henry Bacon em estilo de templo grego, em homenagem ao 16º presidente estadunidense, Abraham Lincoln. Ele abriga uma estátua do presidente com quase seis metros de altura. Foi nas escadarias deste monumento que Martin Luther King pronunciou em 1963 as palavras que eternizaram sua luta: "I have a dream" ("Eu tenho um sonho").

[7] Tati de Moraes e sua filha, Susana, a primogênita do casal.

[8] *I Confess* (1953), intitulado no Brasil *A tortura do silêncio*, dirigido por Alfred Hitchcock e estrelado por Montgomery Clift e Anne Baxter.

[9] Intitulado no Brasil *A cruz da minha vida* (1952), dirigido por Daniel Mann e estrelado por Burt Lancaster e Shirley Booth.

presso o livro de Oto[10] que me entusiasmou muito – com o livro impresso, pude ler mais impessoalmente, e achei ainda melhor do que antes.

Rubem, dê um abraço no Roberto Braga e na Zora. Maury manda um abraço grande para você. Um abraço e saudades da

Clarice

Para o caso de você ter perdido nosso endereço:

4521, Ridge Street
Chevy Chase
15, Washington, D.C.
Telefone: Oliver 4-4305

Você uma vez falou que me daria uma lista de livros (ou de coisas, não sei mais) que você queria daqui. Mas não deu. Quer me mandar?

[10] *O braço direito* (Editora do Autor, 1963) é o primeiro romance de Otto Lara Resende.

[A Fernando Sabino]

Washington, 28 julho, 1953, terça-feira

Fernando,

seria bom começar a carta dizendo: foi ótimo receber carta sua. Como não é o caso, começarei assim: não foi ótimo receber carta sua. Mas não faz mal, o tempo não se conta em dias, conta-se em anos – e notícias podem chegar.

Aqui tudo de uma calma amedrontadora. Entrar no *american way of life* é uma trégua de ambição e de outras coisas, "way" este em que se cai suavemente sem sentir – basta comprar nos mercados onde a gente tem o prazer finalmente acessível de pegar nas frutas antes de comprá-las, basta tomar os espessíssimos milk-shakes com a repugnância de quem bebe pomada mas com o prazer de não beber bebida sabotada. Tudo isso acalma, torna uma pessoa humilde sem humilhá-la. Horrível, mas uma trégua. Como você vê, estou num dia tão pacífico que poderia estar escrevendo de um curral, com perdão pela palavra implícita.

Acho que vou obrigar de algum modo você a me responder porque vou lhe perguntar se você acha possível eu escrever para a *Manchete* – uma espécie de "bilhete dos E.E.U.U.", com notícias e comentários variados (livros, acontecimentos, fatos etc.), provavelmente em estilo curto, rápido, na quantidade que a *Manchete* quisesse ou precisasse – e até no estilo que quisessem – como você vê, não estou sendo nada difícil. É possível uma coisa dessas? Eu assinaria com um pseudônimo qualquer, onde me sinto mais à vontade – até Tereza Quadros poderia ressuscitar, dessa vez sem se especializar em assuntos femininos, já que ela é tão espertinha e versátil. Acontece que o dinheiro que eu tinha de *A Noite*, e reservado para os fins mais nobres, já gastei. Gostaria assim de me pôr de novo em movimento, e esse movimento seria escrever para *Manchete*, se fosse possível, se isso interessasse a eles de algum modo.[1]

Quando eu receber resposta a esta carta, vou ficar um pouco ofendida pois só fazendo uma pergunta de interesse ignóbil e pessoal é que você achará necessário responder. Um abraço grande para você, Fernando.

E saudades da

Clarice

4521, Ridge Street
Chevy Chase
15, Washington, D.C. – U.S.A.

---

[1] Em carta datada de 27 de outubro de 1953, Fernando Sabino informou que Hélio Fernandes gostou da colaboração de Clarice, mas não a tinha publicado porque andava às voltas com problema de espaço. A colaboração com a revista *Manchete* só iria se concretizar em 1968, quando ela passa a assinar a coluna de entrevistas "Diálogos possíveis com Clarice Lispector".

[A Fernando Sabino]

Washington, 30 agosto 1953

Fernando,

fiquei tão contente por receber carta sua, Fernando. Mesmo que não tenha sido a que eu gostaria de receber – com notícias que seria tão bom ter.

De curral para curral, passamos a assunto *Manchete*.[1] Agradeço o fato de Hélio Fernandes[2] agradecer o fato de eu oferecer colaboração. Fico muito sem jeito de assinar, não pelo nome ligado à literatura, mas pelo nome ligado a mim mesma: terei pelo menos num longo começo a impressão de estar presente em pessoa, lendo minhas noticiazinhas e provavelmente gaga de encabulamento. É mesmo impossível ressuscitar Tereza Quadros? Ela é muito melhor do que eu, sinceramente: a revista ganharia muito mais com ela – ela é disposta, feminina, ativa, não tem pressão baixa, até mesmo

---

1 Recém-inaugurada, a revista *Manchete* (1952-2000), criada por Adolpho Bloch, contratou vários dos colaboradores de *Comício*, entre eles Fernando Sabino e Paulo Mendes Campos. Sabino propôs a Hélio Fernandes que contratasse Clarice como colaboradora. Aceita a proposta ela se recusou a assinar a matéria. Fernando observou: "Não sei se você sabe que tem um nome (...) acho que você deve assinar o que escrever, como exercício de humildade é muito bom." Algumas entrevistas foram publicadas em *De corpo inteiro* (Artenova, 1975). Em 2015, a Rocco publicou uma edição ampliada, organizada por uma especialista da escritora na Inglaterra, a professora Claire Williams, com um novo título: *Clarice Lispector Entrevistas*. A cineasta Nicole Algranti adaptou o livro para o cinema: *De corpo inteiro – Entrevistas* (2008), disponível em DVD. O filme recria algumas das entrevistas de Clarice com a interpretação de atrizes como: Aracy Balabanian, Dora Pellegrino, Rita Elmôr, Louise Cardoso, Letícia Spiller, Beth Goulart, Sílvia Buarque e Giovanna de Toni.

2 Hélio Fernandes (nascido em 1920) é irmão do escritor e cartunista Millôr Fernandes e na época era diretor da revista *Manchete*.

às vezes feminista, uma boa jornalista enfim. Se for mesmo impossível, tentarei assinar e tentarei um "à vontade" quase insultuoso.

Se o acordo continua de pé, acho que poderia começar em outubro, ou cerca de, porque aconteceu a vinda maravilhosa de minha irmã Tania – e quero lhe dar setembro com toda a minha alma.

Hoje já não está muito curral, se bem que fosse tão bom ter o aconchego deste num dia de chuva. O que há de sempre prometedor e tranquilizador em Washington é a chuva – chove muito, chove inesperadamente e, melhor, muitas vezes começa a chover no meio da noite. É do que vou sentir saudades daqui.

Tomei algumas aulas de direção e por enquanto guio que dá pena. No começo das aulas o professor me perguntou francamente se era mesmo verdade que eu já tinha alguma vez aprendido. Ao que eu respondi que infelizmente era. Ao que ele não respondeu nada. Agora que as aulas acabaram e eu deveria dizer ao carro à *nous deux*, não digo coisa alguma. Maury, ao meu lado, finge uma coragem digna de nota só para não me desanimar. Diz que meu defeito, um defeito à toa, é não ligar muito para o tráfego. Mas um dia guiarei mesmo na loucura do Rio, impávida como se estivesse guiando o primeiro carro inventado. Maury me garante que é ótimo guiar porque estando ao volante se tem o direito de dizer os piores nomes. É aliás o que me assusta por parte dos outros volantes.

Fernando, foi ótimo receber carta sua. E o tempo se conta mesmo em anos. Deus me livre se fosse em dias. É como crescer ou envelhecer que só se vê em anos. Como é que se pode ver a curva tão larga das coisas se se está tão próximo como é próximo o dia? Pois se às vezes a palavra que falta para completar um pensamento pode levar meia vida para aparecer. Com máximas como esta é que Ataulfo de Paiva deve ter entrado na Academia.

Nada de novo. Tenho lido muito mal e pouco, como quase sempre, com a diferença, em relação aos totalmente ignorantes, que sei o que perco.

Fernando, eu queria uma carta sua me dizendo, por exemplo, se estaria certo começar em outubro mais ou menos, como eu deveria mandar etc. Se você disser que sim, provavelmente mandarei a você uma amostra para ver se é o que eles querem. Você poderia me escrever hoje ou amanhã, uma carta qualquer, mas carta.

Maury manda um grande abraço para você.

Saudades de

Clarice

[A Fernando Sabino]

Washington, 5 de outubro de 1953, segunda-feira

Fernando,

Não tenho feito muitos amigos (salvo uma enfermeira da maternidade que gostou de mim e depois de quase oito meses de Paulinho nascido vem me visitar na folga – hoje toma chá comigo), e não tenho influenciado nenhuma pessoa. Tomo menos milk-shake e levo uma vida diária vazia e agitada. Passo o tempo todo pensando – não raciocinando, não meditando mas pensando, pensando sem parar. E aprendendo, não sei o quê, mas aprendendo. E com a alma mais sossegada (não estou totalmente certa). Sempre quis "jogar alto", mas parece que estou aprendendo que o jogo alto está numa vida diária pequena, em que uma pessoa se arrisca muito mais profundamente, com ameaças maiores. Com tudo isso, parece que estou perdendo um sentimento de grandeza que não veio nunca de livros nem de influência de pessoas, uma coisa muito minha e que desde pequena deu a tudo, aos meus olhos, uma verdade que não vejo mais com tanta frequência. Disso tudo, restam nervos muito sensíveis e uma predisposição séria para ficar calada. Mas aceito tanto agora. Nem sempre pacificamente, mas a atitude é de aceitar.

Para quem se "sente" calada, estou falando um bocado, não é? Você vê, Fernando, é assim que às vezes a gente escreve carta: pretendendo apresentar o trabalho da *Manchete* e falando de outras coisas que não têm nada a ver com o assunto.

Mande o conto, sim? Quero ver se é cinismo como homem ou dignidade como escritor. Não seja cínico, Fernando, quer? Você pode muito melhor que isso. Me diga se está escrevendo para outro jornal, além da *Manchete*. Diga como estão as crianças. Estão no Rio? Você as vê sempre?

Queria saber se já nasceu o segundo filho de Joan e Paulo.[1] E também não sei até hoje se a Helena e Otto tiveram outro menino ou menina e quando.[2] Os meus dois vão bem. Pedrinho passou grande crise de ciúme do irmão, mas já está aceitando a nova situação de partilha. Paulo (Gurgel Valente) está engatinhando e, de um modo geral, radiante. Maury está tirando um curso de economia na universidade. Larguei de lado o carro, até ganhar novo ânimo: nenhum carro me atrai, é horrível. Quanto às leituras, variadas, provavelmente erradas, a mais certa é a *Imitação de Cristo*,[3] mas é muito difícil imitá-Lo, e isso é menos óbvio do que parece. Millôr Fernandes[4] mandou cartão prometendo visita e em seguida outro des-prometendo, o que foi uma pena mesmo. No se-

---

1 O filho de Joan e Paulo Mendes Campos, Daniel, nasceu em 1º de novembro de 1953.

2 O diretor teatral Bruno Lara Resende é o segundo filho de Otto e Helena. O primeiro é o economista André Lara Resende, nascido em 24 de abril de 1951, em quem Clarice deu o primeiro banho, segundo Otto Lara Resende em *Eu sou uma pergunta* (1999).

3 *A imitação de Cristo*, atribuída a Tomás de Kempis e publicada no século XV, é um dos maiores livros da espiritualidade cristã. O leitor é levado a um contato estreito com Cristo que o leva a uma ruptura com o mundo. O livro já tinha sido citado por Clarice treze anos antes, conforme registrado em carta endereçada a Sabino (Cf. 27 de julho de 1946. CPC, p. 35): "Tenho lido muito a 'Imitação de Cristo' que tem me purificado às vezes." Em resposta àquela carta de 1946, Fernando gostou de saber que ela estava lendo. "Não adianta, não resolve, não resolveu nada para mim. Mas ajuda a pensar, purifica às vezes." (3 de agosto de 1946. CPC, p. 46). A leitura de certas obras servia como uma espécie de ombro amigo, ajudava Clarice a refletir sobre o momento em que vivia. No caso desta, na carta citada, Fernando Sabino dialoga com a amiga fazendo uma longa reflexão sobre o sentido da obra literária, os caminhos árduos de quem trilha o ofício de escrever. O livro é citado no conto "A imitação da rosa", publicado em *Laços de família* (1960).

4 Millôr Fernandes (1923-2012) foi desenhista, dramaturgo, tradutor e jornalista. No período mencionado por Clarice Lispector ele já era nacionalmente conhecido em virtude de sua coluna em *O Cruzeiro*, assinada com o pseudônimo humorístico de Vão Gogo. Colaborou com *Comício*, ao lado de Fernando Sabino, Otto Lara Resende e Clarice Lispector. Deve ter sido nesse período que nasceu a amizade entre os dois.

mestre de primavera, pretendo tirar um curso de publicidade (é isso mesmo) na universidade.

Fernando, aí vai a primeira semana de *Manchete*. Só vocês podem saber se está certo, continuarei mandando (até receber resposta) para não haver "solução de continuidade" (por que solução? E por que quer dizer o que quer dizer?). Mandarei todas as terças-feiras – está bem? Na próxima terça já mandarei para Hélio Fernandes, para não lhe dar mais trabalho – mas me diga depressa se o "bilhete americano" está bem assim. Mesmo mandando diretamente para *Manchete*, vou ter muitos motivos "técnicos", sempre, para receber respostas suas. Vou até perguntar que horas são no Rio, e você me avisa depressa. Fernando, veja se pode arranjar um modo de ficar assinando "C. L.", sim? Por que não? E me escreva. Estou esperando carta sua. E não é a horrível C.L. que está esperando, é

Clarice

Desculpe, saiu à máquina, mas repito:
Clarice

É possível (não é certo) que Bilhete Americano vá melhorando – aos poucos tomo pé.

Recebo *Manchete* muito irregularmente – seria possível eu tê-la de um modo melhor?

[A Fernando Sabino]

Washington, 21 outubro 1953, quarta-feira

Fernando,

Este é um bilhete escrito às pressas que deveria ter sido escrito há dias e fui adiando por falta de tempo e preguiça mas agora vai, mesmo rapidamente.

Acontece que estou desde o dia 6 de outubro (quando enviei diretamente a você o primeiro "bilhete americano") mandando outros "bilhetes" cacetíssimos para *Manchete*. E me ocorreu que estou no ar, sem saber se é para continuar a mandar ou não. Depois do primeiro eu deveria ter parado e esperado resposta. Tive porém receio de que o primeiro, talvez publicado, exigisse continuação – por isso mandei o segundo; e, de repente, me vi mandando ontem o terceiro. E agora?

Francamente, se Hélio Fernandes quiser, paro imediatamente, se possível mais rápido que imediatamente. Hélio Fernandes não precisa hesitar em dizer que não quer – acho mesmo muito difícil mandar notícias, sem saber o que serve ou não; o mais possível é que não sirva. E acontece que só gostaria de assinar C. L.

Você quer me mandar (ou pedir à secretária do Hélio que me mande) duas linhas, se possível com urgência? É que sou tão preguiçosa que choro à ideia de estar tendo trabalho destinado à cesta.

Esteve aqui José Augusto de Almeida que me falou de vocês todos e deu notícias.

Abraço nosso para você.

Clarice

[A Elisa Lispector e Tania Kaufmann]

Washington, 27 novembro 1953, sexta-feira

Minhas queridas,

Recebi duas cartas de vocês, há uns dois dias, e respondo em conjunto porque estou tão gripada e também sem a Fernanda,[1] e Paulinho está gripado também, e Pedrinho está de férias de *thanksgiving*.[2] Mas, apesar de tantas coisinhas, vai tudo indo. Adorei a história de Marcia que, "não se queimando na cozinha", nem por isso "já encontrou alguém". Tania, se você não tomar cuidado, essa menina casará cedíssimo! Elisa, querida, recebi ao mesmo tempo tantos jornais e revistas! Obrigadíssimo! O *Jornal de Letras*[3] está melhorando. Eu, por mim, ainda não resolvi o problema de domingo, como você. Ler é impossível com as crianças. Maury não consegue ler nem jornal. Além do mais, não há mesmo um dia em que não haja novidadezinhas, providências a tomar. A cabeça é toda ocupada com coisas de casa. Quando penso que vem

---

[1] Fernanda era a cozinheira portuguesa.

[2] O Dia de Ação de Graças, celebrado com comidas típicas, é feriado nacional nos Estados Unidos. A data é a última quinta-feira de novembro. Na festa, um dos principais ingredientes é o peru, que se tornou um símbolo da comemoração do Thanksgiving. O cardápio do dia normalmente inclui peru, stuffing (um pão de milho em cubinhos usados como recheio), abóbora, purê de batata, batata-doce e torta de abóbora.

[3] Editado entre os anos de 1949 e 1993 por José Condé e seus irmãos Elysio e João, o *Jornal de Letras* reuniu o que havia de melhor na vida literária e artística brasileira em quatro décadas. José Condé (1917-1971) trabalhou com Clarice Lispector na redação da Agência Nacional. Os "Arquivos Implacáveis" de João Condé eram publicados na revista *O Cruzeiro* (coleções de autógrafos, textos, fotos e curiosidades da vida literária), e são outra contribuição desse trio de irmãos (Cf. "O nome do autor: o caso José Condé", de Edson Tavares).

Natal, cheio de mil presentinhos a dar, saídas chatas de comprinhas sem gosto!

Paulinho está de uma preciosidade tranquila e satisfeita. Imaginem que ele está dando, sozinho, uns 6 a 8 passos! E fala "by-by", "cass" ou "cacau" (para dizer: caiu!) Está lindo, lindo, com o nariz entupido que dá pena. Quando quer um objeto (como um chinelo de Maury) e não se dá, fica vermelho de raiva. Então a gente bota o chinelo em cima de uma cama, e é quando ele anda sozinho mais depressa. Tem noites em que ele dorme melhor. O mais engraçado é que quando está entre acordado e dormindo, com os olhos fechados, ele fala como se estivesse delirando: diz tudo o que sabe em velocidade: cau, bai-ba, maru-mau, pé, vavá, e várias coisas sem sentido. Um dia desses chamou Avany de "lôca", o que soou louca. – Pedrinho vai na segunda-feira ao psicólogo. Ele está bem, enjoando muito menos, mas cheio de caraminholas na cabeça. Imaginem que todos os dias ele me amola dizendo que não quer crescer, que não quer ser "homem grande". E sem dizer por quê. Afinal, numa das vezes em que pediu para não crescer, acrescentou: quando eu for homem grande você vai ser velhinha? Você vai para o céu? Só então entendi o probleminha. Vive inventando situações: "se eu tivesse mãos nos pés e pés nas mãos, como é que eu andava?" Um dia desses fiquei com a "cara no chão": discuti qualquer coisa com Maury (não era briga), e na hora de botar Pedrinho na cama, ele me disse muito sentido: por que é que você é bruta com meu pai? – Ontem foi Thanksgiving Day, e fizemos o clássico peru. Pedrinho comeu como gente grande, mas fazendo tais considerações a respeito da ave, que só faltei chorar em cima dela. Primeiro, que estar certo de que o peru não estava cheio de c..^! Depois: "por que o peru não anda? por que ele é uma coisa tão assada?" Depois: "o peru olha para a gente quando a gente come ele?" Depois: "ele está bem morto?" – Antes do Thanksgiving, houve uma festinha na escola, e representação, também do jardim de infância. Uma professora de outra classe, que tinha assistido os ensaios, me disse: Pedro é o nosso John Barrymore. Mas na hora foi um fiasco: Pedrinho se distraiu o tempo todo com um boneco vestido de índio e não "trabalhou" nada. Uma professora de outra turma veio e me disse: quero lhe dizer que seu filho, se for bem guiado e dirigido, será um dia "*a great person*". Enquanto isso, a "*great person*" faz acusações: "não tenho ninguém para falar comigo, prefero falar sozinho!" Fomos ao cinema com ele, e ele falava tanto que passamos alguns carões nele, explicamos que assim nos expulsavam de lá. Então ele ficou meio danado e, apontando para a tela onde Van Heflin[4] se acabava de trabalhar, disse: por que é que eles falam e eu não posso falar? Maury teve que explicar que todos tinham ido ao cinema exatamente para ouvir "aqueles" falarem.

Enquanto isso, o inverno está aí, Conceição está preparando a viagem para 23 de dezembro e Maury já o está substituindo e trabalhando muito.

Tania, Avany diz que você prometeu escrever para ela e não escreveu...

Estou animada para Fernanda voltar, talvez na terça ela volte, se a irmã estiver bem. Quando ela voltar, se for possível, quero ver se melhoro um pouco a vida, se ponho algumas coisas em ordem. Estou "devendo" jantares a meio mundo, e simplesmente não tenho coragem de começar. Mas vou me lançar de olhos fechados...

Estou ansiosa por saber se Mariazinha entregou bem as malas, como foi com a alfândega, se tudo chegou bem e se agradou. Todos os dias espero notícias.

---

[4] Van Heflin (1908-1971) foi levado para o cinema pelas mãos de Katherine Hepburn. No ano em que Clarice o vê no cinema com Pedrinho e Maury ele interpretou um lavrador rústico no famoso western *Os brutos também amam* (1953).

Recebi uma carta de Eliane, ainda quando estava em Paris, achando pequeno em comparação com N. York. E o tom geral, não sei por quê, não é muito animado.

Elisa, estou neste instante mesmo recebendo os lindíssimos cartões de Natal. Que beleza!

Hesito em guardá-los ou em mandar pelo menos um para alguma pessoa que entenda. Obrigada, meu amorzinho. (Neste instante começou a nevar...) Deus abençoe vocês! Deus abençoe vocês, minhas queridas.

Clarice

[A Elisa Lispector e Tania Kaufmann]

Washington, 3 dezembro 1953, quinta-feira

Minhas queridíssimas,

Acabo de receber duas cartas de vocês, ambas de 30, e ambas reclamando falta de notícias – na certa vocês, agora, já estão com cartas, talvez tenha me distraído quanto a escrever durante a semana de gripe e ainda sem Fernanda. Mas seguiram cartas. Vocês receberam? Agora Fernanda voltou, a gripe passou e tudo está em ordem.

Fiquei inteiramente radiante com sua promoção, Tania querida! Que você seja promovida dia a dia! Deus te abençoe! E você, Leinha, como jurada me emocionou! Cada coisa, puxa! Imagino que com sua sensibilidade você sofreu mais do que o réu. Quanto à leitura na Vera Cruz, fiquei orgulhosa simplesmente ao ler o texto: está de uma clareza, de uma simplicidade incisiva, e com um tom calmo, sem palavras trágicas, até bom humor – uma beleza. Que pena que eu não tenha ouvido.

Eu tinha sabido da morte de Jorge de Lima[1] e fiquei também triste. O livro *Invenção de Orfeu* não sei, sinceramente, se tenho forças para ler: nunca consegui ler, em tão longo fôlego, uma poesia.

---

[1] O poeta, romancista e médico Jorge de Lima (1893-1953) é o autor de *Invenção de Orfeu* (1952), poema épico dividido em dez cantos, que alude à epopeia de Camões. A dificuldade de Clarice ao tentar lê-lo é compartilhada por alguns leitores especializados. Seus livros exibiam um profundo traço surreal e religioso, notadamente católico. "A Nega Fulô" (1928) é um dos seus poemas mais conhecidos.

Tenho uma notícia fabulosa a dar: veio o dinheiro de São Paulo, os atrasados! Estamos radiantes, vocês podem imaginar. Não só porque enfim terminou a espera de um ano, como porque vários problemas vão se resolver. O primeiro deles, é que, tendo esse dinheiro (e vamos fazer tudo para conservá-lo), poderemos fazer a viagem ao Rio, lá para meados de 1954! Eu não estava falando nada, mas sem o dinheiro ia ser quase impossível: fizemos contas de passagens, três adultos e duas crianças, e vimos a coisa muito mal parada. Mas agora, se Deus quiser, iremos. Vamos guardar no banco especialmente para isso. Outra coisa boa: Maury vai pagar de uma vez os móveis e o carro; é muito de uma vez, é um ano de pagamento feito de uma vez, mas vale a pena porque, principalmente, Maury fica livre dos mil chequezinhos mensais. Sem contar que teremos dinheiro para ir ao dentista, Maury e eu... Parece brincadeira, mas dentista é tão caro que assim se entende. Mas, o principal, mesmo, é que, feitas essas despesas todas, guardaremos o resto, intocável, para a viagem. Vamos comprar também enceradeira e aspirador. E como fica facilitado o pagamento do apartamento, em junho, e do terreno de Araruama. É, enfim, um alívio, pois estávamos apertadíssimos: no mês de novembro, no fim, estávamos com 60 dólares no banco, apenas. Maury bem merece esse alívio: ele tem trabalhado enormemente e com eficiência. (É preferível vocês não se referirem a esse dinheiro a ninguém.)

Paulinho está bem, dormindo malzinho, mas lindo, de carninha dura, musculosa e com sete dentes – ele sobe sozinho a escada toda, até em cima (alguém fica bem atrás para aparar algum "erro").

Pedrinho está bem na escola; ainda não sei nada sobre o psicólogo, temos que voltar lá várias vezes. A professora disse que, na escola, ele não procura Sandra (a namorada) nem esta o procura, mas que a mãe de Sandra disse que ela fala todos os dias nele e que quer casar com ele. De modo que o amor é correspondido. A professora me comunicou que ele passou a tomar o suco de frutas das dez horas (ele não queria por nada), porque ela disse que se ele não tomasse, Sandra ia ficar triste.

Na carta anterior, Leinha, falei nos cartões que recebi e que simplesmente adorei. Você recebeu minha carta? E na carta anterior, Tania querida, eu disse que Maury não tinha pago as reformas do apartamento e que achava que não ia pagar nem querer, pois talvez vendesse e mesmo não tinha dinheiro para pagar. Agora, com a vinda do dinheiro, não sei se muda a questão. Tenho medo de que, de tanto fazer pagamentos, o dinheiro da viagem se prejudique, mas isso não acontecerá porque não deixarei... Maury resolverá quanto ao apartamento e então escreverei dizendo. Não sei se vale a pena a reforma se Maury pretende vender para comprar outro em local melhor. Vamos ver.

Conceição parte no dia 20 – por favor, façam logo as encomendas! Senão é capaz de não dar tempo de comprar. As lojas estão bem cheias – é preciso que as encomendas de vocês venham logo.

Tania, filhinha, não faça a ligação telefônica para mim – estava combinado, há mais de um mês, que no dia 30 ou 31 eu ia telefonar para vocês. Não sei se 30 ou 31, porque às vezes, nessa época, as linhas ficam mais difíceis. Mas pedirei o telefonema com um dia de antecedência, para vocês ficarem avisadas e estarem em casa juntas. Me obedeçam, sim? eu farei a ligação!

Deus abençoe vocês e proteja vocês e lhes dê saúde, alegria, tranquilidade de espírito, felicidade, paciência, ânimo, coragem, mil alegrias, milhões de alegrias, muita saúde, muitas recompensas, paz de espírito, fé, compreensão de vocês mesmas e dos outros, muita felicidade.

Clarice

Por que é que Filomena, que já é uma mocinha, não me dá o gosto de me fazer uma encomenda?

Um grande abraço para William.

Elisa, você recebeu o chá de jasmim que foi na mala de Mariazinha?

Tania, por favor, me diga se você por acaso teve que pagar alfândega, e me diga, por favor, o resultado, se for favorável, por favor.

[A Fernando Sabino]

Washington, 11 janeiro 1954, segunda-feira

Alô, Fernando,

há tempos estou para lhe escrever – o que me atrapalhou foi a ideia de que você não estava no Brasil. Você disse que ia viajar – como quem diz: adeus, não escreva mais. E depois, não sei quem me disse que você não estava no Rio. Que mistério. Onde estava você? Mas as ótimas crônicas na *Manchete* continuavam – e não entendi mais nada. Aonde você está, hein, Fernando? Que sensação engraçada: não sei se esta carta chega ou não, e gasto quase uma página para dizer isso.

Aqui tudo bem, igual, com uma neve forte, e eu não gosto de neve, o que me parece uma falta de gosto. Acho que a minha última carta foi com palavras de "grandeza" etc., que me encabularam muito depois. Nunca esqueci de um filme que vi há séculos, em que uma pessoa bota uma carta no correio e se arrepende e sai correndo atrás dos cavalos na neve e não pode recuperar a carta. Enfim, não era tão lindo assim no meu caso, era apenas encabulamento do mau uso das palavras, estou trabalhando mal e mal num romance ou novela,[1] lutando contra uma impressão muito certa de inutilidade. Sinto falta de você que sabe dizer coisas tão boas que animam e põem a pessoa de novo no centro das coisas.

---

[1] *A maçã no escuro*, última obra escrita em Washington, antes que Clarice voltasse a residir no Rio de Janeiro.

Que é que você tem feito? Desculpe a letra, não sei por que não coloquei o papel na máquina. Fernando, escreva, sim? Diga no que está trabalhando.

Abraço da sua amiga

Clarice

[A Rubem Braga]

Washington, 18 de março de 1954, quinta-feira

Rubem,

Você se refere a uma carta a que não respondi, coisas que eu não faria, tal é o gosto de receber carta sua. Não recebi a carta e é uma pena. Quando ao Cummings,[1] hoje mesmo está seguindo para ele o recorte da *Manchete* com um bilhete explicativo; só agora conseguimos o endereço dele, que é: Edward Estlin Cummings, 4, Patchin Place – Greenwich Village – New York, N.Y. Conseguimos por intermédio de uma sociedade de poesia; que bom que existem sociedades poéticas, servem tanto quando se precisa de um endereço. – Aqui tudo bem, passamos sem carnaval, mas por acaso no dia havia uma recepção qualquer e com grande perplexidade minha vi formar-se um cordão carnavalesco dos mais estranhos: senhoras com chapéus de plumas pulando e acompanhando "o teu cabelo não nega",[2] "o galo tem saudade da galinha carijó" – era um cordão meio fantasma, tudo gente cerimoniosa e de meia-idade, sorrindo sem jeito mas depois de tudo foi esquentando – e foi quando de repente a orquestra, certamente contratada por apenas meia hora, se retirou, todo o mundo ficou olhando um para o outro com uma cara

[1] Edward Estlin Cummings (1894-1962), usualmente abreviado e grafado em minúsculas: e. e. cummings.

[2] A marchinha "O teu cabelo não nega" (1932), de Lamartine Babo e os irmãos Valença e o verso "O galo tem saudade da galinha carijó", da "Marchinha do grande galo" (1937), de Lamartine Babo e Paulo Barbosa.

encabulada, pois a animação nascente tinha sido cortada pelo meio, e ao mesmo tempo que encabulamento e ligeira falta de fôlego, também pela satisfação pela "peraltice". – Não posso lhe dar tantas novidades como você dá, infelizmente. Aqui o ritmo é mais lento. Vimos *Confidential Clerk*[3] que é ótimo. E frequentamos modestamente cinema de bairro que é mais perto. Me divirto muito com as crianças – Paulinho não fala nada mas tem voz grossa e é muito malcriado, Pedrinho com problemas misteriosos que vêm à tona com perguntas súbitas também misteriosas: "as pessoas são cruas?", "se eu fosse um cachorro, que é que meu pai e minha mãe eram?" Cachorros, simplesmente cachorros. O que vale é que a primavera vem aí. Nossos amigos constantes são os Veríssimos, Mafalda e Érico, ambos gostam muitíssimo de você. Érico está em Caracas (quem não está?) e Mafalda telefonou agora e mandou um abraço para você. Estou escrevendo o que será provavelmente uma novela, estou naquele ponto em que se amaldiçoa a ideia inicial, mas continuo, resignada ao fato de que se tivesse uma vida tranquila (por dentro), poderia, exatamente agora, estar mais apta que nunca a escrever. Mas desconfio também de que é argumento parecido com um que ouvi há pouco tempo de uma senhora: "tenho muito jeito para escrever, só não escrevo porque sempre tenho uma coisa ou outra para fazer." Para sair da inércia, andei tomando uns tempinhos uma pílula que serve para dar ânimo, mas que também serve para combater obesidade – de modo que me vi aos poucos me transformando numa sombra, sombra meio inspirada, mas sombra, e meu medo era me transformar numa sombra histérica, meus deveres de mão não me permitem experiências perigosas, embora engraçadas. – Te-

[3] *The Confidential Clerk* (1953) é a penúltima peça escrita por T. S. Eliot, e dirigida por E. Martin Browne.

mos um vago plano de passar férias no Rio, o que é mais que ótimo.

Já amolei muito você, vou terminar com um grande abraço de Maury e meu.

Muita saudade da

Clarice

Qualquer coisa de que você precisar, a respeito de Cummings ou não, escreva: providenciarei com alvoroço e alegria.

[A Rubem Braga]

Washington, 5 de abril de 1954, segunda-feira

Rubem,

obrigada pelo cartão lindo de Lima.

E aí vai a resposta de Cummings – não sei por que ele resolveu responder para cá e não para o Rio, suponho que porque mais perto. Mas que assinatura boazinha a dele! Pena eu não a ter visto naquela época remota em que a gente adora o próprio nome e enche folhas de papel com variações de assinatura – eu ficaria eletrizada se tivesse visto uma simplificação tão perfeita. Agora, hélas, é tarde demais, passou a fase de amor-próprio. Mas um dia ainda assinarei em hieróglifo.

Conheci num jantar um homem da National Gallery,[1] muito interessante, amigo de Ezra Pound[2] e do Saint-John Perse.[3] Diz que Pound está com uma maravilhosa tradução de Confúcio pronta para ser publicada. Diz que Pound, estando repousado, é lúcido, mas quando está cansado começa a devanear. Quanto a St. John Perse, está escrevendo um longo poema, anda com insônia e foi passar uns tempos na Flórida (ou Califórnia) porque lhe disseram que lá se dorme bem...

---

[1] Museu de arte localizado em Trafalgar Square, em Westminster, Londres.

[2] Ezra Pound (1885-1972), um dos grandes poetas modernistas dos Estados Unidos.

[3] Saint-John Perse (1887-1975), poeta e diplomata, residiu nos Estados Unidos entre 1940 e 1957. Prêmio Nobel de Literatura em 1960.

Aqui, apesar de abril, faz frio de chorar. E essa é a única novidade.

Maury e eu lhe mandamos um grande abraço.

Clarice

ou C. L TOR
(está bom?)

Quem é Elizabeth Bishop?[4] que faz ela no Rio? Vai ver que lhe disseram que no Rio se dorme bem.

---

[4] Elizabeth Bishop (1911-1979), poeta norte-americana que fixou residência no Brasil em 1951 devido à sua paixão por Lota Macedo Soares (1910-1967), paisagista e idealizadora do Aterro do Flamengo, com quem morou um período no Leme e, em seguida, em Petrópolis. Traduziu poemas de Carlos Drummond de Andrade, João Cabral de Melo Neto e Manuel Bandeira. Quando residiu no Leme conheceu Clarice Lispector, de quem traduziu para a revista *The Kenyon Review*, editada pela Faculdade Kenyon College, os seguintes contos: "The Hen" ("Uma galinha"), "The Smallest Woman in the World" ("A menor mulher do mundo") e "Marmosets" ("Macacos"). Há indícios que suas traduções despertaram o interesse de Alfred Knopf para editar em inglês o romance de Clarice: *A maçã no escuro* (1967).

[A Pierre de Lescure][1]

Washington, 6 de maio de 1954
Sr. Pierre de Lescure
18, Rue de Tournon – Paris, 6e

Prezado senhor,

Acabei de ler as provas da tradução do meu livro *Perto do coração selvagem*, e é urgente que saiba que não posso consentir que o livro seja publicado do jeito que está agora.

A tradução está escandalosamente ruim. Há trechos que não têm sentido algum. Há outros em que a tradutora interpreta mal o pensamento da autora. Em muitos outros pontos a coisa fica totalmente ridícula...

Estou fazendo as correções que me parecem indispensáveis e garanto o que digo: são realmente indispensáveis.

Nas páginas que reuni aqui envio alguns exemplos de erros, de infidelidades, de absurdos que encontrei no texto em francês. Mais uma vez garanto ao senhor que peguei ao acaso apenas alguns exemplos: a tradução tem muito mais.

Prefiro que meu livro não seja publicado na França a vê-lo assim com tantos defeitos.

Lamento ter de me expressar com tanta crueza – realmente lamento – mas creio que não estou defendendo

---

[1] As cartas enviadas ao editor estão redigidas em francês, em papel de rascunho.
Criada em 1833 por Henri Plon, a editora que publicou a primeira obra de Clarice Lispector na Europa carrega em seu catálogo o feito de ter editado as correspondências de Luís XIII, Maria Antonieta e Napoleão ainda no século XIX. Foi na gestão dos netos do fundador que *Perto do coração selvagem* chegou aos leitores franceses quando a Plon editava escritores como Julien Green, uma das paixões de Clarice.
A indignação de Clarice se transforma em trabalho, como é possível constatar em seu relato às irmãs (Washington, 10 de maio de 1954). Em dez dias, ela fez uma revisão da tradução. Pierre de Lescure respondeu a esta carta no dia 13 de junho.

apenas meus direitos de autora, defendo também os da editora.

Espero poder devolver as provas com as correções daqui a alguns dias. Não enviei até agora porque para mim é complicado corrigir: além das infidelidades serem muitas, meu francês também deixa a desejar. Estou corrigindo o indispensável para que o livro possa ser publicado.

Sinceramente...

[A Elisa Lispector e Tania Kaufmann]

Washington, 10 maio 1954, segunda-feira

Minhas queridas,

Estou com uma carta de 2 de maio, sua, Elisa, e outra do dia 3 de maio, sua, Tania, para responder. Não sei por que estão demorando tanto a chegar: demoram às vezes oito dias. A sua, Elisa, com notícias ótimas sobre Genebra, que eu já sabia porque tinha saído no boletim da Embaixada – parabéns! parabéns! parabéns! E, com ela veio um recorte de Raquel de Queiroz. A sua carta, Tania, dá notícias boas de todos, e da possibilidade de um bom inquilino – em que ficou?

Hoje recebi o telegrama dando preço de passagem. Vou explicar por que mandei a pergunta. Nós íamos pela Aerovias, que nos dá desconto, mas várias pessoas começaram a dizer que ainda sairia mais barato ir pela Panamerican, se pagássemos no Brasil (com o preço fixo da passagem, mas não valor fixo do dólar, sairia muito barato). Cada um dizia uma coisa, e o homem da Aerovias esperando, e eu já chateada de mil cálculos que fiz. E a coisa ficando urgente; então o único modo era saber quanto era em cruzeiros o total das passagens. Foi ótimo eu perguntar, apesar do trabalho que dei, porque assim ficamos sabendo que, mesmo pago no Brasil e mesmo com um câmbio favorável de dólar, ainda sai mais barato na Aerovias. Queríamos evitar Aerovias por causa da baldeação em Miami e consequente desconforto com duas crianças. Mas vamos mesmo assim, pois representa um bom desconto. De modo que amanhã mesmo vai o dinheiro para Miami e teremos as passagens conosco, e o problema, se Deus quiser, resolvido.

A comida de Paulinho seguiu, como já lhes disse, por um senhor. Vou em breve mandar o telefone dele, para uma de vocês telefonar e perguntar se ele já desembaraçou a bagagem e se já está com as duas caixas em casa. Então vocês, por favor, me avisarão imediatamente, para assim eu ficar descansada sobre esse ponto, e saber que o homem não perdeu os caixotes ou coisa que valha. Não quero de modo algum mudar a alimentação de Paulinho nesses dois meses de Rio.

Estou escrevendo esta carta para você, Elisa, sem saber a mínima se você já não partiu para Genebra. Mandarei para Marquês de Abrantes.[1]

Estou muito atrasada com a correspondência com vocês porque estive muito ocupada. Recebi as provas da tradução de P.C.S.[2], já em certo tipo de papel que Érico reconheceu como sendo papel definitivo: isto quer dizer, minhas correções devem ter ido tarde demais. E foram tantas correções que eles teriam que refazer toda a paginação etc. etc. Se já chegaram tarde demais, é melhor eu esquecer o caso, se não quiser me aborrecer seriamente. A conselho de Érico, mandei uma carta dizendo que a "tradução era escandalosamente má" etc. que preferia que o livro nunca fosse publicado na França a sair como está, sem correções. E mandei exemplos dos erros de tradução. Esse trabalho me levou cerca de dez dias, trabalhando muitas vezes até duas e tanto da madrugada, pois fui obrigada até a escrever em francês. Para vocês terem uma ideia da tradução, eis alguns exem-

---

[1] Rua Marquês de Abrantes 126, ap. 1004, no Flamengo, onde Tania morava com a família.

[2] *Perto do coração selvagem* foi traduzido pela editora francesa Plon, em 1954, por Therese Montounier (Cf. a correspondência de Clarice Lispector com o editor da Plon neste volume).

plos: em português: "ao fim de alguns instantes, as chamas subitamente reanimadas", foi traduzido: "ao fim de alguns instantes, tudo o que nela o chamava, se acordou" (com certeza a tradutora vendo "chamas" achou que se tratava do verbo chamar). Onde ponho: "o pai estava despenteado", a tradutora põe: "o pai estava sem fôlego." Onde ponho: "ela temia continuar ao lado de Fulana", a tradutora pôs: "repugnava-lhe estar" etc. Eu escrevi no original: "Fiquei tonta, disse ela." A tradutora traduziu: "Fiquei estúpida, disse ela." (A tradutora deve conhecer melhor o espanhol e tonto em espanhol quer dizer mais ou menos estúpido). Escrevi: com suas olheiras negras... Ela traduziu: com seus óculos escuros... O livro está todo assim, e em muitos trechos perde totalmente o sentido. Uma noite, à meia-noite mais ou menos, eu estava tentando ler e corrigir, quando deparei com uma brutalidade de tradução, tão forte, tão inesperada, que, sozinha, mesmo, ri a ponto de chorar. Imaginem que escrevi, em má hora, no original: "a boca em forma de muchocho." E sabem como ela, toda engraçadinha, traduziu? Assim: "la bouche em cul-de-poule." Que tal? Quando escrevo a palavra "porcaria", ela traduz por "excrementos", mesmo quando não é o caso. Sem falar em liberdades engraçadas que ela tomou. Eu escrevo: "a criada" e ela traduz: "a criada preta" – sendo que em nenhum pedaço do livro se fala em nenhum criado negro. Enfim, estou procurando passar por cima desse aborrecimento e esquecer. Parece que é tarde demais, que não vão poder fazer nada. Então vou procurar esquecer que o livro foi traduzido.

Continuo pedindo que me façam agora as encomendas – por que vocês não respondem?

Tudo bem aqui, Paulinho ótimo mas sem pronunciar uma palavra inteligível; já estou meio impaciente. Pedrinho está bem, provavelmente em muito breve deixarei de ir ao

"Child Center". Maury sente-se ótimo com a dieta em que não entram frituras. Dizem mesmo que todos deveriam se alimentar assim. Tudo o mais bem, a viagem já não está tão longe.

Um beijo para vocês.

Clarice

Tania, você já recebeu os folhetos do Department of Labour?

Tania, que posso levar para William?

[A Eliane e Mozart Gurgel Valente]

Washington, 10 maio 1954, segunda-feira

Meus caros Eliane e Mozart,

desde que recebi sua carta, a mais recente, Eliane, que estou para lhe escrever, mas andei tão ocupada que mal tinha tempo para dormir. É que, logo depois de sua carta, vieram as provas da tradução da França, com pedido de devolução urgente. E tive um trabalho como nunca esperei ter: páginas e páginas tiveram que ser refeitas por mim, em francês, sem ajuda de Maury que estava ocupado demais. O pior é que parece que as correções foram tarde, pois as provas vieram num papel definitivo e cortadas de modo que deixa supor que o livro já está pronto. Só me mandaram mesmo as provas porque exigi. Mas a tradução está tão ruim que é espantoso. Escrevi para a Plon o que considero ser a carta mais desaforada que já escrevi na minha vida: disse que a tradução era "escandalosamente má", que preferia nunca ver meu livro publicado na França a ser publicado desse jeito etc. etc., disse que não permitia que o livro saísse assim. Tudo isso, na verdade, só tem o valor de desabafo, porque, se o livro está pronto para sair, eles não poderão fazer nada, e eu muito menos: pois assinei contrato. mas me senti à vontade para dizer desaforo, inclusive porque eles sabem muito bem que eu não pedi para traduzirem. Se eu tivesse corrigido uma palavra ou outra, era possível eles fazerem alguma coisa, mas é incrível como a tradução é má: o livro perde, em enormes trechos, o sentido, completamente; e, se eles seguirem minhas correções, terão um trabalho e uma despesa enormes, pois terão que modificar inclusive toda a paginação. Enfim, já estou procurando me convencer de que não há jeito, e me conformando: para mim, vai ser como se o livro nunca tivesse sido traduzido. É um escândalo que uma editora da qualidade da Plon contrate um tradutor que traduz "olheiras" por "lunettes noires", "fiquei tonta" por "je suis restée stupide" etc. O que vale é que nós nos divertimos enormemente também, às gargalhadas. Todas as vezes em que eu usei a palavra "mal", no sentido de "à peine", foi traduzido por "mal" mesmo. De modo que ficou engraçado: uma pessoa que mal comia, passou a comer mal, simplesmente etc. "Ajudar" foi sempre traduzido por "ajouter", "sentar" por "sentir" etc. Sem falar de trechos enormes onde o sentido não foi apreendido. Sem falar de arbitrariedades engraçadas, como "a criada" traduzido por "la domestique noire", "estátuas no jardim" por "statues fantômes dans le jardin", etc. O que vale é que eu estava de bom humor, e, apesar de trabalhar durante dez dias dia e noite por assim dizer, me diverti também.

Você me pergunta, Eliane, o que há com os Frazão, mas não sei nada deles, nem tenho notícias, creio que a história dos perfumes de que você fala entra na categoria das histórias de encomendas que certas pessoas fazem sem grande intenção de pagar, a menos que obrigadas – Zilah[1] vai indo, às vezes com aborrecimentos na embaixada, com muito trabalho, o que acho que ela não esperava. Acho ela muito simpática e gosto dela, mas não a tenho visto muito, infelizmente não tenho tempo para ser boazinha. Ela bem que quis que nós fôssemos os Araujos de Washington – ela acha Maury igual a João, fica surpreendida de ver como se parecem até em gestos, acha Paulinho parecido com o Luiz

[1] Beata Vettori, Zilah Mafra Peixoto e Dora Vasconcellos fazem parte da primeira geração de mulheres diplomatas em uma época em que os homens eram maioria no Itamaraty.

Augusto, só não me disse ainda que pareço com Miriam. Sinceramente, eu gostaria de ser mais cordata, mais boazinha, mas não tenho tempo moral para isso. Marú também é muito simpática, eu gosto dela, ela parece gostar de mim. Mas não a vejo muito. O que me envergonha é que eu tenha tanto tempo para Mafalda, a quem vejo com todo o gosto numa média de quatro vezes por semana, ou mais ainda. Com os Veríssimos, fazemos programa de cinema, teatro, restaurantes, passeios fora da cidade etc. D. Yvonne andou se queixando que não recebia "apoio moral", eu lamentei muito, mas fico quieta mesmo. Ela tem sido muito gentil comigo, procura sempre me agradar, pelo menos na minha frente. Mas se queixa de que não recebe bastante ajuda. O que faz com que uns se irritem (Marú, por exemplo), e outros não liguem (eu por exemplo). Diz a mulher do ministro que a embaixatriz está exausta etc. Mas, parte da exaustão dela vem de que ela no fundo odeia a vida social (no que a compreendo), ela se sentiria feliz em ser uma dona de casa e só "enjoia" da situação de embaixatriz o nome de embaixatriz. Infelizmente (!!), não podemos substituí-la nas funções de embaixatriz. E a outra parte da exaustão dela, vem a) da mania de economia, b) do gosto que ela tem em fazer ela mesma as coisas. Assim, quando tem uma cadeira quebrada na embaixada, ela mesma, gloriosamente, endireita. E, numa recepção recente, ela me recebeu assim: "estou cansada como uma burra, passei a manhã na cozinha." Ora, quem manda? Mas todas essas coisinhas não chegam realmente a existir. O que a gente sabe que daí a um mês vai esquecer, pode as well esquecer na hora mesmo.

Landulfo[2] escreveu a Maury uma carta muito confidencial perguntando-lhe se não queria servir em Buenos Aires,

---

[2] Landulpho Borges da Fonseca, diplomata.

o que ele arranjaria para imediatamente. A tentação, como vocês podem imaginar, foi grande. Para mim, então, Buenos Aires significa estar ao alcance do Rio e ter o Rio ao meu alcance. Buenos Aires teria mil vantagens. Mas Maury respondeu que não e explicou por quê. Nós não queremos mudar demais as crianças de um lado para outro. Pedrinho agora está adaptado, contente, ótimo. Mas passou um bom período de desadaptação, sem aceitar o fato de ter mudado de ambiente etc. Acho que seria duro para ele mudar de repente, e dar-lhe novo ambiente, nova língua, novos amigos, novos colégios. Se for possível, se ninguém nos tirar daqui, acho que o melhor é ir ficando mais. Maury é da mesma opinião, felizmente.

Estamos com plano de ir ao Rio, por dois meses de férias, em meados de julho. O engraçado é que escrevi isso a d. Zuza e ela respondeu que iria em junho para a Europa e assim ainda teria oportunidade de conhecer Paulinho. Não vejo como. Nós pretendíamos ainda nos avistar com Murilo e Nini antes deles irem embora, ainda não tínhamos bem certo como, mas ontem ele telefonou dizendo que fora obrigado a tomar passagem num navio que parte amanhã de Quebec, de modo que as despedidas serão por telefone mesmo. Não quis ficar com Georgina (foi melhor até para ela, pois ela terminou arranjando um emprego em N.Y. muitíssimo bem pago, ao que parece). Eu não quis ficar com ela porque Fernanda[3] não me traz nenhum problema, adora as crianças, e me disse que quer ficar comigo o tempo todo. Não estou certa disso, mas não quis trocar sem mais nem menos.

Estou para lhe escrever há muito tempo que vi, há uns três ou quatro meses, um filme com Marlon Brando, agora

[3] Fernanda era a empregada portuguesa de Clarice.

não me ocorre o nome do filme, mas não perca nenhum filme dele, ele é, com o perdão da expressão talvez um pouco forte e emocionada, ele é, como eu ia dizendo: !!!!!!!!!! Agora me lembro, o nome do filme é *The Wild One*.[4] Imploro a você que não perca. Como eu ia dizendo, ele é !!!!! Desculpe, Mozart, mas me faltam, com a graça de Deus, as palavras e eu sou obrigada a usar exclamações que sua mulher na certa entenderá. Lembre-se, Mozart, que Eliane e eu humildemente silenciamos quando vocês falam em Marilyn Monroe.

O escândalo de S.E. e J.R. estourou mesmo horrível em Caracas. Ao que soube, J. quer abandonar a carreira, quis se suicidar. S. foi com os filhos para São Paulo. A mulher de J. não quer mais viver com ele. Enfim, um caso bem doloroso. Ultimamente parece que é moda casais com mais de quatro filhos se separarem. Eliane, não sei se lhe escrevi que recebi há tempos carta de minha amiga Maria Luiza (lembra-se dela?), dizendo-me que se separou do marido, ela ficou com as duas crianças; parece que foi ele que quis se separar, não entendi muito bem. Quando a gente pensa que as pessoas estão calmas, a coisa está toda explodindo. Com certeza você já sabe também que Lizette (do Ministério, amiga dos Borges da Fonseca) separou-se do marido e foi trabalhar na Embaixada do Brasil em Buenos Aires, levando a mãe e a criança. Você pode bem imaginar a situação em Buenos Aires como deve estar. Contanto que M. Helena não acorde, porque ela é dessas que acordam como uma lavadeira. Parece que há um tempo em que todas as coisas amadurecem simultaneamente: e parece que agora é tempo perigoso. Soube de outros casais, mas esses você não conhece.

---

[4] *The Wilde One* é o título em inglês de *O selvagem* (1953), estrelado por Marlon Brando, no papel de Johnny Strabler, que influenciou jovens de várias gerações. O visual do personagem, com sua famosa jaqueta de couro, inspirou Elvis Presley em *Jailhouse Rock* e também James Dean.

Bem, meus queridos, passem bem, divirtam-se, aproveitem de tudo. Deem um beijo na querida Marilu.[5] Eliane, daqui a pouco tempo Marilu estará se sentindo como se tivesse nascido na Bélgica, é talvez um período duro para você, vê-la se tornar mais dependente, ela que, por natureza, é tão independente. Mas, com a experiência que tive com Pedrinho, posso lhe lembrar, Eliane, que chegando aqui, ele de repente voltou a ser agarradinho comigo (o que ele já não era, no Rio); só uns meses atrás é que de novo ele ficou seguro do ambiente novo. Tenha um pouco de paciência porque passa logo esse período chato.

Bem, um beijo para Marilu, lembranças especiais para d. Lucy. Para vocês, nossas saudades.

Clarice

Lembranças para Yolanda e Gibson.[6]

Elisa está indo para uma conferência em Genebra. Mas quando formos ao Rio, ela estará justamente de volta. Fiquei contentíssima. Também ofereceram a ela uma bolsa de estudos nos EE.UU. (o trabalho dela e a Embaixada Americana ofereceram em conjunto) e se tudo sair como eles ofereceram, ela virá provavelmente aqui no ano que vem.

*lateral esquerda primeira página, à caneta:
Acabei de saber que, ao que parece, S.E. vai para Roma com as crianças, e J.R. está de novo bem com a mulher.

---

[5] Marilu, filha de Eliane e Mozart. Na ocasião estavam morando em Bruxelas, capital da Bélgica.

[6] Yolanda e seu marido, o diplomata Mário Gibson Barbosa.

[A Pierre de Lescure]

Washington, 20 de junho de 1954
Sr. Pierre de Lescure
18, Rue de Tournon – Paris, 6e

Prezado senhor,

Se eu pudesse escrever em português agora, o senhor talvez pudesse sentir melhor a minha sinceridade quando digo que fiquei desolada ao ler sua carta de 13 de junho.

O fato de não ser responsável pela angina de peito não significa que eu a lamente menos. Eu sei que o senhor se ocupa com outras obras da sua Coleção e que a minha obra não foi a única a lhe causar tantos problemas. Mas o fato é que o meu livro estava aí no meio dos outros. Estou perplexa e isso me entristece. Asseguro que sentiria a mesma coisa se fosse um belo livro. Mas quando penso que um livro meu, que eu não admiro, possa tê-lo cansado, fico realmente inconsolável.

Devo muitos esclarecimentos e imploro que creia em mim.

Para começar devo dizer e, se quiser, jurar, que não recebi "o texto traduzido antes de ser impresso chamando minha atenção em diversos pontos". Não recebi nenhuma das cartas que o senhor menciona, nem mesmo a que o senhor chama de "a carta de conclusão" (enviada em abril, segundo o senhor, tratando da propaganda que o senhor faria do meu livro). Imploro que o senhor acredite que se eu as tivesse recebido, não deixaria de acusar o recebimento, por ser um documento de inegável importância. Além de ser de meu interesse pessoal, eu responderia pelo simples dever de cortesia.

Só tive conhecimento da existência de todas essas cartas e de um texto traduzido antes da impressão do livro por meio da sua carta de 13 de junho, a que me deixou perplexa. Não entendi nada e me pergunto se o senhor enviou toda essa correspondência registrada e por via aérea.

O fato é que de repente me vi diante das provas impressas que a Librairie Plon exigia que eu enviasse sumariamente ao senhor com urgência, e havia perdido seu contato antes mesmo da assinatura do contrato de tradução. Pelo papel da impressão, compreendi que a publicação da tradução já estava em uma fase adiantada, e a recomendação de urgência me fez concluir que o livro já ia ser lançado. Previ que a Librairie Plon não se disporia a aceitar as minhas correções em um estado tão adiantado da impressão. Até agora as cartas que recebi da Plon e as que respondi ficaram em um plano impessoal, estritamente comercial. Eu não tive como adotar subitamente um tom pessoal na minha resposta e pedir à Librairie para incluir, a todo custo, as minhas correções. Além da minha hesitação quanto à maneira de explicar com clareza à Librairie que eu queria corrigir certos erros, o texto impresso chegou em um momento especialmente complicado da minha vida pessoal – e além disso tinha a palavra "urgente", que me pressionou mais ainda. Daí que escrevi minha carta de 6 de maio num tom emotivo, usei a expressão "escandalosamente ruim" ao me referir à tradução. Foi coerente com a emoção que sentia, não com o que realmente pensava. No dia 7 de maio já estava arrependida dessa expressão e escrevi ao senhor. Posso assegurar que não enviei uma nova carta dia 8 de maio – uma carta serena e mais justa – pela vergonha injustificável de escrever três cartas sobre um mesmo assunto. E porque tive esperança de que minhas cartas dos dias 6 e 7 de maio fossem levadas a sério, no sentido de considerá-las um sinal de "pare" ou "espere", e que não fossem interpretadas ao pé da letra quanto à expressão "escandalosamente ruim".

A correção das provas foi muito difícil para mim. Nem preciso reiterar meu francês deficiente – já demonstrei isso muito bem ao senhor... Mas foi uma tarefa muito difícil, um verdadeiro sacrifício, sem falar que trabalhei à noite, já que meus dias são tomados pela criação de filhos e outros compromissos. Por outro lado, posso garantir que consideraria esse sacrifício minúsculo, que adoraria vê-lo multiplicado, se assim pudesse poupá-lo dos problemas de saúde pelos quais passou. Lamento estar nos Estados Unidos e não em algum lugar mais perto da França, que permitiria um contato mais pessoal com o senhor, com a tradutora e com a Librairie, e que evitaria essa incompreensão agravada pelo fato de ser por carta. A distância também me privou do prazer de conhecê-lo pessoalmente, e espero que isso aconteça um dia.

Devo dizer que não me lembro de ter incluído no texto traduzido, em momento algum, frases que não estavam no original. Mas se o senhor diz, eu acredito, mesmo sem ter a tradução comigo para verificar. Admito que isso possa ter acontecido por acaso e sem querer. Infelizmente eu quase nunca consigo editar sem transformar, é quase impossível eu fazer a mesma coisa duas vezes, exatamente da mesma maneira, mesmo se for uma receita culinária. Se acrescentei por acaso uma frase ou outra que não estavam no texto original, não tenho consciência e pode ter certeza de que eu seria incapaz de fazer alterações desse tipo sem avisá-lo de antemão.

Mas vi que a tradutora suprimiu quase um capítulo inteiro do texto em português, e tenho certeza de que vocês devem ter me informado sobre isso nas suas cartas que se perderam. Aliás, ela fez bem, porque eu mesma não gostava do trecho que ela cortou.

Devo informar também, quanto a Beata Vettori, que ela me enviou uma carta, em outubro de 1953, em que me pedia autorização urgente, por telegrama, para enviar o exemplar brasileiro de "P.C.S." para a Plon, porque nossa amiga não podia se ocupar da tradução nas novas circunstâncias de sua vida, diante do atraso da Plon. Por isso tive de autorizar, e fiz isso com tristeza.

Afinal, esse caso todo está repleto de equívocos e incompreensões. Se em algum momento eu pudesse ter previsto que a tradução do meu livro causaria tanto aborrecimento para o senhor, e tanta perplexidade para mim, teria de bom grado renunciado ao prazer de ver "P.C.S." traduzido para o francês.

Quanto a mim, estou acostumada, por temperamento, ao desassossego. Mas sempre me empenho em não perturbar a tranquilidade dos outros. O fato de ter podido causar, mesmo que indiretamente, aborrecimentos, me faz mal.

Quando o senhor diz, em sua carta, que não se pode "aceitar com seriedade a visão de uma cadeira na qual o silêncio está sentado" – não pude deixar de rir, eu também, porque o senhor tem razão, não se pode conceber seriamente um silêncio sentado em uma cadeira (apesar de não ter mencionado uma cadeira no meu livro...) sem imaginar que esse silêncio possui um corpo para ser capaz de executar um ato tão pouco solene como o de sentar. Mas – perdoe-me, sou obstinada – a frase de Julien Green que o senhor cita ("O silêncio e o tédio se encontram"), da qual eu jamais riria, de repente também me pareceu engraçada, porque a vi com o mesmo espírito que o senhor considerou "meu silêncio", tão pobremente sentado... E pela primeira vez comecei a imaginar o silêncio esperando impaciente de pé numa esquina, e o tédio ofegante e apressado para não perder o encontro. No entanto, pode acreditar que eu jamais ri dessa frase de Julien Green. Como pode ver, senhor de Lescure, sou horrivelmente teimosa, em meio aos meus outros defeitos...

E poderia continuar a ser obstinada quanto a diversos pontos, poderia continuar dizendo que fui igualmente obstinada quando escrevi meu livro em português do meu jeito, mesmo sabendo que o leitor poderia não gostar.

Mas não quero insistir na minha obstinação. Tenho certeza de que todos nós estamos meio exaustos. É um pouco emudecida por essa fadiga que aceito uma trégua... Mas é sobretudo pela confiança que tenho no senhor e na Librairie Plon, confiança que já existia mesmo quando meu tom era de "humor um tanto odiento", como o senhor disse. Confio que o senhor fará todo o possível para corrigir o que deve ser corrigido. Tenho certeza de que o senhor fará todo o possível para corresponder a essa confiança, que decidirá com base no seu julgamento pessoal se os fundamentos das minhas correções são bons ou maus e que fará um esforço para que a tradução não fique por vezes tão distante do pensamento da autora.

Devo informar e peço o favor de avisar à Librairie Plon que passarei dois meses no Brasil – de 15 de julho a 15 de setembro. Nesse período o senhor poderá escrever para esse endereço:

Rua Marquês de Abrantes, 126, apto. 1004
Rio de Janeiro – D.F. – Brasil

Antes de 15 de julho e depois de 15 de setembro meu endereço será, como de costume, a embaixada do Brasil em Washington.

Aguardo as novidades, senhor de Lescure. Correndo o risco de talvez parecer indiscreta, peço que mande notícias também da sua saúde.

E em meio aos meus defeitos, como impulsividade, obstinação etc., dê crédito a duas qualidades: confiança em quem merece e sinceridade.

Sinceramente...

P.S. – Revisei a lista de frases anexada à sua carta, cuja compilação pretende provar as minhas "impropriedades de vocabulário". Devo informar que não encontrei nenhuma impropriedade nas frases que o senhor selecionou. O que encontrei foi exatamente meu modo de escrever, e me recuso a tratar do mérito disso. O senhor tirou as frases do contexto em que se inserem, coisa que não facilita nada a compreensão. Como se trata de um texto em que eu procuro retratar os pensamentos mais íntimos dos meus personagens, as frases pinçadas podem parecer muito mais obscuras do que são. De qualquer maneira, não vejo nenhuma "impropriedade de vocabulário".

Admito, se quiser, que as frases não refletem o modo habitual de fala, mas, em português, garanto que será a mesma coisa: fui eu que adotei a liberdade de estilo e podem criticar, mas não me impedir. Se escrevi assim em português, não vejo razão para o livro em francês se transformar em outra obra.

Desejo ainda esclarecer o seguinte: a pontuação que usei no livro não é acidental e não resulta de ignorância quanto às regras gramaticais. Vai concordar comigo que os princípios elementares de pontuação são ensinados em qualquer escola. Tenho plena consciência dos motivos que me levaram a escolher essa pontuação e ela deve ser respeitada.

[A Mafalda Verissimo]

Teresópolis, 14 agosto 1954, sábado

Mafalda querida,

como você vê, estou em Teresópolis...[1] Como você vê, eu só sinto para esbravejar, e quem consegue o que quer é Maury... Mas está muito bom aqui, muito frio e relativamente repousante. – Já escrevi mentalmente tanta carta pra você que tenho a impressão de não ter mais nenhuma notícia a lhe dar. Já estou habituada – mais ou menos – ao Rio, estranhei muito. Em 2 anos as coisas mudaram muito. Fiquei abafada. Se até chegar em Washington, eu ainda estiver estranhando, terei muitas coisinhas a contar. Se já estiver totalmente habituada, vai ser ruim: nem com "[...] na cara" saberei o que lhe dizer... Felizmente encontrei os de casa muito bem. – As crianças não estranharam. Pedrinho e Paulinho têm às vezes brigas, corpo a corpo, de arrepiar os cabelos. No começo Pedrinho vivia perguntando por que vocês também não tinham vindo. Paulinho perdeu o resto de medo que tinha pelo mundo, e agride crianças de 8 anos para cima. Ele está um amor, cada vez mais ocupado e sem-vergonha.

Quanto ao custo de vida, só com bastante dinheiro se pode enfrentar. Já se pode fazer uma comprinha na farmácia ou na quitanda com um conto de réis sem ouvir reclamação

[1] Clarice passou três meses de férias no Rio de Janeiro com Maury, os filhos e a babá, Avani. A cidade vivia um momento tenso no campo da política, com o presidente Getúlio Vargas sofrendo pressões para renunciar após o atentado a Carlos Lacerda, no dia 5 de agosto. Getúlio Vargas se matou com um tiro no coração no dia 24 de agosto de 1954.

por causa do troco. O dinheiro some sem se saber como. Ainda não absorvi o Rio, sou lenta e difícil. Precisaria de mais alguns meses para entender de novo a atmosfera. Mas que é bom, é. É selvagem, é inesperado, e salve-se quem puder.

Como vai o Érico?[2] Tem trabalhado muito? Tem escrito? E Clarissa está fazendo aquele curso no Arena Stage? Luís Fernando recuperou os discos dos Nenê Mascarenhas?...

Meu bem, só não escrevo mais porque sou uma chata, e não por falta de saudade ou por falta de vontade de conversar. Respeite os defeitos de sua amiga.

Dê um abraço grande no Érico e no Luís Fernando. Para você e Clarissa um beijo da

Clarice

Maury manda um grande abraço para vocês. Escreva para o endereço da Marquês de Abrantes.

---

[2] Erico Verissimo (1905-1975), autor de *O tempo e o vento*, residiu em Washington com a esposa Mafalda e os filhos Clarissa e Luis Fernando (que depois se tornaria escritor) entre março de 1953 e setembro de 1956. Convidado pelo ministro João Neves da Fontoura para assumir a direção do Departamento de Assuntos Culturais da União Pan-Americana (substituindo Alceu Amoroso Lima), Erico revelou que o objetivo era implementar uma política de irrestrito alinhamento externo com os Estados Unidos, segundo Maria da Glória Bordini. Residiram no primeiro ano em uma casa na Upshur Street, mudando-se depois para a Porter Street. Clarissa fazia um curso de arte dramática na Catholic University; Luis Fernando terminara a High School e aprendia saxofone. Erico tentou, sem sucesso, escrever *O arquipélago*, terceiro volume da trilogia *O tempo e o vento*. Foi um grande divulgador da literatura brasileira nos Estados Unidos, ministrando cursos e fazendo palestras (Cf. "Erico Verissimo e a vida diplomática na União Pan-Americana." Maria da Glória Bordini. Nonada: *Letras em Revista*, vol. 2, nº 27, setembro, 2016, pp. 155-164. Laureate International Universities. Porto Alegre).

[A Eliane e Mozart Gurgel Valente]

Washington, 23 setembro 1954

Eliane querida,

que saudade! foi ótimo chegar aqui e encontrar carta sua. Você recebeu meu cartão de aniversário? Pergunto porque na sua carta você não se refere a ele e como as coisas no Brasil andam negras, tenho medo de que também o correio de lá tenha "enegrecido" por uns dias. Você recebeu minha carta de lá do Rio? Você também não se refere a ela. Só mandei uma carta e o cartão de aniversário porque simplesmente só tinha cabeça para esse pouco, tão tonta e feliz eu fico no Rio. Sobre a vida cara já lhe falei, mas continuo boba com os preços loucos. Não sei como as pessoas aguentam. Mas estou doida para voltar! Chegando ao Rio é como se eu tirasse um sapato apertado! Tive muita saudade de vocês lá no Rio, as ruas de Ipanema estão cheias de lembranças suas. Tivemos uma enorme tentação quando dr. Vasco perguntou se Maury mudava de intenções, deixava Washington e ia para a Embaixada em Bruxelas. Foi doloroso Maury dizer que não. Porque por mais que quiséssemos ir para junto de vocês e com um chefe como dr. Vasco, temos que pensar nas crianças e manter tanto quanto possível os nossos planos. Seria muito duro para Pedrinho, que agora está adaptado, mudar de língua, de hábitos, de ambiente.

Dr. Vasco perguntou a Maury se este achava que Mozart gostaria de trabalhar na Embaixada com ele, dr. Vasco. Maury respondeu que tinha quase certeza absoluta que sim, a menos que houvesse algum elemento que escapava a ele, Maury, pois não tinha recebido nenhuma carta de Mozart sobre o assunto. Logo depois veio a carta de Mozart para dr. Vasco, e pela carta ficou esclarecido que Mozart gostaria. Então dr. Vasco disse que queria ver se, Gibson vindo para o Brasil (apesar de Raul Fernandes querer que Gibson ficasse em Bruxelas mais um pouco para ficar encarregado de negócios), Mozart então ficasse encarregado. (Depois vou perguntar a Maury se é isso mesmo, pois talvez não esteja muito certa nos detalhes.) Vi a Nininha na inauguração das novas rotativas do *Correio da Manhã* e ela está moça e brilhante como sempre.

Eliane querida, você me faz muita falta. Mande pelo menos retratos, fale bastante sobre Marilu, dê um grande beijo nela. Eliane, escrevi hoje mesmo uma carta para Yolanda, uma carta que interessa enormemente a nós três (você, ela e eu), a menos que você já esteja fartíssima de saber o assunto. Pergunte a ela, sim? Você está se dando bem com ela? Não sei o grau de intimidade que vocês têm, à distância é difícil calcular. O assunto é um tal de "apis serum",[1] tirado da abelha, que se compra em Paris, é que as grã-finas do Rio estão tomando e... remoçando cinco anos no mínimo. Quem me contou foi Gilda Filadelfo de Azevedo.[2] Escrevi à Yolanda porque sei que interessa a ela. Nos interessa – e muitíssimo! – a mim e a você! Já que Mozart falou tão brutalmente em "cacos"... Você já ouviu falar? O nome é "apis serum" e é coisa de beber durante um determinado número de dias. E já estão também fazendo cremes de uso externo, mas acho que a

1 Apiserum Soro retarda o processo de envelhecimento e neutraliza os radicais livres.

2 Gilda Philadelpho Azevedo foi uma das poucas mulheres a trilharem o caminho do Direito, colega de turma de Clarice Lispector, foi filha de Philadelpho Azevedo, eminente jurista, político e professor de Direito Civil na Universidade do Brasil [atual Universidade Federal do Rio de Janeiro].

bebida é mais eficaz. Informe-se bem, talvez d. Lucy conheça a coisa, me diga os preços (quero também para Tania) (Elisa não liga para isso, ela não usa os cremes que mando para ela). Parece que é um remédio caro. Mas, segundo dizem, vale a peníssima. Se Yolanda não se interessar, interesse-se você para descobrir essa coisa milagrosa. E mande dizer os preços. Escreva logo que puder.

Você acertou muito bem: Nininha é uma mistura de Celina Fraga, Olga do Glauco e Sza-Sza Gabor.[3] Como é que você conseguiu adivinhar? Esta sua adivinhação me deu saudade de você. Me escreva sobre d. Zuza, como ela está, as novidades sobre Murilo e Nini. Eu sabia que você ia adorar Londres, eu tinha certeza. É uma cidade fascinante e misteriosa. (Desculpe a letra, mas estou escrevendo com o bloco no colo.) Por que é que não somos ricos, hein, Eliane? Seria tão fácil você vir para uns dias de férias aqui ou eu pegar um avião e passar aí alguns dias conversando até ficar rouca.

Mas, enfim, o jeito são as cartas, vazias.

Maury continua sentindo dor no estômago e isso me amola demais. Marquei hoje consulta para ele e vamos ver. Estou fazendo uma dieta para ele.

Meu bem, mande um abraço grande para d. Lucy.[4] Dê um beijo na Marilu e um grande abraço para o Mozart. Com saudade,

Clarice

Maury não parece ter nada de estômago, parece que é inflamação da vesícula.

---

[3] Zsa Zsa Gabor, pseudônimo de Sári Gabor, atriz e socialite austro-húngara radicada nos Estados Unidos. Em 1936 ganhou uma competição de beleza em seu país. Apareceu em diversos filmes, como *Moulin Rouge* e *Lili*.

[4] A mãe de Eliane Gurgel Valente.

Eliane, meu bem, o envelope é para Yolanda,[5] sobre o assunto de que lhe falei. Não mandei direto para ela, para que Gibson não veja. Talvez vocês riam de mim, estejam fartas de saber do tal ridículo "apis serum"; mas eu não me sentiria bem de ter essa informação e de não falar pra vocês.

[5] Yolanda e Mário Gibson Barbosa.

[A Fernando Sabino]

Washington, 25 setembro 1954, sábado

Fernando,

estou com a impressão meio inventada de que você ficou zangado quando eu disse pelo telefone que não queria que você fosse ao aeroporto.[1] Você ficou de telefonar à 1:30, e não telefonou. Fiquei amolada com a minha falta de cortesia, respondendo à sua gentileza com uma sinceridade ou franqueza que ninguém usa. Você gentilmente mostrou intenção declarada ou vaga de ir ao aeroporto, e eu, que tanto faço questão de não usar a alma na vida diária, pois é até de mau gosto, disse que não. Eu já lhe expliquei o motivo de minha rudeza – o que não a justifica – e explicarei de novo.

Para mim, sair do Brasil é uma coisa séria e, por mais "fina" que eu queira ser, na hora de ir embora choro mesmo. E não gosto que me vejam assim, embora se trate de lágrima bem-comportada, de lágrima de artista de segundo plano, sem permissão do diretor para arrumar os cabelos... Não é por vaidade de rosto que não gosto que me vejam de olhos vermelhos, é por uma vaidade que, por ser menos frívola, é muito mais pecado: é por orgulho ou altivez ou seja lá o que for – enfim, vaidade mais grave.

Depois, também, eu me encabulo de estar sempre chegando e indo embora, o que obriga os amigos a um movimento em torno de mim, um movimento que às vezes nem

[1] Clarice passou férias no Rio de Janeiro entre julho e setembro de 1954.

cabe direito na vida deles. Então procuro dispensar a gentileza dos amigos, e facilitar a vida diária de cada um que já é bastante cheia e complicada sem uma ida ao aeroporto. Maury diz que eu costumo ter reações pessoais a coisas chamadas "de praxe". Parece que é mesmo verdade. Parece que eu seria capaz de pedir sinceramente a alguém que não apanhasse minha luva caída no chão para não amolar esse alguém, sem entender que incômodo é não apanhá-la, que incômodo é não fazer o que é "de praxe". (O exemplo da luva é só para exagerar, até que deixo apanharem minhas luvas, senão perderia todas...)

Quanta explicação! E provavelmente você nem ficou zangado com minha descortesia, provavelmente você não telefonou depois porque estava ocupado. É o que espero que tenha acontecido. Esperando também que você não ria das tolas e inúteis complicações de sua amiga

Clarice

[A Fernando Sabino]

Washington, 25 outubro 1954

Alô Fernando,

estou escrevendo pra você mas também não tenho nada o que dizer. Acho que é assim que pouco a pouco os velhos honestos terminam por não dizer nada. Mas o engraçado é que não tendo absolutamente nada o que dizer, dá uma vontade enorme de dizer. O quê? Quando não tenho o que dizer, fico com vontade de "passar a limpo" tudo ou então de "apagar tudo" e recomeçar, recomeçar a não ter o que dizer. Ou então viro criança e minha vontade seria depender inteiramente de outra pessoa e esperar dela todos os ensinamentos. Ou então viro mãe e me preparo toda para dizer grave: as coisas são assim e assim, meu filho. Preparo-me bem grave, tenho o gesto maternal de começar a informar – e na hora de abrir a boca não tenho o que dizer, viro de novo ignorante e em vez de dizer o discurso, imploro: por favor, diga! E assim é que, por não ter absolutamente nada o que dizer, até livro já escrevi, e você também. Até que a dignidade do silêncio venha, o que é frase muito bonitinha e me emociona civicamente.

Se você responder esta carta com outra onde você também não sabia o que dizer, vai parecer aquele jogo que você certamente já brincou um dia: o jogo de "vamos ver quem pisca antes", quem aguenta mais tempo ficar com os olhos bem abertos. Quem piscar é castigado. Humildemente, informo que sempre pisquei antes, tenho longo passado a piscar. Pois se agora estou quase piscando! – Não seja preguiçoso, Fernando, e me escreva, mesmo que nada tenha a me informar. Não sou exigente, quero carta apenas. Também para lhe escrever de vez em quando e mandar para você minha amizade. Abraço da

Clarice

Com o maior tato e *savoir-faire*, informo-lhe que deve existir à venda nas boas casas do gênero algum "manual de perfeito correspondente" e que ajuda muito nas missivas sobretudo quando não se tem o que dizer.

[A Eliane e Mozart Gurgel Valente]

Washington, 13 de dezembro de 1954

Eliane querida,

minha correspondência com você está tão atrasada que até me sinto mal. Em primeiro lugar, muito obrigada pelas lembranças que você mandou por Yolanda. Tudo tão lindo! Fiquei comovida, também por você ter mandado o apis-serum – e danada da vida porque, quando resolvi tomar, a coisa me escapuliu da mão e ficaram inteiros apenas 2 ou 3 envelopes. Estava escrito que não devo "rejuvenescer"...

Yolanda me deu notícias ótimas de vocês e vimos os lindos desenhos de Marilu – ela sempre desenhou bem, mas agora está uma maravilha. Achei Yolanda ótima, foi um enorme prazer revê-la e ao Gibson. Que gente ótima! Ela pediu para lhe dizer que recebeu sua ótima carta e que responderá do Brasil logo que tiver tempo. – Estou contentíssima com a vida mais intensa que você está levando agora – isso vai lhe dar muito ânimo e fazer com que você goste mais de Bruxelas. Me conte como foi a chegada de dr. Vasco, e sua impressão (sua, quer dizer, de você), me diga como foram as recepções para ele. Tudo o que você me escreve me interessa. – Muito obrigada pelas suas impressões amáveis quanto ao livro. Recebi carta da Plon pedindo com urgência alguns retratos. Tive que tirar às pressas, pois não tinha nenhum. E para que você não se esqueça de que não é só em Bruxelas que a vida é cara, o retratista cobrou por 3 retratos 45 dólares – Tive que ir num bom fotógrafo porque, sendo caro, podia dar o trabalho depressa, os outros fotógrafos estão doidos com as encomendas de Natal. Sempre imaginei que em Natal se deveria dar retrato de Jesus e não de si próprio, mas não é o que os outros pensam. – D. Zuza mandou uma carta muito dura para Maury, dizendo que não lhe escreveria nunca mais se ele não explicasse por que botou no túmulo de d. Morart apenas "saudade dos filhos". Maury deu uma desculpa mas antes já veio carta arrependida. Fico sinceramente com pena dela. Todo o mundo na realidade é vítima, por mais algoz que seja. – As crianças estão felizmente boas, Pedrinho crescendo bastante, usando *size* 10. Paulinho muito sem-vergonha e engraçado. Maury comprou um cachorro para eles e Pedrinho quis que ele se chamasse Jack,[1] e assim ficou. Jack vale como mais uma pessoa em casa, pessoa que faz pipi onde pode. Não pense que há perigo do cachorro agredir Paulinho... Paulinho é que já mordeu o cachorro. E, para horror deste, tentou escrever com o rabo dele. Ele vai ser um escritor de rabo de cachorro. Paulinho é muito beligerante: às vezes ele vai brincar numa coisa na sala e assim como quem não quer nada, de passagem, dá um bruto tapa no Jack que sai ganindo. – A irmã da Fernanda todo Natal tem um filho. Hoje deve estar tendo, de modo que estou por um tempo só com Maury. – Vimos um dia desses Jennifer Jones (linda) em *Portrait of a Lady*,[2] tirado do livro de Henry James. Um pouco fraco. – Nada mais de novo, senão as mesmas coisas de sempre renovadas.

---

[1] Como ocorreu com outros animais de estimação de Clarice, Jack foi imortalizado no livro *A mulher que matou os peixes* (1968), no qual ela também fala de vários animais que passaram por sua vida: "Jack era daqueles cachorrões que latem o tempo todo e vigiam a casa para não deixar entrar ladrão." O receio de algum vizinho dar um tiro em Jack, por causa de seus latidos, fez Clarice e Maury o darem para uma família que morava em um sítio.

[2] *Portrait of a Lady* (1954), baseado no livro de Henry James. A atriz Jennifer Jones estourou em *Canção de Bernadete* (1943), quando recebeu o Oscar de melhor atriz.

Está caindo um pouco de neve e já estou chateada de Natal e compras. No dia 31 vamos à Embaixada, o que é modo tolo de passar fim de ano.

Escreva depressa, dê notícias de tudo. O retrato de Marilu está muito bom mas foi tirado muito de longe, não se vê bastante o rostinho dela. Dê um beijo na pintora querida. Um abraço grande para seu marido. E um beijo pra você da sua

Clarice

[A Eliane e Mozart Gurgel Valente][1]

Washington, 29 dezembro 1954, quarta-feira

Queridos Eliane e Mozart,

este é um bilhete para desejar a vocês um Ano-Novo muito feliz – e não só o ano novo como todos os outros. Sejam muito felizes, viu?

Aqui felizmente tudo bem, sem novidades. Maury trabalhando bastante, Pedrinho vagamente preocupado com o mistério da vida e da morte, Paulinho sem-vergonha e exigente distribuindo socos, mordidas e beijos, eu como sempre tentando trabalhar. Não sei se lhes disse que no Rio Simeão Leal me pediu mais alguns contos para publicar (não sei se a proposta ainda está de pé, pois tudo mudou) e eu, numa inesperada animação, peguei notas antigas e outras novas e em cerca de dois meses fiz 8 contos que estou agora copiando. Mando incluso a cópia de dois recortes, que me foram casualmente mandados, sobre a tradução:[2] um o Heitor Pinto de Moura mandou, outro uma conhecida de Mafalda que lê jornal de Nice... A editora nem esses me mandou. Vou escrever, minha última carta não foi respondida.

*lateral esquerda:

---

[1] Esta carta é importante porque revela que Clarice recebeu a encomenda dos contos quando esteve de férias no Rio. Que contos seriam? Tomando como base a carta de Fernando Sabino (Rio, 30 de março de 1955, CPC), na qual ele cita os contos enviados para Simeão Leal, na lista aparecem: "Devaneio e embriaguez de uma rapariga"; "Feliz aniversário"; "Os obedientes"; "Tentação"; "A mensagem". Os três últimos foram publicados em *A legião estrangeira* (1964) e os demais em *Laços de família* (1960).

[2] A tradução francesa de *Perto do coração selvagem*, editada pela Plon.

Eliane, meu bem, desejo à sua família tudo de bom e um Ano-Novo cheio de alegria. Deem um beijo especial em nossa Marilu. Para vocês, meu carinho, minha amizade, minha saudade!

Clarice

[A Tania Kaufmann]

Washington, 29 dezembro 1954, quarta-feira

Alô, querida,

Um bilhete apressado pois quero pegar Maury antes dele sair para pôr no correio. – E mesmo vou falar com vocês depois de amanhã, o que é perspectiva tão boa!

Estou com o livro (a tradução) embrulhada para mandar para vocês e ainda não mandei. Mando aí dois artigos[1] que saíram a propósito da tradução, um na Suíça e outro em Nice, ambos não foram mandados pela editora, um colega de Maury mandou e uma conhecida de Mafalda mandou. Traduzi os artigos muito mal, mas pelo menos dá uma ideia.

Um beijo e até breve!

Sua, sempre,

Clarice

1 Os artigos mencionados sobre a tradução para o francês de *Perto do coração selvagem* (Plon, 1954) arquivados no ACL/FCRB são: "Près du coeur sauvage", *Matin-Nice*, 2 de dezembro de 1954 e "Près du coeur sauvage", *Gazette de Lausanne*, em 13 de dezembro de 1954.

[A Eliane e Mozart Gurgel Valente]

Washington, 26 fevereiro 1955, sábado

Meus queridos,

por paradoxal e tolo que pareça, se eu gostasse menos de vocês, escreveria mais. Explico como posso: cada vez que penso em lhes escrever, quero logo é escrever uma carta total, que conte em largueza e em "profundidade", que dê, se possível, uma ideia completa, que transmita tudo. E então, a coisa vira tão difícil como trabalho... Que burrice, tão melhor escrever sempre alguns bilhetes. – Tudo bem aqui, felizmente sem novidades. Gostei de ver que vocês querem nossas cartas, gostei de receber carta da Sybil – sem pudor, confesso que uma das coisas melhores de minha vida é ser gostada ou ser amada (em termos, está visto...). Aqui tudo bem. Maury trabalhando muito, mas me parece que, apesar das queixas e das fúrias com a espiritualidade do Panda, ele está bem; afinal é melhor lutar que não lutar, sempre ajuda a passar o tempo. Ele é amigo do Érico[1] (os dois foram este fim de semana para N. York de onde Maury me telefonou hoje de manhã com voz de sono depois de uma farra – inocente, espero – por teatros etc). Pedrinho está um menino muito bom, com alminha complicada e cheio de claros e escuros, mas indo bem. É um temperamento engraçado, gênero obsessivo: há uns três meses ele está lendo, de modo que

[1] Erico Verissimo.

vive às voltas com livros; seu último interesse é raça de cachorros, de modo que está cheio de livros sobre o assunto, vive falando nas raças mais estranhas e fazendo a diferença entre um e outro, corrigindo qualquer erro que a gente faça, tão entendido que dá aflição. Antes foi interesse por animais pré-históricos, ele chegou a ter pesadelos com dinossauros, e fazia as perguntas mais cacetes para uma mãe confusa: por que Deus fez o dinossauro e depois nunca mais fez? por que Deus fez dinossauro antes de fazer gente? Respondi, muito envergonhada, que Deus fez dinossauro para treinar a mão e depois poder fazer essa maravilha que nós somos. A erudição dele cai por terra quando ele de repente pergunta: e quando um dinossauro lutava com outro dinossauro e ficava ferido, se botava mercurocromo? Maury, que tem enciclopédia na cabeça, responde as perguntas dele – e assim como uma mãe que diz ao filho "espere que seu pai quando voltar dá uma surra em você", eu vivo dizendo "quando seu pai voltar ele responde, eu não sei" – de modo que ele está se criando do modo clássico: com desprezo por mulher. Quando ele faz alguma coisa bem errada e castigável, ele se apressa em me dizer: *boys are like that, mother*. Quanto a Paulinho, está de uma burricezinha adorável. Pedrinho, diante de um cartoon na televisão em que o pato Donald teve um sonho, diz: *it is not true*. Paulinho então diz muito compenetrado: tem mais *true*. Quer dizer: tem mais *cartoon*. Paulinho, que é muito carinhoso e muito seguro de si, é um lutador: fecha os dentinhos e os punhos, e distribui socos por todo o mundo. O cachorro teve um acidente de carro, numa rua perto, e passou uma semana no hospital, voltou e felizmente está bem. Nós temos andado numa roda viva com festinhas por causa da saída do *attaché* da aeronáutica. Sempre está havendo coisas, houve a chegada de Jânio Quadros,[2] houve baile não sei para que, houve Villa-Lobos.[3] Houve foi uma coisa muito engraçada que eu devia ter contado logo para aproveitar meu estúpido entusiasmo... Agora já estou fria, e tenho até preguiça de contar. É que Eberaldo[4] que veio de Viena disposto a vencer, e que está todo florescente, "ameaçou" um convite a Tyrone Power,[5] para um *cocktail*, e só convidaria pessoas escolhidas, e estava todo digno e excitado, e ninguém acreditava propriamente na amizade ou conhecimento dele com o homem, mas enfim chegou o dia e a coisa aconteceu, Eliane. Maury não foi porque estava gripado. E eu quase não ia porque já estava "cheia" com a excitação de Eberaldo que, não a mim, mas a várias pessoas recomendava que fossem bem bonitas etc. e eu estava com medo do ridículo todo da situação. Mas a Mafalda estava louca que eu fosse (a Clarissa[6] ia também) para eu poder contar como era. De modo que fui, toda superior, disposta a espiar a reação de todo o mundo. Mas, minha filha, fui buscar lã e saí tosquiada. Logo na entrada da sala, minha superioridade e minha frieza caíram no chão quando vi de longe aquele homem superlindo, com barba. Quando fui apresentada a ele, logo de entrada, já nem olhei

---

[2] Jânio Quadros era governador de São Paulo (1955-1959) e seria presidente do Brasil em 1961, por apenas sete meses, pois renunciou ao mandato.

[3] Heitor Villa-Lobos (1887-1959), compositor e maestro, um dos maiores expoentes da música brasileira de todos os tempos.

[4] Eberaldo Telles Machado ocupava o cargo de segundo secretário na Embaixada.

[5] Tyrone Power (1914-1958). Um de seus filmes mais conhecidos é *A marca do Zorro* (1940) e *Testemunha de acusação* (1957). Trabalhou ao lado de ícones do cinema americano, como Humphrey Bogart, Alice Fay, Ava Gardner e Marlene Dietrich. No mundo de Hollywood, seu namoro com as atrizes Judy Garland e Lana Turner são os mais conhecidos. Tyrone Power esteve no Rio em novembro de 1938, para lançar o filme *Suez*, ao lado da namorada e futura esposa Annabella. No Cassino da Urca assistiu a Carmen Miranda. Seu encanto pela cantora foi tal que profetizou que ela seria um sucesso nos Estados Unidos (Cf. "Tyrone Power e sua estadia no Brasil". https://www.caixadesucessos.com.br/).

[6] Clarissa, filha de Mafalda e Erico Verissimo.

para ele, tanta timidez que me deu, eu me sentia uma menina de doze anos. Nem disse que tinha prazer em conhecê-lo, larguei-o e fui me sentar imediatamente junto de uma senhora americana bastante neutra. Quando vejo, eis senão quando imediatamente o queridinho barbado sai da cadeira onde estava conversando com uma moça e vem diretamente para uma cadeira vazia que estava junto de mim. De emoção, eu quase me virei de costas para ele e continuei a fingir conversar com a senhora, e o Tyronezinho tentando inutilmente entrar na conversa, até que a senhora fez conversa de três. Eu nem espiava para o homem, que estava a uma distância de milímetros de mim. Foi quando o bichinho, que é simplesmente um belo homem, o desgraçado, vai e diz apontando para o cinzeiro que estava no meu colo: como o cinzeiro combina com seu vestido, foi de propósito? E o infeliz vai e apaga o cigarro dele no cinzeiro que estava no meu colo. A essa hora, virei trapo, humilde e feminino trapo. Ele continuou a conversar, eu mal respondia; uns dez minutos depois, quando recuperei minha voz mais digna, disse a ele que quando o vi no teatro, tão bom, me deu quase raiva porque ele no cinema não fazia o mesmo que no teatro. Então o bichinho me segura o braço e diz: *but I can't, darling!* Aí perdi a voz de novo e emburreci, numa mistura de prazer e desespero. E assim a coisa continuou, até que uma senhora chega perto dele e o obriga a se levantar, e a ficar de pé, e eu quase matei a senhora. De repente acontece outro milagrezinho: estou com um cigarro na mão, sem acender, e quando vejo sinto uma pancadinha no ombro, vejo uma linda mão segurando um isqueiro aceso – era o divino se preocupando em me acender o cigarro. Como você vê, Eliane, a vida é tão rica que é até nojenta... Mais tarde, umas moças da embaixada pediram autógrafo para ele. Então pedi um para mandar para Marcia. Ele me perguntou se eu não queria um para mim também. Eu disse: em nome de minha adolescência, quero. (adolescência, *my eye!*) Quando o divino ouve meu nome, pensa por causa do c de Clarice que é nome italiano, e começa a brincar de falar italiano comigo, o que me dá a minha primeira emoção linguística. Eberaldo saiu com ele para levá-lo aonde ele precisava ir e todos ficaram esperando pelo dono da casa, mas eu fui embora. Maury, com justo desprezo pela minha emoção, nem queria me ouvir contar a história. Eis senão quando, no dia seguinte, começam a me telefonar: eu estava em glória, sem saber! É que Eberaldo voltou para a festa e disse a todos que o Tyzinho disse a ele no carro que tinha tido uma "forte impressão" a meu respeito, que eu tinha uma expressão de rosto que o interessara, que ele teria gostado de falar mais comigo. Várias abelhudas me telefonaram, eu já estava achando a coisa ridícula, inclusive a Dasy que, discretamente, me perguntou se eu "contara a Maury". Quando estive com Eberaldo, porém, este já estava tão glorioso por ter dado a festa a Tyrone Power, estava tão digno e superior, que me repetiu cheio de discreta finura o que o barbadinho tinha dito somente depois de eu insistir muito. O fato é que, com muita pena, dois dias depois eu já não pensava em Tyrone Power, o que é lamentável, porque eu sou a favor de emoções, e me senti roubada por não ter mais nenhuma a respeito do memorável *cocktail* que quase literalmente abalou a sociedade brasileira de Washington. *Sic transit*, como diz o outro.

Não sei se escrevi a vocês que La Societé des Lectures, no mês de janeiro, pôs P.C.S. entre os oito livros recomendados do mês, e explica antes que *livres recommandés* são "les ouvrages dignes de l'attention de tout lecteur cultivé". Recebi carta da editora, carta muito satisfeita, e diz que a maior *librarie littéraire en ces annés-ci à Paris reserve une grande vi-*

trine en particulier[7] para mim – deve ser a que a Eliane e o Jorge Carvalho e Silva se referem. Diz também que o editor inglês Collins (!) quer conhecer meus outros livros, *avant d'étudier la possibilité de traduction*[8] de P.C.S. E que os Plon também gostariam de examinar os dois outros livros.

Mando incluso a cópia de dois artigos que a editora me mandou, uma editora mal organizada que não me mandou os que saíram na Suíça nem um recorte do *Figaro Littéraire*, nem nada. Mas, enfim, vai por conta da latinidade e sou a que menos pode se queixar da desorganização alheia.

No dia 22 de março vamos por acaso estar na Embaixada, num jantar oferecido pelos Panda ao embaixador da França e da Espanha. Maury ficou contente porque evita visitas aqui em casa, mas eu achei chato. Se vocês estivessem aqui, nós diríamos que não podíamos aceitar. mas assim sendo, jantaremos um dia antes ou um dia depois com os Veríssimos em algum restaurante na cidade e comemoraremos o aniversário do chefe da família.

Estou trabalhando como posso, o que não significa muito, mas significa a vontade de trabalhar, o que já é alguma coisa. Estou louca para me livrar de um romance[9] que estou fazendo há tanto tempo e que não se resolve, e que me pesa como uma gravidez sem parto.

Meus caros, escrevam, fiquem certos de que carta de vocês é alegria para nós. Escrevam o mais que puder. Um beijo na queridíssima Marilu de quem tenho tanta saudade, queria tanto vê-la, ela é uma mocinha agora.

Abraços e beijos para vocês da cunhada que lhes quer mais bem do que normalmente uma cunhada sente. Que

---

[7] "(...) livraria literária de Paris na atualidade reservou uma grande vitrine só para mim."

[8] "(...) antes de avaliar a possibilidade de tradução."

[9] O romance é *A maçã no escuro*.

bom que vocês são como vocês são. E por favor não mudem muito!

Com saudade,

Clarice[10]

Lembrança a Saudade e Murilo,[11] se é que eles ainda estão aí.

[10] Clarice escreveu à caneta na lateral esquerda da primeira página da carta: "Mozart, obrigado pelo artigo sobre o livro de Elisa, que eu não conhecia." Na margem superior da mesma página: "Vimos *The bad seed*, com Nancy Kelly (+ -), *Dark is the Light* (Christopher Fry, com K. Cornell e Tyrone Power (bom), *Tonight in Samarkand* (Louis Jourdan), fraca." *The Bad Seed* (1956), de Mervyn Le Roy, pelo qual Nancy Kelly foi indicada ao Oscar de melhor atriz; *The Dark is Light Enough* (1954), peça teatral de Christopher Fry, interpretada por K. Coornel e Tyrone Power. A peça estreou em Londres. Nos Estados Unidos, a temporada da Broadway, no August Wilson Theatre, foi de 23 de fevereiro a 23 de abril de 1955. *Tonight in Samarkand*, de Jacques Deval e Lorenzo Semple. Com Louis Jourdan (1921-2015), no Morosco Theatre, de Nova York, estreou em fevereiro de 1955.

[11] Refere-se ao poeta Murilo Mendes (1901-1975) e sua esposa, a poetisa Maria da Saudade. O casal fixou residência na Europa entre 1952-1956, em missão cultural na Bélgica. Foram amigos de Eliane e Mozart Gurgel Valente. Segundo Marilu, filha do casal Valente, Murilo Mendes compartilhava com seu pai a paixão e o conhecimento de Mozart (o músico). O grau de proximidade entre Clarice e Murilo Mendes ainda é desconhecido pelos pesquisadores.

[A Pierre de Lescure][1]

Washington, 7 de março de 1955

Caro Pierre de Lescure,

Agradeço o envio dos dois artigos. Mas é exagero me comparar à Simone de Beauvoir.[2] O Sr. Brice Aubusson deve ser inimigo da grande escritora... Eu me pergunto se, por acaso ou por delicadeza, o Sr. deixou de me enviar artigos que não são favoráveis. Será uma pena: os artigos contra meu livro me interessam também.

Envio dois exemplares, conforme o Sr. pediu, de cada um dos meus dois outros romances, e mais um pequeno livro de contos que vão reeditar agora, com mais oito contos inéditos. *O lustre* foi publicado em 1946, *A cidade sitiada* em 1949, e os contos em 1952. Faz tempo que penso em revisar os dois – não mudaria muito *O lustre*, mas o outro romance precisa de uma revisão mais séria. Gostaria de reler e anotar os esclarecimentos e correções onde forem necessários, antes

---

[1] A forma amistosa com que Clarice se dirige ao editor e a oferta de mais obras para serem traduzidas revelam que os problemas de tradução de *Perto do coração selvagem* haviam sido equacionados, como se pode ver nas cartas enviadas de Washington respectivamente em 7 de março de 1955 e 14 de maio de 1957, publicadas neste volume.

[2] Simone de Beauvoir (1908-1986). Uma das grande filósofas do século XX. Sua obra *O segundo sexo* (1949), em que analisa o papel da mulher na sociedade, foi um marco no pensamento feminista. É importante destacar que a obra da escritora circulava pelas irmãs Lispector. Ela foi assunto de duas cartas, uma enviada por Elisa Lispector à sua irmã, que mereceu um comentário de Clarice (Berna, 30 de junho de 1947); sendo que na outra (Washington, 25 de outubro de 1955), ela revela ter ganho de Lucinda Martins (irmã de Mafalda Verissimo) *Les mandarins*. Isso mostra como Clarice tinha interesse em pensar sobre as questões de seu tempo, já que o referido romance mostra personagens refletindo sobre um mundo afetado pela Segunda Guerra Mundial e a Guerra Fria.

de enviar. Só que atualmente ando muito ocupada com um outro romance, e achei que seria perda de tempo me dedicar aos outros dois sem saber se interessam ao senhor ou ao editor Collins. Se por acaso se interessarem por um dos dois, então sim, farei a revisão datilografada com as mudanças.

Há poucos dias recebi de Beata Vettori[3] uma carta em que ela fala bastante do senhor com grande amizade. Espero que também nos encontremos um dia na França.

Amigavelmente,

P.S. – Vou enviar via aérea, em três pacotes registrados, os seis livros mencionados.

[3] Beata Vettori é a diplomata que intermediou a tradução de *Perto do coração selvagem*.

[A Elisa Lispector e Tania Kaufmann]

Washington, 29 agosto 1955, segunda-feira

Minhas queridas,

fiquei boba e radiante com os retratos de Filomena. Ela está tão linda e graciosa, e tão moça, e tão radiosa, que dá uma alegria na alma. Que Deus a abençoe. Na minha opinião, e na das pessoas a quem mostrei os retratos, ela é a mais bonita e interessante da festa. Ela é graça pura, e como está parecida com Marta Rocha.[1] Oh, que criança linda! Tudo nela é delicado, tudo nela é ao mesmo tempo físico e espiritual, como deve ser uma pessoa. Deus a abençoe. Estou muito contente dela ter o namorado ideal, pelo qual todas as moças deveriam passar: namorado de farda heroica! Que ela se divirta e se alegre. Ela é a flor da família. E creio que não poderia ser mais amada do que é; Deus abençoe essa flor debutante.

Aqui tudo bem, felizmente. Fora um resfriadinho de Paulinho (ele agora, quando está fazendo qualquer coisa, diz: *I'm busy*),[2] um resfriado de Avany (continua firmezinha com o namorado), uma inchação de boca minha, seguida de inchação de boca de Fernanda, que continua com aquele bom humor dela. Maury está bem. Pedrinho um dia desses fez uma visita a Mafalda[3] e disse a ela: "Eu sou um sonhador.

---

[1] Marta Rocha foi eleita Miss Brasil em 26 de junho de 1954 e tornou-se referência máxima em beleza feminina no Brasil.

[2] "Estou ocupado."

[3] Mafalda Halfen Volpe Verissimo (1913-2003), esposa de Erico Verissimo (1905-1975). O casal conviveu com Clarice e Maury durante três anos em Washington.

Meu irmão não é um sonhador porque ele não tem tempo: ele dorme demais." Outra descoberta dele, ouvindo uma mulher cantando no rádio, foi essa: Mamãe, uma voz é feita de nada! (*Mother, a voice is made of nothing!*). Ele ficou muito contente com o lápis que você mandou para ele, Tania. E a camisa já foi estreada: ficou ótima. Elisa, ele toma um cuidado especial com o livro de geografia que você deu a ele, e sabe que foi você quem deu. Um dia desses, inesperadamente, me perguntou: Titia Elisa pagou caro por esse livro? Eu respondi: pagou, sim, mas como ela gosta muito de você ela não se incomodou. Elisa, as revistas e jornais vêm continuando a chegar regularmente, obrigada. E vou escrever um cartão para Helena Bronstein – você sabe, por acaso, se ela está em tratamento com a médica? Tania, achei muita graça na importância que você deu à minha ida à montanha-russa – achei graça porque você acertou. Eu estava mesmo desafian do o mundo naquela hora e provando a todos do que sou capaz! E que sou capaz de aguentar minhas emoções, e que sou capaz de tudo! Era isso o que eu estava querendo, por modos indiretos, provar, e queria ver qual seria a resposta do mundo! A resposta do mundo foi a seguinte: "nós não estamos aqui para julgar, há muita coisa entre o céu e a terra que não compreendemos, e nós damos liberdade a quem tomar liberdade, nós respeitamos quem tomar liberdade." Foi essa a resposta da montanha-russa, e durante dias e talvez para muito mais dias, eu entendi a lição. Aprendi várias coisas, como vocês veem...

O tempo já está mudando, o outono está por aí. O outono é lindo mas traz em si a ameaça do inverno, de que não gosto. Tenho trabalhado razoavelmente, me parece que vivo um sonho, tão mergulhada estou em outro mundo. Estou aprendendo muito com meu próprio trabalho. – Daqui a uma semana o médico volta das férias e vou recomeçar o tratamento. Será que a montanha-russa é um dos resultados do tratamento? Uma das coisas mais maravilhosas da vida é que o aprendizado é contínuo, a gente está sempre aprendendo alguma coisa. – Acabo de receber uma carta ótima e linda de Filomena, e hoje mesmo vou responder. Deem um abraço grande para William. Um beijo para vocês. E que Deus lhes dê saúde, alegria, compreensão, esperança e boas realidades.

Com grande amor, Clarice

Me dê mais notícias sobre as vacinas e o tratamento de dentes. Como vai a pressão?

[A Tania Kaufmann]

Washington, 17 outubro 1955, segunda-feira

Tania, minha querida,

Desculpe eu ter deixado você sem notícias por algum tempo. Tudo está bem conosco, felizmente. Aconteceu que eu andei meio ruim do vago-simpático e a isso se aliou uma gripezinha – tudo isso me deixou meio mole. Eu não reparei que se havia passado tantos dias sem eu te escrever. Mas agora estou boa – ótima até. As crianças também estão bem e Maury voltou das férias muito bem. Está tudo na rotina normal e boa.

Adorei o que você me contou sobre a velhinha do bonde e sobre o "popular" que te odeia apesar de seres linda... Passei adiante a Mafalda que deu boas gargalhadas. Mafalda e Erico partiram hoje para uma viagem de um mês, pelo sul, onde Erico vai fazer conferências. Aqui já há um ar de Natal e presente que me dá certa náusea. Avany e Fernanda estão bem. Por falar nisso, há um engano seu: eu não pago as aulas de Avany, há uns tempos o seu ordenado, o que é apenas justo. Talvez eu tenha me explicado mal.

Não recebi as revistas de que você me falou – por quê? se foram mandadas, deviam ter chegado. Talvez ainda cheguem.

Elisa não me escreve mais, só me mandou uma cartinha à qual respondi logo – espero que tenha chegado lá. – Gostei muito do que a professora disse para Marcia a respeito da matemática. Acho que, em vários sentidos, a prevenção atrapalha... e com isto estou descobrindo a pólvora.

O outono aqui está muito bonito e o frio já está chegando. Parei uns tempos de trabalhar no livro[1] mas um dia desses recomeçarei. Tenho a impressão penosa de que me repito em cada livro com a obstinação de quem bate na mesma porta que não quer se abrir. Aliás minha impressão é mais geral ainda: tenho a impressão de que falo muito e que digo sempre as mesmas coisas, com o que eu devo chatear muito os ouvintes que por gentileza e carinho aguentam... – Vimos um dia desses uma peça teatral policial muito boazinha, com John Ireland[2] e Joana Dru que na vida real são casados. Querida, escreverei mais da próxima vez. Dê um abraço grande para William. Um beijo para a Filomena e peça para a Elisa que me escreva.

Com amor, Clarice

---

[1] *A maçã no escuro* foi terminado em Washington, em 1956. Clarice se refere a esse livro em outras cartas como *A veia no pulso.*

[2] John Ireland (1914-1992) e Joanne Dru (1923-1996) foram casados entre 1949 e 1957. Ela ficou conhecida principalmente pelos filmes de faroeste que estrelou ao lado de John Wayne e Burt Lancaster.

[A Elisa Lispector e Tania Kaufmann]

Washington, 25 outubro 1955, terça-feira

Minhas queridas,

Recebi cartas de vocês ontem, e pretendia responder em separado, já que vocês estão em lugares diferentes. Mas acontece que Tania pode mandar a carta para você, Elisa, (mandarei esta para a Marquês de Abrantes, chega mais depressa), e acontece que depois da minha "crise" de vago-simpático ainda prefiro escrever uma carta em vez de duas. Estou bem agora, inclusive tomando umas vitaminas que me dão muita fome e muito sono. E tudo voltará sozinho ao lugar. – Recebi uma *Manchete* com poesia de Vinícius de Moraes, e fiquei "besta" de tão bonita a poesia é; naturalmente recebi outras revistas também, o que é sempre um gosto. Eu tinha em casa *Les mandarins,*[1] Elisa, que a irmã da Mafalda me deu, e ainda não tinha começado a ler; comecei ontem mesmo, com enorme prazer. As crianças vão, graças a Deus, bem. Pedrinho está contente, tranquilo! Paulinho falando sem parar as duas línguas, e muito malcriado e bonitinho, dando trabalho para comer e precisando de companhia até dormir. Ele disse que quer ser bombeiro quando crescer. Pedrinho então disse que prefere ser um cientista. Paulinho andou mudando de ideia e quer trabalhar numa *laundry* (tinturaria e lavanderia), e quis muito ter um ferro

[1] *Os mandarins* (1954), romance de Simone de Beauvoir, recebeu o prêmio Goncourt de 1954. Descreve os círculos existencialistas parisienses do pós-guerra.

de engomar de brinquedo, anda com ele para cima e para baixo. Ontem, Paulinho escreveu duas cartas: uma para você, Elisa, e outra para você, Tania. Não mando porque são enormes e muito herméticas, isto é, nelas tudo é simbólico a um ponto que vocês sinceramente não "receberiam" a "mensagem" dele. Aliás ele é um escritor muito intenso: o lápis às vezes fura o papel. E, ao mesmo tempo, é capaz de descrever as emoções mais delicadas: às vezes o traço dele é tão fino e apagado que a "mensagem" deveria ser lida ao microscópio. Pedrinho e ele fazem um para o outro companhia e miséria. Um faz o possível para irritar o outro, dão-se dolorosas vaias, gritam "bem feito" quando uma coisa acontece com o outro. Um dia desses Paulinho me pediu água, e eu disse para o Pedrinho dar a ele. Pedrinho deu com muita boa vontade, então eu disse para Paulinho: "Diga: obrigado, Pedro!" Paulinho se virou e disse para Pedro: "*Thank you, amor!*[2]" Pedrinho se queixou: *Mother, don't let him call me "amor"!*[3] Aí mesmo é que Paulinho chamou o outro de "amor". Eles bem que sabem se ofender. Às vezes um se irrita com razão, sem que a culpa seja do outro. Por exemplo, por pura admiração, Paulinho repete imediatamente as frases de Pedrinho – e este não aguenta e berra: *don't repeat me!*[4] Então o menor, entre desiludido e já malicioso repete. Paulinho me pede suco e manda encher seu copo, o que faz com que a jarra de suco fique vazia: já pelos olhinhos dele eu percebi que a finalidade dele era esvaziar a jarra. Quando isto aconteceu, Paulinho disse: "agola (agora) num tem suco pa Pedro." Felizmente este, perdido nas suas filosofias, não ouviu e a coisa ficou por isso mesmo. Pauli-

2 "Obrigado, amor."

3 "Mãe, não deixe ele me chamar de 'amor.'"

4 "Não me imite."

nho, que come pouco, está no entanto, graças a Deus, forte, gordinho e enérgico. Um dia desses uma americana, olhando-o, perguntou: "que é que você é: um campeão de box ou um jogador de futebol?"

O frio está entrando de fato, mesmo em mês de outubro. Promete ser um inverno rigoroso. Hoje de noite temos bilhetes para ver no teatro uma peça com Shelley Winters.[5] Mas hoje de noite tem um único concerto de um pianista russo que dizem ser dos maiores, ele vai tocar uma sonata de Chopin[6] que tem um tema, no quarto movimento, que me é muito querido e que eu ouvi no rádio quando tinha uns quinze anos e uma outra vez não sei quando – e sempre cantalorei o tema para quem entende música e ninguém conhecia, parecia até que eu tinha inventado. No sábado comprei uma sonata de Chopin e me deu esperança que nela encontrasse o tema. Estava ouvindo já sem esperança, quando no quarto movimento, a coisa estalou: ali estava ele. Então vim a saber que este "quarto movimento" é considerado um dos pontos mais altos de Chopin, senão o mais alto. E, agora sabendo o nome da sonata (nº 3 em B menor), descobri no domingo que o pianista vai tocá-la. Então Maury vai com o filho de Mafalda ao teatro, e me deixa no concerto, se é que ele vai conseguir um lugar.

Escrevam-me, sim? Elisa fique boa dessa gripe, me escreva a respeito. Tania, me dê continuadamente notícias do

---

[5] Shelley Winters (1920-2006) foi uma das mais respeitáveis atrizes da "era de ouro de Hollywood". Começou a carreira na década de 1940 e o reconhecimento de seu talento veio em 1951, através de sua atuação em *Um lugar ao sol* (*A place in the sun*), de George Stevens. Por este papel, recebeu sua primeira indicação ao Oscar na categoria de Melhor Atriz. *O diário de Anne Frank* (1959), também dirigido por George Stevens, lhe valeu o Oscar de Melhor Atriz Coadjuvante.

[6] Frédéric Chopin (1810-1849) foi um dos maiores compositores para piano, e um dos preferidos de Clarice Lispector. Quase toda a sua obra foi dedicada ao instrumento, que era uma das paixões das irmãs Lispector. A *Sonata nº 3 em B menor*, (Opus 58), foi concluída em 1844.

tratamento: gosto muito dele. Um beijo para Filomena-querida, abraço para William. Com muito amor,

Clarice

[A Elisa Lispector e Tania Kaufmann]

Philadelfia,[1] 13 fevereiro 1956, segunda-feira

Minhas queridas,

Sei que tem cartas de vocês em Washington para mim, mas estou aqui em Philadelfia passando uns três dias com Zilah,[2] porque ela foi operada, uma operação ligeira. E estava aqui um pouco só. Ela estava trabalhando aqui por dois meses, em substituição de alguém. De Philadelfia não vi coisa nenhuma, saí do trem e o táxi me levou ao apartamento que é meio fora da cidade. Vim domingo, e vou amanhã ao anoitecer. No sábado comemoramos os três anos de Paulinho, apesar do aniversário propriamente dito ter sido na sexta-feira, mas facilitava. Foi uma festinha boazinha, com todos os alvoroços clássicos da hora, e com o alívio posterior... Mas Paulinho aproveitou toda gotinha do aniversário dele, a ponto de ter que dormir comigo por causa do sono agitado. Desde de manhã que ele estava aproveitando e vigiando os preparativos. Ele é social e um aproveitador que dá gosto. Ele toma qualquer festa em torno dele como lhe sendo devido – e, por Deus, que lhe é mesmo devido, tão precioso que ele é. Ontem telefonei aqui para casa, e falei com os dois. Pedrinho veio ao telefone e me disse: *Mother, I don't feel very happy because I'm a big boy.*[3] Maury interrom-

[1] Filadélfia é uma cidade do estado da Pensilvânia.

[2] A diplomata Zilah Mafra Peixoto foi colega de Maury Gurgel Valente na Embaixada do Brasil em Washington.

[3] "Mãe, eu não me sinto feliz porque eu sou um grande menino."

peu o telefonema dele para me dizer: é pura exploração dele, ele estava muito contente brincando! E Paulinho veio ao telefone e disse: *Mother, I have something to tell you: Nanan*[4] (Fernanda) não quis me dar papel para eu escrever. Acho que mãe é mesmo saco de queixas, e muitas vezes de pancadas. Tiramos retratos do aniversário e quando ficarem prontos mandarei. – Tudo o mais bem. Eu andei em pânico por causa das remoções que estão havendo: é que não quero por nada sair daqui para outro posto. Mas talvez não aconteça. – Yolanda Gibson[5] veio visitar a filha e está lendo o meu livro que não está terminado, no sentido de não estar "penteado", e de faltar várias coisas, como tirar pedaços, esclarecer outros etc. Mas, mesmo assim, o livro está lá lançado. Yolanda fez vários reparos, todos condizentes com o que eu já achava. Ela ainda não me devolveu e ainda não me disse totalmente o que achava. Mas me disse que gostou. Mas eu não acreditei: senti pelo tom dela que ela não gostou mesmo. Enfim, é assim mesmo. Muito obrigada, Tania, pelo recorte que você me mandou sobre cinema, sobre aquele pedaço de escrever, vamos dizer, de fora para dentro. Chegou mesmo a calhar o recorte... No dia anterior, antes de dormir, eu estava pensando assim: por que é que eu consegui descrever uma galinha e mesmo alguns sentimentos da galinha, sem descrever os "pensamentos" da galinha? Por que não faço isso com alguns personagens do livro, por que não os vejo de fora? O seu recorte veio me dar grande apoio. O título, Elisa, não me parece estranho porque... porque fui eu que botei..., e mesmo estou habituada a ele. Mas concordo que é um pouco estranho.

Agora, Tania, o fato de você ver no título um cacófato "aveia", acho que foi uma questão pessoal sua, foi uma ques-

---

[4] "Mãe, eu tenho algo para lhe contar."

[5] Esposa do diplomata Mário Gibson Barbosa.

tão de você ter se aproximado do título por uma porta do lado... Porque "A veia no pulso" é até uma frase feita, não há como pensar em "aveia no pulso" quando se diz que médico foi sentir a veia no pulso ou etc.

Consultei a opinião "auditiva" de várias pessoas que me disseram que não lhes ocorreu nem por um momento a palavra "aveia". Quem sabe se você estava por acaso já com a palavra "aveia" na cabeça? Ou então, talvez, você analisou demais palavra por palavra no título, não sei. Eu sondei com várias pessoas diferentes que impressão tinham do título, sem elas lerem o livro. Yolanda, antes de ler, disse: me dá impressão de pulsação. Maury disse: me dá a impressão de vida. Érico disse: dá impressão de força, como de ferro. (?) Peço a você o favor de reconsiderar... O livro está me dando muito desgosto, acho que fracassei. Foi um livro muito difícil de fazer, o que não é desculpa. Mas ainda vou trabalhar nele. Se eu conseguisse dar a ele certa maciez que consigo dar nos meus contos, se conseguisse dar a ele o movimento mais rápido que consigo às vezes no conto... Mas também preciso considerar que romance tem um ritmo diferente, a respiração é outra. Enfim, é trabalho duro, e é assim mesmo.

Amanhã, indo para Washington, vou ler as cartas de vocês, e já estou antecipando o prazer. Ando melhor da cistite, se bem que continue indo de vez em quando ao médico para tratamento. Parece que vem de estado infeccioso. Não sinto mais nada, o que é ótimo. Por falar em estado infeccioso, como vai o tratamento de dentes? Está dando o resultado esperado? Elisa, não sei porque você diz que não recebi os livros que você mandou para Pedrinho: não só recebemos, como lhe escrevi dizendo que ele gostou. Será que se perdeu a carta ou você esqueceu? Recebi o livro da Dinah Silveira de

Queiroz,[6] mas ainda não li, porque chegou em vésperas de aniversário, e eu agora emprestei a Zilah porque ela gosta muito de ler teatro. Você gostou do livro? Vou ler logo que ela me devolva. – Os dias estão ficando mais longos e menos escuros, o que é promessa para uma futura primavera, o que é um alívio. Está sendo um inverno muito duro e constante, com vento. (Desculpem a escritura, a máquina de Zilah é um pouco dura.) Tenho muita emoção (!) de estar na mesma cidade em que mora a família rica de Grace Kelly,[7] já é alguma coisa. Que casamento chato o deles! "Muito entre nós", creio que se trata de casamento chamado de interesse.

Quinta-feira tem um *cocktail* na Embaixada para a comitiva americana que foi à posse de Kubitschek.[8] Que mais? Acho que nada propriamente. Será que esta carta pega você no Rio, Tania, ou você já estará em Bocaina? Marcia está gostando? E você, Elisa, como foi de Miguel Pereira? conseguiu dormir bem?

Amanhã ou depois, quando tiver as cartas de vocês na mão, lerei e responderei. Por hoje é só.

Esta carta está "decididamente" muito "shangai", a próxima será "kar". (De onde vem essa expressão "kar"?)

Um beijo para Filomena, um abraço para William.

Com amor,

Clarice Kelly

---

[6] Clarice deve ter se referido à peça *Oitavo dia* (1956), de Dinah Silveira de Queiroz (1911-1982). A autora de *Floradas na serra* (1938) era casada com o diplomata Dário de Castro Alves. Tornou-se amiga de Elisa Lispector e chegou a editar *O dia mais longo de Thereza* (1965) na Gráfica Record Editora. Era admiradora da escrita de ambas as irmãs Lispector.

[7] A atriz Grace Kelly (1929-1982) tornou-se princesa de Mônaco em decorrência do seu casamento com o príncipe Rainier III (1923-2005). Protagonizou o filme *Disque M para matar* (1954), sob a direção de Alfred Hitchcock. Em 1955, estrelou com Cary Grant o filme *Ladrão de casaca*, também dirigido por Hitchcock e filmado em Mônaco, além do célebre *Janela indiscreta*, em que contracenou com James Stewart. Seu último filme foi *Alta sociedade* (1956), dirigido por Charles Walters.

[8] A posse de Juscelino na presidência da República ocorreu em 31 de janeiro de 1956.

[A Elisa Lispector e Tania Kaufmann]

Washington, 17 março 1956 – Sábado

Minhas queridas,

recebi sua carta, Tania, que me deu tanto prazer. Pelo fato de você ter resolvido "tirar férias até 1957" – acho ótimo. Que diabo, a gente tem o direito de deixar o barco correr! As coisas se arranjam, não é preciso empurrar com tanta força. Você tem feito muito por Márcia; faça menos, e verá mesmo que às vezes a gente pensou que o mundo rodava porque estávamos rodando uma manivela. Como estou meio cansada de "fazer força" e de empurrar, entendo bem você. Felizmente as coisas não dependem assim de nós. Estou cansada de me preocupar... Também queria tirar férias de preocupações!

Não é necessário falar com a moça, como já lhes escrevi na última carta e não sei se vocês já a receberam. Recebi resposta dela, tão asseguradora quanto possível. Espero que vocês tenham recebido as lembrancinhas que lhes mandei pela Marú. O vestido serviu para Márcia? Ela gostou? provavelmente terá que fazer modificações. Quem está cozendo para vocês? Comprei para mim três vestidinhos simpáticos porque estava andando demais de saia e blusa e saia e *sweater*. – Recebi o recorte com aquela frase que Antonio Maria[1] ouviu, frase curiosa e inexplicável, e, sinceramente, não tão lisonjea-

[1] Antonio Maria (1921-1964). Durante o ano de 1955, o cronista e compositor assinou a coluna "Mesa na pista" no jornal *O Globo*, comentando a vida noturna nas boates de Copacabana.

dora... Ninguém gosta de ter o próprio caráter em monumento... Preferia sinceramente ser Ava Gardner[2] sem caráter... Meu caráter anda me enjoando bastante ultimamente.

As crianças estão bem. Paulinho acabou de levar uma queda lá fora no gelo, o que me deu um susto enorme: a boca ficou bem arranhada, espero em Deus que não fique marca. Ele está um amor, engraçadíssimo, disposto, malcriado, comendo só como passarinho, muitas vezes e pouco de cada vez. Um dia desses ele teve uma briga corporal bastante forte com Pedrinho, Maury apartou-os e disse: Vocês não precisam brigar. Ele respondeu com a mão na cintura: *Yes, we have to fight because we are boyses!*[3] Um dia desses Pedrinho disse uma coisa engraçada, e eu dei um abraço nele; quando vi, Paulinho estava atrás de mim puxando meu vestido dizendo meio tímido: Mamãe, eu está aqui! Pedrinho continua com as leituras dele. Ontem de manhã Avany[4] chamou-o para arrumar os brinquedos e ele disse que não queria. Ela disse: Muito engraçado, você brinca com os brinquedos, e eu que arrume, não é? Então ele respondeu muito pausado: "*For men must work and women must weep.*"[5] Me surpreendi muito, não somente porque soou claramente como citação (por causa do tom pausado), como pela forma claramente literária da frase (a tradução é: pois homens têm que trabalhar e mulheres têm que chorar – mas se a frase fosse trivial não seria usado o *for* e sim *because*) – como me surpreendi

---

[2] Ava Gardner (1922-1990), atriz do cinema clássico de Hollywood, considerada uma das mais belas atrizes da história do cinema.

[3] "Sim, nós temos que lutar porque nós somos garotos", com a grafia da última palavra, "boys", errada.

[4] Avani ou Ava, como Pedrinho a apelidou, saiu do Brasil aos 16 anos de idade para cuidar dos filhos de Clarice, porém quando esta decidiu voltar, Avani preferiu permanecer nos Estados Unidos, pois iria se casar com um inglês. Em "Viajando por mar" (1ª parte) (Cf. TC, p. 407), Clarice relata a história de Avani, com quem quase se reencontra quando vai ao Texas, em 1963, para fazer uma palestra: "Fascinavam-na a viagem e a vida de diplomatas."

[5] "Porque homens têm que trabalhar e mulheres devem chorar."

pelo fato da frase ser citada com um "a propósito" tão perfeito. Perguntei a ele: quem te disse isso? (pensando que era alguma coisa da Bíblia aprendida talvez na escola). Ele disse muito negligente: eu li na enciclopédia. Eu perguntei: e como é a história? Ele: oh não é história, é *poetry*! Eu disse: você gosta de poesia? Ele negligente: de algumas. Eu: como é que você explica essa frase? Ele meio chateado: *oh mother, that's poetry!*[6] – Infelizmente ele não se lembrava mais em que volume da enciclopédia ele achou a frase, e não sei de que autor é. Ele vive às voltas com animais, disse que eu sou uma mistura de tigre e veado.

Elisa, como vai a sua viagem? Você não tem falado nela. Para quando é? Quanto tempo de estudo você passará aqui? que cidades percorrerá?

Os Veríssimos adiaram a viagem para fins de agosto, começo de setembro. O que é bom para nós. É mês de março mas veio neve e um frio horrível. Tomara que o calor venha.

Meu livro está com Érico que parece estar gostando muito.[7] Ele está fazendo várias anotações e vamos ver se concordo. Tinha uma vontade louca de me ocupar muito, mas não em livro, estou muito cansada. Esse livro teve umas oito cópias, cada uma um pouco diferente da outra. Mas queria me ocupar, cabeça sem emprego só dá chateação.

Queria me ocupar que de noite eu estivesse bem cansada. Vamos ver.

Minhas queridas, me escrevam. Com amor

Clarice

---

[6] "Ora, mãe, isso é poesia!"

[7] É *A maçã no escuro*, último livro escrito no exterior. Foi publicado pela Francisco Alves, em 1961. Ela também dá notícias da conclusão do romance nesse período em carta a Fernando Sabino (7 de maio de 1956): "Quanto daria para você ler e me dizer o que devo ou não tirar, se o livro está ambicioso ou pretensioso, só Deus sabe, eu não sei." Pede sugestões de editores que poderiam se interessar em publicá-lo: "Acho que vai se chamar 'A veia no pulso.'"

[A Elisa Lispector e Tania Kaufmann]

Washington, 25 abril 1956, quarta-feira

Minhas queridas,

Tentei ver se arranjava uma escolinha maternal para Paulinho, que anda tão esperto e pronto para brincar com crianças (na rua quase não tem crianças). Fui visitar uma, mas meu coração me disse que não. Achei que a vigilância no playground era deficiente. Eu disse à professora que, sinceramente, tinha medo de que a criança se machucasse etc. Ela me respondeu: ah não, este ano não tivemos nenhum acidente. O que me esfriou. Quando vi então uma meninazinha levar uma queda e gritar: *mammy!*, então resolvi (depois de dois dias de cruel meditação) que Paulinho era muito pequeno para ficar gritando mamãe. O que é bobagem, pois Pedrinho tinha a idade dele quando foi para o Recanto Infantil. Mas a escola não me deu confiança.

O Jango[1] vem aí, e não me sinto mentalmente pronta para recebê-lo. Sem vê-lo, já o clarividencio completamente. Vai haver recepção na Embaixada na terça-feira.

A primavera está custando demais este ano, faz frio e muita umidade: o ano passado, a essa altura, tudo estava já estabelecido, quero dizer, a primavera. Ainda estou estudando inglês, se é que se pode chamar de estudar. Com a minha enorme preguiça e impaciência, as aulas (uma por semana)

---

[1] João Goulart (1918-1976) era vice-presidente da República no mandato de Juscelino Kubitschek (1902-1976), que se desdobrou de 1956 a 1961.

terminaram sendo de conversa, e estou com os verbos exatamente onde estavam antes, isto é, mal colocados.

Minhas queridas, vou terminar porque quero que Avany, que tem folga hoje, leve a carta no correio.

Um beijo para vocês.

Com amor e saudade,

Clarice

[A Fernando Sabino]

Washington, 7 maio 1956, segunda-feira

Fernando,

este é um *ghost* chamado Clarice escrevendo para você. Há tanto tempo não nos comunicamos que tenho a impressão de estar fazendo uma viagem difícil até atingir você. O que não quer dizer que não penso em você, em escrever, e em pedir notícias suas e em dá-las! Como vai seu livro?[1] Em que ponto está? Que é que você está fazendo em matéria de escrever? Que pena eu não estar aí e saber tudo em conversa, e poder fazer perguntas e ouvir respostas. Estou copiando meu romance, por assim dizer terminado. Acho que vai se chamar "A veia no pulso".[2] Mas o nome me parece tão solto às vezes. Quanto eu daria para você ler e me dizer o que devo ou não tirar, se o livro está ambicioso ou pretensioso, só Deus sabe, eu não sei. Já me sinto longe dele, ele não me diz mais nada – e o que escrevi com o coração perturbado, leio agora com a frieza de desprezo. Estou muito mais interessada num conto que fiz chamado "O búfalo"[3] que tem dentro dele uma violência que me faz tremer.

Fernando, que editor você acha que quereria publicar "A veia no pulso"? (o livro tem 400 páginas). Se você me disser o nome de dois ou três possíveis, eu escreverei para eles "oferecendo". Mas queria que fosse um editor que pudesse

[1] Fernando Sabino estava escrevendo *O encontro marcado*.

[2] Esse foi o primeiro título de *A maçã no escuro*.

[3] Esse conto foi publicado em *Laços de família* (1960).

publicar sem demora, o mais rápido possível – e não promessa para quando houver tempo. Esperas me fazem mal, me atrapalham, fazem de mim uma impaciente. Não tem que ser bom editor, tem que ser rápido – e me deixar então livre. Para quem devo escrever? Quando o livro estiver copiado com as correções, de qualquer modo mando para você ler antes da publicação.

Fernando, como vão Helena e as crianças? E quando é que você vem por aqui? Estou com saudades de vocês todos. Como estão Paulo e Joan, Oto e Helena? E o Hélio? Mas me diga sobretudo o que você tem escrito, sim? Não demore a responder, um sentimento ruim é o da impaciência.

Maury manda um abraço para você.

Sua amiga de sempre,

Clarice

Alguma notícia do Simeão Leal?[4]

---

[4] Fernando Sabino recebeu os contos que Clarice enviou para Tania entregar a Simeão Leal. Suas impressões entusiasmadas estão registradas em uma carta a Clarice publicada em CPC (Cf. 30/5/1955). (Cf. Carta de Clarice Lispector a Simeão Leal publicada neste volume para entender os bastidores da tentativa de publicação dos contos, o que não correu.)

[A Elisa Lispector e Tania Kaufmann]

Washington, 8 maio 1956, terça-feira

Minhas queridas,

Ontem mesmo escrevi para vocês contando sobre N. York, e hoje recebi duas cartas de vocês. Fiquei tão contente com seus cursos, Elisa. O que importa mesmo é "fazer" – fazer coisas. Os americanos dividem muito os atos em positivos e negativos. Quanto mais atos positivos, mais tudo vai para a frente. E o tempo aqui está lindo, todo fresquinho e novo, com folhas novas. E em breve pretendo começar a tomar aulas de direção. O que não impede que, como Anna Magnani,[1] e como a maioria das pessoas que conheço, viva em estado de decepção... Você tem razão, não adianta se preocupar pois para cada problema existem muitas soluções. Ontem fiquei preocupada porque um colega de Maury que veio aqui com o Jango me disse que tem os três filhos no colégio Princesa Isabel (na rua Salvador), e são crianças de oito anos para baixo. Pois o primeiro mês de aula ele recebeu conta (juntando com matrículas) de 12 contos e 600. Que foi lá reclamar, disseram que era assim mesmo, mas terminaram fazendo um ajuste de metade. Mas mesmo assim 6 contos e tanto não é brincadeira. E todos dizem que tudo está tão, tão caro. Mas é bobagem, nós conseguíamos viver antes,

---

1 Anna Magnani (1908-1973) é uma das maiores atrizes do cinema italiano, foi dirigida por Vittorio de Sica e Federico Fellini. Em 1955, recebeu o Oscar de melhor atriz por sua atuação em *A rosa tatuada*, uma adaptação da peça de teatro homônima de Tennessee Williams.

e conseguiremos depois também. Preciso talvez de um sabonete de Defesa Pae Jacob,[2] provavelmente melhor que Palmolive.

Boa ideia de você, Tania, dar o nome de Paulinho para o colégio Bennett, se bem que seja tão difícil. Gostei também e muito, Elisa, de você tomar um curso de empostação de voz. Dá mais segurança. Em Nova York fui ver *The Lark*, do Anouilh[3] com Julie Harris que sempre considerei (por causa de dois filmes que uma vez vi) uma das maiores atrizes. É a história de Joana D'Arc. Muito emocionante, uma beleza. – No fim de sua carta, Elisa, tão boa e tão cheia de boas notícias, você me diz "espero não ter cansado você". Ora, das duas uma: ou você me acha bem frágil ou acha que é pessoa que cansa. Como você sabe que eu não sou frágil, provavelmente se inclina para a segunda hipótese. Pois então vou lhe contar que estive dois dias com Mafalda em N.Y., e, apesar de aqui estar diariamente pelo telefone com ela e vê-la com muita frequência, fiquei com medo de que ela tivesse ficado cansada de mim; voltamos no domingo, e segunda-feira telefonei para ela de manhã para saber notícias, mas sempre com cuidado, pensando que o melhor era não vê-la por vários dias para ela descansar de mim, dei um telefonema breve e me despedi. De tarde, nessa segunda-feira, (ontem) fui ao dentista, e quando voltei soube que ela tinha passado aqui com intenção de tomar um cafezinho comigo, aproveitando o fato do filho estar com o carro. O que derrubou completa-

---

[2] O sabonete de Defesa Pae Jacob ou Pai Jacob é vendido em casas de produtos religiosos de matriz africana. Conforme o exposto por Clarice, ela o desejava como uma espécie de atraidor de bons fluídos, já o Palmolive, nos anúncios da época, prometia tornar a cútis aveludada como pétala de rosa.

[3] *The Lark* (1953), de Jean Anouilh (1910-1987), foi adaptada para o teatro por Lilian Hellman. Estreou no Longacre Theater, na Broadway, em novembro de 1955, e alcançou sucesso estrondoso. Julie Harris obteve o Tony Awards por sua interpretação de Joana D'Arc. Foi adaptada para a TV e o cinema.

mente a minha hipótese. Não acho que se deva pensar que se é formidável e que não se cansa os outros; claro que isso pode acontecer, e mutuamente, e sadiamente, pois faz parte do ser amigo ter também o direito de se irritar e de se chatear às vezes: quando isso nunca acontece é porque a pessoa não está à vontade. Mas ter este sentimento, de cansar os outros, com muita frequência ou com muita intensidade, já é neurótico... E eu sei disso: sou mestra... – Um dia desses tive um ódio muito forte, coisa que eu nunca me permiti; era mais uma necessidade de ódio. Então escrevi um conto chamado "O búfalo", tão, tão forte, que, por experiência, fui ler para Mafalda, Armando Pires (um rapaz que mora aqui e trabalha na União Panamericana) e para Maury, e eles sentiram até um mal-estar. O rapaz disse que o conto todo parece feito de entranhas... Maury, é claro, não gostou: assustou-se com a violência. É a história de uma mulher que vai ao Jardim Zoológico para aprender com os bichos como odiar. Mas é primavera e os animais estão mansos, mesmo o leão lambe a testa da leoa. Essa mulher, que só aprendeu a perdoar e a se resignar e a amar, precisa pelo menos uma vez tocar no ódio de que é feito o seu perdão. Entende-se que ninguém tem culpa: ela está tentando odiar um homem cujo "único crime impunível" é não amá-la. Na verdade, por mais irracional que fosse, ela o odiava, só que não conseguia sentir em cheio o próprio ódio. Depois é que vem o búfalo. Mas estou vendo que estou matando a história, contando-a desse jeito. Um dia vocês verão.

Estou copiando o livro, mas muito devagar e já sem interesse. Quando acabar, mando.

Um beijo para vocês, Deus abençoe vocês.

Clarice

[A Fernando Sabino]

Washington, 12 julho, 1956, quinta-feira

Fernando,

eu pretendia responder imediatamente a sua carta, mas me deu pânico em relação ao livro, um desses frios que se tem quando se vê sem ilusões a realidade. Mas agora o pior do frio passou – e o livro seguirá pelo primeiro portador, e se não houver, pelo correio. Provavelmente mandarei direto para Tania; mas se ela não estiver com tempo para ler depressa, pedirei que ela passe logo para você. Claro que quero que você o comente comigo antes mesmo da publicação! E pelo amor de Deus, me dê a honra de ser franco. Eu poderia dizer a você já agora o que acho dele. Mas prefiro que você leia antes e depois lhe farei perguntas. O que acho dele faria com que você tivesse preguiça antes de começar.

Estou muito contente que a Civilização Brasileira[1] se encarregue da publicação. Sempre simpatizei com eles, e ainda mais o fato deles irem publicar seu livro também. E, ainda mais, se eles prometem não demorar. Minha vontade de me livrar das coisas é quase doença; por exemplo, me parece que estou para sempre amarrada ao livro de contos do Simeão Leal. Peço apenas que a Civilização Brasileira prometa me mandar as provas para eu corrigir. É possível? Natural-

[1] Fernando disse-lhe que a Civilização Brasileira prometera publicar *A maçã no escuro* entre os meses de outubro e novembro.

mente pago o transporte. Isso tudo, é claro, se eles ainda quiserem publicar depois de ler.

Me mande seu livro,[2] Fernando. Estou impaciente para lê-lo! Se está acabado e copiado, então o que você ainda está esperando pra me mandar?

Vou passar o conto "O búfalo" a limpo e mando para você. O título é mais *exciting* que o próprio conto. Tenho mais dois contos: um sobre um pintinho e uma menina, outro sobre "a menor mulher do mundo".[3]

Fernando, me escreva, está bem? Está me acontecendo uma coisa tão esquisita: com o tempo passando, me parece que não moro em nenhum lugar, e que nenhum lugar "me quer"... Agora que Érico Verissimo e Mafalda vão voltar para o Brasil, fico solta no mundo... (isso é também para comover você). Escreva-me para me dar alguma realidade. E mande o seu livro, o que me dará ainda maior realidade.

Um abraço da amiga

Clarice

Fernando, me dê o nome de alguns livros americanos para eu ler. Não leio nada, e não sei como me aproximar de alguma coisa boa.

Oh Fernando, o livro me parece pretensioso (mesmo que tenha sido escrito sem essa intenção) e cacete e falho. E o título me dá enjoo.

---

2 A Civilização Brasileira editou *O encontro marcado* em 1956.

3 "A menor mulher do mundo" foi publicado em *Laços de família* (1960) e "A legião estrangeira", no livro de mesmo título.

[A Elisa Lispector e Tania Kaufmann]

Washington, 25 julho 1956, quarta-feira

Minhas queridas,

A praia onde vamos é a três horas e pouco daqui. Vamos passar uns doze dias num apartamentozinho alugado. Mas as cartas de vocês chegarão logo a mim.

Tania, meu bem, não se canse demais com a mudança, vá fazendo tudo aos poucos, tem tempo. E não ligue para pequenas coisas, não se impaciente com a lentidão de várias coisas.

Elisa, querida, estamos todos ansiosos pela sua chegada, até procuro não pensar para não ficar muito *excited*. Paulinho ficou com ciúme. Quando eu disse que você vinha, ele ficou muito contente. Mas eu acrescentei: ela é minha irmã. Ele, depois de uma pausa, disse: não diz isso senão eu choro. Acho que ele quer tia, mas que não tenha nada a ver comigo. Ele, aliás, anda em fase de ciúme declarado. Me disse: eu quero que você só tenha um filho, eu. Eu disse: e Pedrinho? Ele: manda ele para a escola! Tenho a impressão de que você vai gostar muito de Pedro e Paulo... Ou me engano????

Vou mandar esta carta para o seu novo endereço, Tania, porque tenho medo de que de repente mudem a data de partida de você, Elisa, e a carta se perca.

Um beijo e até breve.

Clarice

Elisa, você recebeu meu telegrama de aniversário? Felicidades, minha querida! E, Tânia, bem-vindos à nova casa e que Deus guie vocês todos.

[A Mafalda e Erico Verissimo]

Washington, 7 de setembro de 1956,
Sexta-feira, 10 horas a. m.

Prezados sr. e sra. E. Verissimo,

Como é do conhecimento dos senhores, meu marido e eu, não tendo infelizmente religião (por enquanto), criamos nossos filhos na ideia de Deus, mas sem lhes dar rituais definitivos, e à espera de que eles próprios mais tarde se definam.

Tendo terminado com algum esforço frase tão comprida, venho ao assunto principal que é o objetivo emocionado desta carta. Desejo perguntar-lhes se acreditam na possibilidade de padrinhos leigos. Eu acredito. No caso do sr. e da sra. Fal também acreditarem, esta carta os convida, em nome de uma amizade perfeita, a serem padrinho e madrinha de Pedro e Paulo. A condição única é continuarem a gostar deles.

No caso dos senhores não aceitarem, *no hard feelings*. Mas a verdade é que, por três anos, vocês têm sido os padrinhos deles, por tácito, espontâneo e comum acordo. Restaria apenas legalizar uma situação que aos poucos estava se tornando escandalosa.

Se eu disser que a ideia já me havia ocorrido mais de uma vez, os senhores hão de duvidar. Pois acreditem. Quando o senhor E. Verissimo aventou a hipótese, meu coração se rejubilou, e, quando o digo, não estou brincando.

Aí pois fica o nosso convite. A resposta deverá ser dada antes do embarque, pois, em caso de uma afirmativa, quero anunciá-la às crianças.

Na esperança do convite ser aceito, ouso assinar

Comadre Clarice

(sempre tive secreta inveja da comadre Luísa.)

[A Fernando Sabino]

Washington, 21 setembro 1956, sexta-feira

Fernando,

recebi ontem, quinta-feira, sua carta, tendo antes recebido o telegrama que me emocionou muito – para dizer a verdade, parece que me emocionei ainda mais com a amizade que com a referência ao livro. Sua carta está ótima, Fernando. Li e reli. Você tem razão em todos os reparos que fez, e já comecei ontem mesmo a estudá-los e aplicá-los, menos os mais difíceis.[1] Por exemplo, você tocou num ponto que desde o começo da escritura (!) do livro me afligiu: o tom conceituoso, dogmático. Vou tentar explicar, mas explicar não justifica.

1) Eu queria me pôr completamente fora do livro, e ficar de algum modo isenta dos personagens, não queria misturar "minha vida" com a deles. Isso era difícil. Por mais paradoxal que seja, o meio que achei de me pôr fora foi colocar-me dentro claramente. Como indivíduo à parte, foi "separar-me" com "eu" dos "outros". (Está confuso?) Hesitei muito em usar a primeira pessoa (apesar desse tipo de isenção me atrair), mas de repente me deu uma rebeldia e uma espécie de atitude de "todo mundo sabe que o rei está nu, por que não dizer?" – que, na situação particular, se traduziu como: "Todo mundo sabe que 'alguém' está escrevendo o livro, por que então não admiti-lo?"

---

[1] Clarice acatou diversas das sugestões de corte e reescrita do livro *A maçã no escuro* feitas por Fernando Sabino, incluindo a supressão do prefácio, conforme pode ser lida na carta enviada de Washington em 14 de maio de 1957, publicada neste volume.

2) Outro motivo do tom conceituoso, esse motivo mais íntimo e puramente pessoal, foi (suponho) a necessidade de enfim não ter medo de, afirmando, errar. Foi uma coragem, se bem que trêmula, se bem que incrédula de si mesma. Como você está vendo, explicar não justifica. Resta uma pergunta a mim, mas sobretudo a você: cortar a primeira pessoa não exigiria uma alteração profunda no livro? Tenho medo de, tirando a primeira pessoa, ter que mexer em muito mais. É preguiça minha, também. Se eu for um pouco bondosa comigo mesma, direi que é mais que preguiça: é exaustão de sentimentos, quanto ao livro e quanto ao geral.

Ultimamente, como você uma vez me escreveu citando Rubem,[2] passaram-se muitos anos. Para modificar a estrutura do livro, eu teria que me pôr no clima dele de novo – o que me apavora, pelo menos neste instante. Foi um livro fascinante de escrever, aprendi muito com ele, me espantei com as surpresas que ele me deu – mas foi também um grande sofrimento. Como voltar a ter contato íntimo com ele, sem provocar de novo em mim um estado de exaltação que, por Deus, não quero. Minha vontade seria mesmo viver em estado conceituoso, é tão mais calmo, dorme-se melhor.

Tudo o que estou dizendo é meio bobagem, Fernando. O mais provável é que eu pudesse trabalhar friamente no livro. Mas acontece também que tenho receio de trabalhar friamente e tomar uma atitude arbitrária. Sei lá. Me diga se você acha que o "prefácio" prejudica muito o livro. Se você achar mesmo, vou fazer alguma coisa. Enquanto isso vou "meditar" a respeito. Mas meditar comigo é sempre uma coisa esporádica, além do quê tenho que vencer minhas próprias teimosias. Tudo isso podia fazer com que o livro ficasse pronto só daqui a muito tempo. Além do mais meditação é

[2] Rubem Braga.

coisa que me deixa com olheiras e com frio – e é neste estado que estou escrevendo a você agora. Queria adiar esta carta para quando estivesse mais esperta. Mas não só não queria deixar sem resposta imediata sua carta que me deu tanta alegria e presença sua, como estava com vontade de falar com você. Na verdade era falar mesmo, não escrever.

Como sempre, você entendeu o livro completamente. (Estou me referindo ao resumo que você fez dele.) E, como eu disse, concordo com todos os reparos. O melhor é não precipitar a publicação, provavelmente as transformações poderão ser feitas citando página e linha. (Nesse caso, você teria o trabalho de modificar, o que me encabula. Se na ocasião você estiver ocupado, podia dar talvez a outra pessoa, mas eu preferiria que fosse você.)

Uma coisa que me espantou é que você não falou de algo que me preocupava: o "tom maior" do livro. Bem que tentei evitar, mas "foi mais forte do que eu". Talvez você tenha querido se referir a isso quando falou nas exclamações, gritos etc.? A cena do ajoelhamento e pedido de perdão (de Martin, lembra?), por exemplo, me constrange um pouco – mas teve que ser assim, e para dizer a verdade, quando eu a relia, me emocionava horrivelmente e não achava nada falsa a cena. Tinha que ser.

Me escreva, sim? Escreva depressa mesmo. E me mande seu livro. Por Deus, Fernando, até parece que estou mesmo falando inutilmente e que você não tem a menor intenção de mandá-lo.

Não sei como agradecer sua amizade, Fernando.

Tanta saudade da

Clarice

[A Elisa Lispector e Tania Kaufmann]

Washington, 9 outubro 1956, terça-feira

Minhas queridas,

Estou em atraso de correspondência, de novo, me desculpem. Mas tudo está bem, só os problemas e probleminhas correntes. Mas, antes de continuar, quero dizer o seguinte: também acho, Elisa, arriscado você vir esse outono-inverno. Ficaria mais descansada se viesse na primavera. Se você fosse ter três meses e mais de vida descansada, saindo quando e como quisesse, e, sobretudo, ficando por aqui, estaria bem. Mas você certamente irá ao norte também, onde há coisas importantes, a Boston, por exemplo, onde o clima é rigoroso, com neve demais e muito frio. Hoje, por exemplo, o dia está lindo e não frio, apenas fresco; então me dá a ideia de que você bem que podia vir. Mas a verdade é que Pedrinho está meio resfriado e eu andei cheia de ameaças de gripe. O que lhe peço, então, é o seguinte: <u>me dê o nome da pessoa aqui com quem possamos falar e garantir sua vinda na primavera</u>. Peça o nome na Embaixada aí, e me escreva.

Vocês, ou uma de vocês, deve ter estado com Mafalda e Érico. Tudo bem? Não lhes escrevi, quer dizer, não escrevi para eles porque cada vez mais detesto escrever carta, é um esforço danado e me parece que não compensa – mas como gosto de recebê-las! Para Fernando só consigo escrever coisas concretas, mesmo assim adio. – Por falar em Fernando Sabino, ele também não gostou do título, disse também que soou como "aveia no pulso", e disse que a outros também pareceu desagradável. De modo, Tania, que, da sua parte, não foi apenas um "modo de ouvir" pessoal ou de circunstância. Recebi um bilhete do editor dizendo que ia ler o livro, em vistas a possível publicação. Mas que, já de início e antes de ler o livro, lamentava não gostar do título que soou como "aveia". Engraçado é que, aqui, mesmo depois de eu falar em "aveia", ninguém achou. Mas estou, não só convencida, como enjoada do nome. Só que ainda não tenho outro. Vou pensar, já sem o menor prazer pois estou muito afastada do livro. Também tenho que fazer modificações no livro, que dão trabalho, levam tempo e me deixam impaciente e com preguiça. Além disso, pedi a um rapaz brasileiro que trabalha na revista *Américas*[1] algum trabalho de tradução para me ocupar – isso antes de ter a ocupação de revisão do livro – e para ver se ganhava algum dinheirinho. Ele me deu, e a tradução me dá trabalho. Vou pegar o dinheiro e comprar tudo de roupas para mim, pois ando bem desfalcada ou com roupa já enjoada demais.

Ainda não mandei os retratos do aniversário, mas quando ficarem prontos mandarei.

Um beijo para Filomena-querida, um abraço para William. E Deus os abençoe.

Clarice

---

[1] Só há registro da revista *Américas* ter publicado um único conto de Clarice Lispector: "Tentação", no número de março de 1955.

[A Elisa Lispector e Tania Kaufmann]

Washington, 18 outubro 1956, quinta-feira

Minhas queridas,

Não sei por quê, tenho a impressão de que há anos não conversamos. Aliás sei por quê: é que uma das coisas mais insatisfatórias do mundo é carta. A gente termina sabendo tão pouco. Mas, enfim, é assim mesmo. – Antes de mais nada, Mafalda fez alguma confusão mesmo: as seis fazendas, assim mesmo como foram descritas por você, Tania, foram mandadas por mim para vocês, juro que não mandei nada para Porto Alegre... Quanto a pérolas cultivadas, entendo a confusão de Mafalda: é que eu andei vendo uns brincos e pulseiras para vocês, mas não tinha nenhum modelo mais simpático, adiei um pouco, e depois ficou tarde, de modo que fica para outra vez. Os brincos que mandei para vocês não valem senão como curiosidade, que aliás é capaz de já estar aos milhões por aí, e eles foram mandados porque eu pretendia mandar outros, senão não mandaria esses por eles mesmos. Espero que a cunhada da Gissa e do Valle já tenha entregue as lembranças que mandei para vocês; como disse no bilhete que botei no embrulho, foram escolhidos correndo, desculpem se não acharam bonitinhas. Recebi telefonema de Rubem Braga de Nova York, ele disse que ia mandar pelo correio o pacote, mas deve ter esquecido, um dia desses provavelmente ele se lembrará e mandará. Muitíssimo obrigada! – Aqui tudo regular. Desde que aprendi a guiar, isso tem me sido de grande utilidade, e muitas coisas são feitas porque sei guiar. Mas a verdade é que me tornei uma leva-e--traz, como eu calculava, e muita coisa me dispensaria e me deixaria mais livre se eu não soubesse guiar. De manhã levo Pedrinho para escola (a pé), volto, espero meia hora, levo Paulinho de carro para a escola, volto, Fernanda leva Maury para a Embaixada para eu poder ter o carro de volta, meio-dia vou buscar Paulinho, trago de volta, espero meia hora, vou buscar Maury na embaixada, volto. Se preciso do carro de tarde, levo Maury depois do almoço para a embaixada, volto, e às seis horas vou buscar de novo... É bastante demais. Paulinho já pediu para ficar sozinho na escola, o que é grande alívio. Como ele não aprende nada na escola, ele volta e mente, e diz que a professora ensinou ele a dar cambalhota etc. Ou às vezes ele diz: ela não me mandou fazer dever em casa. Só para imitar Pedrinho. Paulinho é um humilhado e ofendido pelo fato de não saber ler e escrever. Quando alguém por acaso diz para ele: você leu isso? (em vez de: você viu isso?), ele muda depressa de assunto, ou faz um ar completamente sonso e finge não ter ouvido. Pedrinho se preocupa com o fato de Paulinho completar quatro anos antes dele, Pedrinho, completar nove. O que ele quer é distância... Ontem de noite, quando eu pensava que Pedrinho já estava dormindo, ele me chamou e perguntou no escuro, com voz já meio cavernosa: *mother, an ignorant person can have hobbies?*[1] – Como é dificílimo ter vaga em escolas, e se precisa inscrever um ano antes, e não sei que escola convém a Pedrinho, fui a uma organização privada que existe e que guia a esse respeito. No sábado vão fazer uns testes com Pedrinho. Vamos ver o que sai de tudo isso. – Houve uma recepção na Embaixada, dada ao embaixador Décio Moura que é o novo secretário-geral do Itamaraty, e que estava de passagem.

[1] "Mãe, uma pessoa estúpida pode ter hobbies?"

Cada vez gosto menos de festas, é um sacrifício. Só vou ao que é estritamente dever, isto é, vou quando é caso de ir ou de causar encrenca ou muitas explicações. O meio não me interessa, as conversas não me interessam, os problemas deles não me interessam. Dar jantar em casa é outro sacrifício. Maury está pegando bastante gosto por essas coisas, embora procure negar. Mas eu cada vez me despreendo mais. É um problema.

Como é que se faz para vocês lerem meu livro? Não recebi carta do editor, que está com ele. Logo que eu receber, o que será sinal de que ele já leu o livro, escreverei para vocês para que lhe peçam o livro; enquanto isso já vou fazendo (se conseguir vencer preguiça e desânimo) as correções que são inúmeras.

Deus abençoe vocês e lhes dê saúde e alegria. Com tanto amor,

Clarice

Fui no baile com o vestido comprido rosa com aquelas "pedrinhas brilhantes" e o vestido fez muito sucesso.

[A Fernando Sabino]

Washington, 25 outubro 1956, quinta-feira

Fernando,

eu ia responder logo que recebi sua carta. Mas me deu uma crise de desânimo em relação ao livro, que se tornou geral, então não quis escrever enquanto não passasse – sabendo que, com a graça de Deus, ou o desânimo passaria ou eu passaria por cima dele.

Passei por cima dele. E embora sem crença, comecei a revê-lo. Só que tem sido lentamente: tenho tido pouco tempo. Não sei como você teve paciência com ele. Estou com pouca, ele é descosido, e tão mal escrito que muitas vezes não dá jeito de consertar. Será que você irá ter paciência quando eu mandar as correções citando página e linha? (As páginas com muita correção eu copio inteiras, para serem substituídas.) Me sinto encabulada até de ter pedido isso a você. Sinto-me encabulada até de ter pedido a você para ler, mas enfim...

Recebi carta de Ênio Silveira, há algum tempo, dizendo que falará do livro por carta ou pessoalmente (?!). Minha impressão é que, depois de ler, ele não vai querer publicar. Se for o caso, você podia facilitar-lhe a negativa para mim, dizendo que ele não precisa me escrever, que bastará dar o recado para você.

O mesmo, aliás, podia ser feito com Simeão Leal. Parece-me que ele não quer publicar e, como é mais fácil adiar que dizer "não", ele adia. Nesse caso, que é que você acha de eu escrever para ele, dizendo que não precisa mais publicar? Assim ele ficaria desobrigado até de adiar.

Fernando, como seria bom conversar com você. Não, ainda não li o livro do Guimarães Rosa, mas vou pedir lá em casa que me mandem. Hoje eu escreveria para você uma carta de 15 páginas ou um bilhete. Vai o bilhete. Tive notícias suas por Rubem que telefonou de N.Y. Ele não sabe se vem aqui. Eu bem que daria um pulo em N.Y. para vê-lo, não sei ainda, é tão difícil deixar a rotina desta casa. Me escreva, sem adiar muito, se possível.

Grande abraço da

Clarice

[A Elisa Lispector e Tania Kaufmann]

Washington, 5 novembro 1956, segunda-feira

Minhas queridas,

Além da saudade normal, tive ontem uma particular, uma vontade de passar uns quinze dias aí com vocês. Hoje recebi sua carta, Tania querida, e recebi um dia desses outra com seu retrato tão bom no concurso de cartazes. Não tenho é recebido carta sua, Leia, mas na certa vem amanhã ou depois. – Aqui tudo bem, apesar de umas festinhas da embaixada tão chatas que parecem um pesadelo. No dia 13 de novembro vamos para Boston com o emb. e a embaixatriz, convidados por uma organização qualquer, e ficaremos dois dias; dia 15 estou de volta. Vamos ter uns oitenta banquetes nesses dois dias, o que me dá enxaqueca prévia. Como vai ter jantar de meia-gala, e não queria usar vestido comprido das duas vezes, um dia desses, ao comprar roupas para as crianças com Avany, esta me induziu a comprar um vestido de noite curto. Ainda sou tão pouco madura para a minha idade que só compro coisas quando tenho a desculpa de que "fui mandada". Mas, se Deus quiser, isso há de mudar. Essa história de roupa minha é bem um sintoma de necessidade permanente de proteção, e de necessidade de ser mandada – e, quando sou mandada, me sinto mal e revoltada..., esquecendo de que sou eu mesma quem cria a situação de ser mandada. Que complicação! O vestido é muito bonito, branco, e tão justo e sexy que até pareço uma coisa que não sou, ou que, pelo menos, não pretendo ser... – Quanto a meu cabelo, cada vez que olho no espelho corto um pedacinho mais... Não tenho paciência de esperar que cresça, fico muito abatida quando ele está mais comprido. – Estou traduzindo dois artigos por mês para a revista *Americas*, seção brasileira. Me dá muito trabalho, pois eles são de uma exigência doentia quanto a estilo e a gramática, e são extrassensíveis quanto a qualquer ideia de cacófato, mesmo que o cacófato se faça de uma página para outra. Mas não faz mal, me canso muito, mas vou aprendendo. Não sei se isso vai durar, se eles terão verba ainda, mas já ganhei 100 dólares.

Paulinho está muito engraçado e sem-vergonha, com probleminhas de ir para a escola. Hoje, à porta da escola, começou a vomitar, e trouxe ele de volta. Filhos, hein! Paulinho me perguntou que é que eu faria se Deus tivesse me dado, em *vez de boys, uma árvore*... Achei que seria provavelmente mais fácil. Queridas, um beijo para vocês, e que Deus as abençoe. Um abraço para William, um beijo para Filomena.

Clarice

Parece que vou traduzir um livro de Somerset Maugham para a Livraria do Globo. Erico me escreveu, mas ainda não está completamente assentado. Depois escreverei. Terei uns três meses de trabalho, e parece que me darão 15 contos.[1]

---

[1] A Livraria do Globo, de Porto Alegre, uma das mais importantes do mercado editorial brasileiro, editou vários livros de Somerset Maugham na Coleção Nobel, entre os quais *Maquiavel e a dama* (1957). Clarice acabou não traduzindo por causa das atribulações do seu cotidiano, conforme confidenciou em carta às irmãs.

[A Fernando Sabino]

Washington, 12 novembro 1956, segunda-feira

Fernando,

aí vão as correções. Espero que fazê-las não lhe dê muito trabalho ou amolação. As páginas que tinham correções mais complicadas ou mais trabalhadas, eu as copiei de novo: é fácil substituí-las, basta despregar a capa.

Não recebi nenhuma carta de Ênio Silveira, calculo que ele não queira publicar. Você podia dizer a ele para me escrever? Mesmo que seja para dizer que não quer.

Rubem está em Washington desde sábado, temos estado constantemente juntos, ele está ótimo. A visita dele é uma das coisas boas de ultimamente. Aqui está começando o frio, o que sem se querer, muda a vida da gente. Amanhã vamos para Boston por dois dias, "a serviço". Um dia desses, quando eu estiver mais desocupada, copio meus três contos e mando para você ler. Não são bons, são gênero meio engraçadinho, mesmo um que não me parece engraçado.

Fernando, até breve. Diga se as correções vão lhe dar trabalho. Nesse caso, arranjo outro jeito. Um abraço grande de sua amiga

Clarice

Rubem disse que você está ótimo. Que bom, Fernando.
Muita saudade, da mesma[1]

[1] Em nota de rodapé a esta carta, publicada originalmente em CPC, Fernando Sabino explicou: "Quase todas as sugestões foram aceitas. As não mencionadas diretamente por ela levaram-na a recompor a página inteira: das quatrocentas e poucas dos originais, enviou-me em substituição nada menos que oitenta e três, completamente reescritas." Fernando Sabino reproduziu ainda o que chamou de: "Notas de leitura dos originais, remetidas em setembro, 1956", que não incluímos no presente volume pelo fato de não configurarem correspondência propriamente dita, além de não serem de autoria de Clarice e sim de Fernando Sabino, muito embora em determinados momentos Clarice responda aos comentários dele. Para quem se interessa especificamente por crítica genealógica, essa troca de ideias entre dois dos maiores nomes da literatura brasileira é da maior relevância.

[A Elisa Lispector e Tania Kaufmann]

Washington, 3 dezembro 1956, segunda-feira

Minhas queridas,

Sei que estou em atraso de correspondência, mas tudo aqui está bem. O frio já entrou, se bem que não demais. Mas de algum modo fico contente, Elisa, de sua viagem ser em outra época: não me agrada mesmo a ideia de você se resfriar por aí agora. As crianças estão bem, Maury está bem. Temos tido uma série de "compromissos sociais", mas bem chatos. Já comecei minhas compras de Natal – por enquanto 39 presentes..., fora algum que depois me lembro, sempre à última hora. Estou vesga. Seria mais simples tirar meu retrato e, muito emocionada, dar a cada um. Os 39 incluem crianças e adultos. E cortei qualquer criança de vizinho. – Uma revista literária publicada pela Universidade de New México, EE. UU., mandou uma carta para mim, endereçada para a revista *Americas*, referindo-se a um continho meu publicado lá em março de 1955..., chamado "Tentação". O editor diz que gostou, e pergunta se eu tenho alguma coisa para eles. Um rapaz brasileiro que mora aqui está traduzindo um conto para mim. Mas se a revista aprovar, só sairá no número de verão próximo, parece, pois a revista é quadrimestral.[1] Fiquei honrada com a coisa, pois a revista é muito boa. – Fomos ver uma peça de Arthur Miller (marido da Marylin...), *View*

---

[1] O conto "Amor" foi publicado na *New Mexico Quarterly*, da Universidade do Novo México, Volume XXVI, Winter, 1956-1957, Número 4.

from the bridge. É ótima, mas acho "Morte de um caixeiro--viajante" superior.[2]

Escrevi para o Érico dizendo que não posso aceitar a tradução agora. A verdade é que não consigo me concentrar. E o dia se passa, partido em mil coisas vagas ou concretas, mas partido.

Queridas, fiquem bem, e Deus as guie. Um beijo para Filomeninha, um abraço para William. Deus as abençoe.

Clarice

---

[2] *Panorama visto da ponte* (*A view from the bridge*), de Arthur Miller (1915-2005), estreou em setembro de 1955, no Coronet Theatre, em Nova York. Nesse período o dramaturgo reencontrou Marilyn Monroe, que assistiu à peça três vezes. Começaram a namorar e o casamento deles durou quatro anos. Miller se consagrara na Broadway em 1949 com a célebre peça *A morte de um caixeiro-viajante*.

[A Fernando Sabino]

Washington, 11 dezembro 1956, terça-feira

Fernando,

estou lendo o livro de Guimarães Rosa,[1] e não posso deixar de escrever a você. Nunca vi coisa assim! É a coisa mais linda dos últimos tempos. Não sei até onde vai o poder inventivo dele, ultrapassa o limite imaginável. Estou até tola. A linguagem dele, tão perfeita de entonação, é diretamente entendida pela linguagem íntima da gente – e nesse sentido ele mais que inventou, ele descobriu, ou melhor, inventou a verdade. Que mais se pode querer? Fico até aflita de tanto gostar. Agora entendo o seu entusiasmo, Fernando. Já entendia por causa de *Sagarana*, mas este agora vai tão além que explica mais o que ele queria com *Sagarana*. O livro está me dando uma reconciliação com tudo, me explicando coisas adivinhadas, enriquecendo tudo. Como vale a pena! A menor tentativa vale a pena. Sei que estou meio confusa, mas vai assim mesmo, misturado. Acho a mesma coisa que você: genial. Que outro nome dar? Esse mesmo.

Me escreva, diga coisas que você acha dele. Assim eu ainda leio melhor.

Um abraço da amiga

Clarice

Feliz Natal!

---

1 *Grande sertão: veredas* (José Olympio, 1956).

[A Fernando Sabino]

Washington, 14 dezembro 1956, sexta-feira

Fernando,

recebi a carta de Rubem e estou mandando para você cópia de um pedaço de minha resposta: "Não me surpreendeu a notícia do Ênio da Civilização 'não decidir' sobre a publicação do livro, eu já tinha adivinhado pela demora em responder que ele não queria. Quanto a José Olympio, em primeiro lugar ele está prometendo publicar, mas no escuro: ele não leu e é muito provável que depois de ler diga que não tem quando publicar pois as oficinas etc. etc. Ora, me amola um pouco ficar implorando, pondo os outros em situação de ter que dar desculpas, ou lutando por uma causa que não me é particularmente simpática, isto é, por um livro que não adoro, e oferecendo de editora em editora e esperando o veredicto, e depois encabulada por ver os outros terem prejuízo. Já passei por isso.

Em segundo lugar, vamos imaginar que por acaso, depois de ler, José Olympio continue a dizer que publica. Mesmo nesse caso não creio que me interesse porque será em 1958. Deixa eu explicar: quando escrevo uma coisa, vou me desgostando dela aos poucos, mas com alguma rapidez, e se não é logo publicada, sinto apenas mal-estar. Você dirá com razão: 'se, passado um tempo, você mesma percebe que a coisa não merece publicação, então não publique.' É certo. Mas acontece que uma coisa escrita e não publicada me dá muita frustração, sinto como moça que faz enxoval de casamento e guarda num baú. Antes casar mal que não casar, é horrível ver enxoval amarelecendo. Para resolver o duplo problema de J. Olympio não querer o livro e eu ter que depender de novo editor, e do fato da demora (se diz 1958 vale como 1999), resolvi, em plena e sã consciência, misturada com alguma malcriação, que pagarei a edição do livro – diretamente a alguma oficina, em base estritamente comercial: que o livro seja impresso agora, que eu reveja as provas, que eu pague o trabalho. Quanto à distribuição, já não é problema meu. Mesmo que o livro fique nas próprias oficinas, o trato é bom. Mas que seja imediato, e que 'me livrem' desse livro que não posso ver na gaveta sem enjoar. Resta saber: que oficina? Não conheço nenhuma. Quem sabe se você ou Fernando conhecem alguma sem muito trabalho pela frente e que possa se encarregar de imprimir. Vou mandar uma cópia desta minha resolução-testamento a Fernando, que tem me ajudado muito. No caso de um de vocês me dar o nome de uma de confiança e palavra, então, para não dar mais trabalho a vocês, peço à minha irmã que combine preço e prazo. (Creio que mil exemplares resolveriam o assunto.) Quanto ao que você diz de Simeão Leal, vou esperar que ele volte da Índia, e pedir-lhe a devolução dos originais, que tem mais sentido para mim publicá-los, sem esperar que ele resolva. Um dia, quando eu tiver dinheiro, talvez também dê a uma oficina impessoal. E creio que chega de literatura..."

Bem, mas o caso é que não chega... É que não sei se você recebeu as emendas que lhe mandei (mandei registradas), e se você chegou a emendá-las. Com quem está o livro? Se estiver ainda na Civilização Brasileira, você podia, Fernando, pedir que lhe mandem ou que mandem diretamente à minha irmã? Ou, se o livro estiver lá ainda, minha irmã iria buscá-lo na Civilização. Você poderia avisá-la pelo telefone? A distância me deixa de mãos amarradas.

Aqui tem chovido há tantos dias que já esqueci de como é o sol. E fora a chuva, nada de novo, senão o próprio Guimarães Rosa. Se não fosse minha preguiça inata, eu teria escrito para ele.

Dê notícias, sim?

E um grande abraço da

Clarice

[A Rubem Braga]

Washington, 14 de dezembro de 1956, sexta-feira

Rubem,

foi ótimo receber notícias suas, você deixou saudade aqui. Desapareceu muito rapidamente, acho que eu não tinha calculado bem o tempo, e quando vi já era seu embarque. Bom que você pretenda voltar, e que seja enquanto estamos em Washington. Maury diz que o primeiro passo deve ser o de você manifestar, ao adido cultural americano no Rio, o seu interesse em vir ao EEUU com uma *leader-grant*. Do momento em que o adido transmita isso para cá, então Maury e Valle darão o apoio necessário. Esteve aqui o adido do consulado americano em Porto Alegre e Maury falou com ele, ele é também amigo do Érico. Mas antes você tem que falar na Embaixada, as leader-grant começam sempre no Rio. – Não me surpreendeu a notícia do Ênio da Civilização Brasileira "não decidir" sobre a publicação do livro, eu já tinha adivinhado pela demora em responder que ele não queria. Quanto a José Olímpio, em primeiro lugar ele está prometendo publicar, mas no escuro: ele não leu o livro e é provável que depois de ler diga que não tem quando publicar pois as oficinas etc., etc. Ora, me amola um pouco ficar implorando, pondo os outros em situação de ter que dar desculpas, ou lutando por uma causa que não me é particularmente simpática, isto é, por um livro que não adoro, e oferecendo de editora em editora e esperando o veredicto, e depois encabulada por ver os outros terem prejuízo. Já passei por isso. Em segundo lugar, vamos imaginar que por acaso, depois de ler, José Olímpio continue a dizer que publica. Mesmo nesse caso, não creio que me interesse porque será em 1958. Deixe eu explicar: quando escrevo uma coisa, vou me desgostando dela aos poucos, mas com alguma rapidez, e se não é logo publicada, minha vontade é não publicá-la mais, ou então, quando é publicada, sinto apenas mal-estar. Você dirá com razão: "se, passado um tempo, você mesma percebe que a coisa não merece publicação, então não publique." É certo. Mas acontece que coisa escrita e não publicada me dá muita frustração, sinto como moça que faz enxoval de casamento e guarda no baú. Antes casar mal que não casar, é horrível ver enxoval amarelecendo. Para resolver o duplo problema de J. Olímpio não gostar do livro e eu ter que depender de novo editor, e do fato da demora (se diz 1958 vale como 1999), resolvi, em plena e sã consciência, misturada com alguma malcriação, que pagarei a edição do livro – diretamente a uma oficina, em base estritamente comercial: que o livro seja impresso agora, que eu reveja as provas, que eu pague o trabalho. Quanto à distribuição, já não é problema meu. Mesmo que o livro fique nas próprias oficinas, o trato é bom. Mas que seja imediato, e que "me livre" desse livro que não posso ver na gaveta sem enjoar. Basta saber: que oficina? Não conheço nenhuma. Quem sabe se você ou Fernando conhecem alguma sem muito trabalho pela frente e que possa se encarregar de imprimir. Vou mandar uma cópia desta minha resolução-testamento a Fernando, que tem me ajudado muito. No caso de um de vocês me dar o nome de uma de confiança e palavra, então, para não dar mais trabalho a vocês, peço a minha irmã que combine preço e prazo. Creio que mil exemplares resolveriam o assunto. Quanto ao que você diz de Simeão Leal,[1] vou esperar que ele volte da Índia, e pedir-lhe a devolução dos originais, não tem mais sentido para mim publicá-los, nem esperar que ele resolva. Um dia, quando eu tiver dinheiro, talvez também dê a uma oficina impessoal. E creio que chega de literatura...

As crianças vão bem, muito simpáticas e engraçadas. O Valle se mudou do Brighton para uma boa casa. Dora[2] esteve aqui por um dia, para ser entrevistada por Al Netto para televisão. Encontrei Al Netto numa festinha, ele me foi finalmente apresentado, tomou um ar cerimonioso e disse que eu tinha sido muito "uncooperative". Recebi o carão com ar igualmente cerimonioso, e o capítulo Al Netto versus eu encerrou-se com brilho e frieza. Estou lendo o livro de Guimarães Rosa, e estou fascinada, é tão bom que nem tenho adjetivo.

Maury manda um abraço e pede que você avise quando tiver falado com o adido cultural.

---

[1] Simeão Leal editou o primeiro livro de contos de Clarice: *Alguns contos* (1952), na coleção dos Cadernos de Cultura do Ministério de Educação e Saúde.

[2] Dora Alencar Vasconcellos (1911-1973). Seus laços com o casal Gurgel Valente se estreitam a partir do momento em que foi testemunha do casamento civil de Clarice e Maury ao lado de André Carrazoni. Uma das primeiras mulheres a ingressar no corpo diplomático, assumiu as funções de cônsul-adjunto no Consulado de Nova York, em 1952, onde atuou de forma brilhante na difusão da cultura brasileira. Foi uma das principais divulgadoras da Bossa Nova nos Estados Unidos, segundo o jornalista Ruy Castro. Em *Chega de saudade*, ele revela: "Dora passou as calças do músico João Gilberto no concerto do Carnegie Hall, em 1962. É que ele se recusava a entrar no palco porque suas calças estavam sem vinco."

A amizade de Dora com Villa-Lobos rendeu uma parceria como autora das letras de "A Floresta do Amazonas". A suíte é composta de 19 partes, sendo que as quatro com letra tiveram a poesia a cargo de Vasconcellos: a parte 9 ("Veleiros"); a parte 12 ("Cair da tarde"); a parte 16 ("Tarde Azul") e a parte 17 ("Canção do Amor"). Em 1967, a "Melodia Sentimental" de Villa-Lobos, com letra e adaptação suas, foi gravada por Elizeth Cardoso, Maria Bethânia e outros.

Como poeta, Dora Vasconcellos publicou três livros: *O grande caminho do Branco*; *Palavra sem eco*; *Surdina do contemplado* (Cf. "Mulheres diplomatas no Itamaraty (1918-2011)", de Guilherme José Roeder Friaça. Brasília: Fundação Alexandre de Gusmão, 2018), pp. 215-222).

Saudades da

Clarice

Não, não falamos em rede. Você quer que eu indague da Dora?

[A Elisa Lispector e Tania Kaufmann]

Washington, 6 janeiro 1957, domingo

Minhas queridas,

Desde o telefonema do dia 31 não escrevi para vocês nem também recebi cartas de vocês. Quero crer que, com vocês, seja pelo mesmo motivo: é que me senti tão bem "comunicada" com o telefonema, foi tão bom que não senti necessidade de escrever. Mas agora já estou querendo notícias, e espero que amanhã, segunda-feira, tenha cartas de vocês. Aqui tudo bem, as crianças estão bem. – Fora disso, nada de novo propriamente. Alguns jantares que tenho que dar porque chegaram novas pessoas e outros partem. Jantares que me chateiam, não tenho paciência nem interesse, mas fico chateada à ideia dos outros "repararem". Enfim, é assim mesmo. Cada vez mais antissocial.

Elisa, querida, quando neste ano é que se realiza a sua bolsa e a sua vinda? Me escreva a respeito. Tania, queria falar com você, ver se não é possível vocês aproveitarem nossa presença aqui para a vinda de Marcinha.[1] Vocês podiam com o preço da passagem? Washington não é o lugar mais interessante, mas é Estados Unidos. Que é que você acha? Como vai o exame da Filomena para bolsa de estudos, e para que estado daqui é? (Meu português está cada vez pior, desculpem.) Me escreva a respeito de uma possível viagem de Marcia.

[1] A sobrinha Marcinha, cujo apelido é Filomena, estava pleiteando uma bolsa de estudos.

A Clarissa[2] chegou com o marido, já estão no pequeno apartamento deles, ela está bem. Mafalda e Érico é que ainda não se habituaram a Porto Alegre. Por incrível que pareça, tenho medo de minha futura desadaptação. Já me parece sinceramente não pertencer mais a nenhum lugar, tenho medo disso. Mas vamos deixar o futuro ao futuro.

Minhas queridas, se amanhã vier, como calculo, carta de vocês, acrescentarei mais a esta. Por enquanto, boa noite e que Deus vos abençoe e guie, e lhes dê um feliz ano-novo, e mil anos novos cheios de alegria e tranquilidade.

Com amor, Clarice

---

[2] Clarissa, filha de Mafalda e Erico Verissimo.

[A Fernando Sabino]

Washington, 8 janeiro 1957, terça-feira

Fernando,

Seu livro me espantou. Comecei lendo suas frases cortantes, que você por assim dizer não comenta e que parece ter a intenção de não dizer nada mais do que dizem, comecei sem saber aonde elas iriam dar. Perguntei-me de início aonde você pretendia levar o leitor e se levar. O que me espantou é que – não sei em que momento nem como – me vi inesperadamente dentro do livro, entendendo o que você queria, experimentando tudo, embora não soubesse ainda até onde você iria e vivendo com a velocidade de *staccato* com que o livro é escrito, esse modo de quem fala com a garganta seca.

Espantou-me também o "tempo" dele. É angustiante a rapidez com que ele decorre – sem que se possa fazer nada. O livro me deu grande tristeza. Eu não queria que fosse tão assim, tão rolando para a salvação ou para a perdição, e tudo por questão de pendurar-se um segundo a mais ou a menos num minuto, tudo às vezes questão de mão recusada ou dada, tudo às vezes por causa de um passo a mais ou a menos.

É curioso como seu livro e o meu têm a mesma raiz. Talvez você não ache isso ou sinta. Eu acho. Só que o seu termina com uma luz mais aberta – o encontro marcado se realiza. Cada vez que penso no livro – e tenho vivido com ele nos últimos dias – gosto mais. O envolvimento é insensível, é feito por acumulação, por estrangulamento gradativo que vem de todos os lados. Sei que estou usando palavras que talvez lhe soem fortes demais (tive uma noite de insônia, acredite...), mas, Fernando, foi assim que senti: encostada à parede, e me deu um desespero que me deu vontade de lhe dizer: Fernando, vamos mentir que não é assim. Você dizer que não há problema é dizer que não há solução. Mas, Fernando, o fato de ter escrito este livro e eu ter escrito o meu, não é o começo da maturidade? Acho que você não teria conseguido o livro se não o tivesse escrito como o escreveu. Gostei muito, muito. Se bem que preferia que você não fosse a pessoa capaz de escrevê-lo. Mas você foi, e fico contente. Li por assim dizer de uma só vez. Depois que li, Maury está com ele o tempo todo.

Parece qualidade fora de moda, essa de um livro "prender". Acho qualidade essencial, invejável. Livro realizado é livro que não se quer largar. A impressão visual que tenho dele é de linhas retas e finas se entrecruzando e se cortando. A primeira pausa, a primeira mesmo, vem exatamente e apenas no fim. E foi tão bonito – enfim, enfim a grande pausa. E minha impressão visual – sei que vai lhe parecer banalidade – mas foi de luz. Amém, Fernando, amém. Para nós todos. Nunca me senti tanto pertencendo a uma "geração". Pela primeira vez, talvez, senti a palavra geração em outro sentido. E veja, Fernando, que isso veio de algo mais, no seu livro, do que de fatos e ambientes. Vem de algo mais, de alguma coisa essencial que você pegou, e que me deu a certeza de um encontro marcado, e a esperança.

Seu livro, tão duro, é muito bonito. O modo como às vezes um personagem sai de cena, com uma mudez, uma determinação. O ritmo todo do livro é muito bonito. E a história é "subjetiva" sem a preguiça do "subjetivo". O livro todo parece filmado em luz de rua, sem *maquillage*. Por isso dá às vezes a impressão desconcertante de falta absoluta de "literatura" – e então se sente que este é o modo até sofisticado (sofisticado como contrário de *naïve*) de literatura. O estratagema é quase uma ausência de estratagema. Dá a impressão de que você não parou um instante para achar uma "solução literária", que nem uma vez você se viu diante de um impasse, diante de uma pergunta assim: que jeito dou nisso?

Eu queria ser mentalmente mais organizada para poder lhe escrever uma carta direita, pondo em palavras impressões que tive, nem sempre fugitivas, mas difíceis em mim de atingirem o plano das palavras. A verdade, Fernando, é que depois desse livro, ainda sou mais sua amiga, mas a verdade também é que, se não tivesse gostado tanto, também seria.

Me escreva, diga como o livro está sendo recebido.

Saudade da

Clarice

[A Tania Kaufmann]

Washington, 15 janeiro 1957

Tania, queridíssima irmãzinha,

Eu não recebia resposta da Civilização Brasileira que tinha ficado de me escrever depois de ler o livro. Depois recebi carta de Rubem Braga dizendo que José Olympio publicaria, se eu quisesse, em 1958, já que a Civilização não parecia se decidir. Então escrevi carta para Rubem e Fernando, dizendo que não queria José Olympio, pois este não só não lera o livro ainda, como, se lesse e aprovasse, na verdade 1958 queria dizer 1968. E dizendo que liberasse a Civilização Brasileira do incômodo de me dar um veredicto: que eu retirava de lá os originais. E que me dessem o nome de uma oficina a quem eu pagasse a publicação. Recebi carta de Fernando, e ao mesmo tempo da Civilização Brasileira. A desta dizia que não me respondera porque o livro ainda não tinha sido lido, mas que pretendiam publicar, e que em cerca de 12 dias me escreveriam. Fernando dizia a mesma coisa. Estou esperando, pois já se passaram muitos 12 dias e não veio carta. Não, querida, não há nada que você possa fazer. Eu ficaria até humilhada se tivesse que ter interferência de família. Se a resposta for negativa, então vejo o que faço. Já fiquei bastante humilhada com o fato de Fernando ter que mexer tanto no assunto, mas ele, pelo menos, age como um "estranho" interessado, e não em meu nome direto.[1]

---

[1] A saga para publicar *A maçã no escuro* é mencionada em várias cartas às irmãs. Desde maio de 1956, o fato já havia sido comentado nas cartas trocadas entre Clarice e Fernando

Passamos o dia 31 numa espécie de *night-club*, com um grupo neutro; todos se esforçaram razoavelmente por se animar, cada qual, no fundo, tendo o desejo de estar em companhia melhor e mais genuinamente companhia.

Paulinho está um amor, muito bonitinho, malcriado e terno, muito esperto e engraçado. Ele é uma alegria para mim. A gracinha mais recente foi ontem. Ele disse (espontaneamente e sem nada que o levasse ao assunto): "Mamãe, seu cabelo é feio para os outros, e bonito para mim." Mais tarde perguntei: para quem meus cabelos são feios?" E ele: "Para Pedrinho, papai, Fernanda e Avany. Mas para mim são bonitos. E se alguém disser que não são bonitos, dou um soco no nariz." Tudo isso numa mistura linda de inglês e português, que é o modo como ele fala com brasileiros.

O inverno está muito frio, há dois dias nevou, e ontem nem houve escola por causa das ruas geladas. Mas felizmente os resfriados têm sido poucos.

Tania, minha querida, seja adulta, e *take care of yourself*.[2] Você vai passar as férias em casa? Não vai para fora? Você sabe o que é melhor para você, e espero que aja de acordo com os seus melhores interesses. Tenho muita confiança em seu poder de discriminação. E Deus te guie, e guie sua saúde.

Dê um beijo para Filomena. Você não respondeu sobre a viagem dela. Pense bem, e me responda. Grande abraço para William.

Um beijo de sua irmã de sempre

Clarice

Sabino. A Civilização Brasileira surgiu como primeira opção porque *O encontro marcado* de Sabino seria lançado pela editora. A devolução dos originais do romance gerou até um movimento de escritores em prol de Clarice, pois estes ficaram retidos durante quatro anos nas mãos de Ênio Silveira.

[2] "Cuide de você."

[A Mafalda e Erico Verissimo]

Washington, 17 janeiro 1957, quinta-feira

Meus queridos,

há quanto tempo estou para lhes escrever. Mas, acreditem, penso sempre em vocês e com tanta saudade. Por egoísmo também: desde que vocês saíram perdi o estímulo para tudo, nada tem graça para mim.

Eu pensava que tinha reagido brilhantemente, e com surpresa ouvi Zilah me dizer um dia desses: quando Mafalda e Érico partiram você se abateu muito. E eu que pensava ter sido formidável...

Mas vamos ao que vos interessa: Clarissa está ótima. Tanto ela como Dave têm um ar tranquilo e feliz. Ela está se revelando uma boa dona de casa. Dave me disse que ela cozinha com muita imaginação. Me lembrei das misturas que você fazia à última hora, Mafalda... Ontem parece que ela fez um bolo, segundo Armando me disse. Achei muita graça um dia desses, telefonei para ela (eles já tinham chegado há alguns dias) e quando perguntei: que é que você tem feito. Ela respondeu: "a mesma coisa de todos os dias: arrumando e cozinhando." Ela está muito bonita, no navio engordou um pouquinho mas pretende perder os poucos quilinhos. O apartamento, apesar de ainda sem móveis, está muito agradável, com ar de "habitado". Eles vieram jantar aqui, e ela estava elegantíssima, com a bolsa nova (uma grande e marrom) de Nova York, com os sapatos marrons brasileiros. Mais tarde ela pretende ver se ingressa no Arena Stage. Enfim, fiquem contentes. Pena que ela não mora a uma distância de nos encontrarmos em um *drugstore* para um café. Mas ela vai aprender a guiar futuramente, e espero que me apareça por aqui. Quando ela me disse isso, eu respondi: "é o que quero, mas previna-se um pouco comigo, pois vou ter sem querer a tendência de tomar conta de você." Ela disse: "Mas é o que eu quero!!"

Novidades daqui não há muitas: Daisy parte agora para Roma, Cavadas para o Brasil, tem três casais novos na Embaixada. Rosa Maria, nem sei dela. No ano-novo o Celso Cavalcanti reuniu um grupo para ir ao "New Orleans", e secretamente eu soube que Rosa Maria perguntou ao Celso quem ia, e quando ele disse meu nome, ela disse: ali, então não vou! Ele: "mas que é que você tem contra ela?" E ela: "Só o que me faltava era romper o ano-novo com ela!" Fiquei até boba com a fúria que involuntariamente despertei. Isso me dá a esperança de também me acontecer um dia o contrário: despertar amizade com a mesma intensidade, se possível.

– Um dia Paulinho riscou uns tracinhos num pedacinho de papel e disse que queria pôr no correio. Então parei o carro junto de um *mailbox*, ele desceu e jogou o papel dentro, tudo muito sério. Sentou no carro e daí a pouco, sem ninguém perguntar nada, disse: "é para South America." Pausa prolongada. E depois: "Para Mafalda."

– Um dia desses, num dos novos passeios de domingo, Pedrinho começou a brincar com palavras, a dizer "ar, er etc." – de repente disse: *And Eriquinho? I'm begining to be tired of not seeing Eriquinho and Mafralda!*[1]

Tem feito frio como nem me lembro mais de ter sentido. E muita neve. Comecei com umas dores de estômago, o Brigulio desconfiou de úlcera, tirei radiografia, e felizmente não

[1] "E Eriquinho? Eu já estou começando a ficar cansado de não ver Eriquinho e Mafalda!"

é, é uma gastrite, estou de dieta por umas seis semanas. Em dezembro operei de novo o abcesso no dente pois, imaginem a loucura, tinha ficado dentro um estilhaço de osso... Tá doido. – Maury parece contente com o trabalho dele e está bem. Eu não tenho trabalhado, senão na tradução de dois artigos mensais da *Américas*, o que ocupa um pouco minha cabeça. Um domingo de noite Armando trouxe a Bernie, que é muito simpática.

Mafalda, cuide dessa sua dor de cabeça, meu bem. Érico, dê notícias do adiantamento do livro. Deem notícias mais detalhadas de Luís Fernando, do que ele tem feito, do que pretende fazer.

Um beijo para vocês três de nós quatro.

A saudade da

Clarice

[A Fernando Sabino]

Washington, 24 janeiro 1957, quinta-feira

Fernando,

eu devo ter me exprimido mal quando disse que preferia não ter sido você a pessoa capaz de escrever esse livro.[1] Ou talvez, também é possível, eu tenha me exprimido mais ou menos bem dentro do contexto do que eu estava dizendo, mas você separou a frase do contexto, não sei. O que eu queria exatamente dizer é que o livro é doloroso, o livro dói, e eu queria que você não tivesse sido a pessoa que sentiu tudo o que sentiu, eu queria que você tivesse sido mais poupado, que não fosse a pessoa que atravessou a rua perigosa – mesmo que tenha chegado salvo do outro lado. É um erro de sentimento, esse meu, porque eu estou sentindo o que seria mais certo sentir apenas enquanto você atravessasse a rua, mas não quando você já chegou do outro lado. É um susto retrospectivo, é um susto errado. Sofrimento não sofrimento como caminho só se pode falar no passado, dizendo sofrimento foi caminho, só se torna "caminho" se levou a alguma coisa. Como você já atravessou a rua, eu deveria ter dito com muito mais precisão: "preferia que você não tivesse corrido o risco, mas você correu o risco, e fico contente de você ter sido capaz de escrever esse livro."

Por Deus, Fernando, o que menos vejo em seu livro é cinismo. Para você ter a coragem da dignidade de escrevê-lo,

[1] Clarice refere-se ao romance *O encontro marcado* (Civilização Brasileira, 1956).

você é capaz de, por dentro, ter se armado de algum sentimento "auxiliar" que empurrasse você para frente, e talvez tenha dado a esse "auxílio" o nome de cinismo. A gente parece que tem vergonha de ser gente, eu sinto isso às vezes, e tomo uma atitude que não é cinismo, é uma espécie de coragem da qual procuro tirar o tom de pungência, mas alguns dos elementos são tão "parecidos" com os do cinismo. Cinismo no seu livro? Nem me ocorreu sequer. Você está subestimando a sua integridade, dividindo-a em elementos componentes, pegando separadamente um elemento, dando-lhe um nome (um nome que tem conotação apenas acusativa), e dando esse nome vago como título geral a todo o seu esforço de "realização da realidade" (!?) (Sei que estou chata, estou tomando sem querer, apenas por *gaucherie*, um tom dogmático, quando não sinto assim.) O que vale é que você está errado. Você deve ter escrito esse livro à custa do sacrifício penoso de vários sentimentos – e quer pisar nesse sacrifício chamando-o de cinismo.

Senti, sim, que você saiu mais livre depois de escrever o livro. O próprio livro foi um ato de liberdade. E sinto que a maturidade é a coisa mais linda que pode acontecer a uma pessoa.

Não, não me sinto com maturidade. O meu livro é uma "verdade" minha, mas errei, e por covardia tornei dentro de mim uma "verdade apenas de arte". Me escondi de mim o quanto pude. Sofri com ele e nele, mas não saí livre. Ainda me sinto tão longe da maturidade que nem posso falar de "adolescência", só posso dizer que parei na infância. Não estou dizendo por dizer. *I mean it.* Mas há esperança. O mal é que a minha esperança ou é inexistente ou forte demais – esperança forte demais é "infantil".

Só posso lhe dizer uma coisa, Fernando: o livro que você escreveu pareceu me libertar mais do que o livro que eu própria escrevi. Eu não sei "me dar", você soube "se dar" (sei que estou sendo chatíssima). E um dos mistérios da arte é que às vezes a gente "se dá" pelos outros. Não creio que seja "ilógico" eu agradecer a você, porque se eu "recebi" é certo agradecer. Sem a menor solenidade, mas com alegria, agradeço...

Você diz que "às vezes querer ser humilde demais é a forma mais odiosa de orgulho". Não achei que você tivesse sido "humilde demais". Por falta de melhor termo, tomarei emprestado um de uma amiga que tive que, por caminhos misteriosos, só conseguia avaliar alguma coisa em forma de elogio chamando-a de "viril". Pois, como diria minha amiga, sua humildade é viril. As palavras são a maior complicação do mundo; quem sabe, você sentiu "vitória" em <u>conseguir</u> essa certa humildade, e achou então que estava sentindo "orgulho em ser humilde". Mas "orgulho <u>em ser</u> humilde" é completamente diferente de "orgulho por <u>conseguir</u> ser humilde". Este último orgulho é uma das alegrias a que a gente tem direito, não é? (É possível que eu esteja me exprimindo mal mas garanto a você que não estou fazendo jogo de palavras, que eu estou "pensando".)

Fiquei contente com o fato do Ênio estar gostando do livro, o que significa, além do prazer de saber que ele está gostando, publicação, e não adiada. Quanto ao título, não me ocorre mesmo nenhum, ah, era tão bom sair sem título, além de tudo não me dava trabalho. Por enquanto acho "O Homem Feito" o melhor de todos...

Fiquei radiante com a ideia da publicação dos contos pelo *Estado de S. Paulo* – digo francamente que estou querendo o dinheiro. Décio de Almeida Prado não me escreveu, mas se publicar os contos, quando Tania tiver o dinheiro, transformará em dólares e me mandará. Estou tão contente com isso. Se ele não mudar de ideia e você conseguir arranjar mesmo, darei mais três contos que tenho mais ou menos prontos, e assim ficam dezoito. Você me diz que se eu autorizo, você apanha os contos no Simeão e manda cópia para Décio de Almeida Prado. (*sic*) Autorizíssimo.

Sobre o seu P.S., a respeito de eu ter aceito todas as suas sugestões ao pé da letra, sem maior discussão. Tive sim, discussão interna, e via quase sempre o seu ponto de vista, e também concordava. O que eu não sabia era separar em mim o que era julgamento ou avaliação, do que era teimosia minha. Não sei se no decorrer do nosso conhecimento mútuo você notou (e até certo ponto) quanto sou teimosa. Minha atitude mais frequente é a de resistir, mesmo irracionalmente. Tendo chegado à conclusão de que suas anotações eram certas, consegui vencer minha teimosia e aceitei-as. O que mais demorei a aceitar foi cortar o que você chamou de "prefácio" – mas acho que você teve razão. Eu tinha certo apego a ele, por questões líricas. Mas acho melhor do modo que ficou, transpondo as frases mais indispensáveis do "prefácio" para outros lugares.

Estou esperando carta sua. Saudades da

Clarice

Maury gostou muito de seu livro. Conversamos muito a respeito, e nossas opiniões são parecidas.

[A Stella Maria Barbosa de Oliveira e João Cabral de Melo Neto]

Washington, 25 de janeiro de 1957, sexta-feira

Meus muito caros Stella e João,

se não vos escrevo não é por falta de pensar em vós. Pelo contrário, e acreditem, vocês são pessoas que, quando ausentes, fazem parte de meus personagens internos, de vez em quando eu me refiro a vocês a mim mesma; vocês não fazem parte de minha vida de um modo distante, mas de um modo tão concreto quanto é concreto sentimento ou pensamento. De modo que, João Cabral, se você tem razão, também não tem. Além de me referir a vocês a mim mesma, Maury e eu falamos sempre em vocês com os mais variados tons: infelizmente durante certo tempo foi com tom de apreensão. Duas pessoas com quem poderíamos falar sobre vocês, não é possível: os Grieco. O único ponto de contato entre nós era vocês, mas eu achava estranhíssimo falar de vocês com R. Maria, ela é leiga, e eu achava até deprimente o fato dela gostar de vocês. (Voltarei ao assunto R. Maria daqui a pouco, por ela mesma.) Mas aconteceu uma coisa muito boa: apareceu Aloísio Magalhães[1] que, por si mesmo, é pessoa altamente gostável (tivemos amizade imediata por

[1] Aloísio Magalhães (1927-1982), designer. Com sua esposa, a artista plástica Solange Magalhães e as filhas Clarice e Carolina, conviveram com Clarice Lispector no Leme na década de 1960. Pioneiro do moderno design no Brasil, Aloísio Magalhães foi presidente do Iphan e secretário de Cultura do MEC. Residiu na Ladeira Ary Barroso, então denominada rua General Ribeiro da Costa, de onde se via a orla das praias do Leme e de Copacabana.

ele), e a quem "permiti" que fosse amigo de vocês, e não só "permiti" como me alegrou. Que prazer ver como ele entende e admira você, João. A exposição dele foi muito bonita, não dou opinião mais detalhada por encabulamento – em matéria de pintura não tenho termos mentais, tenho reações ainda no nível silencioso que, transpostas para o verbal, me fariam errar muito (errar no sentido de dizer uma coisa embora querendo dizer outra). Mas gostei tanto dele quanto da pintura dele. – Imagino que a tradução de que você fala e que não lhe mandei é a de P. C. Selvagem?[2] Mas não seria redundância minha lhe mandar essa coisa antiga que, pelo fato de ter sido traduzida, não foi propriamente renovada? A notícia que posso mandar sobre a tradução é a de que não fez "sucesso". Tive algumas críticas muito boas, no sentido de uma análise cuidada. E nunca mais ouvi falar no assunto, a editora Plon não me escreveu mais, eu não escrevi para ela – e tudo ficou definitivamente no passado. Vocês se lembram de um continho meu publicado na revista *Américas*, sobre uma menina ruiva e um cachorro ruivo? chamado "Tentação"?[3] Você se referiu a ele, João, quando estive no Rio. Há pouco tempo, mas de um ano depois, uma revista publicada por uma universidade do Texas me escreveu dizendo que leu o continho, gostou, e se eu tinha alguma coisa para eles publicarem. Pessoas que conheço aqui traduziram dois contos para a revista escolher, (já mandei mas ainda não tive resposta) – e de novo vi como é difícil me traduzir, deu trabalho convencer de que o melhor modo é me traduzir ao pé da letra, tanto quanto possível, e não o me trocar em miúdos, o de me "interpretar". Mas é coisa perfeitamente possível, quando se põe de lado a pre-

---

[2] *Perto do coração selvagem*, traduzido para o francês pela Editora Plon, em 1954.

[3] Sobre o conto "Tentação" publicado em *Américas*. A revista não é da Universidade do Texas, situada em Austin, e sim da Universidade do Novo Mexico, localizada em Albuquerque.

guiça. – Quanto a livro novo, acabei em meados do ano passado um romance, e muitas vezes enquanto escrevia tinha a impressão de que estava muito bom (relativamente a mim mesma) – Não sei. Dei o título de "A veia no pulso" – mas agora está sem título porque só eu não tinha descoberto o cacófato de "aveia", os outros sentiram logo; será que se pode dizer que "o escritor é sempre o último a saber"? Alguém aqui me sugeriu que simplesmente cortasse o "a" e ficaria "Veia no pulso". Ora, aí é que entra meu excesso de sutileza: acho que "Veia no pulso" é inteiramente diferente de "A veia no pulso", de modo que o livro continua sem batismo. Parece que vai ser publicado pela Civilização Brasileira, mas ainda não tenho como certo. Estivesse você por aqui, João, e como teria sido bom você ler o livro e me dar sua opinião antes de ser publicado. (Depois de ser publicado, o que consigo de você é um tom de brincadeira com que você esconde sua verdadeira opinião, é claro, por gentileza.) Mas chega de mim. Quero saber o que vocês têm feito, como vão as crianças, como você, Stella, tem se arranjado aí, como você, João, tem trabalhado e em quê. Deem notícias detalhadas. Existe aí em Sevilha um hotel Londres, onde nos hospedamos, ou estou me enganando de nome? Era um hotel que enfrentava uma praça comprida, e por dentro, se não me engano, parecia cenário do filme *Casablanca* ou o gênero, com ladrilhos e ventiladores, polidez e calor, e vasos de palmeiras nos cantos, e uma espécie de claraboia na sala central, e alguma coisa como um banco circulando alguma outra coisa, e garçons passando (quem sabe, de tudo isso só é estritamente verdade o fato permanente de garçons passando, e o resto não passa de confusão de mulher viajada). Se um de vocês tiver a oportunidade de conferir minha descrição, eu ficaria curiosa de saber até que ponto as coisas existem apenas na minha cabeça. Não é porque falei em cabeça, que falarei na sua, João. Uma das coisas que de vez em quando me pergunto é se você melhorou das suas dores de cabeça. Queria saber uma coisa: a sua dor de cabeça não pode entrar na categoria de enxaqueca? Porque eu tenho muitas, e existe um remédio chamado Cafergot, ou parecido (aqui a gente toma as coisas sem que o médico usualmente dê o nome), e tenho me dado bem.

Quanto a Rosa Maria, quando ela e o marido vieram, foram recebidos com a regular cordialidade com que se recebe quem vem. Mas aos poucos ela e ele começaram a ser cortados e, por vários, detestados – coisa provocada pelo próprio casal que, como vocês sabem, têm mania de berço de ouro e da verdadeira diplomacia etc. Ela não escondeu o fato de achar que ninguém aqui sabia "receber", que ninguém conhecia vinho, que brasileiro é chato, que só estrangeiro vale, etc. Comigo, logo de início, houve um incidente: queriam que eu participasse de uma reunião de clube feminino literário, representando a embaixatriz Muniz, e falasse ao microfone (eu, hein?). Eu disse que não tinha jeito para essas coisas e que além do mais minha dicção não era boa etc. E como Rosa Maria, presente, tinha no rosto, muito claramente para todos, a expressão de avidez-de-contatos-brilhantes-com-estrangeiros, sugeri que ela falasse ao microfone. Ela aceitou. Mas depois, porque as coisas de algum modo se complicaram (em relação ao discurso), ela se queimou comigo, e, num jantar que houve, por assim dizer, falava de mim na minha frente, aos grupinhos, depois terminou por me dizer que nunca me "prestaria nenhum favor" etc. Depois que saí desse jantar, a coisa continuou pior: que eu era "mandona" etc. E deturpou tudo: disse que eu me recusara a fazer o tal discurso alegando não saber falar português... Por moleza e indiferença, não tomei nenhuma providência contra. Mas a raiva dela foi aumentando, manifestada em absoluta frieza. O fato é que aqui ninguém a tolera, e só a convidam se absolutamente necessário. Quanto a ele, com as piadas com que procura imitar o pai, sem sucesso, terminou ferindo muita gente, e sendo realmente cruel muitas vezes. Para terminar capítulo Griecos, neste fim de ano algumas pessoas se reuniram num *night-club*, e me contaram que Rosa Maria, ao saber que eu também iria, disse: só me faltava romper o ano-novo com ela! "Ela" sou eu. Vendo-me como "ela", acho realmente muito chato romper o ano comigo. (Vendo-me como "eu", é o jeito...)

Tenho muitas saudades de vocês, acreditem. Quisera que as coisas fossem diversas, e que pudéssemos viver mais próximos uns dos outros. Sinto uma falta enorme de pessoas como você, Stella, e como você, João. Meu Deus, nunca me declarei tanto.

Escrevam. Maury manda um grande abraço para vocês. Beijos nas crianças.

Com muita amizade,

Clarice

[A Tania Kaufmann]

Washington, 31 janeiro 1957, quinta-feira

Minha irmãzinha,

A ideia de ter muito dinheiro e possuir uma fazenda e me mandar buscar para passar férias nela – essa ideia é ótima. Tão ótima, que tive acordada o mesmo sonho, só que te mandava buscar. Mas francamente, me agrada a ideia de você ter muito dinheiro e a fazenda, isso já faria com que você pudesse vir para cá, mesmo sem eu ter dinheiro para mandar buscar você. As frases estão complicadas, mas o sentimento não. Querida, imagino como você está cansada, e queria tanto, tanto que isso passasse. Me dê e dê-se o gosto de passar alguns dias fora, repousando. Não sei se lhe escrevi que uma revista quadrimestral publicada pela Universidade de New México, EE.UU., escreveu para a revista *Américas* a propósito de um continho meu publicado em março de 1955 (um ano e meio depois...), pedindo meu endereço. Me escreveram uma carta dizendo que tinham gostado e se eu tinha alguma coisa para eles publicarem. Parece que é uma das revistas bem conceituadas daqui. Um conhecido traduziu então o conto "Amor", tive um trabalho danado porque a tradução "matava" o original, afinal ficou pronto, e mandei para eles verem se aceitavam ou não. Recebi carta deles há uns dois dias, dizendo que sim, uma carta muito amável e elogiosa ao conto. Como é quadrimestral, não sei em que "quadrimestre" sairá, provavelmente no do verão.

Muito obrigada pelos remédios, querida. Me dou otimamente com Garbo-levedo, me sinto logo melhor com ele. E Neurinase é um ótimo equilibrador.

rhjlll lxkpo,m/ (isto é o agradecimento de Paulinho, que acaba de ver o patinho e ficou tão alegre com ele, que eu sugeri que ele lhe "escrevesse" agradecendo. Ele se prontificou logo. Espero que você saiba ler nas entrelinhas, ou melhor, nas entreletras, o "muito obrigado" dele.)

Pedrinho está agora na escola, e ainda não viu o presente dele. Pois d. Zuza só abriu a mala hoje. Depois ele escreverá.

Dia 1º de fevereiro – Pedrinho adorou literalmente o trenzinho. E é mesmo uma beleza. Ele vai escrever um bilhete. Agora me veio uma dúvida, não sei se foi você ou Elisa a presenteadora, pois me lembro de Elisa ter escrito sobre brinquedos. Mas não tem importância, obrigada a vocês duas. Me dê notícias de Elisa: quando é que ela volta ao Rio? Como está?

Um beijo para você. E, para me dar gosto, em cada carta sua fale um pouquinho na possibilidade de vocês virem para cá.

Com saudade,

sua Clarice

[A Tania Kaufmann]

Washington, 4 de fevereiro de 1957, segunda-feira

Minha querida,

me preocupa o seu estado de cansaço e nervoso. Eu não queria que fosse adiante, Tania, sei que você está se tratando e fazendo os exames, e está cuidando dessa parte, e espero que tudo isso se resolva depressa, e otimamente. Mas acontece que você está precisando de alguma coisa a mais. Você está precisando de falar. De dizer. Sei que é difícil porque não é fácil encontrar uma pessoa que ouça, sem que, por ter laços de emoção, se envolva e, com isso, termine prejudicando a própria pessoa que fala. Ontem mesmo estive com d. Darcy,[1] e tivemos uma conversinha. Alzira (confidencial, é claro), está com esgotamento nervoso grande, e teve descansando no hospital por quinze dias. Ontem voltou, e d. Darcy disse que ela queria me ver. Quando fui, Alzira ainda estava escrevendo uma carta, e d. Darcy, conversando comigo, me disse que eu fazia muito bem a Alzira, que esta gostava de todos mas me considerava amiga. Eu disse: às vezes acho que não é tão bom para Alzira me ver, pois, como nos comunicamos quase mudamente, a minha presença faz ela mexer na própria alma, enquanto os outros, por não terem tanto a confiança dela, a distraem mais. D. Darcy disse: não, nem um pouco; faz muito bem uma

[1] Darcy Vargas, mãe de Alzira Vargas do Amaral Peixoto e esposa do presidente Getúlio Vargas.

pessoa ter outra com quem falar, sabendo que essa outra não passa adiante e entende. E acrescentou: lá no Rio muitas outras pessoas que eu conheço, por estarem abafadas e esgotadas, vão umas cinco ou seis vezes a um psiquiatra, só para porem em ordem os pensamentos e sentimentos.

Eu queria que você fizesse isso, Tania. Há um mistério em falar, e não adianta negá-lo pelo fato de não podermos explicar exatamente esse mistério. É o mistério da comunicação. Assim como, pelo fato da gente não poder explicar logicamente por que se ama uma pessoa (não são exatamente pelas qualidades dela), isso não faz a pessoa negar a existência do amor; assim é com a comunicação. Peço a você que não recuse a ajuda que existe neste mundo – a ajuda de uma pessoa a outra. A ajuda de ouvidos inteligentes. Não me responda: "sei bem o que há comigo, não preciso que ninguém me esclareça." É possível que você saiba. Mas ouvir-se falando é inteiramente diferente do que "pensar" para si mesma, ou mesmo falar diante do espelho e para a própria imagem. Sei que santo de casa não faz milagre, e que minha experiência não chega a ter valor para você por se tratar de minha experiência (não há nada de ofensivo para mim nisso, isso acontece de um modo geral com todos). Mas acredite que estou pondo a emoção de lado, a emoção da enorme amizade que nos liga e sempre nos ligou, e estou falando com a capacidade objetiva que posso ter. Não pense que você indo a um psiquiatra, ele vai lhe dar "conselhos". E não pense nos psiquiatras que você vagamente conheceu e que nem sequer preenchiam o primeiro requisito indispensável de terem sido eles próprios psicanalisados. Não estou dizendo que você faça psicanálise, entenda bem. Estou dizendo que você vá algumas vezes a um médico "especialista". Assim como tubagem não é só teste, mas serve para fazer sair a bile mais negra, assim acontecerá com essa outra espécie de tubagem psíquica. Procure Fabrizzio Napolitani[2] (ele foi psicanalisado), e para conseguir hora (todos são superlotados), diga que é minha irmã. Você pode dizer a ele que não está querendo se tratar, no sentido amplo e prolongado da palavra, mas ter algumas entrevistas com ele. Sei que sua atitude é em geral negativa quanto a médicos; por motivos que desconheço, você não tem muita fé na natureza humana e na bondade dos outros. Mas pense no assunto de um modo positivo. Pense que ninguém é uma fortaleza, que nós todos somos apenas humanos e nos ajudamos, pense que não existe uma só pessoa no mundo que não tenha pelo menos uma vez (é pouco uma vez, muito mais vezes) necessidade inclusive de chorar. Um médico está habituado a lidar com a natureza humana: ele sabe que nós temos lágrimas. O próprio Fabrizzio, antes de se psicanalisar (depois disso, ele mudou de profissão e passou a querer fazer aos outros o bem que ele próprio recebera), o próprio Fabrizzio, eu o conheci quando ele não queria chorar, e não queria falar, e estava cheio de sintomas psicossomáticos e em verdadeiro esgotamento nervoso. Não tenha orgulho de usar a ajuda de uma pessoa. Uma pessoa ajuda a outra, graças a Deus. É o milagre da compreensão. Se a coisa toda não fosse baseada na comunicação, os psicanalistas poderiam se psicanalisar eles próprios – mas isso é totalmente impossível. Vá umas cinco ou seis vezes, Tania. E só depois de ir umas cinco ou seis vezes é que você pare.

Se você não se irritou enquanto leu esta carta, muito obrigada por não ter se irritado.

---

[2] Fabrizio Napolitani escreveu cartas a Clarice Lispector que estão depositadas no ACL/FCRB.

Com todo o amor de que sou capaz,

sua Clarice

Você não precisa dizer a ninguém que você vai. Aliás, é melhor para você não dizer.

[A Tania Kaufmann]

Washington, 23 de fevereiro de 1957, sábado

Minha querida,

quando se demora a escrever, como demorei, parece que se perde o fio da meada. Não sei mais em que ponto estava, não me lembro o que contei ou não. Sei que falei do aniversário de Paulinho? Imagine que no dia, eu, Avany e Pedrinho tínhamos pegado um vírus que andava por aí, e que dava enjoo e dor de estômago por 24 ou 48 horas. Avany e Pedrinho estavam um pouco melhor, mas eu, já com os convidados entrando, estava a vomitar, e abatidíssima. Mas fui melhorando. O Paulinho, só vendo como ele aproveita cada gota de uma festa dele. Divertiu-se e aproveitou de tudo, cada presente ele vinha me mostrar radiante. Ele e Pedrinho estão se dando muito bem, brincam muito tempo junto. A amizade começou com um inesperado entendimento mútuo a respeito de porcarias. Deve ter sido uma revelação para ambos que ambos se interessassem pelas mesmas coisas. Com o tempo isso serviu de lastro para entendimentos maiores. Isso não impede que tenham grande rivalidade em relação a mim, rivalidade às vezes surda e abafada, outras vezes explosiva. Pedrinho ainda não parece me ter perdoado o fato de eu lhe ter dado um irmão. E Paulinho deu para me pedir uma irmã...(isola!). Paulinho dá trabalho de se entender, pois é ao mesmo tempo muito malcriado e agressivo, e muito terno e carinhoso. E muito esperto, e aproveitador de situações. Veja esta pequena cena, que não exemplifica o que eu disse, mas dá ideia da sem-vergonhice dele. Ele disse que queria tomar o leite dele na cama. Está bem; levei o leite. Então ele disse que não queria leite. Eu disse: está bem (numa nova política que eu tomara de não mostrar que me incomodava se ele comesse ou não). Então ele disse: quero leite. Quando dei, ele disse: que é água. Eu disse: você quer água coisa nenhuma, se tiver sede beba o leite. Ele: estou com sede, se você não der água, não durmo. Eu: está bem. Desci, busquei um copo de água, subi; quando estendi o copo para ele, ele sorriu e disse muito íntimo: *you are having trouble, aren't you?* Fiquei até sem jeito, disse: E não! E ele: *yes, you are.*[1]

Como vai a bolsa de Marcinha? em que pé está? a viagem, de um modo geral, como está? Você não tem dado notícia dela, ultimamente. Espero, querida, que você continue animada, e que os planos estejam adiantados. Me escreva a respeito. E como está o tratamento com a médica? Quem recomendou ela a você? Ela já achou o foco? Você está se sentindo menos [...]? Me diga, por favor.

D. Zuza passou aqui uns três dias e meio. Mas, por algum motivo que ignoro, os dois faziam algum mistério sobre quanto tempo ficariam em Washington, respondiam bem vagamente, e, é claro, eu nem podia perguntar demais. Na sexta de noite, dizem calmamente que têm bilhetes de ônibus para o sábado de manhã. No sábado de manhã, logo o comércio abriu, e antes que eles desaparecessem, fui a Jean Patou e comprei uma combinação para ela (ela havia me falado de uma de nylon acetinada que, diz ela, durava muito), uma para você, uma para Elisa, uma anágua para Márcia (anágua estreita) e um chalezinho para vovó Neca. Por acaso encontrei essas combinações acetinadas (poucas vezes se

[1] "você está tendo problemas, não está? (...) sim, você está."

têm), e, ainda por cima, em "sale"... Espero que sejam de utilidade para vocês.

Minha querida, me dê notícias, e detalhadas. Estou escrevendo agora para Elisa em Miguel Pereira. Um beijo para Marcia, um abraço para William.

Com amor e saudade,

Clarice

[A Elisa Lispector e Tania Kaufmann]

Washington, 19 março 1957, terça-feira

Minhas queridas,

Já não sei se estou ou não atrasada com a correspondência. Ontem recebi carta sua, Elisa, com um tom ligeiramente desanimado. Há poucos dias recebi carta sua, Tania, um pouco mais animada. Espero que tudo esteja bem, não há nada como um dia atrás do outro para repor às vezes as coisas nos lugares a que pertencem. Sendo que, por Deus, a gente tem que ajudar a repô-las ou a pô-las...

Paulinho está bem, muito engraçado e encantador. Ele parece ter um sentido prático bem afiado, está sempre dando soluçõezinhas às coisas, e entende rápido uma situação. Continua muito malcriado, compensando isso com grandes cenas de ternura. ("Seus cabelos, mamãe me mostram que você é minha namorada." "*You are the best life in the world*".[1] "*You saved my life*"[2] – isso é claramente inspirado por filmes de *cowboys* na televisão. Outra coisa inspirada por anúncios de televisão: "*Mother, you are my beautiful Anacin*"[3] – Anacin é um remédio contra resfriados. Ele e Pedrinho, como eu tenho escrito, formaram uma forte amizade baseada em porcarias. Vivem aos cochichos, falando em pipi, popô e congêneres. Pedrinho tem como ideal filmar uma pessoa fazendo pipi – "*not*

---

[1] "Você é a melhor vida do mundo."

[2] "Você salvou minha vida."

[3] "Mãe, você é minha bela Anacin."

you, mother, you are too pretty for that, but an old lady"[4] – esse filme, segundo ele, seria passado num cinema e todos ririam. Paulinho adorou a ideia. Essa amizade não impede uma rivalidade mútua enorme, agressões, acessos de inveja etc. Paulinho, que anda muito entusiasmado plantando sementes de flores e plantas, veio um dia desses para mim, todo contente e com ar de ter feito uma coisa maravilhosa: "Mamãe, sabe o que fiz? Eu tirei da terra a semente de cenoura que Pedro plantou, de modo que ele pensa que vai crescer e não vai, só a minha vai." Eu disse: "Mas, Paulinho, Pedro vai ficar triste e desapontado!" E ele: "Mas é isso que eu quero!" Eu: "Acho que você fez uma coisa feia, você não devia fazer isso com seu irmão." Paulinho, que esperava grande apoio de minha parte, ficou muito decepcionado, ficou encabulado e chateado, e disse: "Então, *let's not talk about it anymore*." (então não vamos mais falar nisso.) Os dois se gostam e se detestam, se um pudesse prejudicar o outro ficaria muito contente, mas já é impossível para eles ter essa alegria, pois já vem misturada com grande remorso e sentimento de culpa. Enfim, são gente crescendo.

Não tenho a menor notícia de meu livro. Vou escrever, talvez, uma carta ao Ênio da Silveira, da Civilização Brasileira, e perguntar o que é que há. Conforme for, retiro o livro de lá. Depois escreverei a vocês a respeito.

Aqui a primavera já está no ar, e o nosso chorão, que é a árvore mais sensível, já começou a brotar. No outono, ela também é a primeira a perder as folhas. Tenho ido uma vez por semana ao cabeleireiro, o que me deixa com os cabelos razoáveis por cerca de uma semana inteira. Tenho lido alguma coisa (eu tinha passado cerca de três anos incapaz de me concentrar a ponto de chegar à metade de um livro), tenho

[4] "Não você, mãe, você é muito bonita para isto, mas uma velha senhora."

feito algumas traduções para a União Pan-Americana, tenho tido algumas ideias vagas para contos. Como eu disse a vocês, um continho meu publicado na revista *Americas* há mais de um ano, chamou a atenção de uma revista da Universidade de New Mexico (EE.UU.), eles me pediram um conto, mandei a tradução do conto "Amor" e de "Mistério em São Cristóvão", para eles escolherem, eles aceitaram "Amor". Então, eu, que sempre evito me colocar em situação de poder ser rejeitada, fiquei mais corajosa e, sob a sugestão de minha professora de inglês (nós só conversamos, não estudo nada...), mandei um conto para outra revista. E a revista não gostou nem aceitou. *Acho que estou ligeiramente mais forte. – Minhas queridas, me escrevam, e que Deus guie vocês.*

Com amor e saudade,

Clarice

Relendo superficialmente a carta, notei que está muito mal escrita, desculpem...

[A Mafalda Verissimo]

March 27, 1957

Dear Mafalda,

How does your house looks like. I have a picture for your Mafalda.

He is baby Jesus and his mother. MAFALDA

Has Erico got a new book? MAFALDA[1]

E

PAULO

Mafalda, querida, Paulinho ditou palavra por palavra a Ava. Ele não te esquece nunca e nós, também não esquecemos vocês. Só que ele escreve. A filha de vocês está ótima, parece a própria madona anunciada.

Beijos da Clarice. PAULO

[1] O teor desta cartinha, de gramática um tanto truncada, é: "Querida Mafalda/Como é a sua casa (sem a interrogação)/Eu tenho uma imagem para você Mafalda/Ele é o Menino Jesus e sua Mãe. MAFALDA/Tem Erico um novo livro? MAFALDA."

[A Mafalda Verissimo]

Csdfdx, pppp ppppppppppyc/jçzzzzzzzzzxxxxxxxxxx uuuuuu nnnnnnnnnnnnnnnnnnnaaaaa

pppppp

Washington, 30 março 1957, sábado

Mafalda querida,

esta carta de Paulo (Avany, a pedido dele escreveu o seu nome e o dele) foi inteiramente espontânea. Ele próprio bateu "texto" à máquina e veio muito sério me dizer: "*This letter to Mafalda is about pipi and popô, because one day she talked to me by telephone and said to me those bad words. That's why I'm sending her bad words too.*"[1] (De modo que, onde se lê "csd fdx ppp", leia-se "pipi e popô".) No dia seguinte ele quis saber se eu já tinha "*mailed the letter*". E disse: "*Do you know why I write so many letters to Mafalda? Because she moved from her house, we cannot to her, so and them I write a lot of letters to her, so I won't be worried about her.*"

No dia seguinte, ainda (ontem), fez um desenho num papel e me pediu para mandar para você, "*so, when she opens the letter, she'll say: my oh my!*".[2] O desenho não vai porque se

[1] Os trechos, no inglês infantil truncado, dizem mais ou menos o seguinte: "Essa carta para Mafalda é sobre pipi e popô, porque um dia ela falou comigo pelo telefone e disse para mim esses nomes feios. É por isso que eu também estou mandando para ela palavras ruins." [...] "postado a carta" [...] "Você sabe por que eu escrevo tantas cartas para Mafalda? Porque ela se mudou da casa dela e nós não podemos mais vê-la, então e por isso eu escrevo muitas cartas para Mafalda, para não ficar preocupado com ela."

[2] "assim, quando ela abrir a carta vai dizer: Oh, meu Deus!" [A tradução literal de "my oh my" é "meu oh meu", mas o sentido mais correto seria o de: "puxa vida"; "meu Deus!"; "Nossa!"]

reduz a dois ou três riscos, mas considere-se como tendo recebido a carta, e diga alto: *my oh my!*

A carta de Pedrinho para você, Érico, foi também inteiramente espontânea. Uma noite, depois de jantar, ele avisou que não queria ser interrompido pois ia "escrever para Érico". Não sei se já lhes disse (acho que sim) que Pedrinho, ao responder a um questionário escolar, que incluía a pergunta: "Qual é o nome de um amigo seu que more *out of town?*"[3] ele respondeu imediatamente em letras garrafais. Érico Verissimo.

Vimos a peça em que Clarissa e Dave trabalham. Clarissa ótima, natural, com talento. Ela também acha que está perdendo tempo com os [...]. Tudo o que ela podia aprender com eles, já aprendeu, e mais, ultrapassou-os. Com o estímulo constante de Dave, ela está pretendendo ingressar no Arena. Mas tem um pouco de timidez em se apresentar, e fica adiando. Clarissa e Dave me parecem *muito ajustados*, e felizes. Aliás, numa leve conversa que tivemos, leve mas franca, isso foi confirmado. Sei que vocês têm saudade, mas pelo menos saibam que podem ter uma saudade tranquila. Estamos esperando Armando com ansiedade, por ele mesmo e para ter um relato sobre vocês.

Mafalda e Érico, sei que é cacete escrever cartas. Mas peço um favor especial: respondam essas duas cartas das crianças, vocês *não podem imaginar* a alegria deles quando recebem um bilhetinho de vocês.

Nós todos vamos bem, felizmente. Maury manda um grande abraço.

Com saudade de vocês três,
"Sinceramente de vocês",

Clarice

---

3 "Fora da cidade."

[A Mafalda Verissimo]

To MAFALDA
Dear Prato[1]

Mafalda querida,..Paulo

não estou pretendendo me corresponder com vocês através dos meninos – um dia desses lhes escrevo. Mas acontece que Paulinho queria escrever para você (*I'm going to write a letter to, the [...], to Mafalda*)[2] e até me ditou os dizeres. Achei estranho essa história de "Dear Prato" mas ele insistiu – depois explicou que era porque pretendia dar a você, um dia, um prato de presente. Como você vê, é absolutamente lógico. Ele quer estar certo de que me fez prometer que ele iria comigo ao correio – o que faremos. O desenho é "suposto" representar um gigante "maior que todos e também maior que a carta". – Clarissa está ótima, estivemos há uns dois dias com eles, o apartamento está ficando um amor. Ela e Dave estão com muito boa aparência. Fui com ela ao dr. Parlas (por nada, só para exame): tudo bem. Dr. Parlas lembrou-se imediatamente de você, virou-se para mim e disse: olhe como ela se parece com a mãe! Sábado vamos vê-la e ao Dave na peça nova. Maria Laura está ajudando ela na escolha de decorações para o apartamento. Na certa o Armando já está aí com vocês, dando notícias bem mais diretas. Estamos loucos que ele volte, por 2 motivos: pela presença dele e para que ele nos conte sobre vocês. Façam o favor de dar a ele o máximo de informações possíveis a respeito de vocês mesmos.

1 "Para Mafalda/Caro Prato."

2 "Eu vou escrever uma carta para, a (...) para Mafalda."

Um beijo para você, Fal. Comprei um costume no *Casual Corner*... Essa é a grande novidade de que me lembro agora. Érico, viva seu livro sobre o México! Abraço grande para Luís Fernando.

Clarice

[A Elisa Lispector e Tania Kaufmann]

Washington, 14 abril 1957, domingo

Minhas queridas,

Aqui tudo bem, a primavera chegando. Mas poucas cartas de vocês. Também não posso me queixar porque não lhes tenho escrito muito. Mas quero notícias, e me queixo do mesmo modo. – Uma novidade que surgiu há uma semana é que Fernanda vai casar em 2 de maio, e, naturalmente, vai embora. Vai casar com um tenente-coronel do exército, quarenta e poucos anos, divorciado. Tenho que reorganizar o sistema da casa. A verdade é que Avany andava mesmo meio desocupada, com Paulinho na escola de manhã. É verdade que eu não precisava completamente de duas empregadas (a menos em dia de visita), mas de empregada e meia. Isso é difícil, mas vamos ver como nos arranjamos. Naturalmente vou aumentar Avany, e ter que lavar roupa fora ou chamar uma pessoa para lavar e passar, senão não dá tempo. Mas devo confessar uma fraqueza que me envergonha: acho que sinto a saída dela porque tenho uma necessidade infantil de ser amparada, de não ter a responsabilidade total das coisas. A verdade é que fico com certo medo de ficar sozinha, o que é ridículo, porque Avany e eu damos conta do recado; e, quando tivermos que dar jantar, chamaremos sempre um garçom. É ridículo como hesito em decidir pequenas coisas, como sinto a necessidade de pedir conselhos, e depois, é claro, fico revoltada por ter aceito os conselhos, por ser tão indecisa... É um círculo vicioso que precisava ser quebrado. Mas tudo vai dar certo, e me arranjarei bem.

Não sei se escrevi que Paulinho teve catapora, já está bom e indo à escola. Os dois estão interessadíssimos em dinheiro, vivem vendendo as coisas que têm e comprando outras. Pedrinho chegou a escrever um cartaz e pô-lo no jardim: *Things for Sale*.[1] Paulinho me vende as mesmas coisas que já comprei dele. Enfim, o comércio está estabelecido aqui em casa. Um dia desses expliquei a Paulinho que sinceramente não estava precisando da caixinha de madeira que ele queria me vender, de modo que não podia comprar. Ele pensou um pouco, e disse: então eu dou a caixinha de presente para você, e você me dá de presente dinheiro. Diante disso, fechei negócio. Quanto a Pedrinho, ele anda adivinhando as coisas do mundo. Um dia desses me perguntou se as pessoas, em vez de casarem, não podiam "apenas '*mate*'" ("*mate*" é expressão usada para animais). Eu disse que tinha pessoas que viviam juntas sem casar, mas que só se dizia "*mate*" para animais. Ele disse: "mas uma pessoa não pode pegar uma *female* sem mais nem menos... e, se pegar uma mulher, e ninguém souber, isso não se chama *mate*? Como vocês veem, ele, sem experiência, na base das hipóteses, está se aproximando da realidade.

Elisa querida, você continua fazendo página feminina para o *Jornal do Comércio*?[2] Você nunca mais falou nisso. Tania, não sei se lhe escrevi que o número do apartamento que você pensou que era o nosso, não é. E Maury disse que não pagou os trinta contos porque os melhoramentos não foram feitos. Me deem notícias de Marcinha, por favor.

---

1 "Coisas para vender."

2 Elisa Lispector colaborou em uma página feminina no *Jornal do Commercio*, segundo Renard Perez.

Deus abençoe vocês.

Clarice

Rubem Braga me escreveu que o livro de contos, com o Simeão,[3] está em fase de provas. E me disse que propôs a *O Estado de S. Paulo* a publicação periódica dos contos, e que eles aceitaram. Vamos ver se vai adiante.

A Ana voltou?

[3] Diretor do Serviço de Documentação do então Ministério de Educação e Saúde, Simeão Leal (1908-1996) foi o editor do primeiro livro de contos de Clarice: *Alguns contos* (1952). Uma parte desses contos aos quais ela se refere foram publicados em *Laços de família* (1960).

[A Rubem Braga]

Washington, 15 de abril de 1957, segunda-feira

Rubem,

Você não imagina o gosto que tive em receber sua carta, de algum modo inesperada. Carta sua é sempre recebida com festa. – Eu não sabia que você tinha lido ou estava lendo meus contos, e quando você gosta do que escrevo me sinto muito compensada, até com ânimo de reiniciar agudamente a escrever. Só que estou como sempre cheia de intenções apenas vagas que não levantam voo, e parecem uma dessas ventanias de primavera que a gente pensa que vão sacudir árvores, mas servem apenas para levantar folha do chão. Não é preciso acrescentar que esta minha linda imagem é produto direto do fato de estar em primavera que, como sempre, me deixa cheia de esperança, desconsolo e aflição feliz. Enfim, esperarei pelo verão que é mais positivo.

Fico muito contente de *O Estado de S. Paulo*[1] querer publicar os contos. Tenho mais três contos prontos. Se você achar que o jornal também os quer, mando para você. Chamam-se "Um crime de Páscoa", "O búfalo" e "A menor mulher do mundo", todos sem grande interesse, mas, como sempre, na hora de escrevê-los, eu pensava que tinham algum (interesse, quero dizer). Eu não tinha ideia de que o livro de contos, com Simeão, já estava composto e para revisão.

---

[1] Os contos citados não foram publicados no *Estadão*, e sim, com grande sucesso, na revista *Senhor*, entre 1959 e 1962. Não há nenhum conto com o título de "O crime de Páscoa", o que nos deixa inferir que ela se refira a "O crime do professor de matemática".

Foi surpresa. Como eu já tinha abandonado a esperança do livro ser publicado, não tentei perguntar se Simeão quereria acrescentar os três contos novos. Você acha que sim?

Aqui, fora a primavera, tudo bem. As crianças indo à escola, preparando-se para as férias. Vamos mandar Pedrinho passar o mês de julho num *camping* fora de Washington, o que me preocupa um pouco mas fará bem a ele. Ficar junto demais de mãe também não é bom, e sobretudo ele anda numa fase de independência que faz com que ele viva dizendo, "*I'm a free man*".[2] Amém. Paulinho por enquanto não quer se libertar de nada, e luta entre o desejo manifesto de voltar a ser baby e o desejo aflito de crescer; todos os dias ele e diz: *But I don't feel I'm growing*![3] E eu, eu fico com vontade dupla que eles sejam crianças e que cresçam. – Há de vez em quando festas tão vagas que fico sem saber quem as deu. Um dia desses, numa delas, das mais vagas, tive, por cansaço, uma dessas franquezas inúteis de que me arrependi porque, afinal, não estamos nesse mundo para sermos francos. Uma senhora, que tem demonstrado bastante antipatia por mim, estava na festa e me disse: há quanto tempo não vejo você! você nunca me procura! E eu inesperadamente me vi respondendo com absoluta falta de interesse: ora, vamos deixar disso, tanto você como eu sabemos que você não me topa muito. O espanto dela foi tão grande que deu mudez. Resultado: dias depois nos convidou para um jantar na casa dela. Como você, "franqueza não paga".

Maury me pede que lhe diga que Richard Monsen (você se lembra dele? você almoçou com ele no dia em que nós partíamos para Boston, você almoçou com ele e com o Valle) está no Rio por algum tempo (para uma conferência). Que

---

[2] "Eu sou um homem livre."

[3] "Mas eu não estou sentindo que estou crescendo."

você poderia procurá-lo na Embaixada Americana, ele é pessoa que talvez possa fazer alguma coisa sobre bolsa de estudo e viagem. O Dick e a Bení (mulher dele, brasileira, paulista, simpaticíssima) são amigos nossos. Inclusive é muito possível que você goste de estar com ambos, e seria oportunidade para conversa mais longa. Mas é bom procurá-lo logo pois não sabemos quanto tempo ele passará em Rio e S. Paulo.

Se você souber de alguma coisa do filho do Frazão, me diga. A história toda é horrível.

Não se esqueça de nos mandar "A Cidade e a Roça",[4] logo que sair.

Um grande abraço nosso

Clarice

---

[4] *A cidade e a roça* (José Olympio, 1957).

[A Elisa Lispector e Tania Kaufmann]

Washington, 23 abril 1957, terça-feira

Minhas queridas,

há muito tempo não recebo carta sua, Elisa querida, e recebi uma sua, Naninha, no dia 17, antes de você ir para fora. Elisa, você não quis aproveitar os dias da Semana Santa? Se nós, aqui, soubéssemos que o tempo ia esquentar teríamos ido um pouco para a praia. Ninguém podia adivinhar que sábado de Aleluia e domingo de Páscoa fariam um calor quase de verão. Se este próximo fim de semana for quente, vamos ver se iremos. Depois de um longo e não-digo-tenebroso-mas-digo-chato-inverno, tem-se vontade de ficar um pouco ao ar livre, e sem casaco. – A novidade aqui são dois patinhos vivos. Um morreu, porque Pedrinho pisou nele sem querer. O outro é uma graça. Nunca pensei que pato tivesse natureza-íntima tão diversa de pinto. Pinto está sempre com medo, e, além de lindo, é burríssimo, tão burro quanto a futura galinha ou galo que um dia será. Mas pato é altamente sociável, procura companhia, anda atrás da gente feito cachorro, se deixa acarinhar – e, coincidência altamente curiosa, tem o andar típico de pato. Como a gente na vida tem sido tão enganada com promessas vãs, a gente fica boba ao ver que não estavam ludibriando a gente quando diziam que pato anda como pato. Pois anda. Pinto, por mais que a gente procure fazer feliz, está sempre miserável. Pato, não, não frustra a gente porque "corresponde" e faz a gente se sentir muito generosa. – Um dia desses me contaram uma anedotinha que eu já conhecia, mas tão velha que eu já tinha esquecido. Se vocês conhecem, desculpem. É o caso de uma cidadezinha, durante a guerra, invadida por uma tropa. Naturalmente cada soldado escolheu logo uma moça, a tal ponto que um dos soldados, quando foi ver, descobriu que, do sexo feminino, só restava uma velhinha. Quando ele viu a velhinha ali, ele teve uma crise de desânimo: Ah não! Também esta não! Mas a velhinha disse rápida: "Ah não", coisa nenhuma, soldado! Guerra é guerra!

Estou de cabelo crescido, precisando um dia desses começar a pintar porque os cabelos brancos estão se multiplicando. Tenho ido uma vez por semana ao cabeleireiro, o que deixa "decente" por vários dias.

Pedrinho fez um segundo exame no Friends School, como eu tinha pedido a eles. Não sei se será ou não aceito. Mas francamente já não estou muito interessada nessa escola, achei eles muito incompreensivos (existe essa palavra?), e estou mais inclinada a pôr Pedrinho na escola da School Guidance Center, onde, além de instrução, ele receberá ajuda em relação às emoções. Vamos ver o que acontece. Paulinho está de férias... Férias de primavera, ele recomeça na próxima segunda-feira. Ele está crescendo a olhos vistos, e sempre muito bonitinho.

Aí junto vai uma carta para Simeão Leal, Tania, e aceito com prazer que você me faça o favor de levá-la a ele, pois, do jeito como são as coisas aí, nunca saberei se ele recebeu ou não a carta, se ele levou ou não em consideração. O pior é que talvez seja difícil achá-lo ou falar com ele. Se você não conseguir, simplesmente ponha a carta no correio, que chegará.

Elisa querida, você não falou mais sobre a viagem. Está mesmo fora de questão? Por quê?

Tania, fale sobre Marcinha. Me diga se você teve alguma conversa com algum médico. É tão bom cuidar da alma cedo.

É muito possível que ela não precise senão de algumas conversas diretivas e esclarecedoras.

Como vão os negócios de William? Elisa, como vai a página feminina? Você teve algum aumento? Escreva a respeito.

Tania, você tem certeza de que Ana não voltará mesmo? Você tem estado em algum contato com a família de Diva? Aliás, eu gostaria muito de ter alguma notícia clara a respeito de Diva. Embora minha impressão é de que o caso esteja mais perdido, pois a família mistura tudo com espiritismo e com os próprios tabus e complexos. Enfim. Me deem alguma notícia. Eu não escrevo diretamente porque temo que ela, Diva, se agarre demais a mim.

Escrevam!

Com amor,

Clarice

Tania, quando eu estive no Rio em 1955, Simeão Leal me pagou *adiantado* a publicação dos contos. Eu não tenho nenhum dinheiro a receber dele.

[A Stella Maria Barbosa de Oliveira e João Cabral de Melo Neto]

Washington, 7 de maio de 1957, terça-feira

Meus caros Stella e João,

Stella, você não escreve mesmo, mas está perdoada, sobretudo eu tendo em vista que sou má correspondente e me atraso muito. Sua carta, João, foi tão boa. Morro de inveja de você que não está escrevendo tanto quanto quer (poesia, quero dizer) porque tem pouco tempo. Eu também não tenho muito tempo, mas tenho menos "romance" ainda do que tempo. Fora uns continhos, há cerca de um ano que apenas me debato, desde que acabei o romance que está no Brasil. Recebi sim, "Duas águas".[1] Li duas vezes, em ocasiões diferentes. Das duas vezes, com admiração integral, com respeito, com alegria, com esse espanto surpresa que tenho diante de quem milagrosamente acha a palavra certa. Acha, não: de quem inventa a palavra certa, de quem nasceu com a possibilidade de descobrir a única palavra certa. Depois, a limpeza da construção. Não há um fio solto na sua poesia. Tão perfeita como uma mão, ou, se você quiser, u'a mão. Mão com os cinco dedos. Saio de sua poesia com um sentimento

[1] *Duas águas* (José Olympio, 1956). Segundo João Cabral de Melo Neto: "Duas águas são as duas vertentes de minha poesia: uma de expressão mais hermética e outra de expressão mais auditiva. Certos poemas meus quando ouvidos, não fazem pé com cabeça. *Uma faca só lâmina*, por exemplo, você não pode ler em um comício. Já *O rio* e *Morte e vida Severina* são poemas sem maiores dificuldades." (João Cabral em entrevista a Miguel Paiva Lacerda. *Folha de S. Paulo*, sem data). É digno de nota o fato de que o livro está repleto da paisagem pernambucana através da presença do rio Capibaribe.

de aprofundamento de vida, com o espanto de não ter podido "ver" antes, de ter precisado que você dissesse para que eu pudesse ver. Ao mesmo tempo "reconheço" o que você diz. Este meu "reconhecer", quando leio você, é a minha contribuição à sua poesia. Sou grata a você pelo fato de eu ler com tanta participação o que você escreve. Porque, de novo e evidentemente, a razão de eu poder "contribuir" tão bem com minha leitura, a razão está na sua própria poesia. Tenho até aflição com o modo como você é perfeito, no sentido de não sucumbir a nenhum relaxamento, de não ceder a nenhuma palavra inútil, na sua falta de sentimentalismo – você não enfeita nenhuma emoção.

Tivemos com Aloísio boas conversas a seu respeito. Eu disse uma coisa que achei depois muito errada. Disse que tinha a impressão de que, se eu tivesse mais contato pessoal com você, minha "literatura" se aniquilaria. Minhas vaguíssimas ideias não resistiram ao impacto das suas, que são muito firmes, e que você era forte demais no que você queria, e eu muito indecisa demais sobre o que queria. Depois pensei mais e vi a grande tolice. É verdade que não sei bem o que quero, e tenho demonstrado isso com alguma abundância. Mas o que eu poderia aprender com você seria muito. Para começo de conversa, quem sabe se eu ficaria sabendo mesmo o que quero. Outra coisa: ficaria sabendo se quero mesmo escrever. Tenho a certeza de que escrevo apenas porque não tenho outra coisa a fazer, e apenas. E de que escrevo, não porque compreendo, mas exatamente porque não compreendo. No dia em que compreendesse, pararia. (O fato é que estou parando mesmo sem compreender.) E, se por acaso eu viesse a saber que quero mesmo escrever, então eu teria a aprender de você uma coisa que desconfio que não se aprende: a construir. Nasci com alguma capacidade de gaguejar impressões – então por que não resolvi, em vez, fazer uma espécie de diário íntimo, trechos soltos, sem consequência? Não me surpreende que a moça ou senhora (Pearl Kazin), a quem você emprestou *O lustre*, não queira traduzir. O que escrevo fica sempre umas cinco etapas antes da etapa em que poderia ser chamado de romance. São mais impressões mesmo. – Mas quando penso em parar totalmente de escrever, de nunca mais tentar, me ocorre também um pensamento completamente extraliterário, um pouco doloroso: é o de que eu perderia os poucos amigos que tenho.

Não só conheci Isabel, como tive o gosto de pegá-la no colo, e Stella e eu bordamos ao lado dela que dormia. Foi quando em 1955 estive no Rio, aquele vago período de vago-simpático-atrapalhado. Rodrigo, com certeza, está toureando de novo, não? Imagino como as crianças estão grandes.[2]

Fiquei contente em saber que o Hotel Inglaterra existe como eu me lembrava dele. A lembrança estava associada a uma tarde em Sevilha em que adormeci de cansaço e calor. Toda vez que eu pensava no hotel me lembrava era do sono de mormaço, e fiquei sem saber ao certo se sonhara o hotel ou o quê.

Não tivemos muitas notícias do romance de Araújo Castro,[3] além do fato de Miriam (mulher dele) estar lendo o manuscrito. Outra notícia foi a que ele deu a Maury, dizendo que não transformaria mais nada no romance. E é só. Não sei sequer o assunto. Fico muito curiosa, não sei imaginar que espécie de romance uma pessoa como Araújo escreveria. Altamente intelectual, quero dizer, romance bem inteligente? Emoção controlada? não controlada? pudor de palavras? pudor de usar algum truque necessário? ironia em relação a si mesmo, para não se encabular? Não tenho a me-

---

[2] Isabel e Rodrigo são filhos de Stella e João Cabral de Melo Neto.

[3] Araújo Castro, diplomata, citado em outras cartas deste volume.

nor ideia. Na última carta para Maury ele dizia que andava muito deprimido, mas não falou nada do livro. Não sei se a depressão é depressão "post-criação" (por Deus, que sei a bobagem que estou dizendo), ou se vem da vida do Rio, que nós sabemos como às vezes desespera.

Enquanto isso, aqui está esquentando, já dá para tomar banho de sol, e disfarçar o desgosto de não se ter nascido morena. Se der jeito, iremos provavelmente para alguma praia. No sábado tive que ir a um chá oferecido a trezentas senhoras – trezentas senhoras deprime muito.

Stella, você por acaso está esperando outro baby? Como vai Adela? João, como é que você vai de dores de cabeça?[4] Por favor, se há aqui algum remédio que não tem na Espanha, me escreva. Aliás, você podia dizer a seu médico aí que você tem possibilidades de obter remédio daqui. Pois às vezes eles não receitam o que gostariam por calcularem que seria impossível ou difícil obter a medicação.

Aceitem minha grande amizade.

Clarice

Maury manda grande abraço

---

[4] As proverbiais dores de cabeça do poeta eram bastante conhecidas por todos aqueles que conviveram com ele.

[A Pierre de Lescure]

Washington, 14 de maio de 1957[1]

Caro Sr. Pierre de Lescure,

Sinto falta de notícias do senhor e da Srta. Lacombe. Sei que estão muito ocupados, mas gostaria de receber cartas de vez em quando: está escrevendo agora? e a sua saúde?

Faz tempo que não recebo notícias da Librairie Plon. Por isso fico pensando, será que não há novidades? Será que publicaram artigos além dos que eu recebi? (Chegaram uns seis aqui.)

Estou com um problema de consciência por conta da publicação do meu livro. Ao reler a tradução na forma definitiva, achei muito bom. Quis escrever para agradecer à srta. Moutonnier. Mas fiquei sem saber como essa minha manifestação seria recebida depois das minhas observações intempestivas sobre as provas iniciais da tradução. A Srta. Moutonnier tem todo o direito de não querer aceitar meu agradecimento. Será que posso contar com o seu préstimo e sua diplomacia junto à Srta. Moutonnier para convencê-la a aceitar minha gratidão sincera pelo trabalho que deve ter sido para ela essa tradução, e sobretudo por sua dedicação a um texto tão pouco gratificante? Eu não saberia como me desculpar pelo temperamento agres-

[1] Esta carta está redigida em forma de rascunho e assinada. Pelo andamento do tema em questão é lícito se pensar que Clarice a enviou. As cartas para Pierre Lescure confirmam que Clarice ficou feliz com a edição de *Perto do coração selvagem*, após resolver os conflitos surgidos no processo de tradução.

sivo. A tradução está muito boa, estilo sensível, um trabalho bem-sucedido.

O Sr. voltou a publicar a revista *Roman*?

Aguardo notícias suas. E peço que aceite a minha amizade.

Sinceramente,

Clarice Lispector

[A Tania Kaufmann]

Washington, 15 de junho de 1957, sábado

Tania querida,

que susto vocês devem ter passado com Filomeninha! Essa operação feita de noite que coisa. Graças a Deus tudo está bem agora, e ela refeita, não? Ela perdeu peso? Quando li a carta, tive ao mesmo tempo um sentimento de alívio: é sempre bom já ter sido operada de apendicite antes de uma viagem. Puxa, felizmente passa. – Mas quantas novidades, querida! Espero que de agora em diante novidades bem mais calmas. Vocês receberam minha carta sobre o nosso jantar com o pai e a mamãe da família que hospedará Marcinha? Repito que é uma gente muitíssimo simpática e tranquilizadora sob todos os aspectos. Repito também que irei a N. York para a chegada de Marcia e ficarei com ela os dias que ela ficar lá – por prazer, companhia e divertimento, pois creio que mais que isso ela não precisará. Mas talvez eu facilite alguma coisa com minha relativa prática. – Estou preparando a ida de Pedrinho para o *camp*, o que implica em trabalho de pressa, preocupação e muita esperança. Trabalho porque a lista de comprinhas e providência é detalhada e grande; despesas porque já gastamos, sem passagens e extras, mais de trezentos dólares; preocupações por causa do temperamento dele, e das ansiedades a que ele é sujeito; grande esperança porque talvez o *camp* dê a ele mais liberdade física e motora, ensine ele a ter menos medo, enfim, dê mais segurança e confiança nele mesmo. – Não sei se disse que, se Deus quiser, ele vai mesmo estudar no "School Guidance

Center", e tenho grandes esperanças de que, num ambiente favorável, compreensivo e ao mesmo tempo reeducativo, ele tenha experiências que lhe permitam se libertar mais e desenvolver, portanto, suas capacidades. Um teste que foi feito recentemente mostra uma grande melhora em relação ao teste feito antes dele iniciar a *play-therapy*. – Paulinho está bem, muito bonitinho e engraçado. Me dá tanto tapa e pontapé que tem recebido boas palmadas de mim. Então diz que sou "*a bad baby*".[1] Mas nas horas de ternura é um amor. Ontem disse para mim: "*give yourself to me*."[2] Eu disse: "Como é?" Ele pegou meu braço, beijou, e disse: "*That's the way, silly*!"[3] Um dia desses ele me bateu muito, apanhou e depois, na hora de dormir, me pediu uma história. Eu disse que não porque ele me bateu muito. Ele disse: "Hey! isso não é de um *friend*! Um *friend* conta história quando o outro faz '*bad things*'!"[4]

O suicídio do colega de Maury nos deixou chocados, perplexos, tristes. Poucos dias antes, tínhamos estado na casa dele, numa festa. E poucos dias antes desta, ele tinha jantado aqui em casa, num jantar de despedida para a irmã dele. Fiquei tão abalada que nem sei dizer.

Aqui está fazendo muito calor. Mas a refrigeração em casa atenua muito. Nem dá coragem de sair de casa.

Minha querida, espero que a situação com empregada tenha melhorado. Ainda não entendo por que Ana saiu. Enfim, talvez fosse mesmo tempo. Pedi a você notícias de Diva, mas você não respondeu. Que é que há?

Um beijo, e que tudo lhes corra bem

Sua Clarice

---

[1] "(...) uma criança ruim."

[2] "entregue-se a mim."

[3] "Esse é o jeito, boba!"

[4] "(...) coisas ruins (ou más)."

[A Elisa Lispector, Tania e Marcia Kaufmann]

Washington, 3 julho 1957, quarta-feira

Minhas queridas Elisa, Tania e Marcia,

Adorei tua carta, Marcinha querida. Você evoluiu muito, está escrevendo como adulto, querida. Acho sinceramente que você é uma pessoa que pode ter autossegurança e grande confiança em si mesma. Imagino a sua alegria! É uma grande experiência que está à sua frente, das mais interessantes e ricas. Ao mesmo tempo fico radiante com a coincidência de estarmos aqui nos Estados Unidos. Para falar a verdade, acho que é ótimo estarmos no mesmo país, mas não na mesma cidade (embora, se dependesse de mim, a bolsa se daria aqui mesmo em Washington). Explico por que: você estando em outro estado, sua experiência vai ser mais completa, a <u>relativa</u> independência vai lhe ensinar muita coisa. Mas – e esse <u>mas</u> é ótimo – você sentirá meu apoio, ao alcance simplesmente de um telefone. Qualquer dúvida maior, e eu, com mais experiência e com muito amor, poderei orientar você. Basta, ao pegar no telefone, dizer à telefonista que se trata de "*collect call*" (explicarei pessoalmente melhor) – e assim você não se sentirá constrangida de usar o telefone dos Shaggs sempre que precisar ou tiver vontade. Maury mandou para eles alguns livros sobre o Brasil, escritos em inglês (material da Embaixada), e inclusive uma bandeirinha brasileira...

De acordo com a carta de vocês, então a Marcinha ficará 15 dias em Nova York. Eu pretendia passar com ela o tempo todo lá, mas não sabia que era tanto tempo. Infelizmente só poderei ficar alguns dias com ela, pois além do mais as crianças estarão ainda de férias; além do que Pedrinho terá exatamente voltado do *camp*, depois de um mês ausente, e sentirá que eu saia longamente. Mas Marcinha será bem cuidada e guiada lá. E, na primavera, se Deus quiser e se estiver no gosto dela, ela virá passar as férias aqui conosco – e que farra, meu Deus! Em que dia o "Brazil" chega a Nova York?

Elisa querida, quando você tiver visto a peça do Nelson Rodrigues[1] me escreva. Queria saber que mais ele introduziu na peça, além do que já costumava e que já era bastante ousado. – Queridas, Maury pede que uma de vocês duas, a que tiver no momento um pouco mais de tempo, se informe sobre os preços destes apartamentos. Obrigada!

Um beijo para vocês três, um abraço para William. E Deus vos guie.

Com amor,

Clarice

[1] *Perdoa-me por me traíres* (1957) estreou em 19 de junho de 1957, no Theatro Municipal do Rio de Janeiro.

[A Mafalda Verissimo]

Washington, 4 julho 1957, quinta-feira

Mafalda querida,

Como você pode imaginar, isto aí é uma das loucurazinhas que aparecem de repente no Carrier... Dr. Costese tinha dito que passaria uns dias em Porto Alegre. Não resisto à tentação de pedir a ele que leve essa encomendinha para você, já que se trata de coisa bem leve. E naturalmente, meu bem, você sabe o que isto significa: uma tentativa de imitação dos nossos *cups of coffee* num *drugstore* ou no infame basement do Hecht. O que falta é tomarmos juntas, no meio de uma conversa que graças a Deus nunca esmoreceu e que atrapalhou tanto nossas adiadas compras.

Um abraço grande para você e para "Érico Verissimo".

Da comadre

Clarice

[A Décio de Almeida Prado]

Washington, 12 de julho de 1957

Prezado Décio de Almeida Prado,[1]

Sim, Fernando Sabino e Rubem Braga tinham me falado na possível publicação dos contos no suplemento literário de *O Estado de S. Paulo*, com o que previamente concordei. Portanto, respondendo sua pergunta, concordo com as negociações.

Quanto à publicação, num suplemento carioca, de "O crime do professor de matemática", fiquei surpreendida. Não só não dei o conto para ser publicado, como ninguém me informou de que ia ser ou tinha sido publicado. Você pergunta se tem prioridade sobre os contos. Claro que tem. Mas de que jeito posso controlar de Washington a repetição do que aconteceu, se não acharam necessário me consultar sequer? Só posso lhe dizer, com toda boa fé, que os nove contos estão entregues a você, para saírem em *O Estado de S. Paulo*, e em nenhum outro jornal.

Quanto à experiência de escrever artigos, quisera eu poder. Mas sou bem ruim no gênero. Você se arrependeria de ter sugerido... Trabalhei alguns anos em jornal, em reportagens e entrevistas, e era bem razoável. Mas não só me man-

---

[1] Décio de Almeida Prado (1917-2000), crítico teatral, professor e ensaísta. Foi o primeiro editor do Suplemento Literário do jornal *O Estado de S. Paulo*. Os contos aos quais Clarice se refere não foram publicados nesse jornal. São os mesmos que ela havia entregue a Simeão Leal e que só seriam publicados a partir de 1959 na revista *Senhor* e, posteriormente, em *Laços de família* (1960).

davam, o que facilitava, como eu tinha o ótimo dever de ser impessoal, o que facilitava ainda mais. Mas artigo acho que não sei fazer. (Muito obrigada pela oferta.)

Com amizade e admiração,

Clarice Lispector

[*A Eliane e Mozart Gurgel Valente*]

Washington, 16 julho 1957

Eliane e Mozart, caríssimos,

desagrada-me tanto, Mozart, quando você fala em meu afastamento e coisas do gênero. Sem falar que me dá remorsos, remorsos inúteis. Não houve afastamento no sentido de menos amizade. Acreditem-me que eu quase não escrevo mais cartas. Até para casa escrevo menos, não tão seguido como antes. E não mantenho mais correspondência com ninguém. Mas você tem razão, houve provavelmente alguma coisa mais. É que aos poucos mudei. Não posso dizer nem para melhor nem para pior. Mentalmente estou menos alerta, talvez como defesa para não ficar alerta ao que não quero, ou talvez como decadência natural... Moralmente estou mais cínica, menos crente, mais resignada, menos amada e amando menos. Tudo isso às vezes sem causa aparente, outras vezes provocado por fatos. Quero somente pedir a vocês dois que não tomem meu afastamento aparente como profundo, e nem o tomem como coisa de relação pessoal com vocês, mas sim como coisa geral e pessoal minha.

Mozart, você diz que o analista acha que você "duvida sistematicamente de tudo, para poder duvidar também de uma coisa de que você tem inconscientemente certeza e que sente como proibida ou perigosa". Mozart, sei que é muito ridículo pedir a você que encare sem receio essa coisa de que você foge, sei que é difícil achá-la. Se não fosse tolice, eu pediria irrazoavelmente a você que não tivesse medo, que tivesse a coragem de pegar no ar os pensamentos que lhe ocorrem e que você na certa afasta imediatamente ou deixa desvanecer. Por favor, tente ajudar o analista. De que é que você tem medo? Como é que uma pessoa é *broad-minded*[1] em relação aos outros, e não é em relação a si mesma? Você tem à sua disposição um homem que se especializou em aceitar a natureza humana. Se você decidir que sua alma deve ficar aberta a ele, não é imediatamente que isso acontecerá: mas muita coisa lhe ocorrerá, se você resistir menos.

Você diz que, ao sair daí, pedirá ao analista diagnóstico e prognóstico. Acho muito importante você pedir a ele, sobretudo, o nome de um bom analista no Rio. Nove meses de análise não é nada, é muito pouco. Você sabe muito bem que o prazo em geral previsto é de dois anos no mínimo. É essencial, Mozart, não largar a coisa no começo. Por enquanto você deve ter resistido muito, e deve estar em período de transferência que faz você não acreditar no analista e na possibilidade dele ajudar você – botando ele no papel das outras pessoas que não ajudaram você quando você precisava. Mas não se esqueça: ele é outro, ele é uma pessoa nova, ele não tem nada a ver com as pessoas importantes de seu passado e presente, ele é outro totalmente. Não empreste a ele qualidade das pessoas que marcaram sua vida. Ele não é de sua família, e a atitude dele em relação a você é inteiramente diferente. Nada do que você pense e de seus pais e de seus irmãos, e de outras figuras importantes de sua vida, pode alterar o analista em relação a você. Seus medos em relação a você mesmo, suas fobias, são irreais – mas ou têm causas reais, ou têm causas que você no passado julgou reais, o que dá no mesmo em relação aos resultados. Se você

[1] "Mente aberta", pessoa que respeita as opiniões e os comportamentos alheios.

pudesse fazer o possível para resistir menos, seria tão bom, tão mais arejado, tão mais exposto.

Nós pretendemos ficar aqui o maior tempo possível – queríamos ficar mais um ano a partir de setembro próximo. Aliás contamos com vocês no Rio para ajudar a impedir que sejamos transferidos antes. Farei quase o impossível para conseguir ficar.

Vocês dois e Marilu recebam nossos abraços e beijos. E que Deus nos abençoe.

Da amiga de sempre,

Clarice

[A Elisa Lispector e Tania Kaufmann]

Washington, 31 de julho de 1957, quarta-feira

Minhas queridinhas,

com a chegada de Pedrinho do *camp* atrasei-me com a correspondência. Antes da chegada dele também andei cheia de pequenas ocupações que me fizeram sem querer adiar as cartas. Além do mais, com a chegada próxima da Marcinha fiquei com uma ideia de muito maior proximidade com a família toda, e tomei uma atitude de espera. Apesar de você, Tania, ter me dito (ter me transcrito, aliás) o texto que dizia que não convinha esperar no cais, eu pretendia estar em N. York desde a noite do dia 4, domingo, e assim amanheceria já quase com a Filomena ali. Anteontem telefonei para N. York e chamei a pessoa encarregada de cuidar das bolsistas que vêm, pois queria saber o hotel em que elas ficariam (com receio de haver algum desencontro no porto) e para saber quanto tempo ficariam em N. York (eu pretendia ficar dois dias, voltar para cá, e ir passar o outro fim de semana de novo lá). Qual não foi minha surpresa e desilusão quando ela me disse categoricamente que eu não fosse, pois as bolsistas passariam algumas horas em N. York, e que ela de modo algum ia separar uma bolsista das outras; que nessas horas tinha muito assunto a tratar com as bolsistas, que trataria com elas em conjunto; que se eu ficasse com Marcia esta perderia informações necessárias; eu disse que me agregaria a elas, em vez de tirar Marcia das outras; ela disse que não era possível; (tudo isso eu dizendo que era da embaixada etc.)

Acrescentou que se houvesse uma ligeira mudança de programa e as bolsistas ficassem em N. York mais algumas horas, além das planejadas, elas teriam programas em conjunto. Pediu-me desculpas por estar sendo tão categórica, mas que desejava me explicar que era para o bem das próprias bolsistas, que não era indicado entrar em contato – logo de chegada – com parentes nem mesmo com amigos residentes no local; que depois, sim. Fiquei muito decepcionada, telefonei para Maury para ver se ele tinha alguma sugestão, pois eu queria tanto, tanto ir. Maury me aconselhou que não insistisse para não irritar, e mesmo porque seria totalmente inútil insistir. Perguntei: e se eu fosse assim mesmo para N. York, e não forçasse nada, ficasse apenas à espera de uma chance, entre os programas das bolsistas? Maury achou que eu era capaz de atrapalhar a própria Marcinha. Lembrou-se que, se os bolsistas vão quase que imediatamente para a cidade onde vão estudar, que eu poderia falar pelo telefone com Marcinha no dia seguinte (pois eu perguntara à encarregada para onde poderia ligar para falar com Marcia, e ela respondeu que nas horas livres as bolsistas teriam programa de passeios e que não seria fácil dizer de antemão quais os lugares de passeio). Enfim, vou telefonar no dia seguinte para Marcia. (E várias outras vezes também, é claro.) E pretendo futuramente, bem em breve, se Deus quiser, ir passar um fim de semana com ela. Deve ter algum hotelzinho perto de onde ela mora. Pois não tenho paciência de esperar pelas férias de primavera quando, se Deus quiser, Marcinha terá permissão de visitar parentes.

Tania, querida, procure não se preocupar. Eu tive uma lição com a idade de Pedrinho para o *camp*. Como ele se arranjou bem! A gente parece não levar em conta os recursos próprios que os filhos têm, mesmo quando se trata de uma criança de oito anos, mesmo quando é uma criança particularmente preocupada e com problemas, e mesmo quando se trata de ir morar, não com uma família adorável e carinhosa como a que hospedará Marcinha, mas de se reunir a dezenas e dezenas de crianças, e de receber atenção mas não calor humano. Pois Pedrinho voltou ótimo, e se arranjou lá muito bem.

Elisa queridinha, por favor diga a San Tiago que vou escrever para ele; mas infelizmente me seria impossível atualmente qualquer compromisso; que eu, há umas três semanas, recebi idêntica proposta do *Estado de S. Paulo* e também tive que dizer que não. O motivo é que não sei escrever artigos. Pode dizer isso a ele, não tem importância. Aliás, pretendo escrever-lhe nesse sentido.

Vou escrever para vocês uma carta grande, contando coisas do *camp* do Pedrinho, gracinhas do Paulinho, meu novo hobby, etc. Sem falar que minha próxima carta será, se Deus quiser, sobre minhas impressões telefônicas com Marcinha-Filomena. Mas agora estou com muita pressa: imaginem que o embaixador (na verdade o Valle), escalou Maury para acompanhá-lo para a Califórnia (cerimônias oficiais). Eu disse que Maury fosse só, mas acontece que era necessário ir um casal pois há cerimônias de senhoras e Alzira está no Brasil. Maury disse que se eu não fosse, o embaixador teria que escolher outro casal. Diante disso, partimos hoje à meia-noite e ficaremos por lá, de acordo com a duração das cerimônias, uns quatro dias. Avany tomará conta das crianças (o que ela faz muito bem), com o apoio moral de um casal vizinho que adora Avany e as crianças; sem contar com a Gissa,[1] a Zilah e o Armando Pires, todos muito dedicados, que virão ver as crianças diariamente. Mas por enquanto não

[1] Gissa é a esposa do diplomata Henrique Valle; os demais são a diplomata Zilah Mafra Peixoto e o funcionário da embaixada Armando Pires.

só as malas não estão nem sequer começadas, como tenho que ir buscar uns sapatos no sapateiro, e comprar miudezas; e sobretudo pegar o guichê do registrado ainda aberto, no correio.

Um beijo para vocês, que Deus vos abençoe. Escreverei muito brevemente.

Com amor,

Clarice

[A Elisa Lispector e Tania Kaufmann]

Washington, 13 agosto 1957, terça-feira

Minhas queridinhas,

Quanto à Califórnia.[1] Coisa inteiramente inesperada, que me fez muito bem. Eu não andava dormindo bem, mas com a mudança de clima passei a dormir. Andamos uma semana no meio de milionários, hóspedes de um clube grã-fino, onde só os sócios têm direito de se hospedar e... pagar. O clube é cheio de "cabanas" grã-finas; a nossa, abrindo a porta, e descendo uns degraus, dava para uma praiazinha, onde tomei um banho no Pacífico... O clima de San Diego é inacreditavelmente bom, quente e seco, e leve. Los Angeles é quente demais. San Diego é uma beleza. Mas lamento dizer que Los Angeles e Hollywood se parecem demais com Miami. As mesmas casas baixas, o mesmo ar meio devastado e meio bagunça, sem graça. Naturalmente tem ruas de casas lindas. Mas não era como eu pensava. Não se vê muita gente nas ruas, e não vi nas ruas gente elegante, como a gente pensa que por ali devem existir aos montes. Almoçamos com George Murphy[2] (lembram? Um dançarino, meio chatinho, que agora tem 55 anos, e não é mais ator, trabalha na Metro[3] como "executive"), e é muito simpático para conver-

---

1 A ida à Califórnia deveu-se a uma convocação do embaixador, que solicitou a presença do casal Maury e Clarice.

2 George Murphy (1902-1992), ator e dançarino, participou de inúmeros musicais, entre os quais *For Me and My Gal* (1942), estrelado por Judy Garland e Fred Astaire. Nesse período o ator ingressara na política, no Partido Republicano.

3 Metro Goldwyn-Mayer, fundada em 1924, a MGM ficou conhecida pela logo com um

sar. Nesse almoço estavam, entre outros importantes que não conheço, Ann Miller que é bem simpática, ao contrário do que eu pensava; miss Suécia do ano passado, tentando cinema; ela é tão incrivelmente linda, com um corpo tão espetacular, que o pessoal brasileiro presente apelidou-a de "a que não existe"; estava também a miss América, que foi miss Universo, em 1953, se não me engano. Essa, por Deus, apenas muito bonitinha e suave, ninguém imaginaria, conhecendo-a, que mereceria prêmio; passa quase despercebida. Depois do almoço, que "aconteceu" no Beverly Hills Hotel,[4] fomos aos estúdios da Metro, onde vimos... Danny Kaye[5] ser filmado, e onde apertamo-lhes a mão. Ele é uma uva, tão atraente como no cinema. (que digo! Muito mais ainda), e muito engraçado e inteligente. Vimos também Peter Lawford[6] ser filmado, bonito e chato. Por mais que eu soubesse como era feita a filmagem, fiquei desiludida. A coisa é feita entre chateações e repetições, exige uma paciência canina dos atores, e é feita por assim dizer sem o menor entusiasmo por parte deles. Tem um ar de pura rotina. Pelo menos o que eu vi. Nos estúdios há ruas inteiras de cenário para *cowboy*,

---

leão rugindo. Até o final da Segunda Guerra Mundial era o estúdio de cinema hollywoodiano mais rentável e tinha em seu *cast* estrelas como Greta Garbo e Joan Crawford. Quando Clarice e Maury visitaram, a MGM não carregava "mais estrelas do que as que estão no firmamento", como dizia o lema da empresa, pois um dos seus grandes produtores, Louis B. Mayer, acabara de falecer. A era dos *cartoons*, que fizeram história no estúdio, como Tom e Jerry, chegara ao fim e a MGM adentrava o ramo da produção televisiva. Vale lembrar que em 1948 a empresa lançou *A Date With Judy* (*O príncipe encantado*), em que Carmen Miranda atuou ao lado de Elizabeth Taylor, e *Nancy Goes to Rio* (*Romance carioca*, 1950).

[4] Localizado no Sunset Boulevard, em Beverly Hills, era o preferido das estrelas de Hollywood. O estrito proprietário, residente no hotel desde 1954 até sua morte, ocorrida em 1979, foi o magnata imobiliário de Detroit Ben L. Silberstein.

[5] O comediante Danny Kaye (1911-1987), cantor e dançarino, considerado um dos maiores comediantes do cinema americano. Entre seus filmes figuram *O bobo da corte* (1955) e o musical *Natal em branco* (1954), em que contracenou com Fred Astaire.

[6] Peter Lawford (1903-1984) estrelou *Núpcias reais* (1951), musical dirigido por Stanley Donen, junto com Fred Astaire (1899-1987). Ficou conhecido também por ter se casado com a irmã do presidente Kennedy, Patricia Kennedy.

numa rua está simplesmente a casa de *...E o vento levou,*[7] numa outra a piscina que foi construída para Esther Williams. Vimos o cenário para *Os irmãos Karamazov*[8] (lindo, exato, com neve falsa, árvores de matéria plástica tão perfeitas que só faltam dar fruto, rochas de matéria plástica, mas a pessoa só falta sentir frio lá, de tão cuidado), mas, para a minha profunda mágoa, Yul Brynner, astro do filme, estava nesse dia filmando fora do estúdio. Quando fomos entrando no estúdio, ao portão, havia as garotas que passam horas ali na esperança de um artista entrar para dar autógrafo. Quando saltamos do carro, elas correram para mim e me pediram autógrafo... (é que o carro era de luxo). Disse-lhes com gentileza que eu era *nobody* e que guardassem o livrinho para outra pessoa. Devo dizer a vocês que, nessa semana da Califórnia, com almoços e jantares tipo banquete, diariamente, eu estava sempre muito bem, em matéria de roupa: a maioria das roupas que levei, na verdade quase todas, eram dadas por vocês! Fazendas e modelos e feitios, tudo. São as minhas roupas mais originais, e mais finas. E apropriadas. Por exemplo, houve uma missa, e eu fui com o vestido de *shantung* (um com casaquinho forrado) modelo seu, Tania, e fazenda sua, Elisa (você trouxe para mim da Europa, lembra?). E assim por diante. Em Los Angeles, estivemos duas vezes, no primeiro e no último dia, tudo corrido, sem conseguir sequer parar um instante. Antes de tomar o avião de volta para Washington, fomos tomar um drinque com... Conrad Hilton. Acho até graça em tanta riqueza. Foi a casa mais rica e maior que já vi. Os portões, se alguém tentar atravessá-los

---

7 *...E o vento levou* (1939), ganhador do Oscar de melhor filme, foi dirigido por Victor Fleming e estrelado por Clark Gable e Vivien Leigh. É considerado um dos clássicos maiores do cinema hollywoodiano.

8 *Os irmãos Karamazov* (1958), dirigido por Richard Brooks e estrelado por Yul Brynner (1920-1985) e Maria Schell (1926-2005). Brynner ganhou o Oscar de melhor ator por *O rei e eu* (1956).

sem ter sido "chamado", eletrocutam a pessoa... O Hilton não me agradou, e eu gostaria de ter aquela casa – pois assim a venderia e ficaria com o dinheiro, pois é antipática, com livros comprados a metro. Ele disse com muito orgulho que comprou a casa tal qual estava, com a mobília e a decoração igualzinha (nem a vaidade de fazer a casa a gosto dele, ele tem, naturalmente porque não tem gosto dele). Disseram-me que ele foi "protetor" de Ava Gardner, e Hedy Lamarr, além de ter sido casado com Zsa Zsa Gábor. Bem, saindo de lá nós íamos jantar rapidamente no aeroporto, mas um brasileiro de Los Angeles achou que bem podíamos jantar bem depressa no Beverly Hilton Hotel, onde ele conhecia o *maître d'hotel* que apressaria tudo. Este, ao saber que tínhamos que pegar o avião, disse: deixe então o menu por minha conta. Éramos oito pessoas na mesa, e tudo correu mesmo rápido e perfeito: um peixe muito bom, um filé, café e um sorvetezinho; em quinze ou vinte minutos tínhamos engolido tudo. Então veio a conta: cento e seis dólares... A surpresa foi enorme. O embaixador ainda deixou quinze dólares de gorjeta. Então o secretário particular do embaixador disse: estamos pagando aqui ao Conrad Hilton[9] o drinquezinho que ele nos ofereceu na casa dele. Quase perdemos o avião, mas o dinheiro não fui eu que perdi. Bem, um dia antes de deixarmos San Diego (é cidade grande e linda), tivemos um intervalo livre, sem programa, entre um almoço e um jantar. Então demos um pulinho ao... México, cuja fronteira fica a meia hora. É uma cidadezinha que não tem valor como representante do México, feita apenas para turista, nada inte-

[9] Conrad Nicholson Hilton (1887-1979) foi um empresário norte-americano fundador da rede de hotéis Hilton Worldwide, cuja expansão se deu de forma acelerada após o término da Segunda Guerra Mundial. O bairro do Leme tem um hotel da rede, onde antes funcionava Le Méridien, cujo restaurante Clarice costumava frequentar. Hilton foi casado, sucessivamente, com três estrelas de Hollywood: Ava Gardner, Hedy Lamarr e Zsa Zsa Gabor.

ressante, tem-se a impressão de estar em terra de ninguém. Ficamos lá menos de uma hora, e voltamos. Mas deu tempo de eu comprar dois brincos para você, Tania, um com desenho moderno, e um para você, Elisa (para você é mais difícil, pois quase todos são pendentes e sei que você não usa – e, além do mais, eu queria evitar comprar aqueles típicos demais, que estão tão manjados). Para mim comprei um cinto de cobre, fico parecendo cavalo em parada ou circo. Em San Diego pouco tempo tive para compras, e não pretendia fazer nenhuma, pois sabia que só daria para comprar brinquedos para as crianças e alguma coisa para Avany, e outra para Gissa que ficou ajudando o pessoal daqui de casa. Mas vi perto do hotel uns brincos, Tania, que tinham seu nome escrito, e, enquanto esperava que viessem me buscar para um almoço, comprei-os. Mando quando tiver portador.

Há cerca de duas horas estou escrevendo. Na próxima carta escreverei sobre as crianças, sobre o *camping* de Pedrinho, gracinhas dos dois. Estou agora um pouco atrapalhada pois tenho que fazer as traduções que, com as viagens, se atrasaram.

A Clarissa está esperando criança. Mais novidades eu me lembrarei aos poucos e escreverei na próxima.

Deus abençoe vocês.

Com amor,

Clarice

[A Elisa Lispector e Tania Kaufmann]

Washington, 4 de setembro de 1957, quarta-feira

Queridas Elisa e Tania,

Passamos, as crianças, eu e Avany, dez dias na praia (Maury veio fim de semana), e, por incrível que pareça, pretendia escrever de lá para vocês, e não deu tempo, de algum modo. É que meu dia é totalmente entrecortado pelas crianças e por pequenas coisas, e por relaxamento – de modo que uma das coisas mais difíceis para mim é fazer o que pretendo fazer. Ontem recebi carta sua, Tania, onde você fala nos 200 dólares. Naturalmente que estão conosco, à espera de ordem sua. Achei e Maury também, dinheiro excessivo para entregar a Marcia de uma vez. Você sabe que se a pessoa quiser pode gastar essa quantia toda até num só vestido. Com isso não quero dizer, é claro, que ela fizesse isso, ou melhor, que a Mrs. Shaggs a aconselhasse desse modo. É que dando muito dinheiro a Marcia, ela pode querer pagar mais uns 20 dólares por um casaco, apenas por este ter, digamos, um bolso a mais. Falei com Avany sobre preço de casaco quente, ela me disse que por trinta dólares tem-se um bom. Resta saber quais são as outras roupas de inverno de que precisa. Vamos dizer que o casaco custe um pouco mais. Minha ideia seria, com sua aprovação, mandar aos poucos. Quer dizer, talvez mandar 100 dólares de uma vez, e o resto guardar até que ela vá pedindo. Mas agora tive uma ideia melhor: hoje de noite, na hora do jantar, telefonarei para ela (hora em que Mrs.

Shaggs também esteja e possa responder a algumas perguntas minhas) e saber exatamente do que ela precisa, e calcular com ela o dinheiro. De modo que esta carta seguirá amanhã para você, com detalhes maiores.

As crianças estão bem, dando, é claro, o trabalho normal o que às vezes me deixa normalmente exausta. Pedrinho preocupa muito, é ensimesmado demais, sofre muito. Tenho esperança nesse ano escolar, numa escola especializada; mas me preocupo em saber que um colega dele teve alucinações de vozes, outro (por se dar mal com os pais) chegou a incendiar as cortinas de casa. Este último era considerado mentalmente insuficiente nas escolas, e nesta, ao fazer os testes, recebeu um nível de inteligência absolutamente superior, o que era inteiramente inutilizado por causa de distúrbios emocionais. Pedrinho, graças a Deus, foi reconhecido como inteligente e capaz na escola dele: me propuseram até uma coisa excepcional: que ele continuasse na escola fazendo sozinho o 4º ano, apesar da escola só ter até 3º *grade*. Não aceitei, porque ele ficaria muito isolado lá. Ele vai mesmo, pois, para o School Guidance Center – e imaginem que a professora disse que ele participará de um grupo de 6º e 7º *grade*, pois se sentirá mentalmente mais no próprio nível. Mas pretendo fazer uma coisa: quero que um psiquiatra, o melhor de que eu souber, o examine e me dê uma opinião a mais. Vocês não imaginam como ele é esperto e intuitivo. Um dia desses me perguntou: o tempo acaba? E antes que eu respondesse, disse: "acaba, sim. Quando não acontece nada, não existe tempo." Um dia desses, na praia, o Valle estava com preguiça de entrar na água, e Pedrinho sempre chamando. Numa das vezes, Pedrinho disse: Por que você não entra na água? ela está ótima. Valle respondeu: *I'm saving it for later on! It will be wonderful!* E Pedrinho disse: *How can you be sure that you are saving it? Maybe you are wasting it.*[1] O poder de observação dele é bem fino. Um dia desses, no carro, Paulinho estava impossível, e ele vez em quando eu passava um bom carão nele. De repente Pedrinho disse com um pouco de tristeza: "Você com Paulo, é ao mesmo tempo *humorous* e zangada. *You are crazy about* Paulo".[2]

Se Deus quiser, tudo irá bem com ele. Se bem que ele tenha dito que é uma pessoa decepcionada; que quer uma coisa e depois já não gosta do que quis; que espera uma coisa e vem outra – e de repente riu e disse: "acho que a única coisa que nunca me decepcionou foi comida. Comidas e bebidas."

Paulinho está um moleque muito esperto, escrevendo direitinho o nome dele: Avany ensinou por iniciativa dele. Um dia desses, na praia, estávamos andando numa rua sem gente, e Paulinho disse: "no board-walk (é onde todos passeiam) *I seem so small, and in this street I seem very big. But in real life I'm very small.*"[3] *In real life* ele é um amor.

Elisa querida, acho que você não precisa mais mandar a revista *Cruzeiro*,[4] está péssima e nós não a lemos. Aliás só lemos a *Manchete*. E todos ficam surpreendidos de você mandar registrado. Sem ser registrado, chega perfeitamente.

Continuo a carta depois que falar com Marcinha. (Meu cabelo avermelhado foi um erro, pois estou pintando os brancos no cabeleireiro. Já foi corrigido, estava bem, mas não posso virar ruiva de um dia para outro...)

---

[1] "Eu estou economizando para mais tarde! Vai ser ótimo! (...) Como você pode ter certeza de que está economizando? Talvez você esteja é desperdiçando."

[2] "Você é louca pelo Paulo."

[3] "na calçada (é onde todos passeiam) eu pareço ser muito pequeno, mas na rua eu pareço ser muito grande. Mas na vida real eu sou muito pequeno."

[4] O *Cruzeiro* (1928-1975) foi, ao lado de *Manchete*, uma das principais revistas ilustradas do período, com ênfase no fotojornalismo. Era editada pelos *Diários Associados* de Assis Chateaubriand.

Falei com Filomena. Ela está muito bem. Ontem teve o primeiro dia de aula. Disse que seria puxado, mas que estava animadíssima. Que a Classe é muito grande; que está usando batom claro, esse batom do Brasil faz muito sucesso na escola porque as meninas não conheciam; que continua a tomar cuidado para não engordar; que ontem recusara um convite para jantar para não sair do regime. Só foi duas vezes ao cinema, porque tem sido muito convidada para jantar e passar dia, de modo que prefere não ir tanto a cinemas para poder estar mais com as pessoas; que está achando tudo natural, nem parece que saiu de casa. Falei sobre a questão do dinheiro. Ela perguntou na hora mesmo a Mrs. Shaggs de quanto precisaria, esta disse 100 dólares. A Marcia disse que anteriormente haviam calculado um pouco mais. Mas eu disse que mandava os 100 dólares (no nome de Marcia; Mrs. Shaggs disse que endossa), e que se fosse necessário eu mandaria mais. Achei 100 dólares razoável porque Marcia disse que Mrs. Shaggs já tinha comprado o casaco para Filomena pagar depois, pois era boa compra; e como o casaco custou 29 dólares, calculo que o resto dá bem, mesmo contanto com botas, e sobretudo sabendo que Filomena avisará quando precisar mais. O casaco vai até o joelho, e Marcia me perguntou se precisaria de um até embaixo. Eu disse que, se fosse casaco de inverno mesmo, não precisaria; mas se fosse de outono apenas, ela precisaria de outro. Marcia disse que o casaco é acolchoado e bem quente; para garantia maior, pedi que ela perguntasse a Mrs. Shaggs se era para outono ou inverno; ela disse na hora mesmo que era de inverno. De modo que não tem importância ser até os joelhos – é questão de moda, o principal é ser casaco de inverno. Mas, quando começar a esfriar, me informarei com Filomena se está se sentindo confortável. Aliás, podemos confiar também no julgamento e na prática de Mrs. Shaggs. Passado um tempinho, pretendo telefonar para a própria e ter notícias de Filomena indiretamente, pois assim saberei duplamente. (Para o aniversário de Filomena mandarei outro conjunto de *sweaters* ou alguma coisa de Mrs. Shaggs ache que ela precisa.) Enfim, querida, nossa filha e sobrinha, graças a Deus, é um amor e está bem. Deus a proteja, ela é uma flor inteligente, feita para ser gostada.

Um beijo para vocês.

Com amor, Clarice

[A Tania Kaufmann]

Washington, 24 de setembro de 1957, terça-feira

Tania, queridíssima,

nem vou propriamente comentar a Marcinha de sua tão provável vinda! Que Deus te abençoe, e abençoe tua viagem. Maury falou com o homem pelo telefone, e confirmou tudo por carta dirigida a ele, para tornar tudo mais concreto. Sr. Rosenfield disse que mandaria convite para você, de modo que, por esse lado, tudo está correto. Espero que você tenha recebido o convite. Ponha-nos a par do que está ocorrendo.

Hoje é o aniversário de Filomena, e falarei com ela por telefone. Parabéns a você, querida! e a William! Este é um bilhete rapidíssimo. Peço que por favor não se preocupem com o atraso meu de correspondência – tudo está bem. Dê um beijo para Elisa. *God bless you all.*

Com amor, Clarice

[A Elisa Lispector e Tania Kaufmann]

Washington, 9 de outubro de 1957, quarta-feira

Minhas queridas,

há muito não recebo carta sua, Elisa, e estou aguardando ansiosa notícias de sua vinda, Tania. Chegou a carta-convite? Por favor, me ponham a par do que está acontecendo. No dia de aniversário de Marcia falei com ela pelo telefone, e, como ela não mencionou sua vinda, Tania, fiquei sem saber se era para dizer ou não. Também recebi uma carta muito boa dela, onde também não se fala de viagem. Por quê? Vou pedir a Maury que se informe se a carta-convite partiu, e como está a situação.

Minha carta última você diz, Tania, que lhe pareceu curta misteriosa. Curta, sim, pois eu tinha pressa de que a resposta lhe chegasse às mãos, e, sem querer, a gente fez um pouco em estilo telegráfico, como se assim chegasse quase tão depressa como um telegrama. Misteriosa, acho que não. Ou talvez sim. Com os anos de ausência acumulam-se tantos fatos e pensamentos que não foram transmitidos que sem querer se toma um ar misterioso. Se estivéssemos juntas, mesmo que eu não contasse, alguma coisa se transmite sempre pelo rosto, pelos gestos, pela presença. Ou então uma pessoa sente o calor da outra, e tudo de algum modo se comunica. Mas, com o tempo, habituei-me também ao silêncio e fica assim mesmo. Mas não há propriamente mistério, senão "o da vida", em profundidade e em superfície.

O decreto de transferência para o Brasil que vocês viram foi o de Mozart. Suponho que lá para dezembro eles estarão aí.

Pedrinho está bem, não fui consultar um especialista porque a professora dessa escola achou que não precisava. Tudo irá bem se Deus quiser.

Por favor, me deem notícia da viagem, estou sem saber de nada. Maury me disse que a carta-convite seguiu, o homem disse isso a ele. Me deem notícias mais detalhadas.

Um beijo para vocês, e que Deus os proteja.

Com amor, Clarice

[A Mafalda Verissimo]

Washington, 17 novembro 1957, domingo

Mafalda, minha querida

receber carta sua é bom mesmo. Embora eu seja da opinião de Paulinho, que disse: *I don't want to write to Mafalda any more, I want to see her.*[1] Ele cansou de esperar. Mas você não imagina a cara de falsa modéstia que ele faz cada vez que me diz: "*Show me again Mafalda's letter. The one where she reclamou that I don't write.*"[2] Não sei se lhe disse que ele andou me perguntando se você agora estará *fat*. E acrescenta: *I hope she is the same, just a little bit fat, not too much.*[3] Ele que te apalpou tanto em tempos idos, deve saber exatamente quanto de *fat* você tem. De modo que é melhor você se cuidar pois ele pretende verificar. Sinceramente, Mafalda, acho que se esse menino já fosse homem o Érico tinha que tomar cuidado, pois se trata de amor real.

Tua filha está muito bonita, barrigudinha, e com aquele orgulho discreto de futura mãe. Com barriguinha e tudo, ela dá um jeito de estar bem arranjada sempre, e bem elegante. Apareceu-me aqui com um casaquinho de *maternity* vermelho de algodão, tão bonito que parecia modelo da *Vogue*. Tania esteve aqui uns dias, e, ao ver o casal Gaffe, me disse:

---

[1] "Eu não quero mais escrever para Mafalda, eu quero vê-la."

[2] "Mostre-me a carta de Mafalda novamente. Aquela na qual ela reclamou que eu não escrevo."

[3] "Eu espero que ela continue a mesma, só um pouquinho mais gorda, mas não muito."

como eles estão bem um com o outro. O Dave não só apoia o Teatro de Clarissa, como quer que ela continue depois que o baby nascer – e sugere que, se for necessário, ela usará o dinheiro que ganhar para pagar uma *baby-sitter*. Enfim, meus queridos, tudo está bem com eles, graças a Deus. Fiquem descansados e contentes.

Maury trabalhando com ânimo. E eu engordei um bocado. É que passei o verão dormindo quase nada, e então passava as noites comendo, preparando omeletes na cozinha às 3 da manhã. E de dia, para aguentar não ter dormido, passava o dia correndo. – M.L. vai ao Brasil em dezembro, passar uns dois meses. Ela não aguenta mais a exaustão provocada pelas condições na casa do Embaixador. D. Aguiar parece que atingiu agora um ponto aparentemente menos doloroso, mas caiu numa apatia da qual é difícil sair. O médico achou que, apesar das aparências, o Embaixador precisa de psiquiatra mais do que ela. Parece que foi difícil convencê-lo, mas que ele está indo (eu sou a única pessoa aqui a saber disso). E parece que uma das causas mais fortes do estado de D. foi a incompreensão permanente do marido durante a vida toda.

Oh mistérios. – Pedrinho continua lendo muito, e, sem sentir, fala difícil como um livro. Ele quase que literalmente ataca Dave com perguntas e conversas. E se sente grande amigo de Armando.

Érico, seu livro chegou e Maury está agarrado com ele só me deixou por enquanto folhear, e andou levando para a Embaixada para mostrá-lo. Estou ansiosa para ler, e reviver a viagem de vocês ao México.[4] Chegou há uma semana e pouco. Depois te escrevo. Por falar em livro, tem um aqui que está sendo best-seller *A woman doctor looks at Love and*

---

[4] *México (história de uma viagem)*, de Erico Verissimo (Editora Globo, 1957).

Life (dr. Marion Hilliard).[5] É livro interessante para qualquer mulher (um capítulo – sobre os 4 medos da mulher – foi publicado há tempos no *Reader's Digest*). É sincero, de estilo atraente, afetuoso, humano e médico. Se ele interessar a você (como editor, é claro...) poderei, se você quiser, traduzi-lo. Para que você julgue, mando amanhã um exemplar.

Egídio continua achando que Clarissa devia procurá-lo. Transmiti a Clarissa o tom ressentido de Egídio, acrescentando que não ligue muito... Desculpem. D. Lee abençoadamente desaparecida, espero que em algum antiquário. Continuo a pintar a boca como se tivesse acabado de comer uma costeleta de porco sem guardanapo. E aquele penteado original pessoal, anormal bestial, antinatural, continua perfeito como sempre. Quanta bobagem. – Mafalda, Clarissa está tão parecida com você, você nem imagina. Parece uma Fal em moreno. Falei com ela, e ela disse que se sente parecida com você. E, na hora deles saírem daqui de casa, Dave disse: Como Mafalda *it's time to go home*.[6] Então ela riu – e no momento exato em que riu, transformou-se completamente em Érico... Que coisa. Vocês não imaginam os nomes que já nos ocorreram para o baby – há uma alucinada corrente de associação de ideias, e terminamos às gargalhadas.

Saudades de vocês dois, meus queridos. Façam o favor de gostar da gente.

A receita do *soufflé* de chocolate irá à máquina – vou procurar uma anotação exata dos ingredientes, pois a receita já não é de livro já é Gurgel.

Um grande abraço para Luís Fernando, em quem penso sempre. E que Deus vos abençoe.

Clarice

---

[5] Foi traduzido no Brasil por Nair Lacerda, sob o título de *A mulher diante da vida e do amor* (Cultrix, 1967).

[6] "É hora de voltar para casa."

[A Tania Kaufmann]

Washington, 20 de novembro de 1957

Tania querida,

enquanto espero notícias suas, de sua chegada, de como encontrou William, Elisa, a casa – mando para você nossa "Poor Pitiful Pearl" que teve a glória de sair no jornal (não é anúncio, é numa página que comenta crianças e Natal). Veja como a coisa bem-feita realmente toca na gente: por aí fiquei sabendo que a Pearlzinha é criação do caricaturista famoso William Steig. A tradução do comentário: "Encontra-se a 'Poor Pitiful Pearl' com um vestido de trapos e cabeleira desarrumada, exatamente como o *cartoonist* William Steig imaginara, mas a menina que recebe Pearl também ganha a possibilidade de converter a boneca despenteada numa princesinha."[1]

Não sei, mas prefiro mil vezes a Pearl como "antes".

Você ficou fazendo falta, fiquei sem companhia.[2] Está fazendo aquele mesmo frio e em toda parte por aqui, você deixou sua marca. Imagine que hoje no Carrier uma lourona (aquela de cabelo bem penteado, que vende cosméticos), me disse: "Sua irmã esteve hoje aqui, de manhã." Convenci-a de que vira alguém parecido. Também ri sozinha quando vi lá mesmo o talher de um dólar.

---

1 Trata-se de uma personagem de desenho animado, criada por William Steig, que virou uma boneca comercializada nos Estados Unidos com enorme sucesso.

2 Tania acabara de deixar Washington, de regresso ao Rio de Janeiro. Nesta carta ficamos sabendo que a irmã esteve com Clarice no período em que sua filha, Marcia, fez intercâmbio nos Estados Unidos.

Por favor dê notícias das compras, e de como foi que tudo correu, e o que você comprou em Miami.

Puxa, aquele negócio da televisão no aeroporto foi culpa minha inteiramente. Desculpe, querida. Me fale da Guanita – Paulinho só faz compras com a bolsa a tiracolo. Pedrinho está ótimo, estudando bem. Maury vai passar um dia em Anápolis, na Academia Naval, numa comemoração. Avany só não ficou decepcionada com o bife porque recebeu o cartão. – Em Thanksgiving vou telefonar para Marcia e ter notícias diretas (semana que vem).

Um beijo, querida, e Deus te abençoe. Abraço grande para William.

Sua, Clarice

[A Alzira Vargas]

Washington, 27 novembro 1957, quarta-feira

Alzira,[1]

ontem Maury não veio mesmo almoçar. Espero não ter contribuído nem um pouco para atrasar seu trabalho. Anotei, em folha à parte – a lápis... – minhas sugestões pequeníssimas, sem nenhuma importância. Está muito bonito. E sobre a ladeira do Ascurra, que bom que não se perdeu!

Estou com inveja de você, eu que não tenho trabalhado há muito tempo. E o pior é que ninguém me pede para escrever quatro horas por dia. Até me ofendo com a pouca falta que faz trabalhar, ou não... Em breve seguirei o seu exemplo, se os astros me ajudarem. Um grande abraço, meu bem.

Clarice

2ª parte, página 17, linha 19 – faltando a crase.

Gosto por estar escrito "em estilo de voz", digamos. Sua entonação pessoal não ficou estragada pela rigidez da "ento-

---

[1] Alzira Vargas (1914-1992) foi auxiliar do Gabinete Civil da Presidência da República no segundo governo de seu pai, Getúlio Vargas (1951-1954). Seu marido, Amaral Peixoto, foi embaixador do Brasil em Washington no período compreendido entre os anos de 1956 e 1959. Alzira estava escrevendo então o livro *Getúlio Vargas, meu pai,* que seria publicado em 1960 pela Editora Globo. Clarice escreve: "Anotei sugestões." Pela numeração das páginas vê-se que a carta está incompleta, tendo sido conservadas apenas as páginas 1 e 6.

nação escrita" que a gente aprende nas leituras. Gosto também do humor leve que vem da ternura da saudade, e que dá doçura até às passagens amargas. Gosto também do tom rápido que você assume (rápido, mas sem pressa) ao relatar ocorrências movimentadas – nesses momentos você fica de algum modo impessoal como deixando os fatos se movimentarem por si, e em ritmo deles. Tudo o que li está com muita unidade. Acho que "unidade" – essa unidade latente – é a coisa mais difícil de se atingir quando se escreve coisa mais longa. O livro está se lendo como romance.

[A Elisa Lispector e Tania Kaufmann]

Washington, 3 de dezembro de 1957, terça-feira

Minhas queridas,

falei em Thanksgiving com Marcinha, e felizmente tudo muito bem! Continua a falar na diferença entre os Shaggs e a família de agora. Ela ia a São Francisco no dia seguinte, ao bairro chinês. Contou-me que tocou no auditório da escola para uns quinhentos alunos... e naturalmente com muita emoção. Disse que não estava precisando de dinheiro. Mas é claro, não sei se é totalmente a verdade, pois nesta terra de comércio atraente muita gente custa a resistir. Disse que o jantar de Thanksgiving estava uma beleza, com todo aquele pessoal reunido em volta da mesa. Não sei se era por ser Thanksgiving, nós duas tivemos dessa vez mais emoção ao nos falarmos. De outras vezes é com alegria etc. Mas Thanksgiving é uma festa bonita e emocionante. No almoço aqui em casa, Paulinho desapareceu um instante, voltou com a bandeira brasileira, pôs no centro da mesa, e disse que assim é que devia ser. Na hora de cortar o peru, resolvi que não é só de peru que vive um homem, e falei para as crianças que elas deviam agradecer a Deus por todas as coisas boas que tinham. Paulinho, meninas, se queixou: "Mas todos os anos? Já agradeci no ano passado!" Outra conversa com ele: Ele: "Você preferia quando eu ainda estava dentro de seu coração?" Eu: "Não, fiquei mais contente quando você nasceu, porque assim eu podia beijar você." Ele: "você é tola, você podia se beijar e assim me beijaria." Depois ele mesmo se enjoou, e disse: "Vamos acabar com essa conversa de nascimento." – Elisa, fiquei tão contente em saber que você gostou do anel. Foi assim: quando eu estava na praia, vi o anel, e disse para Avany: vejo tão bem esse anel na mão de Elisa. E comprei. Com o tempo, a imagem da mão com o anel desvaneceu-se um pouco, e só ficou ali o anel, que passei a achar meio sem graça. Tanto que mandei já sem muito gosto. A imagem inicial voltou quando você recebeu o anel e gostou...

Tania, não comprei nenhuma novidade, mas tenho usado o dinheiro em drogas – dessa vez de Natal e para os outros. Menina, a lista parece interminável. Já estou verde.

Hoje está nevando ralo. Maury foi a um jantar na casa de Silvia. Eu não fui, de enjoo mental. Espero que Silvia não se ofenda. Ela achou você muito bonita. E você nem andava bem. Espero que você esteja muito bem.

Minhas queridas, escreverei em breve. Um abraço grande para William, um beijo para vocês.

Clarice

Vou procurar a decalcomania; não me apressei porque acho melhor mandar o embrulho depois que o correio se desafogar do Natal.

[A Carolyn Adair][1]

(Sem data, 1957)

Prezada sra. Carolyn Adair

Fico muito feliz por ter gostado do conto e ficarei feliz em vê-lo impresso na *Quarterly*. Obrigada por suas palavras muito gentis.

Mando por meio desta o recibo de pagamento que me enviou (assinado Clarice Gurgel Valente) e também uma cópia da tradução francesa de meu primeiro romance. Em uma introdução a esta tradução, o escritor brasileiro Paulo Mendes Campos incluiu um relato de minhas "estatísticas vitais".

Embora eu tenha nascido enquanto minha família estava em trânsito da Ucrânia para o Brasil, sou cidadã brasileira e foi brasileira toda minha criação e educação formal. Ficaria grata se enfatizasse este fato em lugar de meu local de nascimento.

A tradução de "Amor" ["Love"] para o inglês foi auxiliada por Stanford Bradshaw, correspondente de notícias.

Estou convencida de que a senhora publicará o conto como foi escrito, sem edições no texto. Menciono isto devido a uma desafortunada experiência que tive. Se desejar fazer alterações, gostaria de ser consultada.

---

[1] O conto "Amor", publicado no nº 26 da revista *New Mexico Quaterly*, da Universidade do Novo Mexico, foi a segunda tradução para o inglês de um conto de Clarice Lispector. Em carta publicada neste volume, Clarice comenta que reviu a tradução de Stanford Bradshaw, pois não a satisfazia.

Agradeço-lhe novamente por sua estimulante carta. Se tiver a oportunidade de voltar a me escrever, poderia me fazer a gentileza de me informar se o conto foi programado definitivamente para publicação?

Atenciosamente

[A Elisa Lispector e Tania Kaufmann]

Washington, 2 de fevereiro de 1958, domingo

Cuidado com esta carta

Minhas queridas,

estou devendo carta a vocês há bastante tempo, creio. Mas involuntariamente. Andei em grandes complicações estratégicas com A. e Gissa, e, embora ainda não tenha completamente saído delas, por algum cansaço, resolvi desistir de pensar. É claro que esta carta é confidencial. Alzira, dois dias depois de chegar aqui, começou a me procurar. Trata-se de uma pessoa muito solitária, e sem jeito de pedir um pouco de calor. Por orgulho meu, eu não quis dar, não queria o que eu calculava ser ambiente palaciano, não queria confusão entre o que poderia ser uma amizade e o que poderia ser tomado como adesão a ideias ou ao que fosse. Como sempre, queria ter com quaisquer embaixadores uma atitude apenas de cordialidade, mas nunca de intimidade. Outro motivo por que eu me afastava, é que doía que houvesse uma confusão entre minha aproximação de A. e meus interesses. Tudo o que eu fazia para ela me causava tensão e conflito íntimo. Até que felizmente há pouco tempo não aguentei mais, e num momento necessário de franqueza, eu disse a ela que não pretendia ofendê-la, mas que eu precisava dizer certas coisas para que tudo ficasse claro. Que ficasse claro que eu não queria nada dela. Que o fato de eu desejar ficar mais tempo em Washington não devia provocar confusões: que, para se prolongar a estada num posto, não é necessário recorrer a pessoa de tanto poder como ela, que às vezes basta o mínimo de interesse de um amigo no Ministério para se conseguir isso. (Resolvi dizer isso tudo porque o Embaixador partira para o Brasil, e, antes de partir, me pedira para olhar um pouco por ela – ela não estava bem –, e esse pedido, e mais a enorme simpatia que tenho por ela, me obrigava a procurá-la, e a não esperar que ela me procurasse. A. respondeu-me assim: "foi você que me escolheu, ou fui eu que escolhi você?" Minha tensão com ela acabou (por um tempo) pois só me sinto bem em dar amizade com independência, e em dar gratuitamente. (A complicação só teve uma pausa, pois agora está acontecendo um fenômeno engraçado: como ela não tem hábito de ser ajudada, está com um pouco de raiva de mim por eu a ter ajudado, e um pouco de raiva por se ter confiado, em momentos de fraqueza, embora ela saiba que conta com o meu silêncio e simpatia. E agora todo o meu trabalho é o de tentar provar a ela que não a ajudei em nada... – Mas, enquanto isso, a tempestade se preparava do lado de Gissa. Esta depois se arrependeu, mas antes de se arrepender me deu uns bons gritos pelo telefone, acusando-me entrelinhas inclusive de mentirosa. Cheguei a falar com o marido dela, que, coitado, não pode fazer nada, e só me pediu que compreendesse e esquecesse. Compreender, sim, esquecer, não. Enquanto isso, a professora e orientadora de Pedrinho (este não andou muito bem, mas agora está bem) me telefona inúmeras vezes para falar de problemas da escola etc., mas quando aproveito o próprio telefonema dela para pedir conselho em relação a Pedrinho, ela recua, francamente zangada, e chega a me responder, quando lhe perguntei: a senhora acha que ele está melhor?, ela respondeu: Isto eu nunca posso dizer. E, então, passa dias sem me telefonar... (Meu médico vai falar com ela, porque estranhou demais essa atitude, e também para saber dela alguma coisa positiva sobre o menino.) Parece-me por Deus, que eu tenho o dom de provocar a cólera dos outros sem ao menos saber o que fiz de errado. Essas crises todas eu atravesso por assim dizer sozinha, porque quando as coisas apertam M. procura não participar, para não dividir a responsabilidade pois a ideia de responsabilidade é uma das coisas que mais o assusta – um dia desses me disse que "o papel de um pai é o de ser uma figura neutra". Enfim, parece que a crise geral está passando, e, se Deus quiser, talvez eu tenha um tempo ao menos de tranquilidade. – Pedrinho está bem, apesar de uma dor de ouvidos não das fortes, está muito esperto e inteligente. Paulinho, graças a Deus, ainda não parece ter sido muito ferido – de modo que, graças a Deus, ele irradia vida, sem medo de ser alegre, sem medo de dar amor e de receber amor. Vocês precisavam vê-lo um dia desses. Ele tem mania de limpar os dedinhos do pé com um algodão molhado; e não é que o macaquinho descobre com orgulho e emoção e encabulamento-de-alegria que no dedão do pé estão nascendo uns cabelinhos: Ficou depois alvoroçado, queria saber quando nasceriam os de debaixo do braço... O aniversário dele se aproxima, ele me ouviu conversando com Avany sobre o que serviríamos, ouviu eu dizer que daríamos também uns hot-dogs pequenininhos, e se enfureceu: disse que o aniversário era dele, e, que se decidisse, eu teria que dar hot-dog "deste tamanho" – e com os bracinhos abertos mediu um hot-dog descomunal. Eu disse que ele tinha uma semana para decidir e me avisar, e ele se acalmou. Adoro ver o modo como ele graças a Deus se acha com direito às coisas. – Eliane escreveu falando do jantar que você, Tania, deu a eles, e dizendo que seu apartamento era o que ela desejaria um dia ter. Maria Luísa me escreveu a propósito do *sweater*, e disse que esteve com você, e que você está bonitíssima – graças a

Deus! – Elisa, querida, recebi ontem sua carta, com o artigo engraçado de Rubem Braga. E com a notícia boa de que você teve notícias nossas através de Schmidt, sempre é agradável ouvir notícias também por intermédio de terceiros. Só que o tom de sua carta, às vezes me desagrada. Por exemplo, você diz: "Mas, às tantas, vi o Emb. Amaral Peixoto (não tem susto, não aconteceu nada)..." Não tome susto de quê, Elisa? Por que haveria eu de me assustar? e de quê? Que é que você quer dizer com isso, por Deus? E isso tudo precedido por outras frases, também essas no mesmo sentido. Não me parece que eu seja uma pessoa assustada, sou muito vivida para me assustar à toa, só me assusta falta de amor, também me assustam e entristecem os equívocos profundos, aqueles que quase que tornam inútil qualquer explicação.

Agora vem uma parte importante, e ótima. Recebi duas cartas ótimas, ótimas de Marcinha, com um retrato grande (não favorável), e um pequeno de jornal, tirado com a família com quem ela está – e nunca vi como ela parece com Marta Rocha! Mas como as cartas são gostosas e bem escritas. O senso de humor dela é uma delícia, e me emociona. Sei que ela deve ter escrito contando as mesmas coisas, mas não resisto à vontade de mandar a vocês pelo menos uma das cartas, pois talvez ela tenha, por acaso, contado com estilo diverso os mesmos fatos. A carta segue em envelope separado, para que os envelopes não fiquem gordos demais. Hoje vou ligar para ela e, se encontrá-la em casa, amanhã escrevo um bilhetinho para vocês dando notícias do telefonema. Também quero saber dela se na primavera é possível ela vir, se há alguma coisa que eu possa fazer nesse sentido, e em que condições ela viria, etc. Sei que ainda é cedo, mas não quero depois que o American Field Service me diga que se eu tivesse tratado antes do assunto, etc.

Tania, imagine que um dia desses fui tomar café no Carrier, e lá estava sentada uma moça que você um dia me descreveu. (uma que você viu quando estava sozinha, uma de pintura toda especial, lembra?) Pois você descreveu com tal precisão, inclusive o tipo de textura da pele, o modo de aplicar a base, o batom e a pintura dos olhos – que foi como se você estivesse ali me dizendo: é esta de quem lhe falei. Ela é muito bonita, mas parece uma morta-viva. E quando ela saiu, todo mundo que estava tomando café começou mais ou menos a falar mal dela, quanto à pintura. Na verdade ela é uma doidice criada pela indústria de cosméticos. Mas que é bom de se olhar para ela, lá isso é, e muito divertido. Fiquei fascinada.

Tania, queria lhe pedir um favor. Que você telefonasse para Ênio Silveira, da Civilização Brasileira, e lhe dissesse que eu queria notícias da publicação do livro. Ele tinha me escrito dizendo que o livro sairia em setembro de 1957, e eu nunca mais soube de nada, nem direta nem indiretamente. Quando ao livro de contos com Simeão Leal, vou esperar mais uns meses, e retirá-lo de suas mãos (está com ele desde princípio de 1955). Aliás, talvez você pudesse fazer uma coisa: telefonar para ele, e dizer que eu não me lembrava exatamente quanto ele me pagara (é verdade, já não sei se foram dois ou três contos que ele me pagou adiantado), que eu gostaria de saber exatamente quanto, para poder devolver, ao mesmo tempo que ele devolveria a você os originais. Que é que você acha? Acho que três anos de espera são bastante como espera, e o mais provável é que ele não tenha a menor intenção de publicar.

Quanto à fotografias que tiramos aqui, revelaram-nas em forma de "slide" para projetar, num engano chato, que dificultava vê-las. Nem sequer cheguei a espiá-las, com intenção de levá-las de volta para que fizessem cópias normais.

Mas um segundo depois elas desapareceriam misteriosamente. Só agora vim a saber que Maury esqueceu de me avisar que mandou direto para Mozart, pela mala diplomática... Nem ao menos tive o gosto de ver, nem sei se saíram boas. Você quer falar com Eliane ou com Mozart, e ver se consegue olhá-las? Pelo menos para me contar como saíram...

Considerando que se esta carta fosse em "espaço 2" teria 7 páginas e meia, acho que falei um bocado. Desculpem o desabafo do começo da carta. Mas é que ando cheia...

Um beijo para vocês, e que Deus nos abençoe.

Clarice

[A Elisa Lispector e Tania Kaufmann]

Washington, 15 de fevereiro de 1958, domingo

Minhas queridas,

espero que, com o recebimento de minha outra carta (posta no correio na mesma hora em que botei a de Marcia, e, como expliquei, não no mesmo envelope para este não ficar volumoso demais) tenha se esclarecido o fato do envelope com a carta de Marcinha ter chegado sem uma palavra minha. Com minha carta também foi esclarecido o mistério das fotografias – que, afinal, vocês viram, mas eu nem sequer olhei! Sobre o assunto de minha carta, as coisas pelo menos não estão tempestuosas, mas não estão boas. Fiquei tão ofendida com Gissa que simplesmente não consigo mais estar com ela, ou, mesmo, telefonar. Ela começou a me procurar, mas agora é tarde. Sei que minha atitude apresenta perigo para mim, pois ela é capaz de vingança e de maquinações ruins: mas eu não posso continuar a me deixar envolver por coisas que eu mesma não entendo. Não sei que é que há em mim que me faz tão frequentemente o alvo de cólera dos outros. Com a diretora da escola de Pedrinho, a situação está estranhíssima. O médico não entendendo nada, chamou-a para uma entrevista. A ele, ela disse que Pedrinho está melhor. É o que importa, pois ele está realmente melhor, apesar de altos e baixos. Mas, em relação a mim, ela alterou de tal modo os fatos, que estes não eram reconhecíveis. Disse, entre outras coisas, que eu a procurava demais... Maury, Avany e eu ficamos simplesmente boquiabertos. Pois essa criatura costumava me telefonar, inclusive domingo ou às 10 horas da noite, e conversar sobre assuntos gerais e problemas pessoais dela por mais de uma hora. Eu nunca telefonei para a casa dela, e para a escola só telefonei para curtos recados. Pois bem. No mesmo dia em que ela teve a entrevista com o médico, ela me telefonou com voz sequíssima, e me disse que se eu precisasse falar com ela devia antes "marcar consulta", e que ela também "podia se entender muito bem com Mr. Valente". No que eu concordei, bem contente. Ela passou três dias sem me telefonar. E então na semana passada, ela telefonou segunda, terça, quinta, duas vezes na sexta, uma vez no sábado (ontem). E com o maior carinho: me recomendando que eu não saísse no frio, me dizendo que sabia que eu estava procurando um casaco para Pedrinho, e que ela vira um quente numa loja, e que podíamos ir juntas... Eu dei um pretexto qualquer, então ela se ofereceu para ir comprar para mim – e não houve jeito de eu dissuadi-la. E ela queria trazer o casaco (comprou mesmo) aqui em casa. Ontem telefonou querendo vir, e, como Avany, por ordem minha disse que eu estava ocupada, ela desligou bruscamente o telefone, sem se despedir e sem esperar que Avany acabasse de falar – deve estar furiosa, e com o casaco em casa dela... Juro que não compreendo. Aliás nunca entendi direito minhas relações com determinadas pessoas. Parece sempre se tratar de um engano de identidade, as pessoas me tomam por outra, e parece que não só esperam que eu assuma o papel dessa outra, como se queixam comigo quando eu não ajo como essa "outra". Sei lá. É muito angustiante não ter sequer uma teoria para explicar...

Enfim, minhas queridas, as coisas formam às vezes aspecto quase cômico. Depois passam, felizmente. Mas, de acordo com minha experiência, de um modo ou de outro, elas voltam...

Haja força de compreensão...

As crianças estão, graças a Deus, ótimas. Pedrinho me disse que deu "uma espiada" na Constituição e que o estilo lhe pareceu "bastante monótono". Paulinho disse que na China também tem pessoas "de nosso povo", e que fora da China há chineses, o que é muito bom, disse ele, porque assim "*people can agree*".[1] Paulinho é de uma exuberância muito gostosa, e o prazer que ele tem nas coisas é muito contagioso. Ontem, na hora em que eu o botei na cama, ele perguntou "que é que eu faço agora?". Eu disse: "Dormir"; E ele: "*That's a very stupid thing to do. To rest* (descansar) *is nothing*".[2] Pedrinho inteirou-se da transferência da capital para Brasília, e perguntou: "Que é que eles vão fazer dos edifícios governamentais do Rio de Janeiro?" Diabo, nunca me ocorrera o problema, e fiquei até chateada de pensar nele.

Desde ontem está nevando, a pior nevada desde que estamos aqui, e os jornais dizem que há 22 anos não há disso. Na nossa rua estamos com neve pelo joelho; o tráfego está por assim dizer parado, e hoje a temperatura vai a 12 graus (em dinheiro americano, quero dizer em Fahrenheit). Está uma droguinha, beleza à parte (pois tem sol também, e uma ventania de levantar gelinho (GELO) do chão. (parecia "galinha" do chão!)

Um abraço grande para William. Desculpe se eu esqueci de procurar a decalcomania, mas agora que me lembrei vou comprar. Mil beijos para vocês.

Clarice

---

[1] "as pessoas podem se entender."

[2] "Essa é uma coisa muito insensata de se fazer. Descansar não é nada."

[A Rubem Braga]

Washington, 15 de fevereiro de 1958, domingo

Rubem,

desejo muito que você encontre "a mulher amada" – com a esperança também de que você a traga a Washington, e, naturalmente, você viria com ela. Prometo que a cidade não é tão ruim assim. Esquecemos de mostrar para você muita rua andável e passeável. E tão tranquilas (as ruas) que uma noite, às duas da madrugada, vimos um bicho estranhíssimo, do tamanho de um cachorro, com pernas curtas e focinho fino, chamado "opossum" (!),[1] andando quieto: tinha tido coragem de sair do mato, talvez à procura da opossum-amada. Vocês sabem o que querem, vocês opossums. Só que não sei se opossum se escreve assim. E também não sei se ele achou que buscava. Mas é questão de sorte, paciência e jogo tremendo de circunstâncias.

Fora de brincadeira, estamos com saudade de você – e, com ou sem a opossum-amada, venha jantar.

Um abraço nosso

Clarice

---

[1] Animal parecido com o gambá, pertencente à subclasse dos marsupiais, como os cangurus.

[A Elisa Lispector e Tania Kaufmann]

Washington, 25 de junho de 1958, quarta-feira

Minhas queridas,

ontem Marcinha falou comigo pelo telefone para dizer que vai para São Francisco amanhã (vou falar com ela hoje de noite). Ela disse que está muito bem, e assim parecia de fato. Disse que vocês estão sem notícias minhas. Quero crer que isso se refere a período anterior, pois agora vocês têm notícias. Várias pessoas têm recebido carta do Brasil revelando ausência de cartas daqui – é possível que o correio no Rio não esteja funcionando como deveria. Mas peço a vocês que não se preocupem. Talvez, assim de chofre, tudo tenha parecido pior a vocês; e eu, para resumir, talvez não tenha transmitido as coisas com o tom certo. Por exemplo, a ideia de Mrs. Berl (de que a separação do Pedrinho de mim quando bebê quatro meses) é um dos possíveis fatores influenciando caráter e temperamento. Meu coração não fica totalmente descansado com Mrs. Berl, mas ela parece ter (fora defeitos pessoais) muito interesse pelo Pedrinho. Tive informações de que ela é muito eficaz com crianças, e essa informação através de médico. Isso não impede de que eu consulte, em tempo devido, um psiquiatra de crianças. Enquanto isso, a verdade é que Pedrinho tem melhorado muito. Ele está muito mais próximo de mim, por exemplo. Outra coisa: quando levo ele a um médico, a reação dele é de uma preocupação normal, justificável, e não de pavor, medo intenso, como se estivesse sendo punido. O dentista dele –

que não sabe de nada – me disse um dia desses: "o que aconteceu com esse menino, de seis meses para cá? Parece outra criança; hoje, pela primeira vez, pude falar com ele como com outras crianças e conversar etc." Outro sintoma ótimo: ele está num *camp* (só de dia), e não teve receio de ir, não se preocupou, está gostando e participando: só teve uma noite em que não pôde dormir por causa de falhar em jogos atléticos; outro sintoma bom é que ele aceitou minha explicação, assimilou-a, e não se preocupou mais (eu disse a ele que ele não precisava ser "técnico" nem atleta, nem mesmo gostar dessas atividades); que tinha crianças que não achavam graça em ler um livro, mas isso não queria dizer que elas não deviam aprender pelo menos um pouco a ler.

Antigamente, nada do que eu dissesse parecia realmente alcançá-lo; e dessa vez alcançou a ponto de ele não se preocupar mais com o assunto. Enquanto isso, ele fez hoje um teste de tireoide para ver se esta está totalmente bom (o pediatra acha que sim, mas achou minha sugestão razoável).

De modo que, por favor, vocês não pensem muito no assunto. Maury está indo, por umas 15 vezes, a um médico – para depois resolverem se continuam. Minha ideia é que o melhor é continuar no Brasil, pois o dinheiro aqui acaba, o dinheiro de que preciso para as crianças e para mim. Como consequência dessas idas ao médico, ele está tomando parte mais ativa junto aos meninos. (Creio que isso só ficaria uma atividade permanente se ele fizesse análise total.)

Chegou o dinheiro para as compras da Marcinha, e começarei hoje com o maior gosto e interesse. Li o livro que você me mandou, Tania querida, e gostei muito. Estou aplicando, sem nenhum pudor de obedecer, a ideia dos três caderninhos de nota... Recebi seu recorte, Elisa querida, sobre crianças. Obrigada, meu bem.

Peço a vocês que não se preocupem? tudo está *under control*.

Me escrevam. Um beijo da

Clarimunda

[A Tania Kaufmann]

Washington, 2 de setembro de 1958, terça-feira

Tania querida,

recebi sua carta de 23/08 – Que bom que Marcinha está aos poucos perdendo peso – é só com regime ou também com tratamento de glândulas? Só tomara que ela pegue uma turma no Inst. Brasil – EEUU. – Faz bem trabalhar, ganhar dinheiro próprio é uma beleza. Querida, tenho lido que se deve evitar, tanto quanto possível, coisas como radiografia, radiotermia, ela evitar o contato com rádium. Aqui está se fazendo muito teste cutâneo para saber dos pulmões, em vez de radiografia. Suas ondas curtas têm a ver com isso? Não abuse, por favor. Veja isso – Como é que você está agora se sentindo? – Fiquei muito satisfeita de você ter gostado dos presentes para as amigas de Marcia. Como sempre, precisam me garantir que não errei, que não fiz bobagem, esse medo de que me digam que não fiz direito, me paralisa nas menores coisas. Mas ainda bem que você gostou. Quanto à televisão, a Marcia deve ter esquecido de dizer a você (e culpa minha, pois eu devia ter escrito) que não existe mais televisão de 8 polegadas e não fabricam nem sequer a de 10 polegadas (fui em várias casas).

E consegui que aquela casa Wilson arranjasse essa, mais ou menos por milagre ou sorte. O preço naturalmente não era o de 8 polegadas. De modo que eu também contribuí para o presente de Elisa para a televisão, pois de qualquer modo ia lhe mandar uma lembrança de aniversário.

[O preço da antena (10,99) está incluído no preço da televisão de 10 polegadas: era para eu escolher entre essa antena ou uma embutida na televisão. O homem (para quem daria no mesmo) disse que a embutida era muito inferior.] Eu devia ter escrito a vocês pelo menos para explicar que eu também estava dando um pouquinho da televisão... Mas andei tão atrapalhada e desanimada que até isso me custava esforço, quero dizer, escrever a respeito. – Como você já deve ter visto na minha última carta, recebi sim, os 250 dólares, muito obrigada. Você não está me devendo nada está bem?

Não recebi nenhuma palavra de Ênio Silveira, parece até que nunca escrevi esse livro. Tania, se você ou Elisa tiverem uma ideia de como eu poderia ganhar algum dinheiro, me escrevam. Só posso trabalhar para organismos internacionais. Vocês conhecem aí alguém da Unesco ou o quê? Me deem as ideias que a vocês ocorrem. Não falo da situação aqui em casa porque está muito confusa e difícil de falar por carta. Explique isso a Elisa, por favor.

Um beijo para você, querida. Grande abraço para William, um beijo para Marcinha – querida. Escreverei para Elisa.

Sua Clarice

[A Tania Kaufmann]

Washington, 2 novembro 1958, domingo

Minha queridinha,

recebi sua carta do dia 27, querida. Seu estado de saúde me preocupa. E a ideia de você procurar um neuropsiquiatra me agradou. Só que não exatamente um neuropsiquiatra, mas um psiquiatra psicanalista, pois os outros têm menos entendimento geral, são mais limitados – e nessas coisas tem-se que ter largueza de vistas. Creio que você há anos e anos – não me lembro mais desde quando – tem saúde abalada, e sempre fez testes e foi a médicos. Mas talvez não ao exato. Por mais estranho que pareça, com meu tratamento minha menstruação regularizou-se. E raramente tenho enxaquecas. Sendo que nunca o assunto do incômodo foi sequer tocado. O fato do tratamento comigo estar demorando tanto não quer dizer que seja sempre assim. Tem pessoas que inconscientemente resistem menos, e tudo vai mais rápido. Se você pudesse por um instante esquecer que sou sua irmã – você conseguiria ler o que escrevi como vindo de uma pessoa com alguma experiência da vida, como uma "estranha" que está vendo as coisas com algum senso de realidade, como uma mulher que passou por muitas e cuja intenção por isso mesmo se aguçou. Estou muito contente com sua ideia – e peço a você que considere isso como vindo não de uma irmã, da Clarice – mas de uma grande amiga, tão grande amiga quanto uma pessoa pode ser de outra pessoa.

Achei graça no "veterinário mais bonito do Brasil"... Se as coisas se encaminharem para o lado positivo, é possível que o rapaz possa vir morar no Rio, isso é a considerar, não? Enfim, vamos ver; o mundo dá muitas voltas, e voltas muito boas.

Não sei se lhe disse na última carta que Maury está fazendo finalmente psicanálise, depois de ter perdido três anos em não querer (há três anos foi aconselhado a ele). Além do mais, é conveniente para as crianças que o experimentem de um modo novo. No começo da análise a reação de Maury foi das violentas – e mesmo assim Pedrinho tem se beneficiado muito. Fazendo análise, Maury fará tudo para ficarmos um pouco mais, e se houver boato de transferência, agarra-se-á com os conhecidos e amigos. Pedrinho está indo bem na escola, o que é um sossego.

Eu estou recuperando um pouco o peso, se bem que ande um pouco cansada. – Avany está namorando firme – acho que terminará em casamento. Sai quase todas as noites. O namorado é... idem. Já se viu!

Minha querida, Deus te guie e te dê bons caminhos.

(Também prefiro Márcia sem cabelo quase à "escovinha"... Eu gostaria de ver um retrato dela agora.)

Um beijo, querida, e por favor me escreva. Quero uma carta grande. Com amor,

Clarice

[A Elisa Lispector e Tania Kaufmann]

Washington, 29 de novembro de 1958, sábado

Minhas queridas,

há muito não recebo notícias de vocês, e há muito não escrevo. E quero tanto saber como vão as coisas. Tania querida, como é que você está se sentindo?

Soube, por carta deliciosa de Marcinha, que você, Elisa, pretende tirar férias em Campos de Jordão. Que gelo deve fazer. Aqui começou o frio, bem chatinho, e ontem o jornal anunciou neve, mas o que fez foi chover horrivelmente! – As crianças estão bem. Um dia desses Paulinho não queria pôr um suéter, mas quando afinal o convenci, ele me disse: *I'm going to make a joke: America is a free country, but when you put a sweater you are not as free as that.*[1] Ele tomou parte numa *play* de Thanksgiving, da escola, foi o chefe dos índios – inteiramente à vontade no seu papel importante. Pedrinho me parece encaminhar-se devagar para maior segurança. Minha situação com Maury está mais calma, mas no mesmo sentido. Parece que entraremos numa rotina melhor. O tempo informará sobre o melhor caminho. – Eliane resolveu ficar mais, esperando talvez por Mozart. Eles vão bem, ela sempre anima, presença muito boa e agradável – Por favor, me escrevam dando notícias. Quero saber como você está, Tania. Por favor, me escrevam. Um grande abraço para William, um beijo para Márcia.

Com amor,

Clarice

[1] "Vou fazer uma piada: a América é um país livre, mas quando você põe uma suéter não fica tão livre assim."

[A Elisa Lispector e Tania Kaufmann]

Washington, 8 de dezembro de 1958,
segunda-feira (perdi esta carta,
e encontrei-a hoje, 17 de dezembro)

Minhas queridas,

espero, hoje ou amanhã, receber carta de vocês. Há muito que estou sem notícias. – Eliane ainda está aqui, acho que vai a N. York só fim da semana. – Não sei se lhes escrevi, que já muito Avany não tem vontade de trabalhar mais em serviços de casa. E em novembro me disse que queria sair para trabalhar fora com visto de residente permanente, ou voltar para o Brasil. Ficou resolvida a última alternativa, mas ela conseguiu arranjar os papéis de modo a ser residente e agora está aqui em casa à espera de que eu tenha outra empregada. Eu já tinha uma em vista, mas falhou. Continuo procurando. O que dificulta é que quero brasileira ou portuguesa (por causa da língua para as crianças), e o que provavelmente seria mais fácil é alguma sul-americana (detesto espanhol, Pedrinho idem... e haveria confusão para as crianças).

Fora disso, uma revista que vai abrir no Rio, talvez em janeiro, chamada SR (*Senhor*), e fui convidada a mandar um conto (a revista é só de assinatura), e mandar normalmente uma espécie de carta de Washington. Sinto-me incapaz de fazê-lo, mas vou tentar.

Os preparativos de Natal estão intensos e o frio também. Mas já estou com 67 presentes comprados felizmente. – As crianças vão bem. Por favor me deem[1]

[1] Carta incompleta. Após Clarice escrever "Por favor me deem", ela faz uma seta apontando para a margem direita, indicando que continuará a escrever algo, possivelmente no verso da folha.

[A Elisa Lispector e Tania Kaufmann]

Washington, 26 de dezembro de 1958, sexta-feira

Minhas queridas,

estou sem carta de vocês há muito tempo. Se vocês estão zangadas comigo, compreendo bem. Sempre tive o dom de irritar e "encher" todo o mundo, de um modo ou de outro, e mesmo à distância. É possível que um de meus modos de irritar de longe seja o de um relativo silêncio. Eliane explicará a vocês que não é fácil escrever sobre coisas complicadas. Isso me emudece mais ainda. A própria Eliane não conseguirá talvez resumir a situação – que tem caráter transitório. O tempo levará tudo a um caminho mais claro. Só o tempo e a paciência. – Enquanto isso, peço a vocês que esqueçam tudo isso, e não me associem à ideia de "situação anormal" ou coisa equivalente. Vocês compreenderão melhor ao conversar com Eliane, com quem falei mais ou menos claro. E não se esqueçam de que estou bem. Já passei por muito pior, só que não eram coisas óbvias. De modo que tenho prática, e sei como me defender por dentro.

Espero que vocês tenham recebido meus cartões. Recebi o seu, Tania, muito gostoso, com um Papai Noel encalorado comendo banana. Mostrei a Maury, que também gostou.

Feliz Ano-Novo. E que todos nós tenhamos o que for melhor para cada um de nós. Deus vos abençoe.

Muitas felicidades para William, com um abraço especial.

Me escrevam. Por favor, deem notícias. As crianças estão bem.

Um beijo da irmã de sempre,

Clarice

[A Stella Maria Barbosa de Oliveira e João Cabral de Melo Neto]

Washington, 29 de janeiro de 1959, quinta-feira

Caríssimos Stellinha e João,

foi com uma pena enorme que soube que vocês ainda não tinham telefone em casa e que você, João, estava em Monte Carlo (*of all places!!!*) Não podendo falar com você, Stella, eu ia ligar para Monte Carlo, meio inquieta com o que estava acontecendo. Foi quando você ligou de lá para o hotel, e falou com Alzira, exatamente quando eu pela primeira vez (e única) saí sozinha para almoçar com o meu editor (o francês). Quando voltei, quando recebi o recado, já estavam nos esperando para irmos ao aeroporto. E fiquei sem notícias diretas. Alzira me disse que você estava em tratamento. Que é que há?

Enquanto você, João, falou com Alzira, eu falava em você com Pierre de Lescure. Talvez fosse interessante para você conhecê-lo, e para ele é muito interessante conhecer você. É um homem muito simpático, escritor (romancista e bom), que editava a coleção Roman, junto à Plon. Ele brigou com a Plon, e agora edita junto a outra casa. Conhece Cartier-Bresson,[1] Sartre, Aragon, foi amigo de Matisse, fez a "resistên-

---

[1] Henri Cartier-Bresson (1908-2004), um dos maiores fotógrafos de todos os tempos, considerado "o olho do século XX"; Jean-Paul Sartre (1905-1980), escritor e filósofo, chefe de fila do movimento Existencialista; Louis Aragon (1897-1982), poeta e escritor, um dos fundadores do movimento Surrealista; Henri Matisse (1869-1954), pintor, desenhista, gravurista e escultor, um dos maiores expoentes da arte do século XX ao mesmo nível que Picasso.

cia",[2] e ele ficou interessado em conhecer você. Você quer?[3] Talvez você possa ajudá-lo na seleção de livros espanhóis a serem traduzidos (ele está querendo sugestões). Nome-endereço-telef:

Pierre de Lescure
18, Rue de Tournon
Paris 6º
Telefone: DANTON 1616

Stellinha e João, me deem notícias de vocês e das crianças. Saber que estava tão perto de vocês e não ter comunicação, me afligiu e deu raiva.

Um grande abraço para vocês

Clarice

Lilita vai me mandar "As Cabras" – eu sinceramente não mereço que você me mande. Mas, mesmo sem merecer eu quero. Se a gente só tiver o que merece, fica ruim mesmo.

Escrevam para meu endereço.

---

[2] A Resistência Francesa reuniu diversos movimentos organizados com o objetivo de libertar a França da ocupação nazista e do movimento colaboracionista do governo de Vichy, durante a Segunda Guerra Mundial. A Resistência teve papel primordial no auxílio às tropas Aliadas durante seu avanço pela Europa Ocidental.

[3] A ponte que Clarice oferece para João Cabral apresentar autores espanhóis ao editor demonstra a importância que dava ao movimento de difusão de suas obras já que as dificuldades de publicação na Espanha deviam-se ao movimento repressor do governo franquista. João Cabral foi um importante elo na circulação da obra de alguns autores espanhóis do período, utilizando sua prensa manual para editar suas obras.

[A Fernando Sabino]

Washington, 7 fevereiro 1959, sábado

Fernando,

este é um bilhete apenas, sem outra intenção senão a de dizer alô! Porque passou-se muito tempo desde o dia em que recebi seu livro, e é quase tarde para dizer obrigada!

Não houve nenhum motivo para não lhe escrever então – apenas o de muita confusão de vida. Mas a amizade é a mesma, talvez maior. De modo que me faça um favor: escreva-me um bilhete, menor ainda que este, também só para dizer alô. Dou até a fórmula para você copiar para não ter o menor trabalho.

Escreva assim: "Alô, Clarice!
Fernando."

Um abraço,

Clarice

[A José Simeão Leal]

Washington, 10 de março de 1959

Exmo. Sr. José Simeão Leal
Serviço de Documentação
Ministério da Educação e Cultura
Rua da Imprensa, 16 - 9º andar, sala 902
Rio de Janeiro, D.F. - Brasil

Prezado Simeão,

desisti de lhe escrever há vários anos, sabendo, por experiências repetidas, que, sendo pouco o seu tempo, eu não receberia resposta. O que explica porque enviei mensagens por amigos. Minha última tentativa foi por intermédio de minha amiga e cunhada, Eliane Gurgel Valente.

Acabo, porém, de receber as provas do livro de contos – o que me deu a súbita esperança da possibilidade de um contato direto, com resposta de sua parte. Ou estarei sendo otimista...?

Há quatro anos os originais dos contos estão em suas mãos para serem publicados. (Continuo considerando uma de minhas experiências agradáveis o fato de Você me ter encomendado os contos – e eu, tão difícil de escrever ficção por encomenda, ter vitoriosamente conseguido.) Recebi dois ou três mil cruzeiros em pagamento prévio. Com a demora da publicação, e com a falta de resposta às minhas cartas, considerei-me desobrigada de meu acordo com Você. Restavam os dois ou três mil cruzeiros que me tinham sido pagos

– e que eu autorizei a Sra. Eliane Gurgel Valente a restituir, em troca dos originais a que eu me considerava com direito. Sua resposta foi negativa.

Aqui, nesta carta, quero reiterar minha proposta – desta vez enfim diretamente, animada pelo fato de Você me ter escrito. A proposta continua a mesma: estou pronta a devolver os dois ou três mil cruzeiros, em troca do direito de dispor de meus originais. Estou precisando de dinheiro, e quero vender os contos separadamente, a jornais ou revistas.[1]

Ser publicada por Você é uma honra. Além do mais, Você é um amigo, e pessoa que admiro e respeito. Mil vezes eu teria preferido que você tivesse atendido minhas mensagens durante os quatro anos. Lamento a coincidência de Você só me ter escrito na hora de me mandar as provas. Ter enfim me escrito, me deu, como eu disse, a esperança de um contato direto. Mas é com infinito desagrado que percebo o perigo da coincidência – poderia parecer que, tendo as provas comigo, eu lhe faço a proposta de devolução dos contos. Você e eu, além das pessoas que gentilmente se encarregaram de lhe transmitir minhas mensagens, sabemos que há muito eu queria os originais de volta.

Você me prestará um favor ao me atender. Ao Ministério de Educação obviamente não interessa a publicação dos contos, ou estes não teriam ficado numa gaveta durante quatro anos. E a mim – por motivos claramente financeiros e de certo modo urgentes – me interessa publicação comercial, mesmo sem a honra de ter livro publicado por Você.

---

1 O pedido de Clarice se justifica pelo seu momento de transição de vida. Separada de Maury e decidida a voltar a morar no Brasil, ela precisava aumentar sua renda. Treze desses contos seriam publicados em *Laços de família* (Francisco Alves, 1960), livro que se tornaria um clássico de nossa literatura e que foi aquele que mais teve reedições enquanto Clarice estava viva.

Uma coisa me aborrece: se o livro chegou a ponto de provas, isso significa provavelmente alguma despesa da parte do Serviço de Documentação, despesa que não estou, infelizmente, em situação de indenizar.

Mas, por outro lado, uma coisa me consola. É que também eu tive prejuízos. Durante os quatro anos, recebi, vez por outra, recados mandados por Você, garantindo que o livro estava "prestes a sair", e "já em provas". Isso me impediu de vender os contos separadamente a jornais e revistas, pois "em breve" os contos, sendo publicados por Você, não seriam mais inéditos – e eu não podia vender um conto que poderia ao mesmo tempo sair em livro. Recusei propostas nesse sentido, propostas que me interessavam. Só uma vez resolvi – diante da coisa cada vez mais vaga que se tornara a publicação do livro – assumir compromisso. Aceitei uma proposta de *O Estado de S. Paulo*. Acontece que eles só chegaram a publicar um conto. Pois, em seguida ao recebimento do cheque, recebi daquele jornal uma carta, justamente indignada, dizendo que, se eu dera a eles exclusividade de publicação, não deveria ter dado um conto a um jornal do Rio. Acontece que esse jornal do Rio não me pediu pessoalmente nenhum conto, não avisou que publicaria, não explicou como tinha conto meu em mãos. O jeito que dei foi escrever uma carta de desculpas ao *Estado de S. Paulo* – e perdi o contrato.

Com isso, Simeão, quero lhe dizer que, para paz de minha consciência, tive prejuízos certamente comparáveis aos do Serviço de Documentação em preparar provas. Até um ano atrás, esses prejuízos não me afetavam substancialmente. Mas agora tenho que tentar vender os contos separadamente.

Por favor, leia esta carta com compreensão. A mesma que tive durante quatro anos...

Clarice Lispector

Clarice Lispector
4421, Ridge Street
Chevy Chase
Washington 15, D.C.
U.S.A.

[A Fernando Sabino]

Washington, 11 março 1959, quarta-feira

Fernando,

sua carta foi mais que bem-vinda. Nem se preocupe por não me escrever, eu tenho tal dificuldade de escrever cartas que seria a última a não compreender.

Fernando, mandaram-me a revista *SR*. Quem ficou meio cega no fim do conto fui eu.[1] Virgem Maria, Fernando, há muito tempo não me emocionava tanto com coisa escrita. Acho o conto tão perfeito que só por isso perdoo a você a emoção e lágrimas. Não sei como é que você conseguiu "transmitir" tanto a menina – sem usar "descrição". É um conto em cinema mudo. Só que não tive coragem de reler imediatamente, só mais tarde. Deus abençoe você, Fernando. (sei que estou *corny*.)

Junto, mando a você cópia da carta que estou mandando a Simeão Leal. Espero que as coisas se arranjem do modo como quero. Você diz que eu provavelmente sei da "onda que criou a ameaça de devolução (do romance, pelo Ênio)": não sei, sinceramente, do que você está falando.

Não sei também por que você diz que "se ainda for possível, eu lhe dê novo crédito de confiança". Com o risco de

---

[1] A última carta de Clarice enviada do exterior a Fernando Sabino, pois em julho ela voltaria a morar no Rio. "Refere-se à última frase do conto publicado na revista *Senhor*, 'Passeio' (Cf. *A companheira de viagem*), quando o pai informa à filha que vai se separar da mãe dela: 'Saíram, e a menina o conduzia pela mão como a um cego'" (Segundo Fernando Sabino, em nota de rodapé em CPC, p. 201).

ficar totalmente *square*, só posso dizer que nunca retirei de você o primeiro crédito que dei.

Por Deus, estou ruim hoje.

Com amizade, um abraço da

Clarice

O poema do Paulo na *SR* é uma beleza você não acha?[2]

[2] "Either/Or", em *Testamento do Brasil*, de Paulo Mendes Campos.

[A Eliane Gurgel Valente]

Washington, 11 março 1959

Eliane, meu bem,

Por favor se encarregue, se não for trabalho demais, de dar *pessoalmente* essa carta a Simeão Leal. Espero que o conteúdo da carta seja convincente bastante – e que, enfim, eu possa dispor dos contos. Veja se ele escreve, na sua frente, um bilhete para mim, dizendo que os contos são meus. *E que ele dê a você o bilhete, que você mesma me mandaria.* (Pois ele esquecerá de dar ordem à secretária, e ficarei sem um documento.)

Eu não gostaria que ele ficasse zangado comigo, gosto bastante dele. Mas tenho que cuidar de meus interesses.

Você recebeu minha carta (uma segunda, que era também para Elisa e Tania)? Nem sei como lhe agradecer, meu bem o carinho que transparece em cada palavra que você me escreve. Você é amiga mesmo, disso eu já sabia. Mas como é bom ter também a prova!

Um grande abraço para Mozart, um beijo pra Marilu.

Sua

Clarice

Você leu meu conto publicado na revista *SR*? (Este não fazia parte do livro de contos.)

[A Eliane Gurgel Valente]

Washington, 27 de março de 1959, sexta-feira

Eliane querida,

não quero adiar esta carta só por não ter papel conveniente. Muito obrigada, minha querida, por todo o seu trabalho junto a Simeão Leal.[1] Se entendi bem, ele me devolve os direitos do livro, mas de algum modo me lembrando quanto estou custando ao Ministério – de 60 a 80 contos. E mais ou menos entrega a meu critério prejudicá-lo (ao Ministério) financeiramente ou não. (Não sei qual seria a minha vantagem em ganhar cerca de 1.000 exemplares, pois não só eles não são vendáveis em livraria, por serem coisa não comercial do governo, como eu não iria de porta em porta oferecê-los.)

Acho que cheguei a uma fórmula razoável, alguma coisa no meio-termo, que eu gostaria que você transmitisse a ele. É o seguinte o que proponho: os contos ficam comigo até eu publicá-los todos em revistas ou jornais (o que me dará algum dinheiro); e quando todos os contos forem publicados, eu devolverei a ele as provas para que sejam publicadas pelo Ministério da Educação. Assim nem eu perco a oportunidade de ganhar algum dinheiro, e nem Simeão terá perdido o dinheiro que já empregou nos preparativos de publicação. Resumindo: o livro será de Simeão depois dos contos serem publicados separadamente. Que é que você acha dessa fór-

[1] A carta mostra os desdobramentos da negociação com Simeão Leal. É fato que Clarice publicou alguns contos em revistas como a *Senhor*, porém sua proposta de devolvê-los para o editor publicá-los não ocorreu.

mula? (De qualquer modo mesmo que eu devolvesse as provas agora duvido que Simeão publicasse antes de um ou dois anos.) – Se você acha razoável o meu raciocínio, então, por favor transmita-o a Simeão (infelizmente você não poderá mostrar-lhe esta carta).

Mozart vai bem? (fora a gripe) E Mariluzinha? (Gissa recebeu sua carta.)

Não demore a me escrever, sim? Carta sua é bem-vindíssima.

Um abraço grande para você, outro para [...], um beijo na Marilu (Paulo ficou todo vaidoso com sua carta sobre as sementes).

Sua

Clarice

By the way, você achou que S. Leal estava com *hurt feelings*?

[A Candido de Paula Machado][1]

Washington, 28 de março de 1959

Exmo. Sr.
Candido Paula Machado
Livraria Agir Editora
Rua México, 98 - B
Rio de Janeiro, D.F.

Prezado Senhor,

A finalidade desta carta é indagar-lhe se a Editora Agir teria interesse em publicar meu livro de contos que esteve durante quatro anos em mãos do sr. Simeão Leal.

O livro constava de quinze contos (176 páginas nas provas), e mais três contos que acrescentarei agora (os três num total de 25 a 30 páginas datilografadas).

Se a edição do livro lhe interessar, gostaria de saber em que termos seria assinado o contrato.

Minha ideia é assiná-lo na seguinte base:

– A autora cede ao editor, nos termos da legislação vigente, o direito de publicar e vender uma edição de sua obra "Os laços de família" (ficará assim claro que a autora não está cedendo os direitos autorais);

---

1 A carta datilografada está redigida em duas vias em formato de rascunho. Publicamos aquela em que há alguns acréscimos à caneta no último parágrafo por entendermos ser o texto definitivo. A Agir não editou os contos, mas a Francisco Alves o fez sob o título de *Laços de família* (1960), suprimindo o artigo "os"; é que na carta Clarice intitulou a obra como "Os laços de família", certamente se referindo a um dos contos do volume.

– A obra será impressa no formato, papel e tipos escolhidos pelo Editor (com aprovação da autora). O Editor fixará o preço de venda, ficando estabelecida, para edição de que trata o presente contrato, uma única tiragem de 5.000 exemplares.

– A data de lançamento da obra no mercado deverá ser prevista no contrato, sob pena de rescisão do mesmo.

– Quanto ao pagamento, a autora receberá um sinal na assinatura do contrato, e pagamento integral no lançamento da obra.

Espero também que o contrato não se refira a traduções em língua estrangeira, nem a copyrights. Os direitos de tradução e copyright são reservados à autora.

Espero que não haja nenhuma cláusula que estipule "decorridos três anos de lançamento da obra, se a edição não for toda vendida, poderá o editor pagar à autora, em exemplares da obra com 50% de redução sobre o preço de vendo ao público, etc.".

No caso de *Os laços de família* lhe interessarem, gostaria de saber se a Editora estaria de acordo com a assinatura de um contrato nesses termos – que, se parecem exigir muito, só visam na verdade me proteger contra experiências desagradáveis que não quero repetir.

Eu lhe mandaria os originais, logo que recebesse o contrato. Publicar na Agir me daria muito prazer. Além de respeitar sua Editora, meus contatos anteriores com ela foram sempre cordiais.

Aguardando resposta sua, agradece antecipadamente,

Clarice Lispector

[A Tania Kaufmann]

Washington, 11 de abril de 1959, sábado

Minha querida,

não respondi sua primeira carta falando vantagem porque você dizia que estaria aqui talvez antes ou durante seu aniversário – e não daria muito tempo. Você sabe que eu gostaria de ver você, você sabe que seria uma alegria. Mas, sendo prática, pergunto se vale a pena fazer essa longa viagem, com sacrifício financeiro. Asseguro a você, querida, que você é muito mais que bem-vinda. Mas em que poderia ajudar? Não faça sacrifício, eu lhe peço. Pense bastante antes.

Mas de qualquer modo respondo as perguntas que você fez: a) a viagem ida e volta Washington-N.York-Washington, de ônibus, custa 13,86 (treze dólares e oitenta e seis cents). Só ida, custa 7,70. b) posso ir eu mesma, sozinha, do aeroporto; é o que eu pretendia fazer.

Estou escrevendo em forma de bilhete porque queria pegar a hora da caixa do correio. Vai sem ser registrada porque os correios estão fechados, é sábado.

Me avise de qualquer decisão sua. Um beijo da

Clarice

[A Candido de Paula Machado][1]

Washington, 15 de abril de 1959

Exmo. Sr.
Candido Paula Machado
Livraria Agir Editora
Rua México, 98 - B
Rio de Janeiro, D.F.

Prezado Senhor,

Acabo de receber sua carta de 7 de abril, com a minuta do contrato.

Tenho as seguintes observações a fazer, no sentido de modificação do texto:

– A cláusula 1, como está na minuta, não leva em conta a minha primeira condição. Como está redigida, implica em cessão de direitos autorais. Esta cláusula deveria, de acordo com minha proposta, ser redigida nos seguintes termos: "O Autor cede ao Editor, nos termos da legislação vigente, o direito de publicar e vender, com exclusividade em língua portuguesa, uma edição de sua obra intitulada: ...." Infelizmente não concordo com os termos "por todo o tempo que durar sua propriedade literária ou de seus herdeiros e sucessores". Também é necessário que se especifique "uma edição". (A propósito dessa condição, explicarei melhor quando falar da cláusula 3.)

---

[1] A carta datilografada está redigida em formato de rascunho.

– Cláusula 2 – Concordo.

– Cláusula 3 – Não vejo inconveniente para o sr. da menção de "uma única tiragem de 5.000 exemplares", assim como, na cláusula 1, da referência a "uma edição". O sr. pode proteger seus interesses acrescentando ao contrato a cláusula seguinte: "O Autor, em igualdade de condições, dará preferência ao Editor para edições subsequentes desta obra."

– Cláusula 4 – Esta cláusula não deve constar de todo. Como lhe expliquei na carta de 28 de março, a Autora se reserva o copyright da obra e os direitos de tradução.

– Cláusula 5 – Concordo.

– Cláusula 6 – Concordo.

– Cláusula 7 – Concordo, sob protesto...

– Cláusula 8 – A ser modificada, de maneira a não desdizer as cláusulas prévias.

Como resumo, envio-lhe em anexo, em contraproposta, a miniatura do contrato que desejo assinar, certa de que, ao respeitar meus interesses, estou levando em consideração os seus. Se o Sr. concordar com essas modificações, essenciais para mim, poderá me enviar as duas vias já assinadas. E eu – com o maior prazer em lidar de novo com a Editora Agir – assinarei também.

Aguardando sua resposta, muito cordialmente

Clarice Lispector

Clarice Lispector
4421, Ridge Street
Chevy Chase
Washington 15, D.C.
U.S.A.

[A Elisa Lispector e Tania Kaufmann]

Washington, 29 de abril de 1959, quarta-feira

Minhas queridas,

Isto é um bilhete – mas de caráter urgente. É absolutamente necessário que ninguém no Ministério saiba que eu vou em junho com as crianças. Avisem depressa Eliane e Mozart – se bem que Maury vai passar um telegrama a eles nesse sentido. É preciso mesmo desmentir que eu vou com as crianças. A razão é monetária. Acontece que temos promessa de que o decreto de transferência de M. só sairia a partir de junho – por causa da escola das crianças. O Vale disse que se souberem que vou em junho, eles transferem Maury imediatamente. E isso é péssimo, pois estamos contando com no mínimo, mais dois meses de ordenado em dólares a partir de junho. Se o decreto sair a partir de junho, M. terá dois meses para se transferir (dois meses de ordenado em dólares que me ajuda com as crianças na instalação no Rio). Mas, se o decreto dele sair agora, ele terá prazo de partida até junho apenas – e serão dois ordenados a menos. Comuniquem-se depressa com Eliane.

Também não avisem pessoas fora do Ministério por causa das encomendas.

2) Peço a vocês que, com antecedência, me digam o que querem daqui e mencionem *size*. Eu, infelizmente, não tenho dinheiro para levar as lembranças que eu queria. Mas vou levar uma coisa para cada uma de vocês, uma para Eliane e outra para Marilu. Não vou levar nada para amiga ne-

nhuma – pois é até ridículo na minha situação – como eu disse, isso é apenas bilhete escrito de noite.

3) Outra coisa – me digam quanto eu precisaria de entrada para um apartamento no Leblon ou Ipanema (preferível Leblon), de 3 quartos e uma sala com playground.

(Elisa, a história com seu Diamantino, só eu estando no Rio, porque agora não tenho cabeça para isso.)

Um beijo para vocês e escrevam depressa dando resposta e me dizendo se vocês sabem se o Ministério já está a par.

Clarice

[A Elisa Lispector e Tania Kaufmann]

Washington, 30 de maio de 1959, sábado

Minhas queridas,

não tenho tido tempo nem cabeça para escrever. Vocês podem imaginar o que é, além de uma viagem, desmanchar numa casa que até *basement* tem.

Não entendo a pergunta de Mozart sobre Maury e Mozart continua a perguntar (a Gissa, por exemplo). Não entendo porque Maury escreveu longa carta a ele, segundo me disse.

A coisa toda me tocou demais para eu tentar escrever. Um dia de manhã Maury me telefonou e me disse que achava que eu devia saber o que eu tinha feito a ele: que ele estava sofrendo do coração e podia morrer de um momento para o outro; que se eu quisesse podia considerar isso como *chantage* da parte dele. Até eu conseguir falar com o médico, meus sentimentos eram os mais dolorosos: preocupação com a saúde dele, perplexidade etc., mas tomando cuidado para não aceitar sem mais nem menos essa enorme carga de culpa, antes de averiguar. Quando consegui falar com o médico, este me disse que Maury estava com endurecimento de artérias, que realmente a dor que sentira fora de angina pectoris. Perguntei a causa: ele disse que a história clínica da família de Maury explica isso. Perguntei sobre morrer de um momento para o outro. O médico riu, e disse que Maury não estava nesse caso, que qualquer um de nós, sem ter nada no coração, pode ter uma trombose, eu ou o próprio médico, mas que Maury teria que ter mais cuidado que qualquer um de nós. Perguntei que cuidados. Disse que devia evitar o cansaço físico, cortar ginástica, evitar o esforço físico, não correr, por exemplo. Contei então que estávamos separados (ele não sabia) e que Maury atribuíra seu estado à separação. O médico riu, e disse que uma coisa não tinha a ver com a outra, e sim a história clínica da família (avô materno, o pai etc). Eu não disse nada a Maury. Mas ele mesmo, quando veio aqui em casa, ao conversar comigo sobre o assunto, não tocou mais no assunto de eu ter sido causa, e contou tudo o que o médico lhe dissera (exatamente o que também me dissera). Então também contei minha conversa com o médico. Conversamos sobre há quanto tempo ele costumava comprimir a mão contra o estômago e o peito (até quando namorávamos, e ele vinha imediatamente depois de jantar, encontrar-se comigo, quase sempre tinha uma sensação de mal-estar como de estômago, nessa região).

Conversamos sobre quantas vezes, eu vendo ele na ginástica diária (bastante violenta), eu dizia que me parecia um excesso, e que a prova é que ele ficava com o fôlego mais pesado. Quanto à ginástica de levantar pesos, ele estava uma vez combinando isso com Oscar Lourenço Fernandez e eu perguntei a ambos se isso não sobrecarregava o coração. Oscar respondeu com uma valentia um pouco quixotesca: é claro que faz mal ou terminaria fazendo mal, mas que importa? E eu disse a Maury que, por mim, ele não faria – ainda acrescentei que essa ginástica desenvolvia demais o tórax, e que era tão desagradável a aparência atarracada que isso dá.

Juntando as coisas, até parece que instintivamente eu sentia o perigo dos excessos. Mas não creio, creio que são apenas os cuidados e as preocupações que uma pessoa tem com aquela com quem é casada. Estivemos conversando sobre o pai dele que fazia coisas que uma pessoa com muita saúde, como eu, não aguenta: subir e descer de Teresópolis às vezes duas vezes por semana, mas pelo menos uma; ir ao sítio da Estrada Rio – São Paulo na mesma semana; e, isso, não tendo boa saúde desde os trinta anos, se não me engano. E, mesmo assim, com esses excessos absurdos, não morreu moço! Depois, quando Glauco faleceu, conversamos de novo. Só agora sabemos que Glauco já tivera uma ameaça antes de ir para a Bolívia. Mas, mesmo sem sabermos então disso, estávamos conversando sobre que motivos fariam um homem de mais de cinquenta anos aceitar um posto onde até gente nova morreu do coração. Todos os que são mandados para La Paz fazem, por contra própria, eletrocardiograma para ver se podem ir. Mas sabemos que, apesar disso, uma filha de diplomata, criança de dez anos, morreu de um instante para outro, sem sinal prévio. O que faz com que um homem, que já tem ameaça, vá como Embaixador para um posto que tem matado (ou alterado para sempre a saúde) de tantos? Ou um senso de "aventura" e risco, ou pouco amor à vida.

Sensação de culpa, não tenho nenhuma. Milhares de pessoas se divorciam, sem essa consequência. Provavelmente, se soubéssemos disso há uns dois anos (e não um ano depois de separação), eu ficaria ainda mais confusa sobre o que deveria fazer, e provavelmente teria tomado como papel meu viver com Maury, e não só isso, poupá-lo nas menores coisas. (Aliás sempre poupei, mas por outros motivos: sou pessoa reservada que não fala das próprias dores e detesta sobrecarregar os outros; e, fisicamente, sou inquieta e ativa, e não tenho sequer a paciência de esperar que alguém me ajude a carregar um peso, a pegar malas, a arrastar um móvel, às vezes Maury ficava aborrecido de ver que eu tinha feito um grande esforço físico sem esperar que ele voltasse do trabalho.)

Creio que Maury está aos poucos entendendo que minha amizade por ele é imensa, que eu farei ou faria por ele tudo o que uma grande amiga faria. Também não creio que fizesse bem a ele ou a mim a grande tensão em que vivíamos. Maury, por exemplo, se roía com ciúmes imaginários, e mal aguentava o peso da responsabilidade de eu viver com ele (vivia me vigiando tanto, não por ciúme, mas por qualquer outro motivo, que as festas obrigatórias que íamos eram uma tortura para ele, e eu perdia o mínimo de espontaneidade que se possa ter nessas ocasiões). Com crianças, nunca sobrecarreguei Maury, porque a situação sempre foi de tal ordem que eu é quem vivia os enormes problemas, no sentido de tentar resolvê-los – mas isso não impedia Maury de sentir sempre as crianças como um peso. Com isso quero dizer, que viver conosco (comigo e com as crianças) causava tensão nele, mesmo estando longe de ideal. Essa tensão que a responsabilidade, como pai e marido, lhe causava, a ponto de ele claramente fugir a essa responsabilidade (sempre que havia um problema de família, ele me sugeria ir para o Brasil por uns seis meses) – como eu ia dizendo, essa tensão teria sensivelmente diminuído se ele tivesse querido ir quatro anos atrás ao psiquiatra, e ver se descobria por que ele preferia sempre e sempre, fugir em vez de encarar, de conversar. Ele só foi ao psiquiatra quando falei mais a sério na separação. Mas, infelizmente, resolveu, há uns três meses parar o tratamento. A verdade é que a pessoa só faz o que quer, mesmo quando o que quer vem contrariar seus próprios interesses mais profundos. Nem filhos a gente pode – senão até um limite bem restrito – convencer. Se Deus quiser – e não só rezo por isso, como creio nisso – Maury tomará cuidado consigo próprio, e viverá muitos e muitos e muitos anos, pelo menos a duração média de uma vida. Quanto a ter que se restringir quanto a excessos,[1]

[1] Carta incompleta.

[Ao Editor da Revista Senhor*]*

(Sem data, 1959)

Prezado Sr. [...],[1]

Recebi sua carta de 9 de março. Recebi a *SR* que minha irmã me mandou, mas emprestei a uma pessoa, estou considerando meio perdido. Se não lhe for trabalho dar ordem para alguém me mandar um exemplar, eu ficaria bem contente.

Achei a revista excelente, bem impressa, as colaborações ótimas, variadas, as ilustrações muito boas. Ler foi um prazer.

Escrevi a Simeão Leal, pedindo de novo o direito aos meus contos (as provas estão consigo), e explicando que para mim, financeiramente, é mais interessante publicá-los separadamente. Durante os quatro anos de espera de publicação, o problema financeiro não me preocupava, o que não acontece agora. De acordo com a resposta de Simeão, poderei publicar os contos em vários jornais e revistas.

Na sua carta anterior a esta de 9 de março, o senhor me explicava que a "carta de Washington" não se adaptava bem a *SR*. E me sugeria que eu tentasse de novo, pelo que lhe agradeço. Acontece porém que não me sinto com capacidade bastante de fazer esse tipo de crônica viva e variada que dê uma ideia geral de acontecimentos e atmosfera. Eu já recebera antes propostas desse gênero, e nem tentei empreender a tarefa, sabendo que me falta o jeito.

---

[1] Essa carta deve ter sido endereçada em abril a Nahum Sirotski, então editor da revista *Senhor*.

Quero lhe perguntar se interessaria a sua revista um outro tipo de colaboração regular (mensal), que poderia ter o título de "À margem de escrever". Teria mais ou menos a forma de "anotações diversas" (não propriamente diário) – às vezes sobre o escrever propriamente dito, às vezes sobre impressões de coisas ou pessoas vistas. Tanto quanto possível, eu tentaria usar a primeira pessoa, se isso é o que interessa.[2]

Muito cordialmente,

Clarice Lispector

---

[2] A carta datilografada está redigida em duas vias em formato de rascunho. Publicamos aquela em que há alguns acréscimos à caneta no último parágrafo por entendermos ser o texto definitivo. A proposta de colaboração mensal com "anotações diversas" se concretiza somente em 1962, quando assina a coluna "Sr. & Cia" com o formato que ela sugeriu. Algumas dessas colaborações seriam publicadas na segunda parte do livro *A legião estrangeira* (Editora do Autor, 1964), que incluiu na primeira parte somente contos. Posteriormente os mesmos textos foram reunidos num volume inédito editado pela Editora Ática, em 1978: *Para não esquecer*.

DÉCADA DE 1960

[A Oscar Mendes]

Rio, 19 de julho de 1960

Prezado Oscar Mendes,

Tenho um romance, *A maçã no escuro*, de cuja publicação ainda não tratei. A Editora Itatiaia me interessaria particularmente.[1] O livro tem quatrocentas páginas datilografadas, espaço dois. Creio que é o meu melhor.

Gostaria de saber se, em princípio, a Editora estaria interessada em publicá-lo. No caso afirmativo, eu o enviaria para que o senhor lesse; e se por acaso o resultado da leitura também fosse positivo, gostaria de saber qual o prazo mínimo que levaria a publicação. (Por vários motivos, tenho agora certa urgência.)

Aguardando resposta sua, agradeço-a de antemão. Sua opinião sobre meu romance me interessa especialmente e para mim seria prazer e honra ser publicada pela Itatiaia. Sinceramente,

Clarice Lispector

CLARICE LISPECTOR
Rua General Ribeiro da Costa, 2, apt. 301.
St. da Guanabara
Telefone - 57-5981

---

[1] *A maçã no escuro* não seria publicada pela Itatiaia e sim, no ano seguinte, pela Francisco Alves. O professor, tradutor e eminente crítico literário Oscar Mendes já escrevera um artigo sobre *Perto do coração selvagem* intitulado: "Um romance diferente" (*O Diário*. Belo Horizonte, 6 de agosto de 1944). Entende-se o desejo de Clarice em ser editada pela Itatiaia, detentora do acervo da Livraria e Editora Garnier, a editora de Machado de Assis e a mais antiga da capital mineira.

[A Thiers Martins Moreira]

Rio, 21 de abril de 1961

Caro Thiers,[1]

estive com Rosita na casa dos Escorel – e recebi dela os mais carinhosos e severos carões em relação a uma de minhas mil deficiências: a de achar que "não escrevendo hoje, na certa escrevo amanhã". Já devia ter comunicado a você que recebi contrato da Livros do Brasil, e um cheque. O cheque, bendito seja. O contrato está todo certo, só que não contém nenhuma cláusula que me garanta que o livro não será modificado (refiro-me à troca de "crianças" por "miúdos", "meias" por "peúgas", "moça" por "rapariga"). Fiquei com o problema de considerar ou não a cláusula como tácita. Pensei em pedir retificação do contrato, antes de assiná-lo e antes de descontar o cheque, aguardando um novo onde constasse a cláusula mencionada. Mas fui adiando porque isso significaria carta vai, carta vem, contrato idem ida e volta e ida. Mas Rosita acha – e concordo plenamente – que você explicando aos editores que esta cláusula é essencial para mim, eles (que têm sido tão direitos com todos) a con-

[1] A carta foi endereçada ao então adido cultural na Embaixada do Brasil em Lisboa, Thiers Martins Moreira (1904-1970). Um homem dedicado à literatura e organizador do Instituto de Cultura Brasileira na Universidade de Lisboa. Catedrático de Literatura Portuguesa na Faculdade de Filosofia da Universidade do Rio de Janeiro, foi professor de Estudos Brasileiros na Universidade de Lisboa. Dirigiu o recém-criado Centro de Equipe de Pesquisadores que tinha por finalidade realizar estudos e trabalhos no domínio do Direito e da Filologia (Cf. Domingo Gonzalez Cruz: "Thiers Martins Moreira. Centenário de nascimento." Fundação Casa de Rui Barbosa).

siderarão, embora não conste explicitamente do texto. Assim envio a você a cópia assinada, descontarei o cheque, certa de que o livro se manterá dentro de sua língua "brasileira".

Os editores me pedem dados biobibliográficos, uma fotografia e críticas de imprensa. Farei o possível para que isso aconteça, isto é, para que eu mande mesmo, e brevemente, nem que eu tenha de contratar uma secretária para me ajudar ou mesmo ir ao fotógrafo por mim (não estou ainda encontrando um retrato recente que tenho; se achar até dar esta carta a Murtinho, seguirá junto).

Receba a amizade da

Clarice

[A Thiers Martins Moreira]

Rio, 2 de agosto de 1961

Caro Thiers,

muito obrigada pela carta e pelo artigo. Como um rapaz chamado Alexandre Eulálio esteve aqui em casa me entrevistando para *Livros do Brasil*,[1] pensei que estava resolvido o problema dos dados biobibliográficos. Vejo que ele não escreveu o artigo. Saiu na *Manchete* da semana passada um comentário provocado pelo preço do meu novo romance – como contém dados a meu respeito, mando o artigo para você ver se pode servir ao Sr. Souza Pinto. – Espero que você esteja bem de saúde (eu ainda não melhorei, e já perdi a paciência comigo). Pelo Itamaraty vou mandar para vocês *A maçã no escuro*.

Um grande abraço para você e Rosita da

Clarice

---

[1] A entrevista "No Rio, com Clarice Lispector" foi publicada no *Boletim Bibliográfico LBL* 4, em julho/agosto de 1961 (Edição Livros do Brasil). Foi reeditada pela Unicamp em *Remate de Males* nº 9, 1989, pp. 11-13, organizada por Vilma Arêas e Berta Waldman. Esta entrevista guarda algumas curiosidades. Pela primeira vez é descrito o apartamento de Clarice no edifício Visconde de Pelotas; acolhedor e de onde se vê de viés um pedaço de praia; chamam a atenção os livros e os quadros e destaca-se um "de pequenas dimensões, o belo retrato pintado por De Chirico". A entrevista é a primeira mais completa sobre a trajetória de Clarice Lispector, pois abrange do romance de estreia até *A maçã no escuro*.

[A Marly de Oliveira][1]

11 de julho de 1968

Marly queridinha,

realmente não recebi carta sua antes desta que você enviou por intermédio de Rosa. Meu endereço é...

Estou sentindo falta de você muito maior do que eu sabia que ia sentir. Parece que se criou um pequeno vácuo na minha vida, e ninguém consegue preencher nem de longe a sua vaga. Estou sentindo muita dificuldade com minha novela: é a primeira de que eu falei para os outros, e é a primeira cujo final eu já sei como é. Há ainda o espectro de *A paixão segundo G.H.*: depois desse livro tenho a impressão desagradável de que esperam de mim coisa melhor. Mas estou lutando contra esse limiar de depressão procurando um jeito melhor de trabalhar e também me valendo de d. Catarina[2] (nunca conte a ninguém da minha análise: escrevi todos os meus livros antes de d. Catarina, exceto *O mistério do coelho pensante*, que estava aliás escrito desde o tempo em que [Paulo] tinha seis anos; de modo que é uma pista fácil de me explicar

---

[1] Carta originalmente publicada em *Clarice, uma biografia*, de Benjamin Moser (Companhia das Letras, 2017). É uma carta incompleta e a data (Rio, 11 de julho de 1968) suscita dúvidas porque Marly de Oliveira escreveu uma carta em 22 de junho de 1968 (Cf. COR, pp. 253-255), dizendo: "exultei quando você afirmou que estava apaixonada." Este fato é mencionado por Clarice na carta datada de 11 de julho de 1968.

[2] A psicanalista Anna Kattrin Kemper (Dona Catarina) destacou-se na defesa de um engajamento social da psicanálise. Fundou, juntamente com Hélio Pellegrino, amigo de Clarice, e mais vinte colegas, a Clínica Social de Psicanálise, em 1973.

dizendo que escrevo assim por causa da análise. Eliane Zagury[3] foi uma que me perguntou se eu faço ou fiz análise, eu neguei, e ela disse que era porque meus livros tinham a profundeza que só se atinge na análise)... Quanto a mim mesma, estou apaixonada e a pessoa em questão simplesmente me disse, com outras palavras é claro, que ele não me quer. Mas a dor não está sendo grande.

Clarice

[3] Eliane Zagury (nascida em 1945), amiga de Clarice Lispector, é professora, crítica literária e tradutora.

[A Paulo Gurgel Valente][1]

Rio, 25 de janeiro de 1969

Meu gafanhoto querido,

por favor, não se sinta só: você está rodeado de nosso amor, até Azaleia[2] tem rezado por você.

Eu sei, Gafanhoto, como é duro embarcar assim sozinho: mas esta é exatamente a aventura. E se você soubesse como vai lucrar com esta aventura, você ficaria eufórico.

O sentimento de solidão é um dos mais difíceis de viver. Mas você, se Deus quiser, não vai se sentir só, vai ter muitos amigos.

Meu coração te acompanhará sempre e sempre.

Deus te abençoe. Tua

Mãe

---

1 A primeira de uma série de 13 cartas endereçadas ao filho Paulo quando este embarcou com quase 16 anos (que completaria em fevereiro) para Indiana, nos Estados Unidos, no dia 25 de janeiro de 1969, para participar de um programa de intercâmbio estudantil. Paulo nasceu em 10 de fevereiro de 1953 em Washington e residiu nos EUA com seus pais e o irmão Pedro até os seis anos de idade.

2 Azaleia era uma leitora que se tornou amiga de Clarice Lispector. Segundo Paulo Gurgel Valente, elas se falavam apenas por telefone. Seu nome aparece na capa de uma cópia de *Objeto gritante* depositada no ACL/FCRB: "Azaleia, comece a ler pelas páginas soltas e emende a leitura no página 48. Se você considerar isso aqui mais do que carta fique ciente que é um antilivro." E acima da frase, com outro formato de letra: "Este é um antilivro." Há várias palavras riscadas, inclusive o nome de Azaleia. Como ela não foi a única leitora dos originais, deduz-se o porquê do risco. Na crônica "Dicionário" (*Jornal do Brasil*, 3 de abril de 1971. Cf. TC, p. 386), no verbete Azaleia, Clarice escreveu: "As pessoas que se chamam Azaleia – como minha amiga Azaleia – adquirem as qualidades da flor; é uma alegria lidar com elas. Recebi de Azaleia muitas azaleias brancas que perfumaram a sala toda."

[A Paulo Gurgel Valente]

Rio, 26 de janeiro de 1969

Meu adorado filho,

ontem, quando você embarcou, custei depois a pegar no sono. Não era por preocupação, mas acredite que qualquer mãe digna desse nome me entenderá. Há pouco tempo, Gafanhoto, você subia pelas minhas pernas para ficar no meu colo. É com orgulho ver você alto, fisicamente feito, e independente sobretudo.

Conte-me tudo, por favor. (Esta carta só poderá seguir na segunda-feira, amanhã.) Como é sua família de empréstimo? Quantas pessoas estão na casa? Quantos cinemas tem a cidadezinha?

Hoje, dia seguinte de sua partida, domingo, ocupei-me o tempo todo para disfarçar a saudade. Acabei de copiar o resto do livro,[1] e certamente amanhã mesmo telefono para a Editora Sabiá pedindo que mandem buscar. Se o livro é bom? Eu acho ele detestável e malfeito, mas as pessoas que o leram acham-no bom.

Amanhã vou chamar o homem de pintar geladeiras. E creio mesmo que o tom será bege-queimado, combinando com o teto. Aliás, da primeira vez que vier o faxineiro, vou mandar lavar o teto da cozinha.

---

[1] *Uma aprendizagem ou o livro dos prazeres*, que seria publicado nesse mesmo ano pela editora de Fernando Sabino e Rubem Braga.

Vá escolhendo as cores para o seu quarto, pois essas coisas demoram muito: tenho que escolher um pintor de muita confiança para que só o teto seja pintado de azul-pavão, e não escorra nada pelas paredes. Acho bonita a ideia de pintar o rodapé, é original a ideia. Mas alaranjado não porque é difícil de encontrar coberta de cama da mesma cor. A menos que o rodapé seja alaranjado e a coberta de cama da cor de azul-rei.

Silea[2] ficou com tanta saudade de você que não quis assistir televisão, e foi para a cama às oito horas.

Hoje felizmente Pedro foi ao cinema com tia Elisa. Imagine você que ele tinha inventado tantas coisas más a respeito de cinema que não queria mais ir. Mas, se Deus quiser, de agora em diante ele perderá o medo.

Faz muito frio aí? O sobretudo forrado tem esquentado bastante?

Meu Gafanhoto, Deus te abençoe e te proteja. Aceite, junto com meu beijo, a minha bênção de mãe.

Mamãe

Silea te manda um beijo

---

[2] Silea Marchi foi contratada para acompanhar Clarice no período de convalescença após o incêndio que sofreu no seu apartamento, na noite de 14 de setembro de 1966. Com o tempo veio a se tornar uma espécie de governanta e, eu diria, um anjo da guarda; ela acabou morando no apartamento da Gustavo Sampaio até os últimos dias de Clarice.

[A Paulo Gurgel Valente]

Rio, 10 de março de 1969

Meu filho adorado, meu gafanhoto, se você soubesse a falta que me faz! Todos os dias penso em você. Lamento você ter ficado sem carta durante 2 semanas. Procurarei fazer com que isto não aconteça mais. Estou feliz em saber de suas possibilidades de visitar N. York com Marilu. Suba ao Empire State Building e você terá uma visão quase aterradora e verdadeira de Nova York. Meu amorzinho, essa ida aos EE.UU. é o primeiro passo de uma liberdade que você ainda fortificará mais aqui no Rio, onde você tem um verdadeiro apartamentozinho dentro do apartamento. Sua formação tem que ser de início bem brasileira, para que você sinta e estude os nossos problemas (estou sem vontade de escrever à máquina e sai essa letra horrível).

Acho que já lhe disse que terminei meu romance e entreguei-o à Editora Sabiá. Possivelmente sairá em maio, não sei. A "mãe" americana escreveu-nos uma carta muito favorável para ela. Diga-lhe que não escrevo inglês corretamente, mas que gostei muito de receber notícias através dela. Mas melhor ainda é receber notícias diretas através de você mesmo. Você diz que ela fala muito, pois ela escreve também longas cartas...

Que filmes você tem visto? A primavera já está se manifestando aí? Aqui faz calor, as praias cheias, mas se sente que o verão está acabando. Você está mais habituado à comida americana? E na escola fez algum amigo? Que tal *the american way of life?*

Meu gafanhoto, minha bênção te acompanha sempre.

Tenha saúde, seja feliz e contente. Um beijo na testa da mamãe que se alegra por ser tua

Mãe

Tirei um retrato pra mandar pra você, mas saiu horrível.

[A Paulo Gurgel Valente]

(Sem data)

Meu filho Paulo

Não tenho escrito muito, bem sei. Mas penso em você todos os dias. Já soube que Marilu[1] não estaria em New York. Tive uma pena! Mas espero que você não tenha tido timidez em passar os dias em NY com amigos da Marilu. Sozinho não.

Meu gafanhoto, eu deveria escrever à máquina, mas estou fazendo esses [...] para poder escrever à mão, o que nas entrevistas me é muito útil. Imagina que me mandaram entrevistar Roberto Marinho: fui almoçar com ele ao mesmo tempo falando, anotando – e foi péssimo porque depois não pude decifrar o que às pressas eu anotava. E não saiu entrevista nenhuma. Acho que meu emprego na *Manchete* vai acabar porque simplesmente não tenho a quem entrevistar. Ou talvez eu me [...] pois me mandaram entrevistar d. Yolanda Costa e Silva.[2] Não se preocupe com coisa alguma. Procure ler livros da "verdadeira verdade" para o seu prazer, para conhecer mais a alma humana. Aliás você está mesmo

---

[1] Marilu é filha de Eliane e Mozart Gurgel Valente, prima paterna de Paulo.

[2] Clarice colaborava na *Manchete* desde maio de 1968, na seção "Diálogos possíveis com Clarice Lispector", fazendo entrevistas com personalidades do mundo político, artístico e cultural. Entrevistados como Roberto Marinho, fundador das Organizações Globo e Yolanda Costa e Silva, esposa do presidente do Brasil, general Artur da Costa e Silva (de 15 de março de 1967 a 31 de agosto de 1969), mostram que a revista tinha interesse em focalizar personalidades de grande expressão no cenário da política e das comunicações. A entrevista com Yolanda Costa e Silva foi publicada em *Manchete* em 5 de abril de 1969.

na época para ganhar cultura. Deus te abençoe, meu filho adorado.

Um grande beijo para você.

Mamãe

[A Paulo Gurgel Valente]

(Sem data)

Meu querido pernilongo,

imagine você que um dia desses telefonou para cá um homem chamado Silvino Neto e disse que tinha sido incumbido de escolher os meninos melhores da escola, os mais aplicados, para irem passar, sem despesa alguma, dez dias numa verdadeira fazenda no interior de S. Paulo. E ele disse: no Andrews[1] me deram o nome de Paulo Gurgel Valente. Eu disse: que pena, ele está nos Estados Unidos. Ele respondeu: então tanto melhor.

Fui obrigada a despedir Ângela, por questão de economia, e agora d. Doca cuida de tudo.

Hoje é domingo. Vou mais tarde ao Largo do Boticário visitar Augusto Rodrigues.[2] Mas na verdade eu vou é ver o Largo de novo. O Largo do Boticário me fascina.

Paulo, como é que você está se arrumando na escola? E na casa de sua "família americana"?

Conte-me tudo, meu querido.

Já lhe escrevi que acabei meu romance? Já está na Sabiá.

Eu tenho trabalhado um bocado, mas não estou cansada: tua mãe é fogo...

---

[1] Considerado um dos colégios mais tradicionais do Rio de Janeiro, o Andrews era o colégio em que Paulo estudava.

[2] O Largo do Boticário, no Cosme Velho, onde morava o pintor, poeta e educador pernambucano Augusto Rodrigues (1913-1993), a quem Clarice costumava visitar aos domingos.

Estou fazendo um regime sério para emagrecer e se Deus quiser voltarei ao peso antigo.

Meu filhinho, Deus te abençoe.
Escreva, dê notícias. E receba,
pernilongo, um beijo da
tua

Mamãe

[A Paulo Gurgel Valente]

Rio, 22 de abril de 1969

Pauluquinha,

foi tão bom ouvir tua voz pelo telefone, que valeu plenamente a pena. Logo no dia seguinte recebi carta tua, e é sempre uma alegria. Meu amorzinho, meu pauluca. Você tem crescido aí? E está mais gordo? Eu não sabia que sua casa ficava tão longe do "centro". Ah, querido, eu queria que você passasse num *drugstore* e comprasse para mim um remédio fabuloso que eles têm contra afta. Não me lembro do nome, parece que entra "Kirsh" no meio. Se você encontrar, me avise que eu quero uns cinco vidros dele.

Aqui está um clima paradisíaco. A luz está mesmo celestial, bom para um pintor criar. Pedro está um pouquinho melhor. Eu, depois do romance, não fiz mais nada. Já devia começar a juntar mais crônicas,[1] mas estou morrendo de preguiça e de falta de imaginação; o retrato que você tirou da gaivota está uma beleza: dá uma impressão desoladora de solidão.

Continuo na *Manchete*. Você tem razão: d. Yolanda não disse nada daquilo... E nem dá para ser uma primeira-dama.

Como é, Paulo? Você quer mesmo o teto azul-rei e os rodapés vermelhos? *Responda*. Não sei é onde arranjar pintor.

---

[1] As crônicas eram publicadas em sua coluna do *Jornal do Brasil* aos sábados; trabalho que tivera início em 19 de agosto de 1967.

Bem, meu querido, não tenho mais nada a dizer. Botafogo ganhou do Flamengo 2 x 0.

Deus te proteja e te guie, meu filho adorado. De sua mãe que o quer cada vez mais

Mamãe

[A Paulo Gurgel Valente]

Rio, 25 de abril de 1969

Meu querido Paulinho,

recebi ontem uma carta sua e hoje outra... Acho que os correios tinham resolvido acumular cartas suas. – Estou contentíssima de você ir a Chicago: eu não conheço essa cidade. Depois você me conta como ela é. Não se preocupe, na hora de matricular você farei tudo o que é possível para você voltar para sua antiga turma.

Você pergunta se a entrada do edifício está pronta. Que ilusão: está cheia de buracos e cimentos e madeiras. Talvez quando você voltar já esteja apresentável.

Um dia desses escrevi a você perguntando se você ainda queria seu quarto pintado, o teto de azul-rei e os rodapés de vermelho. Você ainda não me respondeu, mas permita-me uma sugestão: não faça isso, pois o quarto ficará "fantasia" demais. Enfim, escreva dizendo.

Não li *To Kill a Mocking Bird*[1] e não conheço o autor. Depois você me conta.

Aqui tudo igual. Estou esperando um filme chamado *Teorema*,[2] com o diretor italiano Pasolini. Você viu? Houve

---

[1] *To Kill a Mocking Bird* (1960), de Harper Lee, traduzido no Brasil com o título de *O Sol é para todos*, tornou-se um dos clássicos da literatura norte-americana. Aborda questões de classe, coragem, compaixão e papéis de gênero no extremo sul dos Estados Unidos. Temas principais: a injustiça racial e a destruição da inocência.

[2] *Teorema* (1969) é um filme baseado no livro de mesmo título escrito e dirigido por Pier Paolo Pasolini. Uma "verdadeira parábola sobre a crise da estruturação da sociedade (em especial da classe média) em torno da instituição familiar. O longa inicia-se colocando a

um festival de cinema aqui no Rio, mas a multidão era tal que se tornava impossível chegar perto dos cinemas. Espero vê-los em circuito normal.

Todos vão bem. Eu cheia de saudade de você, mas aguentando firme. Receba, meu viscondezinho, um beijo em cada lado da face. Da tua sempre

Mamãe

questão da tensão social existente entre a burguesia e o proletariado com a sequência na qual inúmeros jornalistas noticiam a entrega de uma fábrica aos operários, e questionam se tal atitude poderia significar um desejo da burguesia em transformar todos em burgueses" (Cf. Raoni Reis Novo e Felipe Corípio. http://www.rua.ufscar.br/).

[A Paulo Gurgel Valente]

Rio, maio de 1969

Paulo Gurgel, meu amor,

vai ser uma luta para saber quem ganha no seguinte páreo: quem escreve pior na máquina. Acho que vou ganhar pois tem dias então que eu escrevo pedras. Fiquei radiante com o cartão sobre Chicago e pelo fato de você ter gostado do ar poluído de lá. E recebi o cartão pelo dia das mães: não pude me controlar e de pura emoção chorei muito. Chorar às vezes alivia o coração. Sua ida à corrida de carros é uma sorte. Mas por favor não se coloque perto da pista, porque às vezes eles saem dela e causam desastre.

A mãe de sua amiga Elisabeth me telefonou dizendo que ia ver a filha (morri de inveja), se eu queria que ela levasse alguma coisa para você. Por exemplo, ela disse que ia levar para a filha uma lata de feijoada. Eu imediatamente quis também uma para você, ela nem quis que eu pagasse. Depois meu coração pulou de alegria quando ela disse que ia com a filha para Nova York, por um fim de semana, e se eu dava permissão para você ir também. Claro que dei! (Silea está sentada diante de mim e dizendo: manda um abraço para ele que eu mandei.) Paulo, quando você diz da viagem da mãe de sua amiga você diz que era de qualquer forma tarde demais para pedir que ela trouxesse alguma coisa. Que coisa você pediria, se tivesse tempo? Responda-me, por favor, pois posso talvez arranjar portador.

A convite do governador da Bahia vou (passagens e estada pagas) passar lá dias 10, 11 e 12.[1] Dia das Mães estarei na Bahia pensando em vocês, meus filhos, que valem mais do tudo o que eu tive, tenho ou virei a ter. Meu livro *A mulher que matou os peixes*[2] foi adotado por várias escolas como livro de leitura para a classe e isso me dará algum dinheiro a mais. E meu romance está por sair, não sei quando. Não sei se haverá noite de autógrafos. Se houver, como eu queria que você me acompanhasse! Nessas horas a gente se sente meio sozinha.

Hoje eu fui ao cabeleireiro e me enfeitei toda porque de noite vou à Academia Brasileira de Letras assistir à posse de João Cabral de Melo Neto.[3] O pior, meu caro, são os discursos que terei que ouvir: vai ser o escândalo do século se eu adormecer na frente de todos.

Estou fazendo regime pra emagrecer: em sete dias perdi cinco quilos, e no oitavo estava fraca, comi de tudo, e resultado ganhei dois quilos. Eu mesma não entendo.

Meu amorzinho, minha alma, meu queridinho, meu flor de abacate, meu amorzinho de estátua, não tenho, ao que me lembre, mais notícias. Fui ver um filme impressionante: *O bebê de Rosemary*.[4] É de arrepiar os cabelos. Mas se você for, tem que ir bem no princípio.

Meu filho, Deus te abençoe. Receba um beijo de tua mãe.

---

[1] Em maio de 1969, Clarice Lispector entrevistou Mário Cravo Júnior, Jorge Amado e Carybé em Salvador.

[2] Segundo livro infantil de Clarice Lispector, ilustrado por Carlos Scliar e publicado pela Editora Sabiá, em 1968.

[3] João Cabral de Melo Neto tomou posse na Academia Brasileira de Letras em 6 de maio de 1969. Clarice e Cabral mantiveram correspondência durante os anos de 1948 e 1949, quando este era vice-cônsul em Barcelona, e entre 1957 e 1958, quando ele residia em Sevilha e Clarice em Washington.

[4] Filme de Roman Polanski, lançado em 1968, e baseado no livro de mesmo título de Ira Levin, lançado no ano anterior. É considerado um dos clássicos do filme de terror da década de 1960.

[A Paulo Gurgel Valente]

Rio, 31 de maio de 1969 (vai para o correio segunda-feira, 2 de junho. Hoje é sábado).

Meu querido Pernilongo,

como vai o meu amor de filho? Estou contente com a ideia de um fim de semana em Chicago. E acho muito boa a sua ideia de um "empreguinho", como o de cortar grama. Eu também já tive vários empreguinhos, e ganhava meu dinheirinho. Além do mais não dá preguiça de cortar a grama dos outros, só da preguiça quando é a grama de nossa própria casa... E, embora eu já saiba por que você escreveu, que não está precisando de dinheiro, uns dólares a mais não prejudicarão em nada.

Meu querido, quanto ao seu quarto, você infelizmente terá que esperar por dias melhores, isto é, mais fartos em matéria de dinheiro. Pintar as paredes de seu quarto apenas, eu não faria, porque daqui a um ano pretendo pintar a casa toda. E, quanto ao teto azul-rei, eis a minha opinião: seu quarto não é muito bem iluminado, mas as cores claras iluminam um pouco o ambiente. Ora, se eu cobrir com uma camada de tinta azul-escuro o teto, escurecerei o quarto inteiro. Garanto-lhe, Paulo, que não vale a pena. É melhor, pelo menos pelo momento, deixar o quarto como está.

Estive na Bahia para entrevistar três pessoas (Jorge Amado, o tapeceiro Genaro – não ganhei nenhum tapete... e o escultor Mário Cravo) e adorei Salvador.[1] Foram três dias e meio de sonho e agora só penso em voltar para lá e quem sabe, passar um mês trabalhando lá mesmo. Eu fui a convite do governador da Bahia que pôs à minha disposição um carro e um chofer, de modo que pude ver e sentir mil vezes mais do que se passasse tempo andando e procurando ruas. Nunca comi tanto azeite de dendê na minha vida.

Receba um beijo (da pessoa que mais quer você no mundo)

Mamãe

Não quero gato aqui em casa, a menos que já tenha sido treinado em pipis e em arranhar os estofos dos móveis.

[1] As entrevistas foram publicadas na revista *Manchete*, nas seguintes datas: Jorge Amado (14 de junho de 1969), Mário Cravo (21 de junho de 1969), Carybé (28 de junho de 1969) e Genaro (5 de julho de 1969). No livro *De corpo inteiro* (Artenova, 1975), figura somente a entrevista com Jorge Amado. Em 2007 todas as entrevistas foram incorporadas ao livro *Clarice Lispector. Entrevistas*, editado pela Rocco e organizado por Claire Williams.

[A Paulo Gurgel Valente]

Rio, 12 de junho de 1969

Meu adorável, Pernilongo:

Desculpe, meu amor, de não ter escrito pra você há tanto tempo: passou-me desapercebido que o tempo passava. Penso diariamente em você. Nós aqui vamos bem. Pedro está muito melhor do que antes. Eu fui ontem a São Paulo para fazer uma conferência: fui e voltei no mesmo dia.

Paulo, o sr. Osmar, do Andrews, me disse que você tem que trazer documentação. Esta consiste em uma carta em inglês da escola que você frequentou aí. Mas esta carta de nada valerá se não tiver a assinatura do cônsul brasileiro. Como Indiana não tem consulado brasileiro, ao que eu saiba, o jeito é você ir a Chicago conseguir a assinatura de qualquer modo. Não vai ser difícil.

Silea mandou dizer a você que d. Elvira casou-se com seu Júlio.[1] Ana Lucia já está andando. O tio Paulo é filho do barão de Damasceno: isso foi descoberto agora. Heitor morreu. Veridiana está presa por diversos crimes e está aguar-

---

[1] Os nomes citados são de personagens de *A grande mentira*, a mais longa telenovela produzida pela Rede Globo de Televisão. Apresentada às19 horas entre 5 de junho de 1968 e 4 de junho de 1969, e escrita por Hedy Maia e dirigida por Fábio Sabag e Marlos Andreucci. "Na trama o milionário Roberto Albuquerque (Cláudio Marzo) atropela Maria Cristina (Myriam Pérsia) e os dois se apaixonam. Mas a mãe do rapaz, Viridiana Albuquerque Medeiros (Neuza Amaral), não aceita o namoro porque a moça é pobre" (Cf. Museu da TV). Em "Vocês se lembram de Glória Magadan?" (*Jornal do Brasil*, 10 de abril de 1971) (Cf. TC, p. 387), Clarice recorda-se da novela *O sheik de Agadir*, da dramaturga, exibida entre 18 de julho de 1966 a 17 de fevereiro de 1967, que ela assistia com as enfermeiras durante seu período de internação hospitalar sucessivo ao incêndio de seu quarto em setembro de 1966.

dando julgamento. Ela diz que tem uma grande revelação a fazer quando for julgada. Continua sendo a grande Veridiana Albuquerque Medeiros, e com a revelação ela vai ficar mais afamada ainda do que antes. Roberto e Maria Cristina chegam para assistir ao julgamento de Veridiana. Esta pôs fogo na mansão, dr. Jorge Antônio perdeu tudo e está vivendo modestamente na casa de d. Elvira. A Márcia é filha do Jorge Antônio, mas ainda não se sabe quem é a mãe (Veridiana não é). O Tony não é filho de Márcia. Tio Paulo está muito mal; ele diz que antes de morrer (ele está à morte) há de destruir a sua irmã Sandra.

Silea manda um grande abraço para você, e diz que tomara que o tempo passe depressa e você volte, porque ela está com muita saudade.

Meu querido filho, Deus te abençoe, amém. Continue a me escrever todas as semanas: você não imagina como é bom receber carta sua. E o empreguinho, como vai? Você engordou muito? Você cresceu mais? (vê-se isto pelo comprimento da bainha das calças.)

Receba um beijo, meu Pernilongo, minha vida. E escreva para a sua

Mamãe

[A Paulo Gurgel Valente]

(Sem data)

Paulinho, de minha alma,

tenho me atrasado na minha correspondência com você, o que é imperdoável. Mas depois você vai me entender melhor. Quero saber tudo o que você se lembrar da Flórida. Não faz mal, Nova York fica por realizar. Aliás um humorista daqui João Bethencourt,[1] em vez de New York, só escreve Nu York.

Pelo mesmo correio vai uma *Manchete* para você (sem colaboração minha, por acaso), mas dentro, num envelope, mando dez dólares para você fazer uma farrinha sem remorso de estar gastando do outro dinheiro, está bem? Se gostar, daqui a uns tempinhos lhe mando o mesmo pelo mesmo processo.

Não se preocupe: não vou esquecer de matricular você em junho. Estou doida para que chegue julho e me traga você a melhor e mais preciosa fruta da estação.

Como vai sua "família"? Diga à sua "mãe americana" que eu lhe desejo felizes páscoas.

Afinal você nunca me disse se estava gostando de estar nos Estados Unidos, se está gostando de morar com uma família diferente da sua. Eu que levaria bomba se me mandassem escrever sobre a diferença entre republicanos e democratas: esqueci...

---

[1] João Bethencourt (1924-2006) é autor de inúmeros sucessos do teatro brasileiro, como *Bonifácio Bilhões* (1975), e diretor de outros tantos, como *A gaiola das loucas* (1974).

Tenho transmitido seus abraços a Pedro e Silea.

Minha alma, espero que você esteja bem de saúde, sem resfriados. Vá por mim a um *drugstore* e peça um *apple-pie*[2] com café com leite.

Receba um beijo de saudade de sua

mãe

[2] Torta de maçã.

[A Paulo Gurgel Valente]

(Sem data)

Minha alma:

Sou tão preguiçosa para escrever cartas que até para você eu adio. Eu telefonei porque não aguentei de saudade. Se não fosse caro, eu todas as semanas falaria com você. Estou muito orgulhosa de você. A fotografia em cores foi ótima, e aquela paisagem desolada de inverno que você tirou está muito bonita. Na primavera não se esqueça de tirar uma fotografia do mesmo lugar. Perto de você chegar eu despeço dona Doca que está cozinhando pedras. Despedir Ângela foi uma tolice minha.

Quando demorar a receber carta, não se assuste: é que sou mesmo das que adiam a resposta. Com a graça de Deus são só seis meses – um ano eu não aguentaria.

Pedro está no mesmo, mas está em tratamento e a esperança é a última que morre. Continuo trabalhando forte para *Manchete*. As crônicas no *Jornal do Brasil* não me preocupam porque tenho um punhado delas, é só escolher uma e pronto. Além do mais eu pretendo me "plagiar": publicar coisas do livro *A legião estrangeira*, livro que quase não foi vendido porque saiu quase ao mesmo tempo que o romance, e preferiram este. Talvez eu receba em breve um pequeno aumento no jornal.

Silea está com muita saudade de você, e até perdeu o gosto por novela.[1] Mandou dizer que a Veridiana estava muito doente, à morte, o prof. Renato continua cego, e o tio Paulo vai se casar com Márcia. E a mulher do prof. Renato roubou o filho da Márcia pensando que é filho do Renato. O Luizinho do Coríntians da novela morreu, mataram-no. D. Elvira continua chorando muito e Heitor ainda não morreu. Silea disse que a casa não é a mesma sem você, e que você volte logo...

Diga a sua mãe americana que não escrevo bem inglês, e que sempre estou muito ocupada com o trabalho. De modo que ela não repare se eu não lhe escrever. Diga-lhe *how grateful I am* de ter agasalhado na sua casa você, *who is the soul of my life. I wish her many happiness.*[2]

Meu gafanhoto de ouro, eu te abençoo. Beijos de tua

mãe

[1] No caso, *A grande mentira*, da TV Globo.

[2] "Diga-lhe como estou muito agradecida de (...) Você, que é a alma de minha vida. Desejo a ela muitas felicidades."

DÉCADA DE 1970

*[A Álvaro Manuel Machado]**

Rio, 29 julho 1970

Caro Alvaro Manuel Machado

pena que você não tenha recebido minha carta anterior que foi mandada para o seu endereço particular.
No entanto, transcrevo-a aqui na íntegra:

Não costumo responder cartas: adoro recebê-las mas na hora de responder fico adiando a vida toda e termino não respondendo. Mas a sua eu quero responder, mesmo que seja brevemente. Já recebi muitas palavras entusiasmadas a respeito de meus livros. Mas as suas me emocionaram particularmente. Talvez pela sinceridade que nelas sinto. Sua apresentação de *A maçã no escuro* ao leitor francês está ótima. Muito obrigada por me compreender. Se eu fosse uma editora, eu, por causa do seu relatório sobre *A paixão segundo G.H.*, publicaria esse livro. Tenho muita vontade de conhecê-lo pessoalmente, embora eu fale pouco e ouça mais. Você pergunta quando irei a Paris e se a França não me interessa. A França me interessa demais, mas não posso ir a Paris por questões financeiras: não disponho do dinheiro para tal viagem. Escreva-me, por favor, dizendo-me que livros meus quer que lhe envie.

Você na certa conhece o Sr. Carlos da Cunha. Peço-lhe que agradeça por mim seu cartão comovente.

Tenho dois pedidos a lhe fazer, se não for muito trabalho para você. Primeiro, agradecer por mim à tradutora pelo seu trabalho de paciência e de amor. Não lhe escrevo uma carta, sou anti-carta. O segundo favor que lhe peço é o de investigar, junto à Gallimard, se me pagaram os 1.200 francos de que fala o contrato. Não me lembro absolutamente de tê-los recebido. E me fazem falta.

Obrigada desde já, espero com prazer carta sua.

Quando você viria ao Brasil? Há possibilidades?

Receba o meu grande abraço e até breve

Clarice

*N. do E.: Esta carta para o professor, escritor e crítico literário português Álvaro Manuel Machado se reveste da maior importância, pois foi ele quem recomendou à diretora do departamento de literatura estrangeira da Gallimard, Ugne Karvelis, a publicação de *A maçã no escuro*. O lançamento da edição francesa em 1970 (com tradução de Violante do Canto) pela Gallimard, então unanimemente considerada a melhor editora francesa, representou uma espécie de selo de qualidade que abriu as portas do mercado editorial europeu para Clarice. Foi o início de uma escalada consagradora que fez dela hoje a escritora de língua portuguesa mais traduzida da história, com obras vertidas para mais de quarenta idiomas. Vale lembrar que a edição do seu primeiro livro, *Perto do coração selvagem*, ocorrida também na França, em 1954, não teve o mesmo impacto em virtude de problemas de tradução, reconhecidos e amargamente deplorados pela própria Clarice.
Irrestrito entusiasta da obra clariceana, Álvaro Manuel Machado ajudou a consolidar sua reputação com a publicação de duas críticas importantes, no *Magazine Littéraire* e no jornal *Le Monde*, chegando a qualificar na primeira *A maçã no escuro* como "o mais complexo romance brasileiro contemporâneo".

[A Olga Borelli][1]

(Em 11 de dezembro de 1970)

"datilografo esta carta porque minha letra anda péssima."

Eu achei, sim, uma nova amiga. Mas você sai perdendo. Sou uma pessoa insegura, indecisa, sem rumo na vida, sem leme para me guiar: na verdade não sei o que fazer comigo. Sou uma pessoa muito medrosa. Tenho problemas reais gravíssimos que depois lhe contarei. E outros problemas, esses de personalidade. Você me quer como amiga mesmo assim?

Se quer, não me diga que não lhe avisei. Não tenho qualidades, só tenho fragilidades. Mas às vezes (não repare na acentuação, quem acentua para mim é o tipógrafo) mas às vezes tenho esperança. A passagem da vida para a morte me assusta: é igual como nascer do ódio, que tem um objetivo e é limitado, para o amor que é ilimitado. Quando eu morrer (modo de dizer) espero que você esteja perto. Você me pareceu uma pessoa de enorme sensibilidade, mas forte.

Você foi o meu melhor presente de aniversário. Porque no dia 10, quinta-feira, era meu aniversário e ganhei de você o Menino Jesus que parece uma criança alegre brincando no seu berço tosco. Apesar de, sem você saber, ter me dado um

---

[1] Olga Borelli viu Clarice Lispector em um programa de TV e decidiu convidá-la para autografar seus livros infantis na Fundação Romão Duarte, onde desenvolvia trabalho social como voluntária. Olga foi mais que uma amiga, acompanhou de perto a produção das últimas obras da escritora (Cf. Relatos de Olga Borelli em *Clarice Lispector. Esboço para um possível retrato*. Nova Fronteira, 1981). A carta foi publicada originalmente na revista *El Paseante*, nº 11, Madri, 1988, e reproduzida depois no livro *Clarice: uma vida que se conta*, de Nádia Battella Gotlib (São Paulo: Ática, 1995).

presente de aniversário, continuo achando que o meu presente de aniversário foi você mesma aparecer, numa hora difícil, de grande solidão.

Precisamos conversar. Acontece que eu achava que nada mais tinha jeito. Então vi o anúncio de uma água-de-colônia da Coty, chamada Imprevisto. O perfume é barato. Mas me serviu para me lembrar que o inesperado bom também acontece. E sempre que estou desanimada, ponho em mim o Imprevisto. Me dá sorte. Você, por exemplo, não era prevista. E eu imprevistamente aceitei a tarde de autógrafos.

Sua,

Clarice

[A Paulo Gurgel Valente]

Rio, 25 de fevereiro de 1971

Paulo, meu filho querido,

as cartas estão demorando tanto a chegar ao seu destino que é capaz desta não alcançar vocês em Montevidéu.[1]

Só hoje vou saber – foi a data marcada, mas nunca cumprem exatamente mesmo confirmando que as aulas começam no dia 8 de março, foi o que me informaram até agora. Tenho que ir, entre hoje e dia 3 de março, completar uma coisa da matrícula (não se impressione, você está matriculadíssimo, e eu irei hoje ou amanhã completar tudo).

O Carnaval aqui foi michuruca (é assim que se escreve?...). Nem tomei conhecimento. Só que no sábado de Carnaval a rua Gustavo Sampaio ficou sem telefone em funcionamento e não fizeram nada até hoje, me atrapalhando bastante a vida.

Depois, pessoalmente, te contarei a saga da tua matrícula... Todos os alunos foram, como eu, no primeiro dia e a fila era tão comprida que subia pelos degraus da grande escadaria e ia além desta. Eu cheguei às 11 em ponto, quando a matrícula só se abriria às 11:30, e fui para o fim da fila, sentei-me num degrau da escada, como os outros, e nada da matrícula se abrir. Então ouvi os seguintes comentários: "cada matrícula demora muito porque é preciso examinar os papéis, e dar outro escrito de volta; ora, acontece que à 1:30

---

[1] Paulo estava com o pai, Maury, que residia então na capital uruguaia.

da tarde eles interrompem para o almoço e só voltam às três e pouco, se não chegarem atrasados; enquanto isso temos que ficar na fila, sem ir para casa; mas acontece que fecha às 5 horas da tarde, e de 3 e pouco às cinco não haverá tempo de atender a todos; será que teremos que pernoitar aqui?" Fiquei desanimada. Mas dei um jeito: fui à terceira moça da fila e lhe disse que eu tinha hora marcada com médico e se ela se incomodaria se eu matriculasse meu filho antes dela. Ela respondeu com um alçar de ombros: por mim, tanto faz, mas pergunte aos dois rapazes na minha frente. Perguntei e eles disseram: é claro. De modo que... fui a primeira a matricular e a pagar na tesouraria os 28 cruzeiros. Acrescente-se a isso que estava um calor de matar passarinho.

Pedro tem vindo diariamente aqui em casa, para almoçar e mesmo para jantar. Transmiti a ele suas lembranças. Ele perguntou quando você voltaria.

Silea está bem, mas sempre com dor de cabeça. Eu tenho trabalhado muito.[2] Como durmo pouco, trabalho mesmo de madrugada.

Estou com muita saudade de você, meu querido. Deus queira que você faça uma boa viagem, venha com Deus.

Acho que esta carta vai ser inútil, vai chegar aí depois do dia 4...

Receba muitos beijos de sua

mãe

[2] O excesso de trabalho ao qual Clarice se refere é provavelmente no livro *Atrás do pensamento*, publicado sob o título de *Água viva*, em 1973, escrito no período, e as crônicas semanais para o *Jornal do Brasil*.

[A João Cabral de Melo Neto]

Rio, 9 de março de 1971

Caro João,

muito obrigada por ter me mandado o recorte. Fiquei muito espantada.

Não sei se o *Jornal do Brasil* chega aí aos sábados: são minhas crônicas, muito fracas porque não dou para cronista, faço isso para ganhar dinheiro. Você por acaso leu uma chamada "Um presente para vocês"?[1] Lá eu dizia que Carlos Drummond era o maior poeta do Brasil de todos os tempos. Mas não era isso que eu queria dizer: eu queria dizer que havia poetas Maiores, que eram muito poucos, mas havia, e Carlos Drummond era um Maior, como você é um Maior. Na crônica seguinte, feita de pequenos trechos, acrescentei no fim um trechinho chamado "Ressalva", em que eu me explicava melhor. Mas o *Jornal do Brasil* achou grande demais a crônica e cortou os dois últimos trechos. Ainda hei de escrever sobre você.

Fiquei sentida de vocês estarem no Rio e não me procurarem, nem sequer pelo telefone. Andei o tempo todo à procura de vocês, com humildade. Será que vocês não são mais meus amigos?

Você viu a tradução de *A paixão segundo G.H.*?[2] está boa? porque eu não tenho paciência de ler.

---

[1] A crônica "Um presente para vocês" foi publicada no *Jornal do Brasil* em 16 de janeiro de 1971 (Cf. TC, p. 357).

[2] A tradução de *A paixão segundo G.H.* feita nessa época por Juan García Gayó, e publicada em 1969 na Venezuela pela Editora Monte Avila: *La passion segun G.H.*

Aqui está tudo indo. Estou trabalhando numa enciclopédia para mulheres, da Delta: faço tradução.

Dê um beijo na Stella. Como vão seus filhos? Quando é que vocês vêm aqui de novo? Um grande abraço da sempre amiga, mas rejeitada,

Clarice

[A Nélida Piñon]

Rio, 28 de março de 1971

Nélida,[1] meu bem: me falta a vocação para escrever cartas. Eu prefiro mandar telegramas. Estou escrevendo em casa de Rosa,[2] que anda trabalhando demais. Eu também tenho trabalhado demais. Estou traduzindo Enciclopédia. Mas adoro receber cartas. Escreva-me, sem esperar muito por uma resposta porque telegrama é muito caro para mandar para os Estados Unidos.

Diga ao Gregory[3] que vou mencioná-lo numa das minhas crônicas. Quero pedir-lhe um favor: se você ainda não comprou o *World's Who is Who* será uma sorte para mim porque não o quero mais. Fiz o que eles me pediram: respondi ao questionário, mas não preciso do livro. Ele até me pesaria.

Que é que você tem feito? Você tem escrito? Eu tenho vontade de nunca mais escrever, é duro demais. Um abraço de

Clarice

---

[1] A escritora Nélida Piñon (1937-2022) foi grande amiga de Clarice Lispector, com ela compartilhou seus caminhos na vida e na literatura desde a publicação do primeiro romance: *Guia-mapa de Gabriel Arcanjo* (1961).

[2] A jornalista Rosa Cass (1926-2023), grande amiga de Clarice.

[3] O norte-americano Gregory Rabassa (1922-2016) é tradutor do primeiro romance de Clarice para o inglês: *A maçã no escuro* (Knopf, 1967). Sua ascendência latina, o pai era cubano, demonstra o vínculo afetivo com a América Latina. Como disse Gabriel García Márquez: "é o melhor escritor latino-americano em inglês." Sua atuação como professor na City University of New York formando tradutores e especialistas na obra de Clarice Lispector, como Earl Fitz e Elizabeth Lowe, foi fundamental para a difusão dos estudos clariceanos nos Estados Unidos. Na crônica "Falando em viagens", publicada no *Jornal do Brasil* em 12 de junho de 1971, Clarice lembra dele com carinho (Cf. TC, pp. 410-411).

[A Natércia Freire]

Rio, 13 de março de 1972

Muito cara Natércia,

nunca esqueci de você, embora tenham se passado tantos e tantos anos. Meu Deus, quanto nós temos vivido! E espero que vivamos para além do ano 2000 para vermos as modificações do nosso mundo...

Seu cartão está quase ilegível, quero dizer, sua letra. Se você me escrever de novo, datilografe a carta ou, se não sabe escrever a máquina, dite para alguém.

Você tem escrito muito?

Mando-lhe por intermédio da gentileza de dona Heloisa dois livros de contos. Você pode escolher um deles e publicar no Suplemento de Artes e Letras. Em Portugal são inéditos.

Eu gostaria tanto de voltar a Lisboa... meu ideal é que alguma instituição cultural bastante rica me convidasse para ir até aí para pronunciar uma conferência... e me pagariam a passagem... Mas é um sonho impossível.

Quer me mandar um livro seu?

Receba o abraço amigo de

Clarice

P.S. Qual é o seu endereço?

[A Murilo Rubião]

Rio, 9 de janeiro de 1974

Caro Murilo,

junto lhe mando um exemplar de *Água viva*. Mas e você? por que é que nas livrarias não encontro vocês?

Antes de mais nada, quero dizer que o papel granfino me foi dado de presente, mas não comprado por mim...

Murilo, eu tenho um favor a lhe pedir: pelo amor de Deus nunca mais publiquem as fotografias de quando eu estava temporariamente gorda. Mando-lhe fotografias (recentíssimas, do final do mês de dezembro) e em troca você me manda todos os negativos que você tem. Certo? Escreva-me respondendo, está bem?

Já que os livros dos mineiros não se encontram nas livrarias, pelo menos que tenham a gentileza de enviar-me um exemplar. Não precisa de dedicatória de admiração, etc: basta o "cordialmente".

Fui despedida do *Jornal do Brasil* e preciso do dinheiro.[1] Foi sem aviso prévio, uma devolução das crônicas de janeiro que eu mandava antecipadamente e uma carta que nem sequer agradece os serviços prestados durante quase sete anos. Estou sem mercado de trabalho, e no Rio o único jornal é o *Jornal do Brasil*, fora *O Globo*. Mas tem uma vantagem nis-

[1] Clarice foi demitida do *Jornal do Brasil* em 1973. O contista Murilo Rubião (1916-1991) é considerado o precursor do realismo fantástico. Integrante do círculo de escritores mineiro tão admirado por Clarice, era muito próximo de Otto Lara Resende e Fernando Sabino. Foi fundador do *Suplemento Literário de Minas Gerais*.

so tudo: deixo pelo menos temporariamente de escrever essas malditas crônicas que me prendiam e me tiravam a liberdade. E eu quero mesmo é liberdade.

Escreva-me, está bem? e mande os negativos (afinal, o fato de escrever não me faz perder um pouco de vaidade, não sou homem).

Até breve. E um abraço de

Clarice

[A Mora Fuentes]

Rio, 28 de março 1974

Prezado Mora Fuentes,[1]

Saiba que recebi de você um dos mais belos, misteriosos e fascinantes presentes. Seu Talismã me enfeitiçou. Qual foi a técnica que você empregou? E o que está escrito em chinês? Só tomara que me ajude mesmo a preservar a riqueza interior. E – por que não? – Também mais dinheiro...

Mandei por uma moldura e pendurei o quadro na parede defronte à qual trabalho.

Explique-me o mistério de você ter executado o belo talismã durante o quarto crescente.

Quando você vier ao Rio me telefone (237-6797) para marcarmos uma entrevista sobre o meu pobre cotidiano e sobre o seu também. Receba um grande abraço de

Clarice

---

[1] José Luis de Mora Fuentes (1951-2009). Quando Clarice conheceu o jovem escritor de 23 anos, ele já tivera seu primeiro contato com a escritora e poeta Hilda Hilst na lendária Casa do Sol, amizade que cultivaria por toda a vida. Ao se dedicar totalmente à literatura, longe da vida boêmia paulista, Hilda Hilst passou a residir na Casa desde 1966. Fez do local uma espécie de comunidade que reunia e hospedava artistas, escritores e amigos, onde as ideias circulavam com extrema liberdade. Lygia Fagundes Telles, Caio Fernando Abreu e Maria Bonomi eram figuras presentes na Casa do Sol. Fuentes publicou seu primeiro livro nessa época: *O cordeiro da casa* (Quíron, 1975). Fundado em 2005, pouco depois da morte de Hilda, pelo escritor Mora Fuentes, o Instituto Hilda Hilst é um centro produtor e difusor de cultura, na cidade de Campinas (SP). Atualmente a instituição é administrada por Daniel Fuentes, filho de Mora Fuentes e por sua mãe, a artista plástica Olga Bilenky.

[A Pedro Gurgel Valente]

Rio 25 julho 1975

Pedro, meu querido filho, como vai?

Lembra-se ainda que eu às vezes pintava quadros e você também?

Pois agora comprei tintas de acrílico, pincéis e telas – é uma libertação pintar. Liberta mais do que escrever.

Sua mãe

[A Mora Fuentes]

Rio, 25 maio 1974

Meu amigo, meu muito grande amigo,

seu conto é uma das melhores coisas que tenho lido ultimamente. Não, não é uma das melhores: é a melhor. Você tem mais coragem que eu e escreve melhor do que eu. Você é uma estrela espoucando no ar branco.

Os dois quadros encantam todo o mundo que vem aqui em casa. Mandei também por vitrais na bandeira de uma porta que foi arrancada, isto é, a porta. Quero muito que você possa vir ao Rio para eu ver você, e você ver os quadros e os vitrais.

Você captou bem. Ando inquieta. Tenho pesadelos. Sonhei que estava cozendo com linha preta uma porta de vidro, e dava nó embaixo. Aí eu via que havia ali dois homens dormindo: um preto e um branco. Eles vieram com papéis para a minha casa e eu tinha que pagar 7 mil. Ou melhor: só o branco vinha me cobrar esse dinheiro. Antes sonhei que era escorraçada por uma cidade porque tinha remédios na mala e porque eu dizia a todo o mundo a verdade. Fauzi Arap,[1] com quem acabo de estar, me disse que eu estava fe-

[1] Fauzi Arap (1938-2013), ator, diretor e dramaturgo. Autor e diretor da primeira adaptação teatral de uma obra de Clarice Lispector. *Perto do coração selvagem* reuniu trechos de várias obras e ficou em cartaz no Teatro Maison de France, em dezembro de 1965. Sua amizade com Clarice lhe deu a oportunidade de ser o leitor de uma das versões preliminares de *Água viva*. Um trecho desta obra foi inserido em *Rosa dos Ventos – um show encantado* (1971), de Maria Bethânia. Um sucesso absoluto. Segundo Fauzi Arap: "ela acabava ganhando mais com sua participação na bilheteria do show do que com a publicação de mui-

chando o mundo, não o deixando entrar em mim, mas que o fato de ser o homem branco a me cobrar, e a quantia ser 7, indicava que minha parte clara quer aparecer.

Olhe, Mora Fuentes, que Deus te abençoe. Mas falta um terceiro quadro. Quer fazer um para mim? eu queria ter três coisas suas.

Se você quiser, eu tentarei (não sei fazer, nunca fiz), eu tentarei fazer a orelha do seu livro de contos. Acho que você vai publicar lá para setembro, está bem? Mas juro que não sei se sei fazer. Sempre me recusei. Mas no caso de agora, o seu, eu tentarei. Começo assim: Meu Deus do Céu, pois não é que surgiu um escritor que brilha como uma estrela que se espatifa em faíscas:

Se tudo isso o que estou escrevendo acontecer, guarde essa minha primeira frase para eu escrever a orelha porque eu não tenho memória.

Quero muito o meu terceiro quadro. Você pode fazer?

E quando você vier me ver, antes me avise porque eu posso estar viajando, e me telefone: meu telefone é: 237-6792. Eu tenho a impressão de que vou receber você vestida de branco.

Quem é você? Você é deste mundo? é palpável? é monge?

Escreva-me, estou esperando.

Clarice

Pensando melhor, não é assim que se faz orelha de livro. Que é que você acha?

---

tos de seus livros" (Cf. *Mare nostrum: sonhos, viagens e outros caminhos*. São Paulo: Senac, 1998). A ligação de Clarice com Fauzi Arap demonstra como ela estava aberta a dialogar com artistas de diferentes linguagens.

[A Augusto Ferraz][1]

Rio, 4 agosto 1975

Augusto:

sua carta me comoveu. "Perto do coração (o 1º) selvagem" foi escrito quando eu era por assim dizer uma adolescente. Tinha já passado a adolescência e eu estava espantada. Com o mundo mesmo e comigo mesma. A chamada "angústia existencial" despertou em mim muito cedo. E muito cedo eu descobri a morte. Mas não se preocupe: estou muito mais apaziguada e, agora, habituada com o meu sempre inesperado modo de ser. E eu rezo muito. Nem peço favores: é mais um louvor a Deus. Acontece, também, que eu não sabia que era artista e sofria com a diferença entre mim e os outros. Agora estou mais livre, tenho amigos, e também a capacidade de ficar só sem sofrimento.

Você tem escrito? Seu livro recebeu boa crítica? Só tomara que, para você, escrever não doa. – Diga-me que livros

[1] O encanto do jovem escritor pernambucano pela obra de Clarice Lispector, como ele lhe revela nesta carta, o faz iniciar uma profunda amizade traduzida em telefonemas, cartas e visitas ao apartamento da rua Gustavo Sampaio entre 1974 e 1976. Desde sua estreia na literatura com *O branco fatídico* (1974), ele contou com o incentivo da amiga, como atestam suas palavras carinhosas na orelha do livro. O encontro marcado de sinais pernambucanos levou Augusto Ferraz a articular a viagem ao Recife, cidade da qual saíra aos 14 anos de idade (e só visitara durante algumas horas em 1949, ao voltar de Berna de navio). Acompanhada por Olga Borelli e Augusto Ferraz, reencontrou seus parentes, passeou pela Boa Vista revendo lugares de sua infância, como o casarão onde residira, na praça Maciel Pinheiro, que viu diariamente da entrada do Hotel São Domingos, onde se hospedou. A conferência sobre literatura de vanguarda proferida no Bandepe fora um mero detalhe, o contato com as origens nordestinas despertou o Recife que sempre esteve vivo dentro dela. O resultado? Um ano após a visita, Clarice pôs um ponto final em sua última obra: *A hora da estrela* (1977).

meus você tem. E conforme for eu lhe mandarei os que faltam. – Estou doida para ir a Recife mas só poderei ir se fosse convidada por, digamos, uma Universidade; eu leria uma conferência mediante passagem paga ida e volta e hospedagem. Morro de saudades de minha terra. Mas creio que nenhum reitor se interessaria por uma conferência sobre literatura contemporânea e de vanguarda. Paciência.

Olhe, com o tempo a gente melhora. Eu tenho grandes alegrias gratuitas, a troco de nada, só por viver. – Vou lhe ensinar uma coisa: em todas as religiões se acendem velas. Acenda uma quando estiver sofrendo e esvazie a sua mente, olhando fascinado a flama da vela (cuidado para não haver nenhuma coisa inflamável perto da vela, nem mesmo cigarros). A meditação então é profunda e consoladora.

Receba um abraço de muito estima de sua

Clarice.

P.S. – Não faz mal chorar.

[A Edgar Pereira][1]

Rio de Janeiro, 13 de setembro de 1975

BILHETE ABERTO A EDGAR PEREIRA

Não costumo me manifestar sobre o que escrevem a respeito de mim. Mas agora, pela primeira vez, quero corrigir um detalhe. Entre suas notas sobre *A Visão do Esplendor*[2] deparei com uma frase que certamente foi baseada numa determinada entrevista que dei no Rio. A entrevista de um modo geral era fiel mas distorceu minhas palavras em certo trecho, trecho este que o senhor transcreveu nesse Suplemento.

Refiro-me à afirmativa de que eu teria dito que, quando escrevo, caio em transe ou coisa semelhante. Eu não disse isto simplesmente porque não é verdade. Jamais caí em transe na minha vida. Não psicografo nem "baixa" em mim nenhum pai de santo. Sou como qualquer outro escritor. Em mim, como em alguns que também não são apenas "racionalistas", o processo de gestação se faz sem demasiada interferência do raciocínio lógico e quando de repente emerge à tona da consciência vem em forma do que se chama inspiração. Na verdade, menos do que muitos escritores que conhe-

---

[1] Edgar Pereira (nascido em 1948) é professor, romancista e ensaísta. Autor de *Outono atordoado* (2001), assina na web a página: ideiasubalterna.blogspot.com. Conforme ele relata em seu blog, esta carta foi publicada originalmente no *Suplemento Literário de Minas Gerais*, em 11 de outubro de 1975, e em *Mosaico insólito* (Rio de Janeiro: 7 Letras, 2006), além de disponibilizada pela primeira vez em fac-símile, em 14 de setembro de 2009, em www.ideiasubalterna.blogspot.com.

[2] *Visão do esplendor* (Francisco Alves, 1975).

ço, quando escrevo, eu o faço sem procurar circunstâncias especiais, ambiente propício ou mesmo isolamento. Habituei-me a trabalhar sendo interrompida por telefonemas, cozinheira e crianças.

Feito este esclarecimento, subscrevo-me muito atenciosamente

Clarice Lispector

[A Olga Borelli][1]

Rio, 29 de setembro de 1975

Olga, em resposta a tua pergunta: "Então, por que escreve?" Creio que ao escrever se entende o mundo um pouco mais que quando não se escreve. É uma lucidez meio nebulosa porque a gente não tem direito consciência dela. Assim, eu sempre começo tudo como se fosse pelo meio. Deus me livre de começar a escrever um livro da primeira linha. Eu vou juntando as notas. E depois vejo que tem uma conexão com as outras, e aí descubro que o livro já está pelo meio...

Sou uma mulher que sofre, como todas as pessoas do mundo, as mesmas dores e os mesmos anseios.

Eu nunca pretendi assumir atitude de superintelectual. Eu nunca pretendi assumir atitude nenhuma. Levo uma vida muito corriqueira. Crio meus filhos. Cuido da casa. Gosto de ver meus amigos, o resto é mito.

A crítica, quase sempre, confunde as coisas, e acaba interpretando ao contrário o que, na verdade, quero dizer. Por esta razão, nunca me interessei pela opinião dos críticos a meu respeito, por julgar que nem sempre ela é tão objetiva como deveria ser.

Um exemplo que sempre me utilizo para justificar minha posição em relação ao assunto, é o da crítica ao meu primeiro livro publicado: *Perto do coração selvagem*, lançado em

---

[1] A carta foi publicada originalmente na revista *El Paseante*, nº 11, Madri, 1988, e reproduzida depois no livro *Clarice: uma vida que se conta*, de Nádia Battella Gotlib (São Paulo: Ática, 1995).

1944, quando eu contava dezessete anos.[2] Na época o livro foi classificado de hermético e incompreensível, e anos mais tarde, tornou-se um dos mais vendidos. Isto me intrigou profundamente, tanto que um dia resolvi perguntar a um amigo: O que está acontecendo? O livro continua o mesmo. E meu amigo, então, respondeu: É que as pessoas se tornaram mais inteligentes, de uns anos para cá.

Cursei a faculdade de Direito porque desejava reformar o mundo, não me considero uma escritora participante nem engajada em movimentos de qualquer espécie. Muito embora tenha uma consciência crítica suficientemente formada para apontar os abusos e explorações [de] que eu e a maioria dos meus colegas somos vítimas. Mesmo editada em Portugal, e traduzida na França, Estados Unidos e outros países, e mesmo com meus trabalhos publicados em inúmeras antologias escolares de autores brasileiros, eu nunca vivi exclusivamente para a literatura. O motivo, porém, não chegou a ser o desinteresse do público pela minha obra, mas, sim, a utilização indevida de que se beneficiam os editores

Tanto Érico Veríssimo como Jorge Amado tiveram a sorte de encontrar boas editoras e podem viver de direitos autorais. Mas, os outros, como eu, não conseguimos viver de direitos autorais. Faço traduções, adaptações, entrevistas, crônicas em jornal. Na minha opinião, os editores deveriam ser mais generosos, inclusive estimular os novos talentos que surgem. Os jornalistas são mal pagos e têm de se socorrer com outros empregos para sobreviver.

A gente só pode fazer bem as coisas que ama realmente. Os meus livros não se preocupam muito com os fatos em si porque, para mim, o importante não são os fatos em si, mas

---

[2] Os documentos de Clarice atestam que ela publicou o primeiro romance quando tinha 23 anos, em dezembro de 1943.

as repercussões dos fatos no indivíduo. Isso é que realmente importa. É o que eu faço. E penso que, sob este aspecto, eu também faço livros comprometidos com o homem e a sua realidade, porque a realidade não é um fenômeno puramente externo.

Quanto à outra pergunta: Como é que você se sente ao escrever seus livros? Respondo com outra pergunta: Como é que você se sente quando lê meus livros? Aí você tem a medida de como é que me sinto quando escrevo.

Clarice

[A Mafalda Verissimo]

Rio, 7 de novembro de 1976

Minha muito querida Mafalda, na volta de Porto Alegre[1] fui visitar Lucinda[2] que está muito bonita. E cheguei à conclusão que você e ela são umas italianas muito corajosas. Vou também ser corajosa e não tomo mais nenhum tranquilizante. É difícil porque eu sou um bocado sensível demais. Mas estou bem.

Mafalda, você poderia tirar xerox da carta de meu filho Paulo? (*I love you*, lembra-se?) Paulo ficou muito interessado e eu mais ainda.

Deus te abençoe, te proteja e te guie. Um abraço grande de

Clarice

Clarissa tem o endereço e sobrenome de Avany.
Lembranças à bela Clarissa, a Dave, a Luís Fernando e Lúcia.

---

[1] Clarice havia ido a Porto Alegre para participar de um encontro de escritores em novembro de 1976, promovido pela revista *CooJornal* (órgão da Cooperativa dos Jornalistas de Porto Alegre), cujo foco era "para aprovarem um documento pela profissionalização da classe e em defesa da liberdade de criação. Nesse texto, os escritores clamavam sobretudo pela profissionalização de sua ocupação destacando a importância do projeto e pedindo uma maior objetivação junto às escolas". Buscavam também proteger os direitos autorais e estabelecer um diálogo mais transparente com os editores. Clarice participou ao lado de escritores como Nélida Piñon, José Louzeiro, João Antônio, Lygia Fagundes Telles, Flávio Moreira e do crítico Leo Gilson Ribeiro. O movimento fortaleceu o ofício de escritor nas décadas seguintes com a atuação do sindicato e a presença de agentes literários – é quando Clarice contrata os serviços da agente espanhola Carmen Balcells.

[2] Lucinda Martins é a irmã de Mafalda. Foi vizinha de Clarice no Leme. Residiu no edifício Cáceres, na rua Aurelino Leal 16. Casada com o jornalista Justino Martins, diretor da revista *Manchete*, perdeu Carlito, seu único filho, em um acidente de carro, o que levou Clarice a registar essa perda em sua coluna do *Jornal do Brasil*, em 22 de maio de 1971, na crônica "Desculpem, mas se morre" (Cf. TC, p. 402): "Morreu o grande Guimarães Rosa, morreu meu belo Carlito, filho de meus amigos Lucinda e Justino Martins."

[A Mafalda Verissimo]

(Sem data, novembro de 1976)

Mafalda, minha tão querida Mafalda, juro que não sei o que dizer.[1] Logo que Paulo, seu afilhado, me deu a notícia, eu quis pegar um avião e ir ver vocês. Mas o choque foi tão grande que minha pressão baixou quase a zero e tive que ficar de cama, sem força para mover sequer as mãos. Me desculpe eu lhe faltar num momento desses. Eu também queria ver você para – por incrível que pareça a ilogicidade das coisas –, para me consolar com você. Paulo e eu estamos muito abalados. Pelo amor de Deus, Mafalda, reaja como Erico quereria que você reagisse.

Mafalda, tive a felicidade de conhecer de perto uma das pessoas maiores que jamais vi. Foi um privilégio ter convivido com vocês.

Deus abençoe você. Sua sempre

Clarice

Um beijo para Luís Fernando

---

1 Erico Verissimo faleceu em Porto Alegre no dia 28 de novembro de 1975, de um enfarte agudo do miocárdio.

[A Lygia Fagundes Telles][1]

(Sem data, novembro de 1977)

Lygia,

você é tão doce e escreve tão bem. Fiquei muito contente com o fato de Rachel de Queiroz entrar na A.B.L. Se eu tivesse poder, daria a segunda vaga a Dinah Silveira de Queiroz que conseguiu para a mulher brasileira um lugar ao sol. Embora eu não deseje morte para ninguém, sugiro que a terceira vaga seja preenchida por Lygia Fagundes Telles. Estão achando que sugiro mulheres demais? Não, é que a Academia Brasileira de Letras tem uma grande dívida para com as mulheres. E se Nélida Piñon estivesse na Academia, esta sofreria uma modificação revolucionária, pois Nélida tem coragem para renovar.

Antes de terminar, quero dizer que, apesar do grande respeito que tenho pela Academia, eu jamais aceitaria entrar nela.

---

[1] Esta não é propriamente uma carta padrão, é uma espécie de bilhete escrito por Clarice Lispector no final da folha onde está datilografada a entrevista que Lygia Fagundes Telles lhe concedeu para a revista *Fatos & Fotos* em 29 de agosto de 1977. A primeira mulher eleita para a Academia Brasileira de Letras, em 4 de novembro de 1977, foi Rachel de Queiroz. Dinah Silveira de Queiroz foi eleita em 10 de julho de 1980 e, cinco anos depois, foi a vez de Lygia Fagundes Telles, em 24 de novembro de 1985. Nélida Piñon seria eleita em 27 de julho de 1989 e tornou-se a primeira mulher a assumir a presidência da ABL, no biênio 1996-1997. O desejo de Clarice Lispector se concretizou...

FONTES DE CONSULTA

O conjunto destas cartas provém de dois tipos de arquivos:

A) Arquivos públicos:

- Arquivo-Museu de Literatura Brasileira, da Fundação Casa de Rui Barbosa, no Rio de Janeiro, onde se encontram os seguintes arquivos:
  – Arquivo Clarice Lispector.
  – Arquivo Fernando Sabino.
  – Arquivo Lúcio Cardoso.
  – Arquivo Thiers Martins Moreira.
  – Arquivo Rubem Braga.
  – Arquivo Tasso da Silveira.
  – Arquivo Lauro Escorel.
  – Arquivo João Cabral de Melo Neto.
- Biblioteca Nacional
  – Setor de Manuscritos – 12 cartas de Clarice Lispector.
- Arquivo Nacional – Depositadas no processo de naturalização de Clarice Lispector 1942. Ref. 1556N220. Rel. 131. Cartas de Clarice ao presidente Getúlio Vargas.
- Instituto Moreira Salles

  Arquivo Clarice Lispector – Cartas publicadas em *Minhas queridas*.
  – Arquivo Lêdo Ivo.
  – Arquivo Décio de Almeida Prado.

– Arquivo Otto Lara Resende.
– Arquivo Paulo Mendes Campos.
• Acervo de Escritores Mineiros – Universidade Federal de Minas Gerais
– Arquivo Murilo Rubião.
• Coleção Brasiliana Itaú Cultural – São Paulo
– Octavio de Faria.
• Biblioteca Brasiliana Guita e José Mindlin – USP – São Paulo
– Arquivo Francisco de Assis Barbosa.
• Centro de Pesquisa e Documentação da Fundação Getulio Vargas
– Arquivo Alzira Vargas.
• Instituto de Estudos Brasileiros da Universidade de São Paulo
– Arquivo Mário de Andrade.
• Instituto Hilda Hilst – Campinas
– Arquivo José Luis Mora Fuentes.
• Biblioteca Nacional de Portugal – Lisboa
– Arquivo Natércia Freire.

B) Arquivos particulares:
• Arquivo Paulo Gurgel Valente – cartas de Clarice às irmãs, Elisa Lispector e Tania Kaufmann, e ao marido, Maury Gurgel Valente.
• Arquivo Eliane Gurgel Valente (Rio de Janeiro).
• Arquivo Mafalda Verissimo (Porto Alegre).
• Arquivo Augusto Ferraz (Recife).
• Arquivo Edgar Pereira (Belo Horizonte).
• Arquivo Giuseppe Baccaro (Olinda).
• Arquivo Olga Borelli (São Paulo).

- Arquivo Pedro Corrêa do Lago (Rio de Janeiro e São Paulo).
- Arquivo Nélida Piñon (Rio de Janeiro).
- Arquivo Ruy Souza e Silva (São Paulo).
- Arquivo Álvaro Manuel Machado (Lisboa).

POSFÁCIO

Missivas Decisivas

A letter always seemed to me like immortality
because it is the mind alone without corporeal friend.
– Emily Dickinson

A preparação de *Todas as cartas* se beneficiou da participação de diversas pessoas, às quais agradeço em nome da Editora Rocco e em meu próprio nome. Impossível listá-las todas, mas creiam em nossos mais sinceros agradecimentos.

Cumpre destacar, no entanto, a contribuição especial daqueles profissionais cujo auxílio generoso foi essencial para que essa compilação fosse editada. Em primeiro lugar devemos agradecer à professora Teresa Montero, biógrafa de Clarice, que assina o texto introdutório e as numerosas notas explicativas da presente obra, firmando-se assim como a maior especialista na correspondência clariceana, já editada por ela em duas ocasiões anteriores para a Editora Rocco, nos livros *Correspondências* (2002) e *Minhas queridas* (2007).

Em seguida, cumpre salientar a colaboração do biógrafo norte-americano de Clarice, Benjamin Moser, pela orientação das pesquisas de campo de Larissa Vaz em busca das cartas inéditas de Clarice Lispector. Assim como devemos agradecer à própria Larissa não só pelo empenho na busca incansável das correspondências inéditas e/ou dispersas como também por sua cuidadosa digitação.

Devemos agradecer também encarecidamente ao professor português Carlos Mendes de Sousa, internacionalmente reconhecido como um dos maiores especialistas na obra clariceana, pela cessão do seu cativante e irretocável ensaio "A curva tão larga das coisas: as cartas de Clarice Lispector", que vem agora enriquecer esta edição revista e ampliada de *Todas as cartas*.

Devemos salientar igualmente a ajuda do *silent partner* na edição de todas as obras de Clarice, Paulo Gurgel Valente, que na dupla condição de filho da escritora e curador do seu legado literário conseguiu abrir muitas portas e localizar correspondências até então desconhecidas. Como é o caso dos três novos itens acrescentados a esta edição de *Todas as cartas*: a preciosa (posto que única) mensagem para seu filho primogênito, Pedro Gurgel Valente, e o cartão-postal enviado à sua prima, Berta Lispector, dando conta do périplo de um mês de duração que Clarice teve que enfrentar para se unir ao marido, Maury Gurgel Valente, no seu posto diplomático na cidade italiana de Nápoles, em plena Segunda Guerra Mundial. Assim como a carta enviada ao professor, escritor e crítico literário português Álvaro Manuel Machado, principal responsável pela publicação da edição francesa de *A maçã no escuro* pela prestigiosa editora Gallimard, em 1970.

SOBRE ALGUMAS PECULIARIDADES

Clarice tinha um estilo único e peculiar, que não se curvava aos ditames gramaticais e obedecia ao que ela designava de sua "respiração", que ela sempre solicitava que fosse respeitada pelos revisores dos jornais ou pelos editores de seus livros. Coisa que a Rocco se esmerou em fazer, inclusive só começando a publicação de sua obra na década de 1990 depois que a necessária consolidação dos textos fosse efetuada pela professora Marlene Gomes Mendes. Assim, o presente *Todas as cartas* reproduz as missivas exatamente tal como foram escritas por Clarice Lispector, tendo efetuado tão somente a adequação dos textos ao Novo Acordo Ortográfico, implantado em 1º de janeiro de 2009, bem como a padronização de títulos de livros, filmes e obras de arte.

Tudo o mais foi mantido tal como Clarice escreveu, inclusive com algumas curiosas liberdades, como seu hábito de grafar o nome do amigo Otto Lara Resende com apenas um "t", ou o nome do diplomata Landulpho Borges da Fonseca com "f": Landulfo, ou transformar o "ípsilon" de alguns nomes em "i". Ou empregar o sinal + no lugar da palavra mais, ou o termo "dagora", em vez da forma correta: de agora. Da mesma forma, obedeceu-se ao sistema de datação empregado por ela ao longo dos anos, que varia desde a data escrita apenas em numerais ("Sábado, 7 – 2 – 941"; "Vila Rica, 10/1/42"), até a carta endereçada a Fernando Sabino com humor adolescente, indicando: "Europa, Suíça, Berna, Ostring, 5 de agosto de 1946, segunda-feira de manhã, 10 horas menos 10 minutos." Só faltou dizer: Planeta Terra, Via Láctea... De modo geral Clarice indicava dia, mês e ano sem o uso da preposição de: Berna, 27 julho 1948, no lugar de: Berna, 27 de julho de 1948. Muito embora pudesse adotar também a fórmula convencional, indicando até sua localização precisa: "Collingwood Hotel – Torquay, 3 de outubro de 1950." Às vezes ela gosta de precisar o dia da semana: "Berna, 12 maio 1946, domingo" ou "Washington, 29 dezembro 1954, quarta-feira"; outras vezes podia abreviar o mês: "dez", para dezembro. Ocorria também de esquecer o ano, mencionando tão somente: "Berna, 15 novembro". Ou não informar o dia: "Berna, dezembro 1947". De qualquer forma, seja qual for o sistema de datação empregado por Clarice, este foi estritamente respeitado, razão pela qual inexiste um padrão único de datação. Nos casos em que nenhuma data foi indicada, assinalou-se: "sem data", indicando em seguida a datação atribuída por Teresa Montero a partir do estudo da correspondência clariceana.

NO CORAÇÃO DAS CARTAS

A realidade da arte ultrapassa a realidade das coisas concretas e comezinhas do dia a dia, regidas por uma lógica tão triste quanto descartável, de tal forma que tudo o que é evidente, objetivo e palpável acaba sendo modificado um dia, ao passo que somente a arte é irretocável, quando atinge a perfeição. E é precisamente por isso que a correspondência de Clarice Lispector é tão rica e digna de interesse. Muito embora possa discorrer acerca dos afazeres domésticos e dos percalços do dia a dia, sobretudo nas cartas endereçadas às irmãs, Tania e Elisa, Clarice não costumava perder tempo com confidências inúteis e, muito menos, se ocupar da vida alheia, preferindo pronunciar-se acerca dos próprios sentimentos e dos textos nos quais estava trabalhando. Portanto, se a correspondência de Clarice é avara em termos de confidências e confissões, é riquíssima no que diz respeito ao seu processo de escrita e sobre as reais motivações que nortearam a produção de sua obra literária. Neste sentido, é uma fonte preciosa e incontornável para os estudiosos assim como uma manancial de boas surpresas para os leitores em geral, já que suas cartas fornecem múltiplas chaves para a compreensão de seus escritos, descortinando novos horizontes além daqueles vislumbrados na primeira leitura.

Particularmente interessante é a correspondência entre Clarice Lispector e Fernando Sabino, escritores de estilos bastante distintos, mas que se entendiam perfeitamente, admiravam as respectivas obras e mantiveram uma sólida amizade, interrompida apenas pelo falecimento de Clarice, em 1977. O ponto alto desta correspondência são as cartas relativas ao livro *A maçã no escuro*, para o qual Sabino contribuiu de modo exemplar, encaminhando à amiga nada mais nada menos que 204 observações, quase todas acatadas por Clarice para surpresa do próprio Sabino, que estranhou tamanha permeabilidade aos seus conselhos. Conforme esclareceu em *Cartas perto do coração:*

> Caso o leitor de Clarice Lispector se interesse em conferir, tanto as anotações aqui relacionadas, com menção de página dos originais, como as emendas da autora em resposta, elas se fazem acompanhar de indicação da página e linha correspondente na atual edição do romance *A maçã no escuro*, Editora Rocco, 1998. Quase todas as sugestões foram aceitas. As não mencionadas diretamente por ela levaram-na a recompor a página inteira: das quatrocentas e poucas dos originais, enviou-me em substituição nada menos que oitenta e três, completamente reescritas.[1]

Acontece que Clarice percebeu que Sabino era tão bom editor quanto era bom autor, o que ele comprovaria de modo exemplar mais tarde ao criar a Editora Sabiá em parceria com Rubem Braga. Assim, após longa ponderação, ela resolveu acatar as sugestões do amigo que generosamente examinara seu trabalho com tanto desvelo. É importante esclarecer que tais sugestões, que se desdobram entre as páginas 149 e 178 de *Cartas perto do coração*, não foram incluídas aqui simplesmente pelo fato de terem sido feitas por Fernando Sabino, de modo que fogem ao propósito do presente *Todas as cartas*: o de reunir a correspondência de autoria de Clarice Lispector, sem abarcar também a dos seus interlocutores.

Todas essas precisões, todos esses esclarecimentos, fazem com que a correspondência completa de Clarice, aqui reunida em *Todas as cartas*, constitua um testemunho de vital impor-

---

[1] SABINO, Fernando. *Cartas perto do coração*. Rio de Janeiro: Editora Record, 2001, p. 150.

tância para o entendimento da escrita de Clarice Lispector e também para a compreensão do ser humano Clarice Gurgel Valente. *Todas as cartas* é um livro de caráter singular que nos faz lamentar ainda mais o desaparecimento da correspondência física, tal como existente na era pré-digital. Isso porque para alguns escritores, como T.S. Eliot, Samuel Beckett, Henry James ou Mário de Andrade, as cartas podem ser encaradas como um gênero literário específico, ao mesmo título que os contos, as novelas, os romances e as crônicas. Aparentadas com os diários, na medida em que espelham as convicções e as aflições mais íntimas dos seus autores ao mesmo tempo em que se destinam – pelo menos em primeira instância – a um círculo extremamente restrito de leitores, normalmente contabilizados nos dedos de uma única mão. A correspondência clássica pode ser considerada uma forma de arte e, inclusive, chegou a dar origem efetivamente a uma disciplina artística, a Mail Art, a Arte Postal, empregando como suporte privilegiado os cartões-postais, que estão para as cartas assim como a poesia está para a prosa.

Retrato de uma alma, radiografia de um processo criativo, *Todas as cartas* é também o documento de uma época revoluta, a das cartas escritas com amor e recebidas com gratidão. Neste particular, chega a ser comovente ver Clarice solicitar cartas reiteradamente às irmãs e aos amigos, chegando a ponto de implorar por elas, bem como ver com que irrestrita alegria ela recebia cada missiva tal qual uma criança finalmente presenteada com o brinquedo longamente ansiado. A alma de Clarice se revela por inteiro em tais momentos de felicidade, da mesma forma que toda sua ternura transparece nos apelidos carinhosos atribuídos ao filho Paulo, quando em viagem de intercâmbio nos Estados Unidos. Essa sua faceta de mãe extremada poderá inclusive surpreender aqueles que têm de Clarice Lispector a imagem de uma escritora sofisticada e por vezes até hermética. Da mesma forma que pode causar espanto o fato de ela, filha temporã, entreter uma relação maternal com as irmãs mais velhas, chegando a tratá-las de "filhinhas" e instando-as reiteradamente a "serem felizes", como o faria qualquer mãezona. Neste particular, a correspondência de Clarice com as irmãs, Tania e Elisa, é tão impregnada de amor fraternal quanto a correspondência de Van Gogh com o irmão, Theo.

ACENO FINAL

Durante todos esses anos editando a obra de Clarice Lispector, procurei estabelecer com ela aquele tipo de conexão "telepática" que ela julgava ser a mais indicada para a compreensão de sua obra. Procuro, portanto, trabalhar sempre tendo como norte não injunções comerciais ou puramente editoriais e sim o que Clarice gostaria, procurando não trair suas convicções íntimas. Assim, fiquei pensando o que ela poderia pensar ao ver toda a sua correspondência reunida em livro, mesmo sabendo que ela não se opunha a esse tipo de compilação tendo sido ela própria leitora entusiasta da correspondência de Katharine Mansfield, compartilhando seu entusiasmo com o amigo Lúcio Cardoso em carta enviada de Nápoles em outubro de 1944. Mas os argumentos definitivos me foram oferecidos por Heloísa Ramos, esposa de Graciliano, ao justificar a edição de suas cartas:

> Convenço-me da necessidade de publicar a correspondência íntima de Graciliano Ramos, falecido há 27 anos. Durante tão longo tempo esses papéis permaneceram comigo, parte da minha saudade. Graciliano preservava sua identidade ao ponto de não permitir intrusões em seu espaço pessoal, era avesso a qualquer publicidade, muito contido em suas relações com terceiros e dizia

> que só após vinte anos de sua morte se deveria publicar seus inéditos.[2]
>
> [...]
>
> É tempo de deixar o próprio Graciliano revelar suas relações com o quotidiano e as pessoas com as quais mais de perto conviveu – e isto sem a fragmentação de documentos e sem interpretações passionais. Os futuros estudiosos e biógrafos passam a contar com uma fonte documental direta.[3]

O mesmo ocorrerá agora com Clarice Lispector, cujas reais motivações para a produção da maioria dos seus livros, assim como para se dedicar à escrita, podem ser encontradas neste *Todas as cartas*, para subsidiar os analistas de sua obra e encantar os admiradores de sua escrita e de sua personalidade visionária e destemida. Por outro lado, será interessante também constatar a amplitude e a diversidade das leituras de Clarice, por intermédio dos numerosos livros que ela comenta com as irmãs e os amigos escritores, pois isso contraria as próprias afirmativas de Clarice (feitas em entrevistas e nas crônicas) de que ela não era uma intelectual e quase não lia. Clarice lia sim, e lia muito, mas para ela a leitura era uma felicidade clandestina, como será também, certamente, a leitura das cartas aqui reproduzidas para o leitor moderno, que pode desfrutá-las como se as lesse por sobre o ombro de Clarice no exato momento da escrita.

Finalmente, cumpre esclarecer que o título *Todas as cartas* se insere no projeto editorial de sistematização da obra de Clarice Lispector iniciado com *Todos os contos* e continuado com *Todas as crônicas*, não devendo ser levado ao pé da letra, *stricto sensu*. Isso porque existem, evidentemente, outras correspondências

---

[2] RAMOS, Heloísa. "Nota de Heloísa Ramos" in RAMOS, Graciliano, *Cartas*. Rio de Janeiro: Editora Record, 2011, p. 5.

[3] Idem ibidem, p. 6.

da autora que não foram aqui incluídas pelo comitê editorial do presente volume, por serem julgadas pouco representativas ou francamente dispensáveis, tais como as missivas comerciais, bilhetes e recadinhos de caráter efêmero e sem interesse literário ou biográfico. Assim como algumas cartas omitidas em virtude de "juízos pessoais a respeito de membros da família, que somente são compreensíveis com base no conhecimento mútuo dessas pessoas", conforme justificaram os editores da correspondência entre o filósofo e teólogo antinazista Dietrich Bonhoeffer e de seu amigo, também teólogo, Eberhard Bethge[4].

Por outro lado, conforme foi prognosticado por ocasião da primeira edição deste livro, comemorativo do centenário de nascimento de Clarice, em 2022, novas descobertas sempre ocorrerão, pois os arquivos institucionais estão continuamente catalogando e/ou disponibilizando documentos inéditos ou de acesso restrito. Foi o que aconteceu, por exemplo, com o importante conjunto de cartas enviadas por Clarice Lispector para o poeta e diplomata João Cabral de Melo Neto, cuja existência era ignorada antes que se iniciassem as pesquisas para a preparação de *Todas as cartas*. E, conforme prometido na ocasião da primeira edição e cumprido agora, no momento desta edição revista e aumentada, novas cartas descobertas serão judiciosamente incorporadas em futuras reedições.

PEDRO KARP VASQUEZ

[4] BONHOEFFER, Dietrich. *Resistência e Submissão: Cartas e anotações escritas na prisão*. São Leopoldo: Editora Sinodal, 2015, p. 22.

Índice onomástico

Índice

DÉCADA DE 1950

DÉCADA DE 1960

DÉCADA DE 1970

Clarice Lispector

Impressão e Acabamento:
GEOGRÁFICA EDITORA LTDA.